中世
シチリア王国の
研究

異文化が交差する地中海世界

高山 博

東京大学出版会

Study of the Medieval Kingdom of Sicily:
Crossroads of the Mediterranean Civilizations

Hiroshi TAKAYAMA

University of Tokyo Press, 2015
ISBN 978-4-13-021082-9

目　次

附　録

凡　例

ギリシャ文字のローマ字転写について

α=a, β=b, γ=g, δ=d, ε=e, ζ=z, η=ē, θ=th, ι=i, κ=k, λ=l, μ=m, ν=n, ξ=x, ο=o, π=p, ρ=r, σ (ς)=s, τ=t, υ=y, φ=ph, χ=ch, ψ=ps, ω=ō, ‘=h

＊固有名詞については，基本的に慣用に従う．
＊すべてのアクセント記号と無気記号は無視する．
＊κ, γ, χ, ξ の前の γ は n に転写する．

アラビア文字のローマ字転写について

bā’=b, tā’=t, thā’=th, jīm=j, ḥā’=ḥ, khā’=kh, dāl=d, dhāl=dh, rā’=r, zāy=z, sīn=s, shin=sh, ṣād=ṣ, ḍād=ḍ, ṭā=ṭ, ẓā’=ẓ, ‘ayn=‘, ghayn=gh, fā’=f, qāf=q, kāf=k, lām=l, mīm=m, nūn=n, hā’=h, wāw=w, yā’=y

＊アラビア文字は，この原則に従って，母音を加えたうえで転写する．母音決定に問題がある場合には子音のみを並べる．
　例） sh/m/sh
＊ハムザは，原則として転写しないが，必要な場合には ’ を使う．
＊太陽文字（*hurūf shamsiyya*）の前の定冠詞 *al* の同化は行い，*al* をそのあとの子音に応じて，*a#-* と表記する．他の同化はすべて無視する．
　例） *ad-dīwān* と表記し *al-dīwān* としない．同様に，*Abū al-Qāsim* と表記し *Abū-l-Qāsim* としない．

序章　ノルマン・シチリア王国と歴史家たち

第一節　ノルマン・シチリア王国

ノルマン・シチリア王国は、十二世紀初頭、ノルマン人の手によって南イタリアに建てられた王国である。その領土が、メッシーナ海峡を挟む二つの地域、つまり、シチリア島とイタリア半島南部に跨がっていたため、「両シチリア王国」と呼ばれることもある。北の神聖ローマ帝国、東のビザンツ帝国、そして、南のイスラム諸国に挟まれるようにして、ちょうど地中海の中央に位置している。この王国をノルマン・シチリア王国と呼ぶ理由は、その王家がフランス北西部のノルマンディ公国出身のノルマン人だったからである。この王国成立の経緯を辿れば、当時の地中海世界の政治状況がいかに複雑で流動的だったかが容易に理解されるだろう。シチリア王国が成立するほぼ百年ほど前、つまり、十一世紀初頭のノルマンディ公国に目を向けると、海外へ出掛けて傭兵として有力者の間を渡り歩く者が増えていた。そして、その中に、当時流行していたイェルサレム巡礼に加わる者たちがいた。地中海の真ん中にある南イタリアは、ちょうどこの聖地巡礼の途上に位置しており、この位置がノルマン人とシチリア・南イタリアを結びつけることになる。(1)

当時の、つまり、十一世紀初頭の南イタリアは、きわめて複雑な政治状況のもとにあった。五世紀末にゲルマン民族移動の中で西ローマ帝国が滅亡して以来、この南イタリアは、オドアケル、東ゴート王国、ビザンツ帝国、ランゴバルド王国、フランク王国、イスラム教徒（ムスリム）といった様々な国、民族の支配を受け、その結果、十一世紀には複数の小さな国がモザイク文様を織りなすように並立していた。(2) シチリア島はイスラム教徒の支配下にあり、(3) イタリア半島の南端部のカラーブリア地方、南東部のアプーリア地方はビザンツ帝国領であった。(4) カンパーニア地方では六つの小国がひしめき合っていた。そのうちの三つは、かつてのビザンツ帝国領の飛び地が独立してできたナポリ公国、アマルフィ公国、ガエータ公国である。これらの都市国家は、名目的にビザンツ帝国の権威に服するのみで、実質的にはまったくの独立国であった。残り三つは、ランゴバルド王国から独立してできたベネヴェント公国（後に侯国）、その公国から分離独立してできたサレルノ侯国、カープア侯国といったランゴバルド系の国々であった。十一世紀初頭の南イタリアは、このように、イスラム教徒、ビザンツ帝国、ランゴバルド系の三侯国、ビザンツ系の都市国家である三公国の間で分割されていた。南イタリア全体に対する宗主権を主張していた神聖ローマ皇帝もビザンツ皇帝も実際に宗主権を行使することはできず、この地域は恒常的な内紛状態にあった。勢力争いを続ける有力者に仕える傭兵としてやってきたのがノルマン人である。南イタリアに到着したノルマン人傭兵は次第に力を蓄え、自らの国を作り古い国々を吸収していく。(5)

このノルマン征服の主役となったのは、オートヴィル家のタンクレドゥスの息子たちであった。北フランスのノルマンディから地中海まで遠征し、南イタリア征服と新王国建設の基礎を築いた彼らの冒険物語は、古来多くの人々の想像力とロマンをかきたて、歴史家や作家は、中世の血湧き肉踊る冒険挿話として、好んでこの話を取り上げた。(6) イタリアにやってきたオートヴィル家一族の中で最もよく知られているのは、ロベルトゥス・グイスカルドゥスとロゲリウス一世の兄弟である。グイスカルドゥスは、傭兵の首領として活動した後、アプーリア公として南イタリアの征服・統一を成し遂げる。彼は、ビザンツ帝国領南イタリア、イスラム教徒支配下のシチリアを征服し、サレルノ侯国、ベネヴェント侯国を吸収し、カープア侯を服属させている。南イタリア征服の後には、二度にわたってビザンツ帝国への遠征を行った。弟のロゲリウス一世は、グイスカルドゥスのもとでシチリア征服を行い、カラーブリア・シチリア伯の称号とカラーブリア、シチリアの領地を手に入れた。このカラーブリア・シチリア伯ロゲリウス一世の息子が、ノルマン・シチリア王国を建国するロゲリウス二世である。(7)

この王国は、異なる三つの文化圏の境界に位置していたため、それぞれの文化的要素を内包することとなった。一つの国家の内部に、異なる文化集団に属する人々が併存していたのである。その主な文化集団は、アラビア語を母語としアラブ・イスラム文化の中で育った人々、ギリシア語を母語としビザンツ・ギリシア文化の中で育った人々、ラテン起源・ゲルマン起源の言語を母語としラテン・キリスト教文化の中で育った人々である。これら異なる文化集団に属する人々は、王国内に均一に混住していたわけではなく、モザイク状に住み分けていた。したがって、その地理的な分布状況をおおまかに示すことが可能である。王国を南から見ていくと、シチリア島の南部、中央部、西部の住民の大部分はアラブ人であった。シチリア島北東部の住民は、ギリシア人とアラブ人から構成されていた。カラーブリアの住民の多くはギリシア人であり、それより北の住民の大部分は南イタリア人であった。アプーリアの海岸沿いには、多くのギリシア人が住んでいた。身分も、文化集団によって、ある程度大まかに区分けできる。支配する側に立つ人々、すなわち、王族、大諸侯、バロンたちの圧倒的多数はラテン系、とりわけ、ノルマン人であった。また、大所領を有する教会や修道院の聖職者たちの多くもラテン系だった。王に仕える役人は、アラブ人、ギリシア人、ラテン系すべてを含んでおり、パレルモの王宮で働く役人の多くはアラブ人、半島部で働く地方役人の多くはラテン系であった。支配される側の農民たちの場合は、シチリア島では圧倒的多数がアラブ人かギリシア人、イタリア半島部では多くがラテン系かギリシア人であった。(8)

王国の住民構成は、支配機構、地方役人の構成にも影響を及ぼした。また、征服・統合の過程、そして、首都がパレルモに置かれたことが、王に仕える人々の民族構成に大きな影響を与えることになった。王宮では、王を世話するために多くの人が雇われていたが、その大部分はアラブ・イスラム文化の中で育ったアラブ人だった。王の側近く仕える宦官の小姓たちのほとんどは隠れムスリム（隠れイスラム教徒）であり、王宮で働く侍女や女官の多くもイスラム教徒であった。王国の国政を担う宰相や王国最高顧問団にも多くのアラブ人やギリシア人、さらに、外国出身者が含まれていた[9]。シチリアは十一世紀には地中海交易の重要なセンターとなっており、このシチリアを経由して様々な人々や商品がイタリア、スペイン、アフリカの間を行き来していた[10]。また、ラテン・ヨーロッパ文化圏からは聖職者や知識人が訪れ、アラブ・イスラム文化圏からは知識人や巡礼者、商人が訪れていた[11]。このように、ノルマン・シチリア王国では異なる文化集団に属する人々が生活しており、しかも、その人々が様々な形で王国行政に関与していた。これらの人々は、自らの属する文化と他の文化を融合させることなく、各々の棲み分け領域を守り続けながら併存していた。三つの文化の担い手たちは、その多くがこの地で生まれ育った者たちだが、遠い異国の地からやってきて一時的に王国に滞在している者、定住してしまった者たちもいる[12]。

　このノルマン・シチリア王国が最初に歴史家の関心を引いたのは、中世の血湧き肉踊る冒険挿話の一部としてだったが、その後、とりわけ二十世紀以後、この王国が多くの歴史家の関心を引いてきたのは、西欧中世が達成した偉業の記念碑としての地位であった。彼らによれば、この王国は次の二つの点で大きな重要性を有していた。一つは、王国が、東方のビザンツ文化、イスラム文化を輸入するための西欧の窓口であったという点である。洗練されたビザンツ文化、イスラム文化は、この王国を通ってヨーロッパに流れ込んでおり、ヨーロッパにとってこの王国は、いわば江戸時代の長崎の出島を大規模にしたようなものだった。チャールズ・ホーマー・ハスキンズはその著書『十二世紀ルネサンス』の中で、この王国を西欧中世の大文化活動の中心の一つとみなした。彼によれば、首都パレルモの王宮は、ギリシア、アラブ、ラテン文化の交流の場であり、ヨーロッパにおける最大の文化中心地の一つであった。ギリシア語、アラビア語の著作がここでラテン語に翻訳され、ヨーロッパに紹介された。そして、ヨーロッパの知識人たちを刺激し、ヨーロッパ各地でさらに新しい文化活動を生み出すことになった[13]。また、アラブ・ノルマン様式の建築物は、アラブ、ビザンツ、西欧の技術の粋を集めた傑作だと称えられ、その内部を飾るきらびやかなモザイクは、ドイツ、イタリア、イギリスの絵画技法に大きな影響を与えたとも言われている[14]。第二の重要な点は、この王国に当時の西欧世界で最も発達した行政制度・統治技術が存在していたと考えられている点である。この王国の財務行政・司法行政は高度に官僚制を発達させ、当時のヨーロッパで最も先進的だったと言われている[15]。ハインリヒ・ミッタイスはシチリアの行政制度がイギリス、フランス、ドイツの行政制度に影響を与えたと信じ、別の歴史家たちはこのシチリアの効率的で厳格な行政が世俗的近代行政の先駆けだったと考えている[16]。

ノルマン・シチリア王国はこのような点で歴史家の関心を引いてきたが、その研究が順調に進んできたようには見えない。その最大の理由は、この王国研究が他地域の研究に比べて多くの障害を伴っているからであろう。たとえば、研究に必要な言語の多さもそのような障害の一つである。現代西欧諸語に加えて、一次史料を読むためにはアラビア語、ギリシア語、ラテン語の能力が要求される。また、研究を行うための基本的な情報が整理されていないことも、羊皮紙文書や手稿史料を利用する際の障害となってきた。この王国は、イスラムのヒジュラ暦、ビザンツ帝国の世界起源暦、インディクティオー暦、西暦を併用しているが、西暦の場合、地域により、また極端な場合には書記により、一年の始まりの日が異なっている。九月一日の場合もあるし十二月二十五日、一月一日の可能性もある。したがって、ある文書に一一三五年十月と記されていても、それが私たちの暦のどの年に相当するのか個々に検討しなければならない。書記の間違いや偽文書の存在を考えればこの問題はいっそう複雑になる。文書が書かれた年代確定のために必要な司教・伯の在位期間、国王役人の在職期間などに関する情報が整備されておらず、必要な作業を個々の研究者が行わねばならない。かつて、ハスキンズは、ノルマン・シチリア王国を「ヨーロッパの不思議」と呼んだが[17]、未だに未解決の問題が数多く残されているのである。

第二節　中世南イタリア研究と歴史家たち

すでに述べたように、ノルマン支配下の南イタリアはギリシア文化、アラブ文化のヨーロッパへの入り口として、また、近代国家、近代的行政組織の揺籃の地として注目され、様々な国の歴史家によって研究が推進されてきたが、この地域を専門とする研究者は他のヨーロッパ地域の研究に比べて少なく、刊行された研究成果も期待されるほど多くはない。以下、中世南イタリア研究の画期をなしてきた重要な研究を紹介しておきたい。

ノルマン支配下の南イタリアに関する最重要文献の一つとして最初に挙げるべきは、十九世紀後半に刊行されたミケーレ・アマーリの『シチリアのムスリムの歴史』三巻（一八五四―七二年）[18]と、二十世紀初頭に刊行されたフェルディナン・シャランドンの『イタリアとシチリアにおけるノルマン支配の歴史』（一九〇七年）[19]である。アマーリの著書は、イスラム世界で書かれた膨大な量のアラビア語史料を検討・分析して書かれた大著であり、古典的名著である。この書物の刊行によってシチリアのイスラム教徒に関するそれ以前の研究のほとんどは価値を失い、以後の研究者はこの書物に依拠するようになった。なお、アマーリは、アラビア語史料からシチリアに関連する部分を抜粋したものを数巻の史料集として刊行している[20]。シャランドンの著書も、広範なラテン語史料の検討によってノルマン人の活動の詳細を明らかにした古典的名著であり、後の研究者が取り組むことになるテーマを重要な論点とともに提示している。刊行されてすでに百年以上が経過し、書き改めるべき点も少なくないが、今でも重要な基本文献としてその価値を失っていない。この本が出版された二十世紀初頭には、同じく王国研究の古典となっているカール・A・ケールの『ノルマン・シチリア王国の文書』（一九〇二年）[21]とエーリッヒ・カスパールの『ロゲリウス二世とノルマン・シチリア君主国の創立』（一九〇四年）[22]が公刊されている。

その後、二十世紀前半には、チャールズ・ホーマー・ハスキンズの「十二世紀におけるイングランドとシチリア」（一九一一年）[23]、エヴリン・ジャミスンの「特にロゲリウス二世、ウィレルムス二世治世の、アプーリアとカープアのノルマン行政」（一九一三年）[24]、西洋中世技術史家として広く知られているリン・T・ホワイトの『ノルマン・シチリアにおけるラテン修道制』（一九三八年）[25]、イスラム史の碩学クロード・カーエンの『ノルマン・イタリアの封建制』（一九四〇年）[26]が刊行されている。ハスキンズ、ホワイト、カーエンのような二十世紀を代表する歴史家が、研究者としてのキャリアの最初期に中世南イタリアを研究対象とし、やがてはるかに広い地域を対象とするスケールの大きな研究へと向かっていったことは、中世南イタリア研究がもつ特性を考える上で示唆的である。

二十世紀後半になると、王国に関するそれまでの理解を改める優れた研究が数多く出現した。フーベルト・ホーベンは、一九九七年に刊行した著書の序論で、「過去二十—三十年の間に、ロゲリウス二世の法および王国の教会、経済、社会の歴史が徹底的に探究された」と記し[27]、法制史、教会史、経済・社会の歴史、美術・建築の歴史の分野を代表する研究者を列挙している[28]。また、アンクリスティン・シュリフトは、二〇〇五年に刊行した著書の序論で、対外政策、対教会政策、王国のラテン修道院、ギリシア修道院と南イタリアのギリシア人、経済活動、王国行政、民族・宗教・寛容の問題、ノルマン王国へのアラブ・イスラムの影響に関して、参照すべき研究者と文献を列挙している[29]。

この時期に刊行された概説書には、ドナルド・マシューの『ノルマン・シチリア王国』（一九九二年）[30]、ジャン＝マリ・マルタンの『ノルマンのイタリア』（一九九四年）[31]、ホーベンの『シチリアのロゲリウス二世』（一九九七年）[32]がある。いずれにもシャランドン以後の新しい研究が反映されており、現在の研究状況を把握するために有用である。ジョン・ジュリアス・ノリッジの『南のノルマン人』（一九六七年）と『太陽の光のなかの王国』（一九七〇年）は読みやすい入門書だが[33]、注がないため情報源を確認することができない。以下、二十世紀後半以降の重要な研究を紹介しておきたい。まず、ノルマン征服期に関しては、近年の研究成果を取り入れたグレアム・A・ラウドの『ロベルトゥス・グイスカルドゥスの時代』（二〇〇〇年）[34]が優れている。王国の行政制度・法制の分野では、エヴリン・ジャミソン『シチリアのアドミラル・エウゲニオス』（一九五七年）[35]、オルテンシオ・ゼッキーノ『ロゲリウス二世のアシーセ』（一九八〇年）[36]、マリオ・カラヴァーレ『ノルマン・シチリア王国』（一九六六年）[37]、カタログス・バーローヌム（*Catalogus Baronum*）に記載されている貴族の情報をまとめたエッリコ・クオッツォ『カタログス・バーローヌム、注釈』（一九八四年）[38]、王国行政制度の変容過程を分析し、王国行政組織に関する新しい説を提示した高山博『ノルマン・シチリア王国の行政』（一九九三年）[39]が重要である。教会史の分野では、コジモ・D・フォンセカ『中世南イタリアの制度的排他主義と教会組織』（一九八七年）[40]、フーベルト・ホーベン『ノルマン＝シュタウフェン期の南イタリア』（一九九六年）[41]、ノルベルト・カンプ『シュタウフェン朝期シチリア王国の教会と君主国』四巻（一九七三―八二年）[42]が重要な貢献である。とくに、カンプの著作は、一九七三年から一九八二年にかけて刊行された四巻本であるが、シュタウフェン朝時代のシチリア王国司教に関する情報を網羅的に集成した研究であり、この時期を研究対象とする研究者が参照すべき基本文献である。商業史の分野ではデイヴィド・アブラフィアの『二つのイタリア』（一九七七年）と論文集[43]、貨幣史ではルチーア・トラヴァイーニの『ノルマン期イタリアにおける貨幣製造』（一九九五年）[44]が重要な貢献である。より地域を限定した研究では、アプーリア地域に関する情報を網羅的にまとめたジャン＝マリ・マルタンの大著『六世紀から十二世紀までのアプーリア』（一九九三年）[45]、ノルマン期カープアの政治的変化を分析したグレアム・A・ラウドの『カープアのノルマン侯国における教会と社会』（一九八五年）[46]が重要である。ラテン語文書については、ホルスト・エンツェンスベルガーの研究[47]、ギリシア語文書・ギリシア人に関しては、ビザンツ史家のフェラ・フォン・ファルケンハウゼンの研究[48]、アラビア語文書・イスラム文化に関しては、アマーリ以後の貢献として、フランチェスコ・ガブリエーリの研究[49]、ウンベルト・リッツィターノの研究[50]、近年ではジェレミー・ジョンズ[51]、アレックス・メトカルフ[52]、アンリース・ネフの研究[53]がある。

一九九四年がフレデリクス二世生誕（一一九四年十二月二十六日）八百年にあたったため、同年から翌年にかけて同皇帝に関する研究集会がヨーロッパ各地で数多く催された。それらの研究集会で発表された論文は、書物の形で次々と刊行され、デイヴィド・アブラフィア『フレデリック二世』（一九八八年）[54]、ヴォルフガンク・ステュルナー『フリードリヒ二世』二巻（一九九二―二〇〇〇年）[55]に加えて、フレデリクス二世研究に大きく貢献することになった。そのうち、とりわけ重要だと思われるのは、ローマで開催されたドイツ歴史研究所主催研究集会の報告論文集（一九九六年）[56]、ポテンツァで開催された国際研究集会の報告論文集である[57]。また、バーリ大学ノルマン・シュタウフェン研究センター（Centro di studi normanno-svevi）主宰のもとで、一九七五年より二年に一度開催されている研究集会の報告録にも言及しておきたい。中世南イタリアの専門家たちが、様々なテーマに関する論文を掲載しており、近年の研究対象の広がりと研究の蓄積を知ることができる[58]。

近年の重要な史料刊行としては、ノルマン期、シュタウフェン期の南イタリアに関する公文書集の刊行を挙げねばならない。ドイツとイタリアの研究者たちが協力して、ノルマン期とシュタウフェン期に出された公文書の刊行計画が立てられ、『シチリア王国公文書集成』というシリーズ名で刊行されてきた。この公文書集は二つのシリーズからなり、シリーズ1がノルマン期に属する公文書、シリーズ2がシュタウフェン期に属する公文書となっている。計画が完了すれば十一世紀から十三世紀に至る南イタリアの網羅的で信頼性の高い公文書史料集が出現することになる。現在までに、シリーズ1のうち第二巻の一『王ロゲリウス二世のラテン語公文書』（一九八七年）、第三巻『王ウィレルムス一世の公文書』（一九九六年）、第五巻『王タンクレドゥスと王ウィレルムス三世の公文書』（一九八二年）、シリーズ2のうち第一巻の二『皇后にしてシチリア女王コンスタンティアの公文書』（一九八三年）が刊行されている[59]。

第三節　私の研究

　では、ここで、本書に収録した私の論文の概要と研究史上の位置づけを簡潔に記しておきたい。西欧の歴史家たちの多くは、この王国を西欧世界の辺境とみなし、西欧世界が東方文化を取り入れる窓口という具合に位置づけてきたが、私にとってこの王国が特別の意味をもつのは、そこがラテン・ヨーロッパ文化、ギリシア・ビザンツ文化、アラブ・イスラム文化を併存させていたという点である。そのため、私は、三つの文化的要素が混在する王国の行政制度に焦点をあてた研究を進めてきた。この王国の行政制度は、十二世紀西欧世界で最も官僚化、専門化が進んでいたと考えられ、世俗的近代行政の先駆けとなったとみなされてきたものである。王国研究の中で、最も研究史の蓄積が厚く、激しい論争が展開されてきた分野でもある。

　十九世紀、この行政制度に関する研究の多くは、起源をめぐる論争に関わっていた。研究者たちの関心は、高度に発達したシチリアの行政機構の起源をどこに求めるかという問題に集中していたのである。彼らは最初、シチリアの制度の起源はイングランドにあると考えていた。しかし、やがて、ビザンツ帝国起源説、イスラム起源説を唱える人々が出てくる。この起源をめぐる論争は多くの歴史家たちの関心を引き、多くの研究成果を生み出したが、イングランド史専門家はイングランドの影響を主張し、イスラム史専門家はイスラム世界の影響を主張するという具合に、自分の専門地域との関連性を強調する結果に終わっていた。

　このような状況が変化するのは、一九〇一年に、カルロ・アルベルト・ガルーフィの論文が刊行されてからである。(60) ガルーフィはビザンツ起源説を主張するためにこの論文を書いたのだが、彼が提示した財務行政機構の構造は王国行政制度の先進性を示す重要な論拠となり、その後百年近くもの間、通説としての地位を占めることになる。ガルーフィが示した財務行政機構の構造は、当時のヨーロッパにあっては、驚くべき職務の専門化と官僚化を示していた。行政の頂点には、王国の最高の政策決定機関としての王宮評議会があり、この評議会が国王行政の全体を統括していた。王宮評議会の下には、財務行政を統括するための特別の財務委員会が組織され、この財務委員会は、ドゥアーナ・デ・セークレーティース（*duana de secretis*）とドゥアーナ・バーローヌム（*duana baronum*）の二つの部局からなる財務監督局を指揮していた。ドゥアーナ・デ・セークレーティースは王領地関係業務、ドゥアーナ・バーローヌムは封土関係業務を分担し、財務監督局には、財務局が従属し、その財務局には収益局が従属していたというものである。ガルーフィの研究が出たあと、それを踏まえて多くの研究者の関心は財務行政機構の構造に集中し、その構造についての様々な見解が出された。ガルーフィ説に対する批判もなされたが、長い間、ガルーフィ説に取って代わる説が提示されることはなかった。批判の多くは、彼が提示した財務行政機構の構造についての部分的な修正を求めたものであり、その大枠の否定ではなかった。結局、彼の説は多くの歴史家に支持され、通説としての地位を獲得したのである。

私が一九八〇年代から九〇年代にかけて発表した一連の研究（本書第一部）は、このガルーフィ説が誤っていることを論証し、それに代わる新しい行政機構像を提示したものである。一九八五年に発表した論文（本書第一章）では、それまでの研究者たちが用いていたアラビア語、ギリシア語、ラテン語の史料を検討しなおし、ガルーフィ説とそれを修正したマリオ・カラヴァーレ説[61]のいずれもが誤りであることを明らかにした上で、それらに代わる新しい行政機構の構造を提示した[62]。そして、一九九〇年に発表した論文（本書第三章）では、実際に行政を担う役人たちに焦点をあて、一九八五年の論文で提示した行政機構の構造と合致する役人像を提示した[63]。一九八九年に発表した論文（本書第二章）は、ラテン語のファミリアーレース・レギス（*familiares regis*）が国王家政の一員を指すとする通説を改め、十二世紀後半のシチリア王国においては、それが王国で最高権力を有し国政を司る王国最高顧問団メンバーを指していたことを論証したものである[64]。

私が一九九三年に刊行した書物『ノルマン・シチリア王国の行政』では、それまでの論文で公表した内容を核に、王国の統治システムがどのように変化していったかを、具体的に明らかにした[65]。それまで、王国の行政制度や統治構造は、行政制度の変化を十分に認識しないまま議論されており、多くの研究者が実際には異なる時期に存在する官職を同時期のものとして扱い、混乱した像を提供していた。しかし、この書物と一連の論文によって、ガルーフィによって提示された専門の財務委員会は存在せず、またドゥアーナ（*duana*）の役人たちの三層構造も成立しないことが明らかとなった。王国の行政機構は旧支配者たちの行政制度を基に、併存していた異なる諸制度を統合する形で形成され、各々が強い政治的・歴史的まとまりをもつ半島部の諸地域が異なる時期に併合されていったために、全土に均一の行政制度が導入されることはなく、王国内に異なる行政制度が並存することになったということも明らかにした。多くの研究者は、この複雑に見える王国の行政制度の中に、高度の集権化と専門化を、そして近代行政制度の起源すら見出していたが、複雑に見える行政制度は、異なる制度がモザイク状に組み合わさった複合体にしかすぎなかったのである。王国の行政制度は、最も精緻化したウィレルムス二世期（在位一一六六―八九年）でも、研究者たちが考えるほど複雑ではなかった。

一九九八年に発表した論文（本書第四章）は、アミーラトゥス（*amiratus/ ammiratus/ admiralius/ amīr/ ἀμήρ*）が艦隊の指揮官であると同時に財務行政を統括する最高位の役人であるという従来の説に対し、この称号は最初はパレルモのイスラム教徒たちを管理する地方役人に与えられたが、やがて、宮廷の重臣が保有する称号へと変化し、十二世紀末に至っては高級官僚の名誉の称号と国王艦隊の指揮官を指す名称の一部へと分化したことを論じたものである[66]。

一九九九年に発表した論文（本書第五章）では、ノルマン・シチリア王国の行政組織に関する十九世紀以来の学説を整理し、研究史上の問題点を抽出した上で、王国行政の変化と地理的違いを整理し、半島部とシチリアの行政の違いを明らかにした[67]。

王国行政組織・役人に関するこの一連の研究は多くの研究者に受け入れられ、王国に関する基本文献として英・

仏・独・伊語の書物・論文で利用・参照されるようになっている。[68] アンリース・ネフ（パリ大学准教授）は『十一、十二世紀におけるイスラム・シチリアの征服と統治』（二〇一一年）の中で、これらの研究が（ジョンズの研究とともに）「ノルマン行政の概念を根本的に変え[69]」、「今日、このテーマに関するすべての研究に不可欠の基本[70]」になっていると述べ、パオロ・デログ（ローマ大学教授）は『パレルモのパラティナ礼拝堂』全四巻（二〇一〇年）の序論で「王国の行政機構は、Takayama, *The Administration* によって再構築された[71]」と記している。なお、私の一連の研究によって明らかになったシチリア島と半島部の行政の違いはその後の研究の前提とされ[72]、ドゥアーナ・バーローヌムがパレルモではなくサレルノに置かれ、半島部の行政を司っていたという理解も研究者の間で共有されている[73]。また、王国のファミリアーレース・レギスが国王家政の一員ではなく王国で最高権力を有し国政を司る王国最高顧問団メンバーを指していたという説も広く受け入れられており[74]、比較史的観点からのファミリアーレース・レギス研究も進められるようになった[75]。さらに、王国行政の枠を越えて、南イタリアの領主制・農民研究に影響を与え[76]、イスラムのヨーロッパへの影響という文脈でも引用・参照されるようになっている[77]。なお、ラテン語のドゥアーナ・デ・セークレーティースとアラビア語のディーワーン・アルマームール（*ad-dīwān al-ma'mūr*）、ディーワーン・アッタフキーク・アルマームール（*dīwān at-taḥqīq al-ma'mūr*）の関係や多言語の対応関係などを含むテクニカルな議論については、多くの研究者が私の見解を支持しているように見えるが[78]、まだ論争に決着がついた状況とは言えない[79]。

ジェレミー・ジョンズ（オックスフォード大学教授）は、その著書『ノルマン・シチリアにおけるアラブ行政——王のディーワーン』（二〇〇二年）の「第八章　王のディーワーンの職務と組織、一一四一—九四年」の冒頭で、ドゥアーナに関して次のような文章を記している。現在の研究状況を表現したものなので、引用しておきたい。

王のディーワーン（*dīwān*）の職務と組織に関する本研究は、ほとんどアラブ行政だけを対象とし、ギリシア行政、ラテン行政を対象としていない。つまり、（アラビア語の）ディーワーンだけを対象とし、（ギリシア語の）ドゥアーナ、（ラテン語の）ドゥアーナを対象としていない。これは、ギリシア語、ラテン語の言葉の存在そのものが示すように、まったく人工的な区分である。しかし、ノルマン・シチリア行政全体の検討は、当研究の範囲を超えている。また、当研究は、概ね、ほんの最近、Hiroshi Takayama がそのノルマン王国行政の研究で取った手続きをたどることになるだろう。しかも、新たに重要な証拠が使えるわけでもないのに、そうすることになる。彼と私が、あの曲がりくねった、そしてしばしば静まりかえった薄暗い小道の曲がり角曲がり角で常に一致しているというわけではないが、私たちの進む方向は基本的に同じだと思う。実際、王国内の異なる地域に存在する地域的違いへの Takayama の明快な認識がなければ、私が、アプーリア公領やカープア侯領——そして、より少ない程度にカラーブリア——の半島部を無視して、シチリア島のアラブ行政に集中するのは不可能であっただろう。さらに、柔軟で何でもこなす行政という Takayama のヴィジョンは、イギリスの財務府に比肩できるような堅固な組織構造を確認するよう運命づけられた何世代にもわたる行政史家・国制史家たちによって固く結ばれた「ゴルディウスの結び目」を断ち切ってくれている。彼のヴィジョンは、また、固定せずに変化する全体の一部にのみ集中する本研究のような研究の余地をも生み出してくれているのである。(80)

二〇〇〇年以降に私が発表した論文（本書第二部、第三部）については、まだ部分的にしか評価が出ていないので、概要を紹介するにとどめたい。第二部に収録した論文は、主としてノルマン・シチリア王国の統治組織や統治構造に関するものである。二〇〇一年の国際会議で報告した論文（本書第六章、二〇一四年刊行〈二〇〇七年出版の報告録に収録されていた論文を改訂したもの〉）は、ノルマン・シチリア王国行政組織の基礎をなすと考えられている初代シチリア伯ロゲリウス一世の統治に焦点をあて、その特徴と変化を解明したものである。この論文では、一〇八六年頃にロゲリウス一世の政策の中心が征服地の拡大から支配地の確かな統治と効率的な行政へと変化し、それ以後ギリシア人役人を中心に行政制度が作り上げられていったこと、アラブ人はその中央組織から排除されていたことを明らかにした[81]。

二〇〇三年に発表した論文（本書第七章）は、宮廷における権力構造の変化と多文化的要素を論じたものである。研究者たちは、近年に至るまで、中世シチリアのノルマン宮廷が時代による変化を受けることなく同一の性格を有していたという誤った前提のもとで、それがアラブやビザンツの影響を受けた東方的な宮廷なのか、他の西欧諸王国と同じく封建制に基礎を置く宮廷なのか、それとも、それらとは質的に異なる近代的国家組織の萌芽とみなされるべきものなのかをめぐって議論を戦わせてきた。しかし、この論文で私は、シチリア王の宮廷の特徴をノルマン期を通して変化しない特徴と変化する特徴とに分けて検討し、次のような結論を得た。ノルマン王国の宮廷の変化しない特徴は、それがパレルモに固定され、アラブ、ギリシア、ラテン文化を背景にもつ人々を抱え、王の身の回りの世話を大勢のイスラム教徒たちがしていたということである。しかし、宮廷の権力構造は、権力の中心にいた王、宰相、王国最高顧問団に応じて変わり、王権の性格も大きく変わっていた。この権力中枢にいる宰相や王国最高顧問団には、当初から多くのアラブ人、ギリシア人、異邦人が含まれていたが、彼らの構成は時代により変化し、ギリシア人中心からアラブ人中心に、そしてラテン系の人々が中心のグループへと移行していった。研究者たちの多くは、このシチリアの宮廷や王権に見られる特定の文化に焦点をあて、イスラムやビザンツの影響を強調したり、西ヨーロッパ的特徴を強調してきたが、それぞれの文化的要素が、どの時代、どの側面にどのように現れていたかを具体的に確認し、総合的に判断しなければ、シチリアの宮廷の一般的な特徴を言うことはできない[82]。

二〇〇六年に発表した論文（本書第八章）は王国の統治構造を論じたものである。従来、研究者たちは、征服者ノルマン人と征服された人々、とりわけ、イスラム教徒やギリシア人との間に、対立軸を置く傾向にあった。しかし、実際には、ノルマン人とイスラム教徒、ギリシア人との間の関係は、そのように単純なものではなかった。本論文では、次のような、対立の構図を提示している。シチリア王国では、他の西欧諸国に比して発達した官僚機構が存在し、異なる文化に属する官僚たちが王権を支えていた。そして、王と官僚たちが、キリスト教単一文化に属する地方の世俗諸侯と対峙する図式が見られる。実際、王国の政治史の基調は、王権が官僚に助けられて、半島部の都市と世俗諸侯を押さえ込む歴史であったと言うことができる。ここに浮かび上がってくるのは、高度な知識と学問を身に付け、様々な文化的背景をもつ王と官僚たちが、学問はないが優れた戦士である諸侯たちと相対している構図である。ただ、この王と官僚が世俗諸侯を抑える図式は、平時にのみ有効であり、大規模な反乱や外国の侵略などの戦争時には崩れている。戦争時にも、官僚は王権を支えつづけるが、軍事力をもつ諸侯と都市が国王派と反国王派に分かれ、王国の行方を左右することになる。つまり、官僚制に支えられる強大な王権ではあっても、決して磐石なものではなく、世俗諸侯や都市との微妙な関係の上に成り立っていたにすぎないのである(83)。

二〇〇四年に発表した論文（本書第九章）は、「ショート・オックスフォード・イタリア史」シリーズの中の一巻『盛期中世のイタリア』（「世界第一線の歴史家チーム」による「歴史・イタリア専攻の大学生向け」の本(84)）に収録されたもので、十一世紀から十三世紀までの南イタリアにおける政治的枠組みと社会の変化を辿ったものである(85)。アンガス・J・ブレイドは、この論文を「明晰で簡潔な南イタリア・シチリア史」と評している(86)。

第三部に収録した論文は、異なる宗教や民族の併存・対立に関わるテーマを扱ったものである。二〇〇九年に発表した論文（本書第十章）では、王権とムスリム集団との関係の変化を辿り、王国の「寛容」を論じた。ノルマン・シチリア王国は、長い間、異文化共存の地として注目され、中世ヨーロッパ・キリスト教社会の宗教的寛容の典型例として引き合いに出されてきたが、シチリア王国の「寛容」を論じた研究の多くは、ノルマン人支配下のアラブ人を扱ったものである。それらの文献でノルマン王たちのムスリムに対する好意的態度が引き合いに出される一方で、シチリア島のイスラム教徒たちがキリスト教徒支配下で屈辱と隷属を強いられていたことも知られている。本論文では、このアラブ人に焦点をあて、ノルマン人君主とアラブ人との関係がどのように変化してきたかを検討した。そして、ノルマン人とイスラム教徒との間の関係は従来考えられていたように単純なものではなく、異なる集団の間の対立関係は宗教の違い以外の要素によっても生じていたことを明らかにした。ノルマン・シチリア王国においては、宗教や帰属する文化集団の違いは明確な対立軸とならず、また、王国の権力中枢が複数の異なる文化に属する人々から構成されていたために、ノルマン人を単純に多数派とみなすことはできないし、ノルマン人の他集団に対する姿勢を「宗教的寛容」とみなすこともできないのである。(87)

二〇一〇年の論文（本書第十一章）では、現在利用可能なアラビア語史料を検討し、フレデリクス二世とムスリム君主カーミルとの間の外交使節の往来を詳細に分析した。フレデリクス二世の十字軍に関する従来の研究は、フレデリクス二世と教皇、諸侯、十字軍士との関係の変化を強調しており、中東の君主との外交関係はあまり注目されていなかった。そのため、本論文では、フレデリクス二世とカーミルとの外交関係を、可能なかぎり正確に再構成し、フレデリクス二世の十字軍が、彼の十字軍出発よりずっと以前から始まっていた長期にわたる外交関係のなかの一場面にすぎないことを明らかにした。フレデリクス二世の十字軍を、十字軍研究史の通常の文脈とは異なる文脈、つまり、エジプトのスルタンとの外交関係という文脈の中に置くことにより、当時の地中海世界の現実を見通すための新たな視点を提供することができたのではないかと思う。(88)

二〇一二年に発表した論文（本書第十二章）は、中世シチリアと日本における人の移住を比較し、共通点と異なる点を明らかにしたものである。地中海の中央に位置するシチリア島は、戦略的にまた商業的に格段の重要性を有していたため、多くの外部勢力がこの島を支配しようとした。征服が成功すればその同郷者たちの移住が続くことになる。こうして、多様な民族がこの島を支配し、異なる地域からの移住者がその住民を構成した。たとえば、イスラム教徒によるシチリア島征服が、この島へのイスラム教徒の大規模な移住を引き起こし、この島をイスラム教徒の島へと作り変えた。他方、ノルマン人によるシチリア島征服は、既存のシステムを大きく変えることはなかった。ノルマン人たちは、既存のシステムに基づいて住民を治める新しい秩序を作ろうとしていたように見える。その結果、ノルマン人支配のもとで、異なる宗教や文化をもつ集団が併存したのである。それに対し、日本の場合は、古代・中世の時代、外部勢力による征服を経験することはなかった。その最大の理由は、日本の地理的位置がシチリア島ほどに、戦略上・商業上の決定的重要性を有しなかったためであろう。中国大陸の人々には日本を征服するための強いインセンティブがあったようには見えないし、日本へ移住する強い動機を有していたようにも見えない。日本への移住者の数は少なく、政治・社会秩序に劇的な変化をもたらすことはなかった。征服によってではなく、移住先社会へマイノリティとして定住した移住者たちは、その知識や技術を高く評価されはしたが、移住先の社会に同化せざるをえなかったのである[89]。

二〇一四年に発表した論文（本書第十三章）は、中世シチリアの農民に関するものである。それまでの研究では、中世シチリアの不自由農民（ラテン語でヴィーラーヌス〔*villanus*〕と表記される）は基本的に二つのグループに区分されると考えられていた。つまり、領主に対して人格的に世襲の奉仕義務を負う人々と、領主の土地を保有しているために奉仕義務を負う人々である。アラビア語史料に出てくる農民を指す言葉を詳細に検討した二〇〇〇年以降の諸研究でも二つのヴィーラーヌス身分という枠組みが維持されている。たとえば、ジェレミー・ジョンズは、ヴィーラーヌスの一方の階層はアラビア語で「フルシュ（*hursh*）」あるいは「リジャール・アルジャラーイド（*rijāl al-jarā'id*）」と呼ばれ、もう一つの階層は「ムルス（*muls*）」と呼ばれていたと説明している。ジョンズの説を踏襲したアレックス・メトカルフは、ヴィーラーヌスを指すアラビア語とギリシア語の言葉は、二つの基本カテゴリー、つまり、「登録された」家族と「登録されていない」家族に分けることができると述べている。しかし、本論文で、私は、アラビア語、ギリシア語、ラテン語の手書き羊皮紙文書を詳細に検討し、アラビア語の「ムルス」は、ジョンズやメトカルフが主張するようなウィーラーヌス（不自由農民）の二つの階層の一方を表す言葉ではなく、名簿に追加された者たちを示す言葉であることを明らかにした。「ムルス」と「フルシュ」という二つの言葉は、彼らが考えたようなウィーラーヌスの二つの階層を示す対称的な言葉ではなかったのである[90]。

以上、本書に収録している論文の概要を紹介してきたが、いずれも中世のシチリアに関する従来の認識の誤りを修正し、過去の現実により近い像を提示しようとしたものである。

おわりに

先に述べたように、多様な政治勢力と複数の異なる文化が織りなしてきた複雑な歴史、そして、アラビア語、ギリシア語、ラテン語という三つの言語の史料の存在が、ノルマン・シチリア王国研究の大きな障害となってきた。多くの研究者は言語能力の限界のために、ラテン語ならラテン語のみという具合に特定の言語の史料を詳細に検討し、他の言語の史料に関しては他の研究者の研究成果に依拠せざるをえなかった。しかし、特定の言語の史料だけに限定した研究は、他の言語の史料の情報を得ることができない分、事実認識を誤る可能性が高くなる。私が、これまでの研究で、従来の説の誤りを修正し、研究者に受け入れられる新しい見解を提示できたのは、アラビア語、ギリシア語、ラテン語の史料を同時に検討できたからだと思う。

ノルマン・シチリア王国はこれまで多くの研究者を惹きつけ、過去百年以上にわたる研究の蓄積を有しているが、王国に対する関心は現在さらに高まっているように見える。私は、これまで多くの国際会議や大学・研究機関に招聘され[91]、欧米の主要な学術雑誌・学術組織のエディトリアル・ボード、アドバイザリー・ボード就任[92]を要請されてきたが、これらはこの王国に対する関心の反映なのではないかと思う。

その理由の一つは、この王国研究が、異なる文化や宗教の対立など、現代世界が抱える問題の理解とその解決に有益な示唆を与えてくれると期待されているからであろう。ノルマン・シチリア王国の実態を理解することで、私たちは、異なる文化や宗教の併存、異文化に属する人々の交流・衝突という観点から、現在のグローバル化を考察するための重要な情報を得ることができるだろうし、キリスト教ヨーロッパ文化圏とイスラム教アラブ文化圏との関係を考える上でも貴重な経験を学ぶことができるはずである。それ以上に、また、グローバル化する世界に生きる私たちにとってきわめて重要な「過去を認識する枠組み」を再考する機会を与えられるだろう。たとえば、従来の歴史の中では、中世のシチリア王国は、西欧が東方のビザンツ文化・イスラム文化を輸入するための重要な窓口と見られたり、王国の行政制度が近代行政制度の先駆けとみなされるなど、西欧にとっての意味を与えられ、西欧世界の形成に貢献する要素として扱われてきた。私たちは、知らず知らずのうちにこの王国を西欧世界の辺境と見てしまう傾向にあるが、そのような見方は、イギリス、フランス、ドイツに中心を据えた現代の西欧中心主義的歴史像に由来している。もし、私たちがそのような西欧世界という歴史像の枠内で、あるいは、西欧史研究者たちが共有してきた問題意識の中で無批判に研究対象を選べば、研究の出発点となる私たち自身の問題意識や分析の枠組みは最初から規定され、思考の自由も大きく制約されてしまうおそれがある。そして、私たちが描く西欧中世世界のイメージにとって重要だと思われる要素だけを抽出し分析してしまう可能性もある。このようにして生み出された研究成果は既存の西欧中心主義的なイメージを補強するという一方向的な役割を果たすことになるだろう。このような先入観と研究の悪循環から抜け出すのは容易ではないが、ノルマン・シチリア王国は、三つの異なる文化を併存させていたというその特殊な性格ゆえに、既存のイメージを確認・補強するという研究の悪循環から私たちを解放してくれるのではないかと思う。そして、ラテン・キリスト教世界、ギリシア・ビザンツ世界、アラブ・イスラム世界という私たち自身の歴史的イメージを相対化し、再検討する機会を与えてくれるのではないかと思うのである。

現在、欧米では、この興味深く、依然として謎に満ちたノルマン・シチリア王国に惹かれる若手研究者が急増している[93]。次の文は、その中の一人であるリッチモンド大学准教授からの電子メール（二〇一三年九月）の一部である。

「あなたは、かつてはほとんど研究されていなかった王国の研究を開拓してきました。この二、三十年の間にこの分野がどれほど爆発的に拡大したか、まったく驚異的ではありませんか？　あなたと私のアドバイザーのグレアム・ラウドがこのトレンドに対する責任を負っていることは間違いありません。ノルマン王国は急速にアングロ・ノルマン・イングランドと同じくらいの人気になりつつあります――唯一の問題はやっかいなアラビア語とギリシア語の部分ですが――」[94]。わが国でも、ノルマン・シチリア王国を研究する若手研究者が増え、この複雑だが現代世界に対する多くの示唆をもつ王国の解明すべき課題に取り組んでくれることを願っている。

（1）高山博『中世地中海世界とシチリア王国』（東京大学出版会、一九九三年）六七―七五頁。

（2）ノルマン期以前の南イタリアについては、高山『中世地中海世界とシチリア王国』第一部、および、以下の文献を参照。Barbara M. Kreutz, *Before the Normans* (Philadelphia, 1991).

（3）六世紀以後ビザンツ帝国の支配下にあったシチリアは、十世紀にイスラム教徒によって征服され、その支配下に置かれることになる。このイスラム教徒支配下のシチリアに関する基本的な文献は、十九世紀後半に刊行されたMichele Amari, *Storia dei Musulmani di Sicilia*, 1st ed., 3 vols (Firenze 1854–1872); 2nd ed. Carlo Alfonso Nallino, 3 vols. in 5 parts (Catania, 1933–39) である。最新の研究には、Alex Metcalfe, *The Muslims of Medieval Italy* (Edinburgh, 2009) がある。アグラブ朝、ファーティマ朝、カルブ朝期のシチリアの統治者については、以下を参照。Hiroshi Takayama, "The Aghlabid Governors in Sicily: 827–909, — Islamic Sicily I —," *Annals of the Japan Association for Middle East Studies*, vol. 7 (1992), pp. 427–443; idem, "The Fatimid and Kalbite Governors in Sicily: 909–1044, — Islamic Sicily II —," *Mediterranean World*, vol. 13 (1992), pp. 21–30; 高山『中世地中海世界とシチリア王国』付録3。

（4）六世紀半ばに東ローマ（ビザンツ）帝国がイタリアを征服し、六世紀後半にはランゴバルド族が北イタリアに王国を建国した。ランゴバルド族は全イタリアを征服することができず、イタリア中・南部の広い地域は、十一世紀末に至るまでビザンツ帝国の支配下に置かれていた。このビザンツ帝国領南イタリアに関する古典的な著書は、Jules Gay, *L'Italie méridionale et l'empire byzantin (867–1071)* (Paris, 1904) である。二十世紀後半には、フェラ・フォン・ファルケンハウゼンとアンドレ・ギユが精力的に研究を進め、多くの研究成果を提示してきた。たとえば、Vera von Falkenhausen, *Untersuchungen über die byzantinische Herrschaft in Süditalien vom 9. bis ins 11. Jahrhundert*（Wiesbaden, 1967）; André Guillou, *Régionalisme et indépendance dans l'empire byzantin au VIIe siècle. L'exemple de l'exarchat et de la pentapole d'Italie*（Rome, 1969）など。

（5）高山『中世地中海世界とシチリア王国』三一―六六頁。

（6）たとえば、エドワード・ギボンは『ローマ帝国衰亡史』の中で、ノルマン人たちの南イタリア征服は「その起源において非常にロマンチックで、そのもたらした影響においてはイタリアとビザンツにとって非常に重要な出来事」と語っている。Edward Gibbon, *The History of the Decline and Fall of the Roman Empire*, 6 vols.（London 1776–1788）, vol. 5, p. 587. また、ジョン・A・シモンズは次のような文章を残している。「歴史のどの章をめくってみても、オートヴィル家の急激な勃興と束の間の栄華の歴史ほどロマンスに近いものはない。タンクレドゥスの息子たちは、ほんの一世代のうちに、コタンタン半島にあるノルマン人たちの谷間に住む一介の従者の身分から、南海の最も豊穣なる島の王位へ達してしまった。海賊どもは王の笏に加えてアラブ宮廷風の文化をも手に入れたし、掠奪者どもは群れをなしローマを焦土とする一方で、教皇の手ずから教会司法権の象徴たる冠と寛衣を受け取ったのである」（John Addington Symonds, *Sketches in Italy and Greece* [London, 1874], p. 148).

（7）高山『中世地中海世界とシチリア王国』六七―一二三頁。

（8）高山博『神秘の中世王国』（東京大学出版会、一九九五年）一九六―二〇〇頁。

（9）高山『神秘の中世王国』二〇〇―二一四、二四〇―二四七頁。

（10）高山『神秘の中世王国』二五四―二六九頁。

（11）高山『神秘の中世王国』二四七―二五四頁。

（12）高山『神秘の中世王国』二四〇―二四七頁。

（13）Charles Homer Haskins, *The Renaissance of the Twelfth Century* (Cambridge, Mass., 1927), pp. 283–284, 291–302; 日本語訳＝チャールズ・H・ハスキンズ著／野口洋二訳『十二世紀ルネサンス』（創文社、一九八五年）二五一―二五二頁。

（14）Otto Demus, *Byzantine Art and the West* (New York, 1970), pp. 121–161. Cf. idem, *The Mosaics of Norman Sicily* (London, 1949), pp. 27–29, 56, 107–108, 178–186; Ernst Kitzinger, *The Mosaics of Monreale* (Palermo, 1960; repr. in 1991), p. 13; Wolfgang Krönig, *The Cathedral of Monreale and Norman Architecture in Italy*（Palermo, 1965).

（15）Albert Brackmann, "The Beginnings of the National State in Medieval Germany and the Norman Monarchies," Geoffrey Barraclough, trans. & ed., *Medieval Germany 911–1250*, 2 vols.（Oxford, 1938）, vol. 2, p. 289; David C. Douglas, *The Norman Fate 1100–1154* (London, 1976), pp. 2–3, 120, 217.

（16）Heinrich Mitteis, *Deutsche Rechtsgeschichte, ein Studienbuch*, new ed. Heinz Lieberich (München, 1978), p. 186; 日本語訳＝ハインリヒ・ミッタイス著／世良晃志郎訳『ドイツ法制史概説　改訂版』（創文社、一九七一年）、三三七頁。

(17) Charles Homer Haskins, *The Normans in European History* (Boston, 1915), p. 192.

(18) Michele Amari, *Storia dei Musulmani di Sicilia*, 1st ed., 3 vols (Firenze, 1854–1872); 2nd ed. Carlo Alfonso Nallino, 3 vols. in 5 parts (Catania 1933–39).

(19) Ferdinand Chalandon, *Histoire de la domination normande en Italie et en Sicile*, 2 vols. (Paris, 1907; repr. New York, 1960).

(20) Michele Amari, ed., *Biblioteca arabo-sicula, testo arabo* (Leipzig, 1857); idem, ed., *Appendice alla Biblioteca arabo-sicula, testo arabo* (Leipzig, 1875); idem, ed., *Seconda Appendice alla Biblioteca arabo-sicula, testo arabo* (Leipzig, 1887); idem, ed., *Biblioteca arabo-sicula: ossia Raccolta di testi arabici che toccano la geografia, la storia, le biografie e la bibliografia della Sicilia*, 2 vols. (Frankfurt am Main, 1994) [Reprint of the three editions in Leipzig, 1857–87]; idem, ed. and trans., *Biblioteca arabo-sicula, versione italiana*, 2 vols. (Torino, 1880–81); idem, ed. and trans., *Biblioteca arabo-sicula, versione italiana. Appendice* (Torino, 1889).

(21) Karl Andreas Kehr, *Die Urkunden der normannisch-sizilischen Könige* (Innsbruck, 1902).

(22) Erich Caspar, *Roger II. und die Gründung der normannisch-sicilischen Monarchie* (Innsbruck, 1904); Erich Caspar, *Ruggero II e la fondazione della monarchia normanna di Sicilia* (Roma/ Bari, 1999).

(23) Charles Homer Haskins, "England and Sicily in the Twelfth Century," *English Historical Review*, vol. 26 (1911), pp. 443–447, 641–665; idem, *The Normans*; idem, *Norman Institutions* (Cambridge, Mass., 1925); idem, *Studies in the History of Medieval Science*, 2nd ed. (Cambridge, Mass., 1927); idem, *The Renaissance of the Twelfth Century*.

(24) Evelyn Jamison, "The Norman Administration of Apulia and Capua, More Especially under Roger II and William I, 1127–1166," *Papers of the British School at Rome*, vol. 6 (1913), pp. 211–481.

(25) Lynn T. White, *Latin Monasticism in Norman Sicily* (Cambridge, Mass., 1938); idem, *Frontiers of Knowledge in the Study of Man* (New York, 1956); idem, *Medieval Technology and Social Change* (Oxford, 1962); idem, *Medieval Religion and Technology: Collected Essays* (Berkeley, 1978).

(26) Claude Cahen, *Le régime féodale de l'Italie normande* (Paris, 1940); idem, *La Syrie du nord à l'époque des croisades et la principauté franque d'Antioche* (Paris, 1940); idem, *Turcobyzantina et Oriens Christianus* (London, 1974); idem, *Les peuples musulmans dans l'histoire médiévale* (Damas, 1977); idem, *Introduction à l'histoire du monde musulman médiéval: VIIe–XVe siècle* (Paris, 1982); idem, *Orient et Occident au temps des Croisades* (Paris, 1983); idem, *La Turquie pré-ottomane* (Istanbul, 1988).

(27) Hubert Houben, *Roger II. von Sizilien* (Darmstadt, 1997), p. 6: "Intensiv erforscht wurden in den letzten Jahrzehnten die Gesetzgebung Rogers und die Kirchen-, Wirtschafts- und Sozialgeschichte des Königreichs." Idem, trans. by G. A. Loud & D. Milburn, *Roger of Sicily. A Ruler between East and West* (Cambridge, 2002), p. 6: "Roger's legislation and the ecclesiastical, economic and social history of the kingdom have been the subject of intensive research."

(28) Houben, *Roger II. von Sizilien*, p. 6 note 11: "Vgl. das Quellen- und Literaturverzeichnis. Rechtsgeschichte: Caravale, Dilcher, Zecchino; Kirchengeschichte: Fonseca, Houben, Kamp; Wirtschafts- und Sozialgeschichte: Abulafia, Bresc, Falkenhausen, Johns, Martin, Takayama; Kunst- und Baugeschichte: Brenk, Deér, Kitzinger, Meier." Idem, *Roger of Sicily*, p. 6 note 12: "See the primary sources and bibliography of secondary works at the end of this volume. On legal issues see especially the works by Caravale, Dilcher and Zecchino; on the Church, those by Fonseca, Houben, Kamp and Loud; on economic and social history, Abulafia, Bresc, Falkenhausen, Johns, Martin and Takayama; on art and architecture, Brenk, Deér, Kitzinger, Meier and Tronzo."

(29) Annkristin Schlichte, *Der 'gute' König. Wilhelm II. von Sizilien (1166–89)* (Tübingen, 2005), p. 3: "Auch zu anderen Gesichtspunkten der Zeit Wilhelms II. liegen jüngere Arbeiten vor, die ihre Fragestellungen allerdings häufig im Rahmen der gesamten normannischen (Königs-) Herrschaft in Unteritalien zu beantworten suchen (note 9)." *Ibid.*, p. 4 note 9: "Ohne Vollständigkeit anzustreben, seien hier beispielhaft genannt: zur Außenpolitik Houben, Vocazione; zur Kirchenpolitik Enzensberger, Wilhelm; zu den lateinischen Klöstern des Regno die Arbeiten von Houben; zur den griechischen Klöstern und dem süditalienischen Griechentum überhaupt die Untersuchungen von Falkenhausen; zu wirtschaftlichen Fragen Martin, Structures; ders., Économie; zur königlichen Verwaltung die Arbeiten von Takayama und Martin, Législation; zur ethnisch-religiösen Entwicklung und der Frage der "Toleranz" von Falkenhausen, Popolamento und Houben, Möglichkeiten; zum arabisch-muslimischen Einfluss auf das normannische Regno die beiden jüngsten Untersuchungen von Johns, Administration und Metcalfe, Muslims and Christians; außerdem die Beiträge in den zweijährlich erscheinenden Tagungsakten des *Centro di studi normanno-svevi in Bari*." Cf. Annick Peters-Custot, *Les Grecs de L'Italie méridionale post-Byzantine* (Rome, 2009), pp. xvi–xvii: "plus généralement, la période normande a stimulé les chercheurs, depuis F. Chalandon jusqu'à H. Houben, en passant par E. Jamison, H. Takayama, L.-R. Ménager, E. Cuozzo, N. Kamp."

(30) Donald Matthew, *The Norman Kingdom of Sicily* (Cambridge, 1992).

(31) Jean-Marie Martin, *Italies Normandes XIe–XIIe siècles* (Paris, 1994).

(32) Houben, *Roger II. von Sizilien*; idem, *Roger of Sicily*.

(33) John Julius Norwich, *The Normans in the South* (London, 1967) = *The Other Conquest* (New York, 1967); idem, *The Kingdom in the Sun, 1130–1194* (London, 1970).

(34) Graham A. Loud, *The Age of Robert Guiscard: Southern Italy and the Norman Conquest* (Harlow, 2000).

(35) Evelyn Jamison, *Admiral Eugenius of Sicily, His Life and Work* (London, 1957).

(36) Ortensio Zecchino, *Le Assise di Ruggiero II. Problemi di storia delle fonti e di diritto penale* (Napoli. 1980); idem, *Le Assise di Ruggiero II. I Testi* (Napoli, 1984).

(37) Mario Caravale, "Gli uffici finanziari nel Regno di Sicilia durante il periodo normanno," *Annali di storia del diritto*, vol. 8 (1964), pp. 177–223; idem, *Il Regno Normanno di Sicilia* (Milano/ Varese, 1966).

(38) Errico Cuozzo, *Catalogus Baronum. Commentario* (Roma, 1984).
(39) Hiroshi Takayama, *The Administration of the Norman Kingdom of Sicily* (Leiden/ New York/ Köln, 1993).
(40) Cosimo Damiano Fonseca, *Particolarismo istituzionale e organizzazione ecclesiastica del Mezzogiorno medioevale* (Galatina, 1987).
(41) Hubert Houben, *Mezzogiorno Normanno-Svevo* (Napoli, 1996); idem, *Roger II. von Sizilien* (Darmstadt, 1997).
(42) Norbert Kamp, *Kirche und Monarchie im Staufischen Königreich Sizilien. I: Prosopographische Grundlegung: Bistümer und Bischöfe des Königreichs 1194–1266*, 4 vols. (München, 1973–82; Münstersche Mittelalter-Schriften, 10/I, 1–4).
(43) David Abulafia, *The Two Italies* (Cambridge, 1977); idem, *Italy, Sicily and the Mediterranean, 1100–1400* (London, 1987).
(44) Lucia Travaini, *La monetazione nell'Italia normanna* (Roma, 1995).
(45) Jean-Marie Martin, *La Pouille du VIe au XIIe siècle* (Rome, 1993).
(46) Graham A. Loud, *Church and Society in the Norman Principality of Capua 1058–1197* (Oxford, 1985).
(47) Horst Enzensberger, *Beiträge zum Kanzlei- und Urkundenwesen der normannischen Herrscher Unteritaliens und Siziliens* (Kallmünz, 1971).
(48) Vera von Falkenhausen, *Untersuchungen über die byzantinische Herrschaft in Süditalien vom 9. bis ins 11. Jahrhundert* (Wiesbaden, 1967).
(49) Francesco Gabrieli, *Dal Mondo dell'Islàm* (Milano/ Napoli, 1954).
(50) Umberto Rizzitano, *Storia e cultura nella Sicilia Normanna* (Palermo, 1975).
(51) Jeremy Johns, *Arabic Administration in Norman Sicily* (Cambridge, 2002).
(52) Alex Metcalfe, *Muslims and Christians in Norman Sicily. Arabic Speakers and the End of Islam* (London, 2003); idem, *The Muslims of Medieval Italy* (Edinburgh, 2009).
(53) Annliese Nef, *Conquérir et gouverner la Sicile islamique aux XIe et XIIe siècles* (Rome, 2011).
(54) David Abulafia, *Frederick II: A Medieval Emperor* (London, 1988).
(55) Wolfgang Stürner, *Friedrich II.*, 2 vols. (Darmstadt, 1992–2000).
(56) *Friedrich II.: Tagung des Deutschen Historischen Instituts in Rom im Gedenkjahr 1994*, eds. Arnold Esch & Norbert Kamp (Tübingen, 1996).
(57) *Mezzogiorno—Federico II—Mezzogiorno: Atti del Convegno di Federico II*, 2 vols. (Roma, 1999).
(58) Centro di studi normanno-svevi, *Atti*, vols. 1–19: *Roberto il Guiscardo e il suo tempo* (Roma, 1975); *Ruggero il gran conte e l'inizio dello stato normanno* (Roma, 1977); *Società, potere e popolo nell'età di Ruggero II* (Bari, 1979); *Potere, società e popolo nell'età dei due Guglielmi* (Bari, 1981); *Potere, società e popolo tra età normanna ed età sveva* (Bari 1983); *Potere, società e popolo nell'età sveva* (Bari, 1985); *Terre e uomini nel Mezzogiorno normanno-svevo* (Bari, 1987); *Uomo e ambiente nel Mezzogiorno normanno-svevo* (Bari, 1989); *Condizioni umana e ruoli sociali nel Mezzogiorno normanno-svevo* (Bari, 1991); *Itineri e centri urbani nel Mezzogiorno normanno-svevo* (Bari, 1993); *Strumenti, tempi e luoghi di comunicazione nel Mezzogiorno normano-svevo* (Bari, 1995); *Centri di produzione della cultura nel Mezzogiorno normanno-svevo*

(Bari, 1997); *Il Mezzogiorno normanno-svevo visto dall'Europa e dal mondo mediterraneo* (Bari, 1999); *Il Mezzogiorno normanno-svevo e le Crociate* (Bari, 2002); *Le eredità normanno-sveve nell'età angioina. Persistenze e mutamenti nel Mezzogiorno* (Bari, 2004); *I caratteri originari della conquista normanna. Diversità e identità nel Mezzogiorno* (*1030–1130*) (Bari, 2006); *Nascita di un regno. Poteri signorili, istituzioni feudalie e strutture sociali nel Mezzogiorno normanno* (*1130–1194*) (Bari, 2008); *Un regno nell'impero. I caratteri originari del regno normanno nell'età sveva: persistenze e differenze* (*1194–1250*) (Bari, 2010); *Eclisse di un regno. L'utima età sveva* (*1251–1268*) (Bari, 2012).

(59) *Rogerii II. Regis Diplomata Latina,* ed. C. Brühl (Köln/ Wien, 1987; Codex diplomaticus regni siciliae, ser. I, t. II, 1); *Guillelmi I. Regis Diplomata*, ed. Horst Enzensberger (Köln/ Wien, 1996; Codex diplomaticus regni siciliae, ser. I, t. III); *Tankredi et Willelmi III regum diplomata,* ed. H. Zielinski, (Köln/ Wien, 1982; Codex diplomaticus regni siciliae, ser. I, t. V); *Constantiae imperatricis et reginae siciliae diplomata* (*1195–1198*) (Köln/ Wien 1983; Codex diplomaticus regni siciliae, ser. II, t. I, 2).

(60) Carlo Alberto Garufi, "Sull'ordinamento amministrativo Normanno in Sicilia, Exhiquier o diwan? Studi storico-diplomatici," *Archivio storico italiano*, ser. 5, vol. 27 (1901), pp. 225–263.

(61) Mario Caravale, "Gli uffici finanziari nel Regno di Sicilia durante il periodo normanno," *Annali di storia del diritto*, vol. 8 (1964), pp. 177–223.

(62) Hiroshi Takayama, "The Financial and Administrative Organization of the Norman Kingdom of Sicily," *Viator: Medieval and Renaissance Studies*, vol. 16 (1985), pp.129–157 (本書第一章). Cf. Abraham L. Udovitch, "I musulmani e gli ebrei nel mondo di Federico II," in Pierre Toubert & Agostino Paravicini Bagliani, eds., *Federico II e la Sicilia* (Palermo, 1998), p. 118: "Un recente studio di Hiroshi Takayama ha brillantemente dimostrato la forte sopravvivenza dell'arabo come lingua amministrativa, usata dai musulmani che rimanevano nell'isola, ma anche dai segretari ed amministratori cristiani bilingui."

(63) Hiroshi Takayama, "The Great Administrative Officials of the Norman Kingdom of Sicily," *Papers of the British School at Rome*, vol. 58 (1990), pp. 317–335 (本書第三章).

(64) Hiroshi Takayama, "*Familiares Regis* and the Royal Inner Council in Twelfth-Century Sicily," *English Historical Review*, vol. 104 (1989), pp. 357–372 (本書第二章).

(65) Hiroshi Takayama, *The Administration of the Norman Kingdom of Sicily* (Leiden/ New York/ Köln, 1993).

(66) Hiroshi Takayama, "*Amiratus* in the Norman Kingdom of Sicily," *Forschungen zur Reichs-, Papst- und Landesgeschichte*, eds. K. Borchardt & E. Bunz (Stuttgart, 1998), pp.133–144 (本書第四章). Cf. Nef, *Conquérir et gouverner*, p. 309 note 22: "H. Takayama a proposé une syntèse récente sur l'évolution de la fonction au cours du XIIe siècle («Amiratus in the Norman Kingdom of Sicily»)".

(67) Hiroshi Takayama, "The Administrative Organization of the Norman Kingdom of Sicily," *Mezzogiorno — Federico II — Mezzogiorno* (Roma, 1999), pp. 61–78. (本書第五章) この論文はイタリアで開催された国際会議 Mezzogiorno — Federico II — Mezzogiorno: Convegno internazionale di studio in occasione dell' VIII centenario della nascita di Federico II (Potenza/ Castel Lagopesole/ Melfi, Italia,18–23 October 1994)

での報告 “L’organizzazione amministrativa nel Regno normanno” を基に作成したものである。

(68) Philip Grierson & Lucia Travaini, *Medieval European Coinage, vol. 14: Italy* (*III*) (Cambridge, 1998), p. 80: “Abulafia 1977 is important for the economic history of the kingdom, and Tramontana 1986 and Takayama 1993 for its political organization and administration.” Paul Oldfield, “An Internal Frontier? The Relationship between Mainland Southern Italy and Sicily in the ‘Norman’ Kingdom,” *Haskins Society Journal*, vol. 20 (2008), p. 162: “There is no need here to go over in any detail the precise administrative ordering and divisions of the kingdom: these have already been covered admirably by, among others, Caravale, Jamison, Matthew, and Takayama.” Idem, *City and Community in Norman Italy* (Cambridge, 2009), p. 83: “This discussion on the kingdom’s administration follows the excellent works by Jamison, ‘The Norman Administration’ and Takayama, *Administration of the Norman Kingdom*.” Graham A. Loud, “Le strutture del potere: la feudalità,” *Il Mezzogiorno normanno-svevo fra storia e storiografia*, eds. Pasquale Cordasco & Marco Antonio Siciliani (Bari, 2014), p. 151: “l’analisi condotta da Takayama sul governo centrale della Sicilia, per contrasto, fu molto originale ed importante.” Brian A. Catlos, *Infidel Kings and Unholy Warriors: Faith, Power, and Violence in the Age of Crusade and Jihad* (New York, 2014), p. 338: “There is no shortage of recent scholarship in English on the court and culture of Norman Sicily. For the administration, the key works are John’s *Arabic Administration in Norman Sicily: The Royal Dīwān*, and Takayama’s *The Administration of the Norman Kingdom of Sicily* — both academic books that dissect in great technical detail the complex workings of the kingdom and court.” 頻繁な引用・参照の例として，たとえば，Schlichte, *Der “gute” König*. を挙げることができる。この書物では，Takayama, *Administration* が p. 9 note 16; p. 10 note 17; p. 12 note 35; p. 17 note 61; p. 23 notes 92, 93; p. 25 note 111; p. 28 note 125; p. 29 note 129; pp. 34–41 notes 1–7, 9–10, 12–25, 32–34, 40–43, 45; pp. 43–45 notes 57–58, 60–61, 69, p. 52 notes 116–117; p. 64 note 181; p. 73 note 48; p. 201 notes 19–22 で参照され，Takayama, “Familiares regis” が p. 10 note 18; p. 12 note 33; p. 15 note 52; p. 16 note 55; p. 19 note 73; p. 25 note 111; p. 26 note 114; pp. 314–315 notes 22, 24, 29 で，Takayama, “The Great Administrative Officials” が p. 37 note 15; p. 40 note 40; p. 209 note 72 で，Takayama, “The Financial Administrative Organization” が p. 35 note 3; p. 43 note 54 で参照されている。

(69) Nef, *Conquérir et gouverner*, p. 251: “les travaux d’Hiroshi Takayama et de Jeremy Johns ont profondément renouvelé la conception de l’administration normande jusqu’alors en vigueur…”

(70) Nef, *Conquérir et gouverner*, p. 248: “l’étude détaillée de la chronologie et des charges administratives entreprise par Hiroshi Takayama est aujourd’hui la base indispensable de toute recherche sur le sujet…” Cf. *ibid*., p. 248: “Au début des années 1990, Hiroshi Takayama a fait le point sur un débat qui a longtemps opposé trois conceptions des origines de normande, islamique et byzantine. Il a alors tranché en faveur d’une synthèse d’apports multiples étalée dans le temps. Cette approche de la question induit un changement drastique dans la manière d’aborder le sujet qu’amorçaient déjà certains travaux antérieurs, tels ceux de Carlo Alberto Garufi: la démarche étroitement philologique, qui visait à identifier les origines de telle ou telle pratique, est définitivement abandonné au profit d’une réflexion plus fonctionnaliste sur les structures administratives.”

(71) Paolo Delogu, “Un’isola al centro del mondo,” *La Cappella Palatina a Palermo*, 4 vols. (Palermo, 2010), vol. 3, p. 25: “L’organizzazione am-

ministrativa del regno è stata ricostruita da H. Takayama, *The Administration of the Norman Kingdom of Sicily*..."

(72) Ortensio Zecchino, "Erich Caspar e i miti della storiografia meridionale," Erich Caspar, *Ruggero e la fondazione della monarchia normanna di Sicilia* (Roma/ Bari, 1999), p. xvi: "Di recente, Hiroshi Takayama con nuove ricerche ha confermato la profonda diversità organizzativa del Regno nelle due parti, che sarebbe sopravvissuta anche in età federiciana." Johns, *Arabic Administration*, p.193: "Indeed without Takayama's clear perception of the regional variations between the different provinces of the kingdom, it would have been impossible for me to focus so closely upon the Arabic administration of the island of Sicily." Oldfield, "An Internal Frontier?" p.162: "But, as Takayama has pointed out, Sicily and the province of Calabria were administratively rather different from the bulk of the mainland."

(73) Graham A. Loud & Thomas Wiedemann, trans., *The History of the Tyrants of Sicily by 'Hugo Falcandus' 1154–69* (Manchester/ New York, 1998), p. 33 note 82: "For the *Duana Baronum*, see Takayama (1985) 133–43 and (1993), 145–57, whose dicussion of the financial administration supersedes that of Jamison (1957), 49–53, 69–74." Travaini, *La monetazione*, p. 72 note 200: "La *dohana baronum* sarebbe documentata poco prima del marzo 1168: Takayama, *The financial*, p. 152." *Ibid*., "Gli uffici della *dohana baronum* ebbero probabilmente sede a Salerno, e non a Palermo: Takayama, *The financial*, p. 143." Grierson & Travaini, *Medieval European Coinage, vol. 14*, p. 133: "The *dohana baronum*, a new institution intended to improve the administration of the mainland provinces, is documented for the first time in c. March 1168 (Takayama 1993, 152), and some of his coins suggest this date, or a slightly earlier one, for his monetary changes."

(74) Loud & Wiedemann, trans., *The History of the Tyrants of Sicily*, p. 120 note 102: "In Sicily the king's *familiares regis* were not simply the trusted men of his court, as the term implied in twlfth-century northern Europe, but his principal ministers. See Takayama (1989), 357–72 and (1993), 98–101, 115–25."

(75) Cf. Martin Kintzinger, *Westbindungen im spätmittelalterlichen Europa* (Stuttgart, 2000), p. 146: "Ausgehend von seiner Untersuchung des hochmittelalterlichen Königreichs Sizilien forderte Hiroshi Takayama 1993, die Familiares Regis am Hof und in der Verwaltung vergleichend auch für Frankreich und England zu untersuchen. Er sieht in ihnen «a key concept in the understanding of medieval government in Western Europe»." *Ibid*., p. 146 note 21: "Hiroshi Takayama, The Administration. ……, S. 166: «Considering the close contacts among these royal courts [of England, France and other monarchies], and similarities in the titles of certain other royal officials, there is the possibility that other monarchies had the same or similar usage of familiares regis [as the kingdom of Sicily]». S. 167: «Only a more thorough investigation of the persons described as the familiares regis of those monarchies will enable us to know the real answer [to the question, if the bearers of the title familiares regis included the most powereful people in the kingdom]». Takayama betont, ebd., die Verwaltungs- und Gesandtshaftstätigkeit der Familiares." *Ibid*., p. 151 note 43: "Entsprechend in seiner Monographie von 1993: Ders., *Administration*, bes. S. 95–162, programmatisch und im europäischen Vergleich (Frankreich, England) S. 166f. Takayama betont, daß die Familiares Regis an den westeuropäischen Höfen für Verwaltung und Gesandtschaft zuständig gewesen seien. Ebd., S.167." Martin Kintzinger, "Familie [weitere]," *Höfe und Residenzen im spätmittelalterlichen Reich*, 2 vols., ed. W.

Paravicini (Ostfildern, 2003), vol. 1. p. 58: "In der familia liegt «a key concept in the understanding of medieval government in Western Europe» (Takayama 1993)."

(76) Giuseppe Petralia, "La «signoria» nella Sicilia Normanna e Sveva: verso nuovi scenari?," *La signoria rurale in Italia nel medioevo: Atti del II Convegno di studi, Pisa, 6–7 novembre 1998* (Pisa, 2006), p. 237: "A conferma della centralità storiografica del nesso tra sovrano e demanio, uffici e feudalità, la principale nuova ricerca condotta negli ultimi anni all'interno del patrimonio documentario siciliano è una ennesima indagine sull'amministratione dello stato normanno. In un libro asciutto ed essenziale, Hiroshi Takayama ha condotto verso convincenti soluzioni i nodi centrali di un antico dibattito sulla storia degli uffici attraverso i quali — da Ruggero il Gran Conte fino a Guglielmo II — furono rette la Calabria e la Sicilia e poi l'intero regno." Sandro Carocci, "Le libertà dei servi, Reinterpretare il villanaggio meridionale," *Storica*, vol. 37 (2007), p. 65 note 34: "Fondamentale per accertare la storia degli uffici regi e il carattere fiscale degli elenchi di uomini da essi prodotti è stato il libro di H. Takayama, *The Administration of the Norman Kingdom of Sicily*, Brill."

(77) John A. Makdisi, "The Islamic Origins of the Common Law," *North Carolina Law Review*, vol. 77 (1999), p. 1725: "A recent study by Hiroshi Takayama has concluded that the *duana de secretis*, otherwise known in Arabic as the *diwan at-tahqiq al-ma'mur*, was developed from an Arabic tradition of registers of land and villeins. This system of registers gave the king a uniquely stable control of lands and inhabitants." *Ibid*., p. 1725 note 581: "According to Takayama, '[t]he *duana de secretis* was an office in charge of special duties concerning land: it supervised all boundaries, royal domains, fiefs, and inhabitants in Sicily and Calabria: it always recorded their conditions in the registers of land (*dafatir*) to guard the lands and inhabitants of the king.'" *Ibid*., p. 1725 note 582: "Work such as that of Takayama on the *diwan* has helped to establish the Islamic origins of some of Roger's institutions, but there is still much work yet to be done to understand the true extent of Islamic influence during his reign."

(78) Horst Enzensberger, "Chanceries, Charters and Administration in Norman Italy," *The Society of Norman Italy*, eds., Graham A. Loud & Alex Metcalfe (Leiden/ Boston/ Köln, 2002), p. 121 note 21: "For the diwan, Takayama (1993), 81–93, replaces older discussions." Petralia, "La «signoria» nella Sicilia Normanna e Sveva," p. 241 note 21: "La sostanza dell'impianto di Takayama è stata infine recepita — sia pure con residue differenze particolari — da J. Johns, *Arabic Administration in Norman Sicily. The Royal Dîwân*, Cambridge, Cambridge University Press, 2002 in un libro che peraltro a proposito di "villani saraceni" — rifiutando le innovative proposte della Nef — non sembra però discostarsi significativamente dalla tradizione striografica." Carocci, "Le libertà dei servi," p. 65 note 34: "le sue [=Takayama] conclusioni sono accolte, nella sostanza, da J. Johns, *Arabic Administration in Norman Sicily: the Royal Dīwān*, Cambridge U.P., Cambridge 2002, che peraltro ha teorizzato l'influenza del modello amministrativo dei califfi fatimidi egiziani sulle riforme di Ruggero II."

(79) Johns, *Arabic Administration*, pp. 193–211; Metcalfe, *The Muslims of Medieval Italy*, p. 145; Nef, *Conquérir et gouverner*, pp. 251–283.

(80) Johns, *Arabic Administration*, p. 193: "This review of the duties and the organization of the royal *dīwān* is almost exclusively concerned with the Arabic administration, to the exclusion of the Greek and the Latin; with *al-dīwān*, not *ἡ δουάνα* (*ē douana*), nor the *duana*. As the very exis-

tence of these Greek and Latin terms indicates, this is a wholly artificial distinction, but a review of the entire administration of Norman Sicily lies beyond the scope of this work. It would, moreover, largely retrace the steps so recently taken by Hiroshi Takayama in his study of the administration of the Norman kingdom; and would do so without a significant corpus of new evidence yet being available. Although he and I may not always agree upon every twist and turn of that tortuous, and often still obscure path, our destination is essentially the same. Indeed, without Takayama's clear perception of the regional variations between the different provinces of the kingdom, it would have been impossible for me to focus so closely upon the Arabic administration of the island of Sicily, ignoring the mainland provinces of the duchy of Apulia, the principality of Capua, and — to a lesser extent — Calabria. Again, Takayama's vision of a flexible, omnipotent administration, cuts the Gordian knot so tightly tied by generations of administrative and constitutional historians determined to identify a rigid organisational structure that might be compared to the English exchequer. It also makes room for a study such as this, which concentrates upon only one part of the loose and changeable whole." Cf. *ibid*., p. 199 note 28: "The question has already been the subject of two thorough reviews by Mario Caravale and Hiroshi Takayama permiting me to concentrate upon those aspects most relevant to my own interests. The following are the principal landmarks and are, perhaps, best read in antichronological order: Gregorio 1972, vol. I, pp. 205–10; Amari 1878 (see also Amari 1933–9, p. 327, n. 2); Garufi 1901, pp. 225–33; Garufi 1928, pp. 1–6; Jamison 1957, pp. 33–55; Caravale 1966, pp. 169–77; Mazzarese Fardella 1966, p. 2–22; Takayama 1993, pp. 1–24."

（81）Hiroshi Takayama, "The Administration of Roger I: Foundation of the Norman Administrative System," *Bausteine zur deutschen und italienischen Geschichte. Festschrift zum 70. Geburstag von Horst Enzensberger*, eds. Maria Stuiber & Michele Spadaccini（Bamberg, 2014）, pp. 413–431（本書第六章）. この論文は、二〇〇一年にイタリアのトロイーナで開催された国際会議 Congresso internazionale di studi per il IX Centenario で報告し、その報告録 *Ruggero I Gran Conte di Sicilia*, ed. G. De' Giovanni-Centelles（Roma, 2007）に収録された論文 "The Administration of Roger I: Foundation of the Norman Administrative System" を改訂したものである。

（82）Hiroshi Takayama, "Central Power and Multi-Cultural Elements at the Norman Court of Sicily," *Mediterranean Studies*, vol. 12（2003）, pp. 1–15（本書第七章）.

（83）Hiroshi Takayama, "Confrontation of Powers in the Norman Kingdom of Sicily: Kings, Nobles, Bureaucrats and Cities," *Città e vita cittadina nei Paesi dell'area mediterranea: secoli XI–XV, Atti del Convegno Internazionale in onore di Salvatore Tramontana*, ed. B. Saitta（Roma, 2006）, pp. 541–552（本書第八章）.

（84）Oxford University Press による *Italy in the Central Middle Ages*（Oxford, 2004）の紹介文："International team of leading historians provide a thematic view of Italy at a time when it was the most dynamic region of western Europe." "Readership: Undergraduates on History or Italian degrees taking options in Italy or in the Middle Ages. Also the general reader interested in Italian history of this period."（http://www.oup.co.uk/isbn/0-19-924704-8）

（85）Hiroshi Takayama, "Law and Monarchy in the South," D. Abulafia, ed., *Italy in the Central Middle Ages*（Oxford, 2004）, pp. 58–81（本書第九

章）.

（86） Angus J. Braid, *Mysticism and Heresy: Studies in Radical Religion in the Central Middle Ages* (*C. 850–1210*) (London, 2011), p. 397: "A clear and concise history of Southern Italy and Sicily." Cf. Jean Dunbabin, *The French in the Kingdom of Sicily 1266–1305* (Cambridge, 2011), p. 3 note 4: "The more usual view nowadays, at least in the administrative sphere, is expressed by Hiroshi Takayama, …"

（87） Hiroshi Takayama, "Religious Tolerance in Norman Sicily? The Case of Muslims," *Puer Apuliae. Mélanges offerts à Jean-Marie Martin*, eds. E. Cuozzo, V. Déroche, A. Peters-Custot & V. Prigent (Paris, 2009), pp. 451–464（本書第十章）.

（88） Hiroshi Takayama, "Frederick II's Crusade: An Example of Christian-Muslim Diplomacy," *Mediterranean Historical Review*, vol. 25–2 (2010), pp. 169–185（本章第十一章）.

（89） Hiroshi Takayama, "Migrations in the Mediterranean Area and the Far East: Medieval Sicily and Japan," *Europa im Geflecht der Welt: Mittelalterliche Migrationen in globalen Bezügen*, eds. M. Borgolte et al. (Berlin, 2012), pp. 217–229（本書第十二章）.

（90） 高山博「中世シチリアにおける農民の階層区分」（『西洋中世研究』六号、二〇一四年）一四一―五九頁（本書第十三章）。これは、アメリカ中世学会年次大会（UCLA, 10 April 2014）で "Classification of Villeins in Norman Sicily" として報告した内容を論文としてまとめたものである。

（91） これまでに招聘（旅費・滞在費を主催者が負担）を受け入れて行った講演には、以下のようなものがある。"L'organizzazione amministrativa nel Regno normanno," *Mezzogiorno — Federico II — Mezzogiorno: Convegno internazionale di studio in occasione dell' VIII centenario della nascita di Federico II* (Potenza/ Castel Lagopesole/ Melfi, Italia, 18–23 October 1994), 18 October 1994; "Re-organization of Geopolitical Units and States in Europe: The Middle Ages and Now," *The University of Western Australia* (Nedlands, Australia), 4 December 1997; "La fondazione del sistema amministrativo normanno," *Congresso Internazionale di Studi: Ruggero I, Gran Conte di Sicilia, 1101–2001* (Troina, Italia, 29 November–2 December 2001), 1 December 2001; "Central Power and Multi-Cultural Elements at the Norman Court of Sicily," *Università di Palermo* (Palermo, Italia), 20 March 2002; "Roger I's Conquest of Sicily and his Governing Policy," *Università di Palermo* (Palermo, Italia), 22 March 2002; "The Norman Court of Sicily: A Crossroads of Greek, Arabic and Latin Cultures," *American Academy in Rome* (Roma, Italia), 24 October 2002; "The Norman Administration of Sicily and Southern Italy: Reconsideration of its Historiography and Perspective," *Medieval Workshoptalks, American Academy in Rome* (Roma, Italia), 11 November 2002; "The Meeting of Cultures in Sicily," *Religious Minorities in the Norman World*, Faculty of History, Cambridge University in conjunction with EU 'Culture 2000' Project on The Culture, Settlement and Migration of the Jews in Medieval Europe (Cambridge, UK), 28 November 2002; "Confrontation of Powers in the Norman Kingdom of Sicily: Kings, Nobles, Bureaucrats and Cities," *Città e vita cittadina nei Paesi dell'area mediterranea: secoli XI–XV* (Adrano, Italia, 18–22 novembre 2003), 18 November 2003; "'Religious Tolerance' in Medieval Sicily," *Seminar of a CMRS Distinguished Visiting Scholar*, Department of History, University of California (Los Angeles, USA), 13 October 2009; "The Norman Kingdom of Sicily: Forms of the Central Power and Multi-Cultural

Elements at the Royal Court," *Lecture of a CMRS Distinguished Visiting Scholar*, Center for Medieval and Renaissance Studies, University of California (Los Angeles, USA), 14 October 2009; "Migrations in the Mediterranean Area and the Far East," *International Conference: The European Middle Ages in Global Entanglement, Integrative and Disintegrative Effects of Migrations* (Hotel Aquino, Berlin, Germany, 25–28 May 2011), 27 May 2011, SPP1173: Integration und Desintegration der Kulturen im europäischen Mittelalter.

(92) *International Medieval Bibliography* (Leeds, UK), Regular Contributor for Japan 1995–; *Journal of Medieval History* (Elsevier, The Netherlands), Guest-Editor 1995, Editorial Board 1996–2006; E. J. Brill (Leiden, The Netherlands), Advisory Panel 1997–2004; Archivio Normanno-Svevo (Centro Europeo di Studi Normanni, Italia), Comitato Scientifico, 2008–; *Journal of Medieval Iberian Studies* (Routledge, UK), Editorial Board 2009–11, Advisory Board 2012–14; *The Mediterranean Seminar* (UCSC, USA), Advisory & Editorial Board 2009–; *British Journal of Interdisciplinary Studies* (Science & Knowledge House Ltd, UK), Editorial Board 2014–; *Corpus Membranarum Capuanarum* (Edizioni Scientifiche Italiane, Italia), Scientific Honorary Committee 2014–.

(93) 二〇〇八年以降に出版された中世シチリア関連の書物の例。*Puer Apuliae. Mélanges offerts à Jean-Marie Martin*, eds. E. Cuozzo, V. Déroche, A. Peters-Custot & V. Prigent, 2 vols (Paris, 2008); Julia Becker, *Graf Roger I. von Sizilien: Wegbereiter des normannischen Königreichs* (Tübingen, 2008); Alex Metcalfe, *The Muslims of Medieval Italy* (Edinburgh, 2009); Annick Peters-Custot, *Les Grecs de l'Italie méridionale post-byzantine. Une acculturation en douceur, IXe–XIVe siècles* (Rome, 2009); Paul Oldfield, *City and Community in Norman Italy* (Cambridge, 2009); *Byzantino-Sicula V: Giorgio di Antiochia. L'arte della politica in Sicilia nel XII secolo tra Bisanzio e l'Islam. Atti del Convegno Internazionale (Palermo, 19–20 Aprile 2007)*, eds. Mario Re & Cristina Rognoni (Palermo, 2009); *La Sicile de Byzance à L'Islam*, eds. Annliese Nef & Vivien Prigent (Paris, 2010); *Maghreb-Italie. Des passeurs médiévaux à l'orientalisme moderne (XIIIe–milieu XXe siècle)*, ed. Benoît Grévin (Rome, 2010); *La Cappella Palatina a Palermo,* eds. Beat Brent et al. 4 vols (Modena, 2010); Leonard C. Chiarelli, *A History of Muslim Sicily* (Malta, 2011); Annliese Nef, *Conquérir et gouverner la Sicile islamique aux XIe et XIIe siècles*, (Rome, 2011); Charles D. Stanton, *Norman Naval Operations in the Mediterranean* (Woodbridge, 2011); Jean Dunbabin, *The French in the Kingdom of Sicily 1266–1305* (Cambridge, 2011); Alessandro Vanoli, *La Sicilia musulmana* (Bologna, 2012); Louis Mendola & Jacqueline Alio, *The Peoples of Sicily: A Multicultural Legacy* (New York, 2013); Stefan Burkhardt & Thomas Foerster, eds., *Norman Tradition and Transcultural Heritage* (Burlington, 2013).

(94) "You have pioneered research on the formerly little-studied Regno. Isn't it extraordinary how the field has exploded over the past decades? You and my advisor Graham Loud are certainly responsible for this trend. The Norman Regno is fast becoming as popular as Anglo-Norman England — the only problem being the pesky Arabic and Greek language parts."

第一部　行政機構と官僚

第一章　十二世紀シチリアにおけるノルマンの財務行政機構

ノルマン・シチリア王国は、その政治・文化・商業・制度上の特色のために、また、十二世紀ヨーロッパにおける重要性のために、イタリアのみならず、イギリス、アメリカ、ドイツ、フランスの中世史家の関心を引いてきた。ロゲリウス二世によって建てられたこの王国は、その経済的繁栄と効率的な行政を基礎にして、ヴェネツィア、ビザンツ帝国、神聖ローマ帝国と、地中海世界の覇権を争った。ローマ文化、ギリシア文化、アラブ文化の影響を受けたシチリアは、十二世紀ヨーロッパにおける最も注目すべき文化の一つを形成し、ギリシア語・アラビア語からラテン語への翻訳活動の中心となり、また北イタリア商人とムスリム商人の結節点ともなった。この王国の繁栄には発達した行政組織が不可欠であり、イングランドと同じように早熟と考えられてきたその官僚制は、神聖ローマ皇帝フレデリクス二世の範ともなった。

このノルマン・シチリア王国の行政組織に関する研究は、中世における他君主国の行政組織との比較研究という観点からだけでなく、この王国そのものの理解に大きく貢献するだろう。実際、多くの歴史家たちが、この主題に取り組み、財務行政に関わる諸問題を検討してきた。しかし、中央の財務行政組織であり、ノルマン・シチリア王国の先進的な官僚制の最良の例とみなされてきた「ドゥアーナ（*duana, dohana, doana*）」についての研究は、一九〇一年にカルロ・アルベルト・ガルーフィにより取り組まれて以後マリオ・カラヴァーレの論文が出るまでほとんど再検討されることはなかった(1)。ガルーフィは、財務行政機構の構造を次のように説明している。まず、監督局（ufficio di Riscon-

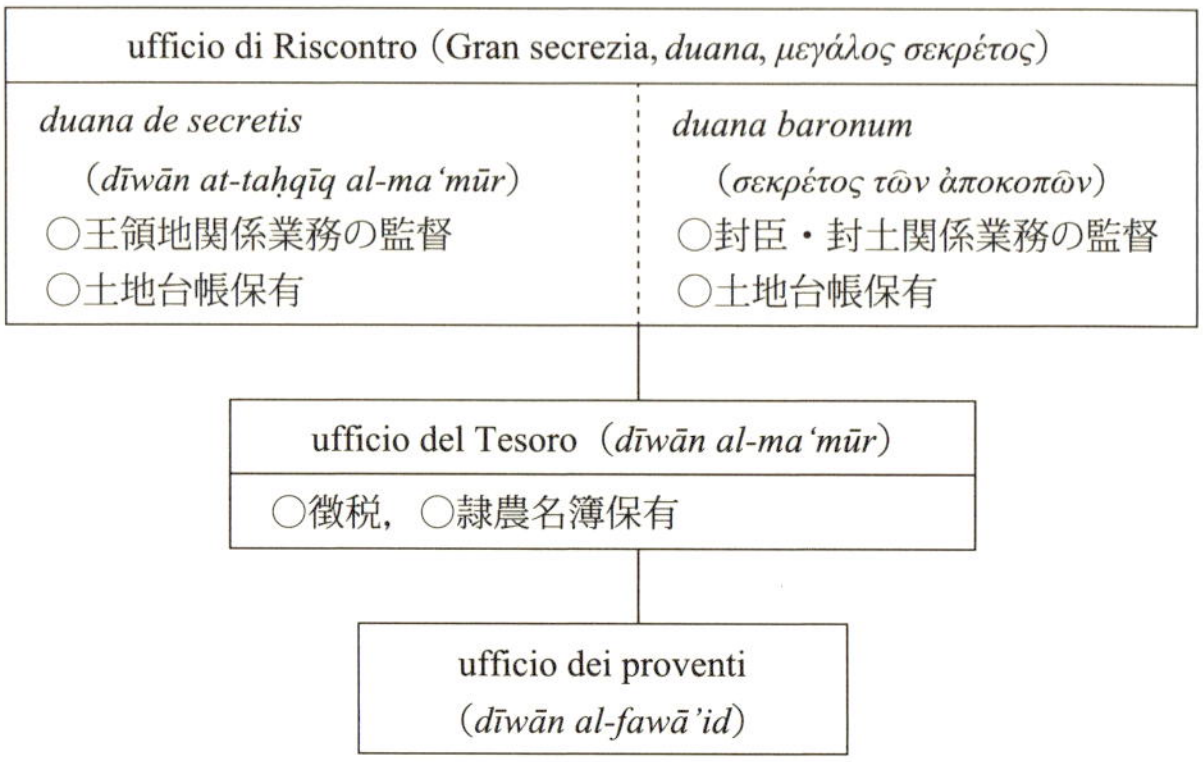

図 1-1　ガルーフィによる財務行政機構

tro）と財務局（ufficio del Tesoro）という二つの役所がパレルモの王宮にあり、財務局は監督局に従属している。監督局は土地台帳を保有しているが二つの部局に区分される。ドゥアーナ・デ・セークレーティース（*duana de secretis*）とドゥアーナ・バーローヌム（*duana baronum*）である。前者は王領地に関わる業務の監督を行い、後者は封土に関わる業務を扱っている。他方、財務局は、農奴・隷農名簿（platee, o *garajd*, dei servi e dei villani）を有して農奴（servo）、隷農（villano）を管理し、徴税業務を行うというわけである。この部局はアラビア語ではディーワーン・アルマームール（*ad-dīwān al-ma'mūr*）と呼ばれる。また、財務局には収益局（ufficio dei proventi）が従属しており、こちらはアラビア語でディーワーン・アルファワーイド（*dīwān al-fawā'id*）と呼ばれていた。[2]

その後、多くの研究者がほとんど無条件にガルーフィの説を受け入れ、それを基礎にして自らの研究を進めていった。[3] ただ、一九六四年に、カラヴァーレが新しい説を提示している。カラヴァーレは、ガルーフィによるドゥアーナの構造分析を基本的に認めながらではあるが、ガルーフィの古典的な説に反対して、ドゥアーナ・デ・セークレーティースとドゥアーナ・バーローヌムの業務は管轄区によって区分されていたと主張した。つまり、前者はシチリア、カラーブリアを管轄し、後者はカラーブリアより北の地域（カラーブリアを除く半島部）を管轄していたというのである。[4] このカラヴァーレの説は、エンリコ・マッツァレーゼ・ファルデッラが述べているように、ガルーフィの説を完全に凌駕するには至っておらず、解明されるべき多くの問題が残されている。[5] こうした研究状況から、本章の主たる目的は、ドゥアーナの構造と機能を明らかにすることとする。

第一節　前　提

この問題を解明するにあたって、本章では、まず前提として、ラテン語・ギリシア語・アラビア語の三つの言語の間の基本的用語の対応関係を厳密に確定し、次に、ドゥアーナ・バーローヌム出現の年の確定を行う。(6)

(一)　対応語の確定

ここで、最も基本的なラテン語の用語である *duana de secretis, duana baronum* および *magister duane de secretis, magister duane baronum* のギリシア語・アラビア語の対応語を確定する。つまり、表1-1の空欄部を埋める作業を行う。

表1-1　基本的用語の三言語対応関係，1

ラ　テ　ン　語	ギリシャ語	アラビア語
(S1) *duana de secretis*	(S2)	(S3)
(B1) *duana baronum*	(B2)	(B3)
(mS1) *magister duane de secretis*	(mS2)	(mS3)
(mB1) *magister duane baronum*	(mB2)	(mB3)

まず、一一八〇年のラテン語・ギリシア語併記文書に記されたラテン語の文章とギリシア語の文章を比較する。細部の表現は微妙に違うが、内容は同じである。それぞれの冒頭部は次のように始まる。

〈ラテン語〉*palatinus camerarius* であり *magister regie duane de secretis et duane baronum* であるゴフレドゥス・デ・モアクが、この手紙が示されるであろうシチリアとカラーブリアとサレルノ公領のすべてのバイウルスたち (*baiuli*) とポルトゥラヌスたち (*portulani*) へ、つまり彼の友人たちへ挨拶と愛を送る。(7)

〈ギリシア語〉*ὁ ἐπὶ τοῦ μεγάλου σεκρέτου καὶ ἐπὶ τοῦ σεκρέτου τῶν ἀποκοπῶν* であり、*ὁ παλατῖνος καπηλίγγας* であるイォスフレス・テース・モダクが、シチリアとカラーブリアとサレルノ公領のすべての *οἱ ἐξουσιασταὶ* たちと *οἱ παραθαλαττίοι* たちへ、つまり、この手紙を見るであろう彼の友人たちへ挨拶を送る。(8)

ここには、言葉一つ一つの明確な対応関係を見出すことができる。そして *magister regie duane de secretis et duane baronum* が *ὁ ἐπὶ τοῦ μεγάλου σεκρέτου καὶ ἐπὶ τοῦ σεκρέτου τῶν ἀποκοπῶν* であることがわかる。つまり（mS1）*magister duane de secretis* が（mS2）*ὁ ἐπὶ τοῦ μεγάλου σεκρέτου* に対応し、（mB1）*magister duane baronum* が（mB2）*ὁ ἐπὶ τοῦ σεκρέτου τῶν ἀποκοπῶν* に対応する。そして（S1）*duana de secretis* が（S2）*τὸ μέγα σέκρετον* で、（B1）*duana baronum* が（B2）*τὸ σέκρετον τῶν ἀποκοπῶν* に対応する。では、アラビア語との対応関係はどうなっているのだろうか。次の史料は一一七五年のアラビア語の証書を一二八六年にラテン語に翻訳したものである。

〈ラテン語〉そしてマッラニ川流域区のバイウルスであるサンソンが、その区画の表示を含む *dohana mamur* すなわち *doana secreti* の文書を提示し、この文書はこの場所の名を知る、前に名前を挙げたキリスト教徒とサラセン人たちの前で読み上げられた。……そしてアラビア語で *duén tahki'k elmama* と呼ばれる *doana de secretis* の *magister* であるアブー・アッタッイブ（Biccay'b）殿の前で述べた事柄についてお互いの間で固く確認がなされたのである。この *doana de secretis* は上述の前の時代の *doana veritatis* である。(9)

まず、（S1）*duana de secretis* が（S3）*dīwān at-taḥqīq al-maʿmūr* に対応することは確かである（ここでは、*duén tahki'k* *elmama* と記されている)。問題は、(S1) *duana de secretis* と (*) *ad-dīwān al-ma'mūr* (*duana mamur*) との関係である。両者の関係をここで確定することはできない。

次に、一一六一年のギリシア語・アラビア語併記文書のギリシア語とアラビア語を比較する。同じ内容だが、表現の仕方が異なっている。

〈ギリシア語〉 ***οἱ ἐπὶ τοῦ σεκρέτου*** であり、この文書を下で確認する我々、マルティノスとマッタイオスとその他の ***γεροντες*** たちは、次のことを認める。(10)

〈アラビア語〉 これは、ヤークーブ (Ya'qūb b. Faḍlūn b. Sāliḥ) が、*aṣḥāb dīwān at-taḥqīq al-ma'mūr* である *ash-shaikh al-qā'id* マルティーヌと *ash-shaykh al-qā'id* マーサーウと (その他の) *shaykh* たちから購入した物が記録された文書 (*kitāb*) である。(11)

ここでは、(mS2) ***οἱ ἐπὶ τοῦ σεκρέτου*** が (mS3) *aṣḥāb dīwān at-taḥqīq al-ma'mūr* に対応している。したがって (S2) ***τὸ σέκρετον*** が (S3) *dīwān at-taḥqīq al-ma'mūr* に対応することになる。しかし *shaykh*、***γέρων*** が官職名でないことには注意しなければならないだろう。両者は「長老」とでもいうべき尊称なのである。(12)

対応関係を明確な形で確認することのできるのは以上である。しかしながら、やはり二ヵ国語併記の文書から次のような情報を得ることができる。まず一一七二年十月のギリシア語・アラビア語併記文書。この中で、ゴフレドゥスはギリシア語で ***ἰσοφρὲς ὁ σεκρετικός*** と記され、アラビア語で *ash-shaykh Jāfrāy ṣāḥib dīwān at-taḥqīq al-ma'mūr* と記されている。(13) つまり (mS2') ***ὁ σεκρετικός*** が (mS3) *ṣāḥib dīwān at-taḥqīq al-ma'mūr* にあたるわけである。同様に、

表 1-2　基本的用語の三言語対応関係，2

ドゥアーナ　*duana*

ラテン語	(S1) *duana de secretis*	(B1) *duana baronum*
ギリシャ語	(S2) *τὸ μέγα σέκρετον* (*τὸ σέκρετον*)	(B2) *τὸ σέκρετον τῶν ἀποκοπῶν*
アラビア語	(S3) *dīwān at-taḥqīq al-ma'mūr*	(B3) なし

マギステル・ドゥアーネ　*magister duane*

ラテン語	(mS1) *magister duane de secretis* (mS1′) *secretarius*	(mB1) *magister duane baronum*
ギリシャ語	(mS2) *ὁ ἐπὶ τοῦ σεκρέτου* (mS2′) *ὁ σεκρετικός*	(mB2) *ὁ ἐπὶ τοῦ σεκρέτου τῶν ἀποκοπῶν*
アラビア語	(mS3) *ṣāḥib dīwān at-taḥqīq al-ma'mūr*	(mB3) なし

同年二月のラテン語・ギリシア語併記文書では、同じゴフレドゥスが、*domini gaufridi secretarii* とラテン語で記されているのに対し、ギリシア語では ***τοῦ σεκρετικοῦ κυροῦ ἰωσφρὲ*** と記されている。[14] つまり（mS2′）***ὁ σεκρετικός*** が（mS1′）*secretarius* に対応している。こうして、われわれが得た対応関係を整理すると表1-2のようになる。[15]

（二）ドゥアーナ・バーローヌム出現の年の確定

カラヴァーレは、ドゥアーナ・バーローヌムについて、「この役所は、最初一一七四年の二つの史料に出てくる」と述べている。[16] マッツァレーゼ・ファルデッラは、「ドゥアーナ・バーローヌムは、一一七四年からのみ史料によって証拠づけられるということ、したがって、この日付け以前にドゥアーナ・デ・セークレーティースがどのような権限を有していたかを検討すべきことを強調したい」と述べている。[17] ジャミスンも、やはり一一七四年という年を示唆している。[18] では、本当に、一一七四年以前にはドゥアーナ・バーローヌムは存在していなかったのだろうか。

この節の前半で、次のことを確認した。ドゥアーナ・デ・セークレーティースは、***τὸ μέγα σέκρετον***（あるいは ***τὸ σέκρετον***）と *dīwān at-taḥqīq al-ma'mūr* に一致し、ドゥアーナ・バーローヌムは ***τὸ σέκρετον τῶν ἀποκοπῶν*** に一致するということである。では、何故、ドゥアーナ・デ・セークレーティースのギリシア語の対応語に、*τὸ μέγα σέκρετον* と *τὸ σέκρετον* の二つが存在しているのだろうか。より厳密に言えば、*magister duane de secretis* のギリシア語の対応語として、一一六一年一月の史料と一一六七年十一月の史料では *ὁ ἐπί τοῦ σεκρέτου* と記されているのに、何故、一一八〇年の史料では *ὁ ἐπὶ τοῦ μεγάλου σεκρέτου* と記されているのだろうか。(19)

その理由は次のように推測される。つまりドゥアーナ・バーローヌムが出現するまでは、セクレトン（*τὸ σέκρετον*）に該当する役所はドゥアーナ・デ・セークレーティースだけであった。しかし新たなセクレトンであるドゥアーナ・バーローヌム（*τὸ σέκρετον τῶν ἀποκοπῶν*）が出現することによって、ドゥアーナ・デ・セークレーティースを大セクレトン（*τὸ μέγα σέκρετον*）と呼び分けるようになったということである。(20) したがってドゥアーナ・バーローヌムがいつ出現したかを知るためには *τὸ μέγα σέκρετον* という表現がいつから用いられるようになったかを調べればよいことになる。ギリシア語の *τὸ μέγα σέκρετον* が初めて史料に現れるのは一一七〇年十月である。

〈ギリシア語〉インディクティオ一四年の十月、*τοῦ εὐδοξοτάτου καίτου Ῥικάρδου καὶ μεγάλου σεκρέτου* はパレルモを出発し、王領地とその隷農たちの横領に関する調査のためにメッシーナ地区へ出かけた。(21)

さらに、ピッロによってラテン語訳された一一六八年十月のギリシア語文書の中に次のような表現が見られる。

〈ラテン語〉実際、彼は、印璽証書の末尾に記されるブスケニア村の上述の区画を、文字が全体的に消えていて、はっきりと読めなかったので、シチリアの諸領地が含まれている *quinterni magni secreti* から書き写したのである。(22)

ここでの *magni secreti* は、ギリシア語の *τοῦ μεγάλου σεκρέτου* のラテン語訳だと考えられる。したがって、ドゥアーナ・バーローヌムは、一一六八年十月の直前に出現したということが予想されるわけである。

しかし、この推論だけで、ドゥアーナ・バーローヌム出現の年を確定する必要はない。実際には、他の研究者たちが述べてきたことと異なり、一一七四年以前の史料に *τὸ σέκρετον τῶν ἀποκοπῶν* という言葉を見出せることができるからである。以下がその一例である。

〈ギリシア語〉しかし、それが将来まで保証され、所有権が永続されるように、プロートカメラリウスにして我らのファミリアーリス、そして、*ὁ ἐπὶ τοῦ σεκρέτου τῶν ἀποκοπῶν* であるカイトゥス・リカルドゥスに、我々の陛下の所定の玉璽を押すことを命じた。[23]

この文書の日付けは、インディクティオー一年、世界紀元六六七七年の三月、つまり、西暦一一六八年の三月である。これによって、確かに、ドゥアーナ・バーローヌムは、一一六七年十一月—一一六八年三月の間に出現したと考えることができるだろう。

第二節　ウィレルムス二世期の財務行政機構の構造

われわれは、前節の前半で、ドゥアーナ・デ・セークレーティースのギリシア語、アラビア語の対応語を確定した。しかし、二言語の史料から、ドゥアーナ・デ・セークレーティースとディーワーン・アルマームール *ad-dīwān al-*

らない。[24]

ma'mūr との関係を確定することはできなかった。この関係を明確にするために、まず、ディーワーン・アッタフキーク・アルマームールとディーワーン・アルマームールが同じ役所なのか、別の役所なのかを明らかにしなければならない。

（二）ディーワーン・アッタフキーク・アルマームールとディーワーン・アルマームール

アマーリは、ディーワーン・アッタフキーク・アルマームール（*dīwān at-taḥqīq al-ma'mūr*）が短縮されて、ディーワーン・アルマームール（*ad-dīwān al-ma'mūr*）と呼ばれたと述べている。[25] エンリコ・ベスタ、ルイジ・ジェヌアルディも同様に一つの機関の別称だと考えている。[26] それに対し、ガルーフィ、カラヴァーレ、マッツァレーゼ・ファルデッラなどは、ディーワーン・アッタフキーク・アルマームールとディーワーン・アルマームールを別の機関だと考え、前者が監督局であり、後者が財務局だと主張している。[27] これらの二つの言葉は同じ役所を指しているのだろうか、それとも別の役所を表しているのだろうか。

一一七八年のジャリーダ *jarīda*（複数形は *jarā'id*。通常は隷農名簿を含み、しばしば譲渡証書として使われるアラビア語証書。ギリシア語では *πλατεῖα*、ラテン語では *platea*）が、この二つの言葉を含んでいる。

〈アラビア語〉そして、アスハーブ・ディーワーン・アッタフキーク・アルマームール（*aṣḥāb dīwān at-taḥqīq al-ma'mūr*）へ、上記の男たちを調査し、彼らをディーワーン・アルマームールのダファーティル（*dafātir ad-dīwān al-ma'mūr*）と古いジャラーイドから抜き出し、彼らの名前を記したジャリーダを書くようにという崇高なる勅令が出された。[28]

この史料では、ディーワーン・アッタフキーク・アルマームールとディーワーン・アルマームールが異なる役所であるかのように使いわけられている。しかも、それぞれの業務を次のように区別することができる。前者は譲渡される王領地の住民たちの調査を行い、その名簿を含むジャリーダを作成する。後者はダフタル *daftar*（複数形は *dafātir*。おそらく住民の名前も記載されているシチリアの土地台帳）を保有している。これによって、われわれの次の問題が提起されることになる。つまり、ディーワーン・アッタフキーク・アルマームールとディーワーン・アルマームールの業務は明確に区別できるか、という問題である。これに答えるために、史料に記されているこれらの役所の業務を検討したいと思う。

ディーワーン・アルマームール

一一八三年のジャリーダの序文には二つの勅令が記されている。第一は、シチリア全土の教会領・バロン領（*bilād al-kanāʾis al-muqaddasa wa-al-bārūnīya*）にいるディーワーン・アルマームールの男たち（*rijāl ad-dīwān al-maʿmūr*）がすべてディーワーン・アルマームールの土地（*bilād ad-dīwān al-maʿmūr*）へ戻るということ。第二は、その者たちの中で聖マリーア教会の住民だけは例外とし、リジャール・アルジャラーイド（*rijāl al-jarāʾid*）以外の人々は現在のままの状態でいることが認められ、この教会に与えられるということである。(29)

文脈から判断すれば、ディーワーン・アルマームールの男たちとはディーワーン・アルマームールの管轄下にある人々、ディーワーン・アルマームールの土地とはディーワーン・アルマームールの管轄下にある土地、すなわち教会領（*bilād al-kanāʾis al-muqaddasa*）、バロン領（*bilād al-bārūnīya*）と対比して用いられているから王領地ということになる。

つまり、ディーワーン・アルマームールの業務は、ダフタル、ジャリーダの保有とともに、王領地および王領地住民の管理にあると考えられるのである。では、その業務は王領地だけに限られていたのだろうか。次に挙げる史料は一一六九年に記されたジャリーダの跋文である。

〈アラビア語〉彼は、上記の病院（*isbtāl*）に対し、ここに記されたすべてのものを次の条件で与えた。テルミニの住民たち、すなわち、アイン・アッリヤーン村（*ar-rahl ʻAyn al-Liyān*）の住民であり、その村の中に耕地を有し、自分たち、もしくは、その父祖たちがこの耕地を切り拓いた者たちは、その耕地を所有したまま、今まで役人（*al-ʻummāl*）によって求められていたものをこの病院に払い続けるということである。そうすれば、ディーワーン・アルマームールの管轄下（*hukm ad-dīwān al-maʻmūr*）にあった上記の村は、彼らに対するその負担を増加することはない。また、この村の住民である船乗り（*al-bahrīyūn*）やその他の人々はすべての事柄に関して役人との今までの慣習（*ʻāda*）を維持する。これを確認してまた、証明して冒頭に記された日に崇高なる印璽が押された。アッラーは我々にとって十分なお方であり、何とすばらしき監視者（*al-wakīl*）であらせられることか。(30)

この史料は、王領地が譲渡される時の条件を示していて、王領地、封土の両方に関する情報を与えてくれる。これによって、今までのわれわれの考え（王領地は、ディーワーン・アルマームールの管轄下にあるということ）が確認される。ここでは、明確に「管轄 *hukm*」という言葉が用いられているのである。また、王領地の住民がディーワーン・アルマームールの役人に税を支払っていたことがわかる。これにより、ジャリーダの意味が明確になる。つまり、租税徴収の台帳としての機能である。もう一つ重要な点は、船乗りを含むこの村の住民たちが、村が病院に譲渡された後もすべての事柄において役人との現慣習を維持するということである。これは、封土においても、一般の住民たち（封臣のジャリーダに記されていない者たち）は、ディーワーン・アルマームールの管轄下にあることを示し、その徴税権がディーワーン・アルマームールに属していたということを意味しているだろう。

以上から、ディーワーン・アルマームールの業務を次のようにまとめることができる。①王領地およびそこに住む住民たちの管理。封臣のジャリーダではなくディーワーン・アルマームールのジャリーダに記されている封土の住民たちの管理。②徴税業務。[31] ③ジャリーダ、ダフタルの保有。おそらく、このダフタルにより、王領地だけでなく封土、自由地すべての所有者や住民を把握することができ、彼らから税を徴収できたのであろう。

ディーワーン・アッタフキーク・アルマームール

ディーワーン・アッタフキーク・アルマームールは、文字通りには、「確認の役所」を意味する。事実、一一七五年に記されたアラビア語文書の、一二八六年のラテン語訳では、「ドゥアーナ・デ・セークレーティース」は、アラビア語でディーワーン・アッタフキーク・アルマームール（*duén thkiʼk elmama*）と呼ばれる。これは、*doana veritatis* である」[32]と記されている。では、このディーワーン・アッタフキーク・アルマームールは、具体的にどのような業務を有していたのだろうか。

一一七二年、ディーワーン・アッタフキーク・アルマームールのサーヒブ（長官）（*ṣāḥib dīwān at-taḥqīq al-maʿmūr*）であるシャイフ・ジャーフラーイ（ゴフレドゥス）（*ash-shaykh jāfrāy*）は、サイイド・ジュルジー（ゲオールギオス）（*as-sayyid Jurjī*）がパレルモの聖マリーア教会へ与えた、アミールの館とシャーラーニー村の中の土地の調査を命じられた。彼は、アミールの館の領地に住んでいてその境界を熟知している者たちを召集し、境界について説明させ、それを詳細に記した文書（*as-sijill*）を作らせている。そしてその文書に彼の印章（*ʿalāma*）を押し、シャイフ・フィルスーフ・ヤーニー（フィロソフォス・ヨアンネス）（*ash-shaykh Filsūf Yānī*）に渡したのである。[33]

ここでのディーワーン・アッタフキーク・アルマームールの業務は、譲渡された土地の調査、境界確定、その境界を記した文書の作成である。

また、一一八二年に書かれたジャリーダの跋文には次のような記述がある。

〈アラビア語〉世界紀元六六九〇年五月十五日に、聖マリーア大修道院へ与えられた所領及びその中に含まれる上記の村の境界は、ラテン語についてはラテン人のカーティブ・アッサンドゥル（アレクサンデル）（*al-kātib aṣ-Ṣandr al-laṭīnī*）の筆で、アラビア語ではディーワーン・アッタフキーク・アルマームールのカーティブ・ユースフ（*al-kātib Yūsuf bi-dīwān at-taḥqīq al-maʿmūr*）の筆で書かれるようにという……国王のこの勅令が出された。そこで、崇高なる勅令が指示した部分が、冒頭に記した日に写され、アラビア語からラテン語へは上記のカーティブ・アッサンドゥルの筆で、アラビア語は上記のカーティブ・ユースフの筆で、ディーワーン・アッタフキーク・アルマームールのダファーティル（*dafātir dīwān at-taḥqīq al-maʿmūr*）から写され記述されたのである。アッラーは我々にとって十分なお方であり、何とすばらしき監視者であらせられることか(34)。

この史料から、ディーワーン・アッタフキーク・アルマームールが様々な領地の境界を記したダフタルを保有していたこと、譲渡地のジャリーダの交付を行っていたことがわかる。

ディーワーン・アッタフキーク・アルマームールの業務は次のように整理することができる。①王領地、封土を問わず、譲渡された土地の調査、境界画定。②譲渡地の境界を記した文書の作成。③ダフタルの保有。④ジャリーダの交付。

さて、ディーワーン・アルマームールとディーワーン・アッタフキーク・アルマームールの業務を比較すると明らかな違いが見出される。前者は、きわめて日常的な業務を行っており、その中心は王領地と住民の管理および徴税業務である。それに対して、後者は、領地の変更や譲渡が行われた時に、それを調査しその変更のために必要な文書を作成し、ダフタルを改訂している。したがって、この役所はシチリア全土の土地の監督を行っていたと考えられる。そして、そのためにダフタルを利用していたのである。

こうして、われわれは、「ディーワーン・アルマームールとディーワーン・アッタフキーク・アルマームールとは同じ役所なのか別の役所なのか」という第一の問いに対する答えを得た。業務の違いが明確なので、両者は異なった機関と考えてよいはずである。したがって、アマーリ、ベスタ、ジェヌアルディの説は排除すべきである。しかし、ここで次の二点を記しておかねばならない。第一に、ガルーフィ、カラヴァーレ共にディーワーン・アッタフキーク・アルマームールがダフタルを保有し、ディーワーン・アルマームールがジャリーダを保有していたと考えているが[35]、ダフタルについては両ディーワーンが保有していたことが明らかである。したがって、「ディーワーン・アッタフキーク・アルマームールは封土からの税を記録し、ディーワーン・アルマームールは、家臣への譲渡地であろうと王領地であろうと、その住民たちの税を記録した[36]」というカラヴァーレの見解も否定されなければならない。第二に、これは非常に重要なのだが、ガルーフィ、カラヴァーレのいう財務監督局としての機能、つまり、ディーワーン・アルマームールの監督局としての機能を、ディーワーン・アッタフキーク・アルマームールがもつかどうかは、史料からは確定できないということである。

(二) ドゥアーナ・デ・セークレーティース

さて、次に、第二の問題「*duana de secretis* は厳密に *dīwān at-taḥqīq al-maʿmūr* と対応しているのか、それとも、*dīwān at-taḥqīq al-maʿmūr* と *ad-dīwān al-maʿmūr* の両者を含んだ表現なのか」を明らかにするためにドゥアーナ・デ・セークレーティース（*duana de secretis*）の業務を調べていくことにする。

まず、ピッロがラテン語訳した一一六八年のギリシア語史料の中で、「すべてのセクレトスの上に立つテサウラリウスにして我らのファミリアーリス（*thesaurarius et familiaris noster qui est super omnes secretos*）」であるガイトゥス・リカルドゥスは譲渡証書の更新という仕事を命じられている。(37) また、同じリカルドゥスに関する一一七〇年の史料から、ドゥアーナ・デ・セークレーティース（*τὸ μέγα σέκρετον*）が王領地とその住民を監視していたことがわかる。(38) そして、同年のウィレルムス二世からモンテ・ギベッロの修道院のステファヌスへの譲渡証書には、ダフタルに関する次のような記述がある。

〈ラテン語〉そして、あなたとあなたの後継者たちに、パテルノの法域にあるタラリーコ製粉場とレンティーニの法域にあるラハル・セネクと呼ばれる村を、我々のドゥアーナ・デ・セークレーティースのダフタルに記述されているこの村の境界線に従って、その村の正当な付属物とともに永久に譲渡し与える。我々は、この村を、封土との交換として彼に与えたのである。この封土は、パテルノの法域のオベルティ・コステというところにあって、すでに上記の修道士ステファヌスに我々が譲渡していたもので、今、我々のクーリアの領地へと再び組み入れたものである。(39)

ドゥアーナ・デ・セークレーティースは、ダフタルを保有している。このダフタルの中には王領地、封土の両者が記入されており、その土地区分に従って土地の交換がなされているのである。また、一一七三年の、モンテ・マジョーレの聖マリーア教会へのウィレルムス二世の譲渡証書の中に、土地の境界画定という業務が記されている。

〈ラテン語〉我々の寛大さ故に……上記の教会へ……マギステル・ドゥアーネ・デ・セークレーティースであるゴフレドゥス・デ・ケントゥルビオとガイトゥス・アブー・アルカーシム（*Goffridus de Centurbio et Gaytus Bulcas-*

seni, magistri duane nostre de secretis）が我々の権威により区切ったその土地の区画に従って、五十モディウスの種子を蒔ける土地を譲渡した。(40)

さらに、一一七二年、セクレティコス（*ὁ σεκρετικός, secretarius*）であるゴフレドゥスは、シラクーザのストラテーゴス（*ὁ στρατηγός, stratigotus*）であるゴフレドゥス・フェーメタに対し、チェファル司教への土地の譲渡を命じている。(41)

また、ジャリーダの作成という業務も次の史料から確認される。

〈ラテン語〉その隷農たちの名前は、我々のドゥアーナ・デ・セークレーティースによって作られ、我々の鉛の印章が押されたプラテア（*platea*）の中に含まれている。(42)

最後に、一一八三年の史料では、ドゥアーナ・デ・セークレーティースは、マグナ・クーリアと国王からの命令を受けて、ユースティキアリイ・レギイ（*iusticiarii regii*）たちに王領地の簒奪の調査とその回復を命じている。つまり、王領地の監視という業務である。(43)

こうして、われわれは、ドゥアーナ・デ・セークレーティースの業務を次のように整理することができる。①譲渡される土地の境界画定。②王領地の譲渡。③王領地の監視。④ジャリーダの作成、確認、更新。⑤ダフタルの保有。

ここで、ドゥアーナ・デ・セークレーティースとディーワーン・アッタフキーク・アルマームールの業務とを比較すると、ほぼ同じだということがわかる。しかも、ディーワーン・アルマームールの業務とは明確に区別される。したがって、第二の問題に対して次のような解答を得ることができるのである。つまり、「*duana de secretis* は厳密に *dīwān at-taḥqīq al-maʿmūr* に対応しており、*dīwān at-taḥqīq al-maʿmūr* と *ad-dīwān al-maʿmūr* の両者を含んだ表現ではない」ということである。こうして、われわれは、ディーワーン・アルマームールとドゥアーナ・デ・セークレーティース（ディーワーン・アッタフキーク・アルマームール）は別々の業務を有し、異なる役所だという結論を得たのである。

ドゥアーナの構造と業務の問題として、解決しなければならない問題がもう一つ残されている。それは、ドゥアーナ・バーローヌムをどのように捉え、ドゥアーナ・デ・セークレーティースとの関係をどのように考えるかという問題である。

（三）ドゥアーナ・バーローヌム

ハルトヴィヒは、ドゥアーナ・バーローヌム（*duana baronum*）をドゥアーナ・デ・セークレーティースの下位部局と考え、しかもドゥアーナ・バーローヌムがイングランドのスカッカリウム・スペリウス（*scaccarium superius*）にあたり、セクレトス・トーン・アポコポーン（*τὸ σέκρετον τῶν ἀποκοπῶν*）がスカッカリウム・インフェリウス（*scaccarium inferius*）にあたると考えている[44]。アマーリは、ドゥアーナ・バーローヌムは土地の譲渡業務を行う役所であり、ファーティマ朝時代のエジプトのディーワーン・アルマジュリス（*dīwān al-majlis*）と同じものだと考える。そして、その理由を次のように説明している。ドゥアーナ・バーローヌムは、ギリシア語でセクレトン・トーン・アポコポーン（*τὸ σέκρετον τῶν ἀποκοπῶν*）である。トーン・アポコポーン（*τῶν ἀποκοπῶν*）はタ・アポコパ（*τὰ ἀπόκοπα*）の属格で、「切り取られたもの、一片」を意味する。アラビア語のイクター（*iqṭā'*）と同義である。したがって、ドゥアーナ・バーローヌムは、イクターを譲渡するディーワーン・アルマジュリスと同じ役所であり、譲渡の役所なのである[45]。ジェヌアルディは、ドゥアーナ・バーローヌムをドゥアーナ・デ・セークレーティースに従属したものと考えている[46]。これらの説に対して、ガルーフィは、多くの史料を用いて、ドゥアーナ・バーローヌムが監督局の一部局をなすと結論づけた。つまり、ドゥアーナ・デ・セークレーティースが王領地関係業務を担当するのに対して、ドゥアーナ・バーローヌムは封土関係業務を担当するというのである。(47) 彼の説は多くの研究者に受け入れられてきた。(48) ただ、カラヴァーレだけが、ガルーフィの構造分析を受け入れながらも、ドゥアーナ・デ・セークレーティースがシチリアとカラーブリアを管轄するのに対して、ドゥアーナ・バーローヌムはカラーブリアよりも北の半島部を管轄していたと主張したのである。(49)

本節では、史料から確認できるドゥアーナ・バーローヌムの業務を整理し、それをドゥアーナ・デ・セークレーティースの業務と比較することによって、両者の関係を考えてみたいと思う。

まず、一一七五年、王のドゥアーナ・バーローヌム長官であるエウゲニオス（*Eugenius magister Regie Duane Baronum*）は、国王から、ベネヴェントの聖ソフィア修道院へ土地を譲渡するようにという令状を受け取りそれを実行している。(50) また、一一九一年に、王宮侍従官であり、ドゥアーナ・バーローヌム長官であるアブデセルドゥス（*Abdeserdus Palatinus Camerarius et magister Dohane Baronum*）は、国王タンクレドゥスからオーリアの十分の一税をブリンディジ大司教ペトルスに与えるよう命じられている。(51)

ドゥアーナ・バーローヌムは、こうしたドゥアーナ・デ・セークレーティースの業務と類似した業務を行う一方で、それ以外の様々な業務を行っている。一一八七年、王のドゥアーナ・バーローヌム長官であるエウゲニオス（*Eugenius magister Regie duane baronum*）は、国王の勅令を公布するようにという令状を受け取り、テッラ・ディ・ラヴォーロの国王侍従官であるウィレルムス（*Guillelmus Regius Camerarius terre laboris*）へその写しを送っている。その中では、川、橋、王領地での通行税の廃止が規定されているが、次のような条件を伴っている。つまり、この規定は、現在通行税が確立している封土が王領地へ返還された場合も有効であるが、国王の好意によって譲渡された土地は例外とされるということである。(52) 一一七四年には、やはり、ドゥアーナ・バーローヌム長官であるエウゲニオス（*Eugenius magister duane baronum*）が、サレルノで土地の売却を認可している。そして、この売却の代価は、ランドゥルフスがドゥアーナ・バーローヌムから借金として受け取っていたと言われているシチリア貨幣一万タリの債務を減らすために、王のオスティアリウスであるバルトロメウス（*Bartholomeus regius ostiarius*）に渡された(53)。この史料はドゥアーナ・バーローヌムが独立した機関であることを示唆している。中央監督局の封土関係部門というイメージからは遠く隔たっているのである。この印象は、次の一一七六年の史料によってさらに強められる。

〈ラテン語〉神と王の恩寵により、マルシコ伯である私ウィレルムスは、この書状により、私が、私の善意と自発的な意志から、ドゥアーナ・バーローヌムに、つまり、聖なる王宮の侍従官であり、ドゥアーナ・バーローヌム長官であるガイトゥス・マタラキウス（*Gaytus Mataracius Regii sacri palatii camerarius et magister eiusdem duane*）の手に、……私がパレルモ市内にもっていたすべての家屋を売却したということを宣言する(54)。

さて、以上の業務とはまったく異なった司法業務もドゥアーナ・バーローヌムの業務の一つであった。たとえば、一一七四年、王のドゥアーナ・バーローヌム長官であるエウゲニオス（*Eugenius magister regie duane baronum*）がクーリアを開催している(55)。同様に、一一七八年六月、同じ「王のドゥアーナ・バーローヌムとドゥアーナ・デ・セークレーティースの長官」であるエウゲニオス（*Eugenius magister Regie Dohane baronum et de secretis*）が、「レギイ・フォルトゥナーティ・ストリイ・アッミラートゥス」であり、「王のドゥアーナ・バーローヌムとドゥアーナ・デ・セークレーティースの長官」であるグアルテリウス・デ・モアク（*Gualterius de mohac Regii fortunati stolii ammiratus et magister Regie duane baronum et de secretis*）の命令を受けて、サレルノ市のテッラチェーナ城内にクーリアを開催し、アマルフィとラヴェッロの間の紛争を解決している(56)。また同年五月、グアルテリウス・デ・モアク（*Gualat*〔*erius*〕 *de Moac regii fortunati stolii amiratus et magister regie duane de secretis et duane baronum*）はサルニのバイウルスであるロムアルドゥス・マルキサヌス（*Ro-*

moaldus Marchisanus baiulus Sarni）に次のような令状を送付している。

〈ラテン語〉この手紙の持参人であるフスカンディーナとオッドリーナ・デ・サルノは、我々のもとに来て、我々に、現在のサルノのバイウルスであるヨハンネス・キケロについて彼らの訴状の中に記されている内容に従って不平を訴えた。その訴状は、この我々の印璽証書の中に同封して送る。それ故、この我々の手紙を見て、次のような十分でしかるべき正義が彼に為されるようにすることをあなたに依頼し、また固く命ずる。即ち、彼らが、正義の欠如の故に、今後、正当にも訴えることがないように。また、この訴訟のためにわざわざ王のクーリアまで骨を折って行くことが彼らに必要となることがないように。サレルノにおいて、インディクティオ十一年の五月六日に記される。(57)

グアルテリウス・デ・モアクは、中央からの指示を受けることなく、自らの判断で、サルニのバイウルスにこの令状を送付している。これは、彼がこの地の最高責任者であることを示唆している。また、訴えた二人は、サレルノのグアルテリウス・デ・モアクのもとへ訴状をもってきており、この地に役所があったことを示唆している。令状の内容は純粋に司法的なもので、ドゥアーナ・デ・セークレーティースの業務とまったく一致しない。

以上からドゥアーナ・バーローヌムの業務をまとめると次のようになる。①王領地、王室財産の譲渡。②勅令の通知と公布。③土地の売却の認可。④現金の貸与。⑤家屋の購入とその代金の支払い。⑥クーリアの開催と裁判による様々な問題の解決。⑦役人の管理。⑧訴状の受理。

ドゥアーナ・バーローヌムは様々な業務を有している。ドゥアーナ・デ・セークレーティースと同じ業務を行っているとは考えられない。もし、ガルーフィの説に従うなら、両者の違いは、王領地関係業務と封土関係業務との違い

表 1-3　ドゥアーナ・バーローヌム

年. 月	*mag. d. baronum* 滞在地	*mag. d. baronum* 名	業務対象地	業務内容	史料出所
1174. 9	Salerno	Eugenius	Salerno	土地売却の認可	Haskins, p.653.
1174. 9	Salerno (Terracena)	Eugenius	Salerno	裁判	Perla, pp.342-347.
1175. 10		Eugenius	Avellino (Montefus-co)	勅令に基づく王領地の譲渡	Jamison, *Admiral Eugenius*, pp.317-319.
1176.		Mataracius	Marsico	Marsico 伯から Palermo の家屋を購入	Garufi, *Catalogo illustrato*, pp.163s.
1178. 5	Salerno	Gualterius	Sarni	*baiulus* の処罰を命令	Haskins, p.445.
1178. 6	Salerno (Terracena)	Eugenius	Amalfi Ravello	裁判	Camera, pp.364-6.
1178. 9	Minori	Eugenius	同上	同上	同上
1187.		Eugenius	Terra di Lavoro	勅命を *camerarius* へ伝える	Minieri-Riccio, pp.20-21.
1190.	Salerno	Darius	Salerno	勅令に基づき教会の収入を調査	Jamison, *Admiral Eugenius*, pp.323-332
1191.		Abdeserdus	Oria	勅令に基づく十分の一税の譲渡	Brindisino, p.51.

だけなのである。ともに（財務）監督局のはずである。また、カラヴァーレの説に従うならば、管轄区の違いを除いて、両者の業務の違いは見出せないはずである。史料から得られた情報は、両者の説を否定している[58]。史料の分析からは、ドゥアーナ・バーローヌムは様々な業務を行っていたとしか言えない。つまり、ディーワーン・アルマームールの日常的な業務も、ドゥアーナ・デ・セークレーティースの土地行政に関する特別な業務も含まれていたのである。

（四）　ドゥアーナの構造

われわれは、ドゥアーナ・デ・セークレーティースとドゥアーナ・バーローヌムを対置させる必要はないということを認識すべきである。つまり、ドゥアーナ・デ・セークレーティース、ドゥアーナ・バーローヌム、ディーワーン・アルマームールは三つの異なる役所として考えるべきなのである。では、この三つの役所の関係はどうなっていたのか。そして、その業務はどのように区分されていたのか。

カラヴァーレの説がヒントを与えてくれる。彼は、ドゥアーナ・デ・セークレーティースとドゥアーナ・バーローヌムを共に中央監督局の部局と考えたから不都合な結果を招いた。しかし、両者が管轄区で区分されているという彼の考えは有効だということを忘れてはならない。

私は、次のように考える。つまり、カラーブリアを除く半島部のために一つの役所が置かれていた。それが、ドゥアーナ・バーローヌムである。表1-3に整理された情報から、その場所は、サレルノだと考えられる。研究者たちの多くは、ドゥアーナ・バーローヌム長官は通常は王宮にいて、そこから全国を巡回していたと考えてきた。しかしながら、史料を検討すれば、実際には、彼らは通常サレルノにおり、そこからカラーブリアを除く半島部各地の侍従官（カメラーリウス）、司法官（ユースティキアリウス）へ令状を送付していたことがわかる。

ドゥアーナの構造は最終的に次のように考えられる。ドゥアーナは三つの役所、つまり、ディーワーン・アルマームール、ドゥアーナ・デ・セークレーティース、ドゥアーナ・バーローヌムを含んでいた。ディーワーン・アルマームールとドゥアーナ・デ・セークレーティースは、パレルモの王宮内に置かれており、シチリア、カラーブリアを管轄していた。両者の業務は明確に区分されている。ディーワーン・アルマームールは、日常的な業務を行う中心的な役所で、徴税業務、住民管理、役人の統制などの業務を行っていた。そして、ドゥアーナ・デ・セークレーティースは、土地に関わる特別の業務、つまり、シチリア、カラーブリアのすべての境界、王領地、譲渡地、住民たちを監視し、王国の土地・住民保全のために土地台帳（ダフタル）の中に常にその状態を記録していた。それに対し、ドゥアーナ・バーローヌムは、サレルノ、おそらくテッラチェーナ城内に置かれており、カラーブリアを除く半島部を管轄

していた。そしてそこで必要とされる、様々な行政上の業務を行っていたのである。(59)

第三節　財務行政機構の発達

こうして様々な史料の用語から得られたドゥアーナの構造は、現実の歴史的状況との間に整合性を有するであろうか。この点を念頭において、本節では、ドゥアーナの形成、発展の歴史を検討していくことにする。それに際して、次の三つの問題に焦点をあてたいと思う。(一)ディーワーン・アルマームールとドゥアーナ・デ・セークレーティースはいつどのような状況の中で形成されたのか。(二)両者の一一六八年以前の業務は、われわれが検討してきたそれ以後の業務とどのように違うのか。(三)ドゥアーナ・バーローヌムは一一六八年頃にどのような状況の中で形成されたのか、という問題である。

(一)　ドゥアーナ・デ・セークレーティースとディーワーン・アルマームールの形成

ドゥアーナ・デ・セークレーティースとディーワーン・アルマームールは、いつ、どのような状況の中で形成されたのか。この問題を考えるためには、この二つの役所が史料に現れる以前の状況を解き明かすことから始めなければならない。そして、それはノルマンの征服期にまで遡る。

シチリアとカラーブリアにおける土地台帳の存続

アマーリとカラヴァーレによれば、(60)シチリアでは、ノルマンの征服以前に作られたアラビア語の土地台帳、隷農名簿が征服後も存続し、それをノルマン人たちが利用していた。このことは、ピッロにより転写され、一〇九〇年作成とされた次の史料から確認される（ロゲリウス伯からメッシーナ大司教への譲渡証書）。

〈ラテン語〉私と私の気高き兄弟ロベルトゥス・グイスカルドゥス公の魂の安寧の為に、彼の願いを聞き入れて……メッシーナ教区の聖ニコラウス教会へ、ブタヒと呼ばれているサラセン人たちの村を、すべての所領と付属物とともに、古いサラセン人たちの区画に従って与え、そして譲り渡した。(61)

また、征服以後、ロゲリウス一世は、封臣たちへ封土を与える際に、アラブ人たちの土地台帳・隷農名簿を利用していたはずである。なぜなら、一〇九五年の二月十二日と二十日の二つの譲渡証書は、アラビア語の隷農名簿を基にして、ギリシア語の序文と跋文を付け加えて作成されているからである。(62)これは、アラビア語の素養のあるギリシア人書記やアラブ人書記の存在を示唆している。実際、当時の土地台帳、譲渡証書の作成作業を指揮していた人物としてプロートノタリオス・ヨアンネス（*Iohannes protonotarius*, Ἰωάννης πρωτονοτάριος）というギリシア人を挙げることができる。(63)

さて、こうした譲渡証書、隷農名簿に基づいてロゲリウス伯の土地政策、住民政策が行われていた。一〇九五年の譲渡証書の跋文は次のように記されている。

〈ギリシア語〉このプラテイア（πλατεία）は、私、ロゲリウス伯の命令により、世界紀元六六〇三年（西暦一〇九五年）、インディクティオー三年にメッシーナにおいて記された。だが、私の土地及び私の封臣たち（τερρερίοι）の別のプラテイアは、世界紀元六六〇一年（西暦一〇九三年）、インディクティオー一年にマザーラで記されていた。そのために、我々は次のことを命ずる。すなわち、もし、カターニア司教に譲渡されるこのプラテイアの中に記されているアガレーノスたち（*ἀγαρινοί*）のうちの誰かが私のプラテイアや私の封臣たちのプラテイアの中に見出されたならば、その者は例外なくすぐに返却されなければならないということである。[64]

そして、彼の政策は厳格に実行されていたと思われる。彼がカラーブリアとシチリアのアルコーンたち（*ἄρχοντες*）を集めて、すべての人々が自らのプラテイアに含まれていない隷農たちを返却するようにという命令を出した時、その違反者は頭を剃り手に棒を持って通りを歩かせるという厳しい措置を取っているからである。[65] この政策は、ロゲリウス二世に引き継がれることになる。そして、彼のもとでの土地台帳、隷農名簿の作成業務がやはりプロートノタリオスの手の中にあったということが、次の史料から確認される。

〈ラテン語〉かつて、六十五年前に、クーリアのプロートノタリオスの手で作成された王のドゥアーナのクァテルヌス……。[66]

今まで述べてきた、王国成立以前の土地台帳、隷農名簿の伝統は、旧アラブ領であるシチリアに限定されている。それでは、半島部はどのような状況にあったのだろうか。

カラヴァーレは、南イタリアにもアラブの土地台帳に類似したビザンツ帝国の土地台帳が存続し、シチリアときわめて類似した財務行政制度が存在していたと述べている。[67] そして、その根拠として次の二つの史料を挙げている。まず、一〇四六年の、カテパヌスであるエウスタティオス（*Eustathius Catepanus*, *Εὐστάθιος κατεπάνος*）から裁判官ビュザンティオス（*Bisantius iudex*, *Βυζάντιος κριτής*）への譲渡証書である。

〈ラテン語〉〈ギリシア語〉フォリアーノ村に居住する、あるいは、たまたま村の外に住所を有するすべてのフォリアーノ村の住民は、たとえ、城内、村内、その他のいかなる場所にいようとも、帝国に貢納していたすべての税を裁判官ビュザンティオスに支払うことを命ずる。(68)

この史料から、帝国が、全村落民を監視し、彼らに税を課していたことがわかる。ここに土地台帳の存在が示唆されるのである。そして、われわれは、カラヴァーレが挙げたもう一つの史料によって確信を強めるのである。つまり、一〇八七年のクァテルヌス・フィスカーリス（*quaternus fiscalis*）に言及した史料である。

〈ラテン語〉上記の封土に居住する人々及び保護される農奴たち（*servientes*）は、我々のカメラ（*camera*）に支払っていたように、そして、クァテルヌス・フィスカーリスに含まれているように、税（*jura*）と労役（*servitia*）を納め、支払うこと。また、上記の城に対して、我々のカメラに支払わなければならない筈のすべての貢租（*tributa*）、税（*pensiones*）、アンガリア（*angariae*）、ペランガリア（*perangariae*）を、保護される農奴として、その経費と自己の武具の為に、また、我々の経費と武具のために我々のクァテルヌス・フィスカーリスの中で一層明らかに示されているように一定の日時に納め、支払うべきこと。(69)

このように、かつてビザンツ帝国支配下にあった南イタリアにおいても、シチリアのアラブ人たちの土地台帳と類似した土地台帳が残存していたと考えられる。実際、ピッロのラテン語訳で知ることのできる、パレルモ大司教へのカラーブリアのラコ村の譲渡証書の中では、この村の住民名簿がギリシア語で記されていた。(70)

しかし、カラーブリアで、シチリアと同じような間断なき土地台帳の改訂が行われていたとは考えられない。というのは、シチリアと違ってこの地は必ずしも恒常的にロゲリウス一世、二世の手の中にあったわけではないからである。したがって、シチリアとカラーブリアでは土地台帳・隷農名簿の残存の仕方がかなり異なっていたということを心に留めておかねばならない。

王国の成立とカラーブリアより北の地の併合

こうした状況の中で、一一三〇年にロゲリウス二世が国王に即位し、ノルマン王国が成立する。しかし、われわれにとって重要なのは、その後次々と、南イタリアの地がノルマン王の支配下に置かれていったという点である。そして、この地域においては、カラーブリアを除いて土地台帳の伝統がなかったという点に注意しなければならない。もともとこの地域には、十一世紀前半にランゴバルド系のベネヴェント侯国、カープア侯国、サレルノ侯国、ビザンツ系のガエータ公国、ナポリ公国、アマルフィ公国が並立し、十一世紀半ば以降のノルマンの征服により封建関係が複雑に展開していた。そして、この権力分散状態は、ロベルトゥス・グイスカルドゥスの死により混乱状態へ向かうことになる。こうした情勢下で、ビザンツ帝国の土地台帳の制度が恒常的に受け継がれていたとは考えられない。つまり、土地台帳に基づくシチリアの堅固な土地・住民支配とはまったく異なる状況が、新たに王国に加わるカラーブリアより北の地に存在していたのである。

さて、王国成立以後、南イタリアの併合の後にも、シチリアにおいてはその土地台帳、隷農名簿に基づく統治が続けて行われていた。そして、土地台帳は間断なき改訂を受けていたのである。たとえば、一一三一年に作られたマルサーラの聖マリーア修道院長バルトロメウスへの譲渡証書の中では、譲渡された土地の境界が詳細に記述されている。(71) これは、アラブの土地台帳を基にして作成されたものである。また、境界区分とその確認を国王自らがマルサーラのバイウルスたちへ命じ、この譲渡証書を自らの指示のもとで作成させている。これは、後に、ドゥアーナ・デ・セークレーティースが行う業務を国王自らが行っていたことを示唆している。同様に、隷農名簿も利用され、改訂されている。たとえば、一一三六年に作成された、聖三位一体修道院長ダヴィドからチェファルの教会への聖コスマス教会の譲渡証書は、三十八名の隷農名簿を含んでいる。[72]

アシーセとドゥアーナ・デ・セークレーティース、ディーワーン・アルマームールの形成

神聖ローマ皇帝ロタリウス（ロータル）がドイツへ帰還した後、そして、とくに、ローマ教皇インノケンティウス二世との和解以後、ロゲリウス二世は王国の統治に専念し、一一四〇年には有名なアリアーノのアシーセ（*assise*）の起草に取りかかることになる。[73] 彼は、このアシーセの中でフィスクス（*fiscus*）に関するいくつかの法を定め、その権限を明らかにしている。[74] また、王室財産の管理および役人についての法令も定めている。[75] さらに、王国の財務行政制度を整え、役人の義務と権限を定めた。そして、全国に地方役人が配置されたのもこの時期であった。サレルノのロムアルドゥスは次のように記している。

〈ラテン語〉しかし、ロゲリウス王は、王国において完全に平和の静けさを得ると、平和を維持するために全土に侍従官（*camerarius*）、司法官（*iusticiarius*）を配置し、自ら新たに作成した法令を告知し、悪い慣習を廃止した。[76]

このようにして、王はその統治の大枠を定めた。そしてその後、大規模な特権の再確認の中で、譲渡証書の確認を行うことになる。この時期の確認の証書は、次のような書式で始まる。

〈ラテン語〉すべてのものをよりよき状態へ導くこと、特に教会の特権に属しているすべてのものを喜んで確認すること、また、我々の時代の静穏をより確かなものにすることは、我々の責任に属することである。従って、我々は、かつて作成された王国の諸教会及び臣下たちのすべての特権状が、我々の慈愛により新たに明確にされ、我々の権威により固められることを命じた。(77)

一一四四年十月十八日、十一月三日の二つの証書は、一字一句違わず、この同じ書式を有している。また、ピッロによりわれわれに伝えられる一一四五年の証書も、ほとんど同じ書式を有している。(78)そして、次のような書式をもつアラビア語のジャリーダ（複数、ジャラーイド）が現れるのも、やはり、一一四五年なのである。

〈アラビア語〉町〈パレルモ〉（神よ、この都市を守り給え）に、シチリア（神よ、この島を守り給え）全土のアルコーン、司教、伯、封臣、その他の人々が、検査及び取り消しの為に、自分たちのジャラーイドの書き換えをしに集まった。(79)

この書式は、一一四五年一月一日、一月七日、三月二十四日のジャリーダの中で一字一句違わず用いられている。これらの史料から、一一四五―四六年の間に譲渡証書の大幅な改訂、確認の作業が行われたことは明らかである。そして、その際に多くのアラブ人書記が使われている。何故なら、以前の譲渡証書が序文と跋文がギリシア語、名簿のみアラビア語という構成をとっていたのに対し、この時には全文がアラビア語で記されるようになったからである。したがって、私は、この大規模な譲渡証書の確認、改訂の過程で、つまり、一一四五―四六年の間に、ドゥアーナ・デ・セークレーティースが形成されたと考える。(80)

では、ディーワーン・アルマームールはいつ形成されたのか。アラビア語の史料では、一一四五年に初めて現れるが、これを形成の年と考えることはできないだろう。カラヴァーレは、一一四〇年頃に、財政問題と法律的特権の規定に対処する必要性が国王にアラブの古い役所を再興させたと述べているが、私もこの見解に従いたいと思う。[81]

さて、こうして二つの役所の形成期とその状況を考察してきたが、次に、この二つの役所の一一六八年以前の業務を検討し、一一六八年以後の業務と比較することにする。

(二)　ロゲリウス二世、ウィレルムス一世期（一一四五―六七年）[82]のドゥアーナ・デ・セークレーティースとディーワーン・アルマームール

シチリアのドゥアーナ・デ・セークレーティースとディーワーン・アルマームール

ガルーフィは、ロゲリウス二世期においても、ドゥアーナ・デ・セークレーティースとドゥアーナ・バーローヌムを対置させ、両者がウィレルムス二世期に独立化の傾向を強めると考えている。[83]また、彼がディーワーン・アッタフキーク・アルマームールとディーワーン・アルマームールはノルマン期を通して区別されると考えているのに対し、カラヴァーレは、ロゲリウス二世期には、両者の業務は区分されていなかったと説く。[84]では、実態はどうだったのか。

一一四五年一月一日のジャリーダには、カターニアの修道士たちが自分たちのジャリーダを更新してもらうためにパレルモへやってきたので、クーリアが開かれ、王は、次の条件のもとでその更新と確認を命じたと記されている。

〈アラビア語〉もし、その者たちのうち一人でも、ディーワーン・アルマームールのジャラーイドの中に、あるいは、封臣たちのジャラーイド、その他のジャラーイドの中に見出されたならば、教会は、その人を削除しなければならない。[85]

ここでは、ディーワーン・アルマームールのジャリーダが封臣たちのジャリーダと対比して用いられている。つまり、一一六八年以後とまったく同じように、ディーワーン・アルマームールが、自らのジャリーダに記された隷農たちの管理を行っていたのである。また、一一四九年十二月、史料の中に初めて姿を現すディーワーン・アッタフキーク・アルマームールは、雌雄四組の牛が耕し、百二十ムッダの小麦が蒔ける王領地をフルフル教会の修道士たちに与えよという勅令を受けて、ヤートの役人であるアブー・アッタッイブ（*Abū aṭ-Ṭayyb ʿāmil jāṭū*）に、信頼すべきキリスト教徒、イスラム教徒のシャイフたちとともに上述の広さの土地をこのヤート地区の王領地内に画定せよと命じた。そして、アブー・アッタッイブにより画定されたワザーン村の一区画の土地は、境界がディーワーン・アッタフキーク・アルマームールのダフタル・アルフドゥード（*daftar al-ḥudūd bi-dīwān at-taḥqīq al-maʿmūr*）の中に登録された後、彼らの画定に従って、フルフル教会の修道士たちに与えられた。また、この被譲渡者たちのために、写しが作られ、その確認のためにディーワーン・アルマームールのシャイフたち、カーイド・バルーンとカーティブ・ウスマーン（*shuyūkh ad-dīwān al-maʿmūr al-qāʾid Barūn wa-al-kātib ʿUthmān*）が自らの印章（*ʿalāma*）を押した。(86)

このような譲渡地境界画定の命令、ダフタルの保有の他に、ディーワーン・アッタフキーク・アルマームールが王領地の売却を行っていたことが一一六一年一月の史料からわかる。(87)

このように、ディーワーン・アルマームールとディーワーン・アッタフキーク・アルマームールの業務は、われわれが一一六八年以後の両者に関して得たものとまったく同じである。したがって、この二つの役所はドゥアーナ・バーローヌムの出現によってまったく変化を受けなかったことになる。つまり、ドゥアーナ・バーローヌムは、ドゥアーナ・デ・セークレーティースから分化する形で形成されたのではなく、まったく独立した形で形成されたのである。

しかし、次の点に注意しなくてはならない。ディーワーン・アルマームールもドゥアーナ・デ・セークレーティースも、ドゥアーナ・バーローヌム形成以前は活動範囲がシチリアに限られていたのに対し、形成以後はカラーブリアへ拡がっているということである。この点については次節で考えることにして、今、次のような問題の存在を確認しておきたい。つまり、ディーワーン・アルマームールとドゥアーナ・デ・セークレーティースの活動範囲が一一六八年以前にはシチリアに限られていたとすれば、当時すでにノルマン王国に組み込まれていたイタリア半島はどういう状況にあったのかという問題である。

半島部の状況

当時の半島部はシチリアとはまったく異なる状況にあった。ローマ教皇、神聖ローマ皇帝、ビザンツ皇帝の援助を受けて抵抗し反乱を起こす都市と諸侯を抑えて、国王ロゲリウス二世が事実上の統一を成し遂げたのは、一一四〇年のことである(88)。その直後、国王は自らの手で封臣の管理を行うが、一一五〇年を過ぎると、以前に配置していた地方侍従官、地方司法官に管理権を委託することになる。そして、ロゲリウス二世死後、神聖ローマ皇帝フレデリクス・バルバロッサ、ビザンツ皇帝マヌエル・コムネノス、教皇ハドリアヌス四世の侵攻を受け、再び、諸侯と都市の反乱が勃発する。

これに対処するために、当時の宰相アミラートゥス・マイオは、イタリア半島に新しい制度を導入した。つまり、半島部をアプーリア・カープア管轄区とカラーブリア・諸流域管轄区に分けたのである。この新しい制度の導入について、ジャミスンは次のように説明している。

アプーリアとカープアにおいては、二人のカピタネウス長官（master captain）が総督と総司令官の権限を広範な司法権とともに行使し、一人の侍従長官（master chamberlain）が財務業務の監督を行った。カラーブリアでは全カラーブリア司法官（justiciar）の古い職が保持され、アプーリアの新しいカピタネウス長官に類似のものとされる一方で、一人の侍従長官が導入された。この改革の重要性はいくら高く評価しても評価しすぎることはない。半島部における永続的な総督と財務役人の設置は、特にマイオがその生涯を通して総督的官職から大貴族を排除してきた点を考えると、彼の反封建的・反自治都市的政策の一環とみなさなければならない(89)。

しかし、このマイオの抑圧政策に対して、再び、都市と諸侯の反乱が勃発した（一一六〇―六三年）。その構成メンバーは、ほとんどが都市と手を結んだアプーリア、カープアの諸侯たちであった。マイオは一一六〇年に暗殺されるが、結局、反乱は鎮圧され、その結果、アプーリア、カープアの多くの諸侯の土地が没収されることになった。

このように、当時の半島部は、シチリアの安定した状況とは異なり、非常に流動的であった。カラーブリアを除けば、半島部にたとえビザンツ帝国の土地台帳の伝統が部分的に存在していたとしても、その存続は不可能であっただろう。この地では、封臣単位の把握のみが可能であり、その封臣単位の把握でさえ相次ぐ変動に対するカタログス・バーローヌムの改訂が追いつかず、きわめて困難な状況にあったと思われる。したがって、ドゥアーナ・デ・セークレーティースとディーワーン・アルマームールの活動がシチリアに限られていたのはまったく自然なことだと言わねばならない。そして、半島部には、今述べたようにシチリアとは異なった行政が行われていたのである。こういう状況の中で、ドゥアーナ・バーローヌムが形成されることになる。

(三)　ドゥアーナ・バーローヌムの形成

半島部における二人の侍従長官からドゥアーナ・バーローヌムへ

第一節で、ドゥアーナ・バーローヌムの出現を一一六八年三月直前と確定した。ジャミスン、カラヴァーレ、マッツァレーゼ・ファルデッラは、ドゥアーナ・バーローヌムが一一七四年の史料に初めて現れると考えたが、それぞれ、この年以前の行政上の小さな変化に敏感に気付いている。ジャミスンは、「いくらか異なる様相のさらなる行政上の変化が一一七四年直前の数年に生じている」と記し[90]、カラヴァーレは一一七〇年直前に何かが変化したようだと記し[91]、マッツァレーゼ・ファルデッラは、一一六七年以後にのみドゥアーナの権限がカラーブリアに拡がったと述べている[92]。ジャミスンは、その変化を次のように説明している。

これらの変化の最初のものは、ディーワーンがより完全な組織へと発達したことに付随するものだが、ドゥアーナの長官たちの指揮権が一一六八―七四年のある時期に半島部へ拡大したということである。それまでは、彼らの活動はシチリアに限定されており、海峡を越えた地域の財務業務の監督は、既に見たように、アプーリア・カープア区侍従長官（master chamberlain of Apulia and Capua）とカラーブリア・諸流域区侍従長官（master chamberlain of Calabria and the Valleys）によってなされていた。前者は、一一六八年以後四分の一世紀間、現存する史料から消える。そして、後者は、一一六三年の言及以後見出せない。ただ、この年よりいくらか後まで存在していたはずである。この侍従長官職は、カラーブリアでは一度空席になると二度と復活しない。そして、この地方侍従長官（provincial master chamberlain）によって以前行使されていた機能は、半島の地域全体を業務遂行の為に巡回するドゥアーナの長官によって果たされることになったのである[93]。

私がここで第一に指摘したいことは、かつて地方の侍従長官（*magister camerarius*）によって行使されていた業務がドゥアーナの長官に引き継がれているという点である。この点については、ドゥアーナが中央の監督局であるという従来の説ではまったく説明がつかないだろう。ジャミスンが用いた史料を検討してみると、ここで述べられているドウアーナ（*duana* ないしは *dohana*）は、常に例外なく *baronum* を伴っている。つまり、ジャミスンが言及しているドゥアーナは、この文脈ではドゥアーナ・バーローヌムを意味しているのである。(94)

それゆえ、私は、二つの管轄区とそれぞれを担当する侍従長官が廃止されてアプーリア・カープア管轄区にドゥアーナ・バーローヌムという役所が設置されたと考える。そして、侍従長官の職務がドゥアーナ・バーローヌム長官に引き継がれたのである。同時にカラーブリアはシチリアの管轄下に組み込まれている。というのは、この地にはビザンツ帝国由来の土地台帳と政治的安定性が存在していたからである。そして、この変化の時期が一一六八年前後だった。

ドゥアーナ・バーローヌムとカタログス・バーローヌム

また、次のことも記しておかなければならない。「クーリアは、一一六七年に既存のカタログス・バーローヌムを最新のものへと改め」、「一一六八年にそのより完全な改訂を行なった」ということである。(95) このカタログス・バーローヌムには、カラーブリアを除く半島部の封臣の名前、その封土、騎士、従者、隷農の数が記されている。(96) ジャミスンは、このカタログス・バーローヌムに、封臣たちから国王への膨大な納税の正確で詳細な記述が含まれていたことに注目している。(97)

おそらく、ドゥアーナ・バーローヌムは、このカタログス・バーローヌムがより完全に改訂された後、初めて正常に機能できたのであろう。したがって、カタログス・バーローヌムの改訂の年とドゥアーナ・バーローヌムの出現の年の一致は決して偶然ではない。(98) おそらく、ドゥアーナ・バーローヌムが形成されて後は、この役所がカタログス・バーローヌムを管理し、責任を負っていたのであろう。また、カタログス・バーローヌムに記載されている封臣たちは、カラーブリアを除く半島部の者たちである。これは、われわれが確認したドゥアーナ・バーローヌムの管轄区と一致する。この地域には多くの封土が存在していた。シチリアが広大な王領地を有するのときわめて対照的である。(99)このために、ガルーフィはドゥアーナ・バーローヌムの業務を封土関係業務とみなし、また、この役所が「バロンたちの役所 *duana baronum*」と呼ばれていたのであろう。この役所の管轄がアラビア語の土地台帳の伝統を有さない地域に限定されていたことを考えれば、この役所にアラブ人書記がおらず、アラビア語史料の中にドゥアーナ・バーローヌムのアラビア語の対応語を見出せないことも理解できる。このように、前節で提示したドゥアーナの構造は、現実の状況との間に十分な整合性を有している。

おわりに

ここに記したドゥアーナの構造は、従来の研究者たちが考えてきた構造とはまったく異なっている。つまり、構造においては、シチリア、カラーブリアを管轄する二つの役所ディーワーン・アルマームールとドゥアーナ・デ・セークレーティースがパレルモの王宮に置かれ、その両者とはまったく別の、カラーブリアよりも北の半島部を管轄するドゥアーナ・バーローヌムがサレルノに置かれていたということである。ディーワーン・アルマームールがシチリアの中心的な役所で、徴税や住民・役人の管理などの日常的、一般的な業務を行っていた。ドゥアーナ・デ・セークレーティースは、土地に関する特別の業務を行っていた。つまり、シチリアとカラーブリアにおける土地の境界、王領地、封土、そして住民の管理を行い、その譲渡や売却すべてを管理、統括していたのである。したがって、土地台帳・隷農名簿の確認、改訂、作成もこの役所の業務であった。それに対して、ドゥアーナ・バーローヌムは、いわば、半島部の出先機関とでも言うべきもので、王の領地や財産の譲渡、行政上の命令の伝達や発布、司法的な業務など、その地域の行政上の必要すべてにこたえていた。

このような変則的な行政制度は、そのまま、シチリア、カラーブリアとそれより北の地域との統治形態の違いを物語っている。シチリア、カラーブリアでは、国王は、土地台帳や隷農名簿によって住民を直接把握し、支配することができた。封臣や教会の存在がその支配の障害物とはなりえず、きわめて堅固で安定した支配を行うことができた。それに対して、カラーブリアよりも北の半島部では、封臣が不可欠であった。王は、封臣を通してのみ、住民と土地を管理し支配できたのである。その封臣たちの名簿がカタログス・バーローヌムであった。(100)

こうした制度の違いは、両地域の歴史的状況の違いから来ている。シチリアには、アラブ人たちの土地台帳の伝統があり、ロゲリウス一世、二世ともそれを利用しながら行政制度を作り上げていった。その過程で、ドゥアーナ・デ・セークレーティースという役所が作られ、ディーワーン・アルマームールが発展していくわけである。カラーブリアにもビザンツ帝国の土地台帳の伝統が残存していた。しかしながら、カラーブリアのシチリアへの統合の遅れと政治的な状況から、シチリアほど完全ではなかった。そのために、この地のシチリアの制度への組込みはドゥアーナ・バーローヌム形成時まで遅延することになる。それに対して、カラーブリアよりも北の半島部は政治的に不安定で、土地台帳の伝統もなく、また、土地保有者も頻繁に交替していた。さらに、この地では、封臣や都市の独立化傾向が強く、中央集権化の大きな障害となっていた。したがって、そこにはシチリアとはまったく異なる行政組織が必要とされた。最終的にこの状況に適した役所として出現したのがドゥアーナ・バーローヌムである。このドゥアーナ・バーローヌムは、カタログス・バーローヌムから必要な情報を得つつ、封臣を媒体とする支配を行うが、この役所の形成によってカラーブリアよりも北の地域に初めて安定した支配体制が成立したと言える。実際、これ以前には頻発していた諸侯の反乱が消滅しているのである。したがって、このドゥアーナ・バーローヌムの成立をもってノルマン王国の中央集権体制の完成と考えることができるだろう。

（1）研究史については以下を参照。Carlo Alberto Garufi, "Sull'ordinamento amministrativo normanno in Sicilia, Exhiquier o diwan? Studi storico diplomatici," *Archivio storico italiano*, serie V, vol. 27（1901）, pp. 225–233. Mario Caravale, "Gli uffici finanziari nel Regno di Sicilia durante il periodo normanno," *Annali di storia del diritto*, vol. 8（1964）, pp. 178–185. Enrico Mazzarese Fardella, *Aspetti dell' organizzazione amministrativa nello stato normanno e svevo*（Milano, 1966）, pp. 3–6. ラテン語の「ドゥアーナ」については、本書第三章注（7）（一三二頁）を参照。

（2）Garufi, "Sull'ordinamento amministrativo," pp. 234–250, 259.

（3）たとえば次のような研究文献。Ernst Mayer, *Italienische Verfassungsgeschichte von der Gothenzeit bis zur Zunftherrschaft*, 2 vols.（Leipzig, 1909）, vol. 2, pp. 384–404. Erich Caspar, *Roger II.*（1101–1154）*und die Gründung der normannisch-sicilischen Monarchie*（Innsbruck, 1904）, pp. 315–318. Ferdinand Chalandon, *Histoire de la domination normande en Italie et en Sicile*, 2 vols.（Paris, 1907）, vol. 2, pp. 648–653. Charles Homer Haskins, "England and Sicily in the Twelfth Century," *English Historical Review*, vol. 26（1911）, p. 653. Cermela Ceci, "Normanni d'Inghilterra e Normanni d'Italia," *Archivio scientifico del R. Istituto superiore di scienze economiche e commerciali di Bari*, vol. 7（1932–33）, pp. 330–331. Pier Silverio Leicht, "Lo stato normanno," *Il Regno Normanno*（Messina, 1932）, p. 49. Pier Silverio Leicht, *Storia del diritto italiano: il diritto pubblico*（Milano, 1944）, p. 293. Francesco Galasso, *Gli ordinamenti giuridici del Rinascimento medievale*（Milano, 1949）, p. 166. Evelyn Jamison, *Admiral Eugenius of Sicily, His Life and Work*（London, 1957）, pp. 50–53. Adelaide Baviera Albanese, "L'istituzione dell'ufficio di Conservatore del Real Patrimonio e gli organi finanziari del Regno di Sicilia nel sec. XV," *Il circolo giuridico*（Palermo, 1958）, pp. 269–271. Thomas Curtis Van Cleve, *The Emperor Frederick II of Hohenstaufen*（Oxford, 1972）, pp. 264–265. Francesco Giunta, *Bizantini e bizantinismo nella Sicilia normanna,* 2nd ed.（Palermo, 1974）, pp. 65–69. Aziz Ahmad, *A History of Islamic Sicily*（Edinburgh, 1975）, pp. 65–66.

（4）Caravale, "Gli uffici finanziari," pp. 206–218. この論文は、ほとんど変更されずに彼の著書 *Il regno normanno di Sicilia*（Milano/Varese, 1966）に収められている。彼の説はカンプによって受け入れられた。Norbert Kamp, "Vom Kämmerer zum Sekreten: Wirtschaftsreformen und Finanzverwaltung im staufischen Königreich Sizilien," *Problem um Friedrich II.*（Sigmaringen, 1974）, p. 52.

（5）Mazzarese Fardella, *Aspetti*, pp. 31–33.

（6）ドゥアーナ・バーローヌムの出現の年の確定をここで行うのには、二つの理由がある。この年以後、初めて、ドゥアーナ・デ・セークレーティースとドゥアーナ・バーローヌムの並行機能という、ノルマン期の財務行政機構の完成した姿が見られ、その構造の解明という問題は、この時期に焦点を合わせるのが最も適当だと思われること。第二に、ドゥアーナ・バーローヌムが、その形成時にドゥアーナ・デ・セークレーティースの職務の一部を取り込む可能性が存在し、ドゥアーナ・デ・セークレーティースに関する史料はその前後を区分して用いる必要があるということである。

（7）Salvatore Cusa, *I diplomi greci ed arabi di Sicilia pubblicati nel testo originale*, vo1.1（Palermo, 1868–82）, pp. 489–490. Giuseppe Spata, *Le pergamene greche esistenti nel grande archivio di Palermo*（Palermo, 1862）, pp. 447–448: "Goffridus de Moac palatinus camerarius et magister regie duane de secretis et duane baronum universis baiulis et portulanis sicilie calabrie et principatus salerni quibus littere iste fuerint ostense amicis suis salutem et amorem."

（8）Cusa, p. 490. Spata, pp. 448–449 : "*ὁ ἐπὶ τοῦ μεγάλου σεκρέτου καὶ ἐπὶ τοῦ σεκρέτου τῶν ἀποκοπῶν ἰοσφρὲς τῆς μοδὰκ ὁ παλατῖνος καπριλίγγας πᾶσι τοῖς ἐξουσιασταῖς καὶ παραθαλαττίοις σικελίας καὶ καλαβρίας καὶ τοῦ πριγκιπάτου σαλερίνου τοῖς ἐντυγχάνουσι τοῖς παροῦσι γράμμασι φίλοις αὐτοῦ χαίρειν.*"

（9）Spata, pp. 453–454 : "…et presentavit Sanson Báiulus in flumine marrani scriptum dohane mamur idest doane secreti continens declaracionem divise predicte et fuit lectum in presencia istorum prenominatorum Christianorum et sarracenorum qui sciebant nomina istorum locorum…et confirmatum est inter eos firmiter super eo quod dixerit in presencia senis Biccay'b magistri doane de secretis qui arabice dicitur duén tahki'k elmama. hoc est doana veritatis tempore precedente predicto."

（10）Cusa, p. 622 : "*Μαρτῖνος καὶ μαθταῖος καὶ οἱ λοιποὶ γερώντες οἱ καὶ ἐπὶ τοῦ σεκρέτου οἱ κατωτέρω τοῦδε τοῦ ὕφου ὑποκυρώσαντες ὁμολογοῦμεν.*"

（11）Cusa, p. 624 : هذا كتاب فيه ذكر ما اشتراه يعقوب بن فضلون بن صالح من اصحاب ديوان التحقيق المعمور الشيخ القايد مرتين و الشيخ القايد ماثاو والشيوخ ...

（12）アラビア語やギリシア語の史料を読む場合には、ある言葉が称号なのか官職名なのかを慎重に見分けることが要求される。しかし、ここで扱った「シャイフ」を尊称として処理した研究者はアマーリ以外には見あたらない。ガルーフィが「シャイフ」と「サーヒブ *ṣāḥib*」とを同じに考えたのも（Garufi, "Sull' ordinamento," pp. 262–254）カラヴァーレが「シャイフ」を「プレポスト preposto」と捉えたのも（Caravale, "Gli uffici finanziari," p. 203）不適当と言わざるをえない。「シャイフ」以外の、たとえば、「カイトゥス *caitus*, *qā'id*, *καίτος*」を「マギステル *magister*」と同列においたマイヤー（Mayer, *Italienische Verfassungsgeschichte*, vol. 2, pp. 386–387）も同様である。

（13）Cusa, pp. 80–83.

（14）Cusa, pp. 487–488.

（15）この対応語の確定により、ドゥアーナの役人に関するガルーフィの三層構造説（Garufi, "Sull' ordinamento," pp. 252–255, 262）がまったく否定されることを記しておかねばならない。この説は、カスパール（Caspar, *Roger II. und die Gründung*, pp. 316–317）、シャランドン（Chalandon, *Histoire de la domination,* vol. 2, pp. 650–653）にそのまま受け継がれたものである。したがって、本章注(12)の理由も含めて、ドゥアーナの役人たちの構造は新たな検討を要することになる。この問題については別稿で論じたいと思う。

（16）Caravale, "Gli uffici finanziari," p. 210.

（17）Mazzarese Fardella, "La struttura amministrativa del Regno Normanno," *Atti del Congresso Internazionale di Studi sulla Sicilia Normanna*（Palermo, 1973）, p. 218.

（18）Jamison, *Admiral Eugenius,* p. 53.

（19）Cusa, pp. 622, 624 ; p. 321 ; pp. 489s.

（20）しかしながら、*duana baronum* の登場後に *duana de secretis* を指す語として *ὁ σεκρέτος* が使用された可能性もありうる。

（21）Haskins, "England and Sicily," p. 650, n. 160: "*Τὸν δικέμβριον μῆνα τῆς ἰνδικτιῶνος δ΄ ἀπεσχωμένου τοῦ εὐδοξοτάτου καίτου Ῥικάρδου καὶ μεγάλου σεκρέτου ἐκ τοῦ Πανόρμου καὶ ἐξετάζωντα κατὰ ἁρπαχθέντα πράγματα τοῦ κραταιοῦ ῥηγὸς ὁμοίος καὶ τὰ τῶν βελλάνων, κατηντίασε εἰς τὴν χώραν χάκι.*"

（22）Rocco Pirro, *Sicilia sacra disquisitionibus et notitiis illustrata*（Palermo, 1733）, vol. 2, p. 1017: "Solam enim divisionem praedictam Casalis Busceniae in fine sigilli denotatam, quoniam totaliter litterae deletae errant, et non poterant clarè legi, transcripsit ex quinternis magni secreti, in quo continentur confines Siciliae."

（23）Karl A. Kehr, *Die Urkunden der normannisch-sicilischen Könige*（Innsbruck, 1902）, doc. no. 19, p. 438: "*ἵνα δὲ εἰς τὸ ἑξῆς ἔχει τὸ ἀνενόχλητον καὶ ἀσφαλεστέραν κτίσηται τὴν δεσποτείαν, ἐπετάξαμεν τῷ πρωτωκαμπέρι καὶ φαμελλιαρίῳ ἡμῶν τῷ ἐπὶ τοῦ σεκρέτου τῶν ἀποκοπῶν καίτη ῥιγκάρδη χαράξαι αὐτῇ τὸ παρὸν τοῦ ἡμετέρου κράτους σιγίλλιον.*"

（24）ここでは次のことを考慮している。もし、*duana de secretis* と *dīwān at-taḥqīq al-ma'mūr* が厳密に一致するなら問題はない。しかし、現在の研究状況において、*ad-dīwān al-ma'mūr* のラテン語の対応語がないということ、そして、ガルーフィ、カラヴァーレの説に従って *ad-dīwān al-ma'mūr* が *dīwān at-taḥqīq al-ma'mūr* に従属しているということを考えれば、ラテン語の *duana de secretis* がアラビア語の *dīwān at-taḥqīq al-ma'mūr* と *ad-dīwān al-ma'mūr* の両者を含む可能性が存在する。したがって *duana de secretis* と *dīwān at-taḥqīq al-ma'mūr* と *ad-dīwān al-ma'mūr* の厳密な関係を探るためには次の二つの手続きが必要とされる。まず第一に *dīwān at-taḥqīq al-ma'mūr* と *ad-dīwān al-ma'mūr* が同じ役所なのか別の役所なのかを確認すること。もし、同じ役所であれば、厳密に *duana de secretis*＝*dīwān at-taḥqīq al-ma'mūr*＝*ad-dīwān al-ma'mūr* という等式が成り立ち、何ら問題は残らないことになる。しかし、もし、異なる役所であれば、第二の手続きが必要となる。つまり *duana de secretis* は *dīwān at-taḥqīq al-ma'mūr* と厳密に一致するのか、それとも、*dīwān at-taḥqīq al-ma'mūr* と *ad-dīwān al-ma'mūr* の両者を含んだ表現なのかということである。この点を具体的な職務を通じて明らかにしていくことになる。

（25）Michele Amari, "Su la data degli sponsali di Arrigo VI con la Constanza erede al trono di Sicilia…," *Atti della R. Accademia dei Lincei*, vol. 275（1877–78）, s. 3, Memorie classe scienze morali, vol. 2, p. 431. Michele Amari, *Storia dei Musulmani di Sicilia*, 3 vols., 2 ed. C. A. Nallino（Catania, 1933–39）, vol. 3, pp. 327–328 n. 2.

（26）Enrico Besta, "Il 'Liber de Regno Siciliae' e la storia del diritto Siculo," *Miscellanea di Archeologia, storia e filologia dedicate al Prof. Antonio Salinas*（Palermo, 1907）, p. 295 n. 2. Luigi Genuardi, "I defetari normanni," *Centenario della nascita di M. Amari: Scritti di filologia e storia araba*（Palermo, 1910）, vol. 1, p. 161.

（27）Garufi, "Sull'ordinamento," pp. 234–240. Caspar, *Roger II. und die Gründung*, pp. 315–318. Chalandon, *Histoire de la domination*, vol. 2, pp. 648–649. Caravale, "Gli uffici finanziari," pp. 206–209. Mazzarese Fardella, *Aspetti*, p. 29.

（28）　Cusa, p. 135 : و خرج امرها المطاع ... الى اصحاب ديوان التحقيق المعمور بالكشف عن الرجال المذكورين و استخراجهم من دفاتر الديوان المعمور و من الجرايد القدم و كتب الجريدة باسمايهم

（29）　Cusa, pp. 245–246 :

لما كان بتاريخ شهر ابريل الحول الاول من سنة ستة الاف و ستماية واحد وتسعين سنة لتاريخ العالم عند خروج الامر العالى المطاع ... برجوع جميع من كان ساكنا من رجال الديوان المعمور من الجرايد و المحلات و الملس ببلاد الكنايس المقدسة و البارونية بساير صقلية حماها الله و انتقالهم منها الى بلاد الديوان المعمور خرج امر الحضرة ... بالانعام على كنيسية صنت مارية باركنة منت ريال المقدسة ببقا جميع من كان ساكنا فى بلادها و رحايل الكنايس و الترارية الداخلة فى حدودها من رجال المحلات و الملس خاصة دون رجال الجرايد على حالهم و تسليمهم اليها والانعام بهم عليها انعاما خالصا موبدا وعطا سالما مخلدا لا تلزمها عنه خدمة ولا تلحقها لاجله موزنة ولا كلفة باقى ما تجددة الايام ثابت ما تكررت الشهور والاعوام ...

この勅令の例外事項として次のような記述がある。「しかし、もし、その名前がこのジャリーダに含まれているリジャール・アルジャラーイドのうち一人でも、王領地と重複したり、封土から取られているということが明らかになった場合には、その者はこの譲渡から除かれその場所へ戻ることとする」。Cusa, p. 246 :

و متى ظهر ان احدا من هولا الرجال المثبوتين اسماوهم فى هذه الجريدة من جرايد ثنى من البلاد الديوانية او اخذ من الترارية كان خارجا عن هذا الانعام وراجعا الى مكانه ...

これは、一一四五年の次の記述と同趣旨だと考えられる。「すなわち、もしその者達のうち一人でも、ジャラーイド・ディーワーン・アルマームール（*jarā'id ad-dīwān al-ma'mūr*）の中に、或いは、封臣達のジャラーイド（*jarā'id at-tarārīya*）、その他のジャラーイドの中に見出されたならば、この教会は、その者を削除しなければならない」。Cusa, p. 564 :

... ان كان يوجد احد منهم فى جرليد الديوان المعمور او فى جرايد الترارية وغيرهم فتتلفه الكنيسة ...

つまり、一一八三年にも一一四五年と同じくジャリーダに基づく統治が行われていたわけである。当然、ディーワーン・アルマームールは、ジャリーダを保有していたと考えられる。

（30）　Cusa, pp. 38–39 :

انعم على الاسبطال المذكور بجميع ما ذكر على ان اهل ثرمة السكان بها وعندهم رباعا فى عين الليان فتحوها هم او اباوهم او اجدادهم تبقى بايديهم على حالها يودون عنها من الاعطية الى الاسبطال ما كانوا يودونهم الى العمال فالرحل المذكور فى حكم الديوان المعمور من غير زيادة عليهم وباقى سكان الرحل من البحرين وغيرهم من ... يجرون فى جميع امورهم على عادتهم مع العمال و ختم بالطابع المسهور تاكيدا له ودليلا عليه بالتاريخ المتقدم وحسبنا الله ونعم الوكيل.

（31）　王室収入をなす様々な課税については、次を参照。Chalandon, *Histoire de la domination*, vol. 2, pp. 690–707. Tommaso Pedio, “L'ordinamento tributario del Regno Normanno,” *Archivio storico Pugliese*, vol. 12（1959）, pp. 79–86.

（32）　Spata, p. 454 : “（doane de secretis）qui arabice dicitur duén tahki'k elmama. hoc est doana veritatis…”

（33）　Cusa, pp. 81–83.

（34）　Cusa, pp. 243–244 :

لما كان بتاريخ مايو الخامس عشر ومن سنى العالم ستة الاف و ستماية و تسعين سنة خرج امر الحضرة العالية ... بكتب هذه الجريدة متضمنة ذكر ما انعمت به على الدير الكبير المقدس المعروف بصنت مارية الملكية من حدود رباع البلاد والرحايل المذكورين فيها وان تكتب الحدود المذكورة باللطينى بخط الكاتب الصندر اللطينى وبالغربى بخط الكاتب يوسف بديوان التحقيق

المعمور فامتثل ما خرج به الامر العالى زاده الله علا ومضا وشرحت من العربى الى اللطينى بخط الكاتب الصندر المذكور وبالعربى بخط الكاتب يوسف المذكور من دفاتر ديوان التحقيق
المعمور بالتاريخ المتقدم ذكره وحسبنا الله ونعم الوكيل.

（35） Garufi, “Sull’ordinamento,” pp. 236–237. Caravale, “Gli uffici finanziari,” p. 207.

（36） Caravale, “Gli uffici finanziari,” p. 207. カラヴァーレは、ディーワーン・アッタフキーク・アルマームールが、封土の境界を記したダフタルを保有し、ディーワーン・アルマームールが隷農の名簿であるジャリーダを保有していたと考えて、この職務の分担を導き出している。

（37） Pirro, *Sicilia sacra*, vol. 2, p. 1017.

（38） Haskins, “England and Sicily,” p. 650 n. 160. 本章注(19)。

（39） Garufi, *I documenti inediti dell’epoca normanna in Sicilia*（Palermo, 1899, Documenti per servire alla storia di Sicilia, s.1, Diplomatica 18）p. 125: “et tibi tuisque in eo successoribus concedimus et donamus in perpetuum molendinum de Talarico in pertinentiis Paternionis et Casale, quod dicitur Rahal Senec, in pertinentiis Leontini cum iustis pertinentiis suis secundum divisas ipsius Casali, que scripta sunt in deptariis Duane nostre de secretis. Quod casale dedimus ei in excambio pro feudo, quod fuerat quoddam Oberti Coste in pertinentiis Paternionis, quod jam predicto fratri Stephano concesseramus, et nunc in demanium Curie nostre redegimus.” ここで次のことに注意したい。つまり、この史料の中で王領地が demanium Curie nostre と記されていることである（上記注(29)参照）。アラビア語史料の中では *bilād ad-dīwān al-ma‘mūr* と表現されるから、単純に比較すると *ad-dīwān al-ma‘mūr*＝*curia nostra* ということになる。

（40） Alexandre Bruel, *Recueil des chartes de l’abbaye de Cluny*, vol. 5（Paris, 1894）, p. 600: “Liberalitatis ergo nostre gratia commoniti… concessimus predicte ecclesie… terram quinquaginta seminum modios capientem, juxta quod continetur in divisis, quas de predicta terra Goffridus de Centurbio et Gaytus Bulcasseni, magistri duane nostre de secretis, nostra fecerunt auctoritate muniti.”

（41） Cusa, pp. 487–488. Spata, pp. 443–444.

（42） Antonio Mongitore, *Bullae privilegia et instrumenta panormitanae Metropolitanae ecclesiae*,（Palermo, 1734）, p. 52: “… nomina quorum villanorum continentur in platea facta inde a doana nostra de secretis que est plumbeo sigillo nostro sigillata.” *platea* は *ἡ πλατεῖα*（*ἡ πλάτη*）の転写で、*jarīda* のことである。

（43） Haskins, “England and Sicily,” p. 654 n. 191. 今まで挙げた史料がすべてシチリアに限られていたのに対し、この史料の対象地はヴァル・シンニ、つまり、カラーブリアとなっている。

（44） Amari, “Su la data,” p. 414. しかし、すでに第1節で *duana baronum*＝*τὸ σέκρέτον τῶν ἀποκοπῶν* であることを確認している。

（45） Amari, “Su la data,” p. 432.

（46） Genuardi, “I defetari normanni,” p. 164.

（47） Garufi, “Sull’ordinamento amministrativo,” pp. 245–250, 261, 263.

（48）ガルーフィ説を受け入れた研究者たちは本章注（3）。マッツァレーゼ・ファルデッラは、基本的にはガルーフィの説を受け容れながら、*ὁ ἀπόκοπος* が宦官という意味だとして（これはすでに Spata, p. 450 note 1 で述べられている）、これを *camera* の役人たちの役所だと主張している。Mazzarese Fardella, *Aspetti*, p. 32.

（49）Caravale, "Gli uffici finanziari," pp. 210–218.

（50）Jamison, *Admiral Eugenius*, pp. 317–319.

（51）*Codice diplomatico Brindisino*, ed. G. M. Monti（Trani, 1940）, p. 51, n. 27.

（52）Camillo Minieri-Riccio, *Saggio di codice diplomatico formato sulle antiche scritture dell'Archivio di Stato di Napoli. Supplemento, parte 1*（Napoli, 1882）, pp. 20–21.

（53）Haskins, "England and Sicily," p. 653 n. 186: "Suprascripta venditio celebrata est per licentiam domini Eugenii magistri duane baronum qui a regia celsitudine ad partes istas delegatus est pro exigendis rationibus a baiulis partinum istarum, eo quod pretium eiusdem venditionis datum est Bartholomeo regio ostiario pro minuendo debito de decem milibus tarenis monete Sicilie quos prefatus Landulfus a doana baronum cui preest Gaytus Matera regius camerarius et senescalcus mutuo suscepisse dicitur, et ad ipsos tarenos recolligendos regia celsitudo predictum Bartholomeum ad partes istas delegaverat."

（54）Carlo Alberto Garufi, *Catalogo illustrato del Tabulario di S. Maria Nuova in Monreale*（Palermo, 1902）, pp. 163–164: "Ego Guillelmus dei et regia gratia Comes Marsici presenti scripto declaro quod bona et spontanea uoluntate mea uendidi duane baronum in manibus uidelicet Gayti Mataracij Regij sacri palatij camerarij et magistri eiusdem duane … omnes domos meas quas habui in ciuitate panormi." このマルシコ伯は、上述のドゥアーナ・バーローヌム長官であるガイトゥス・マタラキウスから、支払いを受け取った。

（55）R. Perla, "Una charta iudicati dei tempi normanni," *Archivio storico per le provincie napoletane*, vol. 9（1884）, p. 346: "In castello huius civitatis quod tarracena dicitur eugenius magister regie duane baronum curiam congregavit ubi landulfus qui dicitur capuanus huius urbis stratigo et nos Guaferius Romoaldus Petrus soler Landulfus Petrus Romoaldus et Matheus judices convenimus."

（56）Matteo Camera, *Memorie storico-diplomatiche dell'antica città e Ducato di Amalfi*, vol. 1（Salerno, 1876）, pp. 364–367.

（57）Haskins, "England and Sicily," p. 445（2）: "Latores presencium Fuscandina sunt de Iohanne Cicero iam baiulo Sarni secundum quod continetur in cartula clamoris sui quam tibi intus in hanc nostram cartam mittimus sigillatam. Quare mandamus tibi et firmiter precipimus quatinus his nostris visis litteris tantam et talem iusticiam sibi fieri facias quod pro recti penuria de cetero iuste conqueri non valeant nec sit eis opus pro hac causa ad regiam curiam fatigare. Data Salerni sexto die mensis madii undecime indictionis."

（58）ガルーフィとカラヴァーレには共通の議論の進め方がある。まず、共に、*duana de secretis* から説き始める。*dīwān at-taḥqīq al-ma'mūr*（*duana de secretis*）と *ad-dīwān al-ma'mūr* の違いである。そして、史料に基づいて、両者が違う機能を有することを確認している。しかし、その後で、まず、*dīwān at-taḥqīq al-ma'mūr* は *duana de secretis* であることを述べ、次に、「*doana de secretis* は *doana veritatis* である」という史料に基づいて、*dīwān at-taḥqīq al-maʿmūr* は *ad-dīwān al-maʿmūr* の監督局、つまり、財務監督局だと考える。したがって、*ad-dīwān al-maʿmūr* は *dīwān at-taḥqīq al-maʿmūr* に従属するというわけである。次に、*duana de secretis* と *duana baronum* の対比という作業を行い、それぞれ異なる結論を得たのである。最後に、両者とも、*duana baronum* には、*duana de secretis* に従属していた *ad-dīwān al-maʿmūr* が当然従属していたはずだと考える。

彼らの議論には、明らかに三つの問題点がある。まず第一に、*duana de secretis* と *duana baronum* を同じ役所だと考えたことである。そのために、*duana de secretis* と *duana baronum* を無理に同じ枠の中で捉えようとしている。しかし、*duana* という語が共通に含まれていること以外に両者を結びつけるものは何もないのである。われわれが確認した両者の職務の違いは受け入れられるべきである。次に、*duana de secretis*（*dīwān at-taḥqīq al-maʿmūr*）と *ad-dīwān al-maʿmūr* との関係を、一方が監督局だから他方がそれに従属していると考えたことである。彼らは史料的にはわれわれと同様に両者が異なる役所だという結論しか得ていない。第三に、最初の誤った前提の上に立つのだが、「*ad-dīwān al-maʿmūr* が *duana de secretis* に従属していたように同じ *ad-dīwān al-maʿmūr* が *duana baronum* にも従属していたと考えられる」と性急に結論している。そこには、実証はもちろん、推定の根拠さえも示されていない。ただ第一の前提（*duana* という言葉の共通性に基づいて一つの役所だと考えること）によっているだけなのである。この議論の弱さが、シャランドンに代表される一部の研究者たちに、図1-2のようなガルーフィとは僅かに異なる構造を思い描かせることになる。Chalandon, *Histoire de la domination*, vol. 2, pp. 648-650.

図1-2　Chalandon による *duana* の構造

(59)　*ad-dīwān al-maʿmūr* に対応するラテン語はいったい何であろうか。研究者たちは、この問題をまったく無視しているが、解明すべきことは言うまでもないだろう。アラビア語史料の中には頻出する言葉なのである。

ad-dīwān al-maʿmūr は、文字通りには、アマーリが述べているように、「偉大な役所」、「王の役所」あるいは「人の多い役所」という意味である。これが王宮にあったということはほぼ間違いない。そして、その職務を考えると、実は、この言葉は広い意味での *curia regis* にあたるのではないかと思われる。実際、王領地は、アラビア語では *bilād ad-dīwān al-maʿmūr* と表現され、ラテン語では *demanium curie nostre* と表現されているのである（本章注(37)）。

しかし、次の史料の *duana* もまた *ad-dīwān al-maʿmūr* のことである。

〈ラテン語〉これらについては、我々の *duana* は毎年メッシーナ港の *portulani* に対して港湾税としてメッシーナの重さで百二十タリを計上していた。 de quibus duana nostra singulis annis computabat portulanus messane pro iure portus centum et viginta tR ad pondus messane…（Garufi, *I documenti inediti*, p. 201）

つまり、*ad-dīwān al-ma'mūr* は *curia regis* でもあり *duana* でもあるということになる。これは、*ad-dīwān al-ma'mūr* が *dīwān at-taḥqīq al-ma'mūr* と違ってきわめて広い意味をもつ曖昧な言葉だという理由から来ている。*ad-dīwān al-ma'mūr* とは、もともと王の役所という意味しかもたず、王宮や王の役人たち全体を指していたと思われる。しかし、その中から、*dīwān at-taḥqīq al-ma'mūr* という特殊な権能を有する役所が分化して、*ad-dīwān al-ma'mūr* は、その残りの日常的な業務全般を行っていたのである。したがって、この言葉にあたるラテン語はここに記した日常的な業務を行うという意味での *curia regis* であり、また、*duana* でもあるのである。

（60） Amari, *Storia dei Musulmani*, vol. 2, p. 34. Amari, "Su la data," p. 430. Caravale, "Gli uffici finanziari," pp. 185–187.

（61） Pirro, *Sicilia sacra*, vol. 1, p. 384: "Unde audita ejus petitione pro salute animae meae et fratris mei nobilissimi Ducis Roberti Guiscardi … dedi et in perpetuum concessi Ecclesiae S. Nicolai Episcopi Messanae Casale Saracenorum quod dicitur, Butahi cum omni tenimento et pertinentiis suis secundum antiquas divisiones Saracenorum."

（62） 二月十二日の譲渡証書は、パレルモで記されたものであるが、次のような構成をとっている。ギリシア語の序文・アラビア語の隷農名簿（七十五名）・ギリシア語の隷農名簿（二十名）・ギリシア語の跋文（Cusa, pp. 1–3）。また、二月二十日の方は、次のような構成である。ギリシア語の序文・アラビア語の隷農名簿（三百九十八名）・ギリシア語の跋文（Cusa, pp. 541–549）。

（63） Cf. Garufi, "Censimento e catasto della popolazione servile," *Archivio storico siciliano*, vol. 49（1928）, pp. 26–38.

（64） Cusa, pp. 548–549: "*Εγράφη οἱ τιαύτη πλατεῖα τῇ προστάξῃ ἐμοῦ κόμητος ῥωγερίου τῆς γ΄ ἰνδικτιῶνος τοῦ ςχγ΄ ἔτους ὄντος μου ἐχ τὴν μεσσίνην, αἱ δαὶ ἄλλαι πλατεῖαι τῆς ἐμῆς χώρας καὶ τῶν ἐμῶν τερρερίων ἐγράφησαν ἐχ τὸ μαζάρρη τοῦ ςχα΄ ἔτους τῆς α΄ ἰνδικτιῶνος. καὶ διὰ τούτω προστάττομεν ὅτι ἐάν τις εὑρέθη ἐχ τὰς ἐμὰς πλατείας ἤτε ἐχ τὰς πλατείας τῶν τερρερίων μου ἐκ τοὺς ἀγαρινοὺς τοὺς ὄντας γεγραμμένους ἐχ τὴν τοιαύτην πλατεῖαν ἵνα ἀντιστερέφη αὐτοὺς ὁ ἐπίσκοπος ἄνευ πάσης προφάσεως.*" アガレーノスについては本書第十章（二九五頁）を参照。

（65） Cusa, pp. 532f.

（66） Garufi. "Monete e conii nella storia del diritto siculo degli arabi ai Martini. I," *Archivio storico siciliano*, n. s. vol. 23（1898）, p. 151: "… quaterni duane regie qui factus fuerat olim per manus protonotarii Curie transactis annis sexaginta et quinque …"

（67） Caravale, "Gli uffici finanziari," pp. 187–188.

（68） *Codice diplomatico Barese*, vol. 4（Bari, 1900）, doc. n. 32, pp. 67–68: "…omnes incolas pagi Foliani qui eum incolunt vel qui forte foris sedes habeant ubicumque sunt in castro vel in pago vel alibi, omnia tributa quae in publicum solvebant iubemus eos solvi Bisantio iudici …" "… *πάντας τοὺς οἰκέτωρας τοῦ χωρίου Φουλιάνου τοὺς ἐν αυτῷ οἰκοῦντας. εἶτ(α) πάλιν ἀπὸ τοὺς αὐτοῦ χωρίτας τυγχάνοντας ἐξοχεῖς τοῦ αὐτοῦ χωρίου ὁποῦ* (sic) *ἂν ὑπάρχουσιν εἶτεν εἰς κάστρον ἢ χωρίον* [*ἢ*] *ἀλλαχοῦ πᾶσας* [*τας*] *δουλείας ἃ πρὸς τὸ μέρος τοῦ δημοσίου κατεβάλοντο. τὸ κρίτ(η) Βυζαντ(ίω) διοριζόμεθα ἐκδουλεῦσαι…*"

(69) Chalandon, *Histoire de la domination*, vol. 2, p. 649 n. 2 : "Ita quod homines morantes …in jamdicto feudo … et servientes defensati jura et servitia exhibeant et persolvant sicut nostre camere persolvebant et in quaternis fiscalibus continentur … Atque castro predicto omnia tributa, pensiones, angarias, et perangarias … quas nostre camere dare et persolvere debuerint tam ad eorum expensas et arma propria ut servientes defensati …, quam ad nostra sub certis diebus et tempore sicut in nostro fiscali quaterno apertius declaratur."

(70) Pirro, *Sicilia sacra*, vol. 1, pp. 77–78.

(71) Garufi, *I documenti*, doc. n. X, pp. 22–23.

(72) Garufi, *I documenti*, doc. n. XI, pp. 25–26.

(73) このアシーセの史料については、次を参照。Francesco Blandileone, *Il diritto romano nelle leggi normanne e sveve del Regno di Sicilia* (Roma, 1884), pp. 94–138.

(74) Blandileone, *Il diritto romano*, doc. n. V, p. 98 ; doc. n. XII, pp. 101–102 ; doc. n. XVIII, p. 104.

(75) Blandileone, *Il diritto romano.*, doc. n. IV, p. 97 ; doc. n. XXV, pp. 107–108.

(76) *Romualdi Salernitani Chronicon*, ed by Carlo Alberto Garufi（Città di Castello, 1909–1935),（Muratori, Rerum Italicarum Scriptores, t.8, pt.1) p. 226 : "Rex autem Roggerius in regno suo perfecte pacis tranquillitate potitus, pro conseruanda pace camerarios et iustitiarios per totam terram instituit, leges a se nouiter conditas promulgauit, malas consuetudines de medio abstulit."

(77) Garufi, *I documenti inediti*, doc. n. XIX, pp. 45–46 ; doc. n. XX, p. 49 : "Ad nostram spectat sollicitudinem cuncta in meliorem statum reducere et precipue que ad libertatem ecclesiarum pertinet libentius confirmare et serenitate nostri temporis validiora reddere. Iussimus itaque ut omnia privilegia ecclesiarum et subiectorum regni nostri antiquitus composita a nostra clemencia noviter essent elucidata et robore nostri culminis communita."

(78) Pirro, *Sicilia sacra*, vol. 1, p. 1027.

(79) Cusa, p. 563 (1/1) ; pp. 472–473 (1/7) ; p. 127 (3/24) :

... حضر بالمدينة حماها الله الاراكنة والاساقفة والقمامسة والترارية وغيرهم من ساير صقلية صانها الله لتجديد جرايدهم لاجل تمحيصها واندراسها ...

(80) *duana de secretis*（*dīwān at-taḥqīq al-ma'mūr*）が初めて史料の中に現れるのは、一一四九年である。Cusa, pp. 28–29.

(81) Caravale, "Gli uffici finanziari," p. 198. 第１節で確認した *ad-dīwān al-ma'mūr* のラテン語対応語 *curia regis* が、一一四〇年以前から存在していたことは言うまでもない。しかし、ここで問題にしているのは、徴税業務を中心とするアラブ人官僚に支えられる中央行政機関という意味での *ad-dīwān al-ma'mūr* の形成である。

(82) ウィレルムス一世期は一一六六年までである。一一六七年以前という年代は、もちろん、*duana baronum* が現れる前という意味である。

（83） Garufi, “Sull’ordinamento,” pp. 258–259 ; Garufi, “Censimento e catasto,” p. 83. これが誤りであることは明らかである。

（84） Caravale, “Gli uffici finanziari,” pp. 199–200. マッツァレーゼ・ファルデッラは，ガルーフィの説をとっている。Mazzarese Fardella, *Aspetti*, p. 29.

（85） Cusa, pp. 563–564. 引用部分は本章注(27)。

（86） Cusa, pp. 28–30 :

... خرج الامر العالى المطاع ... لديوان التحقيق المعمور بان يعط لرهبان كنيسية الهرهر من الربع الديوانى برسم حرث اربعة ازواج ما يبذر ماية وعشرين مدا ... فامر ديوان التحقيق المعمور لابى الطيب ابن الشيخ اصطفن عامل جاطو ان يخرج بنفسه وصحبه شيوخ ثقات من النصارى والمسلمين ويحد لهم من الرباع الديوانية باقليم جاطو ما يبذر المابة وعشرين مدا المذكورة فسلم اليهم من رباع رحل الوزان باقليم جاطو ... وقد سلمت هذه الرباع المذكورة المحدودة بطن هذا الكتاب لرهبان كنيسية الهرهر المتقدم ذكرهم بعد ان اثبتت حدودها المذكورة فى دفتر الحدود بديوان التحقيق المعمور على ما حده السردعوس ابو الطيب بن اصطفن والشيوخ النصارى والمسلمين المذكورون ثم كتبت لهم هذه النسخة لتكون بايديهم حجة لهم وعليهم واوقع فيها شيوخ الديوان المعمور القايد برون والكاتب عثمان حفظهما الله علامتهما تاكيدا لها ودليلا على صحتها ...

（87） Cusa, pp. 624–626.

（88） 半島部の政治的状況については次を参照。Jamison, “The Norman Administration of Apulia and Capua, More Especially under Roger II and William I, 1127–1166,” *Papers of the British School at Rome*, vol. 6（1913）, pp. 221–264.

（89） Jamison, “The Norman Administration,” pp. 260–261.

（90） Jamison, *Admiral Eugenius*, p. 53.

（91） Caravale, “Gli uffici finanziari,” pp. 203–204.

（92） Mazzarese Fardella, *Aspetti*, pp. 38–39.

（93） Jamison, *Admiral Eugenius*, p. 53. Cf. Jamison, “The Norman Administration,” pp. 299–302. ラテン語史料では，*magister camerarius tocius Apulie et Terre Laboris, magister camerarius tocius Calabrie et Vallis Gratis et Vallis Signi atque Vallis Marsici* である。

（94） ジャミスンは，ガルーフィ説に従って，ドゥアーナ・デ・セークレーティースとドゥアーナ・バーローヌムを合わせた監督局という意味で「ドゥアーナ」を用いている。

（95） *Catalogus Baronum*, ed. by Evelyn Jamison（Roma, 1972）, Foreword p. XVII.

（96） Cf. Jamison, “Additional work by E. Jamison on the Catalogus Baronum” *Bulletino dell’Istituto storico Italiano per il medio evo e Archivio Muratoriano*, vol. 83（1971）, pp. 1–63. Bartolommeo Capasso, “Sul catalogo dei feudi e dei feudatarii delle provincie napoletane,” *Atti dell’Accademia di archeologia, letteratura e delle arti*, s.1, vol. 4（1868）, pp. 293–371.

（97） Jamison, “Additional work,” pp. 3–5.

（98） カタログス・バーローヌムの改訂とドゥアーナ・バーローヌムの密接な関係は，カラヴァーレによっても主張されている（Caravale, "Gli uffici finanziari," pp. 206, 216)。マッツァレーゼ・ファルデッラは、バーローヌムという言葉の共通性から両者の関係を主張しているが、これは受け入れられない。何故なら、カタログス・バーローヌムという言葉が当時用いられていたわけではなく、ただ、一六五三年に、カルロ・ボレッリによって彼の著作（Carlo Borrelli, *Vindex Neaplotane Nobilitatis* [Napoli, 1653]）の中にある最初の校訂版（*editio princeps*）に対して初めて使われた言葉だからである。当時の呼び名は *quaterni* である。Mazzarese Fardella, *Aspetti*, p. 32. *Catalogus Baronum*, Foreword, p. XV.

(99) この両地域の違いを考えなければならないとは多くの研究者が主張してきたことである。Wilhelm Heupel, *Der sizilische Grosshof unter Kaiser Friedrich II.*（Stuttgart, 1940）, pp. 479–480. Jamison, "The Norman Administration," pp. 244, 246s, 260. Mazzarese Fardella, *Aspetti*, pp. 8–9. Mayer, *Italienische Verfassungsgeschichte*, vol. 1, pp. 210–211. Caravale, "Gli uffici finanziari," p. 217. Hans Niese, *Die Gesetzgebung der normannischen Dynastie im Regnum Siciliae*（Halle, 1910）, pp. 164–165. Chalandon, *Histoire de la domination*, vol. 1, pp. 210–211. Caravale, "Gli uffici finanziari," p. 217.

(100) このことは以下の二点を示唆している。第一に、ドゥアーナは特定の財政的組織というよりは、包括的な行政組織の様相を呈しているということ。第二に、それぞれの地域の社会的・文化的背景の相違を示す制度上の違いがそれぞれの管轄区に表れているということ。しかしながら、ここで最も興味深いのは、シチリア王国がビザンツ・アラブの伝統に根ざしつつも、まったく新しいタイプの行政組織を作り上げたという点である。この新しい行政組織の形成は、十二世紀ヨーロッパにおける官僚組織の変化という文脈の中で、とりわけイングランドのそれと対比しつつ考察する必要があるだろう。

第二章　十二世紀シチリアにおけるファミリアーレース・レギスと王国最高顧問団

ジョン・ジョリフがアンジュー朝行政におけるファミリアーレース・レギス（*familiares regis*、王のファミリアーレース、単数はファミリアーリス・レギス *familiaris regis*）の重要性を強調して以来、イギリスの歴史家たちはこのファミリアーレース・レギスと呼ばれる人々に特別の注意を払ってきた。(1) ジュディス・グリーンとウィルフレド・ウォレンは、それぞれ、ヘンリクス（ヘンリ）一世治世（一一〇〇―三五年）とヘンリクス（ヘンリ）二世治世（一一五四―八九年）における彼らの統治機能に焦点をあて、国王統治において彼らが占める位置の重要性を確認した。(2) ジョン・プレストウィッチ、マージョリ・チブナル、そしてチャールズ・ウォレン＝ホリスターは、国王の家政軍事組織（military household）としての「ファミリア・レギス（*familia regis*）」の分析を通して、彼らの軍事的な役割の重要性に注目した。(3) ウォレンによれば、ファミリアーレース・レギスとは、「適切な翻訳が難しい言葉である。ファミリアーリス・レギスとは親密な者であり、王宮に滞在または訪問する親しい者であり、召し使いや腹心（confidents）や側近からなる広義のファミリアの一員である」。(4) 現代の研究者たちは基本的にこの定義を共有しており、(5) 大抵は、ジョリフの説に従って、イングランドにおいては国王の顧問団（*concilium privatum, concilium familiare*）はヘンリクス（ヘンリ）三世治世（一二一六―七二年）まで形成されなかったと論じている。(6) フランスにおいても、ファミリアーレース・レギスは国王の取り巻きの中の腹心であるとされてきた。ただし、エリック・ブルナゼルは、この言葉は十二世紀の宮廷に出入りした最も有力な人物だけを指していたと考えている。(7) しかしながら、大評議会（*magnum consilium*）が現れるフィリップ

ス（フィリップ）五世治世（一三一六―一三二二年）に至るまでは、正式に制定された国王顧問団の存在を示す証拠はない。(8)

歴史家たちは、シチリアについても、この非常に一般的なファミリアーレース・レギスの定義を適用してきた。フェルディナン・シャランドンは、シチリアのファミリアーレース・レギスはクーリア（*curia*）のメンバーから選ばれた国王に最も近い助言者たちであると定義し、ノルマン期にこの称号を保持した人々の名前を挙げている。人数や任期、王国統治における彼らの機能といった問題には言及していないが、これらのファミリアーレース・レギスの中から、アルコンテス・テース・クラタイアース・コルテース（*οἱ ἄρχοντες τῆς κραταιᾶς κόρτης*）と呼ばれる「国王評議会（Privy Council）」のメンバーが選ばれていたと述べている。(9) ファミリアーレース・レギスは聖俗の封臣からなる国王の助言者たちである、と述べるにとどめる研究者もいる。(10) しかしながら、ファルカンドゥスの年代記は、ファミリアーレース・レギス（またはファミリアーレース・クーリエ *familiares curie*）が単なる国王の側近や助言者ではなく、実際には王国最高顧問団のメンバーであったことを示唆している。(11) ウィレルムス二世治世（一一六六―八九年）の定式文や証人リストも、この結論を示唆しているように見える。では、ノルマン・シチリア王国においては、ファミリアーレース・レギスという言葉は本当に王国最高顧問団のメンバーを指していたのだろうか？

最初の王国最高顧問団が形成され、ファミリアーレース・レギスがその固有のメンバーとなった日付けを確定するのは容易ではない。確かに、ファミリアーレース・レギスという言葉はロゲリウス二世治世（一一〇五―五四年）の史料に見出されるが、(12) この言葉が国王側近の一人を指すために用いられていたのか、それとも、よりはっきりと限定された王国最高顧問団のメンバーを指すために用いられたのかを確認することはできない。ウィレルムス一世治世（一一五四―六六年）前半の、大アミーラトゥスであるバーリのマイオが宰相として王国全体を統治していた時期には、(13) ファミリアーレース・レギスという言葉はほとんど史料に現れない。マイオの努力によってパレルモ大司教フゴがファミリアーリス・レギス位（*familiaritas regis*）を認められたというファルカンドゥスの記述は、(14) この称号のもつ重要性を示し、マイオ自身もファミリアーリス・レギスであったことを暗示しているが、それは、必ずしも王国最高顧問団の存在を示しているわけではない。

史料で確認される最初の王国最高顧問団は、一一六〇年のマイオ暗殺後に形成されたものである。暗殺の翌日、国王ウィレルムス一世はカターニア大助祭ヘンリクス・アリスティップスを召喚して、ファミリアーリスに任命し、かつてマイオが担っていた国政を司る役割と職務を負わせたのである。[15]一一六一年三月までには、王の年長の従兄弟のマルシコ伯シルウェステルと、イングランド人のシラクーザ被選司教リカルドゥス・パルメリがファミリアーレース・レギスに任命された。[16]こうして三人のファミリアーレース・レギスからなる王国最高顧問団が形成された。[17]三人のファミリアーレース・レギスによる三頭政治はウィレルムス一世が死亡する一一六六年まで続いたが、最初のメンバーのうち二人はこの時期に入れ替わっている。まず、ヘンリクス・アリスティップスが一一六一年の諸侯の反乱で王の信頼を失い、書記官マテウスと代えられた。[18]書記官マテウスは、長くマイオに仕え、後に包括的な土地台帳を編纂することになる人物である。ついで、マルシコ伯シルウェステルの死後、王宮侍従長官のアラブ人宦官ガイトゥス・ペトルスが加わった。[19]こうして三人のファミリアーレース・レギスからなる新しい三頭政治（被選司教リカルドゥス・パルメリ、書記官マテウス、宦官ガイトゥス・ペトルス）が確立した。[20]表2-1はこのようなファミリアーレース・レギスの変化をまとめたものである。

この時までに、ファミリアーリス・レギスという言葉は王国最高顧問団メンバーを指すようになっていたと思われる。ファルカンドゥスは、あるところでは「ファミリアーリス・クーリエ（*familiaris curie*）である書記官マテウスは、繰り返し懇願して、他のファミリアーレース・レギスたち、すなわちシラクーザ被選司教と伯シルウェステルを説得した」と述べ、別の箇所では、「伯シルウェステルが死亡すると、シラクーザ被選司教と書記官マテウスのみが、王の顧問団（*consilium regis*）のメンバーだった」と説明しているのである。[21]これら三人のファミリアーレース・レギス

表 2-1　ファルカンドゥス『シチリア王国の歴史』に見られるウィレルムス 2 世期のファミリアーレース・レギスの変化

1166 年 5 月 17 日　ウィレルムス 2 世の戴冠式		
1 王宮侍従長官 ガイトゥス・ペトルス	2 シラクーザ被選司教 リカルドゥス	3 書記官 マテウス
1166 年夏　ガイトゥス・ペトルスのチュニジアへの逃亡		
1 モリーゼ伯 リカルドゥス	2 シラクーザ被選司教 リカルドゥス	3 書記官 マテウス
4 王宮侍従長官 ガイトゥス・リカルドゥス	5 ガイトゥス・マルティヌス	
1166 年 10 月あるいは 11 月		
1 宰相ステファヌス		
1168 年春　ステファヌスの逃亡		
1 シラクーザ被選司教 リカルドゥス	2 アグリジェント司教 ゲンティーリス	3 サレルノ大司教 ロムアルドゥス
4 マルタ司教 ヨハンネス	5 ジェラーチェ伯 ロゲリウス	6 モリーゼ伯 リカルドゥス
7 モンテスカリオーソ伯 ヘンリクス	8 書記官 マテウス	9 王宮侍従長官 ガイトゥス・リカルドゥス
10 アグリジェント司教座聖堂参事会長 グアルテリウス		
1169 年 9 月 28 日　グアルテリウスのパレルモ大司教への叙階		
1 パレルモ大司教 グアルテリウス	2 書記官 マテウス	3 アグリジェント司教 ゲンティーリス

に世俗諸侯は含まれていないが、王国を構成する他の三つの要素を代表していた。すなわち、聖職者、南イタリア出身の役人、アラブ人役人である。彼らは、ウィレルムス一世が死亡する一一六六年まで、王国の諸事を司りつづけた。

一一六六年五月十七日に国王ウィレルムス一世が他界した時、王位継承の問題は生じなかった。彼自身がすでに長子ウィレルムス二世（在位一一六六―八九年）を後継者に指名していたからである。[22] しかし、新国王がわずか十二歳であったことが問題であった。ウィレルムス一世は遺言のなかで、三人のファミリアーレースがその地位を保持し、摂政となるマルガリータ王妃を助けることを命じていた。ファルカンドゥスはこう記している。

〈ラテン語〉「そしてまた、ウィレルムス一世は、自分のために自らファミリアーレースとして選んでおいたシラクーザ被選司教、ガイトゥス・ペトルス、書記官マテウスが、同じファミリアーリス・クーリエ位（*familiaritas curie*）にとどまることを命じた。王妃がこの者たちの助言に従って、為されるべきだと思われる事柄を処理するように」[23]。

しかしながら、新国王の未成年期は、政治不安を避けることができなかった。王宮では貴族の力が増し、政治に多大な影響を及ぼした。国王宮廷における権力闘争を反映するかのように、ファミリアーレース・レギスの数が急増し、その構成メンバーがめまぐるしく交替するようになった。ファルカンドゥスは、この時期の政争とファミリアーレース・レギスの急速な交替について詳細に記している。

最初の変化は、摂政である母后マルガリータによってもたらされた。ウィレルムス二世の戴冠式の直後、彼女は王宮侍従長官であるアラブ人宦官ガイトゥス・ペトルスを宰相に任命し、残る二人のファミリアーレース・レギス（シラクーザ被選司教リカルドゥス・パルメリと書記官マテウス）を彼の補佐役とした。

〈ラテン語〉「しかし、彼女は、ファミリアーレース・クーリエが以前と同じ位階、あるいは、同等の地位にとどまることを望まなかった。というのは、彼女が、ガイトゥス・ペトルスにすべての事柄に関する最高の権力を与え、彼を他のあらゆる人々に優る高い地位に就かせて、シラクーザ被選司教と書記官マテウスに対しては、このガイトゥス・ペトルスの補佐人（*coadiutores*）として確かに顧問（*consilii*）の一員であり、ファミリアーレースと呼ばれるが、あらゆる事柄において彼の命令に従わなければならないと命じたからである」[24]。

こうして、王国の事実上の指揮はアラブ人宦官ガイトゥス・ペトルスの手に委ねられた。

しかし、彼の指導体制は長くは続かなかった。その夏の中頃までに、シチリアはほとんど混乱状態に陥ってしまったのである。王宮では陰謀や策略が渦巻き、封建諸侯たちの支持を得た母后マルガリータの従兄弟グラヴィーナ伯ギルベルトゥスが勢力を拡大して、自分を宰相にするよう母后に圧力をかけていた。彼の勢力をそごうと、マルガリータは治安長官リカルドゥスをモリーゼ伯に任命した。しかしこの方策をもってしても、ギルベルトゥスがガイトゥス・ペトルスに対して重大な陰謀を企てることを防ぐことができず、結局、宰相ガイトゥス・ペトルスはチュニジアへ亡命してしまったのである。(25)

母后マルガリータは、グラヴィーナ伯ギルベルトゥスをアプーリアおよびテッラ・ディ・ラヴォーロ（Terra di Lavoro/ *Terra Laboris*、カープア侯領）の軍務官（*capitaneus*）に任命して、イタリア半島本土へ送りこんだ後、モリーゼ伯リカルドゥスをファミリアーリス・クーリエに任じ、ガイトゥス・ペトルスの跡を継ぐよう、他のファミリアーレース・レギスたちより高い権威を与えた。(26)その直後、二人のアラブ人たち、王宮侍従長官ガイトゥス・リカルドゥスと、ドゥアーナ・デ・セークレーティースを指揮していたガイトゥス・マルティヌスが、三人のファミリアーレース・レギスに加えられた。(27)こうして、五人のファミリアーレース・レギスからなる新しい王国最高顧問団が形成された。そこには、モリーゼ伯リカルドゥス、シラクーザ被選司教リカルドゥス・パルメリ、書記官マテウス、王宮侍従長官ガイトゥス・リカルドゥス、そしてガイトゥス・マルティヌスが含まれていた。(28)

一一六六年の夏の終わりに、フランスのペルシュ伯の息子で母后マルガリータの親戚にあたるステファヌスが、彼女の招請に応じてパレルモに到着した。彼は同年十一月に尚書に任命され、一一六七年の十月もしくは十一月にパレルモ大司教職に選出された。(29)こうして彼は、短期間のうちに王国の聖俗二つの最高位を獲得し、権力の頂点に立ったのである。(30)ステファヌス自身がファミリアーリス・レギスに任命されたことは確かだが、彼のもとでファミリアーレース・レギスの成員がどのように変化したのかはよくわからない。ファルカンドゥスは時折ファミリアーレース・レギスに言及しているが、具体的な名前を挙げていないのである。ガイトゥス・リカルドゥスとガイトゥス・マルティヌスは、少なくとも一一六七年のある時期ファミリアーレース・レギスの地位にあった(31)。書記官マテウスも、ファミリアーリス位を保持していたように見える(32)。しかし、この時期、誰がファミリアーレース・レギスであったかははっきりしない(33)。フランス人の側近たちに支えられて、ステファヌスのファミリアーレース・レギスに対する統制は非常に強かったように見える(34)。そのため、彼の強大な権力が、ファミリアーレース・レギスの権力と権威を損ねたということも考えられる。しかしながら、彼は、宮廷の有力者や役人たち、現地のシチリア人たちからの大きな抵抗を受け、一一六八年春の暴動のさなかに王国を逃亡したのである。

新たなファミリアーレース・レギスがただちに任命され、十人のファミリアーレース・レギスからなる王国最高顧問団が形成された。ファルカンドゥスはこの経緯を次のように説明している。

〈ラテン語〉「その間に、ヴァル・デーモネに派遣されていたアグリジェント司教ゲンティーリスが呼び戻され、ファミリアーリス・クーリエに任命された。モンテスカリオーソ伯ヘンリクスとモリーゼ伯リカルドゥスは、武装した多数のメッシーナの人びと二十四隻の武装ガレー船とともに、パレルモに到着した。彼らはこれらの武力を背景にして、クーリアの体制を改め、十人のファミリアーレースを組織した。すなわち、シラクーザ被選司教リカルドゥス、アグリジェント司教ゲンティーリス、サレルノ大司教ロムアルドゥス、マルタ司教ヨハンネス、ジェラーチェ伯ロゲリウス、モリーゼ伯リカルドゥス、モンテスカリオーソ伯ヘンリクス、書記官マテウス、ガイトゥス・リカルドゥス、アグリジェント司教座聖堂参事会長であり国王の教育係であるグアルテリウスである(35)」。

この十人のファミリアーレース・レギスからなる大きな王国最高顧問団がどれくらいの期間存続したのかは、はっきりしない。しかし、二月までには、ガイトゥス・マルティヌスがファミリアーリス・レギスに再任されたように見える。というのも、彼の名が、一一六九年二月に出された二通の国王文書の末尾に、発給者であるファミリアーレス・レギスの一人として記されているからである。これら二通の文書では、ファミリアーレース・レギスの中に、サレルノ大司教、マルタ司教、ジェラーチェ伯、モンテスカリオーソ伯の名前が含まれていない。[36] 同年五月の国王文書では、この四人に加えて、シラクーザ被選司教リカルドゥスの名も挙げられていない。[37] この事実は、彼らがこの時までに王国最高顧問団から外されていた可能性を示唆している。しかし、彼らがその時王宮に不在だっただけで、依然ファミリアーリス・レギスという称号を保持していたという可能性も否定できない。

こうした変化のすべては、ウィレルムス二世の未成年期の最初の三年間に生じた。しかしファミリアーレース・レギスのこの不安定な状況は、一一六九年十月二十八日にウィレルムス二世とその弟の教育係であるアグリジェント司教座聖堂参事会長グアルテリウスがパレルモ大司教に叙階されると終息し、政争は沈静化した。ファルカンドゥスはグアルテリウスの叙階とその後の三人のファミリアーレース・レギス体制の確立について、次のように説明している。

〈ラテン語〉「それゆえ、決定が性急に為されたと思われないように、この事柄は数日間延期されたが、その後、ローマ教皇は、選挙を有効であると認め、彼が属司教 (*suffraganei episcopi*) たちによって叙階されることを命じた。かくも大いなる顕職の頂点に高められたグアルテリウスは、即座にクーリアの体制を変え、自ら最高権力を保持したまま、書記官マテウスとアグリジェント司教ゲンティーリスを自らの権威の下でファミリアーレースに任じたのである」。[38]

ファルカンドゥスの詳細な記述は、このファミリアーレース・レギスたちによる三頭政治が確立した時点で終わっている。しかし、幸いなことに他の史料がその後のファミリアーレース・レギスに関する情報を与えてくれる。国王文書は、一一六〇年の大宰相マイオの死までは、慣習的に尚書（*cancellarius*）によって発給され、尚書が不在の時にはその代理によって発給されていた。しかしながら、マイオの死後、尚書職が空席となり、国王文書はファミリアーレース・レギスの一人であるシラクーザ被選司教リカルドゥスによって発給されるようになった。ペルシュのステファヌスが尚書を務めた短い期間（一一六六―六八年）は、尚書による発給が復活したが、一一六八年に彼が逃亡した後は、尚書職は一一九〇年まで空席となり、次の一一七六年一月の証書が示すように、国王文書はファミリアーレース・レギスによって発給されるようになった。

〈ラテン語〉「西暦……年、ファミリアーレース・レギスである尊敬すべきパレルモ大司教グアルテリウスと王の副尚書マテウスとアグリジェント司教バルトロメウスの手により、パレルモの町で発給される（*Data in urbe Panormi felici per manus Gualterii venerabilis Panormitani archiepiscopi et Mathei regii vicecancellarii et Bartholomei Agrigentini episcopi domini Regis familiarium anno dominice*…）」[39]。

また、時には「ファミリアーリス」という称号が、たとえば、「我々の親愛なる家臣にしてファミリアーリスである尊敬すべき大司教ウィレルムス（…*Guillelmum venerabilem archiepiscopum dilecum fidelem et familiarem nostrum*…）」というように、文書の本文に現れることもある[40]。ファミリアーリス・レギスの称号を帯びた人々の名前を様々な文書から集め、整理すると表2-2のようになる。

この表は、新たに確立した三頭政治が十年以上続いたことを示唆している。この三人体制では、王国最高顧問団の第三番目のメンバーは交代しているが、パレルモ大司教が最高位を保ち、一一六九年十二月に書記官から副尚書に昇

表 2-2　公文書に見られるファミリアーレース・レギス

年. 月	ファミリアーレース・レギス			
(1) 1169. 2	1 パレルモ被選大司教 グアルテリウス	2 シラクーザ被選司教 リカルドゥス	3 アグリジェント司教 ゲンティーリス	
	4 モリーゼ伯 リカルドゥス	5 王宮侍従長官 ガイトゥス・リカルドゥス	6 王宮侍従官 ガイトゥス・マルティヌス	
(2) 2	1 パレルモ被選大司教 グアルテリウス	2 シラクーザ被選司教 リカルドゥス	3 アグリジェント司教 ゲンティーリス	
	4 書記官 マテウス	5 モリーゼ伯 リカルドゥス	6 王宮侍従長官 ガイトゥス・リカルドゥス	
	7 王宮侍従官 ガイトゥス・マルティヌス			
(3) 5	1 パレルモ被選大司教 グアルテリウス	2 アグリジェント司教 ゲンティーリス	3 書記官 マテウス	
	4 モリーゼ伯 リカルドゥス	5 王宮侍従長官 ガイトゥス・リカルドゥス	6 王宮侍従官 ガイトゥス・マルティヌス	
(4) 1170.10	1 パレルモ大司教 グアルテリウス	2 (副尚書 マテウス)	3 アグリジェント司教 ゲンティーリス	
(5) 1171. 3	1 同上	2 同上	3 同上	
(6) 12	1 同上	2 同上	3 アグリジェント被選司教 バルトロメウス	
(7) 1172. 4	1 同上	2 同上	3 同上	
(8) 7	1 同上	2 (同上)		
(9) 11	1 同上	2 同上	3 同上	
(10) 1173. 2	1 同上	2 同上	3 同上	
(11) 3	1 同上	2 同上	3 同上	
(12) 1174.11	1 同上	2 同上		
(13) 1175. 9	1 同上	2 同上	3 アグリジェント司教 バルトロメウス	
(14) 9	1 同上	2 同上	3 同上	
(15) 1176. 1	1 同上	2 同上	3 同上	
(16) 1177. 1	1 同上	2 同上		
(17) 2	1 同上	2 同上	3 シラクーザ司教 リカルドゥス	
(18) 3	1 ……………	2 同上	3 同上	
(19) 11	1 同上	2 同上	3 同上	
(20) 11	1 同上	2 同上	3 同上	
(21) 1178. 4	1 同上	2 同上	3 同上	
(22) 11	1 同上	2 同上	3 同上	
(23) 12	1 同上	2 同上	3 同上	
(24) 1180. 3	1 同上	2 同上	3 同上	
(25) 3	1 同上	2 同上	3 同上	
(26) 1182. 5	1 同上	2 同上	3 同上	4 ガエータ司教

					ヨハンネス
(27)	5	1 同上	2 同上	3 同上	
(28)	10	1 同上	2 同上	3 同上	
(29)	11	1 同上	2 同上	3 同上	
(30)	12	1 同上	2 同上	3 同上	
(31)	1183. 1	1 同上	2 同上	3 メッシーナ大司教 リカルドゥス	
(32)	4	(1 同上	2 同上	3 同上)	
(33)	5	1 同上	2 同上	3 同上	
(34)	1184. 3	1 同上	2 同上	3 同上	
(35)	3	1 同上	2 同上	3 アグリジェント司教 バルトロメウス	
(36)	5	1 同上	2 同上	3 同上	
(37)	5	1 同上	2 モンレアーレ大司教 ウィレルムス	3 副尚書 マテウス	4 アグリジェント司教 バルトロメウス
(38)	1185. 6	1 同上	2 ……………	3 同上	4 同上
(39)	1186. 5	1 同上	2 同上	3 同上	4 同上
(40)	11		同上		
(41)	1188.10	1 同上	2 同上	3 同上	4 同上
(42)	12	1 同上	2 同上	3 同上	4 同上

史料：(1) Carlo Alberto Garufi, *I documenti inediti dell'epoca normanna in Sicilia* (Palermo, 1899)(以下，Garufi, *Documenti* と表記), p. 111; (2) Alessandro Pratesi, *Carte latine de Abbazie Calabresi provenienti dall'Archivio Aldobrandini* (Città del Vaticano, 1958), doc. 23, pp. 60–62; (3) Garufi, *Documenti*, p. 112; (4) *Ibid*, p. 126; (5) *Ibid*, p. 128; Karl Andreas Kehr, *Die Urkunden der normannisch-sizilischen Könige* (Innsbruck, 1902)(以下，Kehr と表記), pp. 440–441; (6) Rocco Pirro, *Sicilia sacra disquisitionibus et notitiis illustrata*, 2 vols., 3rd ed., A. Mongitore, (Palermo, 1733)(以下，Pirro と表記), p. 669; Wilhelm Behring, "Sicilianische Studien II/2: Regesten des normannischen Königshause 1130–1197," *Programm des königlichen Gymnasiums zu Elbing* (Elbing, 1887)(以下，Behring と表記), no. 181; (7) Kehr, p. 442; (8) Ferdinand Ughelli, *Italia sacra sive de episcopis Italiae et insularum adiacentium*, 2nd ed, 10 vols. (Venezia, 1717–21), vol. 8, p. 983; Behring, no. 188; (9) Alexandre Bruel, *Recueil des chartes de l'abbay de Cluny*, vol. 5 (Paris, 1894), pp. 600–601; (10) Kehr, pp. 375, 382; (11) Behring, no. 192; Pirro, p. 741; (12) Behring, no. 193; (13) G. B. Siragusa, *Il Regno di Guglielmo I in Sicilia*, 2nd ed. (Palermo, 1929), p. 379; (14) *Ibid*, pp. 380–381; (15) Kehr, p. 443; (16) Behring, no. 202; Pirro, p. 700; (17) Behring, no. 203; (18) Behring, no. 204; Pirro, p. 107; (19) Kehr, p. 445; (20) Behring, no. 206; (21) G. Bresc-Bautier, ed., *Le Cartulaire du chapitre du Saint-Sépulchre* (Paris, 1984), pp. 316–317; (22) Kehr, p. 448; Behring, no. 211; (23) Pirro, p. 702; Behring, no. 212; (24) Garufi, *Documenti*, p. 172; (25) Charles Homer Haskins, "England and Sicily in the Twelfth Century," *English Historical Review*, vol. 26 (1911), p. 445; (26) Behring, no. 218; (27) Palermo, Archivio di Stato, *Tabulario di S. Maria Nuova di Monreale* (以下，*Tabulario* と表記), Pergamene, no. 32; Salvatore Cusa, *I diplomi greci ed arabi di Sicilia pubblicati nel testo original*, vol. 1 (Palermo, 1868–82), pp. 202, 244; Behring, no. 219; (28) Garufi, *Documenti*, p. 182; Behring, no. 220; (29) Behring, no. 221; (30) *Codice diplomatico Barese*, vol. 5 (Bari, 1902), pp. 252–253; (31) Garufi, *Documenti*, p. 189; (32) Carlo A. Garufi, *Catalogo illustrato del Tabulario di S. Maria Nuova in Monreale* (Palermo, 1902)(以下，Garufi, *Catalogo* と表記), pp. 25–26; *Tabulario*, Pergamene, no. 45; Behring, no. 222; (33) *Tabulario*, Pergamene, no. 47; Pirro, p. 460; Behring, no. 223; Garufi, *Catalogo*, p. 27; (34) *Tabulario*, Pergamene, no. 50; Garufi, *Catalogo*, p. 27; (35) *Tabulario*, Pergamene, no. 51; Garufi, *Catalogo*, p. 28; (36) *Tabulario*, Pergamene, no. 53; Garufi, *Catalogo*, p. 29; (37) Behring, no. 225; (38) Behring, no. 230; (39) Kehr, pp. 455–456; (40) Garufi, *Documenti*, p. 213; (41) Kehr, p. 457; (42) Garufi, *Catalogo*, p. 230.

注：副尚書マテウスは (4) と (8) の国王文書の発給者の一人だがファミリアーリス・レギスの称号を帯びていない．ガルーフィによれば (32) の国王文書は，グアルテリウス，マテウス，リカルドゥスによって発給されたことになっているが，この文書のオリジナルには，そのような記述を確認できなかった．

格したマテウスがそれに次ぐ地位を享受していた。(41) 世俗諸侯たちは、この王国最高顧問団から完全に排除され、聖職者と王の役人たちだけがファミリアーレース・レギスに任命されている。この時期、王国はほぼ完全な平和を維持し、大きな反乱が起きていないことは指摘しておくべきだろう。しかしながら、この時期、第三位のファミリアーリス・レギスは交替していた。まず最初に、パレルモ大司教グアルテリウスの弟であるアグリジェント被選司教バルトロメウスが、亡くなったアグリジェント司教ゲンティーリスの後任となり、一一七一年十二月に第三位のファミリアーリス・レギスとして現れた。彼は五年ほどファミリアーリス・レギスの地位にとどまった。次いで、一一七七年二月に、シラクーザ司教リカルドゥス・パルメリがその後任に就いた。リカルドゥス・パルメリは一一八二年末にメッシーナ大司教となったが、一一八四年まで約七年間ファミリアーリス・レギスの称号を保持している。(42)

この長期にわたるファミリアーレース・レギスの三頭体制は、一一八三年二月、教皇ルキウス三世の勅書により、新たにモンレアーレ大司教座が創設されることにより修正された。(43) 初代モンレアーレ大司教ウィレルムスは、一一八四年五月の文書に、四人のファミリアーレース・レギスの一人として現れている。(44) ほぼ同時期に、アグリジェント司教バルトロメウスが再びファミリアーレース・レギスに加わり、メッシーナ大司教リカルドゥスと交代した。こうして、一一八四年には、四人のファミリアーレース・レギスからなる王国最高顧問団の新しい体制が出現した。モンレアーレ大司教座の創設がおそらくパレルモ大司教グアルテリウスの力と権威を弱めたのだろう。副尚書マテウスがこの大司教座創設に奔走したことを考えると、パレルモ大司教グアルテリウスが、王国最高顧問団の他の二人のファミリアーレース・レギスとのバランスをとるために、弟であるアグリジェント司教バルトロメウスをファミリアーリス・レギスにしたということも考えられるだろう。この四人のファミリアーレース・レギス体制は、一一八九年十一月十八日に王ウィレルムス二世が他界するまで続いた。

ウィレルムス二世が後継者を残さずに亡くなると、王位継承をめぐって争いが生じた。王位継承者には、三人の候補者がいた。ロゲリウス二世の娘で、皇帝フレデリクス・バルバロッサの息子ヘンリクス六世に嫁いだコンスタンティア、公ロゲリウスの庶子でロゲリウス二世の孫にあたるレッチェ伯タンクレドゥス、そしてアンドリア伯ロゲリウスである。パレルモ大司教グアルテリウスはコンスタンティアを支持したが、副尚書マテウスは伯タンクレドゥスを強力に推した。最終的に伯タンクレドゥスが選ばれ、一一九〇年一月十八日、パレルモにおいて戴冠した(45)。ウィレルムス二世時代の、四人のファミリアーレース・レギスという均衡の取れた構成は、その後大きく変化した。一一九〇年の暮れまでにパレルモ大司教グアルテリウスが亡くなり(46)、一一九一年十月二十八日にはモンレアーレ大司教ウィレルムスも没した(47)。アグリジェント司教バルトロメウスが兄のグアルテリウスの後を継いでパレルモ大司教になったものの、彼がタンクレドゥスの治世（一一九〇―九四年）にファミリアーリス・レギスの称号を保持した形跡はない。残る一人のファミリアーリス・レギスである副尚書マテウスが宰相となり、一一九〇年までには、一一六八年のペルシュのステファヌスの逃亡以来空位だった顕職、すなわち、尚書に昇進した。同時に、国王文書は尚書、あるいは、彼の不在時には彼の代理で、実の息子であるリカルドゥスによって発給されるようになり(48)、もはやファミリアーレース・レギスの一員が発給を行うことはなくなった。こうした理由と、文書の少なさのために、タンクレドゥス治世に誰がファミリアーレース・レギスであったかを知るのは容易ではない。ただ、尚書マテウスに加えて、彼の二人の息子、サレルノ大司教ニコラウスと(49)、一一九二年にアジェロ伯となったリカルドゥスがファミリアーレース・レギスの称号を保持している(50)。これら三人のファミリアーレース・レギスは国王政府内の最も強力な大臣たちであり、「家族による三頭政治」を形成したように見える(51)。他にもファミリアーレース・レギスが存在したかもしれないが(52)、疑いなく尚書マテウスが圧倒的に強い権力と影響力を行使しており、三十年前のペルシュのステファヌスがそうであったように、他のファミリアーレース・レギスを圧倒していたように見える。尚書マテウスは、一一九三年七月二十一日に没した(53)。国王タンクレドゥスは一一九四年二月二十日に亡くなり、後継者として息子のウィレルムス三世を残した。

ウィレルムス三世の短い治世（一一九四年二―十二月）は、母后アチェッラのシビリアの摂政のもとにおかれ、ファミリアーレース・レギスの王国最高顧問団が再び主導権を握ったように見える。[54]ファミリアーレース・レギスによる国王文書発給も復活した。一一九四年六月と七月の二つの国王文書は、三人のファミリアーレース・レギス、すなわちパレルモ大司教バルトロメウス、サレルノ大司教ニコラウス、アジェロ伯リカルドゥスにより発給された。[55]このように、大司教バルトロメウスは、ウィレルムス二世時代に長年ファミリアーリス・レギスであり、タンクレドゥスのもとでその地位を失っていたが、ここで再度この称号を手にしたのだった。尚書マテウスの息子たち、つまり、サレルノ大司教ニコラウスと伯リカルドゥスは二人とも、ファミリアーレース・レギスの称号と前王の治世下で享受していた高い地位を保ちつづけた。上記の文書以降に出された五通の国王文書（八月二通、九月一通、十月二通）では、大司教バルトロメウスと大司教ニコラウスが発給者に含まれているが、アジェロ伯リカルドゥスは含まれていない。[56]このファミリアーレース・レギスによる発給の慣行は、ウィレルムス二世治世に酷似している。しかし、政治状況はまったく異なっていたということに注意しなければならない。ウィレルムス三世期の非常に不安定な政治状況においては、これらの発給者たちがファミリアーレース・レギスのすべてであったと考えるのは難しい。実際、他にもファミリアーリス・レギスが見出される。一一九四年七月の証書で、アミーラトゥスのマルタ伯マルガリトゥスは、ファミリアーリス・レギス（*domini regis familiaris*）と記されているのである。[57]彼は間違いなく、王国の最高の権力と影響力を有する有力者の一人だった。

このように、シチリアのノルマン王国では、ファミリアーリス・レギスは、国王家政のメンバーを指す一般的な呼称でも、特別な特権を有する名誉の称号でもなかった。この称号の保持者は、非常に正確に同定することができる。ファミリアーレース・レギスの数は、一一六八年の特殊な状況においては十人に膨れ上がったが、通常は三人から五人の間であった。これらのファミリアーレース・レギスは王国における最も権力のある大臣たちであった。しかしながら、彼らは、一人一人独立して行動し、個別に王に仕えるただの大臣や高位の助言者というわけではなかった。そうではなくて、彼らはむしろ、公式に認知された王国最高顧問団の一員であり、その手に行政権力が集中していたのである。したがって、この王国最高顧問団は、国王の「大会議」を構成するあのより大きな限定されない助言者集団、つまりその成員が制度化されておらず固定化されてもいない大集団とは区別されなければならない。ファミリアーレース・レギスは、重要問題を決定し、国王文書を発給するために共に行動している。とりわけ重要なのは、国政と国王文書の管理であった。ウィレルムス一世が、「彼自身の介入が必要とされる非常事態」の場合を除いて、「権力の行使を大臣たちに委ね、東洋の君主のようにハーレムの妻妾たちに囲まれて宮殿で暮らすことに満足していた」[58]ことはよく知られている。ウィレルムス二世もまた、その治世を通して国政をファミリアーレスに委ねていた。しかしながら、ファミリアーレース・レギスの権威は、彼らが仕える王に由来するものであったと思われる。したがって彼らの権力と影響力はおそらく、王の個人的な性格やその他の政治的な要因に左右されたであろう。そのため、ペルシュのステファヌス（尚書在職一一六六―六八年）とマテウス（尚書在職一一九〇―九三年）が尚書であった時期には、ファミリアーレース・レギスの力は弱まり、その活動もあまりはっきりしなくなる。グアルテリウスがパレルモ大司教に叙階された一一六九年以前は、この王国最高顧問団は、世俗諸侯、役人、聖職者という三つの要素を均衡させていたように見える。この時期にはアラブ人たちが王国最高顧問団に加わり、中央政府の意思決定に関わっていたことは注目に値する。ウィレルムス二世の未成年期には世俗諸侯の力が急速に伸長したが、一一六九年以後一一八九年までのウィレルムス二世の治世を通して、彼らは王国最高顧問団から完全に排除されていた。このファミリアーレース・レギスを国王役人と聖職者のみから選ぶ慣習は、一一九四年のノルマン王国終焉まで続いたように見える。[59]

この結論は、アルコンテス・テース・クラタイアース・コルテースと呼ばれた「国王評議会」（または国王宮廷会議）の成員についての伝統的な理解と相反しており、ノルマン期シチリア王国研究において重要な問題を提起することになる。シャランドンは、アルコンテス・テース・クラタイアース・コルテースが、ファミリアーレース・レギスの中から選ばれた人々からなる別の機関だったと考えた(60)。しかし本章で述べてきたように、もしファミリアーレース・レギスが、実際には、王国最高顧問団メンバーであったのなら、これはありえない。しばしば三人しかいなかったファミリアーレース・レギスよりさらに限定された国王評議会を想定するのは難しいからである。では、ファミリアーレース・レギスとアルコンテス・テース・クラタイアース・コルテースとの関係は、どのように考えればよいのだろうか？　次に挙げる一一七二年の史料は、アルコンテス・テース・クラタイアース・コルテースが実はファミリアーレース・レギスと同じものを指していたことを示唆している。

〈ギリシア語〉「インディクティオー六年、世界紀元六六八一年の十月に、最も高名にして神の恩寵を受けたアルコンテス・テース・クラタイアース・コルテース、つまりパレルモ市の限りなく神聖にして限りなく信仰深き大司教であり、首席ファミリアーリスであるグアルテリウス殿、誉高き副尚書であるマテウス殿、アグリジェント市の誉高く神の恩寵を受けた被選司教にしてファミリアーリスであるバルトロメウス殿の命令に従って、私、セクレティコスであるゴフレドゥスは、シャーラーニー村の境界を注意深く調査し、画定するために、ミシルメーリ（アミールの館）へやって来た(61)」。

この史料は、アルコンテス・テース・クラタイアース・コルテースが、パレルモ大司教グアルテリウス、副尚書マテウスおよびアグリジェント被選司教バルトロメウスであったことを示している。彼らは、すでに見たように、一一七二年当時のファミリアーレース・レギスであった。アルコンテス・テース・クラタイアース・コルテースという語が、シャランドンの考えたような、ファミリアーレース・レギスの中から選ばれた、より限定的な王宮評議会を指すことはなかった。アルコンテス・テース・クラタイアース・コルテースとファミリアーレース・レギスが同じものであるというこの結論は、カルロ・アルベルト・ガルーフィやエーリッヒ・カスパール、マリオ・カラヴァーレ、シャランドンが想定してきた特別の評議会（王宮評議会）、すなわち、王宮侍従長官と国王大法廷司法長官を含むがドゥアーナの長官たちを含まない評議会が存在していなかった、という事実を明らかにしている。[62]

本論文の結論は、また、十二世紀ヨーロッパにおけるファミリアーリス・レギスという語の用法について、より一般的かつ重要な問題を提起する。これまで見てきたように、十二世紀後半のシチリア王国においては、ファミリアーリス・レギスは、国王の親臣あるいは単に王の家政（*familia regis*）の一員を指す曖昧な言葉ではなく、王国最高顧問団の成員、つまり、王国で最も大きな権力を有し、意志決定を行う人々が帯びる称号であった。ファミリアーリス・レギスのこのような用法はシチリアに限られていたのだろうか？　それとも、イングランドやフランス、その他の君主国でもこの称号を同じように用いることがあったのだろうか？　これらの王宮の緊密な関係や国王役人の称号の類似性を考慮するなら、他の君主国でもファミリアーリス・レギスという語がシチリアの場合と同じように用いられた可能性がある。実際、ブルナゼルの研究は、十二世紀フランスのファミリアーレース・レギスが王国内の最有力者たちであったこと、そして、この語が評議会の概念と密接な関連性を有していたことを示唆している。[63] 研究者の中には、十二世紀のイングランドにおいてファミリアーリス・レギスは王の家政（ファミリア・レギス）の成員を指す別の表現にすぎないと信じている者たちもいるが、ヘンリクス二世が「彼のファミリアーレースの助言によって（*per consilia familiarium suorum*）」王国の伯や諸侯や騎士たちに命令を出し、[64] 彼のファミリアーレースを外国の宮廷へ使者として送っているように、[65] いくつかの史料はこの語がより積極的な意味合いをもっていたことを暗示している。ファミリアーリス・レギスの称号を帯びた者たちが、ウィレルムス（ウィリアム）二世期のラヌルフス・フランバルドゥス、[66] ヘンリクス（ヘンリ）一世期のクータンスのグアルテリウス、[67] ヨハンネス（ジョン）一世期のペトルス・デ・ルピブスのように、王国内の最も有力な人々を含んでいたことは、実際、きわめて示唆的である。もちろん、これらの証拠が、われわれの疑問に決定的な答えを出してくれるわけではなく、さらなる推測は控えるべきであろう。これらの君主国でファミリアーレース・レギスと記された人々をより徹底的に調査することで、初めて真の回答を得ることができるし、そのような調査がなされるべきだと思う。何故なら、ファミリアーレース・レギスは、西欧中世の国王行政を理解するための非常に重要な概念となる可能性があるからである。(69)

（1）John E. A. Jolliffe, *Angevin Kingship*（New York, 1955）, pp. 168–187, 277–297.「ファミリアーレース・レギス」を示すために、より単純な形の「ファミリアーレース」を用いる研究者は多いが、本論文では、史料に則して、より正確な表現である「ファミリアーレース・レギス」または「ファミリアーレース・クーリエ」を用いる。

（2）Wilfred L. Warren, *Henry II*（Berkeley, 1973）, pp. 305, 309–311; Judith A. Green, *The Government of England under Henry I*（Cambridge, 1986）, pp. 19–37, とくに pp. 19–20, 36–37.

（3）John O. Prestwich, "The Military Household of the Norman Kings," *English Historical Review*, vol. 96（1981）, pp. 1–35; John O. Prestwich, "Anglo-Norman Feudalism and the Problems of Continuity," *Past and Present*, vol. 26（1963）, pp. 39–57; Marjorie Chibnall, "Mercenaries and the Familia Regis under Henry I," *History*, vol. 62（1977）, pp. 15–23; Charles Warren Hollister, *The Military Organization of Norman England*（Oxford, 1965）.

（4）Warren, *Henry II*, p. 305. さらに彼は、「純然たる廷臣（courtiers）はほとんどいなかった、というのも国王は彼のファミリアーレースを様々な業務に応じて雇用したからである」と説明している。したがってイングランドでは、「ファミリアーレースの機能は、王の統治を単純に官職や制度の観点から記述する試みを意味のないものにする」（Warren, *Henry II*, p. 305）のである。Jolliffe, *Angevin Kingship*, p. 184 も参照。

（5）たとえば、Wilfred L. Warren, *The Governance of Norman and Angevin England 1086–1272*（London, 1987）, p. 127; Green, *The Government*, pp. 18–19, 36–37; Charles Warren Hollister and John Wesley Baldwin, "The Rise of Administrative Kingship: Henry I and Philip Augustus," *American Historical Review*, vol. 83（1978）, p. 870.

（6）Jolliffe, *Angevin Kingship*, p. 166.

（7）Hollister and Baldwin, "The Rise of Administrative Kingship," p. 901. Eric Bournazel, *Le gouvernement capétien au XIIe siècle 1108–1180: Structures sociales et mutations institutionelles*（Paris, 1975）, pp. 147–148. ブルナゼルはファミリアーレースという用語と評議会（conseil）の概念が密接に関わっていると考え、国王評議会の創始期について詳細な分析を行っている（Bournazel, *Le gouvernement*, pp. 149, 151–173）。

（8）François Olivier-Martin, *Histoire du droit français des origins à la Révolution*, 2nd ed.（Paris, 1951）, p. 661.

（9）Ferdinand Chalandon, *Histoire de la domination normande en Italie et en Sicile*, 2 vols.（Paris, 1907）, vol. 2, pp. 632–634; Ferdinand Chalandon, "Norman Kingdom of Sicily," in *The Cambridge Mediaeval History V: Contest of Empire and Papacy*（Cambridge, 1926）, p. 205. シャランドンによれば、「国王評議会」自体はクラタイヤ・コルテー（*ἡ κρατταιὰ κόρτη*）と呼ばれており、王宮侍従長官と国王大法廷司法長官を含んでいたが、ドゥアーナの長官たちは含まれていなかった（Chalandon, "Norman Kingdom of Sicily," p. 205; Chalandon, *Histoire de la domination*, vol. 2, p. 651）。この解釈は最初カルロ・アルベルト・ガルーフィによって提示され（Carlo Alberto Garufi, "Sull'ordinamento amministrativo normanno in Sicilia, Exhiquier o diwan? Studi storico diplomatici," *Archivio storico italiano*, series V, vol. 27［1901］, pp. 256–257）、シャランドンやエーリッヒ・カスパール（Erich Caspar, *Roger II.（1101–1154）und die Gründung der normannisch-sicilischen Monarchie*［Innsbruck, 1904］, p. 316）やマリオ・カラヴァーレ（Mario Caravale, "Gli uffici finanziari nel Regno di Sicilia durante il periodo normanno," *Annali di storia del diritto*, vol. 8［1964］, pp. 203, 218–219）によって継承されている。ドゥアーナの制度を含むシチリアのノルマン行政機構に関する最近の議論と文献については、以下を参照。高山博「十二世紀シチリアにおけるノルマンの財務行政機構」（『史学雑誌』九二編七号、一九八三年）一―四六頁、高山博「十二世紀ノルマン・シチリア王国の行政官僚」（『史学雑誌』九三編一二号、一九八四年）一―四六頁、Hiroshi Takayama, "The Financial and Administrative Organization of the Norman Kingdom of Sicily," *Viator*, vol. 16（1985）, pp. 129–157（本書第一章）; Hiroshi Takayama, "The Great Administrative Officials of the Norman Kingdom of Sicily," *Papers of the British School at Rome*, vol. 58（1990）, pp. 317–335（本書第三章）.

（10）しかし、エヴリン・ジャミスン、カール・A・ケール、L・レーウェンタールはこの語をより限定した意味で用いている。筆者と同じく、彼らも、ファミリアーレース・レギスは王国最高顧問団のメンバーだったと考えているように見える。Evelyn Jamison, *Admiral Eugenius of Sicily. His Life and Work*（London, 1957）, pp. 45–49, 93–94, 103–104; Karl A. Kehr, *Die Urkunden der normannisch-sizilischen Könige*（Innsbruck, 1902）, pp. 86–88; L. J. A. Loewenthal, "For the Biography of Walter Ophamil, Archbiship of Palermo," *English Historical Review*, vol. 87（1972）, p. 76.

（11）Hugo Falcandus, *Liber de regno Sicilie*, in G. B. Siraguss, ed., *La historia o liber de regno Sicilie e la epistola ad Petrum Panormitane ecclesie thesaurarium di Ugo Falcando*（Roma, 1897）, pp. 1–165.『シチリア王国の書』（*Liber de regno Sicilie*）の著者は、フゴ・ファルカンドゥスと呼ばれてきたが、彼がどこの誰なのかは現在も不明である。この問題に関しては、ジャミスンによる優れた研究（Jamison, *Admiral Eugenius*, Part II）があるが、そこに挙げられている研究文献（Jamison, *Admiral Eugenius*, p. 177 note 1）と Hartmut Hoffman, "Hugo Falcandus und Romuald von Salerno," *Deutsches Archiv für Erforschung des Mittelalters*, vol. 23（1967）, pp. 116–170 を参照。

（12）ファルカンドゥス（Hugo Faclandus, *Liber de regno Sicilie*, p. 7）はロゲリウス二世が自身のファミリアーレース・レギスをもっていたことを示唆している。事実、ロゲリウス二世時代の史料の中に、ファミリアーリスという語を見つけだすのは難しくない。たとえば、一一三〇年夏には "saepissima ac familiaris collocutio" (Léon-Robert Ménager, "L'institution monarchique dans les états normands d'Italie," *Cahiers de civilisation médiévale*, vol. 2 [1959], p. 445) という表現が見られるし、一一三三年十一月三十日付けの国王文書では、オトラント大司教ペトルスが "consiliarius et familiaris noster dilectus" と呼ばれている (*Rogerii II. Regis Diplomata Latina* [Codex diplomaticus regni Siciliae, Series I, tomus II-1, Köln, 1987], p. 96)。また、一一四二年には、国王の甥である伯シモンとアミーラトゥスであるアンティオキアのゲオールギオスがファミリアーレース・レギスであった (Salvatore Cusa, *I diplomi greci ed arabi di Sicilia pubblicati nel testo originale* [Palermo, 1868–82], p. 309 : "*κόμητως σιμεὼν καὶ γεωργίου ἀμυρᾶ τοῦ αὐτοῦ καιροῦ φαμιλιαρίων*")。一一四三年七月には、マギステル・トマス・ブルヌスとパレルモ被選大司教ロゲリウスがファミリアーレース・レギスであった (*Rogerii II.*, pp. 160, 164–165)。一一四四年には、三人のファミリアーレース・レギスがいた。まず、一月にパレルモ大司教ロゲリウス・フレスカ (Cusa, p. 25 : "*τῆς ἀρχιεπισκοπῆς ὑποφηφίω ἡμετέρω πιστωτάτω φαμιληάρι καὶ συμβουλάτωρι κυρῶ ῥογερίω φεσκὰ*")、三月にマザーラ司教オベルトゥス (*Rogerii II.*, p. 174)、そして五月にシラクーザ司教パリシウス (*Rogerii II.*, p.178)。Deutesalve という名の諸侯も "*fidelis et familiaris*" と呼ばれている (Kehr, *Urkunden*, p. 498)。Cf. Chalandon, *Histoire de la domination*, vol. 2, p. 632.

一一四八年七月付けの、国王ロゲリウス二世からパレルモの聖ヨハンネス大修道院（サン・ジョヴァンニ・デリ・エレミティ）に宛てた証書には、ロゲリウスのファミリアーレースに関する興味深い情報が含まれている。その証書は、聖ヨハンネス大修道院の修道院長とその後継者たちに、*consiliarii et familiares* としての特権を与えるとしていたのである (*Rogerii II.*, pp. 221–222 および Rocco Pirro, *Sicilia sacra disquisitionibus et notitiis illustrata* [Palermo, 1733], vol. 2, p. 1111)。聖ヨハンネス大修道院については、Lynn Townsend White, Jr., *Latin Monasticism in Norman Sicily* (Cambridge, Mass., 1938), pp. 123–131 を参照。

（13）　バーリのマイオはノルマン・シチリア王国における最も重要な宰相の一人である。ロゲリウス二世の下では、ラテン語証書の書記官（スクリニアリウス [*scriniarius*] ないしノタリウス [*notarius*]）であり（一一四四―四八年頃）、一一五一年までには副尚書 (*vicecancellarius*) になった。ウィレルムス一世の下では尚書 (*cancellarius*)、アミーラトゥスの中のアミーラトゥス (*ammiratus ammiratorum*)、および宰相（一一五四―六〇年）を務めた。Léon-Robert Ménager, *Amiratus-Ἀμηρᾶς. L'Emirat et les origins de l'amirauté* (*XIe–XIIIe siècle*) (Paris, 1960), pp. 55–56 を参照。

（14）　Hugo Faclandus, *Liber de regno Sicilie*, p. 10 : "hac inita societate, prefatus archiepiscopus, instinctu et consilio Maionis, in familiaritatem regis admictitur, ut quicquid admiratus regi suggereret, socii testimonio confirmaret."

（15）　ヘンリクス・アリスティップスは、プラトンの『メノン』と『ファイドン』、アリストテレスの『気象学』第四巻の最初の翻訳者としてよく知られている。ヘンリクス・アリスティップスについては以下を参照。Charles Homer Haskins, *The Renaissance of the Twelfth Century* (Cambridge, 1927), p. 292; Charles Homer Haskins, *Studies in the History of Medieval Science* (Cambridge, 1927), pp. 53, 142–183; M. T. Mandalari, "Enrico Aristippo Arcidiacono di Catania nella vita culturale e politica del secolo XII," *Bolletino storico catanese*, vol. 4

(1939), pp. 87–123.

(16) Hugo Faclandus, *Liber de regno Sicilie*, p. 44 : "Sequenti die rex Henricum Aristippum, archidiaconum Cataniensem, …, familiarem sibi delegit ut vicem et officium interim gereret admirati, preessetque notariis, et cum eo secretius de regni negotiis pertractaret."

(17) Hugo Faclandus, *Liber de regno Sicilie*, p. 69 : "erant eo tempore familiares regis, per quos negotia curie disponebat, Richardus Siracusanus electus, Silvester comes Marsicensis et Henricus Aristippus." Jamison, *Admiral Eugenius*, pp. 46–47 も参照。

(18) Hugo Faclandus, *Liber de regno Sicilie*, p. 81 : "sed Matheus notarius, familiaris curie, cum et ipse salernitanus esset, alios regis familiares, Richardum Siracusanum electum et Silvestrum comitem, multis precibus exoravit."

(19) フゴ・ファルカンドゥスはガイトゥス・ペトルスについて、「名前と服装においてはキリスト教徒だったが、王宮のすべての宦官たちと同じく、心はサラセン人であった（*sicut et omnes eunuchi palatii, nomine tantum habituque christianus erat, animo saracenus*）」（Hugo Faclandus, *Liber de regno Sicilie*, p. 25）と記している。また、同じファルカンドゥスによれば、一一五九年九月八日の北アフリカのマフディーヤ遠征の際に、ガイトゥス・ペトルスはおよそ百六十艘からなるシチリア艦隊を指揮したという（Hugo Faclandus, *Liber de regno Sicilie*, p. 25）。シラグーサ（Hugo Faclandus, *Liber de regno Sicilie*, p. 99 note 1）とアマーリ（Michele Amari, *Storia dei Musulmani di Sicilia*, 2nd ed. C. A. Nallino, 3 vols［Catania, 1933–39］, vol. 3, p. 496）は、ガイトゥス・ペトルスをベルベル人アフマド・アッシキッリー（シチリア人アフマド）と同一視している。イブン・ハルドゥーンによれば（Ibn Khaldūn, "Kitāb al-ʻIbar," in Michele Amari, ed. *Biblioteca arabo-sicula, testo arabo*［以下 Amari, *Biblioteca, testo arabo* と表記］［Leipzig, 1857］, p. 462 ; Michele Amari, ed. and trans. *Biblioteca arabo-sicula, versione italiana*［以下 Amari, *Biblioteca, versione italiana* と表記］, 2 vols.［Torino/ Roma, 1880–81］, vol. 2, pp. 166–167）、アフマド・アッシキッリーはキリスト教徒によってジェルバ島からシチリアへ連れてこられ、そこで教育を受け、シチリアのスルタン（＝ロゲリウス二世）によって雇われた。このスルタンが死亡してその息子が後を継ぐと、彼の不興を買ってチュニジアへ逃亡した。ついでモロッコへ渡り、ムワッヒド朝カリフ・ユースフ（Yūsf b. ʻAbd al-Mūmin al-ʻAsharī, 1163–84）に仕えた。

ジャミスン（Jamison, *Admiral Eugenius*, p. 35）は、カーイド（*qā'id*）の称号（原語 *qā'id* はアラビア語で、指導者・指揮者などの意味である。同時代のラテン語では *gaytus* または *caitus*、ギリシア語では *κάϊτος* と表記された）は「アラブ人」に与えられ、カイトウス（*κάϊτος*）は「ギリシアの高貴な出自」の者に与えられたと考えている。たしかに、ファルカンドゥスは、ファミリアーレース・レギスとなったガイトゥス・ペトルス、ガイトゥス・リカルドゥス、ガイトゥス・マルティヌスの三名と王宮侍従長官のガイトゥス・ヨハルが隠れムスリムであり、またガイトゥス・アブー・アルカーシム（Abūlcāsim）がムスリムであったことを示唆している。しかし、イングランド人トマス・ブルヌスと同一視されているブルーン（Brūn）という人物もガイトゥスの称号を有しており（Cusa, pp. 28–30）、また一一七二年の三名のファミリアーレース・レギス（大司教グアルテリウス、副尚書マテウス、被選司教バルトロメウス）はギリシア系とは考えられないが、キュリオス（*κύριος*）という称号を帯びており（本章注(61)参照）、注意を要する。

(20) Hugo Faclandus, *Liber de regno Sicilie*, p. 83 : 'nec multo post, moriente Silvestro comite, Siracusanus electus et Matheus notarius soli consilio

regis intererant et regni disponebant negotia, quibus socius datus est gaytus Petrus eunuchus, qui post mortem gayti Ioharii fuerat magister camerarius palacii constitutus.'

（21）本章注（18）（20）を参照。注（20）の文中における *consilio regis*（*consilium regis*）という語句が、専門的・制度的な意味での「顧問団／顧問会」を意味するのか、あるいはより曖昧に「王の信頼を得ている」という意味なのかは見極めがたい。しかし、この三名が王国最高顧問団を構成していたことは確かである。

（22）Hugo Faclandus, *Liber de regno Sicilie*, pp. 87–88; Romualdus Salernitanus, *Chronicon siue Annales*, ed. C. A. Garufi（Rerum italicarum scriptores, vol. 8, Città di Castello, 1909–35）, pp. 253–254.

（23）Hugo Faclandus, *Liber de regno Sicilie*, p. 88: “electum quoque Siracusanum, gaytum Petrum, Matheum notarium, quos ipse sibi familiares elegerat, in eadem iussit familiaritate curie permanere, ut eorum regina consilio que gerenda viderentur disponeret.”

（24）Hugo Faclandus, *Liber de regno Sicilie*, p. 90: “familiares autem curie non in eo gradu quo fuerant aut dignitatis equalitate voluit permanere ; nam gayto Petro summa rerum omnium potestate concessa, super omnes eminentiori loco constituens, electum Siracusanum Matheumque notarium precepit, ut eius coadiutores, interesse quidem consiliis et familiares appellari, sed eius in omnibus imperio subservire.”

（25）Hugo Faclandus, *Liber de regno Sicilie*, pp. 98–99; Romualdus Salernitanus, p. 254.

（26）Hugo Faclandus, *Liber de regno Sicilie*, pp. 101–102: “eius autem loco regina Richardum Mandrensem Molisii comitem, eo quod gaytum Petrum fidelissime dilexisset, curie familiarem constituit et maiorem ei quam ceteris familiaribus contulit potestatem.”

（27）ドゥアーナ・デ・セークレーティースは土地行政に関わる業務を任された中央行政組織だった。Takayama, “The Financial and Administrative Organization,” pp. 129–157 を参照。ガイトゥス・リカルドゥスとガイトゥス・マルティヌスについては、Takayama, “The Great Administrative Officials.” を参照。

（28）Hugo Faclandus, *Liber de regno Sicilie*, pp. 108–109: “Curie vero status hic erat: Richardus Molisii comes, ceteris familiaribus potestatis eminentia prelatus, apud reginam prostulata facilius impetrabat; electus vero Siracusanus et Matheus notarius cancellarii gerebant officium; gaytus quoque Richardus magister camerarius palacii et gaytus Martinus, qui duane preerat, consiliis nichilominus intererant et cum predictis familiaribus negotia regni tractabant.”

（29）シャランドンは、ペルシュのステファヌスは一一六七年以前にパレルモ大司教に選ばれたと考えている（Chalandon, *Histoire de la domination*, vol. 2, p. 322）。しかし筆者はケールと同様に、Behring no. 158 の日付けは一一六八年だと考える。Kehr, *Die Urkunden*, p. 84 and n. 8; Wilhelm Behring, “Sicilianische Studien II: Regesten des normannischen Königshauses（1130–1197）,” in *Programm des königlichen Gymnasiums zu Elbing*（Elbing, 1887）, nos. 158, 161, 162.

（30）Romualdus Salernitanus, p. 255; Hugo Faclandus, *Liber de regno Sicilie*, p. 111. Chalandon, *Histoire de la domination*, vol. 2, pp. 321–322 も参照。

（31） Hugo Faclandus, *Liber de regno Sicilie*, p. 128, p. 79 n. 1.

（32） Hugo Faclandus, *Liber de regno Sicilie*, p. 122 ; Romualdus Salernitanus, p. 257.

（33） 以下の文は宮廷の有力者たちを示しているが，ファルカンドゥスは彼らについてファミリアーレスの語を用いていない。“hec omnia cum audisset cancellarius, convocatis in domum suam electo Siracusano, Matheo notario, Richardo Molisii comite, Rumoaldo Salernitano archiepiscopo ceterisque episcopis ac plerisque proceribus, rem eis totam exposuit iussitque Salernum eorum consiliis accersiri”（Hugo Faclandus, *Liber de regno Sicilie*, p. 123）.

（34） Chalandon, *Histoire de la domination*, vol. 2, p. 321 ; Hugo Faclandus, *Liber de regno Sicilie*, pp. 111–112.

（35） Hugo Faclandus, *Liber de regno Sicilie*, pp. 161–162 : “Interea Gentilis Agrigentinus episcopus qui in vallem Demenie missus fuerat revocatur et curie familiaris efficitur. Henricus comes Montis Caveosi et Richardus Molisii comes cum plerisque Messanensium .xxiiii. galeis armatis Panormum perveniunt, viribusque freti, curie statum innovant, et .x. familiares instituunt: Richardum Siracusanum electum, Gentilem Agrigentinum episcopum, Rumoaldum Salernitanum archiepiscopum, Iohannem Maltensem episcopum, Rogerium comitem Giracii, Richardum Molisii, Henricum Montis Caveosi comitem, Matheum notarium, gaytum Richardum, Gualterium decanum Agrigentinum regis preceptorem.”

（36） Carlo Alberto Garufi, *I documenti inediti dell'epoca normanna in Sicilia*（Documenti per servire alla storia di Sicilia, s. 1, Diplomata xviii, Palermo, 1899）, p. 111 : “Data in urbe felici Panormi, per manus gloriosissimi domini regis familiarium Gualterii scilicet venerabili Panormitani Electi, Riccardi Venerabili Electi Syracusani, Gentilis Venerabilis episcopi agrigentini, Riccardi comitis Molisii, Gaiti Riccardi Regii magistri camerarii et Gaiti Martini Regii camerarii.” *Carte latine di abbazie calabresi provenienti dall'archivio Aldobrandini*, ed. Alessandro Pratesi（Studi e Testi 197, Città del Vaticano, 1958）, doc. 23, pp. 60–62.

（37） Garufi, *Documenti*, p. 112.

（38） Hugo Faclandus, *Liber de regno Sicilie*, pp. 163–164 : “hoc itaque negotio paucis diebus protracto, ne videretur precipitari sententia, demum Romanus pontifex electionem ratam habuit, ipsumque iussit electum a suffraganeis episcopis consecrari. qui tante dignitatis culmine sublimatus, repente statum immutavit curie, summamque sibi potestatem retinens, Matheum notarium et Gentilem Agrigentinum episcopum sub se familiares instituit.” グアルテリウスについては，Loewenthal, pp. 75–82 を参照。

（39） Kehr, *Die Urkunden*, pp. 443–444. 本章の注（46）（47）も参照。次のような「ファミリアーレース・レギス」を含む別の書式もある。“Data in urbe felici Panormi per manus Gualterii venerabilis Panormitani Archiepiscopi et Regis familiaris, Mathei domini nostri Regis Vicecancellarii, et Gentilis venerabilis Agrigentini Episcopi et Regis familiaris, anno dominice…”（Garufi, *Documenti*, p. 126）. 書式については，Horst Enzenberger, *Beiträge zum Kanzlei-und Urkundenwesen der normannischen Herrscher Unteritaliens und Siziliens*（Kallmünz, 1971）, pp. 56, 109–110.

（40） Garufi, *Documenti*, p. 213.

(41) Jamison, *Admiral Eugenius*, p. 48を参照。表2-2に挙げた史料の他にも、ファミリアーリス・レギスの称号の保持者を示す史料がいくつかある。パレルモ大司教グアルテリウスは、一一七二年の文書の中で、「国王のファミリアーリス（*domini regis familiaris*）と記され、副尚書マテウスは、一一八三年三月の文書の証人リスト中では「王の副尚書にしてファミリアーリウスのマテウス（*Matheus domini Regis vicecancellarius et familiarius*）」、本文中では「国王の副尚書でファミリアーリスのマテウス（*domini Mathei regij Vicecancellarii et familiaris*）」と記されている（Garufi, *Documenti*, pp. 152, 190–192）。

(42) 一方、ガエータ司教ヨハンネスが第四番目のファミリアーリスとして現れる。Behring, no. 218を参照。

(43) White, *Latin Monasticism*, pp. 142–145.

(44) Behring, no. 225. モンレアーレ大司教ウィレルムスは一一八三年または一一八四年の十一月に出された国王文書において、*domini regis familiaris*と呼ばれている（Garufi, *Documenti*, p. 193）。同じ文書中では、書記官フィリップス・デ・クラロモンテも*domini regis familiaris*と呼ばれている。

(45) M. Scaduto, *Il monachismo basiliano nella Sicilia medievale* (Roma, 1947), p. 131; Jamison, *Admiral Eugenius*, p. 79.

(46) Norbert Kamp, *Kirche und Monarchie im Staufischen Königreich Sizilien I: Prosopographische Grundlegung: Bistümer und Bischöfe des Königreichs 1194–1266*, 4 vols（München, 1973–82）, vol. 3, p. 1112; Chalandon, *Histoire de la domination*, vol. 2, p. 428; Jamison, *Admiral Eugenius*, p. 93.

(47) Kamp, *Kirche und Monarchie*, vol. 3, pp. 1186–1195. ホワイトは、モンレアーレ大司教ウィレルムスは一一八九年十月二十八日に亡くなったと考えているが（White, *Latin Monasticism*, p. 144）、その可能性はない。なぜなら、ウィレルムスは一一九〇年十月にメッシーナで国王リカルドゥスに会っているからである（*Gesta Regis Henrici Secundi Benedicti Abbatis. The Chronicle of the Reign of Henry II and Richard I*, ed. W. Stubbs [Rolls Series], vol. 2, p. 128）。モンレアーレ大司教は、ウィレルムスの後をカルス（1194–1222）が継いだ。

(48) リカルドゥスは、一一九一年七月以降、父親の不在時には父に代わって尚書の役を果たしたが、尚書職に就くことはなかった。

(49) ニコラウスは一一八二年に前任者ロムアルドゥスの後を引き継いだ（Kamp, *Kirche und Monarchie*, vol. 1, p. 425; Chalandon, *Histoire de la domination*, vol. 2, p. 476）。サレルノ大司教ニコラウスは、一一九〇年十月三日の証書では*dilectus fidelis et familiaris noster*（*Tancredi et Willelmi III Regum Diplomata* [Codex Diplomaticus Regni Siciliae, Series I, tomus V, Köln, 1982], p. 22）、一一九〇年十一月の文書では*regis dilectus familiaris*（Jamison, *Admiral Eugenius*, p. 325）、一一九〇年十月三十日の王令では*dilectus fidelis et familiaris noster*と記されている。

(50) リカルドゥスは、一一九二年六月の証書では、*dilectus familiaris noster*または*regius familiaris*と書かれている（*Tancredi et Willelmi III.*, pp. 61–62）。

(51) Jamison, *Admiral Eugenius*, p. 94.

(52) *Gesta Regis Henrici Secundi*（vol. 2, p. 128）は一一九〇年十月のファミリアーレース・レギスとして、メッシーナ大司教リカルドゥス、モンレアーレ大司教ウィレルムス、レッジョ大司教ウィレルムス、アミーラトゥス・マルガリトゥスの名を挙げ、別の箇所ではアミーラトゥス・マルガリトゥスとヨルダヌス・ルピヌスを国王タンクレドゥスのファミリアーレース（*familiares regis Tancredi*）とも呼んでいる（*Gesta Regis Henrici Secundi*, vol. 2, p. 138）。不安定な政治情勢のもとで、これらの人々が短期間ファミリアーレース・レギスの称号を保持していた可能性はあるが、この情報を裏づけるシチリアの史料は存在しない。

（53）Carlo Alberto Garufi, ed., *Necrologio del Liber Confratrum di S. Matteo di Salerno* (Roma, 1922), p. 100; Jamison, *Admiral Eugenius*, p. 94.

（54）Jamison, *Admiral Eugenius*, pp. 103–104.

（55）*Tancredi et Willelmi III.*, doc. 1, p. 92; doc. 2, p. 94.

（56）*Tancredi et Willelmi III.*, doc. 3, p. 96; doc. 4, p. 98; doc. 5, p. 101; doc. 6, p. 104; doc. 7, p. 106. アミーラトゥス・マルガリトゥスについては、Ménager, *Amiratus*, pp. 96–103を参照。

（57）Carlo Alberto Garufi, "Margarito di Brindisi, conte di Malta e ammiraglio del re di Scilia," in *Miscellanea di archeologia, storia e filologia dedicata a Antonio Salinas* (Palermo, 1907), doc. 2, pp. 281–282: "Margaritus de Brundusio dei et Regia gratia Comes Malte et Regij uictoriosi stolij amiratus ac domini Regis familiaris." この文書は *Codice diplomatico brindisino*, ed. Gennaro Maria Monti (Trani, 1940), doc. 31, pp. 55–56 にも収録されている。

（58）Chalandon, "The Norman Kingdom of Sicily," p. 191.

（59）アジェロ伯リカルドゥスとアミーラトゥスのマルタ伯マルガリトゥスが、世俗諸侯を代表していたようには思えない。

（60）Chalandon, *Histoire de la domination*, vol. 2, pp. 632–633. アルコンテス・テース・クラタイアース・コルテースについては、本章の注（9）を参照。

（61）Cusa, p. 80: "*κατὰ τὸν ὀκτώβριον μῆνα τῆς ἐνισταμένης ἰνδικτιῶνος ςʹ τοῦ ἔτους ςχπαʹ ἐκ προστάξεως τῶν μεγαλεπιφανεστάτων καὶ θεοτιμήτων ἀρχόντων τῆς κραταιᾶς κόρτης τοῦ τε παναγιωτάτου καὶ πανευλαβεστάτου ἀρχιεπισκόπου πόλεως πανόρμου κυρίου γαλτερίου τοῦ πρωτοφαμιλιαρίου καὶ κυρίου ματθαίου τοῦ ὑπερτίμου ἀντικαγκελλαρίου καὶ κυρίου βαρθολομαίου τοῦ τιμιωτάτου καὶ θεοφιλεστάτου ὑποψηφίου ἀγριγαντίνης χώρας καὶ φαμιλιάρου ἀπῆλθον ἐγὼ ἰσθφρὲς ὁ σεκρετικὸς εἰς τὸ μυζῆλμὴρ πρὸς τὸ ἐξετάσαι λευτομερῶς καὶ διαχωρῆσαι τὰ σύνορα τοῦ χωρίου σαράνη.*" *ἄρχοντες τῆς κραταιᾶς κόρτης* は、アラビア語では *al-mawālī al-wuzarā'* と記されている。

（62）Garufi, "Sull'ordinamento," pp. 256–257; Caspar, *Roger II und die Gründung*, p. 36; Caravale, "Gli uffici finanziari," pp. 203, 218–219; Chalandon, *Histoire de la domination*, vol. 2, p. 651.

（63）Bournazel, *Le gouvernement*, pp. 147–148. Hollister and Baldwin, "The Rise of Administrative Kingship," pp. 901–904 も参照。

（64）*Gesta Regis Henrici Secundi*, vol. 1, p. 138: "Praeterea ibidem per consilia familiarium suorum, mandavit omnibus comitibus et baronibus et militibus regni, qui de eo in capite tenebant."

（65）*Gesta Regis Henrici Secundi*, vol. 1, pp. 19, 157 ; vol. 2, pp. 44–45.

（66）Richard William Southern, *Medieval Humanism and Other Studies*（Oxford, 1970）, pp. 183–185.

（67）Jolliffe, *Angevin Kingship*, p. 184 note 2 : "regis Henrici secundi clericus familiaris." ヘンリクス二世のファミリアーレースの中には、それほど有力でない者もいたようだが、十二世紀イングランドのファミリアーレース・レギスが国王宮廷の最も有力な人々であったのか、それとも単に国王の家政（ファミリア・レギス）の一員にすぎなかったのか、あるいは王の親臣や顧問であったのかを確認するためには、ファミリアーレース・レギスの一覧を作成して検討する必要がある。

（68）Henry Richards Luard（ed.）, *Annales Monastici*（Rolls Series, 5 vols, London, 1864–69）, vol. 2, p. 257 : "Petrus de Rupibus clericus curialis, regis Johannis familiaris, ad episcopatum Wintoniensem per regem Johannem electus, Romam adiit, consecratus rediit." さらにウォレン（Warren, *The Governance*, pp. 130, 132, 173）はファミリアーレース・レギスとして、リカルドゥス（リチャード）一世時代のウィレルムス（William de Longchamps）と、ヨハンネス一世時代のリカルドゥス（Richard Marsh）とウィレルムス（William Brewer）を挙げている。

（69）ドイツにおけるファミリアーレース・レギスについては、ライヒェナウ修道院長ベルノがマクデブルク大司教ゲロ（一〇一二—二三年）に宛てた書簡の中に興味深い記述が見られる。"Oportem autem, ut talentum regiae familiaritatis in miseria et afflictione positis pie ac misericorditer per intercessionis auxilium subveniendo Domino, a quo illud percepistis, reportetis cum lucro"（Franz-Josef Schmale, ed., *Die Briefe des Abtes Bern von Reichenau*［Stuttgart, 1961, Veröffentlichungen der Kommission für geschichtliche Landeskunde in Baden–Württemberg, Reihe A, Quellen 6］, pp. 21–22）. Cf. Karl J. Leyser, *Rule and Conflict in an Early Medieval Society. Ottonian Saxony*（London, 1979）, pp. 79, 169 note 14.

〔付記〕　エール大学の John Boswell 教授と Robert Stacey 教授、プリンストン高等研究所の Giles Constable 教授、ケンブリッジ大学の David Abulafia 博士から貴重な助言をいただいたことに、謝意を表したい。また、シラキューズ大学の James Powell 教授、ケイス・ウエスタン・リザーブ大学の Michael Altschul 教授、東京大学の樺山紘一教授、城戸毅教授、佐藤次高教授には、この論文の原稿に対してご意見をいただいたことに謝意を表したい。また論文の推敲にあたっては、Lisa と Jonathan Rotondo-McCord 夫妻、Colleen Ravillini、Frederick Dickinson の助力に感謝したい。

第三章　十二世紀ノルマン・シチリア王国の行政官僚

シチリアにおける強力なノルマン君主国の出現は、イングランドにおける強力なノルマン君主国の出現と同様、十一世紀から十三世紀にかけてのヨーロッパ社会の変容の最も重要な要因の一つであった。それは、ヨーロッパにおける様々な政治的構成体の現実の関係に影響を与え、新しい政治的・知的思想の発展を促した(1)。そして、それはまた、商業ネットワークにも影響を与えた。シチリア王国は地中海交易を次第にその影響下に置き、リチャード・サザーンの言葉を借りるならば、「単一の、強力で、攻撃的な経済システム」としての西欧の出現に貢献したのである(2)。この王国は、さらに、アラビア語、ギリシア語文献をラテン語に翻訳する比類なきセンターとして発展し、いわゆる「十二世紀ルネサンス」の焦点の一つとなった(3)。デイヴィド・C・ダグラスによれば、これらの諸条件は、「ヨーロッパのアイデンティティ形成」へとつながる「西欧の統一性と強靱さ」を促進することになる(4)。

他方、シチリア王国の効率的で厳格な行政制度は、世俗的な近代行政の先駆けと考えられてきた。その財務行政は、司法行政と同様、高度に官僚的であり、ヨーロッパにおいて最も先進的だったと言われている(5)。ハインリヒ・ミッタイスは、シチリアの財務行政がフランス、ドイツの行政、そして、イングランドの行政にさえも、影響を与えたと論じている(6)。しかしながら、驚くべきことに、王国の財務行政についてこれまで述べられてきた見解のほとんどは、「ドゥアーナ（*duana, dohana, doana, dīwān*）」と呼ばれる中央の財務・行政機関の構造に関する一人のイタリア人研究者の説に基づいていた。

このイタリア人研究者カルロ・アルベルト・ガルーフィは、一九〇一年にその説を提示し、ドゥアーナは、三つの役所、すなわち、監督局（Ufficio di Riscontro, *duana, μεγάλος σεκρέτος, dīwān at-taḥqīq al-maʻmūr*）」、財務局（Ufficio del Tesoro, *ad-dīwān al-maʻmūr*）」、収益局（Ufficio dei Proventi, *dīwān al-fawāʼid*）からなっていたと説明した。(7) 監督局が王領地関係業務の監督を行うドゥアーナ・バーローヌム（*duana baronum*）の二つの部局に区分されていたとする彼の考えはその後の歴史家たちに広く受け入れられた。(8) 彼の説によれば、この監督局には農民名簿を保持し徴税を行う財務局が従属し、さらに財務局には収益局が従属していた。

この説に従って、その後の歴史家たちは、王国の財務役人に関する様々な見解を展開させることになる。また、王国の行政と官僚制の顕著な先進性を示す二つの重要な考えも出された。一つは、①クーリア・レギスから分岐した特別の財務委員会（Gran Secrezia）の存在、もう一つは、②監督局における役人の三層構造である。

多くの研究者たちは、監督局が高級財務官僚の集団によってコントロールされていたと考えている。ただ、この高級財務官僚の集団の性質と成員をめぐって見解が分かれている。ガルーフィ自身を含む幾人かの研究者たちは、監督局が、特別の財務委員会（Gran Secrezia）によって指揮されていたと考える。この財務委員会のメンバーはギリシア語でアルコンテス・トゥー・セクレトゥー（*οἱ ἄρχοντες τοῦ σεκρέτου*）と記され、王宮侍従長官（*magister camerarius regii palatii*）、国王大法廷司法長官（*magister iusticiarius magne curie regis*）、ドゥアーナの長官（*magister duane*）を含んでいた。そして、この財務委員会は、それよりも上位にあり王国行政の指揮を行う王宮評議会（Consiglio Aulio, *magna curia regia, ἡ κραταιὰ κόρτη*）と明確に区別されていた。王宮評議会のメンバーは、ギリシア語でアルコンテス・テース・クラタイアース・コルテース（*οἱ ἄρχοντες τῆς κραταιᾶς κόρτης*）と呼ばれ、王宮侍従長官と国王大法廷司法長官を含んでいたが、ドゥアーナの長官は含まれていなかったという。(9)

別の研究者たちは、アルコンテス・トゥー・セクレトゥーとドゥアーナの長官とを、同じものと考えた[10]。しかしながら、ノルベルト・カンプは、アルコンテス・トゥー・セクレトゥー（Archonten der Secretie）の一部はドゥアーナ・デ・セークレーティースとドゥアーナ・バーローヌムの両部局に属し、残りはいずれか一方の部局に属していたと考え、ドゥアーナの長官たちは、侍従長官（*magister camerarius*）の称号を帯びて、アルコンテス・トゥー・セクレトゥーの他のメンバーに優越していたと述べている[11]。アデライデ・バヴィエラ・アルバネーゼは、上記のいずれとも異なる見解を示している。彼女は、アルコンテス・トゥー・セクレトゥー（arconti del segreto）をアラビア語のカーイド（*gaiti*、アラビア語カーイドのラテン語表記は*gaius*）と同一視し、ドゥアーナの役所の頂点に*camerarius palatinus et magister regie duane de secretis et baronum* を据えている[12]。

これらの研究者の見解は実に多様で複雑に見えるが、それらの間の違いは、実際には、アルコンテス・トゥー・セクレトゥーをどのように捉えるかという問題、つまり、①アルコンテス・トゥー・セクレトゥーは、特別の財務委員会のメンバーなのか、それとも、ドゥアーナの長官たちと同じものなのか、②アルコンテス・トゥー・セクレトゥーは、王宮侍従長官、国王大法廷司法長官、あるいは、他の高級役人を含んでいたのか、③アルコンテス・トゥー・セクレトゥーとアルコンテス・テース・クラタイアース・コルテースとの関係はどうなっていたのか、という問題に起因している。したがって、アルコンテス・トゥー・セクレトゥーに関わる諸研究と現存する史料を再検討し、アラビア語、ラテン語における対応語が何であるかを含め、ギリシア語のアルコンテス・トゥー・セクレトゥーという言葉が実際には何を指していたのかを明らかにすることが、本章の重要な課題の一つとなる。

さて、監督局官僚の三層構造という考えもまた、ガルーフィにより提示され、他の研究者たちによって受け入れられてきた。ガルーフィは、監督局が三つの等級の役人、すなわち、ドゥアーナの長官、セクレティコス（*σεκρετικός*）、カーティブ（*kātib*）からなっていたと説明し、この構造をビザンツ帝国の財務役人の構造、つまり、上位から順に、クアエストル（*quaestor*）、エクスケプトール（*ἐκσκέπτωρ*）、スクリバス（*σκρίβας*）からなる三層構造と対比させた。[13]財務局の官僚に関しては、ほとんどの研究者がその長としてテサウラリウス（*thesaurarius*, treasurer, tesoriere）に言及しているが、このテサウラリウス職は、通常、王宮侍従長官によって担われていたという。[14]

これらの理解は、すべて、ドゥアーナに関するガルーフィのモデルを前提にしたものである。しかしながら、私は、次のようなドゥアーナに関する新しいモデルを提示した。[15]ディーワーン・アルマームールは、ガルーフィや彼に続く研究者によって単に財務局とみなされていたが、実際は、日常業務・一般業務を担うシチリアの中央の役所であった。ドゥアーナ・デ・セークレーティースは、ガルーフィが考えたような監督局の一部局ではなく、土地行政に関わる特別の業務を担った独立の役所であった。他方、ガルーフィが監督局のもう一つの部局、つまり、封土関係を扱う部局とみなしたドゥアーナ・バーローヌムは、実際には、半島部の様々な行政上の必要に応えるために、サレルノに置かれた出先機関であり、その業務は封土関係業務を含むが決してそれだけに限定されたものではなかった。

このモデルは、財務役人に関する従来の説や理解とまったく相容れない。したがって、本章では、行政組織に関する私自身の新しい理解に基づき、ドゥアーナの主たる行政役人の職務を説明したいと思う。

第一節　王宮侍従官

ディーワーン・アルマームール（*ad-dīwān al-ma'mūr*）は、日常業務を担う王国の中心となる役所であった。そして、それは、ある意味では、徴税業務と役人の管理を行い、イスラム教徒役人を抱えるクーリア・レギスそのものであった。[16]では、その頂点にいる役人はどのような人物であったのか。ガルーフィ、フェルディナン・シャランドン、マリオ・カラヴァーレは、ディーワーン・アルマームールは財務局だから、その長は必然的にテサウラリウス（*thesaura-*

rius 財務長）であり、王宮侍従長官（*camerarius regii palatii*）が、その職を兼任していたと考えている。しかし、これは認められない。ディーワーン・アルマームールは純粋な財務局ではなく、また、彼らの根拠となっている一一六八年の史料（ピッロがラテン語に翻訳したギリシア語文書）のテサウラリウスは、ギリシア語のプロートカンペール（*πρωτοκαμπὴρ*、これはラテン語の *magister camerarius* にあたる）をピッロがラテン語に翻訳した言葉だと考えられるからである。[17]

ディーワーン・アルマームール（あるいは、クーリア・レギス）の業務を考慮すれば、その長官は、国の財務行政を指揮するクーリア・レギスの最高位の役人であったはずである。ウィレルムス一世の治世とウィレルムス二世の治世、とくにマイオの暗殺（一一六〇年）後は、王宮侍従官のみがこの職に該当する。[18]

ロゲリウス二世治世（一一〇五—五四年）、王宮侍従官はまだ現れてはいない。その代わりに、王宮で働いている王の侍従官（*regis camerarius, χαμβριλλίγγας, καπρελίγγας*）を見つけることができる。王国成立以前、少なくとも一〇九〇年から一一〇五年までは、ニコラオスという人物が侍従官（*καπρελίγγας*）であった。[19]また、一一一七年にはバシレイオスが侍従官であり、一一二二年にはヨルダヌスとパエノスが侍従官（*χαμβριλλίγγας*）と記されている。[20]パエノスは一一二五年に侍従官（*χαμβριλλίγγας*）として再び現れる。[21]マフディーヤのフィリップスも王の侍従官であったように見える。[22]一一五三年にはヨアンネスが国王侍従官（*καπρελίγγας*）であった。[23]

ウィレルムス一世治世初期、バーリのマイオが大宰相であった時には、かつてサレルノの国王侍従官であったアテヌルフスが王宮侍従官（*camerarius regalis palatii*）として現れる。これが王宮侍従官（*camerarius regalis*［*regii, regis*］*palatii*）として確認できる最初の例である。[24]このように王宮にいる国王侍従官が確認できるが、その行政上の正確な機能や役割について知ることは難しい。最後の大宰相であるマイオの死後、一一六〇年、王宮侍従長官（*magister camerarius regii palatii*）という称号も現れ、複数の侍従官が王宮に存在したことを示唆している。この王宮侍従長官は中央行政において重要な役割を担うこととなる。一一六〇年のマイオの死から一一六九年にパレルモ大司教グアルテリウスによるファミリアーレース・レギス（*familiares regis*, 単数形はファミリアーリス・レギス *familiaris regis*）の三頭政治が確立するまでの間、少なくとも三人がこの王宮侍従長官職に就いたことを確認することができる。[25] その最初の人物はアラブ人宦官ガイトゥス・ヨハルである。ファルカンドゥスは、一一六二年の諸侯の反乱を記述する中で、この男の最後を次のように記している。

〈ラテン語〉その間に、王宮侍従長官であった宦官ガイトゥス・ヨハルは、彼自身の言葉によれば、軍隊において国王から褒賞とは反対に多くの不正と鞭打を蒙ったので、国王の重要書類（*sigilli regii*）とともに、ロリテッロ伯のもとへ逃げたが、その途上で捕えられ、国王のもとへ連れていかれた。国王は、彼を小舟に乗せ海へ連れて行き、そこで沈めることを命じた。[26]

そして、この処刑されたガイトゥス・ヨハルの後を、同じくアラブ人宦官であるガイトゥス・ペトルスが継いだ。[27] 一一六二年以来この王宮侍従長官であったガイトゥス・ペトルスは、ウィレルムス一世によって、王国最高顧問団であるファミリアーレース・レギスに任命され、王国で最も勢力ある重臣の一人となった。それ以後、他の二人のファミリアーレース・レギスであるシラクーザ被選司教リカルドゥス、書記官マテウスとともに、一一六六年のウィレルムス一世の死去まで王国内の問題に対処してゆくこととなる。そして、その後、母后マルガリータは、宦官ガイトゥス・ペトルスを宰相に任命した。こうして、チュニスに逃亡するまでの期間、彼が王国を支配することになったのである。[28]

宦官ガイトゥス・ペトルスの後を継いだのは、アラブ人ガイトゥス・リカルドゥスである。[29] この新しく王宮侍従長官に任命されたガイトゥス・リカルドゥスは、ガイトゥス・ペトルスの逃亡後、新たに編成された五人のファミリアーレース・レギスの一員となった。その後ファミリアーレース・レギスの成員は変動するが、一一六九年にグアルテリウスがファミリアーレース・レギスの三頭政治を確立するまで、ガイトゥス・リカルドゥスは常にそのメンバーであったように見える。その後、ガイトゥス・リカルドゥスはほぼ二十年間王宮侍従長官職に専念することになる。(30)

この三人はすべて王宮侍従長官であった。さらに、宦官ガイトゥス・マルティヌスも、ステファヌスが宰相であった一一六七年に王宮侍従長官の称号を帯びているのが見られる。しかしながら、その後の一一六九年、同年二月、一一七六年の史料すべてで王宮侍従官としか記されておらず、王宮侍従長官になったのは一時的なものであったと考えられる。(31)このガイトゥス・マルティヌスは、王宮侍従官に就任する以前から、王宮においてかなりの力を有していたように見える。たとえば、ファルカンドゥスの次の文章は、一一六二年に彼が影響力のある重要な地位にあったことを示唆している。

〈ラテン語〉一方、国王がパレルモの町と宮殿の管理の為に残していた宦官ガイトゥス・マルティヌスは、宮殿陥落の時に自分の兄弟がキリスト教徒たちに殺されたことを知り、その事件の確かな首謀者を発見することができなかったので、残忍に、また秘かに、すべてのキリスト教徒たちに対して怒り狂い、兄弟の死を彼らすべてのせいにした。(32)

そして、一一六六年には、ファミリアーリス・レギスの称号を与えられ、上司ガイトゥス・リカルドゥスとともに五人からなる王国最高顧問団のメンバーとなった。(33)この時彼はまだ王宮侍従官に任命されていないが、ファルカンドゥスにより、ドゥアーナを指揮していたと記されている。(34)一一六八年春に、十人からなるファミリアーレース・レギスが結成された時には、彼はそのメンバーからはずされたが、一一六九年二月までには復帰している。そして、この時はすでに王宮侍従官に就任しているのである[35]。

一一六九年に三人のファミリアーレース・レギス体制が確立して以後は、どの王宮侍従官もファミリアーリス・レギスの称号を保持していない[36]。彼らは、王国の最高意思決定機関から排除され、行政に専念することになったように見える。これ以後のウィレルムス二世治世のほとんど、少なくとも一一八三年までは、王宮侍従長官職はアラブ人ガイトゥス・リカルドゥスによって保持された[37]。ジャミスンが指摘しているように、この王宮侍従長官は、部下として二人の王宮侍従官を有していたように見える[38]。その一人は、すでに言及したアラブ人宦官ガイトゥス・マルティヌスである。彼は、一一七六年に他界するまで王宮侍従官であり[39]、ドゥアーナ・デ・セークレーティースを指揮していた[40]。

もう一人の王宮侍従官は、ガイトゥス・マテラキウスである。この人物は一一七四年と一一七六年の史料の中に確認される。一一七四年には王の侍従官にして家令（*regius camerarius et senescalcus*）という称号を帯びてドゥアーナ・バーローヌムを指揮している（*duana baronum cui preest gaytus Matara*）[41]。また、一一七六年の文書では、王宮侍従官にしてドゥアーナ・バーローヌム長官（*camerarius regis palatii et magister duane baronum*）という称号を帯びているが、ドゥアーナ・バーローヌムの代表として、マルシコ伯ウィレルムスから家屋を購入している[42]。このように王宮侍従官であるガイトゥス・マテラキウスは、ドゥアーナ・バーローヌム長官を兼任し、しかも、ドゥアーナ・バーローヌムの最高責任者であったということがわかる。

ガイトゥス・マルティヌスの死後、ゴフレドゥス・デ・モアクが王宮侍従官に任命されたように見える。彼は、一一八〇年一月八日の令状では、王宮侍従官兼ドゥアーナ・デ・セークレーティース長官兼ドゥアーナ・バーローヌム長官（*Goffridus de Moac palatinus camerarius et magister regie duane de secretis et duane baronum*）という称号を帯びて、シチリア、カラーブリア、サレルノ公領のバイウルス、ポルトゥラヌスたちに、かつて国王ロゲリウス二世からチェファル教会

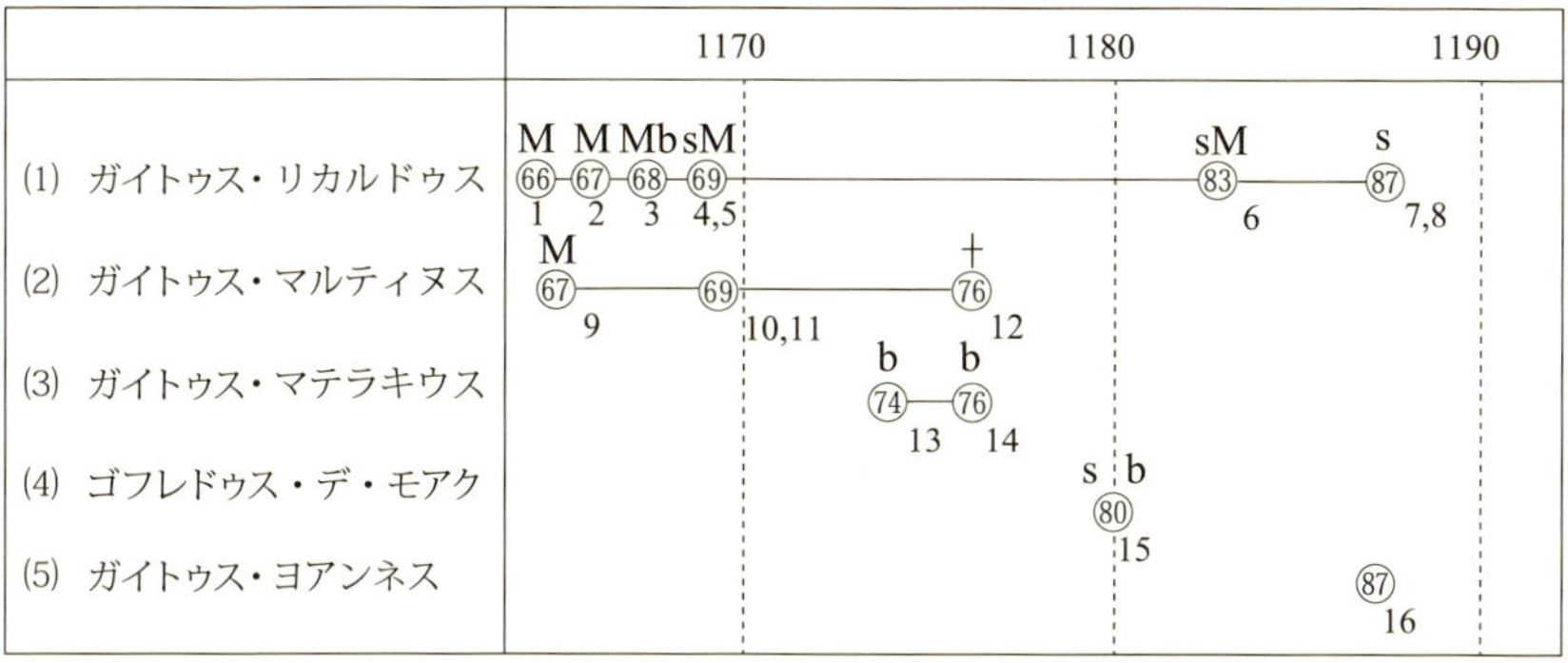

M：王宮侍従長官　s：ドゥアーナ・デ・セークレーティース長官　b：ドゥアーナ・バーローヌム長官

1. Falcandus, pp. 108–109　2. Falcandus, p. 128　3. Kehr, p. 438　4. Pirro, vol. 2, p. 1017　5. Garufi, *I documenti inediti.*, p. 111　6. Haskins, p. 654　7. Garufi, *I documenti inediti.*, p. 214　8. Cusa, p. 83　9. Falcandus, p. 79　10. Falcandus, p. 79　11. Garufi, *I documenti inediti.*, p. 111　12. Falcandus, p. 79　13. Haskins, p. 653　14. Garufi, *Catalogo illustrato.*, p. 163　15. Cusa, p. 489　16. Cusa, p. 83.

図 3-1　王宮侍従官

に与えられた特権、たとえば、港湾税（*portum ius, φαλαγγάτικον*）、売買税（*κομμέρκιον*）、通行税の免除を認めるよう命じている。(43) この時、王宮侍従官ゴフレドゥス・デ・モアクは、確かにドゥアーナ・デ・セークレーティース長官とドゥアーナ・バーローヌム長官を兼任しているが、この令状をパレルモの王宮から出したことが確認される。最後に、王宮侍従官ガイトゥス・ヨアンネスが、一一八七年三月の証書に現れる。彼は、この時、上司の王宮侍従長官ガイトゥス・リカルドゥスの認可を得て、聖アンドレアス教会から土地を受け取っている。(44)

これまで見てきたように、王宮侍従官たちは国家行政の中心的存在であった。とくに、一一六〇年の大宰相マイオの暗殺後は、中央行政において重要な役割を演じている。ガイトゥス・ペトルスはウィレルムス一世治世に三人のファミリアーレース・レギスの一人となり、ウィレルムス二世戴冠後には、王国の宰相となっている。また、その後も、ガイトゥス・リカルドゥスとガイトゥス・マルティヌスが、ファミリアーレース・レギスとなり、国政の最高意思決定機関である王国最高顧問団のメンバーとなった。一一六九年には二人ともこのメンバーから外されるが、それ以後も、三つのドゥアーナの指揮を行っていた。王宮侍従官の中心にいるのは、常に王宮侍従長官ガイトゥス・リカルドゥスであり、その部下として二人の王宮侍従官がいた。この二人のうちの一方がドゥアーナ・バーローヌム長官を兼任し、アミーラトゥスが指揮を執るようになるまではドゥアーナ・バーローヌムを指揮していた。たとえば、ガイトゥス・マテラキウスのようにである。そして、残りの一人が、ガイトゥス・リカルドゥスとともに、ドゥアーナ・デ・セークレーティース長官を兼任し、ドゥアーナ・デ・セークレーティースを指揮していたように見える。たとえば、ガイトゥス・マルティヌス、ゴフレドゥス・デ・モアクのようにである。これらの王宮侍従官のほとんどすべてはアラブ人であったが、この時期の王国行政において彼らが非常に重要な役割を担っていたことを示している。

第二節　ドゥアーナ・デ・セークレーティース長官

ドゥアーナ・デ・セークレーティースは、土地に関する特別の業務を行う役所であった。つまり、シチリアとカラーブリアにおける土地の境界、王領地、封土、住民を監督し、王国内の土地と住民を守るために、それらを常に土地台帳（*dafātir*）に記録していた。この役所は、アラビア語でディーワーン・アッタフキーク・アルマームール（*dīwān at-tahqīq al-ma'mūr*）、ギリシア語でメガ・セクレトン（*μέγα σέκρετον*）、あるいはセクレトン（*σέκρετον*）と呼ばれていた。(45) では、誰がこの機関の長だったのだろうか。研究者たちは、ドゥアーナ・デ・セークレーティース長官（*magister duane de secretis*）を、この機関の長と考えてきた。たとえば、エルンスト・マイヤーとエーリッヒ・カスパールは、何の疑問も抱かずに、ドゥアーナ・デ・セークレーティースの長として一人のドゥアーナ・デ・セークレーティース長官を想定している。カラヴァーレは「通常は、一人の人間が長官（*magister*）の職を保有していたが、同時に二人の人間がドゥアーナを指揮することもあり得た」と考えている。(46)

ドゥアーナ・デ・セークレーティースと王宮侍従官

しかしながら、すでに検討したように、ドゥアーナ・デ・セークレーティースは王宮侍従官によって指揮されていた。まず、ガイトゥス・マルティヌスによって、次にゴフレドゥス・デ・モアクによってである。ガイトゥス・マルティヌスは、王宮侍従官に任命される以前はドゥアーナ・デ・セークレーティースを指揮していたことが知られている。彼は一一六一年にギリシア語でホ・エピ・トゥー・セクレトゥー（*ὁ ἐπὶ τοῦ σεκρέτου, magister duane de secretis* に対応するギリシア語）、アラビア語でサーヒブ・ディーワーン・アッタフキーク・アルマームール（*ṣāḥib dīwān at-taḥqīq al-ma'mūr, magister duane de secretis* に対応するアラビア語）と記され、一一六七年にギリシア語でホ・エピ・トゥー・セクレトゥーと記されているのである。(47) ファルカンドゥスによれば、この人物は一一六六年頃ドゥアーナ・デ・セークレーティースを指揮していた。そして前述したように少なくとも一一六七年までには王宮侍従官に就任し、おそらく一一七六年に他界するまでその職にあった。

ガイトゥス・マルティヌスの死後には、ゴフレドゥス・デ・モアクがその職を引き継いだように見える。(48) ゴフレドゥス・デ・モアクは、一一七二年にバル・ディ・ノートの司法長官であったが、一一八〇年の史料では「王宮侍従官にしてドゥアーナ・デ・セークレーティース長官兼ドゥアーナ・バーローヌムの長官」と記されており、パレルモの王宮からシチリア、カラーブリア、サレルノの役人たちへ令状を出している。(49)

この二人の上司である王宮侍従長官ガイトゥス・リカルドゥスもまた、ドゥアーナ・デ・セークレーティース長官の職を一一六八年から一一八七年まで兼任している。(50) ドゥアーナ・デ・セークレーティースにおける彼の役割ははっきりしないが、彼の部下とともにこの役所を指揮していたということは十分考えられる。

複数のドゥアーナ・デ・セークレーティース長官

ドゥアーナ・デ・セークレーティース長官という職は、王宮侍従官によってのみ保持されていたわけではない。実際、史料の中に他のドゥアーナ・デ・セークレーティース長官たちを見出すことができる。そのうちの数人はこの職だけを保持しており、他の職を兼務していたようには見えない。

王宮侍従官を兼任していないドゥアーナ・デ・セークレーティース長官の例としては、まず、ガイトゥス・マテウス（*μακθαῖος, ash-shaikh al-qāʾid Māthāʾū*）を挙げることができる。彼は、一一六一年の史料の中では、アラビア語でサーヒブ・ディーワーン・アッタフキーク・アルマームール（*ṣāḥib dīwān at-taḥqīq al-maʿmūr*）と記され、ギリシア語ではホ・エピ・トゥー・セクレトゥー（*ὁ ἐπὶ τοῦ σεκρέτου*）と記されている[51]。このガイトゥス・マテウスは、おそらく、大宰相マイオに仕え一一六一年にファミリアーリス・レギスとなった書記官マテウスだろう。なお、この後、彼がドゥアーナ・デ・セークレーティース長官の称号を帯びて記されている史料を見つけることはできなかった。

さて、一一七三年の史料には、別の二人のドゥアーナ・デ・セークレーティース長官、ガイトゥス・アブー・アルカーシムとゴフレドゥス・デ・ケントゥルビオが見出される。彼らはこの時、ある教会へ譲渡される予定の土地の境界画定を行っている[52]。ここに記されているガイトゥス・アブー・アルカーシムは、シチリアのイスラム教徒たちの有力な指導者であった[53]。ゴフレドゥス・デ・ケントゥルビオは一一七二年の証書に現れたゴフレドゥスと同一人物の可能性がある。後者は、その証書の中でギリシア語でセクレティコス（*σεκρετικός*）、アラビア語でサーヒブ・ディーワーン・アッタフキーク・アルマームール（*ṣāḥib dīwān at-taḥqīq al-maʿmūr*）と記されており、やはり、ドゥアーナ・デ・セークレーティース長官だったが、この時、ゲオールギオスから聖マリーア教会へ与えられた土地を調査している[54]。

さらに、エウゲニオス・カロスが、一一七五年、一一八三年、一一八九年に、ドゥアーナ・デ・セークレーティース長官として活動している[55]。彼は、アラビア語で、アブー・アッタイイブと呼ばれ、一一四九年にはヤートのアーミ

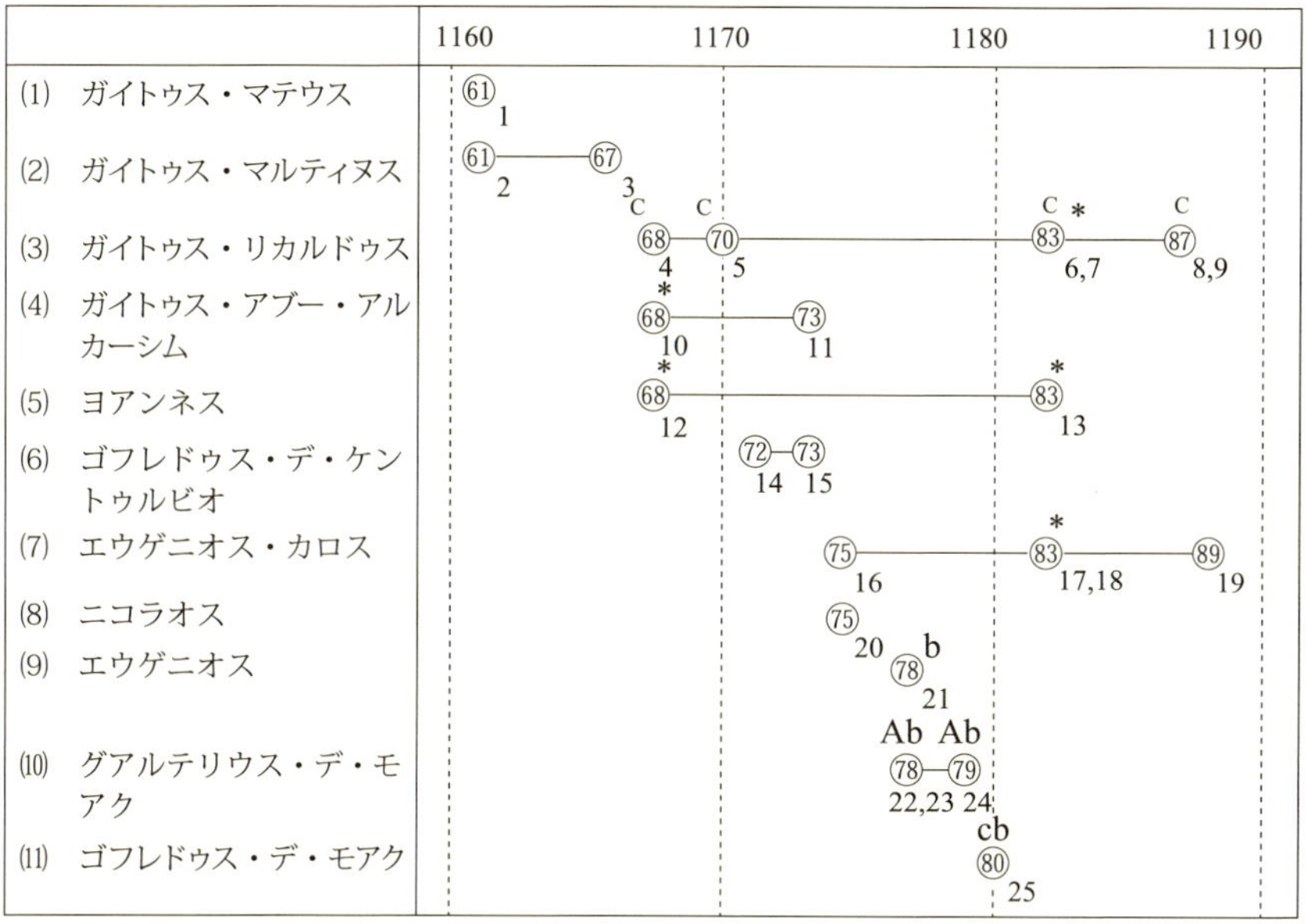

＊：アルコンテス・トゥー・セクレトゥー *οἱ ἄρχοντες τοῦ σεκρέτου*　c：王宮侍従官　b：ドゥアーナ・バーローヌム長官　A：国王艦隊アミーラトゥス

1. Cusa, pp. 622–4　2. Cusa, pp. 622–4　3. Cusa, p. 321　4. Pirro, vol. 2, p. 1017　5. Haskins, p. 650　6. Haskins, p. 654　7. Cusa, p. 432; Spata, p. 293　8. Garufi, *I documenti inediti.*, p. 214　9. Cusa, p. 83　10. Cusa, pp. 484–6; Spata, pp. 437–42　11. A. Bruel, *Recueil des chartes de l'abbay de Cluny*, vol. 5, p. 600　12. Cusa, pp. 484–6; Spata, pp. 437–42　13. Cusa, p. 432; Spata, p. 293　14. Cusa, p. 81　15. Bruel, p. 600　16. Spata, pp. 452, 454　17. Garufi, *I documenti inediti.*, pp. 195s　18. Cusa, p. 432; Spata, p. 293　19. Garufi, "Monete e conii nella storia del diritto siculo degli arabi ai Martini," *Archivio storico siciliano*, n. s., vol. 23 (1898), p. 153　20. Siragusa, *Il regno di Guglielmo I*, p. 438　21. M. Camera, *Memorie storico-diplomatiche dell'antica città e Ducato di Amalfi*, vol. 1, Salerno 1876, p. 364　22. Camera, p. 364　23. Haskins, p. 445　24. F. Pometti, "Carte delle Abbazie di S. Maria di Corazzo e di Giuliano di Rocca Fallucca in Calabria," *Studi e documenti di storia e diritto*, vol. 22 (1901). p. 276　25. Cusa, pp. 489–90; Spata, pp. 447–8.

図 3-2　ドゥアーナ・デ・セークレーティース長官

ル（*'āmil*）、ストラテーゴス（*Surd'ūs/ surdghūs*）であった。[56] また、一一七五年には、ニコラオスがセクレティコス（*σεκρετικός*）と記されている。[57]

以上の五人（あるいは六人）は、ドゥアーナ・デ・セークレーティース長官の称号だけを帯びていた。しかし、ドゥアーナ・デ・セークレーティース長官とドゥアーナ・バーローヌム長官の両方の称号を保持していた者たちもいる。たとえば、少なくとも一一七四年から一一九〇年までの間ドゥアーナ・バーローヌム長官であったエウゲニオスは、一一七八年にはドゥアーナ・デ・セークレーティース長官の称号を帯びている。[58] アミーラトゥスのグアルテリウス・デ・モアクも、一一七八年と一一七九年に両方の職を兼務している[59]。しかしながら、これらの人々は、サレルノのドゥアーナ・バーローヌムに常駐しており、ドゥアーナ・デ・セークレーティースの業務を遂行していたようには見えない。

図3-2のように、王宮侍従官に加えて複数の人々がドゥアーナ・デ・セークレーティース長官として活動していたことを確認することができる。ドゥアーナ・デ・セークレーティース長官が、同時に複数存在していたことは確かである。たとえば、一一七八年には、四人以上のドゥアーナ・デ・セークレーティース長官の存在が推測される。

この長官の複数制は、何を意味しているのだろうか。ドゥアーナ・デ・セークレーティース長官が、ドゥアーナ・デ・セークレーティースの一人の長を示していないということははっきりしている。ドゥアーナ・デ・セークレーティース長官は、ドゥアーナ・デ・セークレーティースの高官からなる委員会のメンバーを指していたと考えるべきだろう。このドゥアーナ・デ・セークレーティース長官の複数制は、ガルーフィが提示した監督局の役人の三層構造説と相容れない。しかし、ここでは、ガルーフィの三層構造説は正しくないと述べておくだけで十分だろう。ガルーフィの議論は受け入れ難い弱点を有し[60]、また、複数言語の間の対応関係によって否定されているからである[61]。

一一七二年二月の次の史料は、ドゥアーナ・デ・セークレーティース長官（ここでは *secretarius*）が自らの管轄区を有していたことを示唆している。

〈ラテン語〉それ故、当時シラクーザのストラテーゴスであった私ゴフレドゥス・フェーメタは、国王及びクーリアの大臣たち（*domini curie*）の、そして、特に、この件が主としてその管轄（*baiulia*）に属し、私が私の管轄についてその人々に責を負っていたセークレーターリウス・ゴフレドゥス殿の令状に従って、上述の土地を与えた。……私は、前述のとおり、国王及びこの件が主としてその管轄（*dispensatio*）に属しているクーリアの大臣たちの令状によって上述の土地をチェファルの聖堂参事会員たちに渡した(62)。

残念ながら、管轄区に関する情報は他にない。私が調べたかぎりでは、これが、管轄区にふれた唯一の史料である。

アルコンテス・トゥー・セクレトゥー

ドゥアーナ・デ・セークレターティース長官がドゥアーナ・デ・セークレターティースの一人の長ではなく、複数の高官からなる委員会のメンバーを指すとすれば、「アルコンテス・トゥー・セクレトゥー（ἄρχοντες τοῦ σεκρέτου）」との関係はどうなっているのだろうか。ガルーフィ、カスパール、カラヴァーレ、シャランドンは、アルコンテス・トゥー・セクレトゥーは、クーリア・レギスから分離した専門の財務委員会（Gran Secrezia）のメンバーであり、この委員会がドゥアーナ・デ・セークレーティースとドゥアーナ・バーローヌムからなる監督局を指揮していたと考えている(63)。しかし、史料の中に、彼らの考える王宮侍従長官、国王大法廷司法長官、ドゥアーナ長官から構成される特別の財務委員会の存在を確認することはできない。では、アルコンテス・トゥー・セクレトゥーとは、何だったのだろうか。

一一六八年六月の証書から、アルコンテス・トゥー・セクレトゥーに関する次のような情報を得ることができる。母后の土地のカテパヌスであり森林官であるトライーナのエウフェミオスとペトラリーアのウィレルムス・デ・ムリーゼーは、パレルモに滞在していた時、アルコンテス・トゥー・セクレトゥーであるヨアンネスとガイトゥス・アブー・アルカーシムから王の宮廷に召喚された。そして、カピッツィの救世主教会堂が建つ場所へ行き、森林の当該区画から一ユゲルムを分割し、それをこの教会へ渡すよう命じられた(64)。

また、一一八三年四月の証書から次のような情報を得ることができる。デメンナの聖フィリッポス修道院の修道院長が、チェントールビのストラテーゴス（στρατηγός）であるアンドレアス・ライムンドスとチェントールビのエクスーシアステース（ἐξουσιαστής）であるアダムのもとへ、アルコンテス・トゥー・セクレトゥーであるガイトゥス・リカルドゥス、ヨアンネス・グラフェウス、エウゲニオス・カロスからの令状を持ってやってきた。その令状は修道士のカッレーストスとその兄弟たちに属する土地へ行き、調査を行うことを命じていた。[65]

これらの史料からアルコンテス・トゥー・セクレトゥーの二つの特徴を知ることができる。まず、①アルコンテス・トゥー・セクレトゥーたちがパレルモの王宮で活動していたということ、次に、②地方役人たちに母后の森林から土地の一部を教会へ与えるよう、あるいは、修道士に属する土地を調査するよう、命じているということである。これらの特徴は、私が別のところで確認したドゥアーナ・デ・セークレーティースの業務と同じである。[66] また、アルコンテス・トゥー・セクレトゥーとして史料の中に現れる人物たちは、実際には、ヨハンネス（・グラフェオ）を除く全員がドゥアーナ・デ・セークレーティース長官であった。さらに、一一六八年の史料で、ヨハンネスとガイトゥス・アブー・アルカーシムは、ある箇所では「アルコンテス・トゥー・セクレトゥー」と記され、別の箇所では「アルコンテスにしてセクレティコイ」と記されている。セクレティコイがドゥアーナ・デ・セークレーティース長官と同じであることはすでに別のところで確認した。[67] したがって、アルコンテス・トゥー・セクレトゥーは、ドゥアーナ・デ・セークレーティース長官と同じものを指していると考えなければならないだろう。[68]

このように、ガルーフィ、シャランドン、カスパール、カラヴァーレが主張する特別の財務委員会、つまり、王宮侍従長官、国王大法廷司法長官、ドゥアーナの長官からなる財務委員会の存在を想定することはできない。研究者たちは、ギリシア語のアルコンテス・トゥー・セクレトゥーを誤って解釈したのではないだろうか。これまで行ってきた研究者たちの見解の詳細な検討は、特別の財務委員会（Gran Secrezia）のモデルを否定しているように思われる。

第三節　ドゥアーナ・バーローヌム長官

ドゥアーナ・バーローヌムは、サレルノに置かれたいわば半島部の出先機関とでもいうべき役所で、王領地や国王財産の引き渡し、行政上の命令の伝達や公布、司法業務など、その地域における地方行政上の必要に応じて様々な業務を行っていた。この役所は、ギリシア語で「セクレトン・トーン・アポコポーン（*σέκρετον τῶν ἀποκοπῶν*）」と呼ばれていたが、アラビア語の呼称は知られていない[69]。ドゥアーナ・バーローヌムは、ペルシュのステファヌスが宰相であった時期、一一六八年直前に設置された[70]。研究者たちはドゥアーナ・バーローヌム長官（*magister duane baronum* ギリシア語で *ὁ ἐπὶ τοῦ σεκρέτου τῶν ἀποκοπῶν*）をドゥアーナ・デ・セークレーティース長官がドゥアーナ・デ・セークレーティースの高官からなる委員会のメンバーを指す言葉であったように、ドゥアーナ・バーローヌムの長とみなしてきたが[71]、それはありそうにない。ドゥアーナ・バーローヌム長官はドゥアーナ・バーローヌムの高官からなる委員会のメンバーを指す言葉だったように見える。

史料の中に確認できる最初のドゥアーナ・バーローヌム長官は、王宮侍従長官ガイトゥス・リカルドゥスである。彼は、一一六八年の証書の中で、「プロートーカンペール（侍従長官）にして我々のファミリアーリス、そして、ホ・エピ・トゥー・セクレトゥー・トーン・アポコポーン（ドゥアーナ・バーローヌム長官）であるガイトゥス・リカルドゥス（*τῷ πρωτοκαμπέρι καὶ φαμελλιαρίῳ ἡμῶν τῷ ἐπὶ τοῦ σεκρέτου τῶν ἀποκοπῶν καίτῃ ῥιγκάρδῃ*）」と記されている[72]。これは、王宮侍従長官ガイトゥス・リカルドゥスが、ドゥアーナ・バーローヌムの創設に関与していたことを示唆している。当時の政治状況を考えれば、アラブ人官僚の中で最も有力だったガイトゥス・リカルドゥスが、半島部の諸侯たちの勢力を抑えるために、あるいは、少なくとも役人と諸侯との間の勢力均衡を図るために、ドゥアーナ・バーローヌム長官に任命されたということも考えられる。しかし、彼は、任命された後すぐにこの職を辞任している。その理由は、おそらく、ドゥアーナ・バーローヌムがサレルノに置かれており、ドゥアーナ・バーローヌム長官の職務を遂行するためにはそこに常駐しなければならなかったからだと考えられる。彼のパレルモでの地位と職務を考えれば、サレルノに常駐することは難しかっただろう。

ウィレルムス二世治世前半には、王宮侍従官ガイトゥス・マテラキウスがドゥアーナ・バーローヌムを指揮していたように見える。一一七四年九月の証書では、「王の侍従官にしてセネスカルクスであるガイトゥス・マテラキウスが指揮するドゥアーナ・バーローヌム（*doana baronum cui preest gaytus Matara regius camerarius et senescalcus*）」と記されている(73)。彼は、一一七六年、マルシコ伯からパレルモにある彼の家屋を購入し、ドゥアーナ・バーローヌムのための支払いを行っている(74)。

その後は、アミーラトゥスのグアルテリウス・デ・モアクが彼の職務を引き継ぎ、ドゥアーナ・バーローヌムを指揮していたように見える。グアルテリウス・デ・モアクは、一一七八年五月六日、一一七八年六月、一一七九年二月十三日の三つの史料の中で、「王の艦隊のアミーラトゥスにして、ドゥアーナ・デ・セークレーティース長官兼ドゥアーナ・バーローヌム長官（*regii fortunati stolii ammiratus et magister regie duane de secretis et duane baronum*）」と記されている(75)。そして、一一七八年五月には、中央政府からの令状に従うことなく自らの判断でサルニのバイウルスに命令を与えている(76)。また、一一七八年六月には、もう一人のドゥアーナ・バーローヌム長官であるエウゲニオスに裁判の開催を命じている。エウゲニオスは、その裁判で、グアルテリウス・デ・モアクによって開催されたミノーリの裁判の決定を受け取り、その指示に従っている。一一七九年二月には、グアルテリウス・デ・モアクは、コラッツォの聖マリーア修道院に譲渡される土地の境界を画定するようにという王の命令をバルレッタで受け取った(77)。

もう一人のドゥアーナ・バーローヌム長官であるエウゲニオスは、二十年近く、ドゥアーナ・バーローヌムの長のもとで働いた。彼は、一一七四年、七五年、七八年、八七年、八九年、九〇年の史料の中で確認される(78)。そして、ド

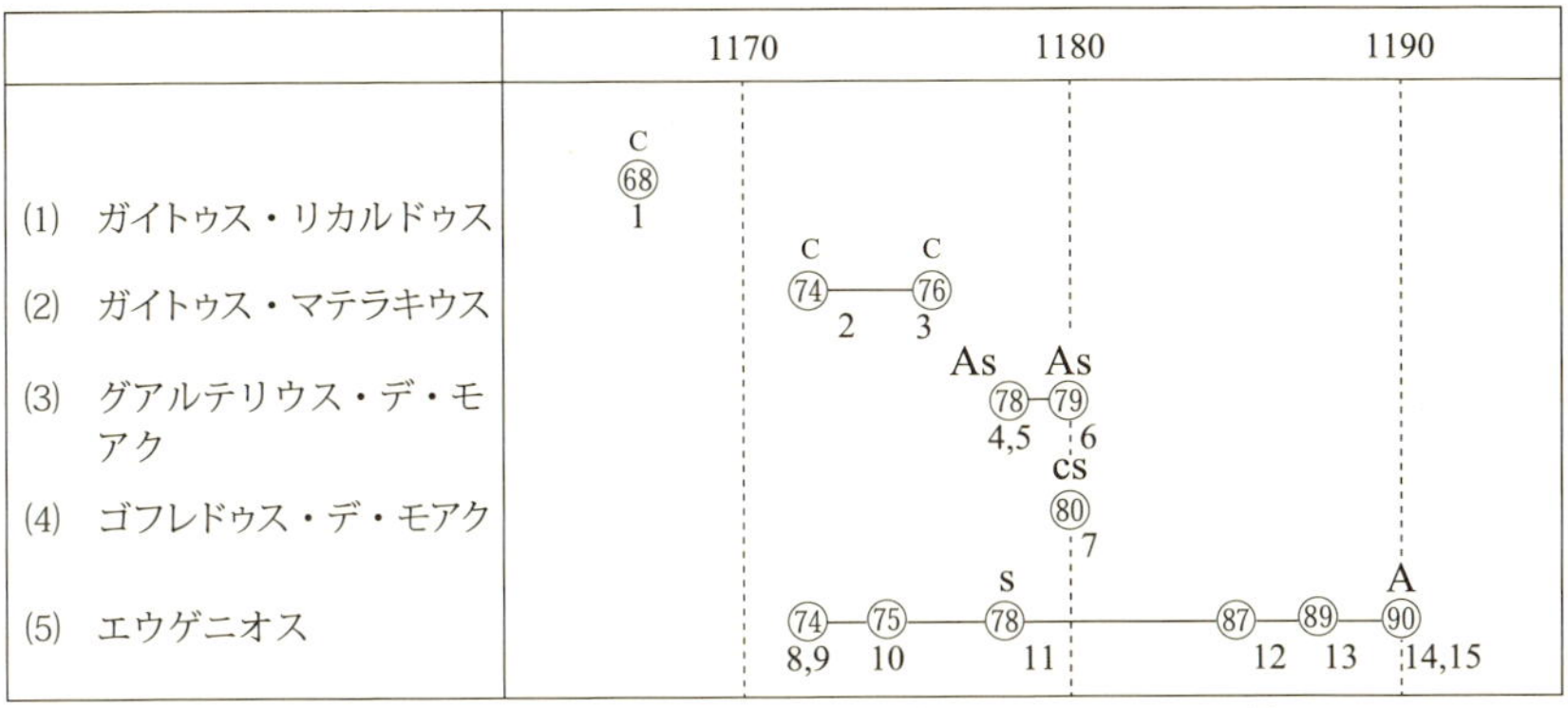

A：国王艦隊アミーラトゥス　c：王宮侍従官　s：ドゥアーナ・デ・セークレーティース長官

1. Kehr, p. 438　2. Haskins, p. 653　3. Garufi, *Catalogo illustrato.*, p. 163　4. Haskins, p. 445　5. Camera, p. 365　6. Pometti, p. 276　7. Cusa, pp. 489s　8. Perla, p. 346　9. Haskins, p. 653　10. Jamison, *Admiral Eugenius.*, pp. 317–8　11. Camera, p. 364　12. Minieri-Riccio, p. 21　13. Jamison, p. 342　14. Jamison, p. 320　15. Jamison, pp. 342–5.

図 3-3　ドゥアーナ・バーローヌム長官

ウアーナ・バーローヌム長官職を長く務めた後、一一九〇年、アミーラトゥスへ昇進している[79]。一一八〇年には、また別のドゥアーナ・バーローヌム長官である王宮侍従官ゴフレドゥス・デ・モアクを見出すことができる。しかし、彼は同時にドゥアーナ・デ・セークレーティース長官であり、パレルモの王宮に常駐していたように見える[80]。

以上のように、ウィレルムス二世期、実質的にドゥアーナ・バーローヌムを運営していたのは、前半期は王宮侍従官ガイトゥス・マテラキウスとエウゲニオス、後半はアミーラトゥスのグアルテリウス・デ・モアクとエウゲニオスであった。そして、その間の最高責任者の交替、つまり、王宮侍従官からアミーラトゥスへの交代は、注目に値する。ドゥアーナ・バーローヌムという役所が、最初は王宮のアラブ人官僚の指導下で成立し、それが後にアラブ人以外の行政官の指揮下に入ったことを示唆しているからである。この地域の状況を考えるならば、このような変化を理解するのは難しくない。この地域には多くの諸侯領が存在し、諸侯や都市が王権から独立しようとする傾向がきわめて強かったからである。ドゥアーナ・バーローヌムの大きな機能の一つは、その諸侯や都市の監視と管理であった。そして、それがドゥアーナ・

バーローヌム創設の理由の一つでもあった。ドゥアーナ・バーローヌムの創設は確かに成功したと言えるだろう。実際に、このドゥアーナ・バーローヌムの創設以後、諸侯と都市による反乱が消失しているからである。しかしながら、王宮侍従官よりもアミーラトゥスの方が、この職により適していたということなのかもしれない。アミーラトゥスは、司令官としての軍事技術のおかげでより大きな権力を有し、諸侯や騎士をより容易に召集し指揮することができたからである。

おわりに

以上、十二世紀後半のドゥアーナの高官たちを分析・検討し、その構成に関する新しい理解を得ることができた。そして、従来の研究者たちのものとは異なる中央行政の構造を提示することができたのではないかと思う。シチリア王国の行政の頂点には、ファミリアーレース・レギスと呼ばれる人々からなる王国最高顧問団があり、この人々が王国の重要事項と国王の利害に関する案件を処理していた(81)。執行・行政を行う機関が、ディーワーン・アルマームール（クーリア・レギス）、ドゥアーナ・デ・セークレーティース、ドゥアーナ・バーローヌムであった。ディーワーン・アルマームールは、日常的・一般的業務を遂行するパレルモの中央行政機関であり、一人の王宮侍従長官とその部下である二人の王宮侍従官により指揮されていた。ドゥアーナ・デ・セークレーティースは、土地行政に関わる特別の業務を担うパレルモに置かれた役所であり、二人の王宮侍従官のうちの一人によって指揮されていた。その高官たちは、ラテン語でドゥアーナ・デ・セークレーティース長官（*magistri duane de secretis*）、アラビア語でアスハーブ・ディーワーン・アッタフキーク・アルマームール（*aṣḥāb dīwān at-taḥqīq al-maʿmūr*）、ギリシア語でホイ・エピ・トゥー・メガルー・セクレトゥー（*οἱ ἐπὶ τοῦ μεγάλου σεκρέτου*）、ホイ・エピ・トゥー・セクレトゥー（*οἱ ἐπὶ τοῦ σεκρέτου*）、アルコンテス・トゥー・セクレトゥー（*ἄρχοντες τοῦ σεκρέτου*）と呼ばれていた。ドゥアーナ・バーローヌムは、サレルノに置かれた出先機関で、カラーブリアよりも北の半島部で当地の行政に必要とされるあらゆる業務を行い、最初は王宮侍従官の一人によって、後には、アミーラトゥスによって指揮されていた。この役所の高官は、ラテン語でドゥアーナ・バーローヌム長官（*magistri duane baronum*）、ギリシア語でホイ・エピ・トゥー・セクレトゥー・トーン・アポコポーン（*οἱ ἐπὶ τοῦ σεκρέτου τῶν ἀποκοπῶν*）と呼ばれていた。

この中央行政の構造は、これまで研究者たちが考えてきたものとは異なっている。それは、専門の財務委員会であるグラン・セクレジア（Gran Secrezia）の存在を認めない。この新しいモデルはドゥアーナの役人の三層構造を否定し、ドゥアーナの高官たちの職務はこれまで信じられてきたような純粋に財務的な業務ではなく、より一般的な行政に関わるものであったことを示唆している。ただ、ここに要約した統治構造については留保があることを記しておかねばならない。まず第一に、この統治構造は王国の全時代に適用してはならず、ドゥアーナ・バーローヌムが形成された後の時代に限定しなければならない。実際、マイオ暗殺以前の統治構造はまったく異なっていたからである。また、ロゲリウス二世治世にはアミーラトゥスたちが王国行政においてははるかに重要な役割を果たし、ファミリアーレース・レギスはあまり目立たない存在であった。第二に、全体の統治構造を理解するためには、侍従官（*camerarius*）、司法官（*justitiarius*）、ストラテーゴスなどの地方役人の業務・役割を分析する必要があるということである。多くの場合、王宮侍従官、ドゥアーナ・デ・セークレーティース長官、ドゥアーナ・バーローヌム長官は、これらの地方役人に令状を送付して、自らの職務を遂行している。また、文書作成業務は、しばしば彼らに委ねられている。

このような限界がある中での考察だが、十二世紀後半のシチリア王国行政の特徴をいくつか挙げることができる。まず、シチリア王国では、高級役人が複数の官職を兼務することが一般的だったということである。この点は、役所や役人の業務・職務を検討する際の大きな問題となる。各官職を明確に限定した上で個々の職務と相互の関係を図式化することは、私たちが統治構造を理解しようと努力する中で生じる不可避の作業の一つとも言えるが、官職が有する権力と権威はしばしばその官職を保持する人物の個人的性格に大きな影響を受けるということを忘れてはならないだろう。第二の特徴は、中央政府から強力な軍事力を有する世俗諸侯を排除しようとする顕著な傾向がみられるものの、この世俗諸侯と役人と聖職者の間のパワー・バランスが、行政の重要な要素となっていたことである。そして、第三の特徴は、王の役人に、ギリシア人やイタリア人に加えて、多くのアラブ人が含まれていたということである。このアラブ人官僚は、シチリアのムスリム住民と密接につながっていた。アラブ人の中央政府への参加はシチリアの行政の重要な特徴である。おそらく、王たちは、世俗諸侯たちの勢力を弱めて自らの力を強化するために、アラブ人たちを自分の直接の権威下にある官職へつけたと思われる。さらに重要なことは、国王がアラブ人たちの洗練された統治技術と知識を必要とし、世俗諸侯たちと対立するアラブ人たちは自分たちの庇護者としての国王を必要としていたということである。イブン・ジュバイルは、一一八四年、王宮で働いていたムスリムたちを次のように記している。

〈アラビア語〉王はムスリムたちに大きな信頼を寄せ、自らの事柄や自らの職務の重大なものに関して彼らを信頼していた。それは、王の料理番の監督者がムスリムの男であり、また彼はムスリムの黒人奴隷の一群をかかえ、その上に彼らの中から選ばれた指揮官がおり、しかも大臣たち（*wuzarāʾ*）と侍従たち（*hujjāb*）はムスリムの宦臣（*fityān*）であり、また、この宦官たちの中から、王国の役人であり宮廷の役人である多くの一群の人々を有する程であった。[82]

イブン・ジュバイルがムスリムとしてのバイアスを有していたのは当然だから、この記述の解釈にあたっては慎重を期すべきだが、多くのムスリムが王宮で働いていたことは明らかである。

シチリア王国とイングランド王国や他の王国との密接な関係を考えれば、シチリア王国の行政制度がそれらの王国にどれほど影響を与えたのだろうかという疑問が生じるかもしれない[(83)]。本章の冒頭で述べたように、ミッタイスはこの王国の行政制度がイングランドやフランス、ドイツの行政制度に影響を与えたと考えている。シチリア王国のドゥアーナとイングランド王国のエクスチェッカーとの影響関係は、制度史家たちの最大の関心事の一つでもあった[(84)]。確かに、ドゥアーナ・デ・セークレーティース、ドゥアーナ・バーローヌム、エクスチェッカーは、十二世紀の西ヨーロッパにおいて、クーリア・レギスからの分離・独立の度合いがきわめて顕著であり、比較に価すると思われる。しかしながら、本研究は、シチリア王国のドゥアーナが、研究者たちが考えてきたようなクーリア・レギスからの財務組織の分離という形ではなく、当時の地方情勢に基づく緊急の必要性によって創設されたことを示唆しているように見える。また、シチリア王国の統治構造とイングランド王国の統治構造とは異なっており、ドゥアーナが行政においてエクスチェッカーとは異なる機能を果たしていたことを示唆している。外部から輸入された技術や知識が西欧中世のいずれの行政にも影響を与えたことは疑いない。しかし、ここで検討したシチリアの制度が示すように、行政制度の形成期にあっては、歴史的・地域的状況がその行政の型や構造を決定するということもありえたということを記しておきたい。

（1）　Robert L. Benson, "Political *Renovatio*: Two Models from Roman Antiquity," *Renaissance and Renewal in the Twelfth Century*, eds. R.L. Benson and G. Constable（Cambridge, Mass., 1982）, p. 339; Helene Wieruszowski, "Roger II of Sicily, 'Rex-Tyrannus', in Twelfth-Century Political Thought," *Speculum*, vol. 38（1963）, pp. 47–48; Albert Brackman, "The Beginning of the National State in Medieval Germany and the Norman Monarchies," Albert Brackman, trans. by Geoffrey Barraclough, *Medieval Germany 911–1250*, 2 vols.（Oxford, 1938）, vol. 2, pp. 288–292, 296–298.　ソールズベリのヨハンネスの政治思想が、当時のイングランドとシチリアの二つのノルマン王国の政治状況の影響を受けたことはよく知られている。

（2）　Richard William Southern, *Medieval Humanism and Other Studies*（Oxford, 1970）, p. 140.　シチリアの商業活動については、以下を参照。

David Abulafia, *The Two Italies: Economic Relations between the Norman Kingdom of Sicily and the Northern Communes* (Cambridge, 1977), および David Abulafia, *Italy, Sicily and the Mediterranean, 1100–1400* (London, 1987) に再録された一連の論文、Shelomo Dov Goitein, *A Mediterranean Society. Vol. 1, Economic Foundations* (Berkeley, 1967); Shelomo Dov Goitein, “Sicily and Southern Italy in the Cairo Geniza Documents,” *Archivio storico per la Sicilia orientale*, vol. 67 (1971).

(3) Charles Homer Haskins, *The Renaissance of the Twelfth Century* (Cambridge, Mass., 1927), pp. 283–284, 291–302.

(4) David C. Douglas, *The Norman Fate 1100–1154* (Berkeley, 1976), pp. 5, 216–217.

(5) Douglas, *The Norman Fate*, pp. 2–3, 120, 217; Brackman, “The Beginnings of the National States,” p. 289. ダグラスはその著書で、「一一〇〇年と一一五四年の間のヨーロッパの政治的発展に対してノルマン人が行った貢献」を評価し、「あらゆる場所のノルマン君主たちが、とりわけ南方のノルマン君主たちが、ヨーロッパにおける世俗行政の新たな発展の口火を切った」と述べ、西欧における世俗行政のその後の発展へのノルマン行政の影響を強調している（Douglas, *The Norman Fate*, p. 120）。ダグラスに加えて、少なからぬ数の研究者たちが、ノルマン・シチリアの統治システムと、やはり西ヨーロッパで最も先進的だとみなされてきたイングランドの統治システムとの比較を検討してきた。両者の統治システムへの共通のノルマン人の影響を見出すために、あるいは、それらを生じさせた他の重要な要因を探るためにである。たとえば、以下を参照。Charles Homer Haskins, “England and Sicily in the Twelfth Century,” *English Historical Review*, vol. 26 (1911), pp. 433–447, 641–665; Charles Homer Haskins, *The Normans in European History* (Boston, 1915); Charles Homer Haskins, *Norman Institutions* (Cambridge, Mass., 1925), pp. 23–24, 61, 111–112, 232–234; Carmela Ceci, “Normanni d'Inghilterra e Normanni d'Italia,” *Archivio scientifico del R. Istituto superiore di scienze economiche e commerciali di Bari*, vo. 7 (1932–33); Dione Clementi, “Notes on Norman Sicilian Surveys,” in Vivian Hunter Galbraith, *The Making of Domesday Book* (Oxford, 1961), pp. 55–58; Antonio Marongiu, “I due regni normanni d'Inghilterra e d'Italia,” *I normanni e la loro espansione in Europa nell'alto Medio Evo* (Settimane di studio del centro italiano di studi sull'alto medioevo, vol. 16, Spoleto, 1969), pp. 497–557; Sally Harvey, “Domesday Book and its Predecessors,” *English Historical Review*, vol. 86 (1971), p. 765.

(6) Heinrich Mitteis, *Deutsche Rechtsgeschichte, ein Studienbuch*, neubearbeitet von Heinz Lieberich, 15. ergänzte Auflage (München, 1978), p. 186. 以下も参照。Brackman, “The Beginnings of the National State,” pp. 290–292.

(7) Carlo Alberto Garufi, “Sull'ordinamento amministrativo normanno in Sicilia, Exhiquier o diwan? Studi storico diplomatici,” *Archivio storico italiano*, series V, vol. 27 (1901), pp. 234–250, 259. ドゥアーナ（*duana*）は、ドハーナ（*dohana*）あるいはドアーナ（*doana*）とも記されるが、アラビア語のディーワーン（*dīwān*）をラテン文字で転写したものであり、文字通りには「役所」を意味している。本研究ではドハーナやドアーナではなく、ドゥアーナという表記を用いるが、それは、ドゥアーナの方がラテン語史料でより頻繁に用いられ、また、音声もより近かったのではないかと思うからである。フェルディナン・シャランドンやマリオ・カラヴァーレはドハーナという表記を用いており、私自身も、これまでの研究で、ドハーナという表記を用いてきた。いずれの表記を用いるにしろ、ドゥアーナ、ドハーナ、ドアーナの間に違いはない。

（8） たとえば、以下の諸研究がこの説を受け入れている。Erich Caspar, *Roger II und die Gründung der normannisch-sicilischen Monarchie* (Innsbruck, 1904), pp. 315–318; Ferdinand Chalandon, *Histoire de la domination normande en Italie et en Sicile*, 2 vols (Paris, 1907), vol. 2, pp. 648–653; Ernst Mayer, *Italienische Verfassungsgeschichte von der Gothenzeit bis zur Zunftherrschaft*, 2 vols (Leipzig, 1909), vol. 2, pp. 384–404; Haskins, "England and Sicily," p. 653; Ceci, "Normanni d'Inghilterra," pp. 330–331; Pier Silverio Leicht, "Lo stato normanno," in *Il regno normanno* (Messina, 1932), p. 49; Pier Silverio Leicht, *Soria del diritto italiano: Il diritto pubblico* (Milano, 1944), p. 293; Francesco Galasso, *Gli ordinamenti giuridici del Rinascimento medievale* (Milano, 1949), p. 166; Evelyn Jamison, *Admiral Eugenius of Sicily: His Life and Work* (London, 1957), pp. 50–53; Adelaide Baviera Albanese, "L'istituzione dell'ufficio di Conservatore del Real Patrimonio e gli organi finanziari del Regno di Sicilia nel sec. XV," *Il circolo giuridico* (Palermo, 1958), pp. 269–271; Thomas Curtis Van Cleve, *The Emperor Frederick II of Hohenstaufen* (Oxford, 1972), pp. 264–265; Francesco Giunta, *Bizantini e bizantinismo nella Sicilia normanna*, 2nd ed. (Palermo, 1974), pp. 65–69; Aziz Ahmad, *A History of Islamic Sicily* (Islamic Surveys 10, Edinburgh, 1975), pp. 65–66. この説は、英語でも容易に知ることができる。Brian Tierney and Sidney Painter, *Western Europe in the Middle Ages 300–1475*, 4th ed. (New York, 1983), p. 249.

カラヴァーレは、基本的にガルーフィによるドゥアーナの構造分析を受け入れた上ではあるが、その古典学説に反対して、ドゥアーナ・デ・セークレーティースとドゥアーナ・バーローヌムの機能は、管轄区によって区分されていると主張した。カラヴァーレによれば、前者はシチリアとカラーブリアを管轄し、後者はカラーブリアを除く半島部を管轄していたというのである。以下を参照。Mario Caravale, "Gli uffici finanziari nel Regno di Sicilia durante il periodo normanno," *Annali di storia del diritto*, vol. 8 (1964), pp. 178–185, repr. in his *Il regno normanno di Sicilia* (Milano, 1966). 彼の説はカンプに支持されている。Norbert Kamp, "Vom Kämmerer zum Sekreten: Wirtschaftsreformen und Finanzverwaltung im Staufischen Königreich Sizilien," Josef Fleckenstein, ed., *Problem um Friedrich II* (Sigmaringen, 1974), p. 52. ディーワーン（*dīwān*）、ディーワーン・アルマームール（*ad-dīwān al-maʿmūr*）、ディーワーン・アッタフキール・アルマームール（*dīwān at-taḥqīq al-maʿmūr*）の意味とアラビア語の用法については、以下を参照。Albrecht Noth, "Die Arabischen Dokumente König Roger II. von Sizilien," Carlrichard Brühl, *Urkunden und Kanzlei König Roger II. von Sizilien* (Köln, 1978), pp. 254–257.

（9） Garufi, "Sull'ordinamento amministrativo," pp. 256–257; Caspar, *Roger II und die Gründung*, p. 316; Chalandon, *Histoire de la domination*, vol. 2, p. 651; Ferdinand Chalandon, "Norman Kingdom of Sicily," *The Cambridge Mediaeval History, vol. 5: Contest of Empire and Papacy* (Cambridge, 1926), p. 205; Caravale, "Gli uffici finanziari," pp. 203–204, 218–219.

アルコンテス・テース・クラタイアース・コルテース（*οἱ ἄρχοντες τῆς κραταιᾶς κόρτης*）について、すでに私は異なる見解を提示している。Hiroshi Takayama, "*Familiares Regis* and the Royal Inner Council in Twelfth-Century Sicily," *English Historical Review*, vol. 104 (1989), pp. 370–371（本書第二章）.

（10） Haskins, "England and Sicily," p. 653; Jamison, *Admiral Eugenius*, p. 51; Ceci, "Normanni d'Inghilterra," pp. 331–332. エヴリン・ジャミスン

ンは、「ドゥアーナは、数にして十人くらいの高級官僚からなる委員会によって指揮されていた。その中には常に三人の侍従官がいた」と説明し、「その委員会メンバーの一般的な呼び名は、使われていた言葉によると、アルコンテス・トゥー・セクレトゥー（*οἱ ἄρχοντες τοῦ σεκρέτου*）、マギストリ・ドゥアーネ（*magistri duane*）、ディーワーン・アッタフキーク・アルマームール（*dīwān at-taḥqīq al-ma'mūr*）のシャイフ（śayḫ, seik）であった」と述べている。

（11）Kamp, "Vom Kämmerer," p. 52.

（12）Baviera Albanese, "L'istituzione," p. 271.

（13）Garufi, "Sull'ordinamento amministrativo," pp. 251–256, 262; Chalandon, *Histoire de la domination*, vol. 2, pp. 651–652; Caspar, *Roger II und die Gründung*, p. 316; Mayer, *Italienische Verfassungsgeschichte*, vol. 2, p. 386 notes 36–37; Caravale, "Gli uffici finanziari," pp. 203–204, 209, 217. ただ、ジャミスンはこの三層構造説に反対し、セクレティコス（*σεκρετικός*）はドゥアーナの長官と同じだと主張したのである。Jamison, *Admiral Eugenius*, pp. 51–52.

（14）Garufi, "Sull'ordinamento amministrativo," pp. 251, 261; Chalandon, *Histoire de la domination*, vol. 2, p. 654; Caravale, "Gli uffici finanziari," pp. 204, 209. ガルーフィは、財務局の役人としてカーティブ（*kātib*）とガイティ（*gaiti*）を挙げている。そして、エーリッヒ・カスパールのみが、この役所における財務行政は、前の時代にアラブ人たちの司法役人であったカーイド（Kaids）とハキーム（Hakim）によって統制されていたと主張している（Caspar, *Roger II und die Gründung*, pp. 316–317）。

（15）高山博「十二世紀シチリアにおけるノルマンの財務行政機構」『史学雑誌』九二編七号（一九八三年）一－四六頁。Hiroshi Takayama, "The Financial and Administrative Organization of the Norman Kingdom of Sicily," *Viator*, vol. 16 (1985), pp. 129–157.（本書第一章）*Viator* の Managing Editor である Ms. Mary A. Rouse からは、この論文を刊行するにあたって不可欠の助言をいただいた。ここに記して感謝したい。

（16）Takayama, "The Financial and Administrative Organization of the Norman Kingdom of Sicily," pp. 149, 145 note 59.

（17）ガルーフィは、まず、この財務局（*ad-dīwān al-ma'mūr*）の長官すなわち財務長（thesoriere, *thesaurarius*）の存在を、ピッロによりわれわれに伝えられている一一六八年の史料の中に確認する。そして、この財務長は専門の職ではなく、王宮侍従長官（*magister camerarius regis palatii*）が兼任していたと考える。彼はその理由として次の二点を挙げている。つまり、①テサウラリウスと記されているリカルドゥスが、ファルカンドゥスによれば、王宮侍従長官であったということ、そして、②王宮侍従長官であったマテラキウスが、一一七六年にドゥアーナ・バーローヌムのために八千タリを支払うという純粋に財務的な性格を有する職務を果たしていたということである。ガルーフィは、この財務局に、カーティブ（*kātib*）、ガイティ（*gaiti*）、セクレティ（*secreti*）が属していたと考えている。Garufi, "Sull'ordinamento amministrativo," pp. 251, 261. シャランドンはこのガルーフィの説を受け入れ（Chalandon, *Histoire de la domination*, vol. 2, p. 654）、カラヴァーレは、ガルーフィの議論に基づいてこの説をさらに発展させ、財務長（*thesaurarius*）が一一六九年（一一六八年？）に初めて現れるということは、その時から財務局（tesoro）を形成し完成させる過程が始まったことを意味すると述べている。Caravale, "Gli uffici finanziari," pp. 204, 209.
　しかしながら、彼らの議論を支えている一一六八年の史料は信頼できるものではない。

　〈ラテン語〉そして、我々は、我々の父祖の愛により、通常の慣習に従ってあなたの請願を認め、*thesaurario et familiari nostro qui est super omnes secretos Caito Riccardo* に上記の印璽証書を更新することを命じた（"et paterno nostro amore more solito usi cessimus tuae petitioni et praecipimus Thesaurario et familiari nostro qui est super omnes secretos Caiti（sic）Riccardo renovare praedictum sigillum."）（Rocco Pirro, *Sicilia sacra disquisitionibus et notitiis illustrata* [Palermo, 1733], vol. 2, p. 1017）。

　この史料は、ピッロによってギリシア語からラテン語へ翻訳されたものであって、*thesaurario et familiari nostro…Caito Riccardo* の原文は、当時の別の史料中に見出される ***τῷ πρωτοκαμπέρι καὶ φαμελιαρίῳ ἡμῶν…καίτη ῥικάρδῃ***（Karl A. Kehr, *Die Urkunden der normannischen-Könige* [Innsbruck, 1902], p. 438）だったのではないかと考えられる。このギリシア語は、*gaytus Riccardus domini regis magister camerarius et familiaris*（G. B. Siragusa, ed., *La historia o liber de regno Siciliae* [Roma, 1897], p. 128 note 2）に相当している。つまり、一一六八年の史料の *thesaurarius* は、*magister camerarius* にあたるギリシア語 ***πρωτοκαμπήρ*** のラテン語訳だったと考えられるのである。
　したがって、ガルーフィたちの見解に従って、ディーワーン・アルマームール（*ad-dīwān al-ma'mūr*）の長としてのテサウラリウスを想定することはできない。また、カラヴァーレが主張するようにこの時からディーワーン・アルマームールの業務の確定化が始まったと考えることもできない。ディーワーン・アルマームールの官僚については、まだその長官すらも史料の中に確認できていないのである。

（18）　バーリのマイオの死亡以前は、クーリア・レギスの状態も行政役人たちもまったく異なっていた。その時期、アミーラトゥス（*amīr, ammiratus, ἀμῆρ, ἀμηρᾶς*）に言及せずに国王行政を語ることはできない。Chalandon, *Histoire de la domination*, vol. 2, pp. 634–638; Jamison, *Admiral Eugenius*, pp. 35–44; Léon-Robert Ménager, *Amiratus-Ἀμηρᾶς. L'Emirat et les Origines de l'Amirauté*（*XIe–XIIe siècle*）（Paris, 1960）, pp. 26–56.

（19）　Carlo Alberto Garufi, "Censimento et catasto della popolazione servile. Nuovi studi e richerche Sull'ordinamento amministrativo dei Normanni in Sicilia nei secoli XI e XII," in *Archivio storico siciliano*, vol. 49（1928）, p. 32 note 1. たとえば、一〇九〇年六月、"***νικολάου πρωτονοταρίου καὶ καπριλλίγγουα καὶ πρωτοσπαθαρίου***"（Salvatore Cusa, *I diplomi greci ed arabi di Sicilia pubblicati nel testo original*, vol. 1 [Palermo, 1868–82], p. 384; Giuseppe Spata, *Le pergamene greche esistenti nel grande archivio di Palermo* [Palermo, 1862], p. 245）；一一〇一年六月十六日、"*Nicola camberlario*"（Francesco Trinchera, *Syllabus graecarum membranarum* [Naples, 1865], p. 87）；一一〇四年六月、"***ὁ πιστότατος Νικολάος καπριλίγγας***"（Camillo Minieri-Riccio, *Saggio di codice diplomatico formato sulle antiche scritture dell'Archivio* *di Stato di Napoli*, Suppplemento, parte prima [Naples, 1882], p. 6)；一一〇五年三月、“*Νικολάου τοῦ ἐνδοξοτάτου καπριλίγγα*”（Cusa, p. 399)；一一〇五年、“*Nicola kaprilinga*”（Pirro, *Sicilia sacra*, p. 1042 ; Caspar, *Roger II und die Gründung*, reg. no. 5）. ジャミスンは、ニコラオスが一〇八六年から一一〇五年までこの職にあったと述べている（*Admiral Eugenius*, p. 34）.

（20） L. R. Ménager, “Notes et documents sur quelques monasteres de Calabre à l’epoque normande,” *Byzantinische Zeitschrift*, vol. 50（1957）, p. 336.

（21） Caspar, *Roger II und die Gründung*, reg. no. 48 ; Jamison, *Admiral Eugenius*, p. 34. ジャミスンはこのバシレイオスをアミーラトゥスのバシレイオスと同一人物だと考えている。パエノスは一一二五年の証書の証人の一人である。“*Παένος καμβριλλίγας μάρτυρ ὑπέγραψα*”（Cusa, p. 556）.

（22） Romualdus Salernitanus, *Chronicon sive Annales*, ed. C. A. Garufi（Città di Castello, 1909–35）, pp. 234–236. See also *ibid*, p. 341 and Jamison, *Admiral Eugenius*, pp. 41–42.

（23） ヨアンネスは、一一五三年の証書の証人の一人である。“*Ἰωάννης καπρελίγγας τοῦ μεγάλου ῥιγὸς μάρτυρ*”（Cusa, p. 33）. ジャミスンはこのヨアンネスをアミーラトゥス・ニコラオス・グラフェウスの息子のヨアンネスだと考えている（*Admiral Eugenius*, p. 42）。

（24） Jamison, *Admiral Eugenius*, p. 45 : “in presentia domini Atenulfi supradicti domini nostro regis camerarii regalis palatii.” 以下も参照。Jamison, *Admiral Eugenius*, pp. 391–392, 394. しかしながら、ファルカンドゥスは、彼を単に *Adenulfus camerarius* と記している（Hugo Falcandus, *Liber de regno Sicilie*, in G. B. Siragusa, ed., *La historia o liber de regno Siciliae* [Roma, 1897], pp. 42, 48–50, 72）。アテヌルフスは一一六一年の春に殺害された。

（25） ファミリアーレス・レギスは、ウィレルムス一世、ウィレルムス二世治世に、王国最高顧問団メンバーを指すきわめて限定された称号となる。彼らは、政策や他の重要な事柄の決定権者として、王国で最も権力のある人々だった。高山博「十二世紀ノルマン・シチリア王国の行政官僚」『史学雑誌』九三編十二号（一九八四年）一–四六頁。Takayama, “*Familiares Regis*,” pp. 357–372.

（26） Falcandus, *Liber de regno*, p. 77 : “eisdem diebus gaytus Iohar eunuchus, magister camerarius palatii, cum in exercitu multas a rege preter meritum, ut aiebat, iniurias pertulisset ac verbera, cum sigillis regiis ad comitem Lorotelli transfugiens, in itinere captus est et ad regem perductus ; quem rex impositum lintri, deduci iussit in pelagus ibique submergi.” ファルカンドゥスの記述はヨハルが一一六二年頃に殺されたことを示唆しているが、ジャミスンは、彼を国王侍従長官であるテオドルスと同一人物だと考えている（Jamison, *Admiral Eugenius*, p. 44 and note 3）。このテオドルスは一一六三年二月に死亡している。“A.D.I. .M.C.LXIII. indictionis .XII. dominus Theodorus domini regis magister camerarius ob.”（Carlo A. Garufi, ed., *Necrologia del “Libro Confratrum” di S. Matteo di Salerno* [Fonti per la storia d’Italia, LVI, Rome 1922], p. 20）.

（27） Falcandus, *Liber de regno*, p. 83.

（28） Takayama, “*Familiares Regis*,” pp. 360–362.

（29） ファルカンドゥスは、リカルドゥスを宦官とは呼んでいないが、次の記述が彼も宦官であったことを暗示している。“Gaytus quoque Richardus illi cum ceteris eunuchis infestissimus erat, eo quod Robertum Calataboianensem contra voluntatem eius dampnaverat.”（Falcandus, p. 119）.

（30）Takayama, “*Familiares Regis*,” pp. 362–364.

（31）Falcandus, *Liber de regno*, p. 79 note 1; Carlo Alberto Garufi, *I documenti inediti dell'epoca normanna in Sicilia*（Documenti per servire alla storia di Sicilia, serie 1, Diplomatica XIX, Palermo, 1899）, p. 111. マルティヌスの王宮侍従長官への任命は、おそらく、リカルドゥスと宰相ステファヌスとの間の対立の中で、一時的になされたものだろう。

（32）Falcandus, *Liber de regno*, p. 79: “nam gaytus Martinus eunuchus, quem rex ad custodiam civitatis ac palacii Panormi reliquerat, cum in captione palacii fratrem suum a Christianis sciret occisum, nec eius facti certos repperisset auctores, in omnes Christianos atrociter occulteque deseviens, fratris mortem omnibus imputabat.”

（33）Takayama, “*Familiares Regis*,” p. 363.

（34）Falcandus, *Liber de regno*, pp. 161–162.

（35）Takayama, “*Familiares Regis*,” p. 364; Falcandus, *Liber de regno*, pp. 108–109; Garufi, *I documenti inediti*, p. 111.

（36）Takayama, “*Familiares Regis*,” pp. 364–368.

（37）これはいくつかの史料で確認される。一一六七年、“gaytus Ricardus domini regis magister camerarius et familiaris”（Falcandus, *Liber de regno*, p. 128 note 2）; 一一六八年三月、“***τῶ πρωτωκαμπέρι καὶ φαμελλιαρίω ἡμῶν τῶ ἐπὶ τοῦ σεκρέτου τῶν ἀποκοπῶν καίτη ῥιγκάρδη***”（Kehr, *Die Urkunden*, p. 438）; 一一六八年、“*thesaurario et familiari nostro qui est super omnes secretos Caito Riccardo*”（Pirro, *Sicilia sacra*, vol. 2, p. 1017）; 一一七〇年十月、“***τοῦ εὐδοξοτάτου καίτου Ῥικάρδου καί μεγάλου σεκρέτου***”（Haskins, “England and Sicily,” p. 650 note 160）; 一一八三年一月、“*magistro palatino camerario domino gayto Riccardo magistro regie duane de secretis*”（Haskins, “England and Sicily,” p. 654 note 191）.

（38）Jamison, *Admiral Eugenius*, p. 49. しかし、私は、次の史料に基づく彼女の推論には同意できない。“Putifares omnes claves et scrinia portant; Adsignant quasquas fiscus habebat opes; Thesauros numerant, quos vermis araneus ille Auserat, et frustra retia nevit apris; Primus neutorum claves escriniat omnes, Alter aposixas explicat, alter opes; Hec quantum Calaber seu quantum debeat Afer, Apulus aut Siculus debeat orbis habet.”（Petrus de Ebulo, *Liber ad Honorem Augusti*, ed. G. B. Siragusa［Roma, 1906］, pp. 91–92）. 確かに、三人のプティファレース（*putifares*）が財務官のように働いている。しかし、これらのプティファレースが王宮侍従官（*camerarii regii palatii*）と同じであるかどうかは確認できない。これまで検討してきたように、この時期の王宮侍従官は専門的な財務役人というよりは、王国行政の中心にいた高級行政役人であった。王宮には侍従官以外にも多くの宦官（*neutori*）がいたので、宦官を王宮侍従官と同一視することもできない。

（39）Falcandus, *Liber de regno*, p. 79 note 1.

（40）Falcandus, *Liber de regno*, pp. 108–109.

（41）Haskins, "England and Sicily," p. 653 note 186.

（42）Carlo A. Garufi, *Catalogo illustrato del Tabulario di S. Maria Nuova in Monreale* (Palermo 1902), pp. 163–164: "Ego Guillelmus…declaro quod…uendidi duane baronum in manibus uidelicet Gayti Mataracij Regij sacri palatii camerarij et magistri eiusdem duane…omnes domos meas…"

（43）Cusa, pp. 489–490; Spata, pp. 447–449.

（44）Cusa, pp. 83–84.

（45）Takayama, "The Financial and Administrative Organization of the Norman Kingdom of Sicily," pp. 133, 145.

（46）Mayer, *Italienische Verfassungsgeschichte*, vol. 2, p. 386; Caspar, *Roger II und die Gründung*, p. 316; Caravale, "Gli uffici finanziari," p. 217.

（47）Cusa, pp. 622–624; Cusa, p. 321. アラビア語とギリシア語の対応語については以下を参照。Takayama, "The Financial and Administrative Organization of the Norman Kingdom of Sicily," pp. 131–133.

（48）Garufi, *I documenti inediti*, p. 152.

（49）Cusa, pp. 489–490; Spata, pp. 447–448.

（50）Pirro, *Sicilia sacra*, vol. 2, p. 1017; Haskins, "England and Sicily," pp. 650, 654; Cusa, p. 432; Spata, p. 293; Garufi, *I documenti inediti*, p. 214; Cusa, p. 83.

（51）Cusa, pp. 622–624.

（52）Alexander Bruel, *Recueil des chartes de l'abbaye de Cluny*, vol. 5 (Paris, 1894), p. 600.

（53）Falcandus, *Liber de regno*, p. 119: "nec minus Bulcassem inter Sarracenos Sicilie nobilisimus ac prepotens multam illi Sarracenorum conflarat invidiam, cum eum ab initio plurimum dilexisent."

（54）Cusa, pp. 81–83; Takayama, "The Financial and Administrative Organization of the Norman Kingdom of Sicily," p. 137.

（55）Spata, pp. 452, 454; Garufi, *I documenti inediti*, pp. 195–196; Garufi, "Monete e conii nella storia del diritto siculo degli arabi ai Martini," *Archivio storico siciliano*, n.s., vol. 23 (1898), p. 153.

（56）Cusa, pp. 29, 35.

（57）G. B. Siraguse, *Il Regno di Guglielmo I in Sicilia*, 2 nd ed. (Palermo, 1929), p. 438: "*Νικόλαος ὁ σεκρετικός*."

（58）注（78）参照。

（59）注（75）参照。

（60）監督局の三層構造説については、一一一―一一二頁と注（13）を参照。ガルーフィの議論は二つの部分からなっている。一つ目は、ドゥアーナの長官（*magister duane*）とセクレティコス（*σεκρετικός*）の間のランクの違いの論証である。ガルーフィによれば、セクレティコスは、王宮の貴顕者たち（*altissimi dignitari*）から命令を受け、それを実行していた。たとえば、一一六一年、ガルーフイがセクレティコスと同じ官職を指しているとみなすゲロンテス・トゥー・セクレトゥー（*γέρουτες τοῦ σεκρέτου*）の一人マルティヌスは、国王もしくは尚書（実際は、副尚書 *vicecancellarius*）からの命令を実行している。同様に、一一七二年、セクレティコス（＝サーヒブ）であるゴフレドゥス・デ・モアクは、アルコンテス・テース・クラタイアース・コルテース（*ἄρχουτες τῆς κραταιᾶς κόρτης*）の命令を受け、それを実行している。それと対照的に、ドゥアーナの長官は、行政的性格の問題を自ら決着させている、とガルーフィは考える。たとえば、ドゥアーナの長官であるエウゲニオス・カロスは、一一七四年に、国王やアルコンテスの令状なしに問題を処理している。また、一一八〇年には、ドゥアーナの長官であるゴフレドゥス・デ・モアクが自らの権威で、地方役人に対して、ある土地をカターニア司教に与えるよう命じている。このように、ガルーフィは、セクレティコスとドゥアーナの長官との間には官位の差があったと主張しているのである（Garufi, "Sull'ordinamento," pp. 253–254）。

しかしながら、私は、この議論を受け入れることができない。何故なら、一一七二年にセクレティコスに対して命令を出しているアルコンテス・テース・クラタイアース・コルテースは、当時の三人のファミリアーレスのことであり、セクレティコスとドゥアーナの長官を含むすべての役人がその指揮下にあったと考えられるからである。また、ドゥアーナの長官が命令を受け、それを実行している例も容易に見出せる。たとえば、一一七八年、*magister regie duane baronum et de secretis* であったエウゲニオスは、*regii fortunati stolii ammiratus et magister regie duane baronum et de secretis* であるグアルテリウス・デ・モアクの命令を受けてクーリアを開廷している（Garufi, *I documenti inediti*, p. 152）。したがって、ガルーフィが主張するドゥアーナの長官とセクレティコス（*σεκρετικός*）の間の官位差を認めることはできない。

ガルーフィの議論の二つ目は、セクレティコスとカーティブ（*kātib*）の間のランクの違いの論証である。彼は次のように説明している。一一七二年九月一日、ヴァル・ディ・ノートの司法長官であったゴフレドゥス・デ・モアクは、その同じ月にセクレティコスとなった。これは、セクレティコスの官位がヴァル・ディ・ノートの司法長官の官位よりも高いか、少なくとも同じであったことを示唆している。ヴァル・ディ・ノートの司法長官はかなり高い司法権を有しており、カーティブよりもはるかに高い官位にあったから、セクレティコスはカーティブより高い官位にあったことになる。他方、このゴフレドゥス・デ・モアクは、また、ヴァル・ディ・ノートの司法長官になる前の同年四月にやはりセクレティコスであった。そして、どちらの場合も、シラクーザのストラテーゴス（*stratigotus*, *στρατηγός*）に優越する権威を有していた。したがって、地方司法長官とセクレティコスは同じ官位にあったことになる（Garufi, "Sull'ordinamento," pp. 248, 254）。

ガルーフィがゴフレドゥス・デ・モアクに関して挙げた史料は、厳密には、次のように記されている。①一一七二年（ガルーフィは一一七二年九月一日と記している）、*Gaufridus de Moach Iusticiarius*（Garufi, *I documenti inediti*, p. 152）。②一一七二年二月二十日（ガルーフィは四月と記している）、*dominus Gaufridus secretarius*, *τοῦ σεκρετικοῦ κυρου ἰοσφρέ*（Cusa, pp. 487–488）。③一一七二年十月（ガルーフィは九月と記している）、*ἰοσφρὲς ὁ σεκρετικός*, *al-shaikh Jāfrāy*（Cusa, pp. 80–83）。つまり、一一七二年二月二十日と一一七二年十月の史料では、「デ・モアク」という表記がなされていないのである。一一八〇年の別の史料では、再び *Gaufridus de*

*Moac, ἰοσφρὲς τῆς μοδάκ*が出てくるから（Cusa, pp. 489–490; Spata, pp. 447–449）、この二つの史料のゴフレドゥスは、ゴフレドゥス・デ・モアクとは別人だということも考えられる。実際、一一七三年に、ドゥアーナ・デ・セークレーティース長官であるゴフレドゥス・デ・ケントゥルビオの存在を確認することができるのである（Bruel, *Recueil des chartes*, vol. 5, p. 600）。また、たとえゴフレドゥスとゴフレドゥス・デ・モアクが同一人物だとしても、この時期の高級官僚たちが同時に複数の官職を兼任するのが一般的だったことを考えるならば、むしろ、セクレティコスと地方司法官の両方の官職を兼任していたと考える方が筋が通っている。いずれにしろ、セクレティコスと地方司法官の官位が等しかったということはできない。史料で確認することができるのは、カーティブとドゥアーナの長官の間の官位差だけである。

（61）　Takayama, "The Financial and Administrative Organization of the Norman Kingdom of Sicily," pp. 131–133 and note 15.

（62）　Cusa, pp. 487–488: "unde ego gaufridus femeta tunc temporis siracuse stratigotus regio precepto et dominorum curie et maxime domini gaufridi secretarii ad cuius baiuliam hoc potissimum pertinebat cui ego respondebam de baiulia mea, adsignavi predictam terram…ego ut predictum est regio precepto et dominorum curie quorum dispensationi hoc potissimum pertinebat prefatam terram tradidi canonicis chephaludi…."

（63）　グラン・セクレジア（Gran Secrezia）とアルコンテス・トゥー・セクレトゥー（*οἱ ἄρχοντες τοῦ σεκρέτου*）については、一一〇―一一一頁と注(9)(10)を参照。

（64）　Cusa, p. 484; Spata, pp. 437–438: "*Ἐπειδεὶ κατὰ τὸν ἰούνιον μῖνα τῆς ἰνδικτιῶνος α' ὄντων ἡμῶν τῶν κατεπάνων χώρας τῆς εὐδεβεστάτης ῥηγένης καὶ μαΐστρων φοειστερίων τοῦ τε εὐφημίου τῆς δραΐνας καὶ γουλιάλμου δεμουρίτζη τοῦ ἀπὸ τῆς πετραλίας ἐν τῇ πόλει πανόρμου, ἐπίσαν ἡμᾶς ἀπελθεῖν ἐνώπιον αὐτῶν οἱ ἄρχοντες τοῦ σεκρέτου ὅ ται κυρὸς ἰωάννης καὶ κάϊτος βουλκάσιμ. …ὅθεν προστάττωμεν ὑμᾶς τοῦ ἀπελθῖν ἐκεῖσαι ἐπιτοπίως εἰς τὴν καπίτζην ἐν ᾧ καὶ ὁ τιμιώτατος ναὸς τοῦ σωτῆρός ἐστην καὶ διαχωρήσεται ἀπὸ τῶν ἐκεῖσε χωραφίων τῆς φορέστας ζευγαρίου ἑνὸς καὶ ἀποδόσεται ταῦτα εἰς τὸν τιμιώτατον ναὸν τοῦ σωτῆρος.*"

（65）　Cusa, p. 432; Spata, pp. 293–294: "*Τὸν ἀπρίλλιον μῆνα τῆς ἰνδικτιῶνος α' ἦλθες συ ὁ καθηγούμενος μονῆς ἁγίου φιλίππου δεμέννων κομίζωντα γραφὴν παρὰ τῆς θεοφρουρήτου κούρτης καὶ τῶν ἐνδωξωτάτων ἀρχόντων τοῦ σεκρέτου κυρίου κάϊτου ῥικκάρδου καὶ κυρίου ἰωάννου γραφέου καὶ κυρίου εὐγενίου τοῦ καλοῦ τοῦ καλοῦ πρὸς μὲ τῶν στρατηγὸν κεντουρύπη καὶ τῶν καλῶν ἀνθρώπων διλωποιοῦντα οὗτος· τοῦ ἀπελθεῖν ὑμᾶς ἡς τὰ χωράφη ὅπου ὑπήρχουν τοῦ γέρωντος καλλήστου μοναχοῦ καὶ τῶν αὐταδὲλφων αὐτοῦ, ὁμίος ἐκάτηλαβα καὶ ὁ κῦρ γεώργιος τοῦ μοδίου ὑπὸ προστάξεως τοῦ ἐνδοξωτάτου ἄρχοντος κάϊτου ῥηκκάρδου καὶ τῶν συντροφων αὐτοῦ.*"

（66）　Takayama, "The Financial and Administrative Organization of the Norman Kingdom of Sicily," pp. 137–140.

（67）　Cusa, pp. 484–485; Spata, pp. 437–438: "*ἀρχόντων καὶ σεκρετικῶν τοῦ τε κυροῦ ἰωάννου καὶ κάϊτου βουλκάσιμ.*"

（68）　Takayama, "The Financial and Administrative Organization of the Norman Kingdom of Sicily," pp. 131–133.

（69）Takayama, “The Financial and Administrative Organization of the Norman Kingdom of Sicily,” pp. 133, 142–145.
（70）Takayama, “The Financial and Administrative Organization of the Norman Kingdom of Sicily,” pp. 133–135, 152–153.
（71）注（46）参照。
（72）Kehr, *Die Urkunden*, p. 438.
（73）Haskins, “England and Sicily,” p. 653, note 186.
（74）Garufi, *Catalogo illustrato*, pp. 163–164.
（75）Haskins, “England and Sicily,” p. 445（2）; Matteo Camera, *Memorie storico-diplomatiche dell'antica città e Ducato di Amalfi*（Salerno, 1876）, vol. 1, pp. 364–366 ; Francesco Pometti, “Carte delle Abbazie di S. Maria di Corazzo e di Giuliano di Rocca Fallucca in Calabria,” *Studi e documenti di storia e diritto*, vol. 22（1901）, p. 276.
　グアルテリウス・デ・モアクについては、Ménager, *Amiratus*, pp. 93–96を参照。ファルカンドゥスは、ペルシュのステファヌスに対する一一六八年の騒乱を記述する中で、彼の名前を*Gualterius Modicensis*と記している（Falcandus, *Liber de regno*, p. 142）。一一七一年四月に発給された証書の中では、証人の一人として彼の名前は次のように記されている。“*Ego Gualterius de Modac regie private masnede magister conestabularius, testis sum*”（Eugène de Rozière, *Cartulaire de l'église du Saint-Sépulcre de Jérusalem* [Paris, 1849], doc. n. 165, p. 296）。彼は一一七七年には、すでに、国王艦隊のアミーラトゥス（*regii fortunati stolii admiratus*）に任命されていた（Ménager, *Amiratus*, p. 94 and n. 4）。
（76）Takayama, “The Financial and Administrative Organization of the Norman Kingdom of Sicily,” p. 142.
（77）一一七九年六月十一日、ヴァル・ディ・クラーティの国王侍従官であるベルメシアのフゴは、*regius ammiratus et regiarum subaduatiarum magister*であるグアルテリウス・デ・モアクからの命令を受け取り、デコラトゥーラ（Decollatura）地方の土地をコラッツォ（Corazzo）の聖マリーア修道院に与えている（Pometti, p. 278）。
（78）R. Perla, “Una charta iudicati dei tempi normanni,” *Archivio storico per le provincie napoletane*, vol. 9（1884）, p. 346; Haskins, “England and Sicily,” p. 653 ; Jamison, *Admiral Eugenius*, pp. 317–318 ; Camera, *Memorie storico-diplomatiche*, vol. 1, p. 364 ; Minieri-Riccio, *Saggio di codice diplomatico*, p. 21 ; Jamison, *Admiral Eugenius*, p. 342 ; Jamison, *Admiral Eugenius*, pp. 320, 342–345.
（79）Jamison, *Admiral Eugenius*, p. 344.
（80）Cusa, pp. 489–490; Spata, pp. 447–449.
（81）Takayama, “*Familiares Regis*,” pp. 369–370.
（82）Ibn Jubair, *Rihla*, ed. by W. Wright, 2nd ed. by De Goeje（Leyden, 1907）, pp. 324–326 : وهو كثير الثقة بالمسلمين و ساكن اليهم في احواله و المهم من اشغاله حتى ان الناظر في مطبخته رجل من المسلمين وله جملة من العبيد السود المسلمين و عليهم قائد منهم ووزراوه و حجابه الفتيان وله منهم جملة كبيرة هم اهل دولته و المرتسمون بخاصته
（83）この密接な関係は、たとえば、王宮で働いていた多くの外国人の中に反映されている。尚書とパレルモ大司教の職を手にした宰相ステファヌスは、自身がフランス人であるというだけでなく、パレルモの宮廷に多くの同郷人たちを連れてきていた。また、ファミリアーレス・レギスも、メッシーナ大司教リカルドゥスのようなイングランド人を含んでいた。ただ、多くの研究者たちからイングランド人とみなされてきたパレルモ大司教グアルテリウスとアグリジェント司教バルトロメウスの兄弟は、イングランド人ではないことが確認されている（L. J. A. Loewenthal, "For the biography of Walter Ophamil, archbishop of Palermo," *English Historical Review*, vol. 87 [1972], pp. 75–82)。イングランドの財務府（Exchequer）で「特別の地位」（Wilfred L. Warren, *Henry II* [Berkeley, 1973], p. 313）を占め、「すべての重要な業務において彼ら（バロンたち）と協力していた」(*Dialogus de Scaccario: De Necessariis Observantiis Scaccarii Dialogus, qui dicitur Dialogus de Scaccario*, ed. C. Johnson [London, 1950], p. 35) トマス・ブルヌスは、イングランド宮廷で働く前は「シチリアの偉大な王（ロゲリウス二世）の宮廷の重臣であり、思慮深き相談役であり、王の機密業務を行う責任者の地位にあった」(*Dialogus de Scaccario*, p. 35)。このトマス・ブルヌスに関するより詳細な情報については、以下を参照。*Dialogus de Scaccario*, pp. 35–36; Warren, *Henry II*, pp. 313–314; Reginald L. Poole, *The Exchequer in the Twelfth Century* (London, 1912), pp. 67, 118–122. なお、トマス・ブルヌスを、ウィンチェスタ司教リカルドゥスとともに、King's Remembrancer、Lord Treasurer's Remembrancer として知られる財務府役人の先駆けとみなす研究者もいることを指摘しておきたい（Warren, *Henry II*, p. 314; Poole, pp. 119–122)。イングランドとシチリアの恒常的な交流については、以下を参照。Haskins, "England and Sicily," pp. 435–443.

(84) William Stubbs, *The Constitutional History of England*, 3 vols (Oxford, 1896–97), vol. 2, p. 408; Michele Amari, "Su la data degli sponsali di Arrigo VI con la Constanza erede al trono di Sicilia, Lettere del dott. O. Hartwig e Memoria del Socio M. Amari," *Atti della R. Accademia dei Lincei*, vol. 275 (1877–78), serie 3, Memorie classe scienze morali 2, pp. 409–438; Haskins, "England and Sicily," pp. 651–655; Poole, *The Exchequer*, pp. 66–69, 118–119. 近年の研究については、本章の注(5)を参照。

〔付記〕 Prof. John Boswell (Yale Univ.)、Prof. Robert Stacey (Univ. of Washington)、Prof. Giles Constable (Institute for Advanced Study, Princeton)、Prof. J. C. Holt (Univ. of Cambridge)、Dr. David Abulafia（同）からはこの研究に対する貴重な助言をいただいた。Prof. James Powell (Case Western Reserve Univ.)、城戸毅教授、樺山紘一教授、佐藤次高教授からはこの論文の原稿に対する貴重なコメントをいただいた。Colleen Ravillini、Lisa Rotondo-McCord にはこの英語論文の改訂を手伝っていただいた。ここに心からの謝辞を表したい。

第四章　ノルマン・シチリア王国のアミーラトゥス
――ノルマン行政の頂点にたつアラブ官職

十二世紀においてアラブ・イスラム文化、ギリシア・ビザンツ文化、ラテン・キリスト文化の交差点であったノルマン・シチリア王国は、その高度に発達した官僚制でよく知られている。その行政制度は当時のヨーロッパで最も先進的だったと理解されており、研究者のなかには近代世俗国家の前触れの一つと見なす者もいる。しかしながら、アラブ的要素、ギリシア的要素、ラテン的要素が行政組織内で複雑に絡み合っていたせいで、この官僚制が実際にどのように機能していたかについては研究者の見解が一致しておらず、多くの誤解も見られる。[1] 本章では、王国の最も重要な役人の一つであった「アミーラトゥス（*amiratus*）」に焦点をあて、この役人が最初の出現の時から十二世紀に至るまでどのようにその役割と機能を変えてきたかを詳細に検討し、この役人に関する誤解を正すとともに、変化する行政制度の実態を明らかにしたいと思う。

アミーラトゥスとはアラビア語のアミール（*amīr*）がそのまま音写されてラテン語で表記されたものだが、[2] 後には、英語のアドミラル（admiral）、ドイツ語のアトミラール（Admiral）、フランス語のアミラル（amiral）、イタリア語のアンミラーリョ（ammiraglio）と、いずれも海軍提督を意味する言葉へと受け継がれていくことになるものである。[3] この称号は最も有力な人びと、たとえばゲオールギオスやマイオのような王国の宰相によって保持されることもあったが、ノルマン・シチリア王国のアミーラトゥスは、一般に、艦隊の指揮官であると同時に、財務行政を統括する最高位の役人であると考えられてきた。アミーラトゥスに関する優れた著書を刊行したイギリスの研究者エヴリン・ジャミスンは、アミーラトゥスの主たる機能は財務行政の管理と海軍の組織だが、戦時に軍事機能を陸海における軍隊の指揮へと拡大する一方で、宮廷の重要なメンバーとして司法機能・助言機能をも有していたと考えている(4)。

しかし、史料を注意深く調べていくと、この一般化されたイメージは実像からかなり離れたものであり、実際のアミーラトゥスの性格・行政上の機能は時代とともに大きく変化しているということがわかる。王国の行政機構の構造を理解するためには、この官職の変容過程を厳密に理解しなければならない。以下、アミーラトゥス職がその機能と意味をいつ、どのように変化させたのかを提示する。

第一節　最初のアミーラトゥス

アミーラトゥスという言葉は、年代記作家アプーリアのウィレルムスが書いた『ロベルトゥス・グイスカルドゥス事績録』の中に初めて現れる。この事績録には、アプーリア公ロベルトゥスが、シチリアのイスラム教徒たちの首都パレルモを陥落させた時（一〇七二年一月）、騎士の一人をこの都市の管理者に任命しアミーラトゥスという称号を与えたということが次のような文章で記されている。「勝利者ロベルトゥスは、数人の人質を取り、砦を築くと、彼と同じ名前（あるいは種族）の騎士をパレルモに残してレッジョの町へ戻っていった。この男は、シチリア人たちにアミーラトゥスとして与えられたのである(5)。」

この時、ロベルトゥス・グイスカルドゥスは、彼にとってより身近なラテン語の称号（あるいはギリシア語の称号）を用いずに、アミーラトゥスというアラビア語の称号を用いている。これはどういう理由によるものだろうか。第一に考えられる理由は、彼が治めるべきパレルモの住民やシチリア島の住民の大部分がイスラム教徒だったということであろう。では、この称号は当時のイスラム教徒たちにとって一体どういう意味をもつ言葉だったのだろうか。この疑問に答えるために、ノルマンの征服以前にシチリアでアミールという言葉がどのように使われていたのかを、また、同時代のイスラム世界でこの称号がどのような意味をもっていたのかを確認しておきたい。

最初にシチリアを支配することになったアグラブ朝の首都は北アフリカのカイラワーンに置かれていたが、その君主がアラビア語で「アミール」と呼ばれていた。そして、シチリアにはシチリア総督が置かれ、その総督はアラビア語でワーリー（*wālī*）と呼ばれていた。九〇九年にファーティマ朝がアグラブ朝を征服すると、シチリアもファーティマ朝支配下に入るが、この時代、北アフリカのファーティマ朝君主はカリフの称号を有しており、シチリア総督はアグラブ朝時代と同じくワーリーと呼ばれていた。

九四七年、パレルモにおいてファーティマ朝総督に対する大規模な反乱が勃発すると、ファーティマ朝カリフはこの危機に対処するため、新たな総督をシチリアに派遣した。この新しい総督の子孫がその後のシチリア総督職を世襲することになるため、この時からカルブ朝が始まったと考えられている。カルブ朝初代と二代目のシチリア総督はワーリーと呼ばれているが、ファーティマ朝からの独立性を強めた第四代目から第七代目までのシチリア総督はアミールの称号を帯び、その後の第八代目から最後の十二代目までは再びワーリーと呼ばれている。その後、カルブ朝総督の権威と支配力が大幅に低下すると、シチリアは戦乱状態に入り、カーイドという称号をもつ地方君主たちが覇を競うようになる。このような状況の中でノルマンのシチリア征服がなされたのである(6)。

このように、イスラム支配下のシチリアの歴史の中でアミールが用いられたのは、北アフリカのアグラブ朝君主を指す場合か、ファーティマ朝の権威から独立性を強めたカルブ朝のシチリア総督だけであった。

では、同時代のイスラム世界では、このアミールという称号はどのように用いられていたのだろうか。ムハンマドの時代またその後継者たちが正統カリフと呼ばれていた時代には、軍隊の指揮官もしくは分隊長がアミールと呼ばれている。そしてこの軍隊の指揮官が征服した土地の総督となった場合もそのままアミールと呼ばれていた。その後ウマイヤ朝のもとで、こうした総督はほとんど行政上の全権を委任され、地域によっては、カリフに等しい権威をもつ者も現れる。アッバース朝になると、カリフによって任命されてはいるがカリフの権威から自由なアミールが出現する。そして、自らの王朝を創設して政治的にカリフから独立した者も現れてくる。十一世紀後半には、イスラム世界のアミールの多くは、政治的にカリフから独立した君主であった。(7)

アプーリア公ロベルトゥス・グイスカルドゥスが、一〇七二年に自らの部下をパレルモ総督に任命しアミーラトゥスの称号を与えた時、この称号をかつてのカルブ朝シチリア君主に模したのか、あるいは、当時のイスラム世界での用法に従ったのかはわからない。しかし、いずれの場合であっても、この称号はシチリアのイスラム教徒にとって、「君主」と同じ意味合いをもっていたはずである。グイスカルドゥスがパレルモ総督にこの称号を与えた時、彼はこのパレルモ総督がシチリアのイスラム教徒たちの長であり代表者であるということをそのイスラム教徒たちに示そうとしたのではないだろうか。また、この職の創設は、グイスカルドゥスが、イスラム教徒たちの行政的なまとまりを損なうことなく、その最上部に自らの部下を据えて管理しようとしていたことを示唆しているようにも思われる。(8)

この最初のアミーラトゥスが任命された時、シチリアの征服はまだ進行中であり、その征服の実質的担い手はカラーブリア＝シチリア伯であった弟のロゲリウス一世であった。パレルモ陥落後、グイスカルドゥスはパレルモの二分の一の領有権と市の行政権を自らの手に置き、その管理者としてアミーラトゥスを任命したわけだが、彼の主たる領地はあくまでイタリア半島部であり、このシチリア島のパレルモは遠く離れた飛び地にすぎなかった。アミーラトゥス職は、パレルモとその近隣地域の行政を任されたアプーリア公の地方役人にすぎなかったのである。

最初の騎士の後、このアミーラトゥス職が与えられたのを確認できるのは、ペトルス・ビドという人物である。この人物は、一〇八六年八月の二つの公文書で「パレルモのアルメラトゥス（*armeratus*）」と記されているのである。(9)その後しばらくの間、パレルモのアミーラトゥス職は、アプーリア公（グイスカルドゥスおよびその息子ロゲリウス・ボルナ）のノルマン人家臣によって保持されていたように見える。

第二節　地方役人から首都の総督へ

アミーラトゥス職にとって大きな状況の変化が生じたのは、一〇九一年のことである。この年、カラーブリア＝シチリア伯ロゲリウス一世は、シチリア征服を完了しただけでなく、アプーリア公に留保されていたパレルモの町の二分の一の領有権と町の行政権を獲得し、この町を完全に自分の支配下に置いたのである。これが、ロゲリウス伯にとってどれほど重要であったかは容易に想像できるだろう。パレルモは、彼が支配するシチリア島最大の都市であり、文化的、経済的、戦略的に見て、彼の領地の中で最も重要な都市だったのである。彼は、三重臣の一人エウゲニオスを町の総督たるアミーラトゥスの職に就けることになる。(10)

ジャミスンが指摘しているように、ロゲリウス一世およびアデラシア（アデライデ）摂政期に、「パレルモのアミーラトゥスはその権限を拡張し、シチリアとカラーブリアの全伯領のアメール（アミーラトゥス）となった」ことは間違いない。(11)しかし、パレルモの行政権がアプーリア公からカラーブリア＝シチリア伯へ移行した時、アミーラトゥス職の重要性が突然変化したという点を強調しておかねばならない。

パレルモは、アプーリア公にとっては居城から遠く離れた飛び地にしかすぎなかった。しかし、シチリア伯にとっては伯領の中で最大かつ最も繁栄した都市であった。行政権の移動により、アミーラトゥスは伯宮廷の最も重要な役人のうちの一つへと変化したことになる。エウゲニオスはもはや飛び地を預かるアプーリア公の地方役人ではなく、シチリア伯領最大の都市を管理する重要な役人だったのである。したがって、アミーラトゥス職はエウゲニオスのもとで漸次重要性を増したというよりも、パレルモの行政権と町全体の領有権がシチリア伯へ移行した時に突如重職となった可能性が高い。重要な職となったからこそ、重臣の一人エウゲニオスをその職に就けたと考えられるのである。

この職は、ロゲリウス一世のもとでは、ギリシア人エウゲニオスによって保持されていた。アミーラトゥス職は、アラブ起源であったにもかかわらず、アプーリア公の治世からシチリア伯ロゲリウス一世の治世に至るまで、アラブ人には与えられなかったのである。これは、当時、ロゲリウス一世の周りにアラブ人がいなかったことを意味しているのではない。逆に、多くのイスラム教徒たちがロゲリウス一世の軍隊や政府で働いていたことが知られている。(12) たとえば、アラブ人カルトーミのエリアスは、一〇七九年三月のタオルミーナ遠征で、ロゲリウス一世の軍隊の一部隊を指揮しているし、『聖アンセルムスの生涯』の作者であるカンタベリーのエアドメルスは、多くのイスラム教徒たちがロゲリウス一世の軍隊で働いていたことをわれわれに伝えている。(13)

一一〇一年にロゲリウス一世が死亡し、その妻アデラシアの摂政期（一一〇一―一一一二年）に入ると、伯領の中心都市は、カラーブリアのミレートからシチリア島のメッシーナへ移動する。アデラシアは、夫の役人たちをほとんどそのまま引き継いだが、エウゲニオスは姿を消し、代わりにギリシア人クリストドゥーロスがアミーラトゥス職に就いたように見える。(14) クリストドゥーロスは、カラーブリアのロッサーノ近郊で生まれ、ギリシア文化の中で育てられたギリシア人だが、(15) 一一〇五年頃までに（遅くとも一一〇七年までには）アミーラトゥス職に就任している。彼は、アデラシア摂政期を通じて中央政府で中心的人物であり、最も信頼を置かれた重臣であったが、ほとんど宰相職とでも呼びうる地位に達している。

アデラシアの摂政下に置かれていたロゲリウス二世（伯在位一一一二―二七年）が一一一二年にパレルモで成人の儀式を行うと、それ以後首都はパレルモへ固定されることになる。この町が名実共にカラーブリア＝シチリア伯領の中心となったのである。(16) 伯はかつてイスラム教徒君主たちが居城としていた宮殿を自らの居城とし、そこで多くの時間を費やすことになった。

このメッシーナからパレルモへの首都の移動は、ロゲリウス一世死後に進行していた伯領の重心の移動を完成させることになる。メッシーナは、カラーブリアとシチリアのちょうど中間ともいうべき位置にあり、二つの地域を治めるのに都合のよい場所であった。ここに居城が置かれていた間は、カラーブリアとシチリアの両者が、伯にとって同程度の重要性をもつ領地だった。しかし、居城がシチリア島北西部のパレルモに移された時に、シチリアの比重がはるかに高くなったのである。伯領の中心はシチリアとなり、カラーブリアは第二の地位に落とされたことになる。

　この変化は、統治構造や行政制度に大きな影響を及ぼすことになる。シチリアはパレルモの中央政府の直接的な管理下に置かれたが、カラーブリアは逆に中央から離れた特別の地方行政区となった。そして、伯にとっては、シチリアのイスラム教徒住民の方が、カラーブリアのギリシア人住民よりはるかに重要な存在となった。こうした変化と呼応するかのように、パレルモのアミーラトゥス職は急速に権威を拡大し、カラーブリアのクリテース（*κριτής*）やプロートノタリオス（*πρωτονοτάριος*）職は主導的地位を失っていった。

　首都がパレルモに定められた後、中央政府は次第に成員数を増やし、組織を整えていったと考えられるが、この時代の伯文書の証人リストは、側近集団内において高位聖職者たちと役人たちの数が増加し、その影響力が増大したこと、また、それとともに中央政府において世俗封建家臣たちの占める地位が相対的に低下したことを示唆している[17]。

　アデラシア摂政期に活躍していたアミーラトゥス・クリストドゥーロスは、ロゲリウス二世が成人して以後もその高い地位を保持しつづけている。クリストドゥーロスは、一一二七年までアミーラトゥスという称号とともに伯政府の最高の地位を保ちつづけた[18]。しかし、やがて、アミーラトゥス職はギリシア人アンティオキアのゲオールギオスへ受け継がれることになる。このゲオールギオスは、ロゲリウス二世治世に行われた多くの遠征軍を指揮し、一一三〇年に王国が建国されて以後は宰相として活躍する人物だが、遅くとも一一二四年までにアミーラトゥスに任命されていた。その後、彼は、上司であるアミーラトゥス・クリストドゥーロスが引退（あるいは死亡）する一一二七年頃まで、この上司と一緒に活動し、王国成立後は王国の宰相として活躍することになる。[19]

ここで注意しておくべきは、クリストドゥーロスとゲオールギオスがアミーラトゥスの称号を数年間同時に保持していたという点である。また、ニコラオス[20]とエウゲニオスの息子ヨアンネス[21]がやはり同時期にアミーラトゥスの称号を保持していたことが確認される。少なくともある時期には、四人のアミーラトゥスが同時に存在していたのである。アミーラトゥスの複数制は、強調しておかねばならない。この称号の保持者がもはやシチリアのイスラム教徒たちの代表という性格を喪失していたことが示唆されているからである。この職は、パレルモ総督としての本来の性格を失い、伯の高官が保有する高位の称号へと変化しつつあったと考えられる。上述の四人のアミーラトゥスたちがすべて、勢力を有するロゲリウス二世の高官であったことは疑いない。[22]

第三節　王国成立以後のアミーラトゥス

一一二七年にアプーリア公ウィレルムスが他界すると、ロゲリウス二世はその公位を継承し、公領に対する支配権を確立しようとする。ロゲリウス二世は一一三〇年に王位を獲得するが、それは南イタリアにおける彼の支配権を自動的に保障することにはならず、諸侯たちや諸都市の抵抗のために一一四〇年まで戦争状態が続くことになる。

この間、半島部では、政治状況の変化に応じながら新しい行政制度が形成されていくことになる。戦乱期の中央政府は、基本的にカラーブリア＝シチリア伯領時代の政府そのままであった。しかし、戦争状態がロゲリウス二世の側近や役人たちの構成に大きな影響を与えていたと考えられる。[23]

アミーラトゥスは、この戦乱期に最も活動的な役人であった。この時期はアミーラトゥスの時代と呼べるほど、彼らの活躍が際立っている。彼らの多くは、王の艦隊や軍隊を指揮しており、アミーラトゥス・ゲオールギオスは宰相として国政全般を司っていた。ゲオールギオスが宮廷で最も有力な重臣となったのは、アミーラトゥス・クリストドゥーロスが死亡あるいは引退した後である。王国成立後は、「アミーラトゥスの中のアミーラトゥス（*amiratus amiratorum, ἀμηρᾶς τῶν ἀμηράδων*）」、「大アミーラトゥス（*maximus amiratus, magnus amiratus, μέγας ἀμυρᾶς*）」、あるいは「重臣の中の重臣（*ἄρχων τῶν ἀρχόντων*）」などの重々しい称号を帯びて史料の中に現れる。(24) 彼はアラビア語の史料の中では「宰相（*wazīr*）」と記され、(25) 有能な艦隊司令官としてもよく知られていた。(26)

この大アミーラトゥス・ゲオールギオス以外にも、数人のアミーラトゥスがロゲリウス二世に仕えていた。かつて、クリストドゥーロスとゲオールギオスのもとでアミーラトゥスとして働いていたエウゲニオスの息子ヨアンネスは、この時期にもその職にあったし、(27) 同じくニコラオスも、この時代にアミーラトゥスの称号を保持していた可能性がある。(28) さらに、テオドロス(29)とバシレイオスが、(30) この戦乱の時代に新しくアミーラトゥスとして活動し始めている。このように、複数のアミーラトゥスたちが、ロゲリウス二世に仕えていたのである。

ゲオールギオスとヨアンネスは、王の軍隊や艦隊を指揮していたが、王の最も有力な重臣であることに変わりはなかった。彼らは、王の封建家臣や諸侯たちをも従えて戦争の指揮を執っていたのである。ゲオールギオスが帯びた称号「シチリアのアミーラトゥス」や「シチリアの大アミーラトゥス」は、この時期、アミーラトゥスがパレルモ総督からシチリア総督へとその権限を大幅に拡大していたことを暗示している。戦争状態が彼らの軍事活動を増大させ、彼らの軍事的役割を際立たせるようにはなったが、アミーラトゥスの職務が、シチリア総督としてにしろロゲリウス二世の重臣としてにしろ、軍事に限定されたものではなくそれよりもはるかに大きなものだったということは強調しておかねばならない。彼らは、決して、現代西欧諸語から連想される「海軍提督」ではなく、王国を治めるためにあらゆる行政的・軍事的役割を果たす総督だったのである。

半島部が平定され王国に平和が確立した一一四〇年以後も、中央政府の役人たちの間では、アミーラトゥスが大きな権威を保ちつづけていた。ゲオールギオスは、一一五一年（あるいは一一五二年）に死亡するまで、宰相としての地位を保持し、軍事活動にも従事している。[31] ヨアンネスもしばらくはその職にあったようである。[32] テオドロスとバシレイオスは、ゲオールギオスのもとでアミーラトゥスとして働きつづけた可能性が高い。一一四三年にはゲオールギオスの息子ミカエルもアミーラトゥスの称号を帯びている。[33] さらに、一一四七年から一一四八年にかけての冬に、アミーラトゥス・サレルヌスが王の艦隊を指揮し、ビザンツ帝国遠征を指揮している。彼は、マーレ岬沖の戦いで輝かしい勝利を収め、ビザンツ帝国の指揮官だった皇帝の一族の一人アンゲロスを捕らえている。[34]

ゲオールギオスの死後、旧イスラム教徒だったマフディーヤのフィリップスが、宮廷で急速に勢力を拡大し、王の厚い信任を得ることになる。彼はボーナ（ボーヌ、アンナーバ）攻撃の際に、王の艦隊を指揮したが、この遠征の成功の後投獄され処刑されている（一一五三年）。サレルノのロムアルドゥスが書いたとされる『年代記』の写本への書込みには、このフィリップスが「国王艦隊のアミーラトゥス（*ammiratus regii stolii*）」と記されているが、この情報を支持する他の史料はない。[35]

第四節　ウィレルムス一世の大宰相マイオ

ロゲリウス二世は一一五四年に他界し、その息子のウィレルムス一世が王位を継いだが、新しい王のもとに置かれた王国はすぐにビザンツ皇帝＝教皇連合軍の侵入を受けることになる。この連合軍には、かつてロゲリウス二世から国外追放に処されていた諸侯たちや王国内の諸侯・都市が数多く含まれていた。カラーブリアの諸侯たち、ナポリ、アマルフィ、サレルノ、トロイア、メルフィなどの諸都市は、ウィレルムス一世への忠誠を保っていたが、これら国王派の支援と国王の将軍たちの力では反乱を鎮圧することができず、結局、翌一一五六年、ウィレルムス一世自ら軍隊を率いることになった。国王が戦争の表舞台に登場すると、それまで劣勢であった国王軍は、またたくまに反乱を鎮圧し、ビザンツ皇帝＝教皇連合軍を追い払ったのである。反乱鎮圧後には、反乱者たちに厳しい処罰が科された。国王に反旗を翻したバーリの町の建物は破壊され、その住民たちは二日間の猶予の後、町を追放された。パレルモの町には、新しい税とその他の財政的負担が課された。反乱を起こした諸侯たちの多くは、目を潰されたり、投獄、国外追放、所領没収の刑に処された。そして、伯領の配置は大きな変化を受けることになったのである。[36]

王国の秩序と平和が回復すると、ウィレルムス一世は、国政を宰相マイオに委ね、隠遁生活に戻っていった。国政を委ねられたマイオは、かつてゲオールギオスが有した「アミーラトゥスの中のアミーラトゥス」の称号を獲得し、ウィレルムス一世の宰相として権勢を誇ることになる。彼はいくつかの点でそれまでのアミーラトゥスたちと異なっている。第一に、それまでのアミーラトゥスたちと違って、ラテン文化の中で育った人物であった。マイオ以前のアミーラトゥスたちは、クリストドゥーロス以来、ほとんどがギリシア系の人々であったが、マイオはラテン文化を背景にもつバーリ出身者であったのである。第二に、彼は、書記官（ノタリウス *notarius*）、尚書（カンケラリウス *cancellarius*）といったラテン語文書の処理を掌る文官を歴任しており、軍事的活動には一切携わってこなかった。ただ、義理の弟を半島部の軍事責任者に任命していた。[37]

ジャミスンは、マイオについて、「王国の支配者であり、ウィレルムス王に対してのみ断続的に公的な役割を果たした」と記しているが、一一五六年の反乱鎮圧後、確かに彼は国王の名のもとに王国全土を統治する実質的支配者であった。彼は絶大な権力を背景に、地方の行政組織を再編し、政府組織の中央集権化を押し進めていった。そして、官僚に大きな権限を与える一方で、封建諸侯たちの政治的影響力を縮小させていった。これに反発した封建諸侯たちは、同様に不満をもつ都市とともに、反マイオ勢力を結集し、マイオ暗殺の陰謀を企てたのである。一一六〇年十一月十日、マイオは、彼に敵意を抱く諸侯たちによって暗殺された。この暗殺事件は、カラーブリア、シチリア、アプーリア、サレルノ、カープアを含む王国のすべての地域を舞台とする大規模な反乱を引き起こすことになる。しかし、最終的に反乱は鎮圧され、反乱を起こした都市や封建諸侯たちは厳しい処罰を受けることになった。(39)

マイオの死とともに、強大なアミーラトゥスの時代は終わりを告げ、彼が最後の「アミーラトゥスの中のアミーラトゥス」となった。ウィレルムス王は、マイオ暗殺の直後、カターニア大助祭ヘンリクス・アリスティップスを召喚し、「王のファミリアーリス（複数はファミリアーレス）」、すなわち、「ファミリアーリス・レギス（*familiaris regis*）」に任命した。そして、王国の業務を司るという、かつてマイオが行っていた任務を負わせたのである。(40) その後、遅くとも一一六一年三月までに、マルシコ伯シルウェステルとシラクーザ被選司教リカルドゥスがファミリアーレス・レギスに任命され、三人のファミリアーレス・レギスによる王国最高顧問団体制が確立することになった。(41) これ以後、ファミリアーレス・レギスは、ウィレルムス一世、ウィレルムス二世治世を通して、王国最高顧問団メンバーを指すきわめて限定された称号となる。ファミリアーレス・レギスは、王国の政策を決定し重要問題を処理する王国で最も有力な人々となったのである。(42)

第五節　アミーラトゥスの分化

一一六〇年のマイオ暗殺以後、ウィレルムス二世（在位一一六六—八九年）治世末まで、アミーラトゥスの称号は史料から姿を消す。そして、一一八七年頃に再びこの称号が現れたときは、その性質を大きく変化させたように見える。ウィレルムス二世治世のアミーラトゥスたちは、全権を委任された王宮の強力な重臣というよりもむしろより専門化した官僚に近い印象を与え、かつて有していた政治上の傑出した地位も失いつつあったように見えるのである。

新しいアミーラトゥスは二つの種類へ分化しはじめていたように見える。(43) 一つは、「国王艦隊のアミーラトゥス」

と呼ばれる海軍提督としてのアミーラトゥスである。この場合、ただのアミーラトゥスという称号ではなく、より限定されたラテン語「国王艦隊のアミーラトゥス（*regii stolii amiratus*）」が用いられる。この称号を最初に帯びたグアルテリウス・デ・モアクは、ドゥアーナ・デ・セクレーティースとドゥアーナ・バーローヌムの長官という称号を帯びて、王の行政、とりわけ、アプーリアとカープアの行政に対する責任を負っていたが、確かに国王艦隊の指揮官であった。[44] 彼は、一一八一年から一一八二年にかけては、バレアレス諸島のイスラム教徒攻撃の艦隊の指揮官であったからである。[45] グアルテリウス・デ・モアクは、ウィレルムス二世治世に史料の中で確認できる唯一の「国王艦隊のアミーラトゥス」である。しかし、この同じ称号をマルガリトゥスが保持していた可能性がある。マルガリトゥスは、十字軍遠征で有名な艦隊指揮官だが、後の時代、すなわち、タンクレドゥス王の時代に、ファミリアーリス・レギスの称号とともに「国王艦隊のアミーラトゥス」の称号を帯びているのである。[46]

さて、もう一つのアミーラトゥスは、有力な官僚がそのキャリアの終わりの時期に手にいれる名誉の称号としての「アミーラトゥス（*amiratus*）」である。この場合、何の限定もなくただ「アミーラトゥス」という形で使われている。この称号を得たのは、ウィレルムス二世期には、サンクトルス、次のタンクレドゥスの治世には、ウィレルムス・マルコンヴェナントとエウゲニオスであった。

サンクトルスは、ウィレルムス二世期に書記官（ノタリウス）と司法長官を務め上げた。サンクトルスは、ウィレルムス一世治世の一一五九年一月に、王の書記官であり、少なくとも、ウィレルムス二世治世の一一六九年九月までは、その職にとどまっていた。[47] そして、メッシーナに法廷を開いた一一八五年三月までに「国王大法廷司法長官」に昇進している。[48] その後、一一八七年六月、彼は「アミーラトゥスにして、国王大法廷司法長官」という称号を帯びて、同僚の国王大法廷司法長官ゴフレドゥスとともに、パレルモで法廷を開いている。[49] 彼がアミーラトゥスの称号を保持していたことは、後の時代の史料からも確認できる。[50] このように、サンクトルスは、国王役人としての経歴の最終段階でアミーラトゥスという称号を得ているのである。

ウィレルムス二世治世が終わった後にアミーラトゥスの称号を獲得したエウゲニオスとウィレルムス・マルコンヴェナントの経歴も、その点を強く示唆している。エウゲニオスは、ウィレルムス二世時代にドゥアーナ・バーローヌム長官として長く仕えた後、タンクレドゥス治世の一一九〇年に、アミーラトゥスの称号を得ている(51)。ウィレルムス・マルコンヴェナントも、少なくとも一一八三年五月から一一八六年一月まで国王大法廷司法長官としてウィレルムス二世に仕えた後、このアミーラトゥスの称号を与えられているのである(52)。

おわりに

以上、アミーラトゥスの変化を検討してきたが、要約すれば以下のようになる。もともと、アミーラトゥスはパレルモのイスラム教徒たちを管理するパレルモ総督とでも言うべき、アプーリア公ロベルトゥスの地方役人であったが、パレルモがシチリア伯ロゲリウス一世の支配下に入った時に伯の重職となる。そして、パレルモ総督という機能を越えて、シチリア総督あるいは伯宮廷で最高の権威をもった役人へと変化していく。やがて、アミーラトゥスという称号は複数の強力な重臣に与えられるようになり、アミーラトゥスの中には宰相の地位を獲得する者も出てくる。ゲオールギオスとマイオの二人の宰相は「アミーラトゥスのなかのアミーラトゥス」という称号を与えられている。マイオの暗殺以後三十年近くアミーラトゥスの称号は消失するが、再び現れた時は、二つの方向、つまり、「国王艦隊のアミーラトゥス」と官僚がそのキャリアの最後の段階で手に入れる名誉の称号としての「アミーラトゥス」の二つに分化しはじめている。

このように、もともとはアラビア語の称号であったアミーラトゥスは、ノルマン人君主によって採用された後、アラビア語本来の意味を失いつつ、南イタリアのノルマン人君主国の行政組織の中で固有の意味を獲得していった。アミーラトゥスという職は、当初こそアラブ人住民を意識して創設され、アラビア語の名称をもつ官職であったが、支配者と宮廷の実力者たちにとってはアミーラトゥスという名称をもつ一つの官職にしかすぎず、やがて、ラテン語やギリシア語で表現されていた他の宮廷の高級官職と同じ地位を獲得することになる。したがって、ノルマン人君主の支配の初期の段階を除けば、この称号はムスリムやアラブ人とはまったく関係がないものであった。

私は先の研究において、ノルマン・シチリア王国の行政システムと構造は常に変化しつづけており、この変化はその行政機構の一般化を無意味にするほど大きなものであったことを示唆した。本章によって、ノルマン人君主支配下の時代の始めから終わりまで同じ名称で存在したアミーラトゥスのような役職でさえ、わずかな期間でその機能や意味を変化させたことが示された。ノルマン・シチリア王国の構造と行政機構について議論するためには、時代を短く設定し、時代の変化を綿密に分析しなければならないことをもう一度強調したいと思う。

（1）ノルマン・シチリア王国の行政制度に関する研究史については、以下を参照。Hiroshi Takayama, *The Administration of the Norman Kingdom of Sicily*（Leiden/ New York/ Köln, 1993）, pp. 11–24; 高山博『中世地中海世界とシチリア王国』（東京大学出版会、一九九三年）八―二八頁、あるいは、高山博「ノルマン・シチリア王国研究と歴史研究――ドゥアーナの研究をめぐって」（『歴史と地理』四三五号、一九九一年十一月）一―一六頁。

（2）同時期のギリシア語文書の中には、同じくアラビア語のアミールがそのまま音写されて表記されたギリシア語形アメール（*ἀμὴρ*）が出てくる。

（3）ノルマン・シチリア王国のアミーラトゥスを扱った重要な研究には以下のものがある。Michele Amari, *Storia dei Musulmani di Sicilia*, 2nd ed. C. A. Nallino, 3 vols. in 5 parts（Catania, 1933–39）, vol. 3; Erich Caspar, *Roger II.*（*1101–1154*）*und die Gründung der normannisch-sicilischen Monarchie*（Innsbruck,1904）, pp. 300–301; Ferdinand Chalandon, *Histoire de la domination normande en Italie et en Sicile*, 2 vols.（Paris, 1907）, vol. 2, pp. 636–637; Willy Cohn, *Die Geschichte der normannisch-sicilischen Flotte unter der Regierung Rogers I. und Rogers II.*（*1060–1154*）（Breslau, 1910）; Evelyn Jamison, *Admiral Eugenius of Sicily*（London, 1957）; Léon-Robert Ménager, *Amiratus-Ἀμηρᾶς: V.*

L'Emirat et les Origines de l'Amirauté (*XIe-XIIIe siècles*) (Paris, 1960). これらのうち、Ménager の研究は、史料批判の厳密さ、情報量の多さ、分析の的確さで際立っている。本章は、アミーラトゥスに関する基本的な情報の多くをこの Ménager の研究から得ている。

（4）Jamison, *Admiral Eugenius*, p. 33.

（5）Guillaume de Pouille, *La geste de Robert Guiscard*, ed. Marguerite Mathieu (Palermo, 1961), Lib. III, vers 340–343, p. 182: "Obsidibus sumptis aliquot castrisque paratis, Reginam remeat Robertus victor ad urbem, Nominis eiusdem quodam remanente Panormi Milite, qui Siculis datur amiratus haberi."

（6）イスラム教徒支配下のシチリアについては、Takayama, *The Administration*, pp. 56–66; 高山博『中世地中海世界とシチリア王国』五三—五六頁、Appendix III (pp. 30–43)、および、Hiroshi Takayama, "The Aghlabid Governors in Sicily: 827–909, —Islamic Sicily I—,"『日本中東学会年報』七号（一九九二年）、四二七—四四三頁と Hiroshi Takayama, "The Fatimid and Kalbite Governors in Sicily: 909–1044," *Mediterranean World*, vol. 13 (1992), pp. 21–30 を参照。

（7）*Encyclopaedia of Islam*, 2 nd ed. (Leiden, 1960–), vol. 1, pp. 439–440. アグラブ朝（八〇〇—九〇九年）、ターヒル朝（八二一—八七三年）のアミールの場合は、フトバでカリフの名前を唱え、貨幣にもカリフの名前を刻んでいた。トゥールーン朝（八六八—九〇五年）、イフシード朝（九三五—九六九年）、サーマーン朝（八七五—九九九年）、ハムダーン朝（九〇五—一〇〇四年）のアミールの場合は、カリフの名前とともに自分の名前をフトバで唱えさせ、貨幣に刻んでいた。サッファール朝（八六七—九〇三年）、ガズニー朝（九七七—一一八六年）のアミールは、事実上、完全な独立の君主だった。

（8）Takayama, *The Administration*, pp. 36–37; 高山博『中世地中海世界とシチリア王国』一四〇—一四一頁参照。

（9）León-Robert Ménager, *Recueil des ducs normands d'Italie* (1046–1127), vol. 1. *Les premier ducs* (*1046–1087*) (Bari, 1981), nos. XLIV, XLV.

（10）この時の三重臣は、このエウゲニオスとロゴテテース・レオーン、侍従官ニコラオスであった。Salvatore Cusa, *I diplomi greci ed arabi di Sicilia pubblicati nel testo original* (Palermo, 1868–82), pp. 396–400; Giuseppe Spata, *Le pergamene greche esistenti nel grande archivio di Palermo* (Palermo, 1862), pp. 197–204. エウゲニオスについては、Ménager, *Amiratus*, pp. 26–28 および Takayama, *The Administration*, p. 32; 高山博『中世地中海世界とシチリア王国』一四一頁および注(74)を参照。

（11）Jamison, *Admiral Eugenius*, p. 33.

（12）Chalandon, *Histoire de la domination*, vol. 1, p. 330.

（13）Eadmar, *Vita Sancti Anselmi: the Life of St. Anselm, Archbishop of Canterbury*, ed. R. W. Southern (London, 1963), pp. 111–112; Chalandon, *Histoire de la domination*, vol. 1, p. 304.

（14）クリストドゥーロスについては、Ménager, *Amiratus*, pp. 28–36 および Takayama, *The Administration*, pp. 44–45, 51–52; 高山博『中世地中海世界とシチリア王国』一五一—一五二頁を参照。

（15）Ménager, *Amiratus*, pp. 28–30; Carlo Alberto Garufi, "Il più antico diploma purpureo della Cancelleria Normanna di Sicilia per il protonobilissimo Cristodulo," *Archivio storico siciliano*, vol. 47/48（1927）, pp. 127–128; Francesco Giunta, *Bizantini e bizantinismo nella Sicilia normanna*, 2nd ed.（Palermo, 1974）, pp. 104–105.

（16）R. Pirro, *Sicilia sacra*, 3rd ed. H. Mongitore（Palermo, 1773）, vol. 1, p. 80 および Takayama, *The Administration*, pp. 42, 47; 高山博『中世地中海世界とシチリア王国』一六九頁。

（17）Takayama, *The Administration*, pp. 47–48; 高山博『中世地中海世界とシチリア王国』一六九―一七一頁。

（18）Takayama, *The Administration*, pp. 52–53; 高山博『中世地中海世界とシチリア王国』一七五頁参照。

（19）アンティオキアのゲオールギオスについては、Ménager, *Amiratus*, pp. 44–53 および高山博『中世地中海世界とシチリア王国』一七五―一七六頁を参照。ゲオールギオスの名前は、一一二四年と一一二五年の史料に出てくるが、その時すでにアミーラトゥスの称号を帯びている。

（20）アミーラトゥス・ニコラオスについては、Ménager, *Amiratus*, pp. 61–62 および Takayama, *The Administration*, pp. 54–55, 68; 高山博『中世地中海世界とシチリア王国』一七六頁を参照。

（21）アミーラトゥス・ヨアンネスについては、Ménager, *Amiratus*, pp. 59–60 および Takayama, *The Administration*, p. 176; 高山博『中世地中海世界とシチリア王国』一七六頁を参照。

（22）Takayama, *The Administration*, p. 54; 高山博『中世地中海世界とシチリア王国』一七七頁。シチリア伯ロゲリウス二世の治世に、アミーラトゥスの活動は以前よりいっそう顕著になり、その影響力は増大していった。しかし、それと対照的に、この時期には、ビザンツ帝国起源の官職はかつての圧倒的な影響力を失い、中央政府における役割も低下していった。

（23）Takayama, *The Administration*, pp. 56–57; 高山博『中世地中海世界とシチリア王国』一九一頁。

（24）Alexander Telesinus, *De rebus gestis Rogerii Siciliae regis libri quatuor*, in: Giuseppe Del Re, ed., *Cronisti e scrittori sincroni napoletani editi e inediti*, vol. 1（Napoli, 1845）, II/8, p. 104; Romualdus Salernitanus, *Chronicon sive Annales*, ed. C. A. Garufi（Citta di Castello, 1909–35）, p. 233; Ménager, *Amiratus*, p. 47 note 4 and App. II, nos. 23–24; Cusa, pp. 117–118, 524–525; Caspar, *Roger II.*, p. 546 no. 148. Takayama, *The Administration*, pp. 66–67; 高山博『中世地中海世界とシチリア王国』一九一―一九二頁および Ménager, *Amiratus*, pp. 51–53 を参照。

（25）Ibn al-Athīr, *Al-Kāmil fī at-Tārīkh*, in: Miclele Amari, ed., *Biblioteca arabo-sicula, testo arabo*（Leipzig, 1857）, p. 297, sana 544（Michele Amari, ed. and trans., *Biblioteca arabo-sicula, versione italiana*, 2 vols. [Roma/Torino, 1880–81], vol. 1, p. 476, Anno 544）; Ṣafadī, *Kitāb al-Wāfī bi al-wafayāt*, in: *Biblioteca arabo-sicula, testo arabo*, p. 657（*Biblioteca arabo-sicula, versione italiana*, vol. 2, p. 563）.

（26）Alexander Telesinus, vol. II–8, p. 104; *Ignoti Monachi Cisterciensis S. Mariae de Ferraria chronica*, ed. Augusto Gaudenzi, in: *Monumenti storici, Serie Prima, Cronache*（Napoli, 1888）, p. 20; Ibn Khaldūn, *Kitāb al-'Ibar*, in *Biblioteca arabo-sicula, testo arabo*, p. 496, sana 529（*Biblioteca arabo-sicula, versione italiana*, vol. 2, p. 219, Anno 529）; Ibn Abī Dīnār, *Kitāb al-Mūnis*, in *Biblioteca arabo-sicula, testo arabo*, p. 537（*Biblioteca arabo-sicula, versione italiana*, vol. 2, pp. 291–292）. Ménager, *Amiratus*, pp. 48–49 および Takayama, *The Administration*, p. 67; 高

山博『中世地中海世界とシチリア王国』一九二頁参照。

（27）Alexander Telesinus, II/8, p. 104; III/3, p. 130; III/5–6, pp. 131–132; Cusa, p. 23; Caspar, *Roger II.*, p. 546 no. 148. Ménager, *Amiratus*, pp. 60–61 および Takayama, *The Administration*, pp. 67–68; 高山博『中世地中海世界とシチリア王国』一九三頁参照。

（28）一一七七年の文書に「かつてアミーラトゥスであったニコラオス・グラフェウス殿」と記されているからである。しかし、この時代の史料に彼を見出すことはできない。C. A. Garufi, *I documenti inediti dell'epoca normanna in Sicilia* (Palermo, 1899), pp. 166–167. Takayama, *The Administration*, p. 68; 高山博『中世地中海世界とシチリア王国』一九三頁参照。

（29）一一三三年、国王ロゲリウス二世は、尚書グアリヌスとアミーラトゥス・テオドロスに対して、法廷を開いてある紛争に決着をつけるよう命じた。このアミーラトゥス・テオドロスは一一五〇年以前に死亡している。Rosario Gregorio, *Considerazioni supra la storia dai tempi dei Normanni sino ai presenti*, 3 vols., new ed. (Palermo, 1972), vol. 1, pp. 195–198; Ménager, *Amiratus*, p. 63; Takayama, *The Administration*, p. 68; 高山博『中世地中海世界とシチリア王国』一九三頁参照。

（30）Ménager, *Amiratus*, p. 63 および Takayama, *The Administration*, p. 68 and note 117; 高山博『中世地中海世界とシチリア王国』一九三頁。

（31）*Ignoti Monachi*, p. 27; Tījānī, *Riḥla*, in *Biblioteca arabo-siculi, testo arabo*, p. 399; Ibn al-Athīr, *Al-Kāmil fī al-Tārīkh*, in *Biblioteca arabo-siculi, testo arabo*, p. 297; Ioannes Kinnamos, *Rerum ab Ioannes et Alexio Comnenis Gestarum*, ed. A. Meineke (Bonn, 1836), III/5, p. 98; Ṣafadī, *Kitāb al-Wāfī bi al-Wafayāt*, in *Biblioteca arabo-sicula, testo arabo*, p. 657 (*Biblioteca arabo-sicula, versione italiana*, vol.2, p. 563).

（32）*Cusa*, pp. 23, 317–321; G. Spata, *Diplomi greci siciliani inediti* (ultima serie) (Torino, 1871), pp. 42–51; Ménager, *Amiratus*, p. 60 note 5; Takayama, *The Administration*, pp. 90–91; 高山博『中世地中海世界とシチリア王国』二三六頁を参照。ヨハンネスは一一五四年以前に死亡している。

（33）Caspar, *Roger II.*, nos. 158, 159; Takayama, *The Administration*, p. 91; 高山博『中世地中海世界とシチリア王国』二三七頁参照。

（34）Romualdus Salernitanus, p. 227.

（35）Romualdus Salernitanus, pp. 234–236; Ibn al-Athīr, *Al-Kāmil fī at-Tārīkh*, in *Biblioteca arabo-siculi, testo arabo*, pp. 295–300; Ibn Khaldūn, *Kitāb al-'Ibar*, in *Biblioteca arabo-sicula, testo arabo*, pp. 502–503; Amari, *Storia dei Musulmani*, vol. 3, pp. 432–433, 443–447; Ménager, *Amiratus*, pp. 64–67; Chalandon, *Histoire de la domination*, vol. 2, p. 104; V. Epifanio, "Ruggero II e Filippo di Al Mahdiah," *Archivio storico siciliano*, n.s., vol. 30 (1905), pp. 471–501; Caspar, *Roger II.*, pp. 432–433. Takayama, *The Administration*, p. 91; 高山博『中世地中海世界とシチリア王国』二三七頁参照。

（36）Takayama, *The Administration*, p. 95; 高山博『中世地中海世界とシチリア王国』二五一頁。

（37）Takayama, *The Administration*, pp. 96–97; 高山博『中世地中海世界とシチリア王国』二五二—二五三頁参照。

（38）Evelyn Jamison, "The Norman Administration of Apulia and Capua, More Especially under Roger II and William I, 1127–1166," *Papers of the British School at Rome*, vol. 6 (1913), p. 260.

（39）Takayama, *The Administration*, p. 97; 高山博『中世地中海世界とシチリア王国』二五三頁。

（40）Hugo Falcandus, *Liber de regno Sicilie*, in: G. B. Siragusa, ed., *La historia o liber de regno Siciliae* (Roma, 1897), p. 44.

（41）三人のファミリアーレスからなる王国最高顧問団は、一一六六年のウィレルムス二世の死まで続くことになるが、最初の三人のメンバーのうち二人は他の人物と置き換えられている。まず、ヘンリクス・アリスティップスが、一一六二年の封建諸侯の反乱の時に王の信任を失い、書記官マテウスと代えられた。次に、マルシコ伯シルウェステルが死亡した後、王宮侍従長官のアラブ人宦官ガイトゥス・ペトルスが最高顧問団のメンバーとなる。Takayama, *The Administration*, pp. 98–101; 高山博『中世地中海世界とシチリア王国』二五五―二五六頁。

（42）Takayama, *The Administration*, p. 123; 高山博『中世地中海世界とシチリア王国』二五四―二五五頁。ファミリアーレス・レギスについては、Hiroshi Takayama, "*Familiares Regis* and the Royal Inner Council in Twelfth-Century Sicily," *English Historical Review*, vol. 104 (1989), pp. 357–372（本書第二章）で私自身の見解を提示している。高山博「十二世紀ノルマン・シチリア王国の行政官僚」（『史学雑誌』九三編一二号）一七―三三頁および Hans Schadek, "Die Familiaren der sizilischen und aragonischen Könige in 12. und 13. Jahrhundert," in *Gesammelte Aufsätze zur Kulturgeschichte Spaniens*, vol. 26 (1971), pp. 201–217 も参照。

（43）Jamison, *Admiral Eugenius*, p. 54; Ménager, *Amiratus*, pp. 93–95.

（44）Ménager, *Amiratus*, p. 93 note 4; Charles Homer Haskins, "England and Sicily," *English Historical Review*, vol. 26 (1911), p. 445; Jamison, *Admiral Eugenius*, App. II, no. 7, pp. 336–338.

（45）Ménager, *Amiratus*, p. 93; Chalandon, *Histoire de la domination*, vol. 2, p. 398; Takayama, *The Administration*, p. 131; 高山博『中世地中海世界とシチリア王国』二九八―二九九頁。

（46）Ménager, *Amiratus*, p. 73; p. 98 note 2; pp. 99–100; *Roger of Hawden, Chronica Rogerii de Houedene*, ed. W. Stubbs, 4 vols. (Rolls Series, 1868–71), vol. 3, pp. 66, 95; *Gesta Regis Henrici Secundi Benedicti Abbatis: The Chronicle of the Reigns of Henry II and Richard I*, ed. W. Stubbs, 2 vols. (Rolls Series, 1867), vol. 2, p. 128; Takayama, *The Administration*, pp. 131–132; 高山博『中世地中海世界とシチリア王国』二九九―三〇〇頁。

（47）Ménager, *Amiratus*, pp. 73–74; K. A. Kehr, *Die Urkunden der normaninsch-sizilischen Könige* (Innsbruck, 1902), p. 58; Takayama, *The Administration*, p. 132; 高山博『中世地中海世界とシチリア王国』三〇〇頁。

（48）Jamison, "The Norman Administration," pp. 476–477; Carlo Alberto Garufi, "Per la storia dei secoli XI e XII: Miscellanea diplomatica," *Archivio storico per la Sicilia orientale*, vol. 10 (1913), App. doc. no. 1, pp. 358–360; Ménager, *Amiratus*, p. 73.

（49）Garufi, "Per la storia," App. doc. no. 2, pp. 360–361; Ménager, *Amiratus*, p. 73; Takayama, *The Administration*, p. 132; 高山博『中世地中海世界とシチリア王国』三〇〇頁。

（50）Ménager, *Amiratus*, p. 73; Takayama, *The Administration*, p. 132; 高山博『中世地中海世界とシチリア王国』三〇〇頁。

（51）　Jamison, *Admiral Eugenius*, App. II, nos. 2–21; Ménager, *Amiratus*, p. 73.

（52）　Ménager, *Amiratus*, pp. 74–75.

〔付記〕　この論文は、樺山紘一編『西洋中世像の革新』（刀水書房、一九九五年）三一—五〇頁所収の日本語論文の改訂版である。その主要部分は、ホノルルで開催された Medieval Association of the Pacific の一九九七年大会で報告した。本論文の改訂作業を手伝っていただいた Dr. Christopher Szpilman に感謝したい。

第五章　ノルマン・シチリア王国の行政機構再考

第一節　研究史

ノルマン・シチリア王国の行政制度は高度な専門化と官僚化を達成したと考えられ、長い間西欧中世の偉業の記念碑とみなされてきた。歴史家の中には、この行政制度を世俗的な近代行政の起源とみなす者たちもいるが、役人や行政機関の職務・機能に関する研究者の見解は大きく異なっており、相互にまったく矛盾し合っている場合もある。(1)

この行政制度に関する最初期の研究のほとんどは、その起源をめぐる論争に関わっていた。ある者はイングランドにその起源があると主張し、別の者はビザンツ帝国、あるいは、イスラム世界にその起源があると主張していた。しかし、今世紀に入ると、研究者たちの関心は、起源探しから行政組織の構造そのものに移っていく。まず、この行政制度に関する研究がどのように展開してきたかを確認する。

十九世紀における行政制度の研究――起源をめぐる論争

シチリアの行政制度の研究を始めた十九世紀の歴史家たちは、その制度の起源がどこにあるのかという問題に強い関心をいだいていた。そして、この問題を検討した多くの研究者たちは、イングランドにその起源があると考えていた。たとえば、十九世紀初頭のロザリオ・グレゴリオは、シチリア王ロゲリウス二世（在位一一三〇―五四年）がその行政機構を組織する際にイングランド王ウィレルムス一世（ウィリアム征服王、在位一〇六六―八七年）の制度をモデルにしたという説を提示した。[2] この説は、イギリスの著名な国制史家ウィリアム・スタッブズによって受け入れられている。[3]

ドイツの歴史家オットー・ハルトヴィヒも、シチリアとイングランドの財務行政機構の関係に関心をもった研究者の一人である。彼は、二つの王国のそれぞれの財務行政機関、すなわち、シチリアのドゥアーナ・デ・セークレーティース（ラテン語 *duana de secretis*）とイングランドの財務府（英語 Exchequer、ラテン語 *scaccarium*）とを比較して、このシチリアの制度の原型はイングランドにあったと結論づけた。彼によれば、ドゥアーナ・デ・セークレーティースは、二つの部局、つまり、収支報告を監督するドゥアーナ・バーローヌム（*duana baronum*）という部局と税を徴収し費用を支払うセクレトン・トーン・アポコポーン（*σέκρετον τῶν ἀποκοπῶν*）から構成されていた。そして、このドゥアーナ・デ・セークレーティースの構造は、上級財務府（英語 Upper Exchequer、ラテン語 *scaccarium superius*）と下級財務府（英語 Lower Exchequer、ラテン語 *scaccarium inferius*）の二つの部局から構成されているイングランドの財務府の構造と同じだというのである。[4]

このハルトヴィヒの見解に対し、イタリアのアラブ学者ミケーレ・アマーリは、シチリアの行政機構の起源はイスラム世界にあるという説を提示した。彼によれば、ドゥアーナ・デ・セークレーティースは、土地台帳の保管を業務としたイスラム教徒の役所ディーワーン・アッタフキーク（*dīwān at-taḥqīq*）のことであり、ドゥアーナ・バーローヌムは、ファーティマ朝のディーワーン・アルマジュリス（*dīwān al-majlis*）、すなわち、土地の売買・譲渡を扱う役所に相当するという。[5] このアラブの制度の影響を重視するアマーリの考えは、その後、イタリアのイシドロ・ラ・ルミナ、G・B・シラグーサ、ドイツのハンス・フォン・カップヘルに受け入れられることになる。[6]

ガルーフィによる新説――財務行政組織の構造解明

一九〇一年、カルロ・アルベルト・ガルーフィというイタリアの歴史家が、財務行政機関に関する新しい説を提示した。彼の説は、その後多くの研究者たちに受け入れられ、ほぼ一世紀の間通説の地位を占めることになる。[7] ガルーフィは、それまでの研究者たちがやってきたようにシチリアの行政組織と他の行政組織の類似点を取り出してシチリアの行政制度の起源を論ずるのではなく、シチリアの行政組織の構造を具体的に解明することに精力を注いだ。そして、利用可能な史料を詳細に検討した結果、非常に複雑で高度に官僚化した財務行政機構の構造を提示したのである。このガルーフィの説が発表されて以後、研究者の関心は、急速に行政制度の構造解明に移っていく。

ガルーフィは、王国の財務行政制度は、最高機関としての王宮評議会（Consiglio Aulico）、その下の財務委員会（Gran Secrezia）、さらに財務委員会の下の監督局（Ufficio di Riscontro）から成り立っており、その監督局の役人は三つの階層に分かれているという、複雑な組織の見取り図を示した。ガルーフィによれば、王国の最高の政策決定機関は王宮評議会であり、この評議会が国王行政の全体を統括していた。そのメンバーは、当時のギリシア語でアルコンテス・テース・クラタイアース・コルテース（*ἄρχοντες τῆς κραταιᾶς κόρτης*、大宮廷の重臣たち）と呼ばれており、王宮侍従長官（Gran Camerario di Corte/ Palazzo）と国王大法廷司法長官（Gran Giustiziere di Corte）を含んでいた。そして、財務行政を統括するために、特別の財務委員会が組織され、そのメンバーは、ギリシア語でアルコンテス・トゥー・セクレトゥー（*ἄρχοντες τοῦ σεκρέτου*、セクレトンの重臣たち）と呼ばれ、上述の王宮侍従長官と国王大法廷司法長官に加えてドゥアーナの長官たちを含んでいた。[8]

この財務委員会は、財務行政を監督する役所である監督局を指揮していた。この監督局は、二つの部局ドゥアーナ・デ・セークレーティースとドゥアーナ・バーローヌムに分かれ、前者が王領地関係業務、後者が封土関係業務を分担して監督していた。また、監督局は、ドゥアーナあるいはアラビア語でディーワーン・アッタフキーク・アルマームール（*dīwān at-taḥqīq al-ma'mūr*）と呼ばれ、財務局（Ufficio del Tesoro）を従属させていた。財務局は、アラビア語でディーワーン・アルマームール（*ad-dīwān al-ma'mūr*）と呼ばれ、アラビア語でディーワーン・アルファワーイド（*dīwān al-fawā'id*）と呼ばれる収益局（Ufficio dei Proventi）を従属させていた。[9] 監督局は、ドゥアーナの長官（*magister duane*）、セクレティコス（*σεκρετικός*）、書記（*kātib*）の三つのランクの役人から構成されていたが、これはビザンツ帝国財務役人の三層構造とパラレルであったという。[10]

ガルーフィ以降の研究

シチリアの財務行政機関に関するこのガルーフィの考えは、その後の歴史家たちに大きな影響を与えることになった。ガルーフィ以降は、シチリアの行政制度は、高度に複雑化し、官僚化が進んでいるという認識が定着していったのである。研究者の中には、ガルーフィが提示した構造に疑問を提起する者もいたが、[11] 多くは、ガルーフィの結論を細かく再検討することなく受け入れ、それに基づいて自分たちの研究を進めていった。現在、ノルマン期に関する最も基本的な文献とみなされている二つの書物の著者、エーリッヒ・カスパールとフェルディナン・シャランドンも、ほんのわずかの修正を加えただけですぐこの説を受け入れている。[12]

このように、ガルーフィ以降の歴史家たちによって提起された疑問や批判のほとんどは、ガルーフィが提示した財務行政機構の全体像を問題にするものではなく、それを肯定した上で、その一部分のみに注目して修正を試みるものであった。本格的なガルーフィ批判は、カラヴァーレというイタリアの研究者の論文が発表される一九六四年まで待たねばならなかった。[13] しかし、この年以前に、エヴリン・ジャミスンが、この王国のアミーラトゥスに関する研究の中で、自分自身が抱いているシチリアの財務行政機構の全体像を明らかにしている。

ジャミスン説

ジャミスンも、ガルーフィの影響を大きく受けてはいるが、その財務行政機構像は、ロゲリウス二世治世とウィレルムス一世（在位一一五一—六六年）、二世（在位一一六六—八九年）治世を区別している。そして、この二つの時代では行政組織が大きく異なると考える点で、ガルーフィの説とは一線を画している。

彼女は、財務局（英語 treasury、ラテン語 *camera*）とドゥアーナを二つの最も基本的な財務行政組織と考えており、ロゲリウス二世の行政機関とウィレルムス一世、二世の行政機関では、その組織が異なっていたと考えた。ジャミスンによれば、ロゲリウス二世期の財務行政機関は二種類あった。つまり、財務局とドゥアーナである。財務局は金銭の支払いと受け取りに関わっており、その高級役人は財務官（treasurer）あるいは侍従官（英語 chamberlain、ラテン語 *camerarius*）であった。もう一つのドゥアーナは、純粋にアラブの役所で、当時はディーワーン・アッタフキーク・アルマームールというアラビア語名でのみ知られていた。この役所は、王国の財政に関わる行政的・司法的業務を行い、ディーワーンのシャイフ（長老）たちによって運営されていた。財務局もドゥアーナも最終的には宮廷評議会（クーリア *curia*）に対して責任を負っていたが、直接的にはアミーラトゥスという称号をもったギリシア系の大臣たちの指揮下にあった。そして、このアミーラトゥスたちが、これら二種類の財務行政機関を自らの手の中で結びつけていたというのである。(14)

しかし、ジャミスンは、その後、これら二つの財務行政機関は急速に発展し、ウィレルムス一世とウィレルムス二世治世期にはもっと複雑な構造を呈するようになると考えた。財務局の方は、王宮侍従長官（英語 master chamberlain of the palace、ラテン語 *magister camerarius palatinus*）という称号をもつ長官と、その部下である二人の王宮侍従官の計三人の王宮侍従官を有するようになる。他方、この時までにドゥアーナ・デ・セークレーティースというラテン語名をもつようになっているドゥアーナの方は、ロゲリウス二世の死後大きく権限を拡張し、国王財務行政の中心的な機関となる。この役所は土地台帳を保有し、王領地や国王の権利に関わるあらゆる業務を行っていた。しかし、一一七四年までには、ドゥアーナの新しい部局ドゥアーナ・バーローヌムが現れ、封土に関わる業務はここが受け持つことになるという(15)。

カラヴァーレによるガルーフィ説の修正

さて、一九六四年、マリオ・カラヴァーレによってガルーフィ説の徹底的な再検討がなされた。カラヴァーレは、ガルーフィが用いた史料をすべて検討しなおし、彼が提示したドゥアーナの構造は基本的に正しいが、しかし以下の二つの点で修正が必要であるという結論を下した。まず、カラヴァーレによれば、ディーワーン・アルマームールとディーワーン・アッタフキーク・アルマームールの職務の分化が生じたのは、ウィレルムス二世期であって、ロゲリウス二世期にはこの二つの役所は同じ業務を行っていたというのである。次に、彼は、ドゥアーナ・デ・セークレーティースとドゥアーナ・バーローヌムの機能の違いは、ガルーフィが考えたような職務によるのではなく管轄区によると主張した。つまり、ドゥアーナ・デ・セークレーティースがシチリアとカラーブリアを管轄するのに対し、ドゥアーナ・バーローヌムはそれより北の地域を監督していたというのである(16)。

今日の状況

このように、ガルーフィ説以後、ジャミスンとカラヴァーレがガルーフィ説に大きな修正を加える説を提示した。しかし、今日の大部分の研究者たちは、カラヴァーレ説よりもガルーフィ説を好んでいるように見える。一九六六年にこの問題に関する考察を一冊の書物にまとめたエンリコ・マッツァレーゼ・ファルデッラもその例外ではない(17)。彼は、財務行政機関に関する研究史上の問題を明らかにした後、ロゲリウス二世期からフレデリクス（フリードリヒ）

二世期までのドゥアーナの構造を検討したが、ノルマン期の財務行政機関に関しては、ガルーフィの説を受け入れたのである。(18)

以上、ノルマン・シチリア王国の財務行政機構に関する研究史を概観してきたが、ここで紹介してきた様々な研究は当時の研究者の問題関心や分析の枠組みに大きな影響を受けている。ガルーフィの研究が現れる以前は、研究者の主たる関心は、シチリアの行政機構の起源探しであった。歴史家は、シチリア行政の一部の現象とイングランド、あるいは、イスラム世界、ビザンツ帝国行政の一部の現象とを結びつけ比較し、その類似性を指摘してきた。しかし、ガルーフィの研究が出た後は、研究者の関心は、シチリアの財務行政機構の構造そのものに集中する。そして、この構造に関して様々な見解が出されるが、そのほとんどすべてがガルーフィの提示した枠組みの中での議論にしかすぎないように思える。

中心となっている問題点

ガルーフィ説を含め、財務行政機関に関するこれらの見解は非常に複雑でわかりづらく見えるが、中心となっている問題を認識するのはそれほど難しくない。まず、三つの大きなテーマ、つまり、財務行政機関の構造、その発達、そして、海外のものとの比較がある。そして、最初の行政機関の構造に関して、次のような論争点がある。①ディーワーン・アルマームール、ディーワーン・アッタフキーク・アルマームール、ドゥアーナ・デ・セークレーティース、ドゥアーナ・バーローヌムという言葉で示されている四つの機関の相互関係はどうなっていたのか。②アルコンテス・テース・クラタイアース・コルテースとアルコンテス・トゥー・セクレトゥーというギリシア語が示すものは何だったのか。③それらとクーリア、カメラ、ドゥアーナ・デ・セークレーティース、ドゥアーナ・バーローヌムとの関係はどうなっていたのか。この三つである。研究者たちはこれらの点をめぐって、長い間、様々な説を提示してきたのである。

第二節　ノルマン行政の新しい枠組み

このように百年以上もの間、ノルマンの行政組織を明らかにしようと多くの研究がなされてきたが、それらの研究には致命的と言えるほど大きな問題点があった。研究者のほとんどが、王国の地域的偏差と時間的変化を無視しており、実際には異なる時期に存在した役所を同時期に存在するものとみなしたり、時代による機能の変化を無視してきたのである。その結果、王国の行政制度に関して、実態以上に複雑な構造を提示し、私たちの認識を混乱させることになった。

さらに、研究者が誤りを犯した理由の一つに、言語的な障害も挙げられるだろう。後で詳しく説明するように、この時期の行政制度を解明するためには、ラテン語、ギリシア語、アラビア語の史料を詳細に分析しなければならない。しかし、アマーリを除く研究者たちは、ギリシア語やアラビア語に精通しておらず、とりわけアラビア語に関しては、ほとんど他の人の研究に頼らねばならなかったのである。

私は、三つの言語で書かれた史料を詳細に検討しなおして、実際の組織は研究者が考えるよりはるかに単純なものであったこと、そして、その組織は王国の時期と地域によって大きく異なっていたことを明らかにした。以下、私が提示した説に従って、王国の行政制度の実態はどのようになっていたかを説明しよう。

王国の行政制度は、王の統治形態とともに、その支配域の大きさや性格に大きな影響を受けるため、行政制度を解明するにあたっては、何よりもまず、その支配域の変化を明らかにしておくことが重要である。そして、この王国の場合には、次の二つの歴史的経緯に、特別の注意を払う必要がある。第一は、ロゲリウス二世（シチリア＝カラーブリア伯、次いで、アプーリア公）が一一三〇年に戴冠して王国が生まれたために、成立当初の王国の実態はシチリア伯領に他ならなかったということ、第二は、初代の王ロゲリウス二世が支配する領域は、王国の成立前後に飛躍的に拡大したということである。私たちは、王国の行政組織が王国成立時にすでにある程度でき上がっていると考えがちである。しかし、実際には、支配域の拡大に応じて次々と変化していった。王国は後の時代には、イタリア半島の南半分を含む広大な領域となっていたが、この王国を構成する地域がすべて、王国成立時に王権に服していたわけではないのである。国王が治める地域と住民は、とくに、初代国王ロゲリウス二世のもとで劇的に変化している。ロゲリウス二世が父から受け継いだのは、シチリア伯（正確にはシチリア＝カラーブリア伯）の称号とシチリアとカラーブリアの伯領だけであった。しかしながら、伯は、その後、アプーリア公、シチリア王の称号を手に入れ、アプーリア公国、カープア侯国、ターラント侯国を獲得している。この地域の有力諸侯たちは、ロゲリウス二世の権威に服することを嫌い、十年以上にもわたる長い戦争を強いられることになった。その途中で彼は、様々な制度を導入し、王国全土のための行政制度を作り上げるのである。[19]

ロゲリウス一世治下の行政組織の変化

この王国の行政制度がどのようにして形成され、どのように変化していったかを知るためには、ロゲリウス二世の父ロゲリウス一世の行政制度を理解する必要がある。ロゲリウス一世は、イタリアへ到着した一〇五七年頃には一片の領地ももたないただの騎士にすぎなかったが、死亡した一一〇一年にはシチリアとカラーブリアを支配する強大な君主となっていた。急激に増加していく領地と領民を統治するために、彼の行政制度の性格や機能が征服の異なった段階で大きく変化したということは十分考えられる。しかし、その変化の中でも共通したいくつかの非常に重要な特徴を指摘することができる。

まず第一に、伯は、イスラム教徒からなる直属の軍隊と広大な直轄領、種々の税からもたらされる富を基礎に、家臣たちに比して圧倒的に強い権力を保持していた。家臣たちが力を蓄えないように、彼らには小さな領地を分散して与えている。第二に、打ち続く戦争のために常に移動しなければならなかったので、ノルマン人の同郷者とギリシア人役人からなる彼の中央政府は、非常に小さかった。第三に、ロゲリウス一世は、旧支配者であるビザンツ帝国とイスラム君主たちの行政区分や行政組織・役人を存続させ、きわめて有効に利用したという点である。彼の領地はカラーブリアに集中し、その居城もカラーブリアに置かれていたため、カラーブリアの旧支配者たるビザンツ帝国の影響がとくに大きかった。第四に、旧支配者であるイスラム教徒が使っていた土地台帳や住民名簿も非常に有効に利用したという点である。[20]つまり、ロゲリウス一世は、強大な権力のもとで、既存の組織を有効に利用した小さな行政組織を構築したのである。

このような特色のほとんどは、ロゲリウス一世死後、その寡婦アデラシアのもとで保持された。しかしながら、重要な変化を一点だけ挙げておく必要がある。すなわち、伯の主たる居城が、カラーブリアのミレートから、シチリアの東端メッシーナあるいはサン・マルコに移されたということである。伯領の中心がカラーブリアからシチリアへ移動することにより、アミーラトゥス（パレルモ総督）の職が中央政府でより重要となった。ただし、ギリシア系の役人たちは、まだ、行政において重要な位置を占めていた。[21]

ロゲリウス二世治下の行政組織の変化

ロゲリウス二世が成人した時、首都はさらに西へ移動し、最終的に一一一二年にパレルモに固定された。このイスラム教徒たちの旧都で、中央政府が発達し、役人の数も増加する。しかしながら、彼の治世前半では、その政府は両親の時代と比べてあまり変化していない。それはまだ両親から受け継いだままのものであった。アミーラトゥスは影響力を増しているが、依然としてギリシア系役人が働きつづけていた[22]。

しかし、半島部に広大な領地を獲得した後に、行政上の重要な変化が生じた。ロゲリウス二世は、一一二七年と一一四〇年の間に、アプーリア公国、ターラント侯国、カープア侯国、ナポリ公国を手に入れている。これらの新しい領地をその支配に服させるために、封建諸侯や都市との長い戦いを強いられた。しかし、一一四〇年にこれらを平定した時には、これらの地域を支配する唯一の強力な統治者となっていた。そして、異なる政治的・文化的伝統を有するこの様々な地域の人々を治めるために、いくつかの行政上の改革を行うのである[23]。まず、彼は、侍従官と司法官という二種類の地方官を王国全土に配置した。彼らの管轄区、とりわけ司法官の管轄区がこの時定められたとも考えられるが、おそらくは、いくつかの重要な町と王領に侍従官が配置され、主要な町に司法官が置かれたのであろう[24]。

第二に、彼は、アラビア語でディーワーン・アッタフキーク・アルマームールと呼ばれる新しい役所を創設した。この役所は、土地の行政に関わっていたが、その業務は次のようにまとめられる。①王領地、封土を問わず、譲渡された土地の調査、境界画定、②境界記録簿の作成、③ダフタル（土地台帳）の保管、④ジャリーダ（譲渡証書）の交付、である。私は、このディーワーン・アッタフキーク・アルマームールという役所は、旧支配者であるイスラム教徒たちの土地台帳を保管、改定するために作られたものではないかと考えている。ただし、後に、この役所は権限を大幅に拡張することになる[25]。

第三に、ロゲリウス二世は、シチリア＝カラーブリア伯領のみを治めるために作られていた中央政府を、新しくできた王国により適合した形に変えたという点である。おそらく、一一四〇年以後の彼の側近集団の最も大きな変化の一つは、聖俗の重臣たち、とりわけ、半島部の司教と伯の役割の増大であろう。尚書とアミーラトゥスたちは依然として、中央政府の他の役人たちを圧倒しつづけていたが、侍従官と司法官の役割の拡大には特別の注意を払う必要がある。すでに述べたように、一一四〇年頃、地方侍従官と地方司法官が王国全土に配置されたが、以前から存在していた中央政府の侍従官や司法官はそのまま存続し、国王法廷（クーリア・レギス）で働く司法官は、この時期、「(国王）法廷の司法官（*iustificator curialis*）」という特別の称号を帯びている。[26] これは、おそらく、地方司法官と区別するためだと思われる。

ロゲリウス二世は、一一三〇年に王冠を受けて以後、十年に及ぶ戦争を経てイタリア半島南部を平定し、諸侯に対して圧倒的な優位を確保したが、強力な王権を支えていたのはこのような官僚たちであった。

ウィレルムス一世治下の行政組織の変化

ロゲリウス二世が一一五四年に他界すると、その息子ウィレルムス一世がこの王国を受け継ぐことになる。ウィレルムス一世の治世前半には、大宰相マイオのもとで、王の役人たちが高度な専門化と階層化を成し遂げることになる。その変化はとりわけ、中央および地方の侍従官と司法官に顕著であった。ウィレルムス一世治世初期、中央政府で働く侍従官は、「王宮侍従官（*camerarius regalis palatii*）」という称号を帯びて地方侍従官と区別されるようになった。[27] さらに、一一六〇年のマイオの死後には、「王宮侍従長官（*magister camerarius palatii*）」というさらに新しい称号が現れた。これは、王宮における侍従官職の複数化と階層化が始まっていたことを示唆している。この「王宮侍従長官」の称号を有する役人は、中央行政において最も重要な役割を果たすようになった。[28]

中央政府の司法官も、また、マイオのもとで専門化と階層化を進めていった。一一五七年には「司法長官（*magister iusticiarius*）」という新しい称号が登場し、[29] 一一五九年には、「国王大法廷大司法官（＝司法長官）（*magnus iusticiarius Regie magne curie*）」というさらに限定された称号が現れている。[30] この称号の出現は、「国王大法廷（*magna curia regis*）」の司法（長）官が、この時までに地方の司法官とはっきり区別されるようになっていたことを示している。同じ一一五九年の別の史料は、司法官が侍従官とは異なる状況にあったことを示す興味深い情報を含んでいる。すなわち、三人の

「国王法廷司法長官（*regis curie magistri justiciarii*）」の存在を示しているのである。[31] このように、クーリア・レギス（国王法廷）は、すでにこの時までに、司法を扱う三人の専門家を有するようになっていた。国王大法廷司法長官の三人制は、当時の王宮侍従長官の一人制とは対照的だが、興味深いことに、後のウィレルムス二世治世に見られる王宮侍従官の三人制ときわめて類似した制度なのである。[32] ロゲリウス二世の時代に拡大した官僚機構は、このウィレルムス一世治世、マイオの時代に飛躍的に進展するのである。

マイオの死後には、「王のファミリアーリス（複数はファミリアーレース）」、すなわち、「ファミリアーリス・レギス（*familiaris regis*）」による王国最高顧問団が結成され、彼らが国政を司るようになった。ウィレルムス一世は、マイオ暗殺の直後、まず、カターニア大助祭ヘンリクス・アリスティップスを召喚し、[33] 彼をファミリアーリス・レギスに任命した。そして、王国の業務を司るという、かつてマイオが行っていた任務を負わせたのである。[34] その後、一一六一年三月までには、王のいとこであるマルシコ伯シルウェステル、イングランド人のシラクーザ被選司教リカルドゥスを、ファミリアーレース・レギスに任命し、こうして三人のファミリアーレース・レギスによる王国最高顧問団が形成された。[35] これ以後、ファミリアーレース・レギスは、王国の行政制度において最も重要な称号となる。ファミリアーレース・レギスは、ウィレルムス一世とウィレルムス二世の治世においては、王国最高顧問団のメンバーを指す、きわめて限定された称号なのである。彼らは、政策やその他の重要な事柄を決定し、王国で最も権力のある人々だった。[36]

ウィレルムス二世治下の行政組織の変化

ウィレルムス一世は一一六六年に他界し、まだ未成年の息子ウィレルムス二世が新しい王となる。このウィレルムス二世の治世初期には、ドゥアーナ・バーローヌムと呼ばれる新しい役所が半島部の行政のために創設された。この役所は、サレルノに、おそらくはテッラチェーナ城内に置かれ、カラーブリアよりも北の半島部を管轄していた。そして、半島部行政に必要な様々な業務を行っていた。その業務をまとめると次のようになる。①王領地、王室財産の譲渡、②勅令の通知と公布、③土地の売却の認可、④現金の貸与、⑤家屋の購入とその代金の支払い、⑥裁判の開催と裁判による様々な問題の解決、⑦役人の管理、⑧訴状の受理、などである。(37)

王国の行政制度

このように、王国の行政制度は常時変化し、その過程である種の役人たちは権力や権限を拡大し、別の役人たちは行政上の重要性を失っていった。ドゥアーナ・バーローヌムはウィレルムス二世治世以前にはまだ形成されておらず、ファミリアーレース・レギスはマイオの死以前にはまだ国政を担う王国最高顧問団を構成していない。これらの行政組織や役人については、時間的な変化に十分な注意を払うべきことを強調しておかねばならない。これまで、非常に多くの研究者たちが、実際には異なる時期に存在した官職を同時に扱い、その結果、王国の行政制度に関する混乱した像を提供してきたからである。ノルマンの統治構造を検討するためには、対象となる時期を十分に狭く限定しなければならない。(38)

十分に発達した段階でのノルマンの行政機構を理解するために、ウィレルムス二世治世、その中でも、ドゥアーナ・バーローヌムが出現した一一六八年以後の二十年間に焦点をあててみよう。この時期、行政上の実質的最高権威はファミリアーレース・レギスからなる王国最高顧問団により保持されていた。彼らが王国の重要事項、国王の利益に関わる問題を処理していたのである。

そして、中央政府（クーリア、ディーワーン・アルマームール）の執行機能は王宮侍従長官とその部下である二名の王宮侍従官の指揮下にあった。彼らのほとんどがアラブ人であった。しかし、パレルモの王宮には、ラテン語でドゥアーナ・デ・セークレーティース（あるいはアラビア語でディーワーン・アッタフキーク・アルマームール、ギリシア語でメガ・セクレトン（*μέγα σέκρετον*）もしくはセクレトン（*σέκρετον*））と呼ばれる特別の役所があった。この役所はシチリアとカラーブリアの土地行政に関する特別の業務を有し、王宮侍従官の一人によって指揮されていた。そして、ここで働く高官たちは「ドゥアーナ・デ・セークレーティース長官」（ラテン語でマギステル・ドゥアーネ・デ・セークレーティース（*magister duane de secretis*）、アラビア語でアスハーブ・ディーワーン・アッタフキーク・アルマームール（*aṣḥāb dīwān at-taḥqīq al-ma'mūr*）、ギリシア語でホイ・エピ・トゥー・メガルー・セクレトゥー（*οἱ ἐπὶ τοῦ μεγάλου σεκρέτου*）、ホイ・エピ・トゥー・セクレトゥー（*οἱ ἐπὶ τοῦ σεκρέτου*）、アルコンテス・トゥー・セクレトゥー）と呼ばれていた。彼らの大部分はアラブ人である。その中心的職務は土地行政に関するものであったが、彼らが王国で大きな影響力を有する高官であったことに変わりはない。

他方、半島部の行政のためには、ラテン語でドゥアーナ・バーローヌム（ギリシア語ではセクレトン・トーン・アポコポーン）と呼ばれる役所がサレルノに置かれていた。この役所は、その地域に関する行政上のすべての業務を行っていた。この役所の指揮は初め王宮侍従官の一人によってなされていたが、後にはアミーラトゥスの手に移っている。この役所の高官たちはドゥアーナ・バーローヌム長官（ラテン語でマギステル・ドゥアーネ・バーローヌム（*magister duane baronum*）、ギリシア語でホイ・エピ・トゥー・セクレトゥー・トーン・アポコポーン（*οἱ ἐπὶ τοῦ σεκρέτου τῶν ἀποκοπῶν*））と呼ばれていたが、やはり、王国で大きな影響力を有する高官でもあった。地方侍従官、地方司法官、都市の首長たち（カテパヌス（*catepanus*）やストラテーゴス（*στρατηγός*））、バイウルス（*baiulus*）などの地方役人たちは、これらの高級役人の下で王の利益を守るために働いていた[39]。

第三節　従来の研究との相違点と違いが生じた理由

ここに紹介したノルマンの統治構造は今までの研究者たちが考えてきたものとは異なっている。この構造は、従来のものよりはるかに単純である。それは、ガルーフィによって提示された専門の財務委員会（グラン・セクレジア）の存在を許さないし、またドゥアーナの役人たちの三層構造説を否定している。そして、ドゥアーナの役人たちの機能はこれまで考えられてきたように純粋に財務的なものではなく、もっと一般的な業務に携わっていたということを示唆している。(40)多くの研究者たちはガルーフィの説に基づいてこの王国の官僚制の先進性を論じてきたが、ここに示した新しいモデルは、王国が高度に発達した行政制度をもっていたという通説に対し、大きな疑問を提起することになる。

では、何故、従来の研究者たちは、ここで紹介したものとは異なる結論を得たのだろうか。大きな理由は三つあると考えられる。第一の明らかな理由は言語に関わるものである。多くの研究者たちはアラビア語史料を自分で読むことができなかったように見える。そのため、彼らは、アラビア語をすべて特殊な用語と見る傾向にあった。例外は、ミケーレ・アマーリである。彼の研究はアラビア語を知らない人々にアラビア語に関する基本的な情報を提供してきたのである。ラテン語、ギリシア語、アラビア語の言葉の対応関係を見極めずに、それぞれが独立した機関や役人を指すと考えれば、たとえ実体は一つであっても、三つに膨れ上がってしまう。したがって、可能なかぎり多くの言葉の対応関係を確定しておく必要がある。この手続きを行わなかったために、これまで研究者たちが出してきた行政機構像は、実際以上に複雑でわかりづらいものになったのである。

第二の理由は、多くの研究者たちがノルマン王国の拡大に伴う行政の変化に十分注意を払わなかったということである。ジャミスン、カラヴァーレ、マッツァレーゼ・ファルデッラなど比較的最近の研究者たちを除けば、研究者たちは時間的な変化を無視する傾向にあった。彼らは、王国の全期間にあてはまる行政機関を見出そうとしていたように見える。しかし、行政制度の変化はそのような一般化を無効にするほどに大きいものであった。すでに述べたように、時間を限定することなく、ノルマンの行政制度を論ずることはできない。

したがって、ノルマンの財務行政機構を説明する際に、ロゲリウス二世期の史料から類推する研究者とウィレルムス二世期に焦点をあてた研究者との間に違いが出てくるのは当然であり、ロゲリウス二世期に属する要素とウィレルムス一世あるいはウィレルムス二世期に属する要素を混同した研究者たちが、実際よりも複雑な行政機構像を提示したのは当然のことであった。統治構造の時間的変化により注意を払った点で、ジャミスン、カラヴァーレ、マッツァレーゼ・ファルデッラはまったく正しかったといえる。ただし、その変化は、彼らが考えたように治世の変化と同時には生じなかった。

第三の、そして、最も重要な理由は、シチリアの行政に関する研究者たちの思い込みである。(41) ガルーフィは、非常に複雑な行政機構の構造を提示したが、その後の歴史家たちも同じように複雑なモデルを示唆してきた。中には理解が非常に困難なものもある。このテーマに関わってきた研究者たちは、この複雑さや理解の困難さに対して疑問を抱いていないように見える。私は、彼らが研究を始める前から、そのような複雑な行政組織を見つけることを期待していたのではないかと思う。シチリアの行政制度が彼らの関心を引いた大きな理由の一つは、おそらく、この制度が当時の西欧世界では最も先進的とみなされていたからであろう。その高度な官僚制の発達と専門化は、アラビア語、ギリシア語、ラテン語で表現される専門化した数多くの行政機関により例証されてきた。このイメージを確認すること、あるいは、このイメージをさらに明確にし、シチリアの特異性・重要性を強調することが彼らの研究の存在理由だったのであろう。

これらの要因すべてが、高度に専門化した行政機構像を作り上げるのに影響してきたと思われる。

第四節　シチリアと南イタリアにおけるノルマン行政の特徴

さて、ここで、十二世紀後期のノルマン・シチリア王国行政のいくつかの特色を指摘したいと思う。まず、第一は、すでに何度も強調してきたように、行政制度が急速に変化し、短期間に大きく変わったということである。これらの変化は、主として中央政府の構造、あるいは半島部行政に生じている。シチリアの行政には、一一四〇年以後大きな変化が生じたようには見えない。したがって、時間的な変化と同様、地域的偏差にも注意を払わなければならないのである。

第二の特色は、シチリアでは高級役人が同時に一つ以上の官職を保有するということはきわめて一般的であったということである。このことは、高度な専門化・官僚化を達成したというシチリア行政像に対して重大な疑問を提起しているように思われる。

第三の特色も役人に関するものである。この王国では、中央政府がギリシア人やイタリア人と同様アラブ人を数多く抱えていた。中央政府へのアラブ人の参入はノルマン・シチリア王国行政の重要な特色である。国王が、封建諸侯たちの勢力を抑え自らの影響力を強化するために、その直属の官僚に多くのアラブ人たちを採用したということは十分考えられる。しかし、より重要なのは、王国行政にとってアラブ人たちの洗練された統治技術と知識が不可欠であったという点、そして、アラブ人たちの側も、世俗封建諸侯たちの攻撃から自分たちを守るために、庇護者としての国王が必要だったという点であろう。

第四の、そして、最も重要な特色はシチリア＝カラーブリアと残りの半島部との行政の違いである。シチリアとカラーブリアでは、国王は土地台帳、住民名簿を使って土地や住民をより直接的に支配することができた。封建諸侯や教会が国王行政の大きな障害とはならなかったのである。ここには、世俗の有力封建諸侯の領地を集積させず、強力な国王支配に基づく、より堅固で安定した行政があったと言うことができる。しかし、半島部の多くは世俗諸侯の領地となっており、彼らを無視して統治を行うことは不可能であった。国王はこれらの諸侯たちを通してのみ、半島部に住む住民や土地を支配することができたのである。この諸侯たちの名簿がカタログス・バーローヌム（*Catalogus Baronum*）であった(42)。つまり、王国は、国王の支配権が諸侯に対して圧倒的に強大なシチリア＝カラーブリア地域と、諸侯がまだ大きな力を有していた半島部の二つの支配形態に分かれていたのである。

この行政制度は、歴史的状況の産物とも言える。シチリアには、アラブの土地台帳の伝統があり、ロゲリウス一世、二世ともそれを利用しながらきわめて堅固な支配体制を作り上げていった。その過程でドゥアーナ・デ・セークレーティースと呼ばれる役所が作られたのである。ビザンツ帝国の土地台帳がある程度存続していたと考えられるカラーブリアは、ドゥアーナ・バーローヌム形成時にシチリアの行政制度へ組み込まれている。

一方、カラーブリアよりも北の地域はまったく事情が異なる。この地域は常に政治的に不安定で、土地台帳の伝統もなく、また、土地保有者も短期間に交替していた。そして、封建諸侯や都市の独立化指向が強く、国王支配の大きな障害となっていた。したがって、そこには、シチリアやカラーブリアとはまったく異なった支配体制が形成されることになる。その結果、最終的にこの状況に適合した役所として出現したのが、半島部支配のためのドゥアーナ・バーローヌムである。このドゥアーナ・バーローヌムは、カタログス・バーローヌムを基礎に封建家臣を媒体とする支配を行うが、この役所の形成によってカラーブリアよりも北の地域に初めて安定した支配体制が成立したと言える。事実、これ以前には頻発していた封建諸侯と都市の反乱がまったく消滅してしまうのである。したがって、このドゥアーナ・バーローヌムの成立をもってノルマン王国の中央集権体制の完成と考えることができるだろう(43)。

結　論

ノルマン・シチリア王国の行政機構は、存続していた旧支配者たちの行政制度を基に形成されるか、併存していた異なる諸制度を統合する形で形成されていった。ノルマン君主たちは、旧公国や旧侯国の境界を最大の行政区として利用したが、王国行政の核となる地域的行政単位は旧カラーブリア＝シチリア伯領であった。そこでは、イスラム教徒たちの制度や行政区分を基に、まとまりのある安定した行政を行うことができたのである。国王たちは他の地域よりもはるかに堅固な支配を行うことができたと言える。しかし、カラーブリアよりも北の半島部ではまったく異なる行政が行われていた。国王たちは、侍従官や司法官などの地方役人たちを使ってこの地域を支配しようとしていたが、住民を支配するための最も重要な媒体は封建諸侯たちであった。

各々が強い政治的・歴史的まとまりをもつ半島部の諸地域が異なる時期に併合されていったために、全土に均一の行政制度を導入することはできず、王国内に異なる行政制度が併存することになった。多くの研究者たちが、この王国の行政制度の中に、高度の集権化と専門化を、そして近代国家の行政制度の起源すら見出してきたが、複雑に見える王国の行政制度は、実は異なる制度の複合体であった。

こうしたモザイク型行政制度の形成過程は、一見この地域に特有のものに見えるかもしれない。しかし、この種の行政制度は、広域政権が成立する過程、すなわち、地方君主が周辺地域の他の君主国（諸侯領）を併合していく過程ではどこにでも見られる現象だと思う。この二段構えの行政制度は、中央集権化あるいは国家形成の過程で一般的に出現する制度ではないだろうか。(44)

ノルマン行政の変化と特色の中には、王国内の人々と資源をより効率的に管理したいという統治者の一貫した意思を見ることができる。この目的を果たすために彼らは様々な機関や官職を作り出したのである。

その新しい制度の創設については、二つの異なる形成過程を見ることができる。一つは、旧支配者が残した制度や機関を核に新しい制度が形成される場合である。これはドゥアーナ・デ・セークレーティースの創設にあてはまる。もう一つは、既存の制度を統合する形で新しい制度が形成される場合だが、これはドゥアーナ・バーローヌムの創設にあてはまる。

ノルマン・シチリア王国の行政制度の変化は、統治者がその支配域内の人と資源をより効率的に支配したいという欲求の実現過程とみなすことができる。彼らは、反乱や侵略などの危機に対応しながら、よりよく支配するために新しい官職や機関を創設し、変更を加えたのである。地域的まとまりの強さや残存する旧支配者の行政手段・官職が、その新しい制度の確立過程に大きな影響を与えた。もし、新しく獲得する領地が古くからの領地と類似の行政制度を有していれば、全領土に均一の制度を敷くことも可能であろう。しかし、そのような例はまれだと思われる。そして、シチリアの場合が、そうでないのは明らかである。

多くの統治者たちは自らの行政を均一化するために大きな精力を費やしてきた。新しい領地を獲得したばかりの時、彼らが古くからの領地と新しい領地に異なる制度を併存させるのはきわめて自然だと思われる。もし、統治者が中央集権化に成功し均一の行政を敷くことができたら、彼の支配域はより強いまとまりを獲得し、より凝集力の高い行政単位となるだろう。

最後に、行政制度を研究するにあたって、それが、シチリア、南イタリアを対象としたものであろうと、それ以外のどのような君主国を対象としたものであろうと、統治者の支配力の変化に十分な注意を払い、地域的偏差と時間的変化を厳密に検討する必要があるということを強調しておきたい。

（1）　シチリアのノルマン行政に関する研究史は、以下の諸研究に見出される。Carlo Alberto Garufi, “Sull’ordinamento amministrativo Normanno in Sicilia, Exhiquier o diwan? Studi storico-diplomatici," *Archivio storico italiano*, serie V, vol. 27（1901）, pp. 225–233; Carlo Alberto Garufi, "Censimento e catasto della popolazione servile. Nuovi studi e ricerche sull'ordinamento amministrativo dei Normanni in Sicilia nei secoli XI e XII," *Archivio storico siciliano*, vol. 49（1928）, pp. 1–6; Mario Caravale, "Gli uffici finanziari nel Regno di Sicilia durante il periodo normanno," *Annali di storia del diritto*, vol. 8（1964）, pp. 178–185; Enrico Mazzarese Fardella, *Aspetti dell'organizzazione amministrativa nello stato normanno e svevo*（Milano, 1966）, pp. 3–6. より詳細な研究史については，以下を参照。Hiroshi Takayama, *The Administration of the Norman Kingdom of Sicily*（Leiden/ New York/ Köln, 1993）, pp. 11–24; 高山博「ノルマン・シチリア王国と歴史研究――ドゥアーナの研究をめぐって」（『歴史と地理』四三五号，一九九一年十一月）一―一六頁，高山博『中世地中海世界とシチリア王国』（東京大学出版会，一九九三年）八一―三〇頁。

（2） Rosario Gregorio, *Considerazioni sopra la storia di Sicilia dai tempi dei Normanni sino ai presenti*, new ed.（Palermo, 1972［1st ed. 1805, 2nd ed. 1831, 3rd ed. 1845, new ed. 1972］）, vol. 1, pp. 172–192, 205.

（3） William Stubbs, *The Constitutional History of England in Its Origin and Development*, 3 vols（Oxford, 1896–97）, vol. 1, p. 408.

（4） Michele Amari, "Su la data degli sponsali di Arrigo VI con la Costanza erede del trono di Sicilia. Lettera del dottor O. HARTWIG e Memoria del socio AMARI," *Atti della R. Accademia dei Lincei*, vol. 275（1877–78）, serie 3, Memoria classe scienze morali 2, pp. 409–417.

（5） Michele Amari, *Storia dei Musulmani di Sicilia*, 2nd ed. Carlo Alfonso Nallino, 3 vols.（Catania, 1933–39）, vol. 3, pp. 324–331; Amari, "Su la data degli sponsali," pp. 417–438.

（6） Isidoro La Lumina, "La Sicilia sotto Guglielmo il Buono," *Storia Siciliane*（Palermo, 1881）, pp. 204–205; Giovanni Battista Siragusa, *Il regno di Guglielmo I in Sicilia*, 2nd ed.（Palermo, 1929［1st ed., Palermo 1885–86］）, p. 263; Hans von Kapp-Herr, "Baiulus-Podestà, Consules," *Deutsche Zeitschrift für Geschichtswissenschaft*, vol. 1（1890）, pp. 21–69. アマーリの影響はまた，フォン・ヘッケルの著作にも見られる。Rudolf von Heckel, "Das päpstliche und sicilische Registerwesen," *Archiv für Urkundenforschung*, vol. 1（Leipzig, 1908）, pp. 372–394.

（7） Garufi, "Sull'ordinamento amministrativo," pp. 225–263; Garufi, "Censimento e catasto," pp. 1–100.

（8） Garufi, "Sull'ordinamento amministrativo," pp. 256–257. この「王宮評議会」と「財務委員会」という二つの委員会を想定する考えは，カスパール，シャランドン，カラヴァーレといったその後の優れた研究者たちに受け継がれている。Erich Caspar, *Roger II. und die Gründung der normannisch-sicilischen Monarchie*（Innsbruck, 1904）, p. 316; Ferdinand Chalandon, *Histoire de la domination normande en Italie et en Sicile*, 2 vols.（Paris, 1907）, vol. 2, p. 651; Ferdinand Chalandon, "Norman Kingdom of Sicily," *The Cambridge Medieval History*, vol. 5（Cambridge, 1926）, p. 205; Caravale, "Gli uffici finanziari," pp. 178–185.

（9） Garufi, "Sull'ordinamento amministrativo," pp. 234–250, 259; Garufi, "Censimento e catasto," pp. 3–5, 66–67, 83–86. 監督局が二つの部局（王領地関係を監督するドゥアーナ・デ・セークレーティースと封土関係を監督するドゥアーナ・バーローヌム）に区分されているというガルーフィの考えは，以下のように多くの歴史家に受け入れられ，ほぼ通説となっていた。Caspar, *Roger II. und die Gründung*, pp. 315–318 ; Chalandon, *Histoire de la domination*, vol. 2, pp. 648–653 ; Ernst Mayer, *Italienische Verfassungsgeschichte von der Gothenzeit bis zur Zunftherrschaft*, 2 vols.（Leipzig, 1909）, vol. 2, pp. 384–404 ; Charles Homer Haskins, “England and Sicily in the Twelfth Century,” *English Historical Review*, vol. 26（1911）, p. 653 ; Carmela Ceci, “Normanni d’Inghilterra e Normanni d’Italia,” *Archivio scientifico del R. Istituto superiore di scienze economiche e commerciali di Bari*, vol. 7（1932–33）, pp. 330–331 ; Pier Silverio Leicht, “Lo stato normanno,” *Il Regno Normanno*（Messina, 1932）, p. 49 ; Pier Silverio Leicht, *Storia del diritto italiano : Il diritto pubblico*（Milano, 1944）, p. 293 ; Francesco Galasso, *Gli ordinamenti giuridici del Rinascimento medievale*（Milano, 1949）, p. 166 ; Evelyn Jamison, *Admiral Eugenius of Sicily : His Life and Work*（London, 1957）, pp. 50–53 ; Adelaide Baviera Albanese, “L’istituzione dell’ufficio di Conservatore del Real Patrimonio e gli organi finanziari del Regno di Sicilia nel sec. XV,” *Il Circolo giuridico*（Palermo, 1958）, pp. 269–271 ; Mazzarese Fardella, *Aspetti*, p. 35 ; Enrico Mazzarese Fardella, “La struttura amministrativa del Regno Normanno,” *Atti del Congresso Internazionale di Studi sulla Sicilia Normanna*（Palermo, 1973）, pp. 217–220 ; Thomas Curtis Van Cleve, *The Emperor Frederick II of Hohenstaufen*（Oxford, 1972）, pp. 264–265 ; Francesco Giunta, *Bizantini e bizantinismo nella Sicilia normanna*, 2nd ed.（Palermo, 1974）, pp. 65–69 ; Aziz Ahmad, *A History of Islamic Sicily*（Edinburgh, 1975）, pp. 65–66 ; Brian Tierney & Sidney Painter, *Western Europe in the Middle Ages, 300–1475*, 4th ed.（New York, 1983）, p. 249.

（10）Garufi, “Sull’ordinamento amministrativo,” pp. 251–261. 監督局の役人が三層構造をなしているという見解は、以下の研究者たちに受け入れられた。Chalandon, *Histoire de la domination*, vol. 2, pp. 651–652 ; Caspar, *Roger II. und die Gründung*, p. 316 ; Mayer, *Italienische Verfassungsgeschichte*, vol. 2, p. 386 notes 36–37 ; Caravale, “Gli uffici finanziari,” pp. 204, 209.

（11）たとえば、ベスタは、ディーワーン・アルマームールはディーワーン・アッタフキーク・アルマームールの短縮形と考えるアマーリの見解に従って、実際には他の機関が従属する一つの役所があったにすぎないと主張している。そして、ガルーフィの示唆する監督局と財務局との間の区別を否定するのである。このベスタの考えは、その後、アメリカのチャールズ・H・ハスキンズとイタリアのルイジ・ジェヌアルディに受け継がれていく。Enrico Besta, “Il ‘Liber de Regno Siciliae’ e la storia del diritto siculo,” *Miscellanea di archeologia, storia e filologia dedicate al Prof. Antonio Salinas*（Palermo, 1907）, p. 295 note 2 ; Amari, “Su la data degli sponsali,” p. 431 ; Amari, *Storia dei Musulmani di Sicilia*, vol. 3, pp. 327–328 note 2 ; Haskins, “England and Sicily,” p. 652 and note 174 ; Luigi Genuardi, “I defetari normanni,” *Centenario della nascita di M. Amari : Scritti di filologia e storia araba*, 2 vols.（Palermo, 1910）, vol. 1, p. 161. また、ハスキンズとカルメーラ・チェーチは、財務委員会メンバー（**ἄρχοντες τοῦ σεκρέτου**）とドゥアーナの長官（*magistri duane*）を同じものとみなしているが、この考えはガルーフィの提示した監督局の三層構造と矛盾することになる。Haskins, “England and Sicily,” p. 653 ; Ceci, “Normanni d’Inghilterra,” pp. 331–332. この二人の研究者の見解は、後にジャミスンとカンプに受け入れられている。Jamison, *Admiral Eugenius*, p. 51 ; Norbert Kamp, “Vom Kämmerer zum Sekreten. Wirtschaftsreformen und Finanzverwaltung im staufischen Königreich Sizilien,” *Problem um Friedrich II.*, ed. Josef Fleckenstein（Sigmaringen, 1974）, p. 52. さらに、アルバネーゼ（Baviera Albanese, “L’istituzione,” p. 271）は、このアルコンテス・トゥー・セクレトゥー（archonti del segreto）とガイトゥス（*gaitus*、軍事指揮官を意味するアラビア

語のカーイド *qā'id* が音写されてラテン語の称号となっていた）を同一視し、「王宮侍従官にしてドゥアーナ・デ・セークレーティースとドゥアーナ・バーローヌムの長官」（*camerarius palatinus et magister regis duane de secretis et baronum*）という三つの官職名を合わせもつ役人がドゥアーナという役所の頂点で指揮していたと考えている。

（12）Caspar, *Roger II. und die Gründung*, pp. 315–318; Chalandon, *Histoire de la domination*, pp. 648–653.

（13）Caravale, "Gli uffici finanziari," pp. 177–223.

（14）Jamison, *Admiral Eugenius*, pp. 39, 49.

（15）Jamison, *Admiral Eugenius*, pp. 49–53. ジャミスンによれば、この二つのドゥアーナは十人ほどの高級役人からなる委員会によって指揮されており、そのメンバーは一般的にギリシア語でアルコンテス・トゥー・セクレトゥーあるいはセクレティコイ、ラテン語でドゥアーナの長官たち、アラビア語でディーワーン・アッタフキーク・アルマームールのシャイフ（*shaykh*）たちと呼ばれていた。ただ、彼らのうちの何人かは、自分が責任を負う部局に応じてドゥアーナ・デ・セークレーティース長官（ホイ・エピ・トゥー・メガルー・セクレトゥー）あるいはドゥアーナ・バーローヌム長官（ホイ・エピ・トゥー・セクレトゥー・トーン・アポコポーン）という具合に呼び分けられることもあったという。ドゥアーナを指揮する財務委員会というこのジャミスンの考えは、カンプによって受け入れられている（Kamp, "Vom Kämmerer," p. 52）。

（16）Caravale, "Gli uffici finanziari," pp. 177–223. このカラヴァーレ説は、カンプによって受け入れられている。Kamp, "Vom Kämmerer," p. 52.

（17）マッツァレーゼ・ファルデッラの見解によれば、クーリアがうまく定義しにくい何か、つまり、変化する政治的基準に応じて組織される機関、一度ならず君主の完全なる外部表象である一方で、カメラとドゥアーナは、ジャミスンの図式的理解に反して、常に識別可能というわけではないという。

（18）Mazzarese Fardella, *Aspetti*, pp. 2–5, 8–14, 27–36; Mazzarese Fardella, "La struttura amministrativa," pp. 217–220.

（19）ロゲリウス二世は、イタリア半島部平定の途中とも言える一一三〇年に、王位を獲得したが、この王位獲得以前に、後の王国を構成する地域が彼の領地としてまとまって存在していたわけではない。また、彼の権威が及ぶ地域として固定していたわけでもない。彼は、自分自身の手で王国を作り上げなければならなかった。その過程で王国の行政制度が形成されていく。そして、シチリアとイタリア半島部に対しては、それぞれ異なる制度が導入されることになる。すでに彼自身の権威が確立しているシチリアに対しては、従来の制度をそのまま利用することができた。しかし、新たに獲得した半島部は、かつて複数の国々からなっていたところであり、現在は多くの反乱諸侯を含む広大な地域である。王権を確立させるためには、新しい制度を導入する必要があった。
　ロゲリウス二世は、新しく獲得した半島部を治めるために多大な努力を必要とすることになるが、当時存在していた政治的枠組みや社会組織を利用することになる。そして、これら王国成立当初の支配のあり方が、その後の王国の行政制度の大枠を決定したのである。

（20）　Takayama, *The Administration*, pp. 25–40.
（21）　Takayama, *The Administration*, pp. 40–46, 163.
（22）　Takayama, *The Administration*, pp. 47–56.
（23）　Takayama, *The Administration*, pp. 56–73.
（24）　Takayama, *The Administration*, pp. 73–81 ; Evelyn Jamison, "The Norman Administration of Apulia and Capua, More especially under Roger II and William I, 1127–1166," *Papers of the British School at Rome*, vol. 6 (1913), pp. 254–256.
（25）　Takayama, *The Administration*, pp. 81–84; 高山博「十二世紀シチリアにおけるノルマンの財務行政機構」（『史学雑誌』九二編七号、一九八三年七月）一—四六頁、Hiroshi Takayama, "The Financial and Administrative Organization of the Norman Kingdom of Sicily," *Viator*, vol. 16 (1985), pp. 129–157（本書第一章）.
（26）　Takayama, *The Administration*, pp. 84–93. アミーラトゥスに関しては、以下を参照。高山博「ノルマン・シチリア王国のアミーラトゥス——ノルマン行政の頂点に立つアラブ官僚」（樺山紘一編『西洋中世像の革新』刀水書房、一九九五年）三一—五〇頁、Hiroshi Takayama, "*Amiratus* in the Norman Kingdom of Sicily – A Leading Office of Arabic Origin in the Royal Administration," *Forschungen zur Reichs-, Papst- und Landesgeschichte*, eds. K. Borchardt & E. Bunz (Stuttgart, 1998), pp. 133–144（本書第四章）.
（27）　Jamison, *Admiral Eugenius*, p. 45.
（28）　Hugo Falcandus, *Liber de regno Sicilie*, in: G. B. Siragusa, ed., *La Historia o liber de regno Sicilie* (Roma, 1897), pp. 45, 83 ; Takayama, *The Administration*, pp. 95–103, 126.
（29）　Siragusa, *Il regno di Guglielmo I*, p. 397.
（30）　Carlo Alberto Garufi, *I documenti inediti dell'epoca normanna in Sicilia* (Palermo, 1899), no. 34, p. 81 : "Rainaldus de tusa magnus Iusticiarius Regie magne curie." トゥーサのライナルドゥスは、パッティ被選司教ギルベルトゥスとチェファル司教ボソとの間の紛争を扱った。
（31）　Evelyn Jamison, "Judex Tarentinus. The Career of Judex Tarentinus *magne curie magister iustitiarius* and the Emergence of the Sicilian *regalis magna curia* under William I and the Regency of Margaret of Navarre, 1156–1172," *Proceedings of the British Academy*, vol. 53 (1967), App. Doc. 1, pp. 318–319.
（32）　Takayama, *The Administration*, pp. 103–104, 125–129.
（33）　ヘンリクス・アリスティップスは、プラトンの『メノン』と『ファイドン』、アリストテレスの『気象学』の四巻の最初のラテン語翻訳者としてよく知られている。以下を参照。Charles Homer Haskins, *The Renaissance of the Twelfth Century* (Cambridge, Mass., 1927), pp. 60, 292, 298, 332, 344 ; Charles Homer Haskins, *Studies in the History of Medieval Science* (Cambridge, Mass., 1927), pp. 53, 142–143, 150, 152, 159–163, 165–172, 179–183, 190 ; M. T. Mandalari, "Enrico Aristippo Arcidiacono di Catania nella vita culturale e politica del secolo XII," *Bolletino storico catanese*, vol. 4 (1939), pp. 87–123. ジュンタ（Giunta, *Bizantini e bizantinismo*, pp. 51, 62）は、ヘンリクス・ア

リスティップスをギリシア人としているが、これは受け入れられない。

（34） Falcandus, *Liber de regno Sicilie*, p. 44 : “Sequenti die rex Henricum Aristippum, archidiaconum Cataniensem, …, familiarem sibi delegit ut vicem et officium interim gereret admirati, preessetque notariis, et cum eo secretius de regni negotiis pertractaret.” シチリアのファミリアーレース・レギスに関する最近の研究と私自身の見解については、以下を参照。高山博「十二世紀ノルマン・シチリア王国の行政官僚」（『史学雑誌』九三編一二号、一九八四年十二月）一―四六頁、Hiroshi Takayama, “*Familiares Regis* and the Royal Inner Council in Twelfth-Century Sicily,” *English Historical Review*, vol. 104（1989）, pp. 357–372（本書第一章）. Cf. Hans Schadek, “Die Familiaren der sizilischen und aragonischen Könige im 12. und 13. Jahrhundert,” *Gesammelte Aufsätze zur Kulturgeschichte Spaniens*, vol. 26（1971）, pp. 201–217.

（35） Falcandus, *Liber de regno Sicilie*, p. 69 : “erant eo tempore familiares regis, per quos negotia curie disponebat, Richardus Siracusanus electus, Silvester comes Marsicensis et Henricus Aristippus,” Cf. Jamison, *Admiral Eugenius*, pp. 46–47.

（36） Takayama, *The Administration*, pp. 98–101, 124–125 ; Takayama, “*Familiares Regis*,” pp. 357–372.

（37） Takayama, *The Administration*, pp. 143–152; Takayama, “The Financial and Administrative Organization of the Norman Kingdom of Sicily,” pp. 131–133, 142.

（38） Takayama, *The Administration*, p. 164.

（39） Takayama, *The Administration*, pp. 164–165.

（40） この新しい枠組みと新しいモデルは、近年の研究者たちにほぼ受け入れられたように見える。Cf. Errico Cuozzo, “Die Magna Curia zur Zeit Friedrichs II.,” Arnold Esch & Norbert Kamp, eds., *Friedrich II.*（Tübingen, 1996）, p. 278 ; Hubert Houben, *Roger II. von Sizilien*（Darmstadt, 1997）, pp. 6, 161 ; Norbert Kamp, “Die deutsche Präsenz im Königreich Sizilien（1194–1266）,” Theo Kölzer, ed., *Die Staufer im Süden*（Sigmaringen, 1996）, p. 145 ; Jean-Marie Martin, “L’administration du Royaume entre Normands et Souabes,” Kölzer, ed., *Die Staufer im Süden*, pp. 116–118; Vincenzo d’Alessandro, “Metodo comparativo e relativismo storiografico,” Errico Cuozzo & Jean-Marie Martin, eds., *Cavalieri alla conquista del Sud*（Roma/ Bari, 1998）, pp. 436–437 ; Philip Grierson & Lucia Travaini, *Medieval European Coinage*, vol. 14 : Italy（III）（Cambridge, 1998）, p. 80 ; Abraham L. Udovitch, “I musulmani e gli ebrei nel mondo di Federico II,” Pierre Toubert & Agostino Pravicini Bagliani, eds., *Federico II e la Sicilia*（Palermo, 1998）, pp. 118–119 ; Graham Loud & Thomas Wiedemann, trans., *The History of the Tyrants of Sicily by “Hugo Falcandus” 1154–69*（Manchester/ New York, 1998）, p. 33 ; O. Zecchino, “Erich Caspar e i miti della storiografia meridionale,” Erich Caspar, *Ruggero II’ e la fondazione della monarchia normanna di Sicilia*（Roma/ Bari, 1999）, p. xvi; John Makdisi, “The Islamic Origins of the Common Law,” *North Carolina Law Review*, vol. 77（1999）, p. 1725 ; Adalgisa De Simone, “Il Mezzogiorno normanno-svevo visto dall’Islam africano,” *Il Mezzogiorno normanno-svevo visto dall’Europa e dal mondo mediterraneo*, ed. Giosuè Musca（Bari, 1999）, p. 281.

（41） たとえば、従来の研究を規制してきた一つの基本的な前提、すなわち、行政制度を司法と財務の二つの分野に区分けすることを、留保する必要がある。この前提のために、研究者たちは、様々な要素を結びつけ行政制度全体を明らかにしてくれる重要な要因を見逃すことになり、その結果、シチリア行政の混乱したイメージを作り上げることになったのである。

（42） Takayama, *The Administration*, p. 166.

（43） Takayama, *The Administration*, p. 165.

（44） 高山博「フィリップ四世（一二八五―一三一四）治世下のフランスの統治構造――バイイとセネシャル」（『史学雑誌』一〇一編一一号、一九九二年十一月）一―三八頁、Hiroshi Takayama, "The Local Administrative System of France under Philip IV (1285–1314): *Baillis* and Seneschals," *Journal of Medieval History*, vol. 21 (1995), pp. 167–193.

第二部　権力と統治システム

第六章　シチリア伯ロゲリウス一世の統治
――ノルマン統治システムの基礎

ノルマン・シチリア王国の行政組織は、他の西欧諸国に比して高度な官僚化・専門化を進めていたとされ、しばしばヨーロッパ中世が達成した制度的偉業の記念碑として扱われてきた。ハインリヒ・ミッタイスは、シチリアの行政制度が、イギリス、フランス、ドイツの行政制度に影響を与えたと考え(1)、アルベルト・ブラックマン(2)、デイヴィド・C・ダグラス(3)、アントニオ・マロンジュ(4)は、このシチリアの効率的で厳格な行政制度が世俗的な近代行政制度の先駆けだったと考えている。この高度に官僚化したシチリアの行政制度がいつ頃どのようにして形成されたのかという問題に関しては、古くから多くの議論がなされてきた。イスラム世界(5)やビザンツ帝国(6)の影響を重視する研究者もいれば、イングランドの影響を主張する研究者も少なくない(7)。

しかし、私は、ノルマン・シチリア王国の行政制度は、研究者たちが考えていたよりはるかに単純で、既存のシステムや組織を統合したものにすぎないという説を提示した。そして、王国の行政制度が短期間にどのように変化していったかを明らかにしてきた(8)。本章は、そのノルマン・シチリア王国行政制度の基礎をなすと考えられている初代シチリア伯（一〇七二―一一〇一年）ロゲリウス一世の統治システムに焦点をあて、その特徴と変化を解明することを目的としている。

シチリア島を征服し初代のシチリア伯となったロゲリウス一世の行政制度を考察する際に注意すべき重要な点は、時間の経過とともにこの行政制度が大きく変化したということである。一〇五八年にカラーブリアのミレートの町を手に入れてから一一〇一年に他界するまでの四十年あまり、ロゲリウス一世が同じ政策を維持し、同じ行政制度を堅持したと考えることはできない。実際、非常に重要な変化が一〇八六年頃に生じている。一〇八六年、イスラム勢力の強力な指導者イブン・アルワルドが死亡し、翌年にイスラム勢力の強力な拠点であるアグリジェント、カストロジョヴァンニが陥落し、シチリア征服戦争が実質的に終了したからである。イスラム勢力は、この後もノートに立てこもって抵抗し、戦争は一〇九一年まで続くことになる。しかし、すでに一〇八六年頃、シチリア征服の終了はほぼ確実なものとなっていたのである(9)。

したがって、本章では、この一〇八六年頃前後でロゲリウス一世の統治がどのように変化したか、一〇八六年頃以後に形成される統治組織がどのような特色をもっていたかを明らかにする。以下、三節に分けて議論を進めていく。第一節で一〇八六年頃以前のロゲリウス一世の統治の性格を検討し、第二節で一〇八六年頃以後に生じた変化を確認し、第三節で一〇八六年頃以後に新しく形成された統治組織の特色を示すことにする。

第一節　征服戦争期の支配——一〇五八—八六年頃

一〇八六年頃以前のロゲリウス一世の統治は、基本的に戦争時の統治であった。この時期の伯の統治に関わる情報は非常に少ない。伯の文書はごくわずかしか残されておらず、私たちは、マラテッラやアマートゥスなど、同時代の年代記の記述に頼らざるをえないのである(10)。この種の史料は、ロゲリウス一世の征服の過程を知る上では有用だが、彼の統治に関してはほんのわずかな情報しか与えてくれない。

伯の将軍たち

このような年代記の記述から知ることができるのは、まず第一に、軍隊を率いた将軍たちの存在である。その一人は、ロゲリウス一世の右腕として重要な軍事的役割を果たしていた、彼の庶子ヨルダヌスである。[11] このヨルダヌスは、戦争で軍隊を率い、一〇八三年には父が半島部に出かけている間、シチリアの管理を任されている。[12] このヨルダヌス以外に、年代記の記述から次のような将軍の存在を知ることができる。まず、一〇七九年のタオルミーナ遠征では、ロゲリウス一世の四つの部隊は、ヨルダヌスと、オトヌス、ポッツオーリのアリスゴトゥス、カルトーミのエリアス（一〇八一年没）の指揮下にあった。[13] アリスゴトゥスは、それまで少なくとも十数年にわたってロゲリウス一世に仕えてきた有力家臣の一人である。彼は、パレルモ陥落直後にシチリアに広大な領地を与えられている。[14] エリアスはイスラム教徒から改宗したキリスト教徒だったが、一〇八一年の対カターニア戦争で死亡している。[15] この対カターニア戦争では、ヨルダヌスとエリアスに加えて、ロベルトゥス・デ・スルダヴァレが部隊を指揮していた。[16] 年代記の記述から、さらに、娘婿であるジェルチェのフゴ、[17] 甥のセルロ、[18] ゴフレドゥス・リデル、[19] ウルセルス・デ・バリオーネ[20]が部隊の指揮官として活躍したことがわかる。

これらの将軍たちが伯の重臣であり、当時の側近集団の主要メンバーであったことは疑いない。しかし、年代記からは、このような伯の主要な封建家臣しか知ることができない。一〇八五年のラテン語伯文書は証人のリストを含んでいるが、ここに記されているのも、すべて世俗の封建家臣たちである。[21]

支配の単位——都市と城塞

年代記の記述は、シチリア征服戦争の大部分が攻城戦で占められていたことを示している。実際、イスラム教徒たちの抵抗の拠点は城壁で防御された都市であった。都市を押さえることは、それよりはるかに広い近隣地域の支配を意味した。この戦争時、ロゲリウス一世の最大の関心が、可能なかぎり多くの都市を自らの支配に服させ、その支配を持続させることにあったことは疑いない。

兄のロベルトゥス・グイスカルドゥスがロゲリウス一世にシチリア征服を委ねた時、彼にはほんのわずかな騎士しか与えなかった。マラテッラは、ロゲリウス一世が数百人の騎士しか従えていなかったことを示唆している。(22) また、とりわけイタリア半島部においては、彼と兄グイスカルドゥスの権威に対する反乱の危険性が常に存在していた。(23) そのため、ロゲリウス一世が、可能なかぎりイスラム教徒との戦闘を回避し、交渉によって彼らの降伏を促したのはまったく当然のことであった。パレルモの例が、この点をよく示している。

都市の支配――自治と間接統治

一〇七二年一月にパレルモのイスラム教徒たちがロゲリウス一世とグイスカルドゥスに降伏した時、その代表である二人のカーイドは、他の有力者たちとともに、ロゲリウス一世と交渉を行ったことが知られている。(24) この時の交渉内容を具体的に伝える史料は残されていないが、ロゲリウス一世とロベルトゥスは、彼らに対して、新しい領主に年貢と賦役を行うことを条件に、イスラム教徒住民の生命の安全を保障し、イスラム教の信仰を保持することを認めている。(25) 年代記作家マラテッラは、この代表たちが「新しい不公平な法によって、彼らが抑圧されないように」交渉したと記している。(26) この交渉では、多くの歴史家が考えているように、王国成立後に見られるような一定の自治、とりわけ、彼ら自身の法と裁判官、裁判制度を維持することが認められたと考えられるのである。(27)

シチリアの多くの都市は、降伏時に、パレルモと同様の取決めを行ったと考えられる。交渉によってロゲリウス一世の支配に服した都市には、カターニア、マザーラ、トラーパニ、タオルミーナ、シラクーザ、カストロジョヴァンニ、ブテーラ、ノート、マルタがあるが、(28) これらの都市の多くでは、古い行政制度がそのまま存続し、行政の長のみロゲリウス一世の部下や信頼できる者に代えられた可能性が高い。

そのために、一度ロゲリウス一世の支配に服した都市が反旗を翻すことも容易に起こりえた。カターニアの例がこれを象徴的に示している。この都市は一〇七一年（一〇七二年）にロゲリウス一世の支配に服し、彼の娘婿のジェルチェのフゴに与えられたが[29]、フゴの死後、町の行政はイスラム教徒指導者イブン・アッスムナに委ねられた。しかし、イブン・アッスムナは、一〇八一年、ロゲリウス一世が半島部に出かけている間に、反旗を翻しイブン・アルワルドの側に寝返ったのである[30]。翌年、ロゲリウス一世は再びこの町を制圧したが、そのために多くの時間と精力を費やさねばならなかった[31]。

繰り返し強調しておくが、この戦争の時期、ロゲリウス一世の最優先事項は、可能なかぎり多くの都市と城塞を服属させ、それらを自らの支配下に置きつづけるということであった。しかしながら、各都市に、有能な部下を数多く配置することができなかったため、既存の行政制度をそのまま持続させるしかなかったのである。カターニアの場合のように、いくつかの都市では、イスラム教徒たちの指導者を都市の首長にした可能性が高い。この時期、中央集権的な統治組織を構築することは不可能だったのである。

第二節　統治システムの構築——一〇八六年頃—一一〇一年

しかし、一〇八六年にイブン・ワルドが死亡し、一〇八七年にアグリジェント、カストロジョヴァンニが陥落すると、状況が大きく変化した[32]。その少し前の一〇八五年には、ロゲリウス一世の兄にして主君であるアプーリア公ロベルトゥス・グイスカルドゥスが死亡している。この兄の死により、ロゲリウス一世の立場は、アプーリア公の家臣からカラーブリアとシチリアの事実上の独立の支配者へと変わっていたのである[33]。

そして、一〇八六年頃、ロゲリウス一世の政策の重点が、征服戦争から支配地の確かな統治と効率的な行政構築に移行したと考えられる。この変化を示唆するように、この時期から彼の文書発給数が急増している。ユリア・ベッカーがその著書の附録に挙げた伯文書のリストは、残存するロゲリウス一世の証書のほとんどが一〇八六年以後に発給されたものであり、それ以前に発給されたものがほんのわずかしか残されていないことを示している。しかも、このリストにある証書のほとんどがギリシア語で記されたものである。[34] 一〇八六年頃以後に、側近集団の構成が大きく変化し、行政役人が新たに任命されていったのである。

伯の側近集団の変化

一一一七年に書かれたロゲリウス一世の息子、ロゲリウス二世のギリシア語文書は、前半部分に一〇九〇年に書かれたロゲリウス一世のギリシア語・ラテン語文書を含んでいる。[35] そのラテン語部分と証人リストの部分は同じ筆跡であり、同じ書記が一一一七年に一〇九〇年の文書を写したものであることがわかる。[36] さらに、ギリシア語部分にも、証人リストがある。[37] これらの証人リストには、世俗の封建家臣に加えて、聖職者、役人が記されている。

このような証人リストは、ロゲリウス一世の側近集団全体を含んでいるわけでも、また、その主要メンバーを常に含んでいるわけでもない。しかし、側近集団のある特定の時期に関するきわめて重要な情報を提供してくれる。もし、これらのリストが数多く残っていれば、伯宮廷の重臣たちの全体像をかなり正確に復元することができるだろう。しかし、実際に残されている証人リストはごく少数である。数十年の間に数えるほどしかなく、集団の変化を確実に反映するわけではない。これらに基づいて側近集団の全体像を復元しようとするのはきわめて危険だと言わざるをえない。しかし、たとえそのような限界があるにしても、これらの証人リストは非常に重要な情報源なのである。

聖職者

一〇九七年と一一〇一年の文書の証人リストは、ノルマンの世俗封建家臣に加えて聖職者と役人を含んでいる。[38] [39] この変化は、側近集団の構成の変化を示唆している。すでに述べたように、一〇八六年頃、ロゲリウス一世はシチリアの征服をほぼ終了し、カラーブリアとシチリアの唯一の支配者となっていた。彼のプライオリティは、支配地における彼の地位を固め、彼の統治をより効率的にすることに置かれた。おそらく、彼には、それまでよりはるかに、行政役人や聖職者が必要となったことだろう。証人リストに見られる聖職者の増加はまた別の理由にも基づいている。征服地の拡大が、ロゲリウス一世に新しいラテン系の司教座の創設を可能とさせたのである。[40] 彼が作った最初の司教座はミレート司教座だったが、この司教座はおそらく一〇七五年と一〇八一年の間にグレゴリウス七世によって承認されている。[41] その後、シチリアに多くのラテン系の司教座が創設されていった。一〇八〇年十二月にはロベルトゥスをトロイーナの最初の司教に選び、[42] 一〇八三年以前に、グイスカルドゥスとともに、パレルモのギリシア人大司教をラテン系の聖職者アルケリウスに代えている。[43] その後、彼は、新しく創設した司教座やそれまでギリシア系の聖職者が置かれていた司教座にラテン系の聖職者を据えていった。たとえば、アグリジェント司教座にジュネーヴのゲルランドゥス、マザーラ司教座にルーアンのステファヌス、シラクーザ司教座にプロヴァンスのロゲリウス、カターニア司教座にブルターニュのアンゲリウスなどである。[44] このように、ロゲリウス一世のもとで、教会組織に急激な変化が生じた。証人リストは、この変化を部分的に反映しているのである。[45]

伯の役人

一〇九〇年以後の伯文書に現れる側近集団には、伯の役人たちもいる。この役人たちには、一〇九〇年の証人リストに現れるセネスカルクス・ゴフレドゥス、セネスカルクス・ウィレルムスのような伯の家政役人も含まれている。この二人はおそらくノルマン人封建家臣だと思われる。しかし、プロートノタリオス、プロートクリテース、ロゴテ

	πρωτονω-βελίσσιμος#	*πρωτο-σπαθάριος#*	*πρωτο-νοτάριος*	*μέγας κριτής πάσης καλαβρίας*	*λογοθέτης*	*καπρι-λίγγας#*
1090		ニコラオス 1	ニコラオス 1			ニコラオス 1
ca.1091					レオーン	
-unknown-				レオーン	レオーン	
1096			ヨアンネス			
1097			ヨアンネス			
1098	ニコラオス 2		ニコラオス 2	ニコラオス 2		
1101						ニコラオス 1
1104						ニコラオス 1
1105						ニコラオス 1
1109	クリストドゥーロス*					
1110	ボノス					
-unknown-			ボノス			
1111			［クリストドゥーロス*］			
1111	クリストドゥーロス*					

Note: # *πρωτονωβελίσσιμος* と *πρωτοσπαθάριος* はビザンツ帝国の称号．*καπριλίγγας* は *camerarius* のギリシア語表記でありビザンツ帝国の起源ではない．*Christodoulos は同時に *amiratus* の称号を帯びていた．

図 6-1　ロゲリウス一世とアデラシア治世（1085 年頃—1112 年）にギリシア語官職名・称号を帯びた人々

テースのような最も重要な役人は、ギリシア語起源である。これらのギリシア語起源の称号は、ビザンツ帝国支配下の南イタリアで帝国の役人に用いられていた官職名である。

ロゲリウス一世が、カラーブリアに存在していたビザンツ帝国の官職や役人をほとんどそのまま存続させたことは確かである。カラーブリアは、ビザンツ帝国支配の時代に、カラーブリア・テマと呼ばれる軍管区に組織され、カラーブリア・ストラテーゴスと呼ばれる軍管区司令官により統治されていた。しかし、十世紀までには、このストラテーゴスに加えて、プロートノタリオス（首席書記官）やクリテース（裁判官）が活動しはじめていた[46]。

これらのビザンツ帝国の高級官職は、カラーブリアのノルマン征服後まで存続した[47]。ただ、このギリシア語の「クリテース」という官職名は、十世紀、十一世紀の間に町の裁判官（*iudex*）にも適用されるようになっていた。ロゲリウス一世時代のロゴテテースであるレオーンは「全カラーブリアのメガス（大）・クリテース」の地位にあった[48]。プロートノタリオスのニコラオスの称号が、一〇九八年の文書では「全カラーブリアのプロート（首席）クリテース」となっているのは、おそらく、レオーンに取って代わったのだと考えられる。[49] いずれにしろ、ビザンツ帝国起源のこの二つの官職、「プロートノタリオス」と「全カラーブリア地方のプロートクリテース（メガス・クリテース）」は、ロゲリウス一世の伯宮廷の最も重要な役人となり、伯の側近集団の中核を構成するようになった。ビザンツ帝国支配の時代のカラーブリア・ストラテーゴスは、ノルマンの征服とともに姿を消した。しかし、ストラテーゴスという官職名は、ロゲリウス一世の下で、町の行政官を指す名称として存続したのである。[50]

このように、ビザンツ帝国の称号をもつギリシア人役人が、一〇八六年頃以後のロゲリウス一世の宮廷の役人の大半を占め、また、ビザンツ帝国の役人はカラーブリアの地方役人としても存続している。[51] ロゲリウス一世の統治組織が形成される時期に、ギリシア人が圧倒的な影響力をもっていたのである。一一〇五年のギリシア語文書は、一〇九一年のシチリア征服完了直後に伯宮廷で最高の権力を保持する三人の重臣の名前を挙げているが、そのすべてはギリシア人であった。すなわち、カプリリンガス・ニコラオス、ロゴテテース・レオーン、「プロセーネスタトス・テース・エウゲネイアス」のエウゲニオスである。[52]

第三節　ロゲリウス一世の行政組織の特徴

このように、一〇八六年頃以後、封建家臣と聖職者と役人からなる側近集団が形成され、新しい統治組織が構築されていったと考えられる。この時期のロゲリウス一世の統治の特色は、主として二つある。第一は、かつての支配者の統治組織や手段を巧みに利用したという点である。第二は、中央政府におけるギリシア人の台頭とイスラム教徒の不在である。

既存のシステムの利用

ロゲリウス一世は、イスラム教徒の支配者たちが作成した土地台帳（アラビア語で *daftar*）や住民名簿（アラビア語で *jarīda*、ギリシア語で *πλατεῖα*、ラテン語で *platea*）を利用し、その地域区分（アラビア語で *iqlīm*）を温存した。(53) これは次の二つの史料によって確認される。一つは、以下に引用する、ピッロによって写された一〇九四年の文書（ロゲリウス一世からメッシーナ司教への寄進状）である。この史料は、土地の譲渡がかつてのイスラム教徒の土地区分に従ってなされたことを示している。

〈ラテン語〉余は彼らの懇願を聞き入れて、余自身の魂の安寧と余の兄にして最も高貴なるロベルトゥス・グイスカルドゥス公の魂の安寧のために、ブタヒと呼ばれるサラセン人たちの村を、その村に属するものどもとともに、サラセン人たちの古き区分（*antiquae divisiones Saracenorum*）に従いて、メッシーナ司教区の内にある聖ニコラウス教会へ与え、永久に授けるものとする。(54)

この文書は、ジェレミー・ジョンズによって十二世紀初頭から半ばにかけて作成された偽造文書だと主張されているが、「サラセン人たちの古き区分（*antiquae divisiones Saracenorum*）に従いて」という表現は古い文書から取られたものだと考えられる。(55)

もう一つの史料は、一〇九五年二月十二日と二十日の二つの土地譲渡証書である。(56) これらの証書は、前文と跋文がギリシア語で書かれ、その間にアラビア語の住民名簿が挟まれている。このような構成は、これらの譲渡証書がかつてのイスラム教徒の支配者たちの住民名簿に基づいており、ロゲリウス一世が封土を授与する際にこれを利用したことを示唆している。(57)

こうした土地台帳や住民名簿は、ロゲリウス一世の最も重要な土地行政手段の一つとなり、これらの書類を保存・管理することが伯中央政府の重要な仕事の一つとなった。ロゲリウス一世の土地や住民に対する政策はこれらの帳簿をもとに実行されていたのである。一〇九五年に作られた土地寄進状の跋文が、この政策の一端を垣間見せてくれる。

〈ギリシア語〉このプラテイアは、余ロゲリウス伯の命により、世界紀元六六〇三（＝西暦一〇九五）年、インディクティオー三年にメッシーナにおいて記された。しかるに、余の土地及び余の封臣たちの別のプラテイアがいくつか、世界紀元六六〇一（＝西暦一〇九三）年、インディクティオー一年にマザーラで記されていた。それ故、次のことを命ずる。すなわち、もし、カターニア司教に譲渡されるこのプラテイアの中に記されているサラセン人たちのうちの誰かが、余のプラテイアや余の封臣たちのプラテイアの中に見出されたならば、その者は例外なく直ちに返却されなければならないということである。[58]

このように、譲渡証書を数多く作ると同時に、伯政府は土地台帳や住民名簿の整備・保管も進めなければならなかった。それには、技術をもつ役人が必要とされたはずである。後の時代にはこのような作業を行うための独立した行政機関が組織された。[59]アラビア語でディーワーン・アッタフキーク・アルマームール、ラテン語ではドゥアーナ・デ・セークレーティースと呼ばれる役所である。しかしながら、ロゲリウス一世の時代にそのようなものがあったかどうかは不明である。

中央政府におけるギリシア人の優勢とアラブ人の不在

この時期のロゲリウス一世の統治の第二の特色は、中央政府におけるギリシア人の優勢とイスラム教徒の不在である。征服後の人口構成について言えば、カラーブリアとシチリア東部ではギリシア人、シチリアの残りの部分ではイスラム教徒が住民の大多数を占めていた。これらの住民を統治するため、ロゲリウス一世は彼らの慣習や法制度の専門家を必要としていた。旧支配者のギリシア人役人やムスリム役人を利用したのは当然といえる。

しかし、ロゲリウス一世は、シチリア島の人口の大多数を占めるにもかかわらず、イスラム教徒を中央政府で登用することはなかった。大部分の役人がギリシア人だったのである。ロゲリウス一世の文書には、イスラム教徒やアラビア語起源の称号は、ほとんど見出せない。唯一の例外が、アミーラトゥスという称号である。[60] 一〇七二年一月、グイスカルドゥスがパレルモを陥落させた時に、騎士の一人をこの都市の管理者に任命しアミーラトゥスという称号を与えたと、アプーリアのウィレルムスが記しているのである。[61] アミーラトゥスとは、アラビア語のアミール（*amīr*）がそのまま音写されてラテン語で表記されたものである。

この時、グイスカルドゥスは、彼にとってより身近なラテン語の称号（あるいはギリシア語の称号）を用いずに、アミーラトゥスというアラビア語の称号を用いている。グイスカルドゥスがこの称号をパレルモの管理責任者に与えたのは、パレルモのイスラム教徒たちに対して、この騎士が彼らを束ね統率する立場にあることを示すためだったと考えられる。この官職の創設は、グイスカルドゥスがパレルモのイスラム教徒たちの行政上のまとまりを破壊することなく、既存の統治組織の頂点に自らの代理を据えようという意図を象徴しているように思える。

この最初のアミーラトゥスが任命された時、シチリアは征服のさなかであった。グイスカルドゥスはパレルモの二分の一の領有権と市の行政権を自らの手に置き、残る二分の一を弟のロゲリウス一世に与えた。しかし、彼の主たる領地はあくまでイタリア半島部であり、このシチリア島のパレルモは遠く離れた飛び地にすぎない。アミーラトゥス職は、パレルモとその近隣地域の行政を任されたアプーリア公の地方役人にすぎなかった。このアミーラトゥス職は、最初のうちは、ノルマン人家臣によって保持されていた。[62]

しかし、シチリア征服が完了した年、ロゲリウス一世は、パレルモの町の残る二分の一の領有権と町の行政権を獲得すると、ギリシア人役人エウゲニオスをアミーラトゥスの職に就けた。すでに述べたように、このエウゲニオスは伯宮廷の三重臣の一人であった(63)。

このように、アミーラトゥス職は、アラビア語起源ではあるが、もっぱらノルマン人家臣とギリシア人に与えられ、アラブ人にはまったく与えられなかった。イスラム教徒たちは伯文書の証人リストにも現れない。これらの事実は、イスラム教徒がロゲリウス一世の政権の中枢から除外されていたことを示唆しているように見える。

おわりに

一〇九一年にロゲリウス一世はシチリア征服を完了するが、彼の政策の重点は、すでにその数年前から、征服戦争から領地の確かな支配と効率的な行政に移行していたと考えられる。いわば、征服戦争時の支配から、平和時の支配への転換である。一〇八六年頃から、新しい行政組織が作られはじめたが、この変化は、伯の文書の発行数の急激な増加や証人リストのメンバーの変化にも反映されている。

この新しい行政組織作りの時期に、ロゲリウス一世は、かつての支配者であったイスラム教徒やビザンツ帝国の制度、とりわけ、住民名簿や土地台帳を利用した。また、多くの都市で、イスラム教徒たちの自治を尊重し、それまでのビザンツ帝国の役人や地方統治組織も利用している。しかし、イスラム教徒を中央政府の高官として用いることはなかった。

これは、当時、ロゲリウス一世の周りにアラブ人がいなかったことを意味しているのではない。ロゲリウス一世がシチリア征服を始めた時の同盟者はイブン・アッスムナであったし(64)、アラブ人カルトーミのエリアスは、ロゲリウス一世の重要な指揮官であった[65]。カンタベリーのエアドメルスの報告によれば、多くのイスラム教徒がロゲリウス一世の軍隊で働いていた[66]。また、カストロジョヴァンニを拠点としていたイスラム教徒君主ハムードは、降伏後、キリスト教徒に改宗してロゲリウス一世の居城があるミレートで余生を過ごした[67]。

ロゲリウス一世は、意図的に、イスラム教徒の役人を統治の中枢に据えなかったように見える。イスラム教徒との長い戦争の記憶や、カターニアのイブン・アッスムナの例のような裏切られた経験から、このような政策をとったのかもしれないが、その理由は、まだ、考察の余地がある。いずれにしろ、多くのアラブ人が中央の役人として重用されるようになるのは、彼が他界した後のことである。この変化には、パレルモへの首都の移動が関係しているのかもしれない。また、イスラム世界を熟知し、アラビア語を自由に操るゲオールギオス、あのロゲリウス二世の大宰相が、イスラム教徒の登用を始めたことも考えられる[68]。しかし、この重要な問題は、また別の機会に考察したいと思う。

（1）Heinrich Mitteis, *Deutsche Rechtsgeschichte, ein Studienbuch*, new ed. Heinz Lieberich,（München, 1978）, p. 186; ハインリヒ・ミッタイス著／世良晃志郎訳『ドイツ法制史概説　改訂版』（創文社、一九七一年）三三七頁。

（2）Albert Brackman, "The Beginning of the National State in Medieval Germany and the Norman Monarchies," Geoffrey Barraclough, trans., *Medieval Germany 911–1250*, 2 vols.（Oxford, 1938）, vol. 2, p. 289.

（3）David C. Douglas, *The Norman Fate 1100–1154*（Berkeley, 1976）, pp. 2–3, 120, 217.

（4）Antonio Marongiu, "Concezione della sovranità di Ruggero II," *Atti del Convegno Internazionale di Studi Ruggeriani*, 2 vols.（Palermo, 1955）, vol. 1, pp. 231–233; Antonio Marongiu, "Lo spirito della monarchia normanna di Sicilia nell'allocuzione di Ruggero II ai suoi Grandi," *Atti del Congresso internazionale di diritto romano e storia del diritto*（*Verona, 1948*）, vol. 4（Milano, 1951）, pp. 315–327; Antonio Marongiu, "Concezione della sovranità ed assolutismo di Giustiniano e di Federico II," Guiscardo Moschetti, ed., *Atti del Convegno Internazionale di Studi Federiciani*（Palermo, 1952）, pp. 31–46.

（5）Michele Amari, "Su la data degli sponsali di Arrigo VI con la Costanza erede del trono di Sicilia, Lettera del dott. O. Hartwig e Memoria del Socio M. Amari," *Atti della R. Accademia dei Lincei* 275（1877–78）, serie 3, Memoria classe scienze morali, vol. 2, pp. 409–438; Michele Amari, *Storia dei Musulmani di Sicilia*, 2nd ed. C. A. Nallino, 3 vols. in 5 parts（Catania, 1933–39）, vol. 3, pp. 451–473, 498–499, 541–553; Francesco

Gabrieli, "La politique arabe des Normandes de Sicile," *Studia islamica*, vol. 9 (1958), pp. 83–96; Jeremy Johns, "The Norman Kings of Sicily and the Fatimid Caliphate," *Anglo-Norman Studies*, vol.15 (1993), pp. 133–159; Jeremy Johns, "I re normanni e il califfi fātimiti. Nuove prospettive su vecchi materiali," Biancamaria Scarcia Amoretti, ed., *Del nuovo sulla Sicilia musulmana* (Roma, 1995), pp. 9–50; Jeremy Johns, *Arabic Administration in Norman Sicily* (Cambridge, 2002), pp. 1–7, 193–300; Adalgisa De Simone, "Il Mezzogiorno normanno-svevo visto dall'Islam africano," *Il Mezzogiorno normanno-svevo visto dal'Europa e dal mondo mediterraneo* (Bari, 1999), pp. 281–285; Alex Metcalfe, "The Muslims of Sicily under Christian Rule," Graham A. Loud & Alex Metcalfe, eds., *The Society of Norman Italy* (Leiden, 2002), pp. 289–317.

（6） Marongiu, "Concezione della sovranità di Ruggero II," pp. 228–232; Francesco Giunta, *Bizantini e Bizantinismo nella Sicilia Normanna* (Palermo, 1950 [2nd. 1974]).

（7） Charles H. Haskins, "England and Sicily in the Twelfth Century," *English Historical Review*, vol. 26 (1911), pp. 433–447, 641–665; Charles H. Haskins, *The Normans in European History* (Boston, 1915); Charles H. Haskins, *Norman Institutions* (Cambridge, Mass., 1925), pp. 23–24, 61, 111–112, 232–234; Carmela Ceci, "Normanni d'Inghilterra e Normanni d'Italia," *Archivio scientifico del R. Istituto superiore di scienze economiche e commerciali di Bari*, vol. 7 (1932–33); Dione Clementi, "Notes on Norman Sicilian Surveys," Vivian Hunter Galbraith, *The Making of Domesday Book* (Oxford, 1961), pp. 55–58; Antonio Marongiu, "I due regni normanni d'Inghilterra e d'Italia," *I normanni e la loro espansione in Europa nell'alto Medioevo* (*Settimane di studio del centro italiano di studi sull'alto medioevo*, vol. 16, Spoleto, 1969), pp. 497–557; Sally Harvey, "Domesday Book and its Predecessors," *English Historical Review*, vol. 86 (1971), p. 765. 王権の基本的性格は、他のヨーロッパ封建国家の王権と基本的に同じだったと考える研究者もいる。Léon-Robert Ménager, "L'institution monarchique dans les États normands d'Italie. Contribution à l'étude du pouvoir royal dans les principautés occidentales, aux XIe–XIIe siècles," *Cahiers de Civilisation médiévale*, vol. 2 (1959), pp. 303–331, 445–468; Donald Matthew, *The Norman Kingdom of Sicily* (Cambridge, 1992), pp. 165–206.

（8） 高山博「十二世紀シチリアにおけるノルマンの財務行政機構」（『史学雑誌』九二編七号、一九八三年七月）一—四六頁、同「十二世紀ノルマン・シチリア王国の行政官僚」（『史学雑誌』九三編一二号、一九八四年十二月）一—四六頁、同「ノルマン・シチリア王国と歴史研究——ドゥアーナの研究をめぐって」（『歴史と地理』四三五号、一九九一年十一月）一—一六頁、同『中世地中海世界とシチリア王国』（東京大学出版会、一九九三年）、Hiroshi Takayama, "The Financial and Administrative Organization of the Norman Kingdom of Sicily," *Viator*, vol. 16 (1985), pp. 129–157（本書第一章）; Hiroshi Takayama, "*Familiares Regis* and the Royal Inner Council in Twelfth-Century Sicily," *English Historical Review*, vol.104 (1989), pp. 357–372（本書第二章）; Hiroshi Takayama, "The Great Administrative Officials of the Norman Kingdom of Sicily," *Papers of the British School at Rome*, vol. 58 (1990), pp. 317–335（本書第三章）; Hiroshi Takayama, *The Administration of the Norman Kingdom of Sicily* (Leiden/ New York/ Köln, 1993).

（9） ロゲリウス一世の統治に関する基本情報については以下の文献を参照。Takayama, *The Administration of the Norman Kingdom of Sicily*, pp. 25–40; Graham A. Loud, *The Age of Robert Guiscard* (Harlow, 2000), pp. 146–185; *Ruggero il Gran Conte e l'inizio dello stato normanno*

(Roma, 1977); 高山博『中世地中海世界とシチリア王国』一二七—一四五頁、Julia Becker, *Graf Roger I. von Sizilien* (Tübingen, 2007).

(10) *De Rebus Gestis Rogerii Calabriae et Siciliae Comitis auctore Gaufredo Malaterra*, ed. Ernesto Pontieri (*Rerum Italicarum Scriptores*, 2nd ed., Bologna, 1927–28); *Storia de' Normanni di Amato di Montecassino*, ed. Vincenzo de Bartholomeis (Fonti per la storia d'Italia, Roma, 1935); Romuald of Salerno, *Chronicon sive Annales*, ed. Carlo Alberto Garufi (*Rerum Italicarum Scriptores*, 2nd ed., Città di Castello 1935); Guillelmus Apuliensis, *Gesta Roberti Wiscardi* (Guillaume de Pouille, *La Geste de Robert Guiscard*) ed. Marguerite Mathiew (Palermo, 1961).

(11) ヨルダヌスはロゲリウス一世の息子で、ゴフレドゥスとは同母兄弟である。Malaterra, Lib. III, Cap. XXXVI, p. 78: "Erat autem Jordanus ex concubina, tamen magnae viris animi et corporis et magnarum rerum gloriae suae dominationis appetitor."

(12) Malaterra, Lib. III, Cap. XXXVI, p. 78. しかし、ヨルダヌスは、ロゲリウス一世の後継者と目されながら、シチリアの征服完了と同じ年の一〇九二年に若くして死亡している (Malaterra, Lib. IV, Cap. XVIII, pp. 97–98)。*Necrologia Panormitana* (ed. Eduard Winkelmann, *Forschungen zur Deutschen Geschichte*, vol. 18 [1898], pp. 473, 475) によれば、ヨルダヌスは一〇九一年九月十七日 (15 kal. octob.) ないし十八日 (14 kal. oct.) に死亡したことになっているが、マラテッラの年代記の編者ポンティエリ (Malaterra, p. 98 note 1) は、一〇九二年四月二十六日の証書においてロゲリウス一世が息子とともに、カターニアの聖アガタ大修道院に対して寄進をしたと指摘している (Catania, Archivio Capitolare della Cattedrale di Catania, Pergamene latine, n. 1: 26 April 1091, Ind. XV [=AD 1092]. Cf. Carl A. Kehr, *Die Urkunden der normannisch-sicilischen Könige* [Innsbruck, 1902], p. 14)。

(13) Malaterra, Lib. III, Cap. XVIII, p. 67: "Primus ad excubias Othonus, alter Elias, Tertius Arisgotus, Jordanus abinde remotus Esse recusavit: … ."

(14) 彼は、一〇六三年のチェラーミの戦いで、ロゲリウス一世のために戦っている。Malaterra, Lib. II, Cap. XXXIII, p. 42; Lib. II, Cap. XLVI, p. 53.

(15) Malaterra, Lib. III, Cap. XXX, p. 75. カルトーミのエリアスは、おそらくスペインのカルトーミの出身と思われる。Amari, *Storia dei Musulmani*, vol. 3, p. 156 note 1.

(16) Malaterra, Lib. III, Cap. XXX, p. 75: "Porro Jordanus, filius comitis, et Robertus de Surda-valle et Elias Cartomensis — qui ex Saracenis ad fidem Christi conversus, postea apud Castrum-Johannis a sua gente hostiliter interfectus, quia negando apostata fieri noluit, martyrio vitam laudabiliter finivit — exercitu commoto, versus Cathaniam iter intendunt."

(17) Malaterra, Lib. III, Cap. X, p. 61

(18) Malaterra, Lib. II, Cap. XLVI, p. 53.

(19) Amatus, *Storia d' Normanni*, Lib. IV, Cap. VIIII–X, pp. 231–233; Cap. XVIII, p. 237 and note 2. ゴフレドゥス・リデルは一〇六八年にガエータ公となった。Loud, *The Age of Robert Guiscard*, p. 153; Amatus, p. 274 note 1 を参照。

(20) Malaterra, Lib. II, Cap. V; Lib. II, Cap. XXXIII, p. 42 and note 2; Amatus, Lib. I, Cap. VIIII–XV, pp. 17–20. 一〇六三年にシチリアで活躍したウルセルス・デ・バリオーネは、一〇六〇年代にビザンツ皇帝に仕えはじめ、一〇七一年のマラズギルトの戦い以後、小アジアの領主となっている。Malaterra, Lib. II, Cap. XXXIII, p. 43 ; Amatus, p. 17 notes 1, 2, and p. 18 note 2 ; Loud, *The Age of Robert Guiscard*, p. 153 ; Jonathan Shepard, “The Uses of the Franks in Eleventh-Century Byzantium,” *Anglo-Norman Studies XV: Proceedings of the Battle Conference 1992* (Woodbridge, 1993), pp. 299–302.

(21) Kehr, *Die Urkunden*, pp. 411–412.

(22) Malaterra, Lib. II, Cap. XVII, p. 34 : “Comes vero Rogerius, quietis impatiens et laboris avidus, trecentos juvenes secum ducens, usque Agrigentum praedatum et terram inspectum vadit, totam provinciam incendio concremando devastans.” Malaterra, Lib. II, Cap. XVIII, p. 35 : “Media vero hieme, videlicet ante natalem Domini, cum ducentis quinquaginta militibus iterum mare transiens, usque ad Agrigentinam urbem, totam patriam sollicitans, praedatum vadit.” Malaterra, Lib. II, Cap. XXIX, p. 39: “... iterum Siciliam cum trecentis debellaturus aggreditur, ...” Cf. Ferdinand Chalandon, *Histoire de la domination normande en Italie et en Sicile*, 2 vols. (Paris, 1907), vol. 1, p. 328.

(23) 実際、一〇六四年と一〇七二年に半島でノルマン諸侯の大規模な反乱が勃発している。

(24) Amatus, Lib. VI, Cap. XVIIII, p. 281 : “Et, en celle nuit, se esmurent o tout li ostage, et manderent certains messages liquel doient dire coment la terre s’est rendue. Et puiz, quant il fu jor, dui Cayte alerent devant, loquel avoient l’ofice laquelle avoient li antique, avec autrez gentilhome.” Cf. Amari, *Storia dei Musulmani*, vol. 3, pp. 130–131.

(25) Malaterra, Lib. II, Cap. XLV, p. 53 : “Quandoquidem fortuna praesenti sic hortabantur, urbis deditionem facere, se in famulando fideles persistere, tributa solvere : et hoc juramento legis suae firmare spopondunt.” Guillelmus Apuliensis, *Gesta Roberti Wiscardi*, Lib. III, p. 182 : “Cuncta duci dedunt, se tantum vivere poscunt. Deditione sui facta meruere favorem Exorare ducis placidi ; promittitur illis Gratia cum vita. Nullum proscribere curat, Observansque fidem promissi, laedere nullum, Quamvis gentiles essent, molitur eorum. Omnes subiectos sibi lance examinat aequa, …” Cf. Amari, *Storia dei Musulmani*, vol. 3, pp. 130–131, 277 ; Chalandon, *Histoire de la domination*, vol. 1, p. 208 ; Loud, *The Age of Robert Guiscard*, pp. 161–162.

(26) Malaterra, Lib. II, Cap. XLV, p. 53 : “Proximo mane primores, foedere interposito, utrisque fratribus locutum accedunt, legem suam nullatenus se violari vel relinquere velle dicentes, scilicet, si certi sint, quod non cogantur, vel injustis et novis legibus non atterantur.”

(27) Amari, *Storia dei Musulmani*, vol. 3, p. 132 ; Chalandon, *Histoire de la domination*, vol. 1, p. 208 ; Francesco Gabrielli, “La politique arabe des Normands de Sicile,” *Studia Islamica*, vol. 9 (1958), p. 93.

(28) Amari, *Storia dei Musulmani*, vol. 3, p. 277.

(29) Malaterra, Lib. III, Cap. X, p. 61 : “Comes vero, quibusdam necessitatibus se vocantibus, a Sicilia versus Calabriam digrediens, Hugoni de Gircaea, cui, propter strenuitatem, quam habebat — nam et praeclari generis a Cenomanensi provincia erat — cum filia sua de priore uxore Cathaniam dederat, totam Siciliam servandam delegavit, interdicens ne, si Bernarvet, quia vicinius sibi Syracusis morabatur, aliquem incursum versus se faceret, callidas eius versutias cavens, nusquam urbe digrediens, hostem persequeretur.”

（30）　Malaterra, Lib. III, Cap. XXX, p. 75 : "Hic quendam paganum, nomine Benthumen, quem comes apud Cathaniam majorem urbi praefecerat, callidis circumventionibus aggrediens, ad tradendam urbem multis munerum, possessionumve pactionibus sollicitabat. Paganus vero nominis sui competens imitator, avaritia coecatus, fidei sacramentorumque, quae comiti dederat, oblitus, statuto termino, infra urbem illum cum multitudine suorum fraudulenter de nocte accipiens, traditionis nomen sibi perpetuo vindicavit."

（31）　Malaterra, Lib. III, Cap. XXX, p. 76.

（32）　Malaterra, Lib. IV, Cap. II, p. 86 ; Lib. IV, Cap. V–VI, pp. 87–88.

（33）　ロベルトゥス・グイスカルドゥスは、一〇八五年七月十七日、ビザンツ帝国遠征中に、ケファレーニア島において死亡した。William of Apulia, Lib. V, pp. 252–254. Cf. Loud, *The Age of Robert Guiscard*, pp. 222–223.

（34）　Becker, *Graf Roger I.*, pp. 245–259.

（35）　Palermo, Archivio di Stato, Tabulario di Abbazia di S. Filippo di Fragalà e di S. Maria di Maniaci, Pergamene, n. 1. ファクシミリ版＝Salvatore Cusa, *I diplomi greci ed arabi di Sicilia pubblicati nel testo original*, vol. 1 (Palermo, 1868–82), Tav. III (Diploma of Count Roger II, 7 May, A.M. 6625, Ind. X [= 1117], Mileto, Greek. 刊本＝Cusa, pp. 383–385 ; Giuseppe Spata, *Le pergamene greche esistenti nel grande Archivio di Palermo* [Palermo, 1862], pp. 245–248. 七〇三頁の日付けに関しては誤りがある)。これには父ロゲリウス一世が与えた特権が含まれている (June, A.M. 6598, A.D. 1090, Ind. XIII, Greek and Latin)。

（36）　Cusa, p. 385 ; Spata, p. 248 : "huius rei sunt testes. gofridus filius comitis Roger. gofridus stratigotus. paganus de gorgusio. willelmus capriolus. willelmus de surdavalle. hugo de puteolis. gofridus senescalcus." つまり、証人として、伯ロゲリウス一世の息子ゴフレドゥス、ストラテーゴス (*stratigotus*)・ゴフレドゥス、パーガーヌス・デ・ゴルグシオ、ウィレルムス・カプリオルス、ウィレルムス・デ・スルダヴァレ、フゴ・デ・プテオリース、セネスカルクス・ゴフレドゥスが列挙されている。

（37）　ギリシア語部分の記述によれば、この文書は以下の証人の臨席のもとで発行された。伯の息子ゴフレドゥス、彼の実の兄弟のゴフレドゥス、ロベルトゥス・ボレルス、セネスカルクス（家令）・ウィレルムス、医者ステファヌス、カペラヌス（伯礼拝堂付司祭）・ステファヌス、デメーナの有力者トレーカリの息子バシレイオス、プロートノタリオス（首席書記官）兼カプリリンガス（侍従官）兼プロートスパタリオスであるニコラオス、書記官（*notarius*）であるウルシヌス卿、プロートスパタリオス・ガルゼーファの息子ニコラオス。Cusa, p. 384 ; Spata, p. 247 : "*γέγωνεν δὲ τὸ παρὸν χρυσωβούλλιον κατενώπιον γιοσφρέδα υἱοῦ κόμητος, καὶ ἰορδάνου ἀπταδέλφου αὐτοῦ καὶ ῥουμβέρτου βουῤῥέλλου καὶ γουλιάλμου σινεσκάλκου καὶ στεφάνου ἰατροῦ καὶ στεφάνου καππελλάνου καὶ βασιλείου υἱοῦ τρηχάρι ἄρχοντος δεμένων καὶ νικολάου πρωτονοταρίου καὶ καπριλλίγγουα καὶ πρωτοσπαθαρίου καὶ νοταρίου κυροῦ οὐρσίνου καὶ νικολάου υἱοῦ πρωτοσπαθαρίου τοῦ γαρζῆρα καὶ ἑτέρων πλήστων.*"

（38）　一〇九七年二月に発給された文書の証人リストには、伯の妻アデラシア、伯の息子マルゲリウス、ウィレルムス・デ・アルタヴィラ、ゴスベルトゥス・デ・ルチアーコ、ロベルトゥス・ボレルス、パガーヌス・デ・ゴルグシオ、ロゲリウス・デ・スティロ、首席書記官（*protonotarius*）ヨハンネス・デ・トラギニイース、ニコラウス・デ・メーサ、三人の伯礼拝堂付司祭ギラルドゥス、その兄弟ファルコ、ジェレミア・デ・サンクトエギディオ、およびフゴ・デ・メルフィアが含まれている。Francesco Trinchera, *Syllabus graecarum membranarum* (Napoli, 1865), doc. LX, p. 78: “Quod actum est teste et concedente. Adelaide. coniuge. mea et Malgerio filio meo. Willelmo. de alta villa. Iosberto de luciaco. Roberto borrello. Pagano de gorgiis. Roger de stilo. Iohanne prothonotario de traginiis. Nichola de mesa. Giraldo capellano meo. et Fulcone fratre eius capellano meo. Hugone de melfia. Jeremia de sancto egidio capellano meo.”

（39）一一〇一年発給の文書の証人リストは、伯夫人アデラシア、ロベルトゥス・ボレルス、ゴスベルトゥス・デ・ルチアーコ、ミレート被選司教ロベルトゥス、シラクーザ司教ロゲリウス、および礼拝堂付司祭のニコラオスを含んでいる。Trinchera, *Syllabus*, doc. LXIX, p. 87: “*κομιτίσσης αδυλασιας καὶ απεδωκα τον χαρτὶον εἰς χειρὰς τον κυρου λαννινου ενοπιον ρουκεριου επισκοπου συρακουσιου καὶ ρουμνερτον δε παρις καὶ ροὺμνὲρτον νουρελλου καὶ γιοὺσὺὲρτου καὶ λοὺτζι† καὶ νικολαου μεσῶν*”; “Quod feci presentibus his. Comitissa adelaide. et roberto borrello et iosberto de luciaco. et roberto electo melitensi atque Rogerio siracusano episcopo. et nicolao canberlario”; “hanc chartulam tradidi in manus domini Lanuini, coram Rogerio Syracusano Episcopo, et Roberto de Paride, et Roberto Borello, et Giusberto, et Lutzi† et Nicolao cubiculariis.”

（40）Salvatore Fodale, “Il gran conte e la sede apostolica,” *Ruggero il Gran Conte e l’inizio dello stato normanno* (Roma, 1977), pp. 27–32; Cosimo Damiano Fonseca, “Le istituzioni ecclesiastiche dell’Italia meridionale e Ruggero il Gran Conte,” *Ruggero il Gran Conte*, pp. 46–58; Chalandon, *Histoire de la domination*, I, pp. 342–347. ロゲリウス一世の教会政策については以下も参照。Lynn Townsend White, *Latin Monasticism in Norman Sicily* (Cambridge, Mass. 1938); Mario Scaduto, *Il monachesimo basiliano nella Sicilia medievale. Rinaschita e decadenza (sec. XI–XIV)* (Roma, 1947); Tommaso Leccisotti, “Ruggero II e il monachesimo benedettino,” *Studi Ruggeriani*, vol. 1, pp. 63–72; Léon-Robert Ménager, “La 〈byzantinisation〉 religieuse de l’Italie méridionale (IXe–XIIe siècles) et la politique monastique des normands d’Italie méridionale,” *Revue d’histoire ecclésiastique*, vol. 53 (1958), pp. 747–774; vol. 54 (1959), pp. 5–40.

（41）Fonseca, “Le istituzioni ecclesiastiche,” p.46–47. この司教座の司教区は、一〇八七年のロゲリウス一世の証書によって定められた。

（42）Malaterra, Lib. III, Cap. XIX, p. 68 and note 2; Lib. III, Cap. XXIII, p. 101; Lib. III, Cap. XXIX, p. 107. ロゲリウス一世は一〇八一年二月にその司教区を定め、教皇による証人を一〇八二年にグレゴリウス七世から受けた。

（43）Malaterra, Lib. III, Cap. XLV, p. 53. アルケリウスは一〇八三年四月十六日付けのグレゴリウス七世の教皇勅書を授かっている (Philipp Jaffé, Samuel Löwenfeld et alii, ed., *Regesta pontificum Romanorum ad MCXCVIII*, 2 vols. [Leipzig, 1885–88], vol. 1, pp. 644–645, no. 5258; Rocco Pirro, *Sicilia sacra disquisitionibus et notitiis illustrata*, 2 vols., ed. A. Mongitore [Palermo, 1733], vol. 1, p. 70)。Cf. Fonseca, “Le istituzioni ecclesiastiche,” p. 52; Scaduto, *Il monachesimo basiliano*, p. 51; Dieter Girgensohn, “Dall’episcopato greco all’episcopato latino nell’Italia meridionale,” *La chiesa greca in Italia dall’VIII al XVI secolo. Atti del Convegno storico interecclesiale (Bari 30 aprile–4 maggio 1969)*, vol. 1 (Padova, 1973), p. 30.

（44）　Malaterra, Lib. IV, Cap. VII, p. 89: "Ecclesias passim per universam Siciliam fieri imperat; ipse pluribus in locis de suo sumptus, quibus facilius fiant, attribuit. In urbe Agrigentina pontificalibus infulis cathedram sublimat: terris, decimis et diversis copiis, quae pontifici et clero competenter designata sufficiant, haereditaliter chirographis suis dotat, ornamentis et sacri altaris utensilibus ed plenum consignatis. Huic ecclesiae Gerlandum quendam, natione Allobrogum, virum, ut ajunt, magnae charitatis et ecclesiasticis disciplinis eruditum, episcopum ordinans, praefecit. Haud secus apud Mazariam facere addens, omnibus quae rite sufficienter praelato et clericis ad plenum designatis, Stephanum, quendam Rothomagensem, honestae vitae virum, episcopum ordinavit. Apud Syracusam vero idem adjicens Rogerium, decanum ecclesiae Traynensis, honestae eruditionis clericum et boni moris et affabilitatis virum, in Provincia ortum, pontificalibus infulis sublimavit. ... Apud Sanctam Euphemiam vero, monachum quendam, natione Britonem, virum religiosum, post abbatem totam ecclesiam prudenti moderamine audiens, ut hunc ecclesiae Cathaniae — si impetrare queat — episcopum ordinet, intendit. ... Sicque solemniter episcopatum concedens, quod nulli episcoporum fecisse cognoscitur, totam urbem sedi suae cum omnibus appendicis suis sub chirographo et testibus haereditaliter possidendam assignavit." Cf. Fodale, "Il gran conte e la sede apostolica," pp. 31–32; Fonseca, "Le istituzioni ecclesiastiche," pp. 49–50.

しかしながら、カターニアでは、少なくとも一一〇三年まで司教職を保持しつづけたギリシア人司教がいる。シラクーザでは、ギリシア人聖職者が、一〇九三年になってもラテン系司教のもとで活動していた。一〇九六年にはメッシーナ司教区がトロイーナ司教区と合併され、トロイーナ司教ロベルトゥスに委任された。カラーブリアでは、スクイラーチェの初代司教ヨアンネス・ニケフォロスが一〇九六年の教皇特使により任命された。Francesco Giunta, *Bizantini e bizantinismo nella Sicilia normanna*, 2nd ed. (Palermo, 1974), p. 31; Fodale, "Il gran conte," p. 32. シラクーザ、カターニアおよびアグリジェントにおけるラテン系司教座の創設は、シャランドンによれば、一〇八六年から一〇八八年の間に行われたとされる（Chalandon, *Histoire de la domination*, vol. 1, p. 344）。

（45）　一〇九五年および一一〇一年の証書リストには、ミレート被選司教ロベルトゥス、一一〇一年にはシラクーザ司教ロゲリウス、一〇九五年にはカターニア司教アンゲリウスが現れる。これら高位聖職者の他、伯礼拝堂付司祭たちが、書記としてだけでなく、伯の側近として、重要な役割を果たしたと思われる。史料には、一〇九〇年のステファヌス、一〇九七年のギラルドゥス、その兄弟ファルコ、ジェレミア・デ・サンクトエギディオなど、複数の礼拝堂付司祭が見出せる。

（46）　Jules Gay, *L'Italie méridionale et l'empire Byzantine, depuis l'avènement de Basile 1er jusqu'à la prise de Bari par les Normands, 867–1071* (Paris, 1904), pp. 556–560; George Ostrogorsky, *History of the Byzantine State*, trans. by Joan Hussey, rev. ed. (New Brunswick, New Jersey, 1969), p. 247. 南イタリアのビザンツ帝国の官職については次のものも見よ。Vera von Falkenhausen, *Untersuchungen über die byzantinische Herrschaft in Süditalien vom 9. bis ins 11. Jahrhundert* (Wiesbaden, 1967); idem, *La dominazione bizantina nell'Italia meridionale dal IX all'XI secolo* (Bari, 1978).

（47）　Gay, *L'Italie méridionale*, pp. 559–560. ビザンツ帝国支配下のクリテースに関しては、プロートノタリオスよりはるかに多くの情報がある。たとえば、十世紀後半にロッサーノで、クリテース・エウプラクシオスが活動していたのを確認できるし、一〇二六年には、ランゴバルディアとカラーブリアのクリテースだったレオーンが、ターラントで法廷を開いている。一〇四八年には、帝国の「イタリア・クリテース」クリコリウスがバーリで活動している。Evelyn Jamison, "The Norman Administration of Apulia and Capua, More Especially under Roger II and William I, 1127–1166," *Papers of the British School at Rome*, vol. 6 (1913), pp. 302–303; Gay, *L'Italie méridionale*, p. 556.

(48) ロゴテテースのレオーンに関する情報は余りないが、後の時代の文書が、ロゴテテース職と同時に、「全カラーブリアの大裁判官（メガス・クリテース・パセース・カラブリアス）」という官職も保有していたことを示唆している。Bernard de Montfaucon, *Palaeographia Graeca* (Paris, 1708), Lib. VI, p. 402, 世界起源六六三九年（＝西暦一一三〇年）、インディクティオー五年（＝西暦一一二六年）九月付けの文書（モンフォコンは日付けを一一三一年としている）。なお、Jamison, "The Norman Administration," pp. 303–304で引用されている（"*μέγας κριτὴς πάσης καλαβρίας*"）。

(49) André Guillou, "Lo svolgimento della giustizia nell'Italia meridionale sotto il Gran Conte Ruggero e il suo significato storico," *Ruggero il Gran Conte e l'inizio dello stato normanno* (Roma, 1977), p. 72 note 12; Montfaucon, *Palaeographia graeca*, Lib. VI, p. 394.

(50) *Les actes latines de S. Maria di Messina (1103–1250)*, ed. Léon-Robert Ménager (Palermo, 1963), pp. 27–42.

(51) Cusa, p. 390: (December 1094) "*καὶ διωρίζωμαι ἅπαντας ἀρχιεπησκόπους ἐπισκόττους βαρουνείοις φωρωστέρης στρατιγοῖς καὶ βεσκώμητας καὶ τοὺς κατὰ τὴν ἡμέραν ἐξουσιαστὰς...*"; Cusa, p. 643: (20 August 1099) "*ἀπό τε διοκομίτων καὶ παραδιοκομίτων τουρμάρχων πλατηαρίων καὶ λυπῶν,...*" また、ストラテーゴスの他に、ウィケコメス（*vicecomites*, *βεσκόμητες*）、森林官（*φορεστάριοι*）、ラテン語文書ではバイウルス（*baiulus*）と記されるエクスーシアステース（*ἐξουσιασταί*）、トゥールマルケース（*τουρμάρχοι*）という称号を帯びた地方役人も見出される。

(52) Palermo, Archivio di Stato, Tabulario di Abbazia di S. Filippo di Fragalà e di S. Maria di Maniaci, Pergamene, n. 8; Catania, Archivio Provinciale, Fondo Radusa, n. 22 (Original. May, A.M. 6613 [= A.D. 1105], Indiction XIII. Edition: Cusa, pp. 396–400; Spata, pp. 197–204): "... *κόμιτος ὡς ὁδηγούμενος παρὰ τοῦ ἁγίου πνεύματος ὁμοίως καὶ παρὰ τῶν ἀρχόντων τῶν τιμίων λέγω δὴ νικολάου τοῦ ἐνδοξοτάτου καπριλίγγα καὶ τοῦ ἐνδοξοτάτου λέοντος τοῦ λογοθέτου, οἵτινες καὶ αὐτὸς καὶ ὁ προσπνέστατος τῆς εὐγενείας εὐγένιος ...*"

(53) Amari, *Storia dei Musulmani*, vol. 2, p. 34; Amari, "Su la data degli sponsali," p. 430; Mario Caravale, "Gli uffici finanziari nel Regno di Sicilia durante il periodo normanno," *Annali di storia del diritto*, vol. 8 (1964), pp. 185–187; Chalandon, *Histoire de la domination*, vol. 2, p. 348.

(54) Pirro, vol. 2, p. 384: "Unde audita ejus petitione pro salute animae meae, et fratris mei nobilissimi Ducis Roberti Guiscardi ... dedi, et in perpetuum concessi Ecclesiae S. Nicolai Episcopii Messanae, casale Saracenorum, quod dicitur Butahi cum omni tenimento, et pertinentiis suis secundum antiquas divisiones Saracenorum."

(55) Johns, *Arabic Administration*, p. 41.

(56) パレルモで作成された、二月十二日の土地寄進状は、前文がギリシア語で、七十五人の住民の名がアラビア語で、跋文がギリシア語で書かれている（Cusa, pp. 1–3）。二月二十日の土地寄進状は、前文がギリシア語、三百九十八名の住民名簿がアラビア語、跋文がギリシア語で書かれた（Cusa, pp. 541–549）。

（57）カラーブリアにおいても、カラヴァーレが示唆する通り、シチリアのイスラム教徒のものと類似の住民名簿が残存していたようである。世界紀元六六〇一（＝西暦一〇九二）年十二月に発行された、パレルモ大司教宛ての、カラーブリアのラコ村の土地寄進状の中の住民名簿はギリシア語で書かれていた。Caravale, "Gli uffici finanziari," pp. 187–188; Pirro, vol. 1, pp. 77–78.

（58）Cusa, pp. 548–549: "*Εγράφη οἱ τιαύτη πλατεῖα τῇ προστάξῃ ἐμοῦ κόμητος ῥωγερίου τῆς γ' ἰνδικτιῶνος τοῦ ςχγ' ἔτους ὄντος μου ἐχ τὴν μεσσίνην, αἱ δαὶ ἄλλαι πλατεῖαι τῆς ἐμῆς χώρας καὶ τῶν ἐμῶν τερρερίων ἐγράφησαν ἐχ τὸ μαζάρρη τοῦ ςχα' ἔτους τῆς α' ἰνδικτιῶνος. καὶ διὰ τούτω προστάττομεν ὅτι ἐάν τις εὑρέθη ἐχ τὰς ἐμὰς πλατείας ἤτε ἐχ τὰς πλατείας τῶν τερρερίων μου ἐκ τοὺς ἀγαρινοὺς τοὺς ὄντας γεγραμμένους ἐχ τὴν τοιαύτην πλατεῖαν ἵνα ἀντιστρέφῃ αὐτοὺς ὁ ἐπίσκοπος ἄνευ πάσης προφάσεως.*"

（59）後の時代のディーワーン・アッタフキーク・アルマームール（*dīwān at-taḥqīq al-ma'mūr*）ないしドゥアーナ・デ・セークレーティース（*duana de secretis*）については以下を参照。Takayama, *The Administration*, pp. 81–84; Takayama, "The Financial and Administrative Organization," pp. 129–157.

（60）アミーラトゥス職については、Hiroshi Takayama, "*Amiratus* in the Norman Kingdom of Sicily—A Leading Office of Arabic Origin in the Royal Administration," *Forschungen zur Reichs-, Papst- und Landesgeschichte*, eds. Karl Borchardt & Enno Bunz（Stuttgart, 1998）, pp. 133–144（本書第四章）を参照。

（61）Guillelmus Apuliensis, *Gesta Roberti Wiscardi*, Lib. III, vers 340–343, p. 182: "Obsidibus sumptis aliquot castrisque paratis, Reginam remeat Robertus victor ad urbem, Nominis eiusdem quodam remanente Panormi Milite, qui Siculis datur amiratus haberi."

（62）Cava de' Tirreni, Archivio della Badia della Santissima Trinità, Arca magna, Armarium C, nos. 5, 6（Edition: Léon-Robert Ménager, *Recueil des Actes des ducs normands d'Italie*（*1046–1127*）*, I: Les premiers ducs*（*1046–1087*）（Società di Storia Patria per la Puglia. Documenti e monografie, 45, Bari, 1981）, nos. XLIV, XLV）. メナジェは、二つの証書のうち少なくとも一つは、オリジナルに基づく偽造だと考えている。Léon-Robert Ménager, *Amiratus-Ajmhra: V. L'Émirat et les Origines de l'Amirauté*（*XIe–XIIIe siècles*）（Paris, 1960）, p. 25, and Appendice II, nos. 1, 2, pp. 167–168.

（63）前掲注(52)。

（64）Malaterra, Lib. II, Cap. III, IV, XVI–XXII, pp.30, 34–36.

（65）Malaterra, Lib. III, Cap. XVIII, p. 67.

（66）Eadmer, *Vita Sancti Anselmi: the Life of St. Anselm, Archbishop of Canterbury*, ed. Richard William Southern（London, 1963）, pp. 111–112; Chalandon, *Histoire de la domination*, vol. 1, p. 304.

（67）Malaterra, Lib. IV, Cap. V–VI, pp. 87–88.

（68）ゲオールギオスに関しては以下の文献を参照。Ménager, *Amiratus*, pp. 44–53; Takayama, "*Amiratus*," pp. 138–140; Takayama, *The Administration*, p. 53.

〔付記〕本章は、二〇〇一年にイタリアのトロイーナで開催された国際会議 Congresso internazionale di studi per il IX Centenario で報告し、その報告録 *Ruggero I Gran Conte di Sicilia*, ed. G. De' Giovanni-Centelles (Roma, 2007) に収録された論文 "The Administration of Roger I: The Foundation of the Norman Administrative System" を改訂したものである。残念ながら、報告録の論文のテキストには非常に多くの誤りがあった。誤りの大部分は編集過程でなされた MS Word ファイルから印刷のための別の形式のファイルへの転換によって生じたもので、私自身が校正刷をチェックする機会を与えられなかったために、訂正されないまま残ったものである。本書の刊行に際しては、すべての誤りを正し、新しい情報を加えた。しかし、もとの議論を変えないように、改訂は最小限にとどめている。

第七章　中世シチリアの宮廷と王権
――権力中枢の変化と多文化的要素

中世シチリアのノルマン王の宮廷に関しては、歴史家によって様々な特徴付けがなされてきた[1]。七十年以上前に、チャールズ・H・ハスキンズは、その著書『十二世紀ルネサンス』の中でノルマン宮廷の東洋的特徴を次のように鮮やかに描写している。

シチリアの宮廷はさらにこれよりも明らかに官僚的である。その上、それは、ビザンツばかりでなくアラビアの東方的特色を色濃く帯びていた。その占星術師や詩人、アラビア人の医者やいろいろな言語に通じている秘書たちは、はじめに述べたあのサマルカンドの詩人［ニザミ］の描いている側近の姿に極めて近かった。ラテン語やギリシア語やアラビア語によるその記録は、熟達の書記たちからなる大勢のスタッフを必要とし、パレルモに常設の保管所を置かねばならなかった。その宮殿は東方イスラム教徒の快適な住居を連想させる。その宮廷には東方風の隔離されたハーレムがあった[2]。

ハスキンズは、別の著書で、イングランドとシチリアの二つのノルマン王国において統治上の類似した課題が類似した行政組織を生み出した可能性がある点を指摘し、その類似性を説明するために相互の影響関係を調査する必要があると述べている[3]。しかし、彼のシチリア宮廷に対する基本認識は、その東方的、オリエント的な特徴にある。ハスキンズにとって、シチリアのノルマン宮廷は「ハーレムがあって宦官がいて、ファーティマ朝の宮廷に類似した」ものであり、その王国は「北のノルマン人のあいだや西ヨーロッパのいかなる場所で見いだされるよりも、はるかに専制的で東方的な型のもの」であった。(4) アントニオ・マロンジュは、同じ東方でも、ビザンツ帝国の影響をより重視する。彼によれば、初代の王ロゲリウス二世（在位一一三〇—五四年）は、ローマ皇帝の後継者であるビザンツ皇帝を模して、専制的な君主国を創ろうとしていたという。(5) フランチェスコ・ジュンタも同様にビザンツ帝国の影響を強調している。(6) しかし、レオン・ロベール・メナジェは、このような東方的特色を主張する歴史家たちに異議を唱え、シチリアのノルマン王は、西ヨーロッパの王たちと多くの類似点をもっており、シチリア王権は他のヨーロッパ封建国家の王権と基本的に変わらないと論じている。(7) 他の歴史家の中には、一つの支配的な文化的要素を強調するよりも、むしろ、アラブ、ビザンツ、そしてラテンの要素の並存をシチリアのノルマン宮廷の特徴とみなす者もいる。(8)

他方、ビザンツ帝国やイスラム世界、あるいは、西ヨーロッパの宮廷との共通性という観点ではなく、シチリアのノルマン宮廷に高度な官僚機構を見出し、その早熟な近代性を主張する研究者も多い。ビザンツ帝国の影響を重視したマロンジュは、ロゲリウス二世の法、統治、君主権に対する概念を検討し、西ヨーロッパにおけるその先進性をも論じている。(9) エンリコ・マッツァレーゼ・ファルデッラは、メナジェの理解とは反対に、ノルマン王国はむしろ「封建国家の否定として生まれた」と論じた。(10) ジャン・マリ・マルタンも「王国の政府に見られる東方的要素は、前時代の遺物ではなく、君主制のもとで調整され完全にされた統治技術とみなさなければならない。古風に見える東洋の特徴にもかかわらず（同時に、そのために）、ノルマン君主国は疑いなく西ヨーロッパがその周辺部でもった最初の「近代」国家であった」と論じている。(11) 同様の問題意識から、ヴァルター・ホルツマンは、ロゲリウス二世の権力の拡大がヨーロッパ政治に与えた影響を検討し、(12) ヘレーネ・ヴィールスゾウスキは、シチリアの政府と政治の新しいシステムが同時代人の活動や思想にどのように反映していたかを検討している。(13)

このように、中世シチリアのノルマン王と宮廷に対する歴史家の見方は様々である。一見すると、歴史家たちの間には一致するところがそれほどないように思われる。しかしながら、研究者たちの論点は大きく二つにまとめることができる。一つは、宮廷あるいは王権の性格において、西ヨーロッパ、イスラム、ビザンツ帝国のいずれの要素が優越しているのかという問題設定であり、もう一つは、王権や宮廷の中央行政組織において、西ヨーロッパの他の君主国と同じように封建的特徴が支配的とみなすべきか、それとも近代的国家組織の萌芽を認めるべきかという問題設定である。この二つの問題設定は、異なる問題意識に由来するものだが、密接に関連している。たとえば、西ヨーロッパ的要素と封建的特徴は密接に結びついているし、ビザンツ的要素・イスラム的要素は東方的専制君主の宮廷のイメージと結びついている。他方、近代国家組織の萌芽を認めようとする見方は、西ヨーロッパ、ビザンツ、イスラムのいずれの要素をも基本的に否定している。

果たして中世シチリアのノルマン宮廷は、ハスキンズが考えるように東方的な君主のいる東方的な宮廷だったのか。それとも、メナジェが言うように封建制に基礎を置く当時の西ヨーロッパの諸宮廷と基本的に同じで、その王も西ヨーロッパの君主と同じように考えるべきなのか。あるいは、マロンジュのように、封建的な西ヨーロッパ宮廷や君主とは質的に異なる近代的国家組織の萌芽をそこに認めることができるのだろうか。本章の目的は、シチリアのノルマン宮廷の特徴を検討して、これらの問いに答えることである。

この問題を考察するにあたって注意すべき点をあらかじめ二つ指摘しておきたい。まず、宮廷にしろ王権にしろ、時代によって大きく変化する側面とそれほど変化しない側面があるということである。ノルマン王国の時代を通して変化しない特徴もあれば、時を経て変化する特徴もある。しかし、これまでの研究者たちは王国の特徴を固定的に捉え、変化するという点に十分注意を払ってこなかったように見える。

注意すべき第二の点は、異なる三つの文化的要素が、宮廷のどの部分にどのような形で反映していたかを、具体的に明らかにする必要があるということである。多くの研究者は、特定の文化的要素に焦点をあててその文化的影響の強さを主張してきたが、このやり方ではノルマン宮廷の実態を知ることはできない。問題は三つの文化的要素がどのような形で存在していたかという点にある。

以上の二つの点に注意を払いながらシチリアのノルマン王権と宮廷を検討し、その特徴を明らかにしたいと思う。

第一節　シチリア王の宮廷

キリスト教徒の王

シチリアのノルマン王権と宮廷の重要な特徴のうち、ノルマン王国の時代を通して大きく変化しないものは、二つある。その第一は、王自身が常にキリスト教徒であったということである。この点は、自明のことのように思われるかもしれないが、常に念頭に置いておく必要がある。シチリアのノルマン王たちは、知れば知るほどムスリム君主のように見えてくるからである。実際、年代記作家イブン・アルアシールは、当時ロゲリウス二世がイスラム教徒だという噂があったことを記している(14)。

キリスト教徒のノルマン王たちは、ラテン文化だけではなく、アラブ文化、ギリシア文化に対する深い素養をもっていた。ロゲリウス二世の場合には、とりわけギリシア文化の影響が強く、現在確認できる彼の署名のほとんどがギリシア語で記されている(15)。十二世紀後半に王国を訪れたスペインのイスラム教徒イブン・ジュバイルによれば、ウィレルムス二世（在位一一六六—八九年）はアラビア語で読み書きする能力をもち、その印璽は「アッラーに讃えあれ。アッラーへの賞賛は正しきものなり」というアラビア語であった。また、その父ウィレルムス一世（在位一一五四—六六年）の印璽も同じく「アッラーに讃えあれ。アッラーの恩寵に感謝し奉らん」というアラビア語であった(16)。ロゲリウス二世の金印勅書と鉛封印には、「強力にして敬虔なる王、ロゲリウス」（ΡΟΓΕΡΙΟΣ ΚΡΑΤΑΙΟΣ ΕΥΣΕΒΗΣ ΡΗΞ）と宣する銘がギリシア語で記されており、鉛封印の方には、また、「ロゲリウス、神の恩寵によりシチリア、カラーブリア、アプーリアの王」（ROGERIUS DEI GRACIA SICILIE CALABRIE APULIE REX）というラテン語の銘が裏面に刻まれていた。シチリアのノルマン王に作られたあらゆる金貨と、銀貨と銅貨の多くは、クーフィー体もしくはナスヒー体でアラビア語の銘が刻まれていた。

(17)(18)(19)

これらの三人のノルマン王たちは、いずれも学問や芸術に造詣が深く、医者や占星術師、哲学者、地理学者、数学者など、多くの学者たちをパレルモの王宮に集めていた。アラブ人地理学者イドリーシーによれば、ロゲリウス二世は、数学、政治学、自然科学に関する深い学識をもち、学者たちと話すのを楽しみにしていたという。ロゲリウス二世の宮廷には、このイドリーシーの他に、ギリシア人神学者ネイロス・ドクソパトレースがいたことが知られている。また、イブン・ジュバイルによれば、ウィレルムス二世は、医者や占星術師を大事に保護しており、異国の医者や占星術師が通りかかった時には、巨額の生活費をあてがって王国に引きとどめようとしていたという。

(20)(21)(22)

このように、ノルマン人の王はキリスト教徒でありながら、イスラム世界やビザンツ世界の学問に通じ、アラブ人やギリシア人の学者を重用した知識人であった。

パレルモの王宮

ノルマン王国の時代を通して変わらない第二の重要な特徴は、ノルマン＝シチリア王国の王権と宮廷に関して言えば、首都がパレルモに固定されていたということである。ノルマン人の王は、王国の至るところに王宮をもっていたが、彼らの主たる生活空間はパレルモの王宮であった。一年のうち数ヵ月はメッシーナの王宮に滞在し、ごく短期間それ以外の城に滞在することもあった。しかし、国王の第一の居住場所はパレルモの王宮であり、王国の中心はパレルモであった。[24] これは、当時の西欧諸国の多くが固定した首都をもたず、宮廷が国王とともに移動していたのとはきわめて対照的である。イングランドでもフランスでもドイツでも、国王は居城を一ヵ所に固定することなく、随行員を引き連れて数週間あるいは数ヵ月ごとに別の場所へ移動していた。

パレルモは、政治、経済、文化を含む、人間の活動ほとんどあらゆる側面の中心であり、ナポリを除けば、王国で最も大きな都市であった。十二世紀には、その人口は五万人から十万人だったと推計されており、[25] 五万人規模のローマやロンドンより大きな都市であった。[26] イドリーシーによれば、この時代のパレルモは、イスラム支配期と同じように城塞区域と郊外区域の二つの区域からなり、[27] 城塞区域には「そびえ立つような宮殿、高貴で気品のある大邸宅、モスク、商館、浴場、大商人の店が数多くあった」という。[28] イスラム教徒の旅行者イブン・ジュバイルはまた、この都市の生き生きとしたイメージをわれわれに与えてくれる。王宮は、この城塞区域の最も高い場所にあり、高い塔と城壁で防備されていた。王宮の建物は、イブン・ジュバイルの表現を借りれば、「町の胸に当たる高まった部分に、あたかも胸の豊かな女の首にかかる真珠の首飾りのごとく整然と連なっていた」。[29]

宮殿は古いイスラム教徒の城を改築したものだが、いわゆる「ファルカンドゥス」の、パレルモの司教座聖堂参事会員にして財務官であるペトルスへの手紙は、われわれに王宮の構造を示してくれる。[30] 王宮は、ロゲリウス二世治世には、ピサ塔とギリシア塔の二つの塔を備えていた。ピサ塔は宝物庫を監視するために使われていた。ギリシア塔はギリシア人職人の手で作られたためにギリシア塔と呼ばれていたが、煉瓦造りであったことから赤い塔とも呼ばれていた。ロゲリウス二世は、これら二つの塔の間に、第三の塔ジョアリア塔を建てた。この新しい塔は王が余暇を過ごすために作ったものであり、内部は金色に輝く調度品で飾られていたという。[31] この「ジョアリア」という言葉は、「宝石部屋」を意味するアラビア語の「ジャウハリーヤ」に由来するものである。さらに、ウィレルムス一世の時代に、第四の塔、すなわち、キリンビ塔が建てられた。[32]

これらの塔は、建物の本体部分で結ばれており、中央にはパラティナ礼拝堂が建てられていた(33)。この礼拝堂の壁面上部には旧約・新約聖書の物語が黄金色を基調とする色とりどりのモザイクで描かれ、木製の天井はアラブ風の彫刻で飾られていた(34)。王宮の城壁の内側には、王と王妃に仕える世話係や少女、小姓たち専用の家屋も建てられ、王が大臣たちと相談したり、有力者たちと重要問題を話し合うための小さな美しい建物も作られていたという(35)。首都パレルモにあるこの王宮は、十二世紀のノルマン王国の時代に大きく変化しなかった重要な要素である。シチリアの宮廷とは、基本的に、このパレルモの王宮とそこで活動する人々を指している。

宮廷のイスラム教徒たち

一方、アラブ人歴史家イブン・アルアシールは、ロゲリウス二世のイスラム教徒への好意がきわだっていたため、彼は隠れムスリムだという噂が流れていたと伝えている(36)。現代の歴史家の中には、ハスキンズのように、ロゲリウス二世がイスラム世界の君主と同様にハーレムをもっていたと考える者たちもいる(37)。その真偽を確認することはできないが、彼の宮廷に多くのイスラム教徒たちがいたことは確かである。

ロゲリウス二世の後継者たちも、イスラム教徒たちに囲まれて生活していた。ウィレルムス一世は、王国の政治を大臣たちに任せ、イスラム教徒の小姓や侍女にかしずかれて静かで安楽な生活を送ることを好んでいた。彼は、パレルモ近郊に、ジーザ宮と呼ばれる、果樹や庭園に囲まれた美しい東洋風の宮殿の建設を始めた(38)。イブン・ジュバイルによれば、その息子ウィレルムス二世は、イスラム教徒たちを深く信頼し、身辺業務や重要事すべてを彼らに任せていた。彼は、イスラム教徒の料理長を抱え、イスラム教徒の黒人奴隷からなる軍隊によって守られていた(39)。また、王の側近く仕える宦官の小姓たちは、そのほとんどがイスラム教を信仰する隠れムスリムであり、王国の官僚の多くはこれらの小姓の中から選ばれ、王宮で強大な権力をもつ侍従たちも小姓上がりであったという(40)。

このように、王国の中心には常にキリスト教徒の王が存在し、王国支配の中心はパレルモの王宮であったが、王を取り巻く環境を見ると、シチリアの王は、キリスト教徒でありながら、イスラム教徒に囲まれてイスラム世界のムスリム君主とほとんど変わらない生活をしていたように見える。まさに、ハスキンズの描く宮廷と王のイメージがそこにある。しかし、このことだけで、ノルマン王の宮廷をイスラム世界の宮廷と同じと考えることはできない。宮廷の権力構造や王国の統治システムを検討すると、イスラム世界の宮廷とは異なる実態が浮かび上がってくるからである。

第二節　宮廷の権力中枢の諸形態

権力中枢の三つの型——王、宰相、ファミリアーレース・レギス

パレルモの王宮にはロゲリウス二世の治世から固定した行政組織が形成され、役人集団が常駐するようになっていた。そして、国王は不在であっても、パレルモ王宮が行政上の中心としての機能を果たしつづけていた。しかし、宮廷の権力構造も王国の行政組織も、時とともに大きく変化している(41)。

宮廷の中心には王がいるが、王家に属する人々はどの治世においても非常に少なかった。ロゲリウス二世が一一三〇年にパレルモで王冠を受けた時、両親と兄弟はすでに他界し、親族は妻と子供たちだけであった。その息子ウィレルムス一世が単独統治を始めた時にも妻と子供たちしか残っておらず、孫ウィレルムス二世が王位を継いだ時は母親と弟ヘンリクスしかいなかった。王の血を引く強力な貴族の家系は生まれず、王は血縁関係のない役人や大臣、聖職者あるいは世俗の家臣に頼らざるをえなかった。シチリア宮廷の権力構造は、これらの人々と王との関係、あるいは有力者どうしのパワー・バランスによって、決定していた。

そして、王権の性格や宮廷の権力構造を考察する際には、国王のみでなく宰相やファミリアーレース・レギスと呼

ばれる王国最高顧問団の構成員に細心の注意を払わなければならない。何故なら、実質的な権力は常に王に掌握されていたわけではないからである。中央の権力は、基本的に次の三つのパターンをとっていた。つまり、王自身が権力を行使するか、王に代わる宰相が権力を掌握するか、あるいは、複数の大臣による集団指導体制となるかである。われわれは、これらの権力中枢の三つのパターンがシチリアの宮廷に交互に現れたということを心に留めておく必要がある。

王自身が権力を掌握していない場合には、宮廷は、主導権をめぐる駆け引きと激しい権力闘争の舞台となった。そこに、官僚と聖職者と世俗封建家臣の間の対立、シチリア・南イタリア出身者と異邦人との対立、異文化集団間の対立がからむことになる。

ロゲリウス二世、ウィレルムス一世、ウィレルムス二世期における権力中枢の型の変化

初代の王ロゲリウス二世の治世は、基本的に、王自身が権力を行使する第一のパターンであった。この時期、王の周りには、ノルマン貴族やキリスト教聖職者に加えて、尚書（*cancellarius*）、侍従官（*camerarius*）、首席書記官（*protonotarius*）、書記官（*notarius*）、ロゴテテース（*λογοθέτης*）、アミーラトゥス（*amiratus*）といったローマ帝国、フランク王国、ビザンツ帝国、あるいは、アラブ起源の様々な官職名や称号を有する、有能な役人たちがいた。[42] とりわけ、アミーラトゥスというアラブ起源の称号をもつ高官たちは、ロゲリウス二世が最も信頼する重臣たちであった。彼らは、軍隊を指揮し、王国の行政にも関わっていたが、その大部分はギリシア人であった。[43] ロゲリウス二世の宰相となったゲオールギオスは、アミーラトゥスの称号をも帯びていたが、そうしたギリシア人の典型的な例であった。彼はアンティオキア生まれのギリシア人であり、チュニジアのイスラム教国ジール朝スルタンに仕えた後、シチリアにやってきた。ギリシア語、アラビア語に堪能で、アラブ系、ギリシア系住民を多く抱える王国の行政にとってきわめて有用

な人物であった[44]。このような有能な大臣や役人、封建家臣に支えられながらではあったが、ロゲリウス二世は、多くの重要な事柄を自ら処理し、様々な問題を自分で解決していた。彼の治世には、基本的に王自身が権力を行使し、政治の中心にいたのである。

その息子ウィレルムス一世の治世は、これとはまったく異なる。ウィレルムス一世は、ロゲリウス二世死亡直後の不安定期が終わると、国政を宰相マイオに任せ、自らは後宮で気儘な生活を送ることにした[45]。国王は政治の表舞台から姿を消し、宰相マイオが国政のほぼ全権を掌握した。王に代わって宰相が権力を行使する第二のパターンである。宰相マイオは行政制度の中央集権化を進め、官僚制度を強化し、王権の拡大に努めた。この時期に、中央政府では侍従官の階層化が進展する[46]。

しかし、宰相マイオの暗殺後は、第三のパターンとなる。ウィレルムス一世は、カターニア大助祭、従兄弟のマルシコ伯、シラクーザ被選司教をファミリアーレース・レギス（王のファミリアーレース）に任命し、この三名に国政を委ねたのである[47]。これ以後、ファミリアーレース・レギスは、ノルマンの行政において特別な重要性をもつようになった。ファミリアーリス・レギスは、ウィレルムス一世、ウィレルムス二世治世を通して、王国最高顧問団メンバーを指すきわめて限定された称号となる。この称号の保持者は、一時的に十人に膨れ上がることもあったが、通常は三人から五人であった。彼らは、政策や他の重要な事柄の決定権者として、王国で最も権力のある大臣たちだった。彼らは、重要問題を決定し、国王文書を発給するために共に行動していた。彼らが、国政を担い、王の政府を取り仕切っていたのである[48]。このように、ウィレルムス一世治世には、一人の宰相から複数の王国最高顧問団への権力の移動が見られた。

次のウィレルムス二世の治世も、王は権力を直接行使せず、基本的に第二、第三のパターンであった。彼が未成年であった治世初期、摂政となった母后マルガリータは、王宮侍従長官（*magister camerarius regii palatii*）ペトルスを王国最高顧問団の筆頭にし、実質的に宰相の役割を担わせた。[49] 彼一人に権力を集中させたのである。しかし、封建諸侯たちの不満が増大し、混乱状態の中で、ペトルスは北アフリカへ逃亡した。その後は、マルガリータの懇願に応じてやってきたフランスのペルシュ伯の息子ステファヌスが、主導権を握ることになる。彼は、到着後すぐに尚書に任じられ、翌年にはパレルモ大司教へ選出された。王国の最高位の行政職と最高位の聖職を手にした彼は、やはり、王国の宰相として国政を担うことになる。しかし、フランス人取り巻きを重用した強権政治が諸侯やシチリアの住民の大きな反発を招き、結局内乱の中で国外へ逃亡してしまう。

政治が安定するのは、王国最高顧問団の一人だったグアルテリウスがパレルモ大司教に叙階された時である。グアルテリウスは、当時アグリジェント司教座聖堂参事会長であり国王の教育係だったが、パレルモ大司教に叙階されるとすぐに王国最高顧問団の構成を変え、アグリジェント司教と書記官マテウスを含む三人体制を確立した。[50] こうして再び、宮廷の権力中枢は集団指導体制となる。この三人体制は約十五年間続いた。そして、一一八三年に新しいモンレアーレ大司教区が創設され、その初代大司教ウィレルムスが王国最高顧問団に加わった時、四人体制へ移行した。その後、集団指導体制は、ウィレルムス二世死後のタンクレドゥス治世に中断するが、その息子のウィレルムス三世治世に復活した。[51]

このように、宮廷における権力中枢は、時とともに大きく変化した。ロゲリウス二世が、たとえ宰相を中心とした有能な側近たちに支えられながらではあっても、精力的に自ら国政を司っていたのに対し、その後を継ぐ二人のウィレルムス王たちは、積極的に国政に関与することはせず、政治の表舞台から遠ざかっていた。そして、一人の宰相、もしくは、王国最高顧問団が国政を担っていた。国王は、制度的にあるいは象徴的に王国支配の中心ではあっても、実質的な支配の中心は、その代理たる宰相あるいは王国最高顧問団に移動していたのである。

第三節　宮廷の権力中枢における異文化的要素

王と宰相

では、このように権力中枢が変化する宮廷において、異文化的要素はどのような役割を果たし、どのような影響を与えていたのだろうか。ノルマン王がすべてキリスト教徒であったことは最初に述べたが、王妃もすべてキリスト教徒であった。ただし、王妃たちは、異国出身であった。ロゲリウス二世の最初の妻エルヴィラはスペインのカスティリア王アルフォンスス六世の娘、二番目の妻シビリアはフランスのブルゴーニュ公フゴの娘、三番目の妻ベアトリクスは同じくフランスのレテル伯の娘、ウィレルムス一世の妻マルガリータはスペインのナバーラ王ガルシアの娘、ウィレルムス二世の妻ヨハンナはイングランド王ヘンリクス二世の娘である。宮廷の権力中枢にいる宰相や王国最高顧問団、高級役人の文化的背景を調べると、彼らの文化・宗教・言語は様々であり、異国出身者も多いことがわかる。宰相のほとんどは、異国出身者であった。すでに述べたように、ロゲリウス二世の宰相ゲオールギオスはシリアのアンティオキア生まれのギリシア人[52]、ウィレルムス二世未成年期に宰相に任命されたペトルスはジェルバ島生まれのアラブ人宦官である。ファルカンドゥスは、彼のことを「名前と服装においてはキリスト教徒だったが、心は王宮の他のすべての宦官たちと同じくサラセン人であった」と記している[53]。その後を継いで宰相となったステファヌスはフランス人である[54]。このように、王国国政の実権を握った四人の宰相のうち三人までもが異国生まれであり、南イタリア出身者はウィレルムス一世治世初期の宰相マイオ一人にすぎない[55]。

ファミリアーレース・レギス

また、王国最高顧問団の中にも多くの異邦人を見出すことができ、そのうちの多くはアラブ文化に属する人々であった。ウィレルムス一世治世末の三人の王国最高顧問団のうち、指導的地位にいたシラクーザ被選司教はイングランド人であり[56]、王宮侍従長官ペトルスは前述のようにアラブ人宦官であった[57]。宰相ペトルスのアフリカ亡命後に結成された五名の王国最高顧問団のうち、一人はイングランド人聖職者シラクーザのリカルドゥス、二人はアラブ人宦官リカルドゥスとマルティヌスである[58]。宰相ステファヌス逃亡後に形成された十人からなる王国最高顧問団にも、三名の異邦人、すなわち、イングランド人のシラクーザ被選司教リカルドゥス、ハンガリー人のアグリジェント司教ゲンティーリス、スペイン人のモンテスカリオーソ伯ヘンリクスが含まれている[59]。さらに、一一六九年に王国最高顧問団の三人体制が確立した後も、ハンガリー人のゲンティーリスとイングランド人のリカルドゥスは共に含まれていた[60]。このように、王国最高顧問団の中にも、アラブ文化に属する人々を含む、多くの異邦人が含まれていた[61]。

中央政府の要職や役人にも、アラブ人、ギリシア人が多く見られる。すでに見たように、ロゲリウス二世期に活躍したアミーラトゥスのほとんどは、ギリシア人であった[62]。他方、十二世紀後半に王国の中央行政の中心にいた王宮侍従官（*camerarius regii palatii*）のほとんどはアラブ人である。史料に確認できる八人の王宮侍従官（王宮侍従長官も含む）のうち、四名ないし六名はアラブ人である[63]。侍従官たちの中心にいる王宮侍従長官は、ヨハル[64]、ペトルス[65]、リカルドゥス[66]の三代にわたってすべてアラブ人であった。土地に関わる文書を保管・管理する中央の役所ドゥアーナ・デ・セークレーティース（*duana de secretis*）の高官たちも、その多くがアラブ人であった[67]。出身が異郷の地であることを確認できる役人も多い。たとえば、ロゲリウス二世に仕えた尚書ロベルトゥスと王宮礼拝堂付司祭トマス・ブルヌス[68]、三人の王に司法官として仕えたフロリウス・デ・カメロータは[69]、イングランド出身であった[70]。

このように、大臣や役人には、多くの異邦人、とりわけアラブ人やギリシア人が多く含まれていた。ここで、王国内に確かにユダヤ人の共同体があったにもかかわらず、いかなるユダヤ人も権力中枢に、王国行政の中にさえも見出すことができないということを注記しておきたい。その理由を含め、この重要な事実に対する考察は別の機会に行いたい。いずれにせよ、宮廷の権力中枢に様々な文化的背景をもつ人々がいたことは確かである。そして、注意深く見ると、時代とともに宮廷において優越する文化が変化していることがわかる。ロゲリウス二世の時代にはゲオールギオスのようなギリシア人役人が大きな影響力をもっていたが、ウィレルムス一世治世には王宮侍従長官をはじめとするアラブ人役人の影響力が拡大し、ウィレルムス二世治世にはラテン系役人の存在が大きくなっていった。長期的な傾向としては、ギリシア人からアラブ人へ、そして、ラテン系の役人へと宮廷における影響力が移行しているのである。[71]

おわりに

シチリア王国の宮廷は基本的にパレルモの王宮に固定されており、そこにはアラブ、ギリシア、ラテン文化を背景にもつ人々が併存していた。キリスト教徒のノルマン王は、この王宮でイスラム教徒に囲まれて生活していた。これはノルマン王国時代を通して変わらない特徴である。しかし、宮廷の権力中枢も権力構造も時代とともに大きく変化している。王自身が権力を行使する場合もあれば、王の代理としての宰相が権力を掌握する場合も、ファミリアーレ・レギスと呼ばれる集団指導体制が敷かれる場合もあった。したがって、王だけに焦点をあてて、王権の性格を議論することはできない。権力中枢のパターンによって、王権の性格は変わるし、宮廷の権力構造も大きく変わるのである。この権力中枢にいる宰相や王国最高顧問団には、多くのアラブ人、ギリシア人、異邦人が含まれていた。そして、権力を掌握する人々の文化的背景も、ギリシアからアラブ、そしてラテンへと、時代によって異なっている。

従来の研究者たちの多くは、このシチリアの宮廷や王権に見られる特定の文化に焦点をあて、イスラムやビザンツの影響を強調したり、西ヨーロッパ的特徴を強調してきた。しかし、一つの文化的要素を強調してシチリアの宮廷の性格付けを行うことは、現実の状況を恣意的に切り取って誤ったイメージを作り上げているにすぎない。それぞれの文化的要素が、どの時代、どの側面にどのように現れていたかを具体的に確認し、総合的に判断しなければ、シチリアの宮廷の一般的な特徴を言うことはできないのである。

　また、シチリア宮廷の中央行政組織に、近代国家組織の起源を見ることもできない。西ヨーロッパの他の君主国に比べれば、シチリアの行政組織の官僚化ははるかに進んでいたと思われる。しかし、すでに別の論考で確認したように、シチリアの財務組織の高度な官僚化・先進性を論じた歴史家たちの議論は受け入れることができない。彼らは、ラテン語、ギリシア語、アラビア語の対応関係を厳密に確定せず、時代の変化を十分考慮しなかったために、実際以上に複雑な機構図を描いてしまったからである。[72] もちろん、このシチリアの制度が周辺諸国や後の時代に影響を与えたことは十分に考えられる。また、アラブ人やギリシア人役人に支えられたシチリアの行政組織が同時代の西欧で先進的に見えることも確かである。しかし、その多くは、以前からあったイスラム教徒やビザンツ帝国のシステムを利用したものにすぎない。

　シチリア王国のパレルモ宮廷には、イスラム文化、ギリシア文化を背景にもつ多くの知識人官僚が存在し、大きな影響力を行使していた。シチリア王は、ギリシア人、アラブ人官僚によって支えられており、いわば、イスラム文化、ギリシア文化の上に乗ったキリスト教徒の王だったのである。[73]

（1）シチリアのノルマン宮廷の全般的な説明については、以下を参照。Jean-Marie Martin, *Italies normandes, XIe–XIIe siècles* (Paris, 1994), pp. 259–287; Hubert Houben, *Roger II. von Sizilien* (Darmstadt, 1997), pp. 104–135 [English translation: *Roger II of Sicily*, trans. G. Loud (Cambridge, 2002), pp. 98–135].

（2）チャールズ・H・ハスキンズ著／野口洋二訳『十二世紀ルネサンス』（創文社、一九八五年）五〇―五一頁。

（3）Charles H. Haskins, *The Normans in European History* (Boston, 1915), pp. 228–230; Charles H. Haskins, "England and Sicily in the Twelfth

Century," *English Historical Review*, vol. 26 (1911), pp. 433–447, 641–665.

(4) Haskins, *The Normans in European History*, p. 230. ノルマンの王およびシチリアの宮廷におけるイスラム、とりわけファーティマ朝の影響に関する研究は、十九世紀に主としてM・アマーリによってなされ、二十世紀にF・ガブリエーリに引き継がれた。Michele Amari, "Su la data degli sponsali di Arrigo VI con la Constanza erede del trono di Sicilia, Lettera del dott. O. Hartwig e Memoria del Socio M. Amari," *Atti della R. Accademia dei Lincei*, vol. 275 (1877–78), serie 3, Memoria classe scienza morali 2, pp. 409–438; idem, *Storia dei Musulmani di Sicilia*, 2nd ed., ed. Carlo A. Nallino, 3 vols. in 5 parts (Catania, 1933–39), vol. 3, pp. 451–473, 498–499, 541–553; Francesco Gabrieli, "La politique arabe des Normandes de Sicile," *Studia islamica*, vol. 9 (1958), pp. 83–96. 二十世紀の終わりに、アラブ学者の新しい世代が、ノルマンの王と宮廷へのイスラムの影響の重要性を再び強調しはじめた。Jeremy Johns, "The Norman Kings of Sicily and the Fatimid Caliphate," *Anglo-Norman Studies*, vol. 15 (1993), pp. 133–159; idem, "I re normanni e il califfi fâtimiti. Nuove prospettive su vecchi materiali," in B. Scarcia Amoretti, ed., *Del nuovo sulla Sicilia musulmana* (Roma, 1995), pp. 9–50; idem, *Arabic Administration in Norman Sicily* (Cambridge 2002), pp. 1–7, 193–300; Adalgisa. De Simone, "Il Mezzogiorno normanno-svevo visto dall'Islam africano," *Il Mezzogiorno normanno-svevo visto dall'Europa e dal mondo mediterraneo*, ed. Giosuè Musca (Bari, 1999), pp. 281–285; Alex Metcalfe, "The Muslims of Sicily under Christian Rule," in Graham A. Loud and Alex Metcalfe, eds., *The Society of Norman Italy* (Leiden, 2002), pp. 289–317.

(5) Antonio Marongiu, "Concezione della sovranità di Ruggero II," *Atti del Convegno Internazionale di Studi Ruggeriani*, 2 vols. (Palermo, 1955), vol. 1, pp. 228–232.

(6) Francesco Giunta, *Bizantini e bizantinismo nella Sicilia normanna* (Palermo, 1950 [2nd ed. 1974]).

(7) Léon-Robert Ménager, "L'institution monarchique dans les États normands d'Italie. Contribution à l'étude du pouvoir royal dans les principautés occidentales, aux XIe–XIIe siècles," *Cahiers de civilisation médiévale*, vol. 2 (1959), pp. 303–331, 445–468.

(8) 例として、以下を参照。Vera von Falkenhausen, "I gruppi etnici nel regno di Ruggero II e la loro participazione al potere," *Società, potere e popolo nell'età di Ruggero II* (Bari, 1979), pp. 133–157; Houben, *Roger II. von Sizilien*, pp. 179–184 [English trans., pp. 176–181].

(9) Marongiu, "Concezione della sovranità di Ruggero II," pp. 231–233; idem, "Lo spirito della monarchia normanna di Sicilia nell'allocuzione di Ruggero II ai suoi Grandi," *Atti del Congresso internazionale di diritto romano e storia del diritto, Verona 1948*, vol. 4 (Milano, 1951), pp. 315–327; idem, "Concezione della sovranità ed assolutismo di Giustiniano e di Federico II," *Atti del Convegno internazionale di Studi Federiciani* (Palermo, 1952), pp. 31–46. また、以下を参照。David Charles Douglas, *The Norman Fate, 1100–1154* (Berkeley, 1976), pp. 115–120, 217.

(10) Enrico Mazzarese Fardella, *Aspetti dell'organizzazione amministrativa nello stato normanno e svevo* (Milano, 1966), p. 18.

(11) Martin, *Italies normandes*, p. 261.

(12) Walther Holtzmann, "Il regno di Ruggero II e gli inizi di un sistema di state europei," *Atti del Convegno Internazionale di Studi Ruggeriani*, 2 vols. (Palermo, 1955), vol. 1, pp. 29–48.

（13）Helene Wieruszowski, "Roger II of Sicily, Rex-Tyranus in Twelfth-Century Political Thought," *Speculum*, vol. 38（1963）, pp. 46–78.

（14）注（36）参照。

（15）ギリシア語文書だけでなく、ラテン語文書の署名もギリシア語である。たとえば、一一四四年十月十八日にメッシーナで出されたラテン語文書（Palermo, Archivio di Stato, *Tabulario della Chiesa di S. Maria Maddalena di Giosafat*, perg. no. 29; *Rogerii II. regis diplomata latina*, ed. Carlrichard Brühl [Köln/ Wien, 1987], pp. 183–186, no. 64）; 同年十月二十四日にメッシーナで出されたラテン語文書（Roma, Biblioteca Apost. Vaticana, *Fondo Aldobrandini*, Pergamene II, 10（5）; *Archivio Paleografico Italiano*, vol. 14（1954）, Tav. 4; *Rogerii II. regis diplomata latina*, pp. 187–189, no. 65）; 同年十一月三日にメッシーナで出されたラテン語文書（Palermo, Biblioteca centrale della Regione Siciliana, *Tabulario di S. Maria Nuova di Monreale*, perg. no. 3; Carlo A. Garufi, *Catalogo illustrato del Tabulario di S. Maria Nuova in Monreale* [Palermo, 1902], Tav. 1; Carlrichard Brühl, *Urkunden und Kanzlei König Rogers II. von Sizilien* [Köln, 1978], Tav. XI; *Rogerii II. regis diplomata latina*, pp. 189–192, no. 66）。しかしながら、ファルケンハウゼンは、ロゲリウス二世のギリシア語の署名は彼自身の手によって書かれたのではなく、彼の書記の一人によって書かれたと信じている。Vera von Falkenhausen, "I diplomi dei re normanni in lingua greca," Giuseppe De Gregorio & Otto Kresten, eds., *Documenti medievali greci e latini. Studi Comparativi. Atti del seminario di Erice（23–29 ottobre 1995）*（Spoleto, 1998）, pp. 283–286. ラテン語の署名については、一一二四年からのラテン語証書を参照。*Archivio Paleografico Italiano*, vol. 3（1892–1910）, Tav. 45; Houben, *Roger II. von Sizilien*, p. 40 [English trans., p. 40]; *Rogerii II. regis diplomata latina*, pp. 16–17, no. 6. ノルマンの支配下で発給された証書の分析については、以下を参照。アラビア語に関しては、Johns, *Arabic Administration*, ギリシア語に関しては、Falkenhausen, "I diplomi dei re normanni," ラテン語に関しては、Horst Enzensberger, *Beiträge zum Kanzlei- und Urkundenwesen der normannischen Herrscher Unteritaliens und Siziliens*（Kallmünz, 1971）; Brühl, *Urkunden und Kanzlei.*; Theo Kölzer, *Urkunden und Kanzlei der Kaiserin Konstanze, Königin von Sizilien（1195–1198）*（Köln/ Wien, 1983）。

（16）Ibn Jubayr, *Rihla*（*The Travels of Ibn Jubair*）, ed. by William Wright, 2nd ed. revised by Michael J. De Goeje（Leiden, 1907）, p. 325（日本語訳＝イブン・ジュバイル著／藤本勝次・池田修監訳『旅行記』関西大学出版部、一九九二年、三二九頁）.

（17）これは、王としてのロゲリウス二世の、唯一現存する金印勅書で、一一三二年二月の公文書に添付されていた（*Archivio Paleografico Italiano*, vol.14（1954）, Tav. 18–19, Tav. 19 にこの勅書のイラストが付いている。*Rogerii II. regis diplomata latina*, pp. 45–48, no. 16）。以下を参照。Enzensberger, *Beiträge zum Kanzlei- und Urkundenwesen*, pp. 89–92; Brühl, *Urkunden und Kanzlei*, p. 76; Houben, *Roger II. von Sizilien*, pp. 123–124 [English trans., p. 119].

（18）この印章は、一一四四年十一月三日の公文書に添付されていた（*Rogerii II. regis diplomata latina*, pp.189–192, no. 66）。Houben, *Roger II. von Sizilien*, pp. 124–125 [English trans., 120–121] にこの印章のイラストがある。

（19）Jeremy Johns, "I titoli arabi dei sovrani normanni di Sicilia," *Bollettino di Numismatica*, vol. 6–7（1986）, pp. 11–54; Lucia Travaini, *La monetazione nell'Italia normanna*（Roma, 1995）; Philip Grierson and Lucia Travaini, *Medieval European Coinage 14: Italy（III）*（*South Italy, Sicily,*

Sardinia）（Cambridge, 1998）, pp. 1–140.

（20）Al-Idrīsī, *Kitāb nuzha al-mushtāq fī Ikhtirāq al-Āfāq*（*Opus geographicum*）, 6 vols.（Roma, 1970–76）, p. 5 ; in Michele Amari, ed., *Biblioteca arabo-sicula, testo arabo*（Leipzig, 1857）, p. 16 ; in Michele Amari, ed. and trans., *Biblioteca arabo-sicula, versione italiana*, 2 vols.（Roma/ Torino, 1880–81）, vol. 1, p. 35.

（21）A. Kazhdan, "Doxopatres, Neilos," *The Oxford Dictionary of Byzantium*, 3 vols., ed. A. Kazhdan（Oxford, 1991）, vol. 1, p. 660 ; Vera von Falkenhausen, "Doxapatres, Nilo," *Dizionario biografico degli Italiani*, vol. 41（Roma, 1992）, pp. 610–613.

（22）Ibn Jubayr, *Riḥla*, p. 324（イブン・ジュバイル『旅行記』三二九頁）.

（23）Al-Idrīsī, *Kitāb nuzha al-mushtāq*, pp. 590–592 ; in Amari, ed., *Biblioteca arabo-sicula, testo arabo*, pp. 28–30 ; in Amari, ed. and trans., *Biblioteca arabo-sicula, versione italiana*, vol. 1, pp. 59–62.

（24）ノルマンの王たちは、パレルモの周辺にも王宮をもっており、たとえば、温泉のある大きな庭園に囲まれたファヴァーラや、これもまた庭園に囲まれたアルトフォンテの王宮がある。Romualdus Salernitanus, *Chronicon sive Annales*, ed. Carlo A. Garufi（Città di Castello, 1909–35, RIS², v. 7–1）, p. 232［English translation : Graham A. Loud and Thomas Wiedemann, trans., *The History of the Tyrants of Sicily by "Hugo Falcandus" 1154–69*（Manchester, 1998）, p. 219］; Hugo Falcandus, *Liber de regno Sicilie*, in G. B. Siragusa, ed., *La historia o liber de regno Siciliae*（Roma, 1897）, p. 87［English translation : Loud and Wiedemann, trans., *The History of the Tyrants of Sicily*, pp. 136–137］. Houben, *Roger II.* von Sizilien, p. 131［English trans., pp.130–131］を参照。

（25）Illuminato Peri, *Uomini, città e campagne in Sicilia dall'XI al XIII secolo*（Bari, 1978）, p. 108 ; Hans van Werveke "The Rise of the Towns," Michael. M. Postan, E. E. Rich and Edward Miller, eds., *The Cambridge Economic History of Europe*, vol. 3（Cambridge, 1963）, p. 38.

（26）Werveke, "The Rise of the Towns," *The Cambridge Economic History of Europe*, vol. 3, pp. 38–39 ; Lester K. Little, *Religious Poverty and the Profit Economy in Medieval Europe*（Ithaca, 1978）, pp. 22–23 ; Brian Tierney and Sidney Painter, *Western Europe in the Middle Ages, 300–1475*, 4th ed.（New York, 1983）, p. 274.

（27）パレルモの構造は、イスラム支配下の時期からそれほど変化しなかった。十世紀にこの都市を訪れたイブン・ハウカルは、パレルモに関する詳細な情報をわれわれに残してくれている。以下を参照。Ibn Hawqal, *Kitāb Sūra al-Arḍ*, ed. Michele Amari, *Journal asiastique*, 4e série, vol. 5（1845）, pp. 84–85.

（28）Al-Idrīsī, *Kitāb nuzha al-mushtāq*, pp. 590–591 ; in Amari, ed., *Biblioteca arabo-sicula, testo arabo*, pp. 28–29 ; in Amari, ed. and trans., *Biblioteca arabo-sicula, versione italiana* , vol. 1, pp. 59–60.

（29）Ibn Jubayr, *Riḥla*, p. 331（イブン・ジュバイル『旅行記』三三六—三三七頁）. Cf. Houben, *Roger II. von Sizilien*, pp. 129–130［English trans., p. 128］.

（30）Hugo Falcandus, "Epistola ad Petrum Panormitane ecclesie thesaurarium de calamitate Sicilie," G. B. Siragusa, *La historia o liber de Regno Si-*

cilie (Roma, 1897), p. 177 [English translation: Loud and Wiedemann, trans., *The History of the Tyrants of Sicily*, pp. 258–259]. Houben, *Roger II. von Sizilien*, pp. 130–131 [English trans., pp. 128–129] を参照。

(31) Falcandus, "Epistola," pp.177–178 [Loud and Wiedemann, trans., *The History of the Tyrants of Sicily*, p. 259]: "hinc habens turrim Pisanam thesaurorum custodie deputatam, illinc turrim Grecam ei civitatis parti que Kemonia dicitur imminentem. medium vero locum pars illa palatii que Ioharia nuncupatur, plurimum habens decoris, illustrat, quam multiformis ornatus gloria prefulgentem, rex ubi otio quietique indulgere voluerit, familiarius frequentare consuevit."

(32) このキリンビ塔は、年代記には *Chirimbi* あるいは *Chirumbi* と記されている。*Chronicon Siciliae*, in Lodovico A. Muratori, *Rerum Italicarum Scriptores*, 25 vols. (Milano, 1723–51), vol. 10, p. 814; Otto Demus, *The Mosaics of Norman Sicily* (London, 1949 [rep. New York, 1988]), p. 56.

(33) これら四つの塔のうち、ギリシア塔とキリンビ塔は破壊され、ピサ塔だけがほぼ原型をとどめている。ジョアリア塔は一部分のみが残されているが、ノルマン王宮の「ルッジェーロ（ロゲリウス）の間」は、このジョアリア塔の残存部分である。「ルッジェーロの間」については、以下を参照。Demus, *The Mosaics of Norman Sicily*, pp. 180–186.

(34) Falcandus, "Epistola," p.180 [Loud and Wiedemann, trans., *The History of the Tyrants of Sicily*, p. 260]: "porro ex ea parte que urbem respicit palatium ingressuris, capella regia primumu occurrit sumputuosi operis pavimento constrata, parietes habens inferius quidem pretiosi marmoris tabulis decoratos, superius autem de lapillulis quadris, partim auratis, partim diversi coloris, veteris ac novi Testamenti depictam ystoriam continentes. supremi vero fastigii tabulatum insignis elegantia celature et miranda picture varietas passimque radiantes auri splendor exornant." このパラティナ礼拝堂は、今でも見ることができる。礼拝堂については、以下を参照。Demus, *The Mosaics of Norman Sicily*, pp. 25–72; Eve Borsook, *Messages in Mosaic* (Oxford, 1990), pp. 20–41, fig. 16; William Tronzo, *The Cultures of His Kingdom* (Princeton, 1997).

(35) Falcandus, "Epistola," p. 178 [Loud and Wiedemann, trans., *The History of the Tyrants of Sicily*, p. 259]: "inde per reliquum spatium varie sunt circumquaque disposite mansiones matronis puellisque et eunuchis, qui regi regineque serviunt deputare. sunt et alia ibidem palatiola multo quidem decore nitentia, ubi rex aut de statu regni cum familiaribus suis secretius disserit, aut de publicis et maioribus regni negotiis locuturus proceres introducit." Cf. Falcandus, *Liber de regno*, p. 55 [Loud and Wiedemann, trans., *The History of the Tyrants of Sicily*, p. 108]: "ut cum e palatio rex in ampliorem locum exiret, ubi cum archidiacono Cathaniensi singulis diebus solebat de statu regni disserere."

(36) Ibn al-Athīr, *Al-Kāmil fī at-Tārīkh* in: Amari, ed., *Biblioteca arabo-sicula, testo arabo*, p. 288; Amari, ed. and trans., *Biblioteca arabo-sicula, versione italiana*, p. 464.

(37) Haskins, *The Normans in European History*, p. 230; Amari, *Storia dei Musulmani di Sicilia*, vol. 3, p. 449; Edmund Curtis, *Roger of Sicily and the Normans in Lower Italy, 1016–1154* (New York, 1912), pp. 309–312; Aziz Ahmad, A *History of Islamic Sicily* (Edinburgh, 1975), p. 58.

(38) Romualdus, *Chronicon*, pp. 252–253 [Loud and Wiedemann, trans., *The History of the Tyrants of Sicily*, p. 237]: "Eo tempore rex Willelmus

palatium quoddam altum satis et miro artificio laboratum prope Panormumu beneficari fecit, quod Sisam appelauit, et ipsum pulchris pomiferis et amenis uiridariis circumdedit, et diuersis aquarum conductibus et piscariis satis delectabile reddidit." Falcandus, *Liber de regno*, p. 87［Loud and Wiedemann, trans., *The History of the Tyrants of Sicily*, p.137］: "timens ne quevis occasio voluptuosum otium impediret, familiares suos premonuerat ut nichil ei quod mestitiam aut sollicitudinem posset ingerere nunciarent, ac se totum deinceps voluptati devovens, cepit animo latius evagari, cogitans ut quia pater iusu Favariam, Minenium aliaque delectabilia loca facerat, ipse quoque palatium consturueret." Cf. Amari, *Storia dei Musulmani di Sicilia*, vol. 3, pp. 500–501. 高山博『神秘の中世王国――ヨーロッパ、ビザンツ、イスラム文化の十字路』（東京大学出版会、一九九五年）九五―一〇一頁参照。

（39） Ibn Jubayr, *Riḥla*, p. 324（イブン・ジュバイル『旅行記』三二八頁）.

（40） Ibn Jubayr, *Riḥla*, pp. 325–326（イブン・ジュバイル『旅行記』三三〇頁）.

（41） 中央行政組織と宮廷の権力構造の変化については、とりわけ以下の文献を参照。Evelyn Jamison, *Admiral Eugenius of Sicily: His Life and Work*（London, 1957）; Mazzarese Fardella, *Aspetti dell'organizzazione amministrativa nello stato normanno e svevo*; 高山博「十二世紀シチリアにおけるノルマンの財務行政機構」（『史学雑誌』九二編七号、一九八三年七月）一―四六頁、同「十二世紀ノルマン・シチリア王国の行政官僚」（『史学雑誌』九三編一二号、一九八四年十二月）一―四六頁、Hiroshi Takayama, "The Financial and Administrative Organization of the Norman Kingdom of Sicily," *Viator*, vol. 16（1985）, pp. 129–157（本書第一章）; idem, "*Familiares Regis* and the Royal Inner Council in Twelfth-Century Sicily," *English Historical Review*, vol. 104（1989）, pp. 357–372（本書第二章）; idem, "The Great Administrative Officials of the Norman Kingdom of Sicily," *Papers of the British School at Rome*, vol. 58（1990）, pp. 317–335（本書第三章）; idem, *The Administration of the Norman Kingdom of Sicily*（Leiden/ New York/ Köln, 1993）; 高山博『中世地中海世界とシチリア王国』（東京大学出版会、一九九三年）八―三〇頁、同「ノルマン・シチリア王国の行政機構再考」（『西洋史研究』新輯二九号、二〇〇〇年）八五―一〇三頁（本書第五章）、Martin, *Italies normandes*, pp.107–129; Houben, *Roger II. von Sizilien*, pp. 149–162［English trans., pp. 147–159］; Mario Caravale, *La monarchia meridionale. Istituzioni e dottrina giuridica dai Normanni ai Borboni*（Bari, 1998）.

（42） ロゲリウス二世の側近や役人については、以下を参照。Takayama, *The Administration*, pp. 48–56, 66–93; 高山『中世地中海世界とシチリア王国』一七一―一七九、一九一―二三八頁。

（43） アミーラトゥスに関しては、以下の文献を参照。Jamison, *Admiral Eugenius of Sicily*; Léon-Robert Ménager, *Amiratus–' Ἀμηρᾶς. L'emirat et les origines de l'amirauté*（*XIe–XIIIe siècles*）（Paris, 1960）; 高山博「ノルマン・シチリア王国のアミーラトゥス――ノルマン行政の頂点に立つアラブ官職」（樺山紘一編『西洋中世像の革新』刀水書房、一九九五年）三一―五〇頁、Hiroshi Takayama, "*Amiratus* in the Norman Kingdom of Sicily. A Leading Office of Arabic Origin in the Royal Administration," *Forschungen zur Reichs-, Papst- und Landesgeschichte*, eds. Karl Borchardt and Enno. Bünz（Stuttgart, 1998）, pp. 133–144（本書第四章）.

（44） Ibn ʿAdhārī, *Kitāb al-Bayān al-Mughrib*, in Amari, ed., *Biblioteca arabo-sicula, testo arabo*, p. 373; in Amari, ed. and trans., *Biblioteca arabo-*

sicula, versione italiana, vol. 2, p. 38; Amari, *Storia dei Musulmani di Sicilia*, vol. 3, pp. 368–369; Ibn Khaldūn, *Kitāb al-'Ibar*, in Amari, ed., *Biblioteca arabo-sicula, testo arabo*, p. 487; in Amari, ed. and trans., *Biblioteca arabo-sicula, versione italiana*, vol. 2, p 206; Amari, *Storia dei Musulmani di Sicilia*, vol. 3, p. 369; Takayama, *The Administration*, pp. 53, 66–67; 高山『中世地中海世界とシチリア王国』一七五—一七六、一九一—一九二頁、同『神秘の中世王国』二〇六—二〇七頁。

（45） Falcandus, *Liber de regno*, p. 87 [Loud and Wiedemann, trans., *The History of the Tyrants of Sicily*, p. 136].

（46） Takayama, "The Great Administrative Officials," pp. 321–326; 高山『中世地中海世界とシチリア王国』二五一—二六九頁。

（47） Falcandus, *Liber de regno*, p. 44 [Loud and Wiedemann, trans., *The History of the Tyrants of Sicily*, p. 98]: "Sequenti die rex Henricum Aristippum, archidiaconum Cataniensem, …, familiarem sibi delegit ut vicem et officium interim gereret admirati, preessetque notariis, et cum eo secretius de regni negotiis pertractaret." Falcandus, *Liber de regno*, p. 69 [Loud and Wiedemann, trans., *The History of the Tyrants of Sicily*, p. 120]: "erant eo tempore familiares regis, per quos negotia curie disponebat, Richardus Siracusanus electus, Silvester comes Marsicensis et Henricus Aristippus." Cf. Jamison, *Admiral Eugenius of Sicily*, pp. 46–47.

（48） シチリアのファミリアーレース・レギスに関しては、以下を参照。Hans Schadek, "Die Familiaren der sizilischen und aragonischen Könige im 12. und 13. Jahrhundert," *Gesammelte Aufsätze zur Kulturgeschichte Spaniens*, vol. 26 (1971), pp. 201–217; 高山「十二世紀ノルマン・シチリア王国の行政官僚」一—四六頁; Takayama, "*Familiares Regis*," pp. 357–372; idem, *The Administration*, pp. 98–101, 115–125.

（49） Falcandus, *Liber de regno*, p. 90 [Loud and Wiedemann, trans., *The History of the Tyrants of Sicily*, p. 139]: "familiares autem curie non in eo gradu quo fuerant aut dignitatis equalitate voluit permanere; nam gayto Petro summa rerum omnium potestate concessa, super omnes eminentiori loco constituens, electum Siracusanum Matheumque notarium precepit, ut eius coadiutores, interesse quidem consiliis et familiares appellari, sed eius in omnibus imperio subservire." Takayama, "Familiares regis," pp. 368–370.

（50） Falcandus, *Liber de regno*, pp. 163–164 [Loud and Wiedemann, trans., *The History of the Tyrants of Sicily*, p. 216]: "qui tante dignitatis culmine sublimatus, repente statum immutavit curie, summamque sibi postestatem retinens, Matheum notarium et Gentilem Agrigentinum episcopum sub se familiares instituit."

（51） Takayama, "*Familiares Regis*," pp. 365–370.

（52） 注(44)参照。

（53） Falcandus, *Liber de regno*, p. 25 [Loud and Wiedemann, trans., *The History of the Tyrants of Sicily*, p.78]: "sicut et omnes eunuchi palatii, nomine tantum habituque christianus erat, animo saracenus." シラグーサ（Falcandus, *Liber de regno*, p. 99 note. 1）とアマーリ（*Storia dei Musulmani di Sicilia*, vol. 3, p. 496）は、ペトルスをベルベル起源のアフマド・アッシキッリー（シチリア人アフマド）と同一視している。イブン・ハルドゥーン（Ibn Khaldūn, *Kitāb al-'Ibar,* in Amari, ed., *Biblioteca arabo-sicula, testo arabo*, p. 462; Amari, ed. and trans., *Biblioteca arabo-sicula, versione italiana*, vol. 2, pp. 166–167）によれば、アフマド・アッシキッリーはキリスト教徒によってジェルバ島からシ

チリア島へ連れてこられ、この地で教育を受け、シチリアの君主（ロゲリウス二世）に雇われた。Takayama, *The Administration*, p. 100 note 20; Johns, *Arabic Administration*, pp. 222–228.

（54）Falcandus, *Liber de regno*, pp. 109–110 ［Loud and Wiedemann, trans., *The History of the Tyrants of Sicily*, pp. 159–160］; Ferdinand Chalandon, *Histoire de la domination normande en Italie et en Sicile*（Paris, 1907）, vol. 2, p. 320.

（55）マイオは、バーリの首席裁判官（*regalis protojudex*）の息子だった。マイオについては、以下を参照。Andrea Gabrieli, “Majone da Bari. Indagini storiche con nuovi documenti,” *Archivio storico pugliese*, vol. 2（1895）, pp. 248–252; Otto Hartwig, “Re Guglielmo I e il suo grande ammiraglio Majone di Bari,” *Archivio storico per le privincie napoletane*, vol. 8（1883）, pp. 397–485; Takayama, *The Administration*, pp. 96–98. しかし、ジュンタは、マイオがバーリのギリシア人家族に属していたと考えている。Giunta, *Bizantini e bizantinismo nella Sicilia normanna*, pp. 51, 60; 高山『中世地中海世界とシチリア王国』二七三頁、註(20)、同『神秘の中世王国』二〇五―二〇八、二四一―二四二頁。

（56）Norbert Kamp, *Kirche und Monarchie im staufischen Königreich Siziliens*, 4 vols.（München, 1973–82）, vol. 3, pp. 1013–1018.

（57）Falcandus, *Liber de regno*, p. 83 ［Loud and Wiedemann, trans., *The History of the Tyrants of Sicily*, p. 133］. 注(53)参照。

（58）ファルカンドゥスは、リカルドゥスを宦官と呼んでいないが、以下の記述が彼も宦官であったことを示唆している。“Gaytus quoque Richardus illi cum ceteris eunuchis infestissimus erat, eo quod Robertum Calataboianensem contra voluntatem eius dampnaverat”（Falcandus, *Liber de regno*, p.119 ［Loud and Wiedemann, trans., *The History of the Tyrants of Sicily*, p.170］）. また以下を参照。Falcandus, *Liber de regno*, p. 161 ［Loud and Wiedemann, trans., *The History of the Tyrants of Sicily*, p. 214］; Takayama, “The Great Administrative Officials,” pp. 323–324; Johns, *Arabic Administration*, pp. 228–234.

（59）Falcandus, *Liber de regno*, p. 79 note 1, pp. 108–109 ［Loud and Wiedemann, trans., *The History of the Tyrants of Sicily*, pp. 129, 158］; Carlo. A. Garufi, *I documenti inediti dele'epoca normanna in Sicilia*（Documenti per servire alla storia di Sicilia, serie 1, Diplomatica XIX, Palermo, 1899）, p. 111; Takayama, “The Great Administrative Officials,” p. 323; Johns, *Arabic Administration*, pp. 219–222.

（60）Falcandus, *Liber de regno*, pp. 161–162 ［Loud and Wiedemann, trans., *The History of the Tyrants of Sicily*, p. 214］.

（61）Falcandus, *Liber de regno*, pp. 163–164 ［Loud and Wiedemann, trans., *The History of the Tyrants of Sicily*, p. 216］; Takayama, “*Familiares regis*,” pp. 365–368.

（62）ゲオールギオスに加えて、エウゲニオスの息子ヨアンネス、ニコラオス、テオドロス、バシレイオス、ゲオールギオスの息子ミカエルはすべてギリシア人のアミーラトゥスであった。Takayama, “*Amiratus*,” pp. 138–140.

（63）Takayama, “The Great Administrative Officials,” pp. 321–326.

（64）Falcandus, *Liber de regno*, p. 77 ［Loud and Wiedemann, trans., *The History of the Tyrants of Sicily*, p. 128］. Cf. Jamison, *Admiral Eugenius of Sicily*, p. 44 note 3.

（65）注（53）（57）参照。Cf. Takayama, "*Familiares Regis*," pp. 360–362.

（66）注（58）参照。

（67）Takayama, "The Great Administrative Officials," pp. 326–331.

（68）Karl Andreas Kehr, *Die Urkunden der normannisch-sizilischen Könige* (Innsbruck, 1902), p. 75 note 8; Haskins, "England and Sicily," p. 437; Evelyn Jamison, "The Sicilian Norman Kingdom in the Mind of Anglo-Norman Contemporaries," *Proceedings of the British Academy*, vol. 24 (1938), p. 270.

（69）*Dialogus de Scaccario: De Necessariis Observantiis Scaccarii Dialogus, qui dicitur Dialogus de Scaccario*, ed. Charles Johnson (London, 1950), p. 35; Haskins, "England and Sicily," pp. 438–440; Wilfred. L. Warren, *Henry II* (Berkeley, 1977), pp. 313–314; Richard. L. Poole, *The Exchequer in the Twelfth Century* (London, 1912), pp. 67, 118–122.

（70）Haskins, "England and Sicily," pp. 437–438; Jamison, "The Sicilian Norman Kingdom," pp. 274–275. その他の役人については、高山『神秘の中世王国』二一一―二一三、二四五―二四七頁を参照。

（71）十二・十三世紀のシチリアにおけるイスラム教徒人口の減少については、以下を参照。David Abulafia, "The End of Muslim Sicily," James M. Powell, ed., *Muslims under Latin Rule: A Comparative Perspective* (Princeton, 1990), pp. 103–133.

（72）高山「十二世紀シチリアにおけるノルマンの財務行政機構」。

（73）王国の権力構造については、以下を参照。高山博「中世シチリアのノルマン王と官僚、貴族たち」（木村尚三郎編『学問への旅　ヨーロッパ中世』山川出版社、二〇〇〇年）五九―七七頁。

〔付記〕本章は、私の日本語論文「中世シチリアの宮廷と王権――権力中枢の変化と多文化的要素」高山博・池上俊一編『宮廷と広場』（刀水書房、二〇〇二年）二五―四五頁の改定英語版である。また、本章の内容は、二〇〇二年一〇月二四日にAmerican Academy in Romeで、また、同年一一月二八日にFaculty of History, Cambridge University (in conjunction with EU 'Culture 2000' Project on The Culture, Settlement and Migration of the Jews in medieval Europe）で報告した。

第八章　ノルマン・シチリア王国の権力構造
――王、貴族、官僚、都市

十一世紀後半のノルマン人による南イタリア征服は、地中海の政治地図を大きく塗り替えた。とりわけ南イタリア（シチリア島とイタリア半島南部）では、それまで異なる文化的伝統をもつ複数の国々の間でパワー・バランスが維持されていたが、この征服により古い政治秩序が破壊され、ノルマン支配のもとで新しい政治状況が生み出されることになった。(1) イスラム教徒支配下にあったシチリア島、ビザンツ帝国支配下にあったアプーリアとカラーブリア、ランゴバルド系のベネヴェント侯国、サレルノ侯国、カープア侯国、そして、ビザンツ帝国の支配を離れて独立の都市国家となっていたナポリ公国、アマルフィ公国、ガエータ公国は、ノルマン人たちの支配下に置かれ、最終的には十二世紀初めにノルマン・シチリア王国へと統合された。このように、地中海において最も重要な戦略拠点であり交易の中核拠点であった南イタリアは、アラブ・イスラム、ギリシア・ビザンツ、ラテン・ヨーロッパという三つの文化圏の境界地域であることを止め、支配者が属する文化という点からは、ラテン・キリスト教ヨーロッパの一部となったのである。

ノルマン人征服者たちは南イタリアの広大な土地を領有し、支配層を構成することになった。この支配層は、主として、王、世俗諸侯、高位聖職者からなっていたが、征服されたイスラム教徒、ギリシア人、「ランゴバルド」人の新しい主人となった。(2) このように、私たちは、征服者ノルマン人と征服された人々、とりわけ、イスラム教徒やギリシア人との間に、対立軸を置く傾向にある。そして、十一、十二世紀に作られた土地寄進状に記されているイスラム教徒農民のリストは、このようなノルマン人支配者のもとに置かれたイスラム教徒住民の状況を典型的に示しているように見える。(3)

王宮には、ノルマン王に仕えるギリシア人役人やイスラム教徒役人がいたが、(4)この事実に対して、多くの研究者たちは、彼らが役人全体のほんの一部にすぎないと考え、ギリシア人住民とイスラム教徒住民を治めるために、いわば、支配者であるノルマン人と被支配者であるギリシア人・イスラム教徒の間の仲介者として雇われていたと考えている。(5)このような見方は、シチリアの多くの都市がロゲリウス一世への降伏時に自治を認められたという事実、(6)さらに、シチリアのイスラム教徒指導者であったアブー・アルカーシムが高官としてウィレルムス二世に仕えていたという事実から、(7)正当化されるようにも見える。

しかし、実際には、ノルマン人とイスラム教徒、ギリシア人との間の関係は、そのように単純なものではなかった。私たちは、この南イタリアで、純粋に宗教や文化の違いに基づく戦争はほとんどなかったという事実を心に留めておくべきだろう。(8)実際、ノルマン王たちは、王権に反旗を翻す世俗諸侯や都市と、あるいは、ローマ教皇や神聖ローマ皇帝、ビザンツ皇帝のような外部勢力と頻繁に戦争をしていたが、そのすべてが同じキリスト教徒であった。王宮における権力闘争も、純粋に宗教や文化の違いに基づく対立を示していたわけではない。(9)王とイスラム教徒あるいはギリシア人との間に、はっきりとした対立軸を見出すのは容易ではないのである。

では、王国の権力構造は、どのように理解すればよいのだろう。私たちは、対立する可能性をもつアクターとして、王、世俗諸侯、都市、高位聖職者、官僚、イスラム教徒、ギリシア人、ユダヤ人など、様々な人間集団を想定することができる。これらの人間集団は、王国の権力構造の中で、どのような関係にあったのだろうか。主たる対立軸は、どの人間集団の間に存在していたのだろうか。もちろん、ノルマン人による征服の時期と王権確立以後とでは、人間集団の関係も対立軸のあり方も大きく異なっている可能性がある。本章では、一一四〇年に王国の平和が確立して以後の時期に焦点をあてて、これらの問題を検討したいと思う。

第一節　王国の権力中枢――王と側近たち

王国の権力構造を考察する時に、私たちがまず検討しなければならないのは、王国の権力中枢、つまり、王とその側近集団である。そして、この王国の権力中枢の性格を検討するためには、宰相とファミリアーレース・レギス（*familiares regis* 王国最高顧問団）に十分な注意を払わなければならない。[10] 実際の権力は、常に王によって行使されていたわけではなく、しばしば、宰相あるいはファミリアーレース・レギスの集団によって行使されていたからである。

シチリア王国の宮廷では、権力中枢の三つのパターンが見られる。[11] まず、初代の王ロゲリウス二世の治世には、権力中枢の第一のパターン、すなわち、王自身が権力を行使するパターンが見られる。ロゲリウス二世は、ノルマン人の家臣やキリスト教聖職者の側近に加え、多くの有能な役人を有していた。[12] とりわけ、アラビア語のアミールに由来するアミーラトゥス（*amiratus*）という称号を保持する者たちは、王から深く信頼された宮廷の有力者であった。[13] だが、ロゲリウス二世は様々な問題を自ら解決し、重要な問題を自身で処理していた。彼は、その治世の大部分、自ら権力を行使し、行政における真の中心だったと言うことができるのである。

しかし、彼の息子で次の王となったウィレルムス一世の場合はまったく異なる。治世初期の危機を乗り越えた後、ウィレルムス一世は宰相マイオに国政を委ね、自らは気ままな生活を送る道を選んだ。[14] 王は政治の表舞台から遠ざかり、宰相マイオが王国の事実上の支配権を握ることになったのである。これは、権力中枢の第二のパターン、つまり、王に代わって宰相が権力を行使するパターンである。マイオは、中央集権化を促進し、官僚制を進め、中央政府から世俗諸侯たちを排除しようとした。[15] しかし、この政策は彼らの反感を招き、マイオの暗殺を引き起こすことになる。

マイオが暗殺された翌日、ウィレルムス一世は、カターニアの大助祭、マルシコ伯、シラクーザ被選司教をファミリアーレース・レギスに任じ、彼らに国政を委ねた。[16] こうして、権力中枢の第三のパターンが現れる。この時から、ファミリアーレース・レギスは、王国最高顧問団メンバーを指すきわめて限定された称号となった。彼らは、王国の政策や他の重要問題を決定する王国で最も影響力のある人々となったのである。[17]

次の王ウィレルムス二世も、自ら権力を行使したわけではない。彼の治世には、ウィレルムス一世治世と同じように、権力中枢の第二と第三のパターンが見られる。治世初期には、摂政である母マルガリータが、まず、アラブ人宦官ペトルスを、[18] 次いで、フランスのペルシュ伯の息子ステファヌスを宰相に任じて、彼らに国政を委ねた。しかし、両者とも、王国の有力者たちとシチリア人の激しい抵抗にあい、騒乱の中で国外へ逃亡することになる。

王国の平和が回復するのは、ファミリアーレース・レギスの一人でアグリジェント司教座聖堂参事会長だったグアルテリウスが、パレルモ大司教に叙階された後だった。彼は、この王国最高位の聖職に就くと、王国最高顧問団の構成を変え、彼自身とアグリジェント司教ゲンティーリス、書記官マテウスからなる三人体制を確立したのである。[19] こうして、宮廷の権力中枢は、再び第三のパターンを取ることになった。この三人体制は約十五年間続き、その後モンレアーレ大司教が加わることによって四人体制に変更された。[20] このファミリアーレス・レギスによる王国統治は、ウィレルムス二世の死亡時まで続いている。[21]

このように、宮廷の権力中枢は時間の経過とともに大きく変化した。ロゲリウス二世が、有能な役人に支えられながらではあっても、自ら実権を握り国政を司ったのに対し、ウィレルムス一世とウィレルムス二世は、自ら王国を治めることなく、宰相かファミリアーレース・レギスたちに国政を委ねていたのである。たとえ王が制度上あるいは象徴的に王国の中心であったとしても、実際の権力は、宰相あるいはファミリアーレース・レギスたちによって行使されていた。したがって、シチリア王権の特徴を論ずるためには、王に焦点をあてるだけでは十分でない。王権の性格も宮廷の権力構造も、権力中枢のパターンに応じて大きく変化しており、その権力中枢を議論するためには、宰相とファミリアーレース・レギスに十分な注意を払わなければならないのである。

第二節　権力中枢を構成する人々

権力中枢から排除されるノルマン人諸侯

シチリア王国の王はすべてノルマン人であったが、宰相は誰一人としてノルマンディ出身のノルマン人でもその子孫でもなかった。ロゲリウス二世の宰相ゲオールギオスは、シリアのアンティオキア生まれのギリシア人であり[22]、ウィレルムス一世の宰相マイオは南イタリアのバーリの地方裁判官の息子である[23]。ウィレルムス二世の未成年期の宰相ペトルスは、ジェルバ島生まれであり、キリスト教に改宗してはいたが、アラブ・イスラム文化の背景をもつ宦官であった[24]。彼の後を継いで宰相となったステファヌスはフランス王国のペルシュ伯の息子だが、ノルマンディ出身者でもその子孫でもない[25]。

王国最高顧問団を構成するファミリアーレース・レギスのなかにもノルマン人やその子孫はほとんど見られない。マイオの暗殺直後に結成された三人のファミリアーレース・レギスのうち、ノルマン人の世俗諸侯はウィレルムス一世のいとこであるマルシコ伯シルウェステルだけであった[26]。彼の死後、一一六六年のペトルス逃亡時まで、三人のファミリアーレース・レギスからなる王国最高顧問団の中にノルマン人諸侯は一人も入っていない[27]。

ペトルス逃亡後に結成された五人のファミリアーレース・レギスの中には、一人の世俗諸侯、つまり、モリーゼ伯リカルドゥス・デ・マンドラが含まれ、一一六八年のステファヌス逃亡後に再編された十人のファミリアーレース・レギスの中には、三人の世俗諸侯、すなわち、モリーゼ伯リカルドゥス・デ・マンドラ、ジェラーチェ伯ロゲリウス、

モンテスカリオーソ伯ヘンリクスが含まれていた。(28)

この三人の世俗諸侯のうち、モンテスカリオーソ伯ヘンリクスは摂政マルガリータの兄弟であり、スペイン人である。(29) リカルドゥス・デ・マンドラは、もともとロリテッロ＝コンヴェルサーノ伯リカルドゥス二世の治安官（*comestabulus*）であったが、(30) 反乱者を支援したかどで投獄された後、一一六一年に解放され、王の治安長官（*magister comestabulus*）に任命されている。(31) そして、その後、摂政マルガリータにより、マルシコ伯に任じられたのである。(32) 彼はノルマン人であった可能性があるが、それを史料的に確認することはできない。ジェラーチェ伯ロゲリウスについては、ほとんど情報が残されていない。(33) 一一六九年に三人のファミリアーレース・レギスによる三人体制が確立した後は、ウィレルムス二世が他界するまで、王国最高顧問団に世俗諸侯が入ることはなかった。(34) このように、ファミリアーレス・レギスの中にも、ほとんどノルマン人の世俗諸侯は含まれていなかったのである。

権力中枢の文化的多様性

ファミリアーレース・レギスの出自や文化的背景は、むしろ、宰相の場合と同じように、驚くべき多様性を示している。ウィレルムス一世治世末の三人のファミリアーレース・レギスのうち、シラクーザ被選司教リカルドゥスはイングランド人であり、(35) 王宮侍従長官ペトルスはアラブ人宦官（*eunucus*）である。(36) ペトルス逃亡後に形成された五人のファミリアーレース・レギスの中には、イングランド人であるシラクーザ被選司教リカルドゥス、二人のアラブ人宦官リカルドゥスとマルティヌスが含まれていた。(37) ステファヌス逃亡後に形成された十人のファミリアーレース・レギスの中には、三人の異邦人、すなわち、イングランド人のシラクーザ被選司教リカルドゥス、ハンガリー人だったアグリジェント司教ゲンティーリス、そして、スペイン人だったモンテスカリオーソ伯ヘンリクスが含まれていた。(38) さらに、ハンガリー人ゲンティーリスとイングランド人リカルドゥスは両者とも、一一六九年に確立された三人のファミリアーレース・レギスの中にも含まれていた[40]。

このように、ファミリアーレース・レギスの中には多くの異邦人やアラブ・イスラム文化の背景をもつ人々がいた。世俗諸侯は、危機的な状況の中で一時的に王国最高顧問団に加わることはあっても、その数はごく少数に限られており、一一六九年以後は一人も含まれていない。アラブ・イスラム文化の伝統をもつ人々やギリシア・ビザンツ文化の伝統をもつ人々は、中央政府の他のいくつかの要職も占めていた。たとえば、ロゲリウス二世のアミーラトゥスのほとんどはギリシア人であり[41]、ウィレルムス二世の王宮侍従官のほとんどはアラブ・イスラム文化の背景をもつ人々であった。王宮侍従長官を含む八人の王宮侍従官のうち、おそらく六人、少なくとも四人以上がアラブ・イスラム文化の背景をもつ人々であり[42]、三人の王宮侍従長官ヨハル[43]、ペトルス[44]、リカルドゥス[45]はすべて、アラブ人宦官であった[46]。

このように、権力中枢にいる人々は、様々な文化的背景をもっていた[47]。ノルマン人の世俗諸侯ではなく、ギリシア人やアラブ人宦官、あるいは、フランス人、南イタリア人が宰相の地位に上りつめ、多くのアラブ人や異邦人たちがファミリアーレース・レギスに加わっていた。彼らは、ただの王の側近ではない。王を除けば、王国で最も大きな権力と影響力を行使する人々だったのである[48]。王は、このように異なる文化や異なる宗教をもつ人々を、なぜそのような高い地位に就けたのだろうか。また、王は、なぜ彼らをそれほど信頼することができたのだろうか。いったい何が王と彼らを結びつけていたのだろうか。そして、もし宗教や文化の違いでないとしたら、いったい何が王国の主要な対立軸となっていたのだろうか。

第三節　ノルマン王と世俗諸侯との対立

王国では、宗教的・文化的背景の違いは、明瞭な対立軸とならなかった。騒乱時にイスラム教徒がキリスト教徒の攻撃の対象となったり、[49] 宗教の違いが憎悪の理由となることはあった。[50] しかし、主たる対立軸は、キリスト教徒とイスラム教徒との間、あるいはラテン系の人々とアラブ人あるいはギリシア人との間にはなく、同じキリスト教徒でノルマン人である国王と世俗諸侯との間に横たわっていたように見える。

知識人の王と官僚

国王と世俗諸侯とは、ノルマン起源、キリスト教、ラテン文化の伝統、騎士身分というように、多くの特徴を共有していた。しかし、他の点において大きく異なっており、王は、世俗諸侯とよりもむしろ宮廷の役人たちと多くの共通点をもっていた。たとえば、王と宮廷の役人はともに知識人であった。シチリアのノルマン王たちがアラブ文化やギリシア文化に通じていたことはよく知られている。ギリシア文化の影響を強く受けたロゲリウス二世の署名の多くは、ギリシア語で記されているし、[51] 十二世紀後半に王国を訪れたスペインのイスラム教徒旅行者イブン・ジュバイルは、ウィレルムス二世がアラビア語で読み書きする能力を有していたと記している。三人のノルマン王は、いずれも学問や芸術に造詣が深く、アラブ人地理学者イドリーシーやギリシア人神学者ネイロス・ドクソパトレースをはじめとして、医者や占星術師、哲学者、地理学者、数学者などの優れた学者たちを王宮に集めていた。イドリーシーによれば、ロゲリウス二世は、数学、政治学に関する深い学識をもち、自然科学に関する広範な知識を有していた。[53]

また、イブン・ジュバイルによれば、ウィレルムス二世は、医者や占星術師を大切に保護し、彼らに細かな心遣いを示していただけでなく、異国の医者や占星術師が王国を通りかかった時には、故郷へ帰るのを忘れてしまうほど巨額の生活費をあてがって彼らを引き留めようとしていたという。[54] このように、シチリアのノルマン王たちはキリスト教徒ではあったが、ギリシア人、アラブ人の学者を尊重する知識人だったのである。そして、王を支える宮廷の大臣や役人の多くも、高度な教育を受け、学識を有する知識人であった。たとえば、ウィレルムス一世の王国最高顧問団の一人であったヘンリクス・アリスティップスは、ラテン系の聖職者だが、コンスタンティノープルの図書館から数多くの写本を持ち帰り、プラトンの『メノン』と『ファイドン』、アリストテレスの『気象学』をギリシア語からラテン語へ翻訳している。(55) また、ウィレルムス二世治世にドゥアーナ・バーローヌム（*duana baronum*）という役所の高官であったギリシア人エウゲニオスは、プトレマイオスの『光学』をアラビア語からラテン語へ翻訳している。(56)

都市に住む王と官僚

また、王と役人たちの多くは、世俗諸侯たちと異なり、都市、とりわけ、王国の首都パレルモで暮らしていた。パレルモは、王国における政治・経済・文化の中心であり、ナポリに次ぐ人口第二の都市であった。その人口は十二世紀には約五―十万人と推計されており、(57) 当時約五万人規模のローマやロンドンよりも大きかったと考えられている。(58) イスラム教徒支配時代の首都であったパレルモには、ノルマン征服以後も多くのイスラム教徒が住んでおり、イスラム文化が優勢であった。イブン・ジュバイルは、イスラム文化の影響の強さを示す興味深いエピソードを残している。「この町のキリスト教徒の女たちは、ムスリム女性のような装いをしている。正しいアラビア語を流暢に話し、外衣で身を包み、ベールをつけている。前述のこの祭日には金糸で刺繍した絹の着物を着、優雅な衣服で身を包み、色付きのベールで顔を覆い、金糸で刺繍したスリッパを履いて出てきた。装飾品をつけて着飾り、ヘンナで化粧をし、香水をつけ、ムスリムの女性たちと全く同じような装いをして、全員が自分たちの所属する教会というより巣窟へと練り歩いた」。(59)

シチリア王は王国各地に宮殿をもっていたが、その第一の居住場所は古いイスラム教徒の城を改築したパレルモの王宮だった。(60) つまり、シチリア王国の宮廷とは、実質的に、このパレルモの王宮とそこで働く人々を意味していたのである。(61) これは、同時代の他のヨーロッパ君主たちの場合と大きく異なっている。イングランド王もフランス王もドイツ王も首都を定めずに、随行員一同を従えて数週間あるいは数カ月ごとに、王国内のある城から別の城へと移動していたが、シチリアのノルマン王たちはイスラム教徒に囲まれてパレルモの王宮で暮らしていたのである。すでに述べたように、ウィレルムス一世は国政を大臣たちに任せ、イスラム教徒の小姓や侍女とともに静かで隔離された生活を送ることを好んだ。ウィレルムス二世は、イブン・ジュバイルによれば、イスラム教徒たちを深く信頼し、身辺業務や重要事を彼らに任せ、イスラム教徒の料理長を雇い、イスラム教徒の黒人奴隷軍団を抱えていた。[62] さらに、この王に仕える宦官の小姓たちのほとんどが隠れムスリムだったとも記している。[63]

田舎に住む世俗諸侯

絢爛豪華な王宮でアラブ人小姓や女官に囲まれて生活する王や、国政の実務に携わる知識人官僚とは対照的に、世俗諸侯のほとんどはパレルモから遠く離れた半島部の田舎に住む領主であった。彼らは、ほとんど例外なくキリスト教徒であり、その多くはノルマン人であった。彼らには先進的なアラブ文化やギリシア文化に接する機会はほとんどなく、その学問・芸術を享受する環境にはなかった。彼らの活動に関しては、軍事活動や平和維持活動以外あまり知られておらず、文化的活動に関する情報はほとんど残されていない。彼らのほとんどは、文化的活動や教育の機会を提供してくれる大都市から遠く離れたところに住んでおり、たとえ戦士や騎士として訓練されていたとしても、文字教育を受ける機会はほとんどなかったと考えられる。彼らの主君である王が複数の言語を解し、ラテン文化だけでなく、イスラム文化やギリシア文化にも通じ、首都パレルモの豪華な宮殿で都市生活を享受していたのに対し、世俗諸侯の多くは遠隔地方の城や家屋で生活しており、高度な教育を受ける機会もなく、キリスト教単一文化の中で生活していたのである。

おわりに

このように、王と世俗諸侯は、共にキリスト教徒の騎士であったが、多くの点で対照的であった。それは、中央と地方の対照であり、コスモポリタンな大都会と辺鄙な田舎の対照であり、知識人と戦士との対照でもあった。王と官僚の大部分が住むパレルモは、王国の人と富と文化が集中する首都であった。王国には、パレルモの他にも、商業で栄えるナポリやアマルフィやガエータのような大都市もある。それらのうちのいくつかは、城壁で囲まれ、王に反旗を翻すことのできる力さえもっていた。しかし、これらの都市は、少数の例外を除けば、世俗諸侯が生活する空間ではなかった。

同時代の他のヨーロッパ君主国の場合には、国王は居城を一ヵ所に固定することなく、随行員を引き連れて、別の場所へ移動していた。宮廷が移動するため、首都は形成されず、官僚機構もそれほど発達していない。イングランド王国の場合もフランス王国、ドイツ王国の場合も、王を支えていたのは基本的に、王に随行する世俗諸侯と聖職者たちであった。そして、王に仕える役人は、主として王の封建家臣である小貴族から構成されており、王や世俗諸侯たちと同じ単一のキリスト教文化に属していた。これらの王国の場合には、王と世俗諸侯との間に、シチリアに見られるような対照的な違いはない。

しかし、シチリア王国では、高度に発達した官僚機構が存在し、異なる文化に属する官僚たちが王権を支えていた。そして、王と官僚たちが、キリスト教単一文化に属する地方の世俗諸侯と対峙する図式が見られるのである。実際、王国の政治史の基調は、王権が官僚に助けられて、半島部の都市と世俗諸侯を押さえ込む歴史であったと言うことができる。ここに浮かび上がってくるのは、学問と知識を身に付け、様々な文化的背景をもつ王と官僚たちが、学識はないが優れた戦士である諸侯たちと相対している構図なのである。

ただ、この王と官僚が世俗諸侯を抑える図式は、平時にのみ有効であり、大規模な反乱や外国の侵略などの戦争時には崩れるということも指摘しておかねばならない。戦争時にも、官僚は王権を支えつづけるが、軍事力をもつ諸侯と都市が国王派と反国王派に分かれ、王国の行方を左右することになる。中央政府には、国王派の有力諸侯が入ってくる。つまり、官僚制に支えられる強大な王権ではあっても、決して磐石なものではなく、世俗諸侯や都市との微妙な関係の上に成り立っていたにすぎないのである。

（1）ノルマン人による南イタリア征服の影響については、これまで多くの研究者たちによって議論されてきた。たとえば、以下を参照。E. Joranson, "The Inception of the Career of the Normans in Italy," *Speculum*, vol. 23 (1948), pp. 353–396; H. Hoffmann, "Die Anfänge der Normannen in Süditalien," *Quellen und Forschungen aus Italienischen Archiven und Bibliotheken*, vol. 49 (1969), pp. 95–144; L. R. Ménager, "Pesanteur et étiologie de la colonization Normande de l'Italie," *Roberto il Guiscardo e ils suo tempo. Relazioni e communicazioni nelle prime giornate normanno-sveve* (*Bari, maggio 1973*) (Roma, 1975), pp. 189–215; N. Kamp, "Vescovi e diocese nel passagio dalla dominazione bizantina allo stato normanno," G. Rossetti, ed., *Forma di potere e struttura sociale in Italia nel medioevo* (Bologna, 1977), pp. 379–397; G. A. Loud, "How 'Norman' was the Norman Conquest of Southern Italy?" *Nottingham Medieval Studies*, vol. 25 (1981), pp. 3–34; idem, "Continuity and Change in Norman Italy: the Campania during the Eleventh and Twelfth Centuries," *Journal of Medieval History*, vol. 22 (1996), pp. 313–343; W. Jahn, *Untersuchungen zur normannischen Herrschaft in Süditalien (1040–1100)* (Frankfurt, 1989); J. France, "The Coming of the Normans to Italy," *Journal of Medieval History*, vol. 17 (1991), pp. 185–205.

（2）人口という点からは、ノルマン人は少数派であった。大多数のシチリア住民はイスラム教徒とギリシア人であり、カラーブリアの住民の多くとアプーリア（プーリア）の住民の一部はギリシア人であった。そして、アプーリアとカンパーニアの住民の大多数は、同時代の史料でしばしば「ランゴバルド人」と記されるラテン語・キリスト教文化の伝統をもつ人々であった。カンパーニアにおけるノルマン征服後の、ランゴバルド貴族の存続に関しては以下を参照。Loud, "Continuity and Change in Norman Italy," pp. 324–336.

（3）たとえば、世界紀元暦六六〇三年、インディクティオー暦三年の二月二十日に出されたギリシア語文書は、三百九十名の農民の名前を列挙しており（Catania, Archivio Capitolare della Cattedrale di Catania, *Pergamene Greco-arabe e greche*, n. 1; Salvatore Cusa, *I diplomi greci ed arabi di Sicilia pubblicati nel testo original*, vol. 1 [2 parts] [Palermo, 1868–82], pp. 541–549; Jeremy Johns, *Arabic Administration in Norman Sicily* [Cambridge, 2002], pp. 301–302, Appendix 1, no. 4）、世界紀元暦六六五三年、ヒジュラ暦五三九年、インディクティオー暦八年（西暦一一四五年）に出されたアラビア語文書（一〇九五年の文書の更新）は、カターニアの人々五百二十五名、寡婦九十四

名、教会の僕（*'abīd al-kanīsa*）二十三名、ユダヤ人二十五名、盲人（*'umy*）八名の名前を列挙している（Catania, Archivio Capitolare della Cattedrale di Catania, *Pergamene Greco-arabe e greche*, n. 6; Cusa, *I diplomi greci ed arabi*, pp. 563–585; Johns, *Arabic Administration*, pp. 119–120, 306, Appendix 1, no. 21）。

（4）Hiroshi Takayama, "The Great Administrative Officials of the Norman Kingdom of Sicily," *Papers of the British School at Rome*, vol. 58（1990）, pp. 317–335（本書第三章）; idem, *The Administration of the Norman Kingdom of Sicily*（Leiden/ New York/ Köln, 1993）; A. Metcalfe, "The Muslims of Sicily under Christian Rule," G. A. Loud and A. Metcalfe, eds., *The Society of Norman Italy*（Leiden, 2002）, pp. 289–317; Johns, *Arabic Administration*, pp. 212–256.

（5）Denis Mack Smith, *Medieval Sicily 800–1713*（New York, 1968）, pp. 15–17. 他方、多くの研究者たちが、ギリシア人とアラブ人役人は特別の専門技術を有していたがゆえに、王の財務を行うために雇われたと考えている。そのような理解はたとえば次の文章に典型的に示されている。"王財務の責任は、ロゲリウス大伯の治世中に、ほとんどギリシア人とサラセン人役人の手にのみ委ねられることとなった……"（David C. Douglas, *The Norman Fate 1100–1154*［Berkeley and Los Angeles, 1976］, p. 116）。多くのアラブ人役人がドゥアーナという役所で働いていたことは確かである。しかし、このドゥアーナという役所は、研究者たちが考えていたような、高度に専門化した財務機関ではない。ドゥアーナについては、以下を参照。H. Takayama, "The Financial and Administrative Organization of the Norman Kingdom of Sicily," *Viator*, vol. 16（1985）, pp. 129–157（本書第一章）; idem, *The Administration*. Cf. Johns, *Arabic Administration*, p. 193.

（6）パレルモのイスラム教徒たちが一〇七二年にロゲリウス一世とグイスカルドゥスに降伏したとき、彼らの代表である二人のカーイドが、他の有力者たちとともに、ロゲリウス一世と交渉にあたり（Amatus, *Storia de' Normannni volgarizzata in antico francese*, ed. V. De Bartholomaeis［Roma, 1935］, Lib. VI, Cap. XVIIII, p. 281）、彼に年貢を支払い奉仕を行うという条件で、イスラム教徒住民の安全の保証と信仰の許可を手に入れた（Gaufredus Malaterra, *De rebus gestis Rogerii Calabriae et Siciliae comitis et Roberti ducis fratris eius*, ed. E. Pontieri［Bologna, 1925–28］, Lib. II, Cap. XLV, p. 53）。Cf. Michele Amari, *Storia dei Musulmani di Sicilia*（これ以後は、*SMS* と表記）, 2nd ed. C. A. Nallino, 3 vols.（Catania, 1933–39）, vol. 3, pp. 130–131, 277; Ferdinand Chalandon, *Histoire de la domination normande en Italie et en Sicile*, 2 vols.（Paris, 1907）, vol.1, p. 208; G. A. Loud, *The Age of Robert Guiscard*（Harlow, 2000）, pp. 161–162. この時、パレルモのイスラム教徒たちは一種の自治、とりわけ、自分たちの法、裁判官、法制度の維持を許されたように見える（Amari, *SMS*, vol. 3, p. 132; Chalandon, *Histoire de la domination*, vol. 1, p. 208; Francesco Gabrielli, "La politique arabe des Normands de Sicile," *Studia Islamica*, vol. 9［1958］, p. 93）。多くの都市、たとえば、カターニア、マザーラ、トラーパニ、タオルミーナ、シラクーザ、カストロジョヴァンニ、ブテーラ、ノートでも、ロゲリウス一世はそれぞれの古い行政制度を存続させたと考えられる（Amari, *SMS*, vol. 3, p. 277）。以下を参照。Hiroshi Takayama, "The Administration of Roger I," *Ruggero I, Gran Conte di Sicilia, 1101–2001: Atti del Congresso internazionale di studi per il IX Centenario*（*Troina, 29 novembre – 2 dicembre 2001*）, ed. G. De' Giovanni-Centelles（Roma, Istituto Italiano dei Castelli, 2007）, pp. 124–140（本書第六章）.

（7）Ibn Jubayr, *Riḥla*（*The Travels of Ibn Jubair*）, ed. W. Wright, 2nd ed., rev. De Goeje（Leiden, 1907）, p. 341（日本語訳＝イブン・ジュバイル著／藤本勝次・池田修監訳『旅行記』関西大学出版部、一九九二年、三四六—三四七頁）. Takayama, *The Administration*, pp. 136–138, 141–142; Johns, *Arabic Administration*, pp. 234–242.

（8）征服時においても、純粋に宗教や文化の違いに基づいた戦争は少ない。ノルマン人がシチリアの征服を開始することになったきっかけも、当時争っていたイスラム教徒君主たちの一方の側を支援するための遠征であった。Ibn al-Athīr, *Al-Kāmil fī at-Tārīkh*, in Amari, ed., *Biblioteca arabo-sicula, testo arabo*, p. 276; in Amari, ed. and trans., *Biblioteca arabo sicula, versione italiana*, vol. 1, p. 447; Nuwayrī, *Nihāya al-Arab fī Funūn al-Adab*, in Amari, ed., *Biblioteca arabo-sicula, testo arabo*, p. 447; in Amari, ed. and trans., *Biblioteca arabo sicula, versione italiana*, vol. 2, pp. 143–144; Ibn Khaldūn, *Kitāb al-'Ibar*, in Amari, ed., *Biblioteca arabo-sicula, testo arabo*, pp. 484–485, 497; in Amari, ed. and trans., *Biblioteca arabo-sicula, versione italiana*, vol. 2, pp. 202, 221; *De Rebus Gestis Rogerii Calabriae et Siciliae Comitis auctore Gaufredo Malaterra*, ed. E. Pontieri（*Rerum Italicarum Scriptores*, 2nd ed., Bologna, 1927–28）, Lib. II. Cap.1–11, pp. 29–33; *Storia de' Normanni di Amato di Montecassino*, ed. V. de Bartholomeis（Fonti per la storia d'Italia, Roma 1935）, Lib. V, Cap. 8–18, pp. 229–237. Cf. Loud, *The Age of Robert Guiscard*, pp. 148–158.

（9）Hugo Falcandus, *Liber de regno Sicilie*, in G. B. Siragusa, ed., *La historia o liber de regno Siciliae*（Roma, 1897）[English translation: G. A. Loud and Th. Wiedemann, trans., *The History of the Tyrants of Sicily by "Hugo Falcandus" 1154–69*（Manchester/ New York, 1998）.

（10）中央行政組織と宮廷の権力構造については、以下を参照。E. Jamison, *Admiral Eugenius of Sicily: His Life and Work*（London, 1957）; E. Mazzarese Fardella, *Aspetti dell'organizzazione amministrativa nello stato normanno e svevo*（Milano, 1966）; H. Takayama, "The Financial and Administrative Organization," pp. 129–157; idem, "*Familiares Regis* and the Royal Inner Council in Twelfth-Century Sicily," *English Historical Review*, vol. 104（1989）, pp. 357–372（本書第二章）; idem, "The Great Administrative Officials"; idem, *The Administration*; J.-M. Martin, *Italies Normandes, XIe–XIIe siècles*（Paris, 1994）, pp. 107–129; Houben, *Roger II. von Sizilien*（Darmstadt, 1997）, pp. 149–162 [English translation: *Roger II of Sicily*, trans. by G. Loud（Cambridge, 2002）, pp. 147–159]; M. Caravale, *La monarchia meridionale. Istituzioni e dottrina giuridica dai Normannni ai Borboni*（Bari, 1998）.

（11）権力中枢に関するより詳細な議論については、以下を参照。Hiroshi Takayama, "Central Power and Multi-Cultural Elements at the Norman Court of Sicily," *Mediterranean Studies*, vol. 12（2003）, pp. 1–15（本書第七章）. 王自身が権力を行使しない時には、宮廷は熾烈な権力争奪戦の舞台となり、主導権を握るための狡猾な駆け引きの舞台となった。官僚、聖職者、封建諸侯という異なる集団の間の対立、シチリア生まれの人々と異邦人との間の対立、異なる文化集団の間の対立が、その状況をさらに複雑なものにしている。

（12）ロゲリウス二世の側近と役人については、以下を参照。Takayama, *The Administration*, pp. 48–56, 66–93. 役人たちは、*cancellarius, camerarius*, **καπρελίγγας**（*kaprelingas*）, **πρωτονοτάριος**（*prōtonotarios*）, *notarius*, **νοτάριος**（*notarios*）, **λογοθέτης**（*logothetēs*）, *amiratus*, ἀμηρᾶς（amērās）など、ローマ、フランク、ビザンツ、アラブ起源の様々な称号を有していた。以下も参照。Vera von Falkenhausen, "I ceti dirigenti pernormanni al tompo della constituzione degli stati normanni nell'Italia meridionale e in Sicilia," G. Rossetti, ed., *Forme di potere e sturuttura sociale in Italia nel Medioevo*（Bologna, 1977）, pp. 321–377 ; idem, "I gruppi etnici nel regno di Ruggero II e la loro partecipazione al potere," *Società, potere e popolo nell'età di Ruggero II*（Bari, 1979）, pp. 133–156.

（13） アミーラトゥスは軍隊を指揮し、王国の行政に携わっていた。彼らの多くはギリシア人であった。アミーラトゥスについては、以下を参照。E. Jamison, *Admiral Eugenius of Sicily*（London, 1957）; Léon-Robert Ménager, *Amiratus—Ἀμηρᾶς. L'emirat et les origines de l'amirauté*（*XI*e*–XIII*e *siècles*）（Paris, 1960）; Hiroshi Takayama, "*Amiratus* in the Norman Kingdom of Sicily—A Leading Office of Arabic Origin in the Royal Administration," *Forschungen zur Reichs-, Papst- und Landesgeschichte*, eds. K. Borchardt & E. Bunz（Stuttgart, 1998）, pp. 133–144（本書第四章）.

（14） Falcandus, *Liber de regno*, p. 87［Loud and Wiedemann, trans., *The History of the Tyrants*, p. 136］.

（15） Takayama, *The Administration*, pp. 95–98 ; Evelyn Jamison, "The Norman Administration of Apulia and Capua More Especially under Roger II and William II 1127–1166," *Papers of the British School at Rome*, vol. 6（1913）, p. 260.

（16） Falcandus, *Liber de regno*, pp. 44, 69［Loud and Wiedemann, trans., *The History of the Tyrants*, pp. 98, 120］. Cf. Jamison, *Admiral Eugenius*, pp. 46–47.

（17） シチリアのファミリアーレース・レギスについては、以下を参照。H. Schadek, "Die Familiaren der sizilischen und aragonischen Könige im 12. und 13. Jahrhundert," *Gesammelte Aufsätze zur Kulturgeschichte Spaniens*, vol. 26（1971）, pp. 201–217 ; Takayama, *"Familiares regis,"* pp. 357–372 ; idem, *The Administration*, pp. 98–101, 115–25.

（18） 彼は王宮侍従長官であった。Falcandus, *Liber de regno*, p. 90［Loud and Wiedemann, trans., *The History of the Tyrants*, p. 139］.

（19） Falcandus, *Liber de regno*, pp. 163–164［Loud and Wiedemann, trans., *The History of the Tyrants*, p. 216］.

（20） モンレアーレ大司教座は一一八三年に創設され、その初代大司教ウィレルムスがファミリアーレース・レギスに加わった。

（21） ファミリアーレース・レギスによる王国最高顧問団は新しい王タンクレドゥスのもとでは復活しなかったが、その息子ウィレルムス三世のもとで復活した。Takayama, *"Familiares regis,"* pp. 365–370.

（22） ゲオールギオスについては、以下を参照。Ibn 'Adhārī, *Kitāb al-Bayān al-Mughrib*, in Amari, ed., *Biblioteca arabo-sicula, testo arabo*, p. 373 ; in Amari, ed. and trans., *Biblioteca arabo-sicula, versione italiana*, vol. 2, p. 38 ; Amari, *SMS*, vol. 3, pp. 368–369. Ibn Khaldūn, *Kitāb al-'Ibar*, in Amari, ed., *Biblioteca arabo-sicula, testo arabo*, p. 487 ; in Amari, ed. and trans., *Biblioteca arabo-sicula, versione italiana*, vol. 2, p. 206 ; Amari, *SMS*, vol. 3, p. 369 ; Takayama, *The Administration*, pp. 53, 66–67.

（23） マイオはバーリの「王の主席裁判官（*regalis protojudex*）の息子であった。マイオについては、以下を参照。Andreas Gabrieli, "Majone da Bari. Indagini storiche con nuovi documenti," *Archivio storico pugliese*, vol. 2（1895）, pp. 248–252 ; O. Hartwig, "Re Guglielmo I e il suo grande ammiraglio Majone di Bari," *Archivio storico per le privincie napoletane*, vol. 8（1883）, pp. 397–485 ; Takayama, *The Administration*, pp. 96–98.

（24）年代記作家ファルカンドゥスは、彼のことを「名前と服装においてのみキリスト教徒だが、王宮の他のすべての宦官たちと同様、心はサラセン人である」と述べている。Falcandus, *Liber de regno*, p. 25［Loud and Wiedemann, trans., *The History of the Tyrants*, p. 78］: "sicut et omnes eunuchi palatii, nomine tantum habituque christianus erat, animo saracenus." G. Siragusa（Falcandus, *Liber de regno*, p. 99 note 1）とM. Amari（*SMS*, vol. 3, p. 496）はペトルスをベルベル起源のAhmad as-Siqillī（シチリア人アフマド）と同一視している。Ibn Khaldūn（*Kitāb al-'Ibar*, in Amari, ed., *Biblioteca arabo-sicula, testo arabo*, p. 462 ; Amari, ed. and trans., *Biblioteca arabo-sicula, versione italiana*, vol. 2, pp. 166–167）によれば、Ahmad as-Siqillīは、キリスト教徒によってジェルバ島からシチリアへ連れてこられ、シチリアで教育を受け、シチリアの君主（ロゲリウス二世）に雇われたという。Takayama, *The Administration*, p. 100 note 20 ; Johns, *Arabic Administration*, pp. 222–228.

（25）Falcandus, *Liber de regno*, pp. 109–112［Loud and Wiedemann, trans., *The History of the Tyrants*, pp. 159–162］; Chalandon, *Histoire de la domination*, vol. 2, pp. 320–322.

（26）Falcandus, *Liber de regno*, pp. 44–69［Loud and Wiedemann, trans., *The History of the Tyrants*, pp. 98, 120］; Takayama, *"Familiares regis,"* pp.359–361 ; idem, *The Administration*, pp. 98–101. マルシコ伯シルウェステルはラグーサのゴフレドゥス（ロゲリウス一世の息子）、すなわち、ロゲリウス一世の孫にあたる。Cuozzo, *Commentario*, pp. 159–160 ; Loud and Wiedemann, trans., *The History of the Tyrants*, p.84 note 55.

（27）Takayama, *"Familiares regis,"* pp. 360–361 ; idem, *The Administration*, pp. 100–101, 115–116.

（28）Falcandus, *Liber de regno*, pp. 108–109, 161–162［Loud and Wiedemann, trans., *The History of the Tyrants*, pp. 158, 214］; Takayama, *"Familiares regis,"* pp. 362–363 ; idem, *The Administration*, p. 117.

（29）Falcandus, *Liber de regno*, p. 107［Loud and Wiedemann, trans., *The History of the Tyrants*, pp. 155–156］.

（30）Falcandus, *Liber de regno*, p. 24［Loud and Wiedemann, trans., *The History of the Tyrants*, p. 77］. 彼は、TerlizziとTroiaの近郊に土地をもっていた。*Codice diplomatico barese*, vol. 3（Bari, 1899）, pp. 128, 136. Cf. Evelyn Jamison, "The Administration of the County of Molise in the Twelfth and Thirteenth Centuries," *English Historical Review*, vol. 44（1929）, p. 532. ガルーフィによれば（Romualdus Salernitanus, p. 241 note 3, p. 389）、彼はモリーゼ伯ロベルトゥスの息子であったという。しかし、この点は、史料で確認できなかった。

（31）Falcandus, *Liber de regno*, pp. 24, 56, 69［Loud and Wiedemann, trans., *The History of the Tyrants*, pp. 77, 109, 120］; Romualdus, p. 246.

（32）Falcandus, *Liber de regno*, pp. 97–98［Loud and Wiedemann, trans., *The History of the Tyrants*, pp. 146–147］.

（33）Cf. Loud and Wiedemann, trans., *The History of the Tyrants*, p. 193 note 227.

（34）Takayama, *"Familiares regis,"* pp. 365–369 ; idem, *The Administration*, pp. 118–123.

(35) N. Kamp, *Kirche und Monarchie im Staufischen Königreich Siziliens*, 4 vols.（München, 1973–82）, vol. 3, pp. 1013–1018.

(36) Falcandus, *Liber de regno*, p. 83 [Loud and Wiedemann, trans., *The History of the Tyrants*, p. 133].

(37) ファルカンドゥスは、リカルドゥスを宦官（*eunucus*）と呼んでいないが、次の記述が彼も宦官であることを示唆している。"Gaytus quoque Richardus illi cum ceteris eunuchis infestissimus erat, eo quod Robertum Calataboianensem contra voluntatem eius dampnaverat"（Falcandus, *Liber de regno*, p.119 [Loud and Wiedemann, trans., *The History of the Tyrants*, p. 170]）. 以下も参照。Falcandus, *Liber de regno*, pp. 161–162 [Loud and Wiedemann, trans., *The History of the Tyrants*, p. 214]; Takayama, "Great Administrative Officials," pp. 323–324; Johns, *Arabic Administration*, pp. 228–234.

(38) Falcandus, *Liber de regno*, p. 79 note 1, pp. 108–109 [Loud and Wiedemann, trans., *The History of the Tyrants*, pp. 129, 158]; C. A. Garufi, *I documenti inediti del'epoca normanna in Sicilia*（Documenti per servire alla storia di Sicilia, serie 1, Diplomatica XIX, Palermo, 1899）, p. 111; Takayama, "The Great Administrative Officials," p. 323; Johns, *Arabic Administration*, pp. 219–222.

(39) Falcandus, *Liber de regno*, pp. 161–162 [Loud and Wiedemann, trans., *The History of the Tyrants*, p. 214].

(40) Falcandus, *Liber de regno*, pp. 163–164 [Loud and Wiedemann, trans., *The History of the Tyrants*, p. 216]; Takayama, "*Familiares regis*," pp. 365–368.

(41) ゲオールギオスに加えて、エウゲニオスの息子ヨアンネス、ニコラオス、テオドロス、バシレイオス、ゲオールギオスの息子ミカエルはみなギリシア人であった。Takayama, "*Amiratus*," pp. 138–140.

(42) Takayama, "The Great Administrative Officials," pp. 321–326.

(43) Falcandus, *Liber de regno*, p. 77 [Loud and Wiedemann, trans., *The History of the Tyrants*, p. 128]. Cf. Jamison, *Admiral Eugenius*, p. 44 and note 3; Takayama, "The Great Administrative Officials," pp. 322–323; Johns, *Arabic Administration*, p. 224.

(44) 注（24）を参照。.

(45) Takayama, "The Great Administrative Officials," pp. 323–324; Johns, *Arabic Administration*, pp. 228–234.

(46) 土地に関する文書を保管・管理するドゥアーナ・デ・セークレーティース長官（*magister duane de secretis*）たちの多くも、アラブ・イスラム文化を背景にもつ人々であった。Takayama, "The Great Administrative Officials," pp. 326–331. 他の役人の中にも多くの異邦人がいた。ロゲリウス二世に仕えた尚書ロベルトゥスと礼拝堂付司祭トマス・ブルヌス、三人の王に司法官として仕えたフロリウス・デ・カメロータは、イングランド出身であった。尚書ロベルトゥスについては以下を参照。K. A. Kehr, *Die Urkunden der normannisch-sizilischen Könige*（Innsbruck, 1902）, p. 75 note 8; Haskins, "England and Sicily," p. 437; E. Jamison, "The Sicilian Norman Kingdom in the Mind of Anglo-Norman Contemporaries," *Proceedings of the British Academy*, vol. 24（1938）, p. 270. トマス・ブルヌスについては以下を参照。*Dialogus de Scaccario: De Necessariis Observantiis Scaccarii Dialogus, qui dicitur Dialogus de Scaccario*, ed. C. Johnson（London, 1950）, p. 35; Haskins, "England and Sicily," pp. 438–440; W. L. Warren, *Henry II*（Berkeley/ Los Angeles, 1977）, pp. 313–314; R. L. Poole, *The*

Exchequer in the Twelfth Century (London, 1912), p. 67, pp. 118–122. フロリウス・デ・カメロータについては以下を参照。Haskins, "England and Sicily," pp. 437–438; Jamison, "The Sicilian Norman Kingdom," pp. 274–275.

(47) Takayama, "Central Power and Multi-Cultural Elements," p. 14. 王宮における影響力の強さは、時代とともにギリシア人からアラブ人、そして、ラテン系へと変わっていった。十二、十三世紀におけるシチリアのイスラム教徒住民の減少については、以下を参照。D. Abulafia, "The End of Muslim Sicily," M. Powell, ed., *Muslims under Latin Rule: A Comparative Perspective* (Princeton, 1990), pp. 103–133.

(48) 多くの歴史家たちは、宮廷におけるビザンツ、ヨーロッパ、イスラム文化の中の特定の文化的要素に焦点をあてて、その影響を主張してきた。しかし、シチリアの宮廷を特徴づける際に一つの文化的要素を強調することは、現実の一部を恣意的に切り取り、その断片のまわりに誤ったイメージを構築するようなものである。それぞれの文化的要素がどの時期にどの側面に現れたかを検討しないかぎり、ノルマン宮廷を特徴づけることはできない。

(49) たとえば、マイオ暗殺後の一一六一年の反乱時には、多くのイスラム教徒がキリスト教徒に殺された。Falcandus, pp. 56–57 [Loud and Wiedemann, trans., *The History of the Tyrants*, pp. 109–110]; Romualdus Salernitanus, *Chronicon sive Annales*, ed. C. A. Garufi (Città di Castello, 1909–35, *RIS*², vol. 7–1), pp. 246–247 [English translation: Loud and Wiedemann, trans., *The History of the Tyrants*, p. 230].

(50) ファルカンドゥスによれば、アラブ人宦官マルティヌスは、自分の兄弟がキリスト教徒に殺されたことを知っていたので、すべてのキリスト教徒に対して激しく怒り、兄弟の死を彼らのせいにしたという。Falcandus, p. 79 [Loud and Wiedemann, trans., *The History of the Tyrants*, p. 129].

(51) 彼の署名のほとんどは、ギリシア語文書の中だけでなく、ラテン語文書の中でも、ギリシア語で記されている。Takayama, "Central Power and Multi-Cultural Elements," p. 5 note 16. しかし、Falkenhausen は、ロゲリウス二世のギリシア語署名は、彼自身によって記されたのではなく彼の書記の一人によって記されたと考えている。V. von Falkenhausen, "I diplomi dei re normanni in lingua greca," G. D. Gregorio and O. Kresten, eds., *Documenti medievali greci e latini. Studi Comparativi. Atti del seminario di Erice (23–29 ottobre 1995)* (Spoleto, 1998), pp. 283–286.

(52) A. Kazhdan, "Doxopatres, Neilos," *The Oxford Dictionary of Byzantium*, 3 vols., ed. A. Kazhdan (New York/ Oxford, 1991), vol. 1, p. 660; V. von Falkenhausen, "Doxapatres, Nilo," *Dizionario biografico degli Italiani*, vol. 41 (1992), pp. 610–613.

(53) Al-Idrīsī, *Kitāb nuzha al-mushtāq fī Ikhtirāq al-Āfāq* (*Opus geographicum*), 6 vols. (Roma, 1970–76), vol. 1, p. 5; in Amari, ed., *Biblioteca arabo-sicula, testo arabo*, p. 16; in Amari, ed. and trans., *Biblioteca arabo-sicula, versione italiana*, vol. 1, p. 35.

(54) Ibn Jubayr, *Riḥla*, p. 324（イブン・ジュバイル『旅行記』三二九頁）.

(55) Evelyn Jamison, *Admiral Eugenius of Sicily, His Life and Work* (London, 1957), pp. xvii–xxi; Charles Homer Haskins, *The Renaissance of the Twelfth Century* (Cambridge, Mass., 1927), pp. 60, 292, 298, 332, 344; idem, *Studies in the History of Medieval Science*, 2nd. ed. (Cambridge, Mass., 1927), pp. 53, 142–143, 150, 152, 159–163, 165–172, 179–183, 190; M. T. Mandalari, "Enrico Aristippo Arcidiacono di Catania nella vita

culturale e politica del secolo XII," *Bolletino storico catanese*, vol. 4 (1939), pp. 87–123.

(56) Jamison, *Admiral Eugenius*, pp. xxi–xxii, 4.

(57) I. Peri, *Uomini, città e campagne in Sicilia dall'XI al XIII secolo* (Bari, 1978), p. 108; H. van Werveke, in *The Cambridge Economic History*, vol. 3 (1963), p. 38.

(58) Werveke, in *The Cambridge Economic History*, vol. 3, pp. 38–39; L. K. Little, *Religious Poverty and the Profit Economy in Medieval Europe* (Ithaca, N. Y., 1978), pp. 22–23; B. Tierney & S. Painter, *Western Europe in the Middle Ages 300–1475*, 4th ed. (New York, 1983), p. 274.

(59) Ibn Jubayr, *Riḥla*, p. 333（イブン・ジュバイル『旅行記』三三八頁）.

(60) シチリア王は、メッシーナに白亜の宮殿をもち、パレルモ近郊にファヴァーラ宮殿、アルトフォンテ宮殿などをもっていた。Al-Idrīsī, *Kitāb nuzha al-mushtāq*, pp. 590–592; in Amari, ed., *Biblioteca arabo-sicula, testo arabo*, pp. 28–30; Amari, ed. and trans., *Biblioteca arabo-sicula, versione italiana*, vol. 1, pp. 59–62; Romualdus, p. 232 [Loud and Wiedemann, trans., *The History of the Tyrants*, p. 219]; Falcandus, p. 87 [Loud and Wiedemann, trans., *The History of the Tyrants*, pp. 136–137]; Houben, *Roger II.*, p. 131 [English trans., pp. 130–131].

(61) この王宮については、以下の記述を参照。Falcandus, "Epistola," p. 178 [Loud and Wiedemann, trans., *The History of the Tyrants*, p. 259]. Cf. Falcandus, p. 55 [Loud and Wiedemann, trans., *The History of the Tyrants*, p. 108].

(62) Ibn Jubayr, *Riḥla*, p. 324（イブン・ジュバイル『旅行記』三二八頁）.

(63) Ibn Jubayr, *Riḥla*, pp. 325–326（イブン・ジュバイル『旅行記』三三〇頁）.

第九章　南イタリアにおける法と君主国

現代の歴史家の間では、中世の南イタリア（ここではシチリアとイタリア半島南部を意味する）は、何よりもまず、「ヨーロッパ（西ヨーロッパ）」の成立という文脈の中で議論されてきた。ある研究者たちにとっては、ここは中世の時代に「ヨーロッパ」がビザンツ文化やイスラム文化を受容する場所であった。当時の南イタリアは、ヨーロッパの辺境に位置していたが、そこでは、哲学から自然科学に至るまで、多くの重要なギリシア語文献、アラビア語文献がラテン語に翻訳されたのである。ビザンツ芸術やビザンツ建築に関する知識も、この中世の南イタリアを通ってヨーロッパに伝えられた。別の研究者たちにとっては、ここは高度に発達した王の行政と官僚制を有するヨーロッパ最初の近代国家を生み出した場所でもあった。他方、「イタリア」の成立の歴史においては、南イタリアは、否定的な意味合いをもって論じられてきた。ノルマン朝およびシュタウフェン朝の王国がこの地域を支配し、政治、経済、文化に大きな影響を及ぼしたにもかかわらず、それは「イタリア」の歴史の中では歴史上の華やかな逸話とみなされるか、あるいは、イタリア統一への重大な障害とさえみなされてきたのである。

しかし、中世の南イタリアは、「ヨーロッパ」、あるいは、「イタリア」の一部として扱われるべきではない。これらの枠組み、つまり、固定した地政学的あるいは歴史的存在としての「ヨーロッパ」や「イタリア」は、南イタリアの歴史を理解するための大きな障害となるからである。もちろん、その歴史を把握するために異なる視点や、異なる枠組みを使うことはできる。しかし、南イタリアそれ自体は、決して永続する地政学的枠組みではないということを忘れてはならない。南イタリアで生じた現象の多くは、その地理的範囲を越えて拡がるはるかに大きな文脈の中で考察され、理解されなければならない。南イタリアは、時に広範囲に変化をもたらす強力な原動力ともなったが、その歴史の大部分は、決して自己充足的なものではなく、より広い文脈における勢力関係の反映であった。当然のことであるが、南イタリアの歴史は地中海の歴史の文脈の中に置かなければ十分に理解できないのである。内陸部がきわめて山がちであった南イタリアの場合には、重要都市の大部分が海沿いに位置していた。海は、時に人々の移動やモノの輸送を妨げる自然の障壁となったが、同時に商品や人々が頻繁に行き交う交通路でもあった。南イタリアの諸都市の間も、外国都市との間も、海でつながっていた。中世の南イタリアは、多くの場合、ヨーロッパ大陸の一部というよりも地中海の一部だったのである。

ノルマン人による統合

七世紀以後、環地中海地域は三つの大文化圏に分割されていた。ラテン語とローマ・カトリックのキリスト教が支配的な西ヨーロッパ、ギリシア語とギリシア正教のキリスト教が支配的なビザンツ帝国、アラビア語とイスラム教が支配的な北アフリカおよびスペインである。南イタリアはちょうどそれらの文化圏の境界に位置していたため、複雑な歴史を有することとなった。十一世紀にノルマン人戦士がフランス北部のノルマンディからやってきた時、カラーブリアとアプーリアはビザンツ帝国の一部を構成していた。ナポリ、アマルフィ、ガエータの三つの公国は、名目的にビザンツ帝国の権威に服していたが、独立の都市国家であった。サレルノ、カープア、ベネヴェントの三つのランゴバルド侯国も独立した国々であった。シチリアは、イスラム教徒地方君主の間で分割されていた。

ノルマン人は、最初、傭兵としてランゴバルド君主やビザンツ帝国総督のために働いていたが、やがてアヴェルサとメルフィに引き寄せられ、この二つの場所がノルマン戦士の中心地となった。南イタリアのノルマン人は、十一世紀半ばまでにはすでに国際政治に影響を与える強力な勢力へと成長しており、おそらくローマ教皇と神聖ローマ皇帝（ドイツ王）を除けば、西ヨーロッパで最も活動的な政治勢力となっていた。実際、彼らはローマ教皇庁に強い影響を与えている。後には教皇ニコラウス二世を支持することになるが、教皇レオ九世とは戦火を交え、一〇五三年に彼を捕えている。その後、ノルマン人は叙任権闘争において重要な役割を果たした。彼らの軍事的援助がなければ、ローマ教皇は神聖ローマ皇帝とあれほど執拗に戦うことはできなかっただろう。

一〇五九年、アヴェルサのノルマン人指導者リカルドゥスとメルフィのノルマン人指導者ロベルトゥス・グイスカルドゥスは、教皇ニコラウス二世から、前者がカープア侯国、後者がアプーリア公国とカラーブリア、シチリアを与えられた。アプーリア公国は、ロベルトゥス・グイスカルドゥスのもとで、強力な公国へと急成長する。彼はアプーリアとカラーブリアのビザンツ帝国領を征服し（帝国最後の拠点バーリは一〇七一年に陥落した）、イタリア半島南部を統一した。ロベルトゥス・グイスカルドゥスは、激しい諸侯の反乱に直面したが、公国における権威の維持には基本的に成功している。彼はまた、国際政治において重要な役割を果たした。最初は教皇グレゴリウス七世と衝突したが、一〇八〇年に和解した後は、良好な関係を維持している。一〇八二年にドイツ王ヘンリクス四世がイタリアに遠征し、グレゴリウス七世を包囲した時、ロベルトゥス・グイスカルドゥスはローマへ進軍し、この町を略奪し、グレゴリウス七世を救出している。

ロベルトゥス・グイスカルドゥスは、ビザンツ帝国に対して二度の大きな遠征を行った。一〇八一―八二年の最初の遠征では、アウローン（ヴァローナ）、コルフおよびドゥッラキオン（ドゥラッツォ）を占領したが、いずれも彼の帰国後奪還されている。一〇八四―八五年の二番目の遠征では、アウローンおよびコルフを再征服し、ブトリントを占領した。しかし、その後病に倒れ、一〇八五年にケファァレーニア島で他界した。

ロベルトゥス・グイスカルドゥスが死亡すると、アプーリア公国は急速にまとまりを失っていった。息子のロゲリウス・ボルサ（公位一〇八五―一一一一年）と孫のウィレルムス（公位一一一一―二七年）は、ロベルトゥス・グイスカルドゥスの強い権威を維持することができず、公国内のノルマン人諸侯の多くが事実上の独立を獲得した。君主と諸侯たちとの間の緊張関係は、中世南イタリアの歴史を通して絶え間なく続くことになる。

ロベルトゥス・グイスカルドゥスの弟のシチリア伯ロゲリウス一世は、南イタリアで最強の統治者となった。彼の兄が死亡する前、ロゲリウス一世は、その指揮下にある数百人の騎士とともに、辛抱強くシチリアの征服を続けていた。イスラム教徒支配下の最後の都市ノートを一〇九一年に陥落させた時、彼は一〇六一年にメッシーナを獲得して以後、このシチリア征服のためにすでに三十年を費やしていた。ロゲリウス一世は、法的にはアプーリア公の下位の地位にあったが、シチリアをまとまりのある豊かな国へと変え、西ヨーロッパで最も影響力のある君主の一人となった。彼は、教皇ウルバヌス二世との協定によってシチリアの教会に対する権威を与えられたが、この協定の正確な内容については、その後長期にわたって論争が続くことになる。ヨーロッパの有力君主たちは、彼との同盟を求め、彼の娘はハンガリー王コロマヌス、トゥールーズ伯、ドイツ王ヘンリクス四世の息子コンラドゥスに嫁いでいた。

ロゲリウス一世が一一〇一年に他界した時、二人の幼子シモンとロゲリウス二世が後継者として残された。彼らの未成年期には、北イタリアのサヴォア家出身の精力的な母アデラシアが、摂政としてシチリアにおける伯の権威と秩序を維持した。一一一三年に彼女がイェルサレム王ボルドウィヌスと結婚するためにシチリアを去った後、伯ロゲリウス二世が親政を始めた。ボルドウィヌスはその後まもなく彼女と離婚しており、彼女との結婚は単にシチリアの富から利益を得るためだったと考える研究者も少なくない。

ノルマン人の征服は、南イタリアの政治地図を大きく塗り替えた。この地域では、それまで異なる文化的伝統をもつ国々の間で均衡が維持されていたが、その古い政治秩序は破壊され、ノルマン人支配者のもとで新しい政治状況が生まれた。古い国々のいくつかは破壊され、その他の国々は君主がノルマン人に代わっただけでそのまま存続することとなる。南イタリアのほとんどすべての地域がノルマン人君主のもとに置かれた結果、政治的な意味では、地中海における最も重要な戦略地点・交易拠点が、三つの文化圏の境界地帯であることを止め、ラテン語とローマ＝カトリックのキリスト教が支配的なヨーロッパの一部となったのである。

しかしながら、人口という点から言えば、ノルマン人は少数派であり、住民の大部分は征服以前とほとんど同じままであった。大多数のシチリア住民はイスラム教徒とギリシア人であり、アプーリアとカンパーニアの住民の大多数はラテン語・キリスト教の伝統を有する者たち、カラーブリアおよびアプーリアの一部の住民の多くはギリシア人であった。異なる文化的背景をもつこれらの人々は、新しい君主のもとで、自分たち自身の慣習と伝統を保持しつづけた。君主の交替にもかかわらず、古い国々の枠組みのいくつかはノルマン人の国として、あるいはノルマン君主国内の地域的境界として「ノルマン人の征服」以後まで存続した。ただ、ロゲリウス一世の妻アデラシアと北イタリアとの結びつきが北イタリア人のシチリア島への移住を促し、島のゆるやかなラテン化とイタリア語方言の使用を進めることになる。

ノルマン・シチリア王国

シチリア伯ロゲリウス二世は、アプーリア公ウィレルムスが一一二七年に相続人なしに他界した時、即座にアプーリア公領を占領した。その後、不満をもつ諸侯たちを鎮圧し、一一二八年、教皇ホノリウス二世からアプーリア公に任じられた。そして、一一三〇年、ローマ教皇庁の分裂を利用して、対立教皇アナクレトゥス二世からシチリア＝カラーブリア＝アプーリアの王国の王冠、カープア公国、ナポリ領、およびベネヴェントの人々の保護権を手に入れたのである。

これが、地中海の歴史とイタリアの歴史の分水嶺をなすノルマン・シチリア王国の始まりとなる。イタリアは、西ローマ帝国の滅亡以後、繰り返し外部勢力の支配を受け、南部は異なる文化的背景を有する国々によって分割された状態となっていた。しかし、南部のこの断片化された状態は、ロゲリウス二世がこの地方を統合し、強力な王国へと変貌させることにより、終わりを告げたのである。この王国は、安定した統治システムを備えるまぎれもない国家であり、そのような安定した統治システムがなくその死とともに瓦解したロベルトゥス・グイスカルドゥスの公国よりはるかに強いまとまりを有していた。そして、その支配者たちは、地中海とヨーロッパの国際政治における強力で影響力のある立役者となった。

一一三〇年の新王国の創出は、南イタリアと地中海における大きな歴史的変化を象徴しているが、王国の現実の状態を誤解してはならない。ロゲリウス二世の権威は、半島部の広大な地域で認知されておらず、そこは依然として独立の諸侯や都市の支配下に置かれていた。この時点では、王の実質的支配域は王国の名目上の範囲よりはるかに小さかった。ロゲリウス二世はその領域を鎮圧するためにほぼ十年の歳月を費やさなければならなかった。教皇インノケンティウス二世の支援を受けたアプーリアの強力な諸侯と多くの都市が、絶え間なく反乱を起こしたからである。一一三七年、神聖ローマ皇帝ロタリウスはローマ教皇の要請に応じて王国へ侵入した。ローマ教皇自身も一一三九年に遠征を行っている。しかし、ロゲリウス二世の息子のロゲリウスにより捕らえられ、結局、ロゲリウス二世の破門を無効にし、シチリア王、アプーリア公、カープア侯としての彼の地位を認めることとなった。

政治的統一体としての王国

一一四〇年の夏の終わりまでに、ロゲリウス二世は王国の平和と秩序を回復させ、今やカラーブリア＝シチリア伯領、アプーリア公領、ナポリ公領、ターラント侯領、カープア侯領からなるその全領土をほぼ完全に支配するようになった。カラーブリアより北の地域の獲得は、彼の支配域と人口を数倍に拡大させた。シチリアと南イタリアは一人の君主のもとに置かれ、どの点から見ても一つの政治的統一体となった。王国の領域は、その後、この地域の歴史の基本的な枠組みとなり、「王国」としての記憶は人々の心に長く残りつづけることとなった。現代の研究者もまた、王国の存在を中世南イタリア・シチリアの社会を記述するための枠組みとみなす傾向にある。

しかし、この王国の誕生がどれほど重要だったとしても、王国は均一なまとまりではなく、異なる伝統を有する異なる地域の複合体にしかすぎなかった。ロゲリウス二世は、古い国々の枠組みを彼の統治の最も大きな区分として用いることにし、そのために、アプーリア公国、ターラント侯国、カープア侯国を、王国の行政区として存続させた。あたかも古い国々が王の権威のもとで存在しつづけるかのように、彼は自分の息子たちを公や侯に任命した。カープア侯国はその好例である。この侯国は一一三五年にロゲリウス二世によって征服され、彼の三番目の息子アンフススに与えられた。カープア侯国のまとまりは一定期間王国内で維持され、文書はアンフススの治世年で記された。アンフススは自分の侍従官を有していたが、この侍従官は、ずっと後の一一四九年にも、侯領の行政を行っていたように見える。このように、王国はロゲリウス二世のもとで統合された異なる国々の寄せ集めであった。

新しく生まれた王国の領域内には、異なる文化的伝統をもつ人々が生活していた。アラビア語のイスラム教徒、ギリシア語のギリシア正教徒、ラテン語のローマ＝カトリック・キリスト教徒、そしてユダヤ人たちである。これらの人々の大部分は混在して住んでいたわけではなく、異なる地域や地区に住み分けて生活していた。シチリアの南部および西部には主としてイスラム教徒が住んでおり、北東部にはギリシア人が住んでいた。カラーブリアの住民およびアプーリアの一部の住民の大多数はギリシア人であった。カラーブリアよりも北の地域には、主としてラテン語とカトリック・キリスト教の伝統を有する人々が住んでいた。世俗領主のほとんどすべてはラテン系、とりわけ、ノルマン人であり、高位聖職者の多くもそうであった。王国における異なる文化的背景を有する人々の併存は、異なる文化に属する国々が統合された結果であった。

しかしながら、一一四〇年の半島の平定後、王国は新しい行政組織によってより緊密に、また、より体系的に統治される国家へと変容していった。ロゲリウス二世の意図は、いわゆる「アリアーノのアシーセ（*assise*）」、つまり、平定直後に公布された法によく示されている。バチカン図書館に所蔵されている写本の第一条は、ノルマン支配に服する人々の多様性ゆえに、新たに公布される法に明白に違反しないかぎり、彼らの習慣、慣習、法は廃止されるべきではない、と宣言している。これは、一方では、異なる人々の間に存在する法と慣習を尊重するという支配者の意志を示し、他方では、この法令がそれらに優越するということをも明示している。ロゲリウス二世は、人々を以前と同じ状態で、しかし、彼の強力で単一の権威のもとで支配しようとしたのである。

王権と宮廷

王国の中心には、常にキリスト教徒のノルマン人の王がいた。また、王国の統治の中心はパレルモの王宮だった。王の宮廷は、パレルモの王宮に固定されていたのである。王権の性格は、宮廷の権力構造や中央権力の形態に応じて変化した。日常的な権力は、常に王によって行使されていたわけではなく、宰相やファミリアーレース・レギス（*familiares regis*）の集団によっても行使されていた。中央権力のこの三つの形態は、シチリア王の宮廷に交互に現れている。王自身が権力を行使しない時には、宮廷は激しい権力闘争と覇権争奪戦の舞台となった。官僚、聖職者、封建諸侯のような様々な集団の間の対立、あるいは、現地人と外国人との間の対立、異文化集団の間の対立が、状況をいっそう複雑にしていた。

ロゲリウス二世治世の大部分は、王自身が権力を行使した。王の宮廷では、ロゲリウス二世がノルマン人の貴族やキリスト教聖職者と同様に多くの有能な役人を抱えていたが、その多くは両親から受け継いだ者たちであった。これらの役人は、カンケラリウス（*cancellarius*）、カメラリウス（*camerarius*）、カプリリンガス（*καπρελίγγας*）、プロートノタリオス（*πρωτονοτάριος*）、ノタリウス（*notarius*）、ロゴテテース（*λογοθέτης*）、アミーラトゥス（*amiratus*）のような、ローマ帝国やフランク王国、ビザンツ帝国、アラブ諸国起源の称号を有していた。アラブ起源のアミーラトゥスという称号をもつ高官は、王の全幅の信頼を得た有力者であり、軍隊を指揮すると同時に王国行政にも関わっていた。そのほとんどがギリシア人だった。アミーラトゥスの称号を有する強力な宰相ゲオールギオスは、そのようなギリシア人の典型である。これらの有能な大臣、役人、封建家臣に支えられてではあったが、ロゲリウス二世は長きにわたって自ら権力を行使し、様々な問題を自ら解決し、重要な問題を自身で処理していた。このように、ロゲリウス二世は長きにわたって自ら権力を行使し、その治世の大半において、真に統治の中心だったのである。

彼の息子ウィレルムス一世（一一五四—六六年）の場合は、まったく異なっていた。ロゲリウス二世の死後の不安定な状況がおさまると、ウィレルムス一世は宰相マイオに政府を任せ、自らは世俗を離れた宮殿での安楽な生活を送ることにした。王は政治の表舞台から去り、宰相マイオが王国に対する支配権を手にした。一一六〇年にマイオが暗殺されると、ウィレルムス一世は、カターニア大助祭、マルシコ伯、シラクーザ被選司教をファミリアーレース・レギスに任じ、国政を委ねた。この時から、ファミリアーレース・レギスは王国で特別の重要性を有するようになった。ファミリアーレース・レギスは、ウィレルムス一世とその息子ウィレルムス二世（一一六六—八九年）の治世に、王国最高顧問団メンバーを指す非常に限定された称号となった。この称号の保持者は一時的には十人にまで拡大したが、通常は三人から五人の間にあった。王国の政策や王の権利に関わる他の重要な問題の決定者として、彼らは王国で最も影響力のある人々だった。

ウィレルムス一世の息子ウィレルムス二世もまた、権力を行使しなかった。彼の未成年期の初期には、摂政の母マルガリータが、国政をまず隠れムスリムの宦官ペトルスに委ね、次いで、フランスのペルシュ伯の息子ステファヌスに委ねた。しかし、この二人は、王国の騒乱の中、国外へ逃亡している。ファミリアーレース・レギスの一人でアグリジェント司教座聖堂参事会長だったグアルテリウスがパレルモ大司教に叙階された時、ようやく王国に秩序が戻ってきた。彼は王国最高顧問団の構成を変更し、彼自身と、アグリジェント司教ゲンティーリス、書記官マテウスからなる三頭政治を確立した。この三頭政治は、メンバーを変えながら約十五年間継続し、モンレアーレ大司教ウィレルムスが加わることによって修正された。このモンレアーレ大司教座は一一八三年に創設され、その初代の大司教がファミリアーレース・レギスに加わったのである。四人のファミリアーレース・レギスによる王国の統治は、ウィレルムス二世の死まで続くことになる。

ノルマン行政

王国の行政組織については、時代による変化を強調する必要がある。あまりに多くの先行研究が、異なる時代に属する官職を同時代のものであるかのように扱ったため、ノルマン行政組織の混乱したイメージを作り出してきたからである。実際には、時期によって実在する官職が異なるため、ノルマン行政の構造を検討するには、明確にその時期を特定し、検討する期間を狭い時間枠に限定する必要がある。

ロゲリウス二世は、一一四〇年に半島部を平定した後、最初の重要な行政上の変更を導入した。彼はまず、王国全土に地方侍従官と地方司法官を体系的に設置し、その後、アラビア語でディーワーン・アッタフキーク・アルマームール（*dīwān at-taḥqīq al-maʿmūr*）と呼ばれる新しい役所を作った。この役所は、土地や住民に関する情報を含む、当時残存していたアラビア語文書を保管・管理するために創設されたものである。この役所はまもなくラテン語でドゥアーナ・デ・セークレーティース（*duana de secretis*）と呼ばれるようになった。

宰相マイオの下で、王の役人たちは専門化と階層化を進めたが、この変化は中央政府の侍従官（*camerarius*）と司法官（*iusticiarius*）の組織においてとりわけ顕著だった。中央政府で働く侍従官は「王宮侍従官（*camerarius regalis palatii*）」

と呼ばれるようになり、さらにその少し後には「王宮侍従長官（*magister camerarius regii palatii*）」という官職名が現れ、この王宮侍従長官は中央政府で重要な役割を演じるようになる。中央政府における司法官もまた、マイオのもとで新たなレベルの専門化と階層化を進めた。

ウィレルムス二世治世初めには、ドゥアーナ・バーローヌム（*duana baronum*）と呼ばれる新しい役所が、半島部の統治のために作られた。この新しい役所は、サレルノ、おそらくはテッラチェーナ城内に置かれ、カラーブリアを除く半島部全体を管轄し、そこで必要とされる様々な業務を実行していた。

私たちは、このドゥアーナ・バーローヌム創設の後に、最も発達した段階でのノルマン行政の構造を見ることができる。この時期、ファミリアーレース・レギスからなる王国最高顧問団は、行政における最も高い権威を保持し、王国の重要な問題や王の利益に関わる問題に関して、決定を下していた。王宮侍従長官および彼の部下である二人の王宮侍従官は、中央政府の執行・行政機能を指揮していた。これらの役職の保持者はイスラム教徒あるいは隠れムスリムであった。

他方、土地の管理に関する特別の業務のためには、アラビア語でディーワーン・アッタフキーク・アルマームールと呼ばれる（ラテン語でドゥアーナ・デ・セークレーティース、ギリシア語でメガ・セクレトン（*μέγα σέκρετον*）、もしくはセクレトン）特別の役所があった。この役所はパレルモの王宮に置かれ、二人の王宮侍従官のうちの一人の指揮下にあった。この役所には、ラテン語でマギステル・ドゥアーネ・デ・セークレーティース（*magister duane de secretis*）、アラビア語でサーヒブ・ディーワーン・アッタフキーク・アルマームール（*ṣāḥib dīwān at-taḥqīq al-ma'mūr*）、ギリシア語でホイ・エピ・トゥー・メガルー・セクレトゥー（*οἱ ἐπὶ τοῦ μεγάλου σεκρέτου*）、ホイ・エピ・トゥー・セクレトゥー、あるいはアルコンテス・トゥー・セクレトゥー（*ἄρχοντες τοῦ σεκρέτου*）と呼ばれる高官たちがいた。そしてその大部分はイスラム教徒あるいは隠れムスリムであった。彼らの主たる業務は、アラビア語文書作成とシチリア（後におそらくはカラーブリアも含む）の土地行政であったが、彼らは王国で最も影響力を有する役人でもあった。

半島の統治のためには、様々な地方行政上のニーズを満たすために、ラテン語でドゥアーナ・バーローヌム（あるいはギリシア語でセクレトン・トーン・アポコポーン（*σέκρετον τῶν ἀποκοπῶν*））と呼ばれる役所がサレルノに設置された。この役所には、ラテン語でマギステル・ドゥアーネ・バーローヌム、ギリシア語でホイ・エピ・トゥー・セクレトゥー・トーン・アポコポーン（*οἱ ἐπὶ τοῦ σεκρέτου τῶν ἀποκοπῶν*）と呼ばれる高官たちがいたが、彼らも王国で最も影響力のある役人であった。地方侍従官、地方司法官、町の首長（*catepani* または *strategoi*）、バイウルス（*baiulus*）のような地方の役人は、これらの高官の指揮下で、王のために働いていた。

ノルマン・シチリア王国の行政の最も大きな特徴は、カラーブリア＝シチリアと他の半島部との間の違いである。シチリアとカラーブリアでは、土地台帳や農民名簿により、王は住民と土地をより直接的に支配することができた。そこでは、封建家臣や教会が王の支配への大きな障害とはならず、より堅固で安定的な統治が可能だった。しかしながら、半島部の支配のためには、封建家臣たちが不可欠であった。王は封建家臣を通してのみ住民と土地を支配し管理することができたのである。

王国の統治組織は、旧支配者たちの既存の行政制度に基づいたものであるか、あるいは、異なる既存の役所を管理するために創出された。各々が固有の政治的・歴史的一体性をもっていた地域が、異なる時期に支配に服したため、王国全土に均質の統治システムを導入することができず、その結果、異なる統治システムが併存することとなったのである。研究者の中には、この王国に高度に中央集権化した統治組織、そして、近代国家の起源すら見る者たちがいたが、王国の統治システムは、実際には、異なるシステムを統合した物であり、均一な集権化したシステムとは大きく異なっている。

王の野心と外交

十年に及ぶ平定活動を通して、ロゲリウス二世は王国における自らの権威を固め、その権力基盤を拡大した。この王国内部のまとまりは、アフリカやギリシアへの彼の海軍活動の目覚ましい拡大を可能とした。彼の艦隊は、繰り返し北アフリカを攻撃し、ついにはトリポリとボーナの間の地域を支配するに至った。彼はまた、ビザンツ帝国に対する遠征を行い、コルフとネアポリスを手に入れた。ロゲリウス二世は、一一五四年の死亡時までに、中央地中海における重要な通商路への支配を手にした。ただ、それはウィレルムス一世治世に失われることになる。

ウィレルムス一世は、その治世初期にローマ教皇とドイツ王の軍隊の侵入を撃退した後、ローマ教皇庁に対する影響力を拡大し、ハドリアヌス四世の死亡時には、自らの候補をアレクサンデル三世（一一五九―八一年）として教皇に擁立することに成功した。一一五八年には、ビザンツ皇帝と和平条約を結び、その後は良好な関係を維持している。

ウィレルムス二世治世に、王国は、多くの外国と友好的な関係を維持した。一一五六年のジェノヴァとの条約は、シチリアに穀物と綿の確かな市場を保証していた。教皇アレクサンデル三世は王国の最良の同盟者であった。一一六〇年代に神聖ローマ皇帝がイタリアの支配権を手に入れようと試みたが、それは失敗に帰した。そして、一一七七年のヴェネツィアとの和約により、神聖ローマ帝国との間に十五年間の休戦がもたらされた。また、ウィレルムス二世の叔母コンスタンティアと皇帝フレデリクス・バルバロッサの息子ヘンリクスとの結婚は、二つの君主国の関係をさらに改善した。王国はジェノヴァおよびヴェネツィアと同盟を結び、いつもはやっかいな関係にあったビザンツ帝国との間で、しばらくの間平和な状況を維持することすらできた。さらに、一一七七年になされたイングランド王ヘンリクス二世の娘ヨハンナとの結婚は、十二世紀ヨーロッパにおける二つの最強のノルマン王国の間の密接な関係をいっそう堅固なものとした。

ウィレルムス二世は、このように外国勢力と良好な関係を維持する一方で、大きな軍事的冒険を行ってもいる。ビザンツ皇帝マヌエルの後継者をめぐる紛争を利用して、彼は一一八五年にビザンツ帝国を攻撃した。ノルマン人の艦隊は、同年、ドュッラキオンとテッサロニキを占領し、コンスタンティノープルへと進み、数年にわたる戦争が続いた。さらに、彼は、イスラム教徒、とりわけエジプトのイスラム教徒に対する遠征軍を派遣した。ノルマン人の艦隊は、一一六九年にダミエッタ、一一七四年にアレクサンドリア、一一七五年と一一七八年の間には二度ティンニースを攻撃した。また、彼は、一一八一／八二年に西方のマリョルカをも攻撃した。ウィレルムス二世は、さらに一一八九年の第三回十字軍のために艦隊を派遣したが、東方における将軍マルガリトゥスの成功の知らせが届く前に、死亡した。

過 渡 期

一一八九年、ウィレルムス二世は子供を残さずに三十六歳で他界した。彼の叔母で初代の王ロゲリウス二世の娘であったコンスタンティアが、シチリア王位の正当な継承者だったが、彼女はドイツ王ヘンリクス六世と結婚していたため、シチリアの有力者の中には、シチリアの独立性が失われるのを恐れる者たちもいた。結局、一一九〇年、アプーリア公ロゲリウスの非嫡出子でロゲリウス二世の孫にあたるレッチェ伯タンクレドゥスが、王に選出された。

しかし、彼の統治は最初から困難に満ちたものだった。彼の王位継承に反対する勢力が半島部で反旗を翻し、イスラム教徒たちがシチリアで反乱を起こしたからである。また、十字軍遠征隊を率いたイングランドのリカルドゥス獅子心王がメッシーナに到着し、王国に混乱を引き起こした。さらに、神聖ローマ皇帝となったヘンリクス六世が一一九一年に王国に侵入し、サレルノを占領した。タンクレドゥスは半島部の再征服に成功したが、王国は彼の前任者たちのもとで保持されていたまとまりを失い、分裂と混乱に向かっていった。タンクレドゥスは一一九四年二月に他界し、後継者として幼子のウィレルムス三世が残された。

その後、ヘンリクス六世が再び半島部に侵攻し、パレルモまで軍隊を進めて幼王ウィレルムス三世を廃位させた。そして、一一九四年のクリスマスの日に自らシチリア王として戴冠したのである。それは、イタリア中部のイェージまでやってきていた妻のコンスタンティアが、息子のフレデリクス二世を産む前日のことだった。ノルマン人の血は、母親コンスタンティアを通して、フレデリクス二世に受け継がれたが、ヘンリクスの戴冠式は、ノルマン人のオートヴィル家からドイツのシュタウフェン家への王朝の交替を意味した。しかし、それ以上に重要なことは、政治的に緊密に結びついたイタリア＝ドイツ圏が生まれたということであった。この後、南イタリアの歴史を理解するには、ドイツの要因を考慮することが不可欠となる。ヘンリクス六世は、シチリア王国の統治を妻コンスタンティアに委ね、自らはドイツに帰還した。シチリア王国がどれほど豊かであったとしても、彼にとっては海外にある一つの領土にすぎなかったのである。彼は一一九七年九月に他界し、その翌年にはコンスタンティアもこの世を去った。コンスタンティアは、ローマ教皇を息子の後見人に選んでいたが、王国は政治的混乱の中に沈み込んでゆく。王権は弱体化し、諸侯たちが土地と覇権を求めて争うようになる。王国は統一性を失い、もはや一つの政治的統一体と言えなくなっていた。

フレデリクス二世

ヘンリクス六世死後、シチリア王位は彼の幼子フレデリクス二世に継承された。一一九八年五月、三歳の彼は母親の腕に抱かれたまま、パレルモで戴冠の儀式を行った。同年十一月に母親が亡くなると、彼は公式に教皇インノケンティウス三世の後見下に置かれた。しかしながら、実際には、彼はそのままパレルモに残され、そこで育てられたと考えられている。彼の未成年期、王国は、より深い政治的混乱の中に沈んでいった。

ドイツ王国では、ヘンリクス六世の王位継承者をめぐって深刻な党派対立が生じ、二人の王、つまり、フレデリクス二世の叔父フィリップスとヴェルフ家のオットー四世が並び立つこととなった。しかし、一二〇八年六月にフィリップスが暗殺されると、オットー四世がドイツの単独の王として再選され、一二〇九年十月にローマで神聖ローマ皇帝として戴冠した。

他方、フレデリクス二世は一二〇八年に十四歳で成人の式を迎え、シチリア王国における王の支配と秩序の回復という困難な仕事に着手することとなった。彼の未成年期には、王国全土が混乱状態に陥っており、多くの諸侯が独立割拠し、王領地を含む彼らの近隣の土地を簒奪していた。王の許可なくあちこちに城が築かれ、多くの都市が王の支配から脱していた。一二〇九年、フレデリクス二世は軍隊を召集し、反旗を翻した諸侯たちを軍事力で制圧した。しかし、王権のもとに秩序を回復するにはまだ遠い道のりがあった。

その後の数年間に、彼の人生と運命を劇的に変える出来事が相次いで生じている。一二一〇年、ローマ教皇はイタリアに進軍し、シチリア王国に侵攻した皇帝オットー四世を破門に処した。その翌年、ドイツのシュタウフェン家支持者たちがフレデリクス二世をドイツ王に選出すると、すでにイタリア半島南端部にまで深く進攻していたオットー四世は、即座にドイツへ帰還し、フレデリクス二世もまたシチリアからドイツに向かった。フレデリクス二世は、大きな抵抗を受けることもなくコンスタンツを占領し、一二一二年にマインツで戴冠した。その後の十二年間、彼はドイツに滞在し、敵対する諸侯たちを制圧し秩序を回復させることに専念した。彼が最終的にシチリアに戻ることができたのは一二二〇年のことであった。

王権の回復

フレデリクス二世がシチリア王国に帰還した時、彼はもはやただのシチリア王というわけではなかった。彼はすでにドイツの統治者としての地位を確立しており、若い息子ヘンリクス（七世）(1)をドイツ王としてドイツに残してきていた。彼はまた、帰国途上、ローマで皇帝として戴冠していた。この新たな称号を帯びて、彼は、不在の間中断していた王国における秩序と王の支配の回復という困難な仕事を再開することになる。その彼の強い意志は、帰還直後の一二二〇年十二月に公布された「カープアのアシーセ」に示されている。この法令の序文で、彼は、王国の状態をウィレルムス二世治世の良好な状態に戻すことを宣言し、混乱期に不正に建てられた城は破壊されるか王権に引き渡されること、その間に出された証書や特権状は王権によって検査・確認されることを命じた。疑いなく、王の最優先事項は、王国内の王の権威を回復することであった。その後、彼は、半島部で独立していた強力な諸侯たちと精力的に戦い、彼らを王権に服させた。さらに、シチリアで反乱を起こしたイスラム教徒たちを制圧し、シチリアのイスラム教徒住民の大半を半島部のルチェーラに強制移住させたのである。

シチリアと南イタリアで王権確立のために精力的に働いた後、フレデリクス二世は、一二二八年、十字軍遠征に出かけることになる。彼はドイツでの戴冠式で十字軍に出かけることを誓約していたが、王国の状態が不安定だったために出発を延期せざるをえなくなり、ローマ教皇の激しい怒りを招いていた。教皇グレゴリウス九世は、繰り返される延期を理由に、彼を破門に処した。そのような状況の中、彼は、一二二八年六月、キプロス島とイェルサレムのラテン王国に向けて王国を出航した。彼は、二番目の妻にイェルサレムの相続人イサベラを迎えており、十字軍士、皇帝としてのみならず、イサベラの夫、つまり、イェルサレム王として出かけたことになる。キプロス島経由でアッコに上陸した後、彼は、エジプトのスルタン・カーミルとの交渉によってイェルサレムを取り返すことに成功し、一二二九年三月、聖墳墓教会でイェルサレム王として戴冠し自らの外交的勝利を祝った。しかしながら、この流血なき目覚ましい成功は、ローマ教皇によって評価されることはなかった。それどころか、ローマ教皇の軍隊が、ローマ教皇の聖戦として、フレデリクス二世のシチリア王国に侵入してきたのである。フレデリクス二世は直ちに帰国し、ローマ教皇の軍隊を撃退した。こうして、一二三〇年六月、面目を失ったローマ教皇と彼との間にサン・ジェルマーノ和平条約が結ばれたのである。

その後、フレデリクス二世は、王国のまとまりを強化することに再び専念する。同年十月、彼は王国各地から老齢の「よき人々（*boni homines*）」を呼び集め、地方の法と慣習に関する調査を行った。そして、一二三一年六月、メルフィの宮廷において勅令の発布を宣言し、九月にそれらを公布した。その大部分は犯罪と裁判手続きに関するものであり、その主要な目的が王国における平和と秩序の達成と維持だったことを示唆している。この時から一二五〇年の死亡時まで、フレデリクス二世は、ランゴバルド同盟や教皇との戦争によって邪魔されながらではあったが、王国のまとまりを強化するために付加的な新しい法（*novellae*）を公布しつづけた。そして、彼の後継者たちもこの習慣を継続している。

ノルマンの遺産

十二世紀末期から十三世紀初期にかけての混乱期に、ノルマンの行政制度がどの程度機能していたかについては、研究者間で見解が大きく異なっている。史料の中にノルマン期の官職名や行政区が存在していることを連続の証拠と考える者もいれば、ヘンリクス六世とコンスタンティア死後の政治的混乱の中で、ノルマン行政は停止したと考える者もいる。しかし、多くの研究者が指摘しているように、ノルマン王国とフレデリクス二世の王国との間には、王権に対するイメージ、宮廷における文化活動、行政組織などにおいて、際立った類似性と共通の性格が存在している。

フレデリクス二世が王の権威を回復しようとしていた時、彼の心の中にノルマン王たちの王国のイメージがあったことは疑いないだろう。彼は、ノルマン王の統治制度を復活させ、その強い権威を取り戻そうと意図していたからである。そのような意図は、一二二〇年のカープア法令の中にはっきりと示されている。カープア法令で、彼はノルマン期の諸制度を復活させることを宣言し、司法官の職務がウィレルムス二世治世と同じであること、司法官とバイウルスの間の職務の区分がノルマン期と同じであることを命じている。彼の意志は、一二三一年のメルフィ勅書にも反映しているが、それはかつてのノルマン王の勅令を含んでいた。彼の行政において核となる役人たちは、実際、ノルマン期と同じように、司法官、侍従官、バイウルスであった。また、かつてのノルマン王と同じように、彼は、中央政府から世俗の強力な諸侯を排除しようとし、専門官僚の集団を作り上げていた。この点において革新的だったのは、将来の官僚養成のための訓練施設としての、ナポリ大学を創設したことである。彼の時代には多数の官僚家系が出現しているが、その多くはアマルフィ半島やナポリ周辺地域の出身者だった。それらのうちのいくつか、たとえばルフォーロ家（Rufolo）などは、その後の王たちに、暴力的な王朝の交替の後でさえ、仕えつづけることになる。

変容した王国

しかし、フレデリクス二世がどれほど強くノルマン王時代の王国の復活を望んでいたとしても、王国は同じではありえなかった。実際、シチリアと南イタリアの状態は、かつてのノルマン王の時代から大きく変化していたのである。まず、住民構成について顕著な変化が見られる。シチリアのイスラム教徒人口は、十二世紀末から十三世紀初めにかけて急速に減少した。一二二〇年代には、フレデリクス二世がシチリア島のイスラム教徒を半島内陸部の町ルチェーラへ強制移住させている。その後一三〇〇年まで、ルチェーラは王国における唯一のイスラム教徒居留地となった。このイスラム教徒のほとんどは、外部のキリスト教徒社会から隔離された農民生活を送り、一部は兵士や廷臣として王に仕えた。こうして、ノルマン王国の最大の特徴であったイスラム教徒とキリスト教徒の共存は終焉を迎え、シチリアからイスラム教徒の農業技術が失われ、果物、野菜、インディゴ、ヘンナなどの畑の大部分は穀物畑に変わった。この変化を食い止めるために同じ農業技術をもつユダヤ人耕作者を北アフリカから移住させる試みがなされたが、その効果はなかった。

第二の変化は、王国の重心が移動したことである。パレルモはもはや王国における唯一無二の首都ではなくなった。ノルマン王は通常はパレルモかメッシーナに滞在していたが、フレデリクス二世は王国各地を移動し、シチリアではなく半島に留まることが多かった。アプーリアの内陸の町フォッジアとカンパーニアの海港都市ナポリが、半島部における首都の地位を手に入れた。特定の役人が大きな権力を獲得し、別の役人は影響力を低下させた。たとえば、司法官は、行政においてますます活発で重要な位置を占めるようになったが、王宮侍従長官は、ドゥアーナ・デ・セークレーティースの役所と同様に、その影響力を失ったように見える。中央政府では、ノルマン王のもとであれほど目立ち、影響力のあったイスラム教徒やギリシア人役人が激減した。カープアの法令は、ノルマンの制度を復活させるという王の強い意志を示してはいるが、高位聖職者と地方貴族が司法業務の責任を担うノルマン時代の慣習を禁じた。また、メルフィ勅書は、ノルマン王の法令を含んではいるが、そこに含まれていない彼らの法令は有効性を否定されたことになる。

さらに、フレデリクス二世の君主としての地位は、ノルマン王とはまったく異なっていた。彼はノルマン王よりはるかに複雑な状況の中に置かれていたのである。まず、彼は、神聖ローマ皇帝としてヨーロッパ政治の中心にいたが、独断的になっていくローマ教皇庁との関係はいっそう厳しい状況にあった。また、ノルマン王と違って、単に一つの王国の統治者ではなく、二つの大きな国、すなわち、シチリア王国とドイツ王国の統治者であった。ノルマン王は南イタリアに精力と関心を集中することができたが、フレデリクス二世はまったく異なる伝統と人々を有する二つの王国、つまり、強力な世俗諸侯と都市を有し分権化の傾向をもつドイツ王国と、ビザンツ帝国とイスラムの地中海的伝統を有し官僚化が進んだシチリア王国の両方を治めなければならなかった。一人の人間が、アルプス山脈という大きな自然の障壁によって隔てられた二つの王国を統治することが、どれほど困難だったかは容易に想像できるだろう。フレデリクス二世は、シチリア王国統治に専念するため、息子ヘンリクス（七世）をドイツ王に据え、彼にドイツ王国の統治を委ねた。しかしながら、この方策はうまくいかなかった。ヘンリクスが自らの権力基盤強化策を強引に推し進めた結果、ドイツの有力諸侯たちが離反してしまったからである。フレデリクス二世は、一二三五年、自らに対して反乱を起こしたヘンリクスを廃位させ、一二三七年にもう一人の息子コンラドゥス四世をドイツ王に据えたが、南イタリアを本拠地にして、アルプス山脈の向こう側の紛争や問題にも注意を払わなければならなかった。シチリア王国が彼にとってどれほど重要だったとしても、それは結局彼の支配域の一部にしかすぎなかったのである。さらに、北イタリアの状況も彼の心配の種であった。そこでは、教皇庁の支持を受けたロンバルディア諸都市が、フレデリクス二世と激しく対立し、軍事的衝突が続いていたからである。一二四五年に開催されたリヨン公会議では、ローマ教皇インノケンティウス四世がフレデリクス二世の王・皇帝としての廃位を宣言することになる。

フレデリクス二世の領土の分解

一二五〇年十二月十三日、フレデリクス二世はフィオレンティーノ城で病死したが、多くの問題、とりわけ、ローマ教皇と皇帝との関係、ロンバルディア問題が未解決のまま残されていた。たとえ誰が後継者であっても、彼の遺産を統治するのはきわめて困難だっただろう。シチリアからバルト海まで、そして、中東にまで広がる領土は、どう考えても統合するには大きすぎ、地中海やアルプス山脈のような自然の大きな障壁を考慮すれば、一人の君主によって統治されるのはほとんど不可能であった。また、彼の後継者たちは、敵対的なローマ教皇に対処しなければならなかった。あの精力的で知的な君主フレデリクス二世でさえ、ローマ教皇の敵意に直面した中で広大な領土を統治するのは困難をきわめていたのである。

フレデリクス二世が後継者に選んだのは、息子でドイツ王のコンラドゥスだった。コンラドゥスが皇帝位とシチリア王位を継承し、非嫡出子のマンフレドゥスはイタリアとシチリアにおける摂政の地位に就いた。父が他界した時、コンラドゥスは、ドイツにおける反シュタウフェン派の首領オランダのウィレルムスと戦っていた。彼のドイツ遠征は手詰まりとなり、ドイツにおけるシュタウフェン家の影響力は急速に低下していった。彼は一二五二年にイタリアへ戻ったが、父からの遺産を確保するために奮闘する中、一二五四年、二歳の息子コンラディヌス（あるいはコンラドゥス二世）を残して他界した。

このマンフレドゥスの死によって、ドイツ王ヘンリクス六世がシチリア王となった時に形成され、フレデリクス二世によって強化されたドイツ＝イタリア政治圏が分解することとなった。異なる政治体に分離したドイツと南イタリアは、この後別々の道を歩きはじめる。ドイツは、一二五六年のオランダのウィレルムス死後、新しい王を選ぶための二重選挙、さらに、一二七三年まで続く騒然とした「大空位（*interregnum*）」時代を経験し、王国は政治的混乱に沈み、分権化が進行してゆく。

シチリア王国もまた戦乱状態に陥った。コンラドゥス死後、教皇インノケンティウス四世が王国を支配しようとしたが、フレデリクス二世とコンラドゥスの忠実な家臣であったペトルス・ルッフスが、メッシーナを拠点に抵抗しつづけ、一二五四年には摂政マンフレドゥスがフォッジアでローマ教皇の軍隊を破った。しかし、この勝利によって王国内の秩序が回復することはなかった。その後、マンフレドゥスは一二五八年にパレルモでシチリア王として戴冠するが、それによって状況が改善することもなかった。

アンジュー伯カロルスと二つの王国

シュタウフェン家と敵対していたローマ教皇庁は、シチリア王候補として、有能なローマ教皇支持者を捜し、フランス人教皇ウルバヌス四世（一二六一―六四年）のもとで、フランス王ルイ九世の弟でありアンジュー＝プロヴァンス伯のカロルス（シャルル・ダンジュー）を選んだ。カロルスは、一二六六年一月、ローマでナポリ＝シチリア王として戴冠し、フランス、プロヴァンス、イタリアの騎士たちからなる軍隊を伴って対マンフレドゥス遠征を開始した。彼はベネヴェントの戦いでマンフレドゥスを殺害し、王国北部の広大な地域を手に入れた。その後、タリアコッツォの戦いで、フレデリクス二世の正統な男性家系唯一の子孫であるコンラディヌスを破り、一二六八年、彼を無慈悲に処刑した。彼はナポリを事実上の首都にすると、精力的に王国の統治を始めた。こうして、シチリアと南イタリアで秩序を回復させることに成功したのである。

政治的混乱の粉塵の中から政治体として姿を現したアンジュー朝の王国は、ある意味では、古いシュタウフェン朝の王国の復活であった。王冠はドイツのシュタウフェン家からフランス王家へ移されたが、王国の基本的な枠組みはほとんど同じままだったように見える。その境界はあまり変わっていないし、住民もそうだった。統治システムさえ、前のものと比べて大きく異なっていたようには見えない。この統治システムが政治的混乱を生き延びたのか、それとも、カロルスによって復活させられたのかは明らかではない。しかし、ほとんどの歴史家が、シュタウフェン朝統治からアンジュー朝統治への際立った連続性を認めている。カロルスは統治にフランス的要素を付け加えはしたが、その基本的な構造はシュタウフェン朝時代、あるいは、ノルマン朝時代と同じままだったのである。カロルスの役人の中にはフレデリクス二世とマンフレドゥスに仕えていたことが知られている者たちもいる。また、カロルスが、徴収しないことをローマ教皇に約束した悪名高きコッレクタ（*collecta*）も含めて、シュタウフェン朝の課税制度を維持したことも知られている。彼の息子カロルス二世は、シュタウフェン朝が以前やったように、「カタログス・バーローヌム（*Catalogus Baronum*）」として知られているノルマンの兵役簿を写して、それをアンジュー朝の公的記録簿に挿入させた。このことは、ノルマン朝とシュタウフェン朝の土地分配の構造がどれほど強く残存していたかを象徴的に示している。カロルスは、シチリアとアプーリアの穀物をとくにフィレンツェ人とヴェネツィア人に売却することを目指して、外国商人との密接な関係を維持した。また、穀物輸出に対する税軽減の見返りに、彼の宮廷に信用貸しと高級織物を提供してくれたフィレンツェの主要銀行との関係は、次の八十年間、アンジュー朝財源の頼みの綱となった。

しかし、このような連続性がどれほど顕著に見えたとしても、アンジュー朝王国がシュタウフェン朝王国と同じでなかったことは確かである。その内部の状態は変化しており、それを取り巻く状況も異なっていた。まず、住民の大多数は、アンジュー朝に移行する政治的混乱の前と後でほとんど同じままだったが、その後十三世紀には、半島部からシチリア島に多数の人間が移住した。カロルスが王位に即いた時には、シチリアはもはやイスラム教徒とギリシア人の島ではなかったのである。この島はすでにラテン語・キリスト教徒の島に変容していた。さらに、イスラム教徒住民は王国からも消え去ろうとしていた。実際、フレデリクス二世によってシチリアからルチェーラに強制移住させられていたイスラム教徒最後の生存者たちは、一三〇〇年、カロルス二世によって奴隷として売却されることになる。このように、王国はもはやイスラム教徒、ギリシア人、ラテン人が共存する国ではなく、その住民のほとんどがラテン系＝キリスト教徒の国となっていたのである。他方、王国平定の後には、多くの外国人、とくにフランスとプロヴァンスの入植者たちが南イタリアに入って来た。中央政府で働きはじめた者もいれば、領地を受け取り領主となった者もいるが、彼らは新しい支配階級を構成した。これが、外国人の王によって支えられる外国人支配階級と、支配される現地人たちの間の対立を生むことになった。その対立は、権力の中枢で自らの地位を確保しようと奮闘していた在地貴族に、支配する外国人に取って代わる機会を与えることにもなった。

第二の大きな変化は、カロルスが、パレルモに代えて、ナポリを王国の首都に選んだことである。この首都の移動は、王国の中心がシチリアからカンパーニアへ移動したことを意味した。実際、カロルスがシチリアに入ったのは、対チュニス十字軍途上に訪れた時だけである。ノルマン朝とシュタウフェン朝の影響は統治の手法と地方行政に強く残存していたが、統治構造は微妙に変化することになる。シチリアは王国の中心から地方へと変わり、シチリア人は中心的な地位を失って、宮廷における彼らの政治的・文化的影響力は低下した。王がシチリアを単に穀物や他の自然の産物取引から利益を得ることのできる場所とみなしたとしても無理はない。

王と王国との関係も大きく変化した。一二六六年に戴冠した時、カロルスは四十歳で、すでにアンジュー伯でありプロヴァンス伯であった。彼は、一二四六年一月にプロヴァンス伯領の相続人と結婚し、この豊かな伯領を治めるようになっていた。同年の八月には、兄のルイ九世からアンジューとメーヌを受け取った。これらの領地は、たとえはるかに遠くからであったとしても、常にその統治に細心の注意を向けなければならない、重要な封土でありつづけた。カロルスにとって、シチリア王国がどれほど重要であったとしても、それは彼の領土の一部でしかなかったのである。シュタウフェン朝のもとでは、様々な政治的要素が密接に反応しあう広大で緊密なイタリア＝ドイツ政治圏があった。それに代わって、カロルスは、アンジュー、プロヴァンス、南イタリア、シチリアからなるイタリア＝アンジュー政治圏を創出したのである。彼はシチリア王ではあったが、また、アルバニアとイェルサレムの王、プロヴァンス、フォルカルキエ、アンジュー、メーヌおよびトネールの伯、チュニスの宗主、そして時にはローマの元老院議員でもあった。彼の関心は王国の事柄に限定されていたわけではなく、彼の野心はそれをはるかに超えて、地中海の向こう側にまで向けられていた。彼が直面する問題は、一二七〇年のチュニス十字軍、コンスタンティノープルにおけるギリシア人分離派への攻撃、ブルゴーニュとフランドルにおける領地獲得、東方への十字軍、そして、ギリシア、バルカン、サルディニアにおける権益を含んでいた。カルロスの領土は統治するには広大すぎたが、彼は大きな野心のもとそれを統治しつづけようと試みた。

「シチリアの晩鐘」とアラゴン王の到着

一二八二年三月三十日、パレルモの聖スピリト教会で反乱が勃発した。パレルモ住民とフランス人兵士との間の私的口論がその主な原因だったと言われている。反乱は瞬く間にシチリア島各地に拡大し、多くのフランス人兵士が殺害された。シチリア人は、ローマ教皇マルティヌス四世に彼の保護のもとでの自治を与えてくれるよう求めたが、ローマ教皇はこの依頼を断り、シチリアの住民すべてを破門に処した。これに対して、同年八月、諸都市の代表とシチリアの貴族が会議を開き、王国の外に保護者を探すことを決めた。そして、彼らは保護者としてアラゴン王ペトルス三世、つまり、マンフレドゥスの娘コンスタンティアの夫を選んだ。コンスタンティア自身は、マンフレドゥスの死後、アラゴン王の宮廷でシチリアの女王と宣言されていた。彼らの申し出を受けて、ペトルスは九月にパレルモに到着し、シチリア王として戴冠した。彼は、すでに北アフリカへ渡航し、その招待を待っていたのである。

この反乱、いわゆる「シチリアの晩鐘」は、歴史家によって様々に特徴づけられてきた。最も大きな問いの一つは、それがフランスの君主に対する反乱なのか、それとも、ノルマン朝、シュタウフェン朝、アンジュー朝の支配者によって採用された伝統的で抑圧的な統治に対する反乱だったのか、というものである。ある研究者たちは、その原因をカロルスの政府の失敗に帰し、反乱者たちの目的は宮廷のフランス人・プロヴァンス人役人とフランス人領主たちを取り除くことだったと主張している。他の研究者たちは、その原因を、経済的負担、とりわけ、フレデリクス二世によって初めて課された悪名高いコッレクタの負担に帰している。近年、反乱者たちの標的とされたアマルフィ出身の役人の多くがフレデリクス二世とマンフレドゥスに仕えた家系に属していたことが指摘されている。研究者の中には、王国のシチリア島にほぼ限定されていたこの反乱の中に、シチリア人としてのネイション意識を見る者さえいるが、この解釈については疑問を呈する研究者が少なくない。

しかしながら、この反乱の最も重要な点は、カロルスが反乱を適切に素早く鎮圧することができなかったという事実である。この失敗は、王国からのシチリアの離脱を引き起こし、シチリアを異なる政治体にしてしまった。その結果は深刻であり、南イタリアにおいて二つのライバル王国が併存することになった。それは、その後の南イタリアの最も基本的な政治的特徴として続くことになる。海外の勢力、つまり、バルセロナ家とアンジュー＝プロヴァンス家それぞれと密接な関係を有する二つの政治体が対立しあい、南イタリアはこの地域に特徴的な戦乱状態に陥っていった。それは、シチリアの現地経済にダメージを与え、十字軍を企図する教皇、保護者を探す北イタリア諸都市などにとって、シチリアは常に厄介な存在となった。

シチリアとナポリの二つの王国

アンジュー王家とアラゴン王家（バルセロナ家）の間で一二八二年に始まった戦争は、一三〇二年まで続いた。その後短い休戦の後、開戦と停戦を繰り返しながら約二世紀の間、両家の戦争は継続した。デイヴィド・アブラフィアはこれを「二百年戦争」と呼んでいる。一二八五年にカロルスが死亡し、彼の息子カロルス二世が王位を継承した。同年、フランス王はアラゴンへの十字軍を始めている。一二九〇年、カロルス二世は、ヴァロア家のカロルスに、アンジューおよびメーヌを移譲した。その後、アンジュー王家は、一四三五年までナポリ王国を統治しつづけた。他方、バルセロナ家の分家がシチリアを十五世紀初頭まで統治しつづけ、その後、アラゴン＝カタロニア政治連合に再統合された。

すでに述べたように、シチリアおよびカラーブリアとそれより北の半島部との間には行政上の違いがあった。この違いは、ノルマン征服以前の政治的枠組みと伝統に基づき、征服と集権化の過程で固定化していった。一見すると、この二つの基本的な行政上の枠組みが、国家を二つに分離させたようにも見える。一部の研究者は、「シチリアの晩鐘」が内部の境界線を活性化し、王国を分離させたと考えているが、これらの地域的違いを過度に強調すべきではないだろう。地域の区分線は重層的に存在しており、また、王国の統一性を完全に否定することもできないからである。ノルマン王国が生まれてすでに一世紀半が経過し、王国は、そのイメージ、法、慣習、制度、文化を含む共通の歴史的経験をすでに有していた。ここで生じたことは、地域的違いによって引き起こされた歴史の必然の結果ではなく、南イタリアの歴史の方向を変えることになった単純な事件にすぎない。反乱を利用して、アラゴン王が妻の王位継承を実現するために軍事力を行使したというだけのことである。こうして、王位への正統性を主張するナポリとパレルモに拠点を置く二つの政治勢力が衝突し、半島とシチリアを分割したのである。

ノルマン朝とシュタウフェン朝の伝統を共有するこの二つの王国は、長期にわたって南イタリアに併存することになった。両者は、イタリアという地理的枠組みの中に位置していたが、より大きな地理的エリアを包含する異なる政治勢力圏に属していた。シチリア王国はアラゴン王国の勢力圏の一部となり、ナポリ王国は引き続きアンジュー勢力圏の一部であった。メッシーナ海峡で、アラゴン王家とアンジュー王家が互いに向かいあい、その状態が約二世紀間続くことになったのである。

（1）ヘンリクスは、十四世紀初頭の皇帝、ルクセンブルクのヘンリクス七世との混同を避けるために、ヘンリクス（七世）として知られている。

さらに詳しく知るための文献

このテーマに関する文献は着実に増加している。読みやすい叙述としては、J.J. Norwich, *The Normans in the South*（London, 1967）, *The Kingdom in the Sun*（London, 1970）; repr. as *The Norman in Sicily*（London, 1992）。征服期と王国期を含む分析的な好研究は、J.-M. Martin, *Italies normandes, XIe-XIIe siècles*（Paris, 1994）。十一世紀については、G. A. Loud, *The Age of Robert Guiscard: Southern Italy and Norman Conquest*（Harlow, 2000）が優れている。また、ノルマン期イタリアに関する近年の研究として、G. A. Loud and A. Metcalfe, *The Society of Norman Italy*（Leiden, 2002）, J. Drell, *Kinship and Conquest*（Ithaca, NY, 2002）は、ノルマン征服期のサレルノを考察している。ガエータについての好研究は、P. Skinner, *Family Power in Southern Italy*（Cambridge, 1995）。

D. Matthew, *The Norman Kingdom of Sicily*（Cambridge, 1992）にはやや奇異な見解が見られる。より望ましいのは、H. Houben, *Roger II: A Ruler between East and West*（Cambridge, 2002）。行政については、H. Takayama, *The Administration of the Norman Kingdom of Sicily*

(Leiden, 1993)；さらに、J. Johns, *Arabic Administration in Norman Sicily*（Cambridge, 2002)；L.-R. Ménager, *Ammiratus-'Αμηρᾶς : l'Émirat et les origines de l'Amirauté*（Paris, 1960）、また、忘れてはならない古典的・基本的作品は、E. Jamison, "The Norman administration of Apulia and Capua," *Papers of the British School at Rome*, 6（1913), repr. in her *Studies on the Medieval History of Sicily and South Italy*（Aalen, 1992)。政治と文化については、留保付ではあるが、E. M. Jamison, *Admiral Eugenius of Sicily*（London and Oxford, 1957)、政治と芸術については、E. Borsook, *Messages in Mosaic : The Royal Programmes of Norman Sicily, 1130–1187*（Oxford, 1990）と、パレルモの王宮礼拝堂を扱ったW. Tronzo, *The Cultures of his Kingdom*（Princeton, 1997)。アフリカでの戦争については、D. Abulafia, "The Norman kingdom of Africa," *Anglo-Norman Studies*, 7（1985), pp. 26–49, repr. in D. Abulafia, *Italy, Sicily and the Mediterranean, 1100–1400*（London, 1987)。経済については、D. Abulafia, *The Two Italies : Economic Relations between the Norman Kingdom of Sicily and the Northern Communes*（Cambridge, 1977)。

フレデリクス二世については、E. Kantorowicz, *Frederick the Second, 1194–1250*, trans. E. O. Lorimer（London, 1931)。この研究については以下を参照。David Abulafia, "Kantorowicz and Frederick II," *History*, 62（1977), pp. 193–210, repr. in *Italy, Sicily and the Mediterranean*；M. Ruehl, "In This Time without Emperors : the Politics of Ernst Kantorowicz's *Kaiser Friedrich der Zweite* Reconsidered," *Journal of the Warburg and Courtauld Institutes*, 63（2000), pp. 187–242。修正論者の見解は、D. Abulafia, *Frederick II : A medieval Emperor*（London, 1988, 3rd ed., 2002). W. Stürner, *Frederich II.*, 2 vols.（Darmstadt, 1992–2000）はきわめて学術的であり、T. C. Van Cleve, *The Emperor Frederick II of Hohenstaufen*（Oxford, 1972）は、やや期待はずれである。知的生活と、より広い背景については、W. Tronzo, ed., *Intellectual Life at the Court of Frederick II Hohenstaufen*（Studies in the History of Art, 44, Center for Advanced Study in the Visual Arts, Symposium papers xxiv, National Gallery of Art, Washington DC, 1944)。教会については、H. J. Pybus, "The Emperor Frederick II and the Sicilian Church," *Cambridge Historical Journal*, 3（1929/30), pp. 134–163；J. M. Powell, "Frederick II and the Church in the Kingdom of Siciry, 1220–40," *Church History*, 30（1961), pp. 28–34；idem, "Frederick II and the Church : A Revisionist View," *Catholic Historical Review*, 44（1962/3), pp. 487–497；P. Herde, "Literary Activities of the Imperial and Papal Chanceries during the Struggle between Frederick II and the Papacy," Tronzo, ed., *Intellectual Life at the Court of Frederick II*, pp. 227–239。

アンジューのカロルスの時代については古典的な叙述作品であるS. Runciman, *The Sicilian Vespers : A History of the Mediterranean World in the Thirteenth Century*（Cambridge, 1958)、ドイツ語の穏健な説明であるP. Herde, *Karl I. von Anjou*（Stuttgart, 1979)、イタリア語の*Dizinario Biografico Italiano*, s. v. "Carlo I d' Angiò"。カロルスに関する好研究は、J. Dunbabin, *Charles I of Anjou : Power, Kingship and State Making in Thirteenth-Century Europe*（London, 1998)。アンジューとアラゴンの争いをテーマにしたものは、D. Abulafia, *The Western Mediterranean Kingdoms, 1200–1500 : The Struggle for Dominion*（London, 1997)。継続を強調する視点は、L. Cadier, *Essai sur l'administration du royaume angevin de Sicile*（Paris, 1891；new Italian ed. F. Giunta, *L'amministrazione della Sicilia angioina*, Palermo, 1974)。より広い政治的背景については、N. Housley, *The Italian Crusades : The Papal-Angevin Alliance and the Crusades against Christian Lay Powers, 1254–1343*（Oxford, 1982）が有用である。ルチェーラについては、以下を参照。J. Taylor, *Muslims in Medieval Italy : The Colony at Lucera*（Lanham, Md., 2003)。

後の時代のアンジュー朝の王に関する優れた研究は、S. Kelly, *The New Solomon* (Leiden, 2003)、この書物はロベルトゥス賢王（1309–43）のもとでの王権に関する考えを検討している。フランスにおけるアンジュー朝研究の激増は、数巻の会議論文集を生み出したが、それらは、アンジュー、プロヴァンス、イタリア、その他の地域の十三世紀から十五世紀の時代に取り組んだものである。*L'État angevin* (Rome, 1998); *La Noblesse das les états angevins* (Rome, 2000); *Les Princes angevins du XIIIe au XVe siècle* (Rennes, 2003)。カロルス一世とギリシア世界については、D. J. Geanakoplos, *Michael VIII Palaeologus and the West, 1258–1282* (Cambridge, Mass., 1959), pp. 92–115。カロルス治世のシチリアに関する重要な書物は、L. Catalioto, *Terre, baroni e città in Sicilia nell'età di Carlo I d'Angiò* (Messina, 1995)。フランス人研究者 H. Bresc の興味深い論文のいくつかは、*Politique et société en Sicile, XIIe-XVe siècles* (Aldershot, 1990) に収められ、貴重な資料が多く彼の大著 *Un monde méditerranéen. Économie et société en Sicile, 1300–1450*, 2 vols. (Rome/Palermo, 1986) に収められている。イタリア半島部の経済に関しては、影響力のある古い書物 G. Yver, *Le Commerce et les marchands dans l'Italie méridionale* (Paris, 1903); そして、D. Abulafia, "Southern Italy and Florentine Economy, 1265–1370," *Economic History Review*, ser. 2, vol. 33 (1981), pp. 377–388, repr. in *Italy, Sicily and the Mediterranean*。アラゴン朝シチリアについては C. Backman, *The Decline and Fall of Medieval Sicily: Politics, Religion and Economy in the Reign of Frederick III, 1296–1337* (Cambridge, 1995)。S. R. Epstein, *An Island for Itself: Economic Development and Social Change in Late Medieval Sicily* (Cambridge, 1992) は、主として後の世紀に関してだが Bresc の研究への挑戦である。

P. Grierson & L. Travaini, *Medieval European Coinage, with a Catalogue of the Coins in the Fitzwilliam Museum, Cambridge, xiv. Italy*, part 1, *South Italy, Sicily and Sardinia* (Cambridge, 1998) は、ノルマン、シュタウフェン、アンジュー期を通した政治・経済の進展の優れた概説を含んでいる。

第三部　宗教と異文化併存

第十章　シチリアにおける「宗教的寛容」
――ノルマン君主支配下のムスリム

ノルマン・シチリア王国は、これまで長い間、異文化共存の地として注目され、中世ヨーロッパ・キリスト教社会の宗教的寛容の典型例として引き合いに出されてきた。たとえば、十九世紀の歴史家イシドロ・ラ・ルミナは、サラセン人やユダヤ人、ギリシア人、フランス人、アマルフィ人など、様々な異文化集団が共存していた王国の「寛容(tolleranza)」を語り(1)、ビザンツ史家シャルル・ディールは、ノルマン君主たちが達成した「政治的・宗教的寛容(tolérance politique et religieuse)」を称賛している(2)。二十世紀のアラブ研究者フランチェスコ・ガブリエーリは、ノルマン人たちがアラブ人に対して人種的偏見を抱くことなく、彼らの遺産を自由に利用した点を強調し、ノルマン人の寛容とその結果としての異なる「文明」の融合を高く評価している(3)。また、アントニオ・マロンジュは、近代国家のさきがけとしてのノルマン・シチリア王国を論じる中で、初代の王ロゲリウス二世が民族・宗教を異にする様々な集団を尊重し、それぞれがお互いを尊重しあうように意を用いていたこと、彼の王国が異文化集団の慣習と言語を尊重する国家であったことを強調している(4)。

美術史家の中には、エルンスト・キッツィンガーのように、この王国におけるギリシア、ラテン、イスラム、ユダヤの平和的共存が、ギリシア、ロマネスク、アラブ様式の混合したパラティナ礼拝堂に示されていると考える者もいれば(5)、ウォルフガンク・クローニヒのように、アラビア文字、ギリシア文字、ラテン文字、ヘブライ文字が刻まれた多言語の墓碑に象徴されていると考える者もいる(6)。また、ノルマン諸王のアラブ人学者庇護、フレデリクス(フリードリヒ）二世のアラブ人学者との交流、ユダヤ人翻訳家の庇護をその宗教的寛容の表れとみなす研究者も少なくない。(7)シチリア王国の「寛容」を論じたものの多くは、ノルマン人支配下の「少数派集団」として、ギリシア人やユダヤ人、とりわけ、アラブ人を扱ったものである。(8)この場合の「少数派」とは、その社会や国家において、人口が少ないことを意味するのではなく、支配する側の集団に属していないということを意味している。たとえば、十一世紀末シチリア伯領では、人口比で言えば、圧倒的にアラブ人が多くノルマン人は少数であったが、アラブ人が少数派（マイノリティ）である。

ノルマン王たちの宗教的寛容の根拠として最も頻繁に引き合いに出されるのは、少数派であるアラブ人ムスリムに対する彼らの好意的態度である。確かに、ノルマン王たちが、ムスリムに対して好意的態度をもち、彼らを信頼していたことを示す史料は少なくない。都市のムスリムは信仰の自由だけでなく、一種の自治をも享受していたし、一一八四年から一一八五年にかけての冬にシチリアを訪れたスペインのムスリム旅行者イブン・ジュバイルは、これらの点に関する豊富な情報を提供している。また、エボリのペトルスが書いた書物の挿絵では、ベッドに横たわり死に瀕したウィレルムス二世の周りに、イスラム教徒の医師や占星術師が描かれているが、この絵はまさに王とイスラム教徒との密接な関係を示したものだと言えるだろう。(9)

しかしながら、イブン・ジュバイルは、他方で、シチリア島のイスラム教徒たちが、キリスト教徒支配下で、少数派としての屈辱と隷属、過酷な生活を強いられていたこと、キリスト教への改宗の圧力と誘惑に晒されながら生活していたことをも明らかにしている。(10)つまり、「寛容」を支持する事例がある一方で、「不寛容」を示唆する事例も存在しているのである。

ノルマン・シチリア王国におけるムスリムのこのような状態は、「寛容」という言葉で王国の性格付けをすることの難しさを示している。本章では、他の少数派集団と比べて圧倒的に情報量の多い、このアラブ人「少数派集団」に焦点をあて、政治的環境の変化に応じて、ノルマン人君主とアラブ人との関係がどのように変化してきたかを検討する。そして、ノルマン人君主たちの態度や政策に対して「寛容」という言葉を用いるのが適切かどうかを確認したい。

ところで、本章では、アラビア語を話す人々をアラブ人、イスラム教を信仰する人々をイスラム教徒（ムスリム）と記すが、これは現代の私たちの用法であって、当時一般に用いられていた言葉ではない。「ムスリム（単数形 *muslim*、複数形 *muslimūn*）」はアラビア語史料では一般的に用いられる言葉だが、ラテン語史料でこの言葉が用いられることはなく、通常、アラブ人（*Arabs/Arabis/Arabus*）、トルコ人（*Turcus*）、ムーア人（*Morus/Maurus*）、サラセン人（*Saracenus*）のような種族・部族を表す言葉や「異教徒（*paganus*）」という言葉が用いられている。また、聖書のイシュマエルの子孫という意味でイシュマエル人（*Ismaeliticus*）と表現されることもあれば、イシュマエルの母ハガルの子孫としてハガレヌス（*Agarenus/Hagarenus*）と呼ばれることもある。ギリシア語史料では、サラケーノス（*Σαρακηνός*）と記されたり、アガレーノス（*Ἀγαρηνός*）と記されることが多い。これらの言葉は宗教によって限定された言葉ではないので、それらが常にイスラム教徒を指しているわけではない[11]。「サラセン人」は、史料の中でキリスト教徒と対比して用いられ、イスラム教徒と訳して問題ないと考えられる場合もあるが、常にイスラム教徒を指しているわけではない。本章では、史料からの引用の場合は、史料に使われている言葉をイスラム教徒（ムスリム）やアラブ人に置き換えることはせず、可能なかぎりそのままの形で表記することにする。

第一節　シチリア伯ロゲリウス一世とイスラム教徒

シチリア島を征服し初代のシチリア伯となったロゲリウス一世（伯在位一〇七二―一一〇一年）とイスラム教徒との関係は、何よりもまず、当時の政治状況の中で考えなければならない。一〇五八年にカラーブリアのミレートの町を手に入れてから一一〇一年に他界するまでの四十年あまり、ロゲリウス一世の支配域は急速に拡大し、それに伴って彼の支配下に入った人々の数も異文化集団の数も急増している。しかし、ロゲリウス一世とイスラム教徒との関係を考慮する際に忘れてはならないのは、シチリア征服の初期にあっては、「キリスト教徒とイスラム教徒の対立・戦争」という図式が成立しないという点である。

私たちは、スペインのレコンキスタや十字軍への連想から、ノルマン人のシチリア征服を、キリスト教徒によるイスラム教徒征服と理解しがちだが、実際は、ノルマン人がムスリム君主どうしの戦争に巻き込まれたにすぎない。ロゲリウス一世が一〇六〇年に始めたシチリア島遠征は、異教徒討伐のための遠征ではなく、シチリアのムスリム君主イブン・アッスムナから軍事的援助を求められたからであった。イブン・アッスムナは、別のムスリム君主イブン・アルハッワースとの戦いに敗れると、当時イタリア半島にいたノルマン人騎士ロゲリウス一世に助けを求め、軍事遠征の代償として、彼にシチリア島の領地を与えるという条件を提示した。[12] つまり、シチリア征服戦争は、当初、同盟者であるムスリム君主イブン・アッスムナを助けるための戦争だったのである。戦争の基軸は、イブン・アッスムナとイブン・アルハッワースという二人のイスラム君主の対立であり、ロゲリウス一世は、イブン・アッスムナの側に付いた脇役にすぎなかった。

しかし、このムスリム君主どうしの戦争は、一〇六二年のイブン・アッスムナの死により、ノルマン君主対ムスリム君主の戦争へと変質することになる。一〇六一年にメッシーナ、ラメッタ、パテルノ、トロイーナを占領したロゲリウス一世は、翌一〇六二年に、イブン・アッスムナとともに、チェファル近郊のペトラリーアを陥落させたが、その後、兄ロベルトゥス・グイスカルドゥスから半島部へ呼び戻され、その不在期間に、イブン・アッスムナが殺されてしまうのである。[13] これ以後は、イスラム教徒君主どうしの戦争ではなく、ノルマン君主によるシチリア征服戦争という性格が強まることになる。一〇七一年のバーリ陥落以後、ロゲリウス一世はシチリア征服に専念し、翌一〇七二年、兄とともにイスラム教徒たちの首都パレルモを陥落させた[14]。そして、その後は、兄の助けを借りることなく、自分の部下たちとともにおよそ二十年の歳月を費やしてこの事業を完遂することになる。

このシチリア征服期、かつての同盟者イブン・アッスムナの部下たちが、ロゲリウス一世とともに戦いつづけていたかどうかを確認することはできない。しかし、ロゲリウス一世の軍隊にサラセン人たちがいたことは確かである。ロゲリウス一世の軍隊の重要な指揮官であったカルトーミのエリアス（一〇八一年没）は、キリスト教に改宗していたのでムスリムではなかったが、アラブ・イスラム文化の中で育ったアラブ人である。彼は、一〇七九年のタオルミーナ遠征時にロゲリウス一世の四つの部隊の一つを指揮していた[15]。彼が、ロゲリウス一世の重臣であり、当時の側近集団の主要メンバーであったことは疑いない[16]。

また、多くの史料が、シチリア征服後、多くのサラセン人がロゲリウス一世の軍隊で働いていたことを示している。たとえば、マラテッラは、ロゲリウス一世が一〇九一年のコセンツァ攻城[17]、一〇九四年のカストロヴィッラーリ攻城の時[18]、多くのサラセン人兵士を連れていたと記しており、一〇九八年のカープアへの途上で彼の部隊に入ったサラセン人に言及している[19]。また、ループス・プロトスパタリウスは、ロゲリウス一世が一〇九六年にアマルフィ攻囲を行った時、彼の側に二十人のサラセン人兵士がいたと証言している[20]。カンタベリーのエアドメルスも、ロゲリウス一世の軍隊に大勢のサラセン人がいたと記している[21]。

このように、ロゲリウス一世のために働いていたサラセン人兵士は少なくない。この事実は、ロゲリウス一世の宗教的寛容を示しているようにも見える。しかし、それが彼の個人的な態度からきたものなのか、宗教に対する無関心の結果なのか、それとも、政治状況の中での選択なのか、判断するのは難しい。ただ、ロゲリウス一世が、イスラム教徒地方君主であるイブン・アッスムナを助けるためにシチリアでの戦争を開始し、彼の部下であるイスラム教徒兵士たちとともに戦っていたことを考えれば、彼の軍隊に少なからぬ数のイスラム教徒がいたとしても不思議ではない。

この伯に仕えるイスラム教徒兵士の伝統は、その後、ロゲリウス二世をはじめとするノルマン王たち、そして、フレデリクス二世、さらにはアンジュー朝のリカルドゥス一世、リカルドゥス二世にまで受け継がれることになる。[22] よく知られているように、イブン・ジュバイルは、ウィレルムス二世がイスラム教徒の黒人奴隷軍団を抱えていたと記しているし、[23] サン・ジェルマーノのリカルドゥスは、フレデリクス二世が一万人のサラセン人兵士を北イタリアへ送ったと記している。[24]

しかし、シチリアに住んでいたイスラム教徒たちの大部分は、ロゲリウス一世の軍隊に入った者たちではなく、ロゲリウス一世に征服されて彼の支配下に置かれた都市民や農民であった。彼らの状況は、都市民であるか農民であるかによって大きく違っていた。軍事力を有し、ほぼ独立の政治体であった都市は、ロゲリウス一世がシチリア征服を進める際のイスラム教徒たちの抵抗の拠点であり、戦争の相手であると同時に交渉の相手でもあった。ロゲリウス一世はわずかな手勢で征服活動を進めていたため、可能なかぎりサラセン人との戦闘を回避し、交渉によって彼らの降伏を促した。年代記作家マラテッラは、ロゲリウス一世が征服時に数百人の騎士しか従えていなかったと記している。[25]

一〇七二年一月、パレルモのイスラム教徒たちがロゲリウス一世と彼の兄ロベルトゥス・グイスカルドゥスに降伏した際には、その代表である二人のカーイドが、他の有力者たちとともに、ロゲリウス一世と交渉を行ったことが知られている。[26] この時の交渉内容を具体的に伝える史料は残されていないが、ロゲリウス一世とロベルトゥス・グイスカルドゥスは、彼らに対して、新しい領主に年貢と賦役を行うことを条件に、イスラム教徒住民の生命の安全を保障し、イスラム教の信仰を保持することを認めている。[27] マラテッラは、この代表たちが「新しい不公平な法によって、彼らが抑圧されないように」交渉したと記している。[28] この交渉では、多くの歴史家が考えているように、王国成立後に見られるような一定の自治、とりわけ、彼ら自身の法と裁判官、裁判制度を維持することが認められたのである。[29]

シチリアの他の都市のいくつかも、降伏時に、パレルモと同様の取決めを行ったと考えられる。交渉によってロゲリウス一世の支配に服した都市には、カターニア、マザーラ、トラーパニ、タオルミーナ、シラクーザ、カストロジョヴァンニ、ブテーラ、ノートなどがあるが[30]、これらの都市の多くでは、ムスリムの古い制度がそのまま存続し、行政の長のみロゲリウス一世の部下や信頼できる者に代えられた可能性が高い。そのために、カターニアのように、一度ロゲリウス一世の支配に服した都市が反旗を翻すことも容易に起こりえたのである。この都市は一〇七一年（一〇七二年）にロゲリウス一世の支配に服し、彼の娘婿のジェルチェのフゴに与えられたが[31]、フゴの死後、町の統治はイスラム教徒指導者イブン・アッスムナ（*Benthumen*）に委ねられた。しかし、イブン・アッスムナは、一〇八一年、ロゲリウス一世が半島部に出かけている間に反旗を翻し、ロゲリウス一世の敵であるイブン・アルワルドの側に寝返ったのである[32]。翌年、ロゲリウス一世は再びこの町を制圧したが、そのために多くの時間と精力を費やさねばならなかった[33]。つまり、都市に住むムスリムたちは、ムスリム支配の時代に有していた自律性を、ノルマン征服以後もある程度維持していた可能性が高い。そして、少なくともパレルモの場合は、前述のイブン・ジュバイルの記述が示唆するように、その自治がウィレルムス二世の時代まで続いていたのである[34]。

このような都市のイスラム教徒たちと違って、農村に住むイスラム教徒たちに、ノルマン人征服者と交渉する力はなかった。彼らの多くは、ノルマン人による征服以前、つまり、イスラム教徒支配の時代から領主支配のもとにあった。その状況がノルマン征服によって大きく変化したとは考えにくい。もちろん、領主の交代に伴い、新しい領主と新たな関係が結ばれることになるが、多くのムスリム農民にとっては、領主がイスラム教徒からノルマン人に変わったにすぎず、彼らの置かれている状態や領主との関係に大きな変化があったとは考えられないのである。

一〇九四年のロゲリウス一世からメッシーナ司教への寄進状に、土地の寄進が「昔のサラセン人たちの土地区分（*secundum antiquas divisiones Saracenorum*）に従って」なされたと記されているように[35]、ロゲリウス一世は、イスラム教徒の支配者たちが領地を分配するために作成した土地台帳（アラビア語で *daftar*）や住民名簿（アラビア語で *jarīda*、ギリシア語でπλατεία、ラテン語でplatea）を利用し、その地域区分（アラビア語でiqlīm）を温存している。[36] また、一〇九五年二月十二日[37]と二十日[38]の二つの土地寄進状は、前文と跋文がギリシア語で書かれ、その間にアラビア語の住民名簿が挟まれているが、このような構成は、これらの寄進状がかつてのイスラム教徒の支配者たちの農民名簿に基づいて作成され、ロゲリウス一世が封土を授与する際にこれを利用したことを示唆している。土地寄進状に記された農民名簿は、寄進される領地に住むイスラム教徒住民が、基本的には、そのまま新しい領主の支配下に移されることを示唆しているのである。これ以後、領主の交代はあっても、ムスリム農民の状況に大きな変化があったとは考えにくい。

農村に住むムスリムたちに関するこれまでの研究は、彼らの共同体が、外部のキリスト教徒社会から自立した社会組織を構成していたことを示唆している。しかし、具体的な状況を教えてくれる史料はほとんどなく、彼らに対する改宗の圧力や実情を知ることは難しい。[39] また、農民を指すと考えられる様々な史料用語を分類して導き出された農民の階層区分は、多くの研究者たちに受け入れられているが、再検討の余地があるだろう。[40]

ロゲリウス一世は一〇九一年にシチリア征服を完了したが、すでにその数年前から、政策の重点を、征服戦争から領地の確かな支配と効率的な行政へと移していた。いわば、征服戦争時の支配から、平和時の支配への転換である。一〇八六年頃から、封建家臣と聖職者と役人からなる側近集団が形成され、新しい統治組織が構築されていったと考えられる。[41] ロゲリウス一世は、かつての支配者であったイスラム教徒やビザンツ帝国の制度、とりわけ、住民名簿や土地台帳を利用し、多くの都市でイスラム教徒たちの自治を許容し、それまでのビザンツ帝国の役人や地方支配組織も利用している。しかし、彼は、イスラム教徒を中央政府の高官として用いることはなかった。

征服後の人口構成について言えば、カラーブリアとシチリア東部ではギリシア人、シチリアの残りの部分ではイスラム教徒が住民の大多数を占めていた。これらの住民を統治するため、ロゲリウス一世がギリシア人とイスラム教徒の役人を利用したとしても何ら不思議はない。しかし、彼は、シチリア島の人口の大多数を占めるイスラム教徒を、中央政府で登用することはしなかった。彼が用いた役人の大部分はギリシア人だったのである。[42] 一〇八六年頃以後のロゲリウス一世の宮廷の役人の大半はビザンツ帝国の称号をもつギリシア人であり、また、ビザンツ帝国の役人はカラーブリアの地方役人としても存続していた。ロゲリウス一世の統治組織が形成される時期に、ギリシア人が圧倒的な影響力をもっていたのである。一一〇五年のギリシア語文書は、一〇九一年のシチリア征服完了直後に伯宮廷で最高の権力を保持する三人の重臣、カプリリンガスであるニコラオス、ロゴテテースのレオーン、「プロセーネスタトス・テース・エウゲネイアス」のエウゲニオスを挙げているが、[43] そのすべてはギリシア人であった。

ロゲリウス一世の文書には、イスラム教徒やアラビア語起源の称号は、ほとんど見出せない。唯一の例外が、アミーラトゥスという称号である。[44] 一〇七二年一月、グイスカルドゥスがパレルモを陥落させた時に、騎士の一人をこの都市の管理者に任命しアミーラトゥスという称号を与えたと、アプーリアのウィレルムスが記しているのである。[45] アミーラトゥスとは、アラビア語のアミール（*amīr*）がそのまま音写されてラテン語で表記されたものである。

この時、グイスカルドゥスは、彼にとってより身近なラテン語の称号（あるいはギリシア語の称号）を用いずに、アミーラトゥスというアラビア語の称号を用いている。グイスカルドゥスがこの称号をパレルモの管理責任者に与えたのは、パレルモのイスラム教徒たちに対して、この騎士が彼らを束ね統率する立場にあることを示すためだったと考えられる。この官職の創設は、グイスカルドゥスがパレルモのイスラム教徒たちの行政上のまとまりを破壊することなく、既存の統治組織の頂点に自らの代理を据えようという意図を象徴しているように思える。アミーラトゥス職は、アラビア語起源ではあるが、イスラム教徒に与えられることはなく、もっぱらギリシア人に与えられた。[46]

イスラム教徒たちが、伯文書の証人リストに現れることもない。これらの事実は、イスラム教徒がロゲリウス一世の政権の中枢から排除されていたことを示唆している。ロゲリウス一世が意図的にイスラム教徒の役人を統治の中枢に据えなかったのか、それとも何か別の理由でイスラム教徒を使用しなかったのか、知ることはできない。イスラム教徒との長い戦争の記憶や、カターニアのイブン・アッスムナの例のように裏切られた経験から、イスラム教徒を採用しない政策をとったのか、その真の理由はわからないままなのである。

第二節　ロゲリウス二世とイスラム教徒

シチリア＝カラーブリア伯ロゲリウス一世は一一〇一年に没し、妻アデラシアの摂政の下、伯位は幼い息子のシモンとロゲリウス二世に順次継承された。このアデラシアの摂政期（一一〇一―一二年）、シチリアとカラーブリアを治めるための伯の統治制度や統治組織、宮廷役人たちの構成に大きな変化はなかった(47)。ただ、伯の拠点が、カラーブリアのミレートからシチリアのメッシーナへ移った点には、注意しておかねばならない。伯領の重心がギリシア文化が優勢なカラーブリアからイスラム教徒住民が多数を占めるシチリアへ移動しつつあったことを示しているからである。この移動は、ロゲリウス二世が成人する一一一二年に、伯領の首都がパレルモに定められた時、完成する。

この伯領の首都の移動は、ノルマン君主とイスラム教徒との関係に大きな影響を与えることになる。パレルモは、イスラム教徒支配時代の首都であり、そこにはノルマン征服以後も多くのイスラム教徒が住んでいた。そして、この町におけるイスラム文化の優勢はその後も衰えることなく、ノルマン王国の時代まで続いていく。ウィレルムス二世治世にこの町を訪れたイブン・ジュバイルは、当時のイスラム文化の影響の強さを示す興味深いエピソードを記している。「この町のキリスト教徒の女たちは、ムスリム女性のような装いをしている。正しいアラビア語を流暢に話し、外衣で身を包み、ベールをつけている。前述のこの祭日には金糸で刺繍した絹の着物を着、優雅な衣服で身を包み、色付きのベールで顔を覆い、金糸で刺繍したスリッパを履いて出てきた。装飾品をつけて着飾り、ヘンナで化粧をし、香水をつけ、ムスリムの女性たちと全く同じような装いをして、全員が自分たちの所属する教会というより巣窟へと練り歩いた」[48]。

ロゲリウス二世は、古いイスラム教徒の城を改築したパレルモの宮殿（王宮）で[49]、イスラム教徒に囲まれて暮らすようになる。その後各地に宮殿が建てられることになるが[50]、王の第一の居住場所は、すでにロゲリウス二世の時代からこのパレルモの宮殿となっていた。

一一二七年にアプーリア公ウィレルムスが他界すると、シチリア＝カラーブリア伯ロゲリウス二世は、アプーリア公位を継承し、半島部の広大な領地を手に入れ、一一三〇年にはシチリア王位をも手に入れた。彼は、新しく手に入れた広大な領地を平定するために十年以上にわたる戦いを強いられたが、一一四〇年の夏の終わりまでには、シチリア＝カラーブリア伯領に加えて、かつてのアプーリア公国、ナポリ公国、カープア侯国、ターラント侯国を治める、南イタリア唯一の支配者となっていた。この急速な支配域の拡大と、彼の支配下に置かれることになった地域がそれぞれ異なる伝統と枠組みをもっていた点には注意する必要がある。新しく生まれた王国は、一人の支配者の下にあったが、異なる伝統と文化をもつ地域の複合体だったからである。

ロゲリウス二世は、領地平定後、このような自律的傾向を有する地域の寄せ集めであった支配地に対して、新たな王国の秩序を築いていくことになる。その最初の試みが一一四〇年の九月に開催されたアリアーノの大集会に見られる。彼は、王国の有力者たちと司教たちをこの集会に集め、新しい王の貨幣を造り、その使用を強制するための委員を任命するという決定を宣言した。そして、「アリアーノのアシーセ（法令）」を公布したのである。ここには、王として広大な王国と人々を治めるようになったロゲリウス二世の方針が示されている。バチカン写本に含まれる最初の条項は、ノルマン人の支配に服する人々の多様性ゆえに、彼らの慣習、習慣、および法は、それが新たに公布される法に明白に反しないかぎり、廃止されるべきではないと宣言している[51]。これは、異なる人々の現存する法と慣習を尊重するという統治者の意思を明確に示している。人々は、基本的に、自らの属する集団の中で、その法に基づいて裁かれていたのである。新しく生まれた王国では、異文化に属する集団が平和裏に共存するような政策が取られたこと、イスラム教徒の存在を容認する政策が取られたことは疑いない。

しかし、ロゲリウス一世の宮廷で顕著だったギリシア人役人の存在、イスラム教徒役人の不在は、アデラシア摂政期、ロゲリウス二世治世初期にも確認される。この時期、大きな影響力をもっていたアミーラトゥスのほとんど、つまり、ロゲリウス二世の宰相でもあったゲオールギオス、[52] エウゲニオスの息子ヨアンネス、ニコラオス、テオドロス、バシレイオス、ゲオールギオスの息子ミカエルはみなギリシア人であった。[53]

ロゲリウス二世治世、イスラム教徒役人が初めて姿を現すのは、一一二〇年代である。この時期には、アブー・アッダウー[54]（Abū aḍ-Ḍawʾ）やマフディーヤのフィリップス[55]などの存在を確認することができる。しかし、一一四四年から一一四五年にかけての寄進状の大規模な更新・確認の作業の際には、多くのアラブ人書記が使われるようになったと考えられる。というのは、これ以前の寄進状が、序文と跋文はギリシア語、その間の住民リストのみアラビア語という構成をとっていたのに対し、この時作られた寄進状のいくつかは、全文がアラビア語で記されていたからである。ギリシア語で記された文書も出されつづけているが、この時期には全体がアラビア語で記された文書が出現している。ガルーフィは、かつてギリシア語に翻訳されていたジャラーイドが、一一四四年から一一四五年にかけてアラビア語に翻訳され直すようになったことを示唆している。[56]

ロゲリウス二世はギリシア文化の影響を強く受けており、その署名の多くは、ギリシア語文書だけでなく、ラテン語文書でもギリシア語で記されている。[57] 彼は、学問や芸術に造詣が深く、アラブ人地理学者イドリーシーやギリシア人神学者ネイロス・ドクソパトレースをはじめとして、医者や占星術師、哲学者、地理学者、数学者などの優れた学者たちを王宮に集めていた。イドリーシーによれば、ロゲリウス二世は、数学、政治学に関する深い学識をもち、自然科学に関する広範な知識を有していた。[58] イブン・アルアシールは、ロゲリウス二世のイスラム教徒への好意が際立っていたため、彼は隠れムスリムだという噂が、臣下のイスラム教徒、キリスト教徒の間で流布していたと記している[59]。また、ロゲリウス二世はムスリム学者たちとの会話を好み、その最後の十五年間は科学的思索に多くの時間を費やしていたとも言われている[60]。

第三節　ウィレルムス一世、二世とイスラム教徒

一一五四年、ロゲリウス二世が五十八歳で他界すると、三十四歳の息子ウィレルムス一世が後を継いだ。しかし、即位直後に勃発した反乱を鎮圧し、侵入していた外国軍を撃退するとウィレルムス一世は国政を宰相マイオに委ね、宮廷の奥深くこもってしまう。こうして一一五六年以後は、宰相マイオが王国の全権を掌握し、王国の実質的統治者となった。

一一六〇年にマイオが暗殺されると、国政は三人のファミリアーレース・レギスに委ねられることになる[61]。彼らは、ただの王の役人ではない。王を除けば、王国で最も大きな権力と影響力を行使する人々だったのである[62]。いずれにしろ、ウィレルムス一世は、国政を自ら司ることはせず、できるかぎり重臣たちに委ねようとしていた。彼は、パレルモ郊外の別荘でムスリムの小姓や侍女に囲まれて生活するのを好み、政務を嫌っていたのである。公式文書に署名している例もほとんど見られない。何事も自分で決定しなくては気のすまない、精力的なロゲリウス二世とはきわめて対照的である。

ウィレルムス一世の治世、アラブ人が初めて国政の中心に現れるようになる。アラブ人宦官ヨハルが一一六二年以前に王宮侍従長官となり[63]、同じくアラブ人宦官マルティヌスが一一六一年以前にドゥアーナ・デ・セークレーティース長官となっている[64]。一一六二年に王宮侍従長官としてヨハルの後を継いだのは、やはりアラブ人宦官ペトルスであ

った。[65] ペトルスは、ジェルバ島生まれであり、キリスト教に改宗してはいたが、アラブ・イスラム文化の背景をもつ宦官であった。年代記作家ファルカンドゥスは、彼のことを「名前と服装においてのみキリスト教徒だが、王宮の他のすべての宦官たちと同様、心はサラセン人である」と記している。[66] ペトルスは、ウィレルムス一世治世末、三人のファミリアーレース・レギスの一人となり、国政を司るようになる。[67]

ウィレルムス一世治世、王権が弱くなった時や騒乱のなかで、ムスリムに対する攻撃や殺戮が頻繁に生じている。マイオ暗殺後の一一六一年の反乱時には、多くのイスラム教徒がキリスト教徒に殺された。[68] また、北イタリアから移住してきたキリスト教徒たちが、近隣のサラセン人たちを虐殺したこともある。[69] さらに、ウィレルムス一世の軍隊の中で、イスラム教徒兵士とキリスト教徒兵士が衝突し、互いに殺しあうことすらあった。[70]

一一六六年、ウィレルムス一世が四十六歳で他界すると、王位は十三歳のウィレルムス二世に受け継がれ、摂政となった母マルガリータと三人のファミリアーレース・レギスが国政を担うことになった。しかし、マルガリータは、ファミリアーレース・レギスの一人であるアラブ人宦官ペトルスを宰相とし、残り二人をその補佐役とした。こうして、アラブ人宦官ペトルスが王国の実質的支配権を手にしたのである。アラブ・イスラム文化の伝統をもつ人々は、中央政府の他の要職も占めていた。ウィレルムス二世の王宮侍従官のほとんどがアラブ・イスラム文化の背景をもつ人々であり、[71] ウィレルムス一世治世からの歴代の王宮侍従長官、ヨハルス、[72] ペトルス、[73] リカルドゥス[74]はすべて、アラブ人宦官であった。土地に関する文書を保管・管理するドゥアーナ・デ・セークレーティース長官の多くも、アラブ・イスラム文化を背景にもつ人々であった。[75]

ウィレルムス二世は、未成年期だけではなく、成人してからも国政に関与することはなかった。彼自身が政治の表舞台に出ることはほとんどなく、国政はほとんどファミリアーレース・レギスによって担われていたのである。イブン・ジュバイルは、ウィレルムス二世が、キリスト教徒の王というよりもむしろイスラム教徒の王のように見えたと記している。[76] 王はアラビア語で読み書きする能力をもち、医者や占星術師を大切に保護し、彼らに細かな心遣いを示していた。そして、異国の医者や占星術師が王国を通りかかった時には、故郷へ帰るのを忘れてしまうほど巨額の生活費をあてがって彼らを引き留めようとしていた。また、イスラム教徒たちを深く信頼し、身辺業務や重要事を彼らに任せ、イスラム教徒の料理長を雇い、イスラム教徒の黒人奴隷軍団を抱えていた。[77] さらに、王に仕える宦官の小姓たちのほとんどが隠れムスリムだった。[78] 一一六九年二月四日の大地震の時には、ウィレルムス二世は、侍女や小姓たちに対して「おまえたち、おのおの自分の崇めるものに、信じるものに加護を祈願せよ」と言って彼らの恐怖をしずめようとしたという。[79]

イブン・ジュバイルによれば、パレルモのムスリムたちは自分たちのモスクをもち、アザーン〔礼拝の呼びかけ〕を行っていた。また、郊外には、キリスト教徒たちと交わらない自分たちだけの居住区をもち、自分たちの市場ももっていた。そして、自分たちの裁判官〔カーディー〕までもいたというのである。[80] このように、イブン・ジュバイルの記述は、パレルモのイスラム教徒たちが自治を享受していたことを強く示唆している。また、彼がトラーパニの町を訪れた時には、断食明けの小祭にこの町のイスラム教徒たちが彼らのハキームとともに〔郊外の〕ムサッラーに向かって、太鼓やラッパを鳴らしながら行進するのを目撃し、この習わしをキリスト教徒が知らぬ顔で見のがしていることにたいそう驚いたと記している。[81] このようなイブン・ジュバイルの証言は、ノルマン・シチリア王国に残るイスラム文化の影響の強さ、宮廷におけるムスリムの影響力の大きさとともに、王国の寛容を支持する事例として、研究者たちにより、しばしば引き合いに出されてきたものである。

エボリのペトルスが書いた書物の挿絵には、ウィレルムス二世が亡くなった時、その死を嘆き悲しむイスラム教徒、ギリシア人のパレルモ市民が描かれている。[82] 異文化に属する人々、異なる宗教を奉じる人々が一様に王の死を嘆き悲しんでいるのである。そこには、王が言語・宗教の異なる人々に慕われていたことを肯定的に見る作者の価値感が反映しているように思われる。

しかしながら、イブン・ジュバイルは、シチリア島のイスラム教徒たちが、キリスト教徒支配下で、少数派としての屈辱と隷属、過酷な生活を強いられ、キリスト教への改宗の圧力と誘惑に晒されながら生活していたとも記している。[83] 女・子供たちは背教への誘惑に晒され、シャイフたちは信仰を棄てるよう脅迫されることもあったという。[84] 実際、宗教の違いが憎悪の理由となることは少なくなかった。ファルカンドゥスによれば、アラブ人宦官マルティヌスは、自分の兄弟がキリスト教徒に殺されたことを知っていたので、すべてのキリスト教徒に対して激しく怒り、兄弟の死を彼らのせいにしたという。[85]

イブン・ジュバイルは、メッシーナで小姓の一人アブド・アルマシーフと会見を行ったが、彼は、「われわれは信仰を隠し、身の安全を気遣いながらも神への崇拝に固執し、密かに宗教的義務を果たしているのです。われわれは不信の輩の虜で、首に奴隷のなわを掛けられているのです」[86] と語ったという。この話は、権力の中枢にいながら宗教的理由で自らの境遇に大きな不満と不安を感じるアラブ人官僚の心情を如実に物語っている。[87]

シチリア島の名家に属し、ウィレルムス二世に仕える高位の役人でもあったアブー・アルカーシム（俗称イブン・アルハジャル）は、北アフリカのムワッヒド朝と内通しているという告発を受け、自宅に監禁されることになった。財産は没収され、三万ムウミニーヤ・ディーナールを超す罰金が科せられた。彼は父祖から相続した家屋や財貨をすべて失い、一文無しの境遇に落とされてしまったのである。[88]

アブー・アルカーシムは、このような境遇に落とされても改宗への圧力に屈することはなかったが、イスラム教からキリスト教へ改宗した者たちも大勢いる。すでに触れたように宮廷の侍従官やドゥアーナ・デ・セークレーティース長官たちの多くはキリスト教洗礼名をもつアラブ人であった。イブン・ジュバイルは、圧力に屈してイスラム教からキリスト教へ改宗したパレルモの法学者イブン・ズルアについての次のような話を記している。この法学者は、キリスト教に改宗した後、自宅の向かい側にもっていたモスクを教会に変えてしまった。そして、キリスト教の福音書を完全に暗記し、彼らの法を修得してしまうと、キリスト教徒たちの裁判に判決を下すようになったという[89]。

このように、イブン・ジュバイルは、王のイスラム教徒への寛容を示す事例だけではなく、王国の不寛容を示唆する事例をも記している。そして、それを裏づけるかのように、イスラム教徒の人口は、ノルマン人の征服以来減少しつづけているのである。すでにノルマン人による征服の過程で、シチリア島のムスリムは、北アフリカ、特にチュニジアとエジプトへ移住しはじめていたが、ノルマン支配期にも移住は続き、人口は減少しつづけていった[90]。とりわけ十二世紀後半から十三世紀前半にかけて、シチリアのイスラム教徒人口は急減した。一二二〇年代には、フレデリクス二世が反乱を繰り返すムスリムたちをルチェーラ（半島の内陸部の町）へ移住させ、ルチェーラは王国のイスラム教徒居留地となった。その大部分は外部のキリスト教徒社会と切り離された状態で農民生活を送り、一部は軍人や廷臣として王に仕えた。このルチェーラのイスラム教徒居留地は、その後一三〇〇年まで存続したが、この年、ルチェーラの最後のイスラム教徒が奴隷として売却され、イタリア半島からイスラム教徒がいなくなってしまう[91]。

おわりに

ラテン語の名詞「トレランティア（*tolerantia*）」、「トレラティオー（*toleratio*）」を起源とする諸言語の「寛容（トレランス）」（英語 tolerance/toleration、フランス語の tolérance、ドイツ語の Toleranz、イタリア語の tolleranza など）は、他者への態度を表現したものである。誰か（個人もしくは集団、あるいは、擬人化された制度や組織）が誰かに対して寛容なのである。そのため、どのような行為や言説を寛容とみなすかは、その言葉を使う人の主観に強く左右される。同じ行為や言説であっても、それがなされた状況をどう考慮するかによって、寛容とみなされたりみなされなかったりするのである。

寛容概念に内在するこの曖昧性と主観性の問題は、とりわけ、寛容概念そのものを考察したり、寛容思想を扱う時により露わになってくる。たとえば、ヘンリ・カメン『寛容思想の系譜』のように、人間の道徳的価値としての寛容の思想の歴史を辿ろうとする研究がその典型である。そこでは、キリスト教の旧約聖書、新約聖書の中に見られる寛容思想が検討され、テルトゥリアヌスやアウグスティヌスなどの教父、そして、トマス・アクイナスなどの中世スコラ学者たち、ルネサンス期人文主義者たち、近代啓蒙思想家たちの寛容思想が辿られるが[92]、そこに描かれているのは、著者が「寛容」とみなす過去の著述家の言説であり、どのような言説を寛容とみなすか、どのような系譜を見出すかについては、著者の恣意性が強く作用していると言わざるをえない。

「寛容な社会」についていえば、研究者たちは、少数派を排除したり攻撃したりすることを抑制する、ある種の社会的メカニズムを「寛容」とみなす傾向にある。多くの歴史研究、とりわけ、ノルマン期のシチリアや中世スペインに関する研究は、このような角度から「寛容」を探ろうとしてきた[93]。この場合、寛容の主体は常に支配する側（君主、支配的な集団、多数派）であり、寛容の対象は、支配される側に属する弱者としての少数派となる。この場合の少数派とは、すでに述べたように、その社会や国家において、人口が少ないことを意味するのではなく、支配する側の集団に属していないということを意味する。

このような枠組みの中で、研究者たちは、王、俗人貴族、高位聖職者からなる支配層を構成する征服者ノルマン人と、シチリアの住民の大部分を占める被征服民「少数派」、つまり、イスラム教徒、ギリシア人、南イタリア人との間に、対立軸を置いてきた。そして、このような理解に基づき、ある研究者たちは、ノルマン人たちの「寛容政策」のおかげで、イスラム教徒やギリシア人は王国で安全に暮らすことができたと考えている。しかし、ノルマン人とイスラム教徒、ギリシア人との間の関係は、実際には、そのように単純なものではなかった。対立関係は、宗教の違いのみに帰されるものではなく、他の要素によっても生じていたからである。私は、別の論文で、ノルマン・シチリア王国において、宗教や帰属する文化集団の違いは明確な対立軸とならず、また、王国の権力中枢が異文化に属する人々から構成されていたことを明らかにしてきた(94)。ノルマン人を単純に多数派とみなすことはできないし、ノルマン人の他集団に対する姿勢を「宗教的寛容」とみなすこともできないのである。

王国における異宗教集団の併存状態が、宗教的寛容の結果なのか、ノルマン人君主たちが置かれていた状況の中での不可避の選択の結果なのか、容易に判断することはできない。これは、当事者たちの意識を探ることが難しいからだけではなく、私たちの寛容概念がもつ主観性を排除することが著しく困難だからである。私たちが「寛容」と呼ぶ二つの人間集団の関係は、「寛容」の問題としてよりも、他者認識の問題、少数派の問題、アイデンティティと集団の問題と関連づけて考察する方が、よりよく理解できるのではないかと思う。

異宗教・異宗派の平和的共存がなされたように見えるノルマン・シチリア王国の場合も、現実には内部に多くの対立を抱えていた。宗教的寛容の実態を探るためにノルマン君主とムスリムとの関係の変化を検討する中で見えてきた一つの重要な点は、他者を排除しようとする力と集団内の秩序を維持しようとする力のせめぎあいである。しかし、アイデンティティが重層的であるように、他者もまた重層性を帯びるため、異宗派や異宗教を奉ずる人々が他者と認識されることもあれば、自分が属する集団の構成員として認識される場合もある。その認識に応じて、異宗派や異宗教との共存が求められたり、排除が求められたりする。こうして、「寛容」の問題は、「アイデンティティ」あるいは集団への帰属意識の問題、「他者認識」の問題と密接に結びつくことになる。

（1）Isidoro La Lumina, *Guglielmo II. La Sicilia sotto il suo regno* (Palermo, 1867; rep. 2000), pp. 31–33.

（2）Charles Diehl, *Palerme & Syracuse* (Paris, 1907), pp. 2, 62–76.

（3）Francesco Gabrieli, "La politique arabe des Normannds de Sicile," *Studia Islamica*, vol. 9 (1958), p. 84.

（4）Antonio Marongiu, "A Model State in the Middle Ages: the Norman Swabian Kingdom of Sicily," *Comparative Studies in Society and History*, vol. 1 (1963), pp. 313–314.

(5) Ernst Kitzinger, *The Art of Byzantium and the Medieval West* (Bloomington, 1976), pp. 290–313.

(6) Wolfgang Krönig, "Der viersprachige Grabstein von 1148 in Palermo," *Zeitschrift für Kunstgeschichte*, vol. 52 (1989), p. 550.

(7) Francesco Giunta and Umberto Rizzitano, *Terra senza crociati* (Palermo, 1967), pp. 72–97; David C. Douglas, *The Norman Fate, 1100–1154* (London, 1976), pp. 146–149; Hubert Houben, "Möglichkeiten und Grenzen religiöser Toleranz im normannisch-staufischen Königreich Sizilien," *Deutsches Archiv für Erforschung des Mittelalters*, vol. 50 (1994), pp. 159–198 (イタリア語改訂版＝"Possibilità e limiti della tolleranza religiosa nel Mezzogiorno normanno-svevo," Hubert Houben, *Mezzogiorno Normanno-Svevo, Monasteri e castelli, ebrei e musulmani* (Napoli, 1996), pp. 213–242); Francesco Tateo, "La cultura nelle Corte," Giosuè Musca, ed., *Centri di produzione della cultura nel Mezzogiorno normanno-svevo* (Bari, 1997), pp. 41–54.

(8) Francesco Gabrieli, "Normannni e Arabi," *Archivio storico pugliese*, vol. 12 (1959), pp. 53–68; Giunta & Rizzitano, *Terre senza crociati*. Umberto Rizzitano, "La cultura araba nella Sicilia Normanna," *Atti del Congresso internazionale di Studi sulla Sicilia normanna* (Palermo, 1973), pp. 125–135; Francesco Giunta, *Bizantini e Bizantinismo nella Sicilia normannna* (Palermo, 1950; 2nd ed., 1974); Houben, "Möglichkeiten." ("Possibilità e limiti."); Henri Bresc, "Mudéhars des pays de la Couronne d'Aragon et sarrasins de la Sicile normandes: le problème de l'acculturation," *Jaime I y su época. 10 Congreso de Historia de la Corona de Aragón (Zaragoza, 1975)*, vol. 2 (Zaragoza, 1980), pp. 51–60; Vera von Falkenhausen, "Il popolamento: etnie, fedi, insediamenti," Giosuè Musca, ed., *Terra e uomini nel Mezzogiorno normanno-svevo* (Bari, 1987), pp. 39–73; Henri Bresc & Annliese Nef, "Les Mozarabe de Sicile (1100–1300)," Errico Cuozzo & Jean-Marie Martin, eds., *Cavalieri alla conquista del Sud. Studi sull'Italia normanna in memoria di Léon-Robert Ménager* (Roma/ Bari, 1998), pp. 134–156; Jeremy Johns, *Arabic Administration in Norman Sicily: the royal dīwān* (Cambridge, 2002); Alex Metcalfe, "The Muslims of Sicily under Christian Rule," Graham A. Loud & Alex Metcalfe, eds., *The Society of Norman Italy* (Leiden, 2002), pp. 289–317; Alex Metcalfe, *Muslims and Christians in Norman Sicily. Arabic Speakers and the End of Islam* (London/ New York, 2003); Annkristin Schlichte, *Der "gute" König Wilhelm II. von Sizilien (1168–1189)* (Tübingen, 2005), pp. 198–211.

(9) Bern, Burgerbibliothek, Codex 120 II, folio 97r. *Liber ad Honorem Augusti di Pietro da Eboli*, ed. Giovanni Battista Siragusa (Roma, 1906), Tav. III; Petrus de Ebulo, *Liber ad Honorem Augusti sive de rebus Siculis*, eds. Theo Kölzer & Marlis Stähli (Sigmaringen, 1994), p. 43.

(10) Ibn Jubayr, *Riḥla* (*The Travels of Ibn Jubair*), ed. W. Wright, 2nd ed., rev. De Goeje (Leiden/ London, 1907), p. 342 (イブン・ジュバイル著／藤本勝次・池田修監訳『旅行記』関西大学出版部、一九九二年、三八四頁).

(11) John V. Tolan, *Saracens* (New York, 2002), p. xv; Metcalfe, *Muslims and Christians*, pp. 55–60.

(12) Ibn al-Athīr, *Al-Kāmil fī al- Tārīkh*, ed. C. J. Tornberg, 12 vols. (Leiden, 1851–71), vol. 10, pp. 131–132, or in Michele Amari, ed. *Biblioteca arabo-sicula, testo arabo* (以下 Amari, *Biblioteca, testo arabo* と表記) (Leipzig, 1857), p. 275, sana 484 (Michele Amari, ed. and trans. *Biblio-*

teca arabo-sicula, versione italiana（以下 Amari, *Biblioteca, versione italiana* と表記）, 2 vols.（Torino/ Roma, 1880–81）, vol. 1, p. 275, anno 484）; An-Nuwayrī, in Amari, *Biblioteca, testo arabo*, pp. 444–449, sana 410, 440（Amari, *Biblioteca, versione italiana*, vol. 2, pp. 140–146, anno 410, 440）; Abū al-Fadā', in Amari, *Biblioteca, testo arabo*, pp. 413–414, sana 484（Amari, *Biblioteca, versione italiana*, vol. 2, pp. 96–99）; Ibn Khaldūn, *Kitāb al-'Ibar*, 7 vols.（Beirut, 1959–61）, vol. 4, pp. 207–208, or in Amari, *Biblioteca, testo arabo*, fasl 8, p. 484（Amari, *Biblioteca, versione italiana*, vol. 2, pp. 200–203）; Amatus, *Ystoire de li Normant, in Storia de'Normanni di Amato di Montecassino*, ed. Vincenzo de Bartholomaeis（Roma, 1935）, V, 8, pp. 229–230; Malaterra, Lib. II, Cap.III, IV, XVI–XXII, pp. 30, 34–36. Cf. Michele Amari, *Storia dei Musulmani di Sicilia*（以下 Amari, *Storia dei Musulmani* と表記）, ed. Carlo A. Nallino, 3 vols.（Catania, 1937）, vol. 3, p. 65; Francesco Gabrieli, "Storia e cultura della Sicilia araba," *Libia*, vol. 1/4（1953）, p. 5; Umberto Rizzitano, "Ibn al-Hawwās," in *Encyclopaedia of Islam*, 2nd ed., 10 vols.（Leiden, 1954–）, vol. 3, p. 788; Umberto Rizzitano, "Ibn al-Thumna," in *Encyclopaedia of Islam*, 2nd ed. vol. 3, p. 956; Aziz Ahmad, *A History of Islamic Sicily*（Edinburgh, 1975）, pp. 36–37, 49; Hiroshi Takayama, "The Fatimid and Kalbite Governors in Sicily: 909–1044," *Mediterranean World*, vol. 13（1992）, pp. 25–27. イブン・アッスムナについては、以下を参照。 Alex Metcalfe, "The Muslims of Sicily," pp. 289, 293.

（13） Amatus, V, 13–22, pp. 239–240; Malaterra, Lib. II, Cap. VIII–XVII, pp. 31–34; Ferdinand Chalandon, *Histoire de la domination normande en Italie et en Sicile*, 2 vols.（Paris, 1907）, vol. 1, pp. 192–195; Ferdinand Chalandon, "The Conquest of South Italy and Sicily by the Normans," in *The Cambridge Medieval History V: Contest of Empire and Papacy*（Cambridge, 1926）, pp. 175–176; Ahmad, *A History of Islamic Sicily*, pp. 49–50.

（14） Malaterra, Lib. II, Cap. XLV, pp. 52–53. Amatus, VI, 16–19, pp. 278–282; Chalandon, *Histoire de la domination*, vol. 1, pp. 206–208; Ahmad, *A History of Islamic Sicily*, pp. 51–52; Falco Beneventanus, *Falco di Benevento, Chronicon Beneventanum : città e feudi nell'Italia dei Normanni*, ed. E. d'Angelo（Firenze, 1998）, ad an. 1072. Amari, *Storia dei Musulmani*, vol. 1, p. 137.

（15） Malaterra, Lib. III, Cap. XVIII, p. 67: "Primus ad excubias Othonus, alter Elias, Tertius Arisgotus, Jordanus abinde remotus Esse recusavit: … "

（16） Malaterra, Lib. III, Cap. XXX, p. 75: "Porro Jordanus, filius comitis, et Robertus de Surda-valle et Elias Cartomensis — qui ex Saracenis ad fidem Christi conversus, postea apud Castrum-Johannis a sua gente hostiliter interfectus, quia negando apostata fieri noluit, martyrio vitam laudabiliter finivit — exercitu commoto, versus Cathaniam iter intendunt." アマーリは、カルトーミのエリアスをスペインのカルトーミの出身だと考えている。 Amari, *Storia dei Musulmani*, vol. 3, p. 156 note 1.

（17） Malaterra, Lib. IV Cap. XVII, p. 96: "…ab omni Sicilia multa Sarracenorum millia excitans, sed et militum copias conducens …"

（18） Malaterra, Lib. IV, Cap. XXII, p. 100: "Comes vero multa millia Saracenorum a Sicilia et Calabria conducens, equitum quoque sive peditum Christianorum copias …"

（19） Malaterra, Lib. IV, Cap. XXVI, p. 104: "… in usus Saracenorum, quorum maxima pars exercitui intererat,…"

（20） Lupus Protospatarius, *Annales Barenses. Rerum in Regno Neapolitano gestarum breve chronicon*, ed. G. H. Perz（*MGH, Scriptores* 5, Hannover,

1884), p. 62: "Rogerius comes Siciliae cum 20 milibus Sarracenorum et cum innumera multitudine aliarum gentium, et universi comites Apuleae obsederunt Amalfim…"

(21) Eadmer, *Vita Sancti Anselmi: the Life of St. Anselm, Archbishop of Canterbury*, ed. R. W. Southern (London, 1963), pp. 111–112: "… nam eorum multa milia in ipsam expeditionem secum adduxerat … Quorum etiam plurimi velut comperimus se libenter eius doctrinae instruendos summisissent ac Christinae fidei iugo sua per eum colla iniecissent, si crudelitatem comitis sui pro hoc in se sevituram non formidassent. Nam revera nullum eorum pati volebat Christianum impune fieri." Cf. Chalandon, *Histoire de la domination*, vol. 1, p. 304; Houben, "Possibilità e limiti," p. 217.

(22) Julia Taylor, *Muslims in Medieval Italy* (Lanham, Maryland, 2003), pp. 102–111; Joachim Göbbels, *Das Militarwesen im Konigreich Sizilien zur Zeit Karls I. von Anjou, 1265–1285* (Stuttgart, 1984).

(23) Ibn Jubayr, *Riḥla*, p. 324 （イブン・ジュバイル『旅行記』三二八頁）.

(24) *Ryccardi de Sancto Germano notarii Chronica*, ed. C. A. Garufi (Bologna, 1937–38), *Rerum italicarum scriptores*, t. 7, pt. 2, p. 195.

(25) Malaterra, Lib. II, Cap. XVII, p. 34: "Comes vero Rogerius, quietis impatiens et laboris avidus, trecentos juvenes secum ducens, usque Agrigentum praedatum et terram inspectum vadit, totam provinciam indendio concremando devastans." Malaterra, Lib. II, Cap. XVIII, p. 35: "Media vero hieme, videlicet ante natalem Domini, cum ducentis quinquaginta militibus iterum mare transiens, usque ad Agrigentinam urbem, totam patriam sollicitans, praedatum vadit." Malaterra, Lib. II, Cap. XXIX, p. 39: "… iterum Siciliam cum trecentis debellaturus aggreditur, …" Cf. Chalandon, *Histoire de la domination*, vol. 1, p. 328.

(26) Amatus, Lib. VI, Cap. XVIIII, p. 281: "Et, en celle nuit, se esmurent o tout li ostage, et manderent certains messages liquel doient dire coment la terre s'est rendue. Et puiz, quant il fu jor, dui Cayte alerent devant, loquel avoient l'ofice laquelle avoient li antique, avec autrez gentilhome." Cf. Amari, *Storia dei Musulmani*, vol. 3, pp. 130–132.

(27) Malaterra, Lib. II, Cap. XLV, p. 53: "Quandoquidem fortuna praesenti sic hortabantur, urbis deditionem facere, se in famulando fideles persistere, tributa solvere: et hoc juramento legis suae firmare spopondunt." Guillaume de Pouille, *La geste de Robert Guiscard*, ed. M. Mathieu (Palermo, 1961, Istituto siciliano di studi bizantini e neoellenici. Testi e documenti. Testi, 4), Lib. III, p. 182: "Cuncta duci dedunt, se tantum vivere poscunt. Deditione sui facta meruere favorem Exorare ducis placidi; promittitur illis Gratia cum vita. Nullum proscribere curat, Observansque fidem promissi, laedere nullum, Quamvis gentiles essent, molitur eorum. Omnes subiectos sibi lance examinat aequa, …" Cf. Amari, *Storia dei Muslumani*, vol. 3, pp. 130–131, 277; Chalandon, *Histoire de la domination*, I, p. 208; Graham A. Loud, *The Age of Robert Guiscard* (New York, 2000), pp. 161–162.

(28) Malaterra, Lib. II, Cap. XLV, p. 53: "Proximo mane primores, foedere interposito, utrisque fratribus locutum accedunt, legem suam nullatenus se violari vel relinquere velle dicentes, scilicet, si certi sint, quod non cogantur, vel injustis et novis ligibus non atterantur."

(29) Amari, *Storia dei Musulmani*, vol. 3, p. 132; Chalandon, *Histoire de la domination*, I, p. 208; Francesco Gabrielli, "La politique arabe des Normands de Sicile," *Studia Islamica*, vol. 9 (1958), p. 93.

(30) Amari, *Storia dei Musulmani*, vol. 3, p. 277.

(31) Malaterra, Lib. III, Cap. X, p. 61: "Comes vero, quibusdam necessitatibus se vocantibus, a Sicilia versus Calabriam digrediens, Hugonis de Gircaea, cui, propter strenuitatem, quam habebat — nam et praeclari generis a Cenomanensi provincia erat — cum filia sua de priore uxore Cathaniam dederata, totam Siciliam servandam delegavit, interdicens ne, si Bernarvet, quia vicinius sibi Syracusis morabatur, aliquem incursum versus se faceret, callidas eius versuitias cavens, nusquam urbe digregiens, hostem persequeretur."

(32) Malaterra, Lib. III, Cap. XXX, p. 75: "Hic quendam paganum, nomine Benthumen, quem comes apud Cathaniam majorem urbi praefecerat, callidis circumventionibus aggrediens, ad tradendam urbem multis munerum, possessionumve pactionibus sollicitabat. Paganus vero nominis sui competens imitator, avaritia coecatus, fidei sacramentorumque, quae comiti dederat, oblitus, statuto termino, infra urbem illum cum multitudine suorum fraudulenter de nocte accipiens, traditionis nomen sibi perpetuo vindicavit."

(33) Malaterra, Lib. III, Cap. XXX, p. 76.

(34) Ibn Jubayr, *Riḥla*, p. 332（イブン・ジュバイル『旅行記』三三七頁）. Cf. Gabrieli, "La politique arabe," p. 93.

(35) Rocco Pirro, *Sicilia sacra disquisitionibus et notitiis illustrata*, ed. A. Mongitore, 2 vols. (Palermo, 1733), vol. 1, p. 384: "Unde audita ejus petitione pro salute animae meae, et fratris mei nobilissimi Ducis Roberti Guiscardi ... dedi, et in perpetuum concessi Ecclesiae S. Nicolai Episcopii Messanae, casale Saracenorum, quod dicitur Butahi cum omni tenimento, et pertinentiis suis secundum antiquas divisiones Saracenorum." Pirroが引用したこのラテン語文書を偽造文書と考える研究者もいるが，「昔のサラセン人たちの土地区分（*secundum antiquas divisiones Saracenorum*）に従って」という表現は当時の文書で使用されていたと推測される。

(36) Amari, *Storia dei Musulmani*, vol. 2, p. 34; Michele Amari, "Su la data degli sponsali di Arrigo VI con la Costanza erede del trono di Sicilia, e su i *divani* dell azienda normanna in Palermo. Lettera del dottor O. HARTWIG e Memoria del Socio AMARI," *Atti della R. Accademia dei Lincei*, vol. 275 (1877–78), serie 3, Memoria classe scienze morali, 2, p. 430; Mario Caravale, "Gli uffici finanziari nel Regno di Sicilia durante il periodo normanno," *Annali di storia del diritto*, vol. 8 (1964), pp. 185–187; Chalandon, *Histoire de la domination*, vol. 1, p. 348.

(37) Salvatore Cusa, *I diplomi greci ed arabi di Sicilia pubblicati nel testo original*, vol. 1 [2 parts] (Palermo, 1868–82), pp. 1–3.

(38) Catania, Archivio Capitolare della Cattedrale di Catania, *Pergamene Greco-arabe e greche*, n. 1. Cusa, pp. 541–549; Johns, *Arabic Administration*, pp. 301–302, Appendix 1, no. 4.

(39) H. Bercher, A. Courteaux and J. Mouton, "Une abbaye latin dans la société musulmane: Monreale au XIIe siècle," *Annales, Economies, Sociétés, Civilisations*, vol. 34 (1979), p. 525–547; Metcalfe, *The Muslims of Sicily*, pp. 295–297; idem, *Muslims and Christians*, pp. 34–39, 71–98.

(40) Chalandon, *Histoire de la domination*, vol. 2, pp. 528–530; Amari, *Storia dei Musulmani*, vol. 3, pp. 245–250; E. Mayer, *Italienisch Verfas-*

sungsgeschichte von der Gothenzeit bis zur Zunftherrschaft（Leipzig, 1909）, vol. 1, p. 185; Carlo A. Garufi, "Censimento e catasto della popolazione servile, *Archivio storico sililiano*, vol. 49（1928）, pp. 73–75; Johns, *Arabic Administration*, pp. 61–62, 144–167; Metcalfe, *Muslims and Christians*, p. 37. Adalgisa de Simone, "Ancora sui «villani» di Sicilia: Alcune osservazioni lessicali," *Mélanges de l'Ecole Française de Rome*, vol. 116（2004）, pp. 485–500.

（41）ロゲリウス一世の統治に関する基本情報については、以下の文献を参照。高山博「シチリア伯ロゲリウス一世の統治――ノルマン統治システムの基礎」（近藤和彦編『歴史的ヨーロッパの政治社会』山川出版社、二〇〇八年）三八―七三頁。Hiroshi Takayama, "The Administration of Roger I," *Ruggero I Gran Conte di Sicilia, 1101–2001*, ed. G. De' Giovanni-Centelles（Roma, 2007）, pp. 124–140. 高山博『中世地中海世界とシチリア王国』（東京大学出版会、一九九三年）一二七―一四五頁。Hiroshi Takayama, *The Administration of the Norman Kingdom of Sicily*（Leiden/ New York/ Köln, 1993）, pp. 25–40; Loud, *The Age of Robert Guiscard*, pp. 146–185; *Ruggero il Gran Conte e l'inizio dello stato normanno*（Roma, 1977）.

（42）Jules Gay, *L'Italie méridionale et l'empire Byzantine, depuis l'avènement de Basile Ier jusqu'à la prise de Bari par les Normands, 867–1071*（Paris, 1904）, pp. 556–560; George Ostrogorsky, *History of the Byzantine State*, trans. by Joan Hussey, rev. ed.（New Brunswick, 1969）, p. 247. 南イタリアのビザンツ帝国の官職については以下を参照。Vera von Falkenhausen, *Untersuchungen über die byzantinische Herrschaft in Süditalien von 9. bis ins 11. Jahrhundert*（Wiesbaden, 1967）; Vera von Falkenhausen, *La dominazione bizantina nell'Italia meridionale dal IX al XI secolo*（Bari, 1978）.

（43）Palermo, Archivio di Stato, Tabulario di Abbazia di S. Filippo di Fragalà de di S. Maria di Maniaci, Pergamene, n. 8, and Catania, Archivio Provinciale, Fondo Radusa, n. 22（Original. May, A.M. 6613 [=A.D. 1105], Indiction XIII. Edition: Cusa, pp. 396–400; Spata, pp. 197–204）.

（44）アミーラトゥス職については、以下を参照。Hiroshi Takayama, "*Amiratus* in the Norman Kingdom of Sicily — A Leading Office of Arabic Origin in the Royal Administration," *Forschungen zur Reichs-, Papst- und Landesgeschichte*, eds. Karl Borchardt & Enno Bunz（Stuttgart, 1998）, pp. 133–144（本書第四章）.

（45）Guillaume de Pouille, *La geste de Robert Guiscard*, Lib. III, vers 340–343, p. 182: "Obsidibus sumptis aliquot castrisque paratis, Reginam remeat Robertus victor ad urbem, Nominis eiusdem quodam remanente Panormi Milite, qui Siculis datur amiratus haberi."

（46）Takayama, "*Amiratus*." 初期のアミラートゥスは、ノルマン家臣だったように見える。以下の二つの史料には、ペトルス・ビドという名前のアミラートゥス（*armeratus Palermi*）が記されている。Cava de' Tirreni, Archivio della Badia della S.ma Trinità, Arca magna, Armarium C, nos. 5, 6（Edition: Léon-Robert Ménager, *Recueil des actes des ducs normands d'Italie（1046–1127）, I: Les premiers ducs（1046–1087）*（Bari, 1981）, nos. XLIV, XLV）.

（47）Takayama, *The Administration*, pp. 40–46.

（48）Ibn Jubayr, *Riḥla*, p. 333（イブン・ジュバイル『旅行記』三三八頁）.

（49）この王宮については、以下の記述を参照。Falcandus, *Epistola ad Petrum ad Panormitane ecclesie thesaurarium de calamitate Sicilie*, in G. B. Siragusa ed., *La Historia o Liber de Regno Sicilie, e la Epistola ad Petrum Panormitane Ecclesie Thesaurarium di Ugo Falcando*（Roma, 1897）, pp. 177–178（英語訳＝Graham A. Loud & Thomas Wiederman, transl., *The History of the Tyrants of Sicily by «Hugo Falcandus» 1154–69* [Manchester/New York, 1998]）. Cf. Falcandus, *Liber de regno Sicilie*, in Siragusa ed., *La Historia o Liber de Regno Sicilie*, p. 55 ; Loud and Wiedemann, trans., *The History of the Tyrants*, p. 108.

（50）シチリア王は、メッシーナに白亜の宮殿をもち、パレルモ近郊にファヴァーラ宮殿、アルトフォンテ宮殿などをもっていた。Al-Idrīsī, *Kitāb nuzha al-mushtāq fī Ikhtirāq al-Āfāq*（*Opus geographicum*）, 6 vols.（Roma, 1970–76）, pp. 590–592 ; in Amari, *Biblioteca, testo arabo*, pp. 28–30 ; Amari, *Biblioteca, versione italiana*, vol. 1, pp. 59–62. Romualdus Salernitanus, *Chronicon sive Annales*, ed. Carlo Alberto Garufi（Città di Castello, 1909–35, Rerum Italicarum Scroptores 2 serie, 7–1）, p. 232（英語訳＝Loud and Wiedemann, trans., *The History of the Tyrants*, p. 219）; Falcandus, *Liber de regno Sicilie*, p. 87 ; Loud and Wiedemann, trans., *The History of the Tyrants*, pp. 136–137 ; Hubert Houben, *Roger II. von Sizilien : Herrscher zwischen Orient und Okzident*（Darmstadt, 1997）, p. 131（英語訳＝Hubert Huben, *Roger II of Sicily, a ruler between East and West* [Cambridge, 2002], pp. 130–131）.

（51）F. Brandileone, *Il diritto romano nelle leggi normanne e sveve del regno di Sicilia*（Roma / Torino/ Firenze, 1884）, pp. 95–96 ; O. Zecchino, *Le Assise di Ariano*（Cava dei Tirreni, 1984）, p. 26.

（52）ゲオールギオスについては、以下を参照。Ibn ʻAdhāri, *Kitāb al-Bayān al-Mughrib*, in Amari, *Biblioteca, testo arabo*, p. 373 ; in Amari, *Biblioteca, versione italiana*, vol. 2, p. 38 ; Amari, *Storia dei Musulmani*, vol. 3, pp. 368–369 ; Ibn Khaldūn, *Kitāb al-ʻIbar*, in Amari, *Biblioteca, testo arabo*, p. 487 ; in Amari, *Biblioteca, versione italiana*, vol. 2, p. 206. Amari, *Storia dei Musulmani*, vol. 3, p. 369 ; Takayama, *The Administration*, pp. 53, 66–67.

（53）Takayama, "*Amiratus*," pp. 138–140.

（54）Johns, *Arabic Administration*, pp. 74, 81, 88–90, 212, 215, 252–253, 274, 289, 295 ; Metcalfe, *Muslims and Christians*, pp. 43–44, 46–47, 101.

（55）Johns, *Arabic Administration*, pp. 198 note 25, 215–218, 249–255, 289 ; Metcalfe, *Muslims and Christians*, pp. 46–50.

（56）Garufi, "Censimento e Catasto," p. 67.

（57）Hiroshi Takayama, "Central Power and Multi-Cultural Elements at the Norman Court of Sicily," *Mediterranean Studies*, vol. 12（2003）, p. 5 note 16. しかし、Falkenhausen は、ロゲリウス二世のギリシア語署名は、彼自身によって記されたのではなく彼の書記の一人によって記されたと考えている。Vera von Falkenhausen, "I diplomi dei re normanni in lingua greca," G. D. Gregorio and O. Kresten, eds., *Documenti medievali greci e latini. Studi Comparativi. Atti del seminario di Erice（23–29 ottobre 1995）*（Spoleto, 1998）, pp. 283–286.

（58）Al-Idrīsī, *Kitāb nuzha al-mushtāq*, p. 5 ; in Amari, *Biblioteca, testo arabo*, p. 16 ; in Amari, *Biblioteca, versione italiana*, vol. 1, p. 35.

（59）Ibn al-Athīr, *Al-Kāmil fī al-Tārīkh*, in Amari, *Biblioteca, testo arabo*, p. 288 ; Amari, *Biblioteca, versione italiana*, vol. 1 , p. 464. Cf. Edmund

Curtis, *Roger of Sicily* (New York, 1912), pp. 309–312 ; Ahmad, *A History of Islamic Sicily*, p. 58.

(60) Curtis, *Roger of Sicily*, p. 312.

(61) ファミリアーレス・レギスについては，以下を参照。Hiroshi Takayama, "*Familiares Regis* and the Royal Inner Council in Twelfth-Century Sicily," *English Historical Review*, vol. 104 (1989), pp. 357–372 (本書第１章) ; Takayama, *The Administration*, pp. 98–101, 115–125.

(62) Takayama, "Central Power and Multi-Cultural Elements," pp. 1–15 ; Hiroshi Takayama, "Confrontation of Powers in the Norman Kingdom of Sicily : Kings, Nobles, Bureaucrats and Cities," *Città e vita cittadina nei Paesi dell'area mediterranea : secoli XI–XV, Atti del Convegno Internazionale in onore di Salvatore Tramontana*, a cura di B. Saitta (Roma, 2006), pp. 541–552 (本章第八章).

(63) Falcandus, *Liber de regno Sicilie*, p. 83 ; Loud and Wiedemann, trans., *The History of the Tyrants*, p. 133.

(64) Cusa, pp. 622–624.

(65) Falcandus, *Liber de regno Sicilie*, p.83; Loud and Wiedemann, trans., *The History of the Tyrants*, p. 133.

(66) Falcandus, *Liber de regno Sicilie*, p. 25 : "sicut et omnes eunuchi palatii, nomine tantum habituque christianus erat, animo saracenus." Cf. Loud and Wiedemann, trans., *The History of the Tyrants*, p. 78. G. Siragusa (Falcandus, *Liber de regno Sicilie*, p. 99, note 1) とM. Amari (*Storia dei Musulmani*, vol. 3, p. 496) はペトルスをベルベル起源のAḥmad as-Siqillī (シチリア人アフマド) と同一視している。Ibn Khaldūn (*Kitāb al-'Ibar*, in Amari, *Biblioteca, testo arabo*, p. 462 ; Amari, *Biblioteca, versione italiana*, vol. 2, pp. 166–167) によれば，Aḥmad as-Siqillī は，キリスト教徒によってジェルバ島からシチリアへ連れてこられ，シチリアで教育を受け，シチリアの君主（ロゲリウス二世）に雇われたという。Takayama, *The Administration*, p. 100 note 20. Johns, *Arabic Administration*, pp. 222–228.

(67) Falcandus, *Liber de regno Sicilie*, p. 83 ; Loud and Wiedemann, trans., *The History of the Tyrants*, p. 133.

(68) Falcandus, *Liber de regno Sicilie*, pp. 56–57 ; Loud and Wiedemann, trans., *The History of the Tyrants*, pp. 109–110 ; Rumualdus Salernitanus, *Chronicon sive Annales*, ed. C. A. Garufi (Città di Castello, 1909–35, *RIS*^{2}, vol. 7–1), pp. 246–247 ; Loud and Wiedemann, trans., *The History of the Tyrants*, p. 230.

(69) Falcandus, *Liber de regno Sicilie*, p. 70 ; Loud and Wiedemann, trans., *The History of the Tyrants*, pp. 121–122.

(70) Falcandus, *Liber de regno Sicilie*, p. 73 ; Loud and Wiedemann, trans., *The History of the Tyrants*, p.124 ; Romualdus, *Chronicon*, p. 248 ; Loud and Wiedemann, trans., *The History of the Tyrants*, pp. 231–232.

(71) Hiroshi Takayama, "The Great Administrative Officials of the Norman Kingdom of Sicily," *Papers of the British School at Rome*, vol. 58 (1990), pp. 321–326.

(72) Falcandus, *Liber de regno Sicilie*, p. 77 ; Loud and Wiedemann, trans., *The History of the Tyrants*, p. 128. Cf. Jamison, *Admiral Eugenius*, p. 44 and note 3 ; Takayama, "The Great Administrative Officials," pp. 322–323 ; Johns, *Arabic Administration*, p. 224.

(73) 注(75)(76)を参照。.

（74）Takayama, “The Great Administrative Officials,” pp. 323–324; Johns, *Arabic Administration*, pp. 228–234.
（75）Takayama, “The Great Administrative Officials,” pp. 326–331.
（76）Ibn Jubayr, *Riḥla*, p. 325（イブン・ジュバイル『旅行記』三二九頁）.
（77）Ibn Jubayr, *Riḥla*, p. 324（イブン・ジュバイル『旅行記』三二八―三二九頁）.
（78）Ibn Jubayr, *Riḥla*, pp. 325–326（イブン・ジュバイル『旅行記』三三〇頁）.
（79）Ibn Jubair, *Riḥla*, p. 326（イブン・ジュバイル『旅行記』三三〇頁）.
（80）Ibn Jubayr, *Riḥla*, p. 332（イブン・ジュバイル『旅行記』三三七頁）. Cf. Gabrieli, “La politique arabe,” p. 93.
（81）Ibn Jubayr, *Riḥla*, p. 336（イブン・ジュバイル『旅行記』三四一―三四二頁）. Cf. Gabrieli, “La politique arabe,” p. 89.
（82）Bern, Burgerbibliothek, Codex 120 II, folio 97r; *Liber ad Honorem Augusti*, Tav. III; Petrus de Ebulo, *Liber ad Honorem Augustis*, p. 43.
（83）Ibn Jubayr, *Riḥla*, p. 342（イブン・ジュバイル『旅行記』三八四頁）.
（84）Ibn Jubayr, *Riḥla*, p. 340（イブン・ジュバイル『旅行記』三四六頁）. Cf. Gabrieli, “La politique arabe,” p. 89.
（85）Falcandus, *Liber de regno Sicilie*, p. 79; Loud and Wiedemann, trans., *The History of the Tyrants*, p. 129.
（86）Ibn Jubayr, *Riḥla*, p. 326（イブン・ジュバイル『旅行記』三三〇―三三一頁）.
（87）Douglas, *The Norman Fate*, pp. 146–149. アブラフィアは、王国が宗教的寛容の地であったとする従来の見解を批判している。David Abulafia, “The End of Muslim Sicily,” James M. Powell, ed., *Muslims under Latin Rule 1100–1300* (Princeton, 1990), p. 103.
（88）Ibn Jubayr, *Riḥla*, pp. 341–342（イブン・ジュバイル『旅行記』三四六―三四八頁）；高山『中世地中海世界とシチリア王国』三〇九頁。Cf. Gabrieli, “La politique arabe,” p. 90.
（89）高山『中世地中海世界とシチリア王国』三〇五―三一五頁、Ibn Jubayr, *Riḥla*, pp. 340–341（イブン・ジュバイル『旅行記』三四六頁）. Cf. Gabrieli, “La politique arabe,” p. 92.
（90）Gabrieli, “La politique arabe,” p. 86.
（91）Jean-Marie Martin, “Le colonie sarrasine de Lucera et son environnement. Quelque réflexions,” *Mediterraneo Medievale. Scritti in onore di Francesco Giunta* (Soveria Mannelli, 1989); Abulafia, “The End of Muslim Sicily”; David Abulafia, “Monarchs and Minorities in the Christian Western Mediterranean around 1300: Lucera and its Analogues,” *Christendom and Its Discontents: Exclusion, Persecution, and Rebellion, 1000–1500*, eds. Scott Waugh and Peter Diehl (Cambridge, 1996), pp. 234–263. Taylor, *Muslims in Medieval Italy*.
（92）Henry Kamen, *The Rise of Toleration* (London, 1967)（H・カメン著／成瀬治訳『寛容思想の系譜』平凡社、一九七〇年）。ヨーロッパにおける寛容思想を長いタイム・スパンで考察した最近の研究には、以下のものがある。Cary J. Nederman, *Worlds of Difference: European Discourses of Toleration, c.1100–c.1550* (University Park, 2000); Perez Zagorin, *How the Idea of Toleration Came to the West* (Princeton, 2003).

(93)　中世スペイン、シチリアを含む中世ヨーロッパの「寛容」の問題を考察した最新の研究には、Glenn W. Olsen, "The Middle Ages in the History of Tokeration: A Prolegomena," *Mediterranean Studies*, vol. 16 (2007), pp. 1–20がある。また、中世スペインの宗教的寛容、異宗教併存の問題を扱った最新の研究には、Maya Soifer, "Beyond *convivencia*: Critical Reflections on the Historiography of Interfaith Relations in Christian Spain," *Journal of Medieval Iberian Studies*, vol. 1 (2009), pp. 19–35がある。

(94)　Takayama, "Central Power and Multi-Cultural Elements." Takayama, "Confrontation of Powers."

〔付記〕　ノルマン・シチリア王国における「宗教的寛容」の問題は、深沢克己・高山博編『信仰と他者』(東京大学出版会、二〇〇六年)の第二章「中世シチリアの権力構造 —— 異文化集団の共存と対立」(七三—一〇七頁)と「あとがき」(三二七—三二九頁)でも論じたが、本章では、その考察をさらに進めるために、ノルマン人君主とアラブ人との関係が政治的環境の変化に応じてどのように変化したかに焦点をあてる。

第十一章　フレデリクス二世の十字軍
――キリスト教徒とイスラム教徒の外交の一例

血で血を洗う十字軍の歴史の中で、唯一、一度の戦闘を交えることもなく、エジプトのスルタンとの交渉だけでイェルサレム回復に成功した十字軍がある。神聖ローマ皇帝フレデリクス二世の第五回十字軍である。一二二八年九月七日、シリアのアッコ（アッカー、エイカー、アッコン、アクレ）に上陸したフレデリクス二世は、当地の十字軍士たちに歓呼の声で迎えられたが、彼らの期待に反して、イスラム教徒（ムスリム）への攻撃を開始することもなく、イェルサレム奪回のためにエジプトのスルタンであるカーミル（al-Kāmil）との交渉を始めた。そして、五ヵ月後の一二二九年二月十一日、このカーミルとの間に、イェルサレムを受け取るための条約を締結した。こうして、一滴の血を流すこともなく、イェルサレムがキリスト教徒の手に移されたのである。

西ヨーロッパの多くの老若男女が強い十字軍熱にうかされて聖地で殉教することを求め、諸侯・騎士の多くが異教徒との戦いで武勲の誉れを勝ち取ろうとしていた時に、フレデリクス二世は、なぜ異教徒と戦わず、交渉する道を選んだのか。また、ヨーロッパのキリスト教徒とは言語・宗教・文化をまったく異にするスルタン・カーミルとどうして交渉することができたのか。

本章では、フレデリクス二世とカーミルの外交関係に焦点をあて、両者の間を行き交っていた外交使節を詳細に検討する。フレデリクス二世の十字軍に関するこれまでの研究は、フレデリクス二世の状況の変化、とりわけ、教皇、ドイツと南イタリアの諸侯たち、レバントの十字軍士や高位聖職者たちとの関係に関わる状況の変化を強調してきたので、本章はこの十字軍の別の側面に新たな光を当てることができるのではないかと思う。

人々の宗教的熱情や教皇のイデオロギーによって強い影響を受けるキリスト教世界の政治的環境を無視することはできないが、フレデリクス二世の十字軍は、彼のムスリム君主との長期にわたる外交関係を知ることなしに十分理解することはできない。フレデリクス二世の十字軍は厳しい交渉によって特徴づけられるが、十字軍の歴史の中の一つの挿話というよりも、むしろ彼とイスラム君主との長期にわたる外交関係の一場面なのである。

フレデリクス二世と中東の君主との外交関係はこれまであまり注目されてこなかった。フレデリクス二世や十字軍を扱った研究の中には、彼の外交使節に言及したものもあるが、ほとんどエピソードの域を出ていない。その例外は、一八五四―七二年に刊行されたシチリアのムスリムに関するミケーレ・アマーリの優れた書物の中の部分的記述と一九〇二年に刊行されたエドガール・ブロシェの論文だが、後者は、わずかなアラビア語史料、とりわけ、マクリージー（al-Maqrīzī †1442）の年代記を利用して書かれた粗い素描にすぎず、きわめて不十分なものである。これまでの研究には使節派遣の年代についての混乱が見られ、また、依拠した史料に関する正確な情報が不足している。そのため、本章では、フレデリクス二世と中東の君主、とりわけ、エジプトのスルタン・カーミルとの外交関係を、現在利用できる史料を確認しながら、可能なかぎり正確に再構成したいと思う。

第一節　一二二〇年代前半までの外交使節の往来

フレデリクス二世の置かれた状況

フレデリクス二世と中東の君主との外交関係が、十字軍の動きやその他の政治的環境の変化、個人的事情の影響下にあったことは疑いない。彼は、一一九八年に三歳でシチリア王（在位一一九八―一二五〇年）、一二一二年に（一二一二五年に再度）ドイツ王、一二一〇年に神聖ローマ皇帝（在位一二一五―五〇年）として戴冠しているが、一二一三年四月、教皇インノケンティウス三世が新たな十字軍を派遣することを表明した時に、十字軍と深く関わる運命に置かれたとも言える。(3) インノケンティウス三世は、彼の未成年期の公式の庇護者であり、彼をドイツ王に推した人物だからである。実際、彼は、一二一五年にアーヘンでドイツ王としての戴冠式を行った時、「キリストのために十字架をとる」と宣言し、一二二〇年に神聖ローマ皇帝の冠を受けた時も、再度十字軍へ行くことを誓約している。(4)

しかし、フレデリクス二世が十字軍のためにイタリアを離れることはなかった。ただ、数ヵ月後に、尚書グアルテリウス・デ・パレアリア（Gualterius de Palearia）、アミーラトゥス（*amiratus*）のマルタ伯ヘンリクス、マレスカルクス（*marescalcus*）のアンセルムス・デ・ユスティンゲン（Anselmus de Justingen）指揮下の四〇隻以上の船を派遣している。(5) 一二二一年の春、バイエルン公ルドウィクス指揮下のドイツ軍がダミエッタに向けてターラントを出航した時、フレデリクス二世が十字軍のためにイタリアを離れることはなかった。

一二二三年三月、フェレンティーノでの教皇との会談で、フレデリクス二世は、イェルサレム王国女王イサベラ（ヨランダ †1228）との婚約とともに、一二二五年六月二十四日に十字軍に出立することを約束したが、準備が整った一二二四年にもその後にも出航していない。さらに、一二二五年七月の教皇ホノリウス三世との「サン・ジェルマーノ協定」で、一二二七年八月十五日に十字軍に出立することを再度約束したが、この約束も果たされることはなかった。(6)

一二二五年八月、フレデリクス二世は、アッコで、ヨハンネス・デ・ブリエンナとイェルサレム女王マリア（†1212）との唯一の子であるイェルサレム女王イサベラと、代理での結婚式を行った。その数日後、イサベラはティルス（スール、ティール）でイェルサレム女王として戴冠し、ノルマン・シチリア王国のブリンディジに向けて出航している。彼ら自身による結婚式は、彼女がイタリアに到着した後の一二二五年十一月九日、ブリンディジの大聖堂で挙行された。それ以後、フレデリクス二世はイェルサレム王の称号を帯びることになる。(7) この結婚が彼に、イェルサレムをムスリムの手から取り戻すために、十字軍へ出かける大きなインセンティブを与えたことは疑いないだろう。

一二二六／七年には、ファフル・アッディーン（Fakhr ad-Dīn）を代表とするエジプトのスルタン・カーミルからの使節がフレデリクス二世の宮廷に到着した。カーミルは、フレデリクス二世から軍事的援助を求めるためにこの使節を派遣したが、彼の遠征の見返りに聖地イェルサレムの割譲を提示していた。多くの歴史家は、この外交使節をフレデリクス二世が十字軍遠征を決意する重要な要因の一つとみなしてきた。研究者のなかには、この使節がフレデリクス二世とカーミルとの最初の接触だったと考えているように見える者たちもいる。しかし、この使節は二人の君主の間の最も早い使節というわけでも、最初の使節というわけでもない。

レバントのムスリム君主たちとの接触

イタリアの研究者アマーリは、フレデリクス二世がすでに一二一七年頃に、アイユーブ朝の君主たち、ムアッザム（al-Muʿaẓẓam）とカーミルに使節を送ったと考えている(8)。この時期、地中海東岸地方は、アイユーブ朝の複数の君主たちによって領有されていた。初代アイユーブ朝スルタンであるサラーフ・アッディーン（サラディン、Ṣalāḥ ad-Dīn）が一一九三年に没した後、エジプト、シリア、ジャジーラ（上メソポタミア）を含むその広大な領地は彼の血縁者の間で分割領有され、それぞれが独立の君主国を構成するようになっていたのである。これらのアイユーブ朝君主たちは同盟を結ぶこともあれば、対立して戦火を交えることもあったが、その中で、サラーフ・アッディーンの兄弟アーディル（al-ʿĀdil）が最も強力となり、一二〇〇年以後はスルタンの称号を帯び、副王（nāʾib）に任命した息子のカーミルとともにエジプトを支配するようになっていた。一二一八年にアーディルが没すると、カーミルがエジプトの単独の君主となり、スルタンの称号を帯びることになる。他方、アーディルの別の息子でカーミルの兄弟であるムアッザムは、一一九八年に父によりダマスカスの君主に据えられ、父アーディルの指導下でその領国を治めるようになっていた。一二一八年の父死後は、彼も名実ともに独立の君主となる(9)。

一二一七年にフレデリクス二世がムアッザムとカーミルへ使節を派遣したというアマーリの推測は、チェファル大聖堂の壁のモザイク画とそこに記されていたフレデリクス二世の言葉に基づいている。[10] このモザイク画は、今は失われて見ることができない。しかし、十七世紀のイタリア人歴史家R・ピッロの観察が、一六四一年に刊行された彼の書物の中に記されているのである。ピッロによれば、このモザイク画の中で、フレデリクス二世は、チェファル司教ヨハンネスに対して、バビロニアとダマスカスへ行き、パラディヌス（Paladinus）の息子たちを探し、彼らに自身の代理として話すようにと語りかけている。[11]

モザイク画の記述では、フレデリクス二世はチェファル司教ヨハンネスに対し、カイロ（バビロニア）とダマスカスへ行き、アーディルの息子たち（あるいは、サラーフ・アッディーンの甥たち）、つまり、カイロの支配者であるスルタン・カーミルとダマスカスの支配者であるムアッザムに話しかけなさいと述べているのである。[12] この情報は確かにフレデリクス二世がその治世の早い時期にムスリム君主たちと外交関係を有していたことを示唆している。今は失われた史料に基づくものであり、十分信頼できるものではないが、フレデリクス二世がかつてのシチリアのノルマン王たちと同じく、宮廷にイスラム教徒の役人、兵士、学者を抱え、イスラム教徒たちに囲まれた生活を送っていたことを考えれば、この時期両者の間に使節の往来があったとしても不思議はない。

第二節　一二二〇年代後半の外交使節の往来

実際、フレデリクス二世の宮廷へ到着した一二二六／七年のカーミルの使節以前にも、両者の間を行き交う使節があったことは、一般に『アレクサンドリア総主教の歴史』（*History of the Patriarchs of Alexandria*）として知られるアラビア語年代記 *Tārīkh Baṭārika al-Kanīsa al-Miṣrīya*（あるいは *Kitāb Sīar*（*Siyar*）*al-Abā'*）によって確認される。[13] この史料には、フレデリクス二世とカーミルとの間に三度の使節の往来があったことが記されているのである。一つ目は、ディオクレティアヌス暦九四四年の前のハーリジー年（*as-sana al-khārija/ as-sana al-kharājīya*）にエジプトに到着したフレデリクス二世からカーミルへの使節（*rasūl*）[14]、二つ目は、そのフレデリクス二世の使節のシチリアへの帰還とそれに同伴したカーミルからフレデリクス二世への使節、そして、三つ目は、ディオクレティアヌス暦九四四年（一二二七年八月三十日―一二二八年八月二十八日）にエジプトに帰還したカーミルの使節とそれに同伴してきたフレデリクス二世からカーミルへの新たな使節である。[15]

『アレクサンドリア総主教の歴史』に記されている最初の使節、つまり、フレデリクス二世からカーミルへ派遣された使節の詳細についてはわからない。しかし、この使節が送られたことは、ヌワイリー（Nuwayrī †1332）の年代記によって確認される。そこには、ヒジュラ暦六二四年（一二二六年十二月二十二日―一二二七年十二月十一日）、カーミルからフレデリクス二世への使節が派遣される前、皇帝の使節（*rasūl al-inbarūr*）がカーミルのもとへやってきたことが記されているからである。[16] つまり、カーミルからフレデリクス二世への使節は、一二二六／七年に唐突にやってきたのではなく、それ以前からあった使節の交換の流れの一環だったということである。

カーミルからフレデリクス二世への使節（一二二七年前半）

『アレクサンドリア総主教の歴史』に記されている二つ目の使節、つまり、一二二六／七年のカーミルからフレデリクス二世への使節は、ファフル・アッディーンの使節として研究者の間でよく知られたものである。しかしながら、その派遣時期や回数、具体的な交渉内容については研究者の間で見解が一致していない。たとえば、S・ランシマンはファフル・アッディーンを代表とする使節が二度送られたと考え、最初の回は一二二六年の秋、二度目はフレデリクス二世が十字軍に旅立つ（一二二八年六月二十八日）以前としている。[17] T・ヴァン・クリーヴも、ファフル・アッディーンがフレデリクス二世を、一二二六年と一二二七年秋の二度、訪ねたと考えている[18]。他方、T・マッドゥンとR・ハンフリーズはファフル・アッディーンが一二二六年にフレデリクス二世を訪ねたと主張し[19]、H・ゴトシャルクとW・ステュルナーはそれが一二二七年だったと考えている[20]。

このカーミルからフレデリクス二世への使節は、多くのアラビア語史料で言及されているから、この使節が送られたことに疑いの余地はない。また、この時、カーミルの使節代表としてフレデリクス二世の宮廷へ送られたのがファフル・アッディーン（al-Amīr Fakhr ad-Dīn Yūsuf）であったことも確かである。彼の名前が、同時代あるいは後代の年代記作家イブン・ワーシル（Ibn Wāṣil †1298）[21]、アブー・アルフィダー（Abū al-Fidā' †1331）[22]、マクリージーの年代記[23]、さらにアイニー（'Aynī †1451）の『年代記集成』（*'Iqd al-Jumān*）に収録されているバイバルス・アルマンスーリー（Baybars al-Manṣūrī †1325）の記述など[24]、様々なアラビア語史料で、具体的に言及されているからである。

では、派遣の回数とその時期については、どのように考えればよいのだろうか。イブン・ワーシル[25]とマクリージー[26]はカーミルの使節派遣の年としてヒジュラ暦六二四年を挙げている。この使節に関するバイバルス・アルマンスーリーの記述は、アイニーの『年代記集成』では、同じ六二四年の節に引用されている[27]。また、マキーン（Makīn †1273）[28]とイブン・ハルドゥーン（Ibn Khaldūn †1406）[29]は、カーミルの使節派遣については言及していないが、同じ六二四年に、彼がフレデリクス二世に救援を求める手紙を書いたと記している[30]。

ヒジュラ暦六二四年（一二二六年十二月二十二日―一二二七年十二月十一日）は、西暦一二二六年と十日間（十二月二十二―三十一日）しか重ならないので、カーミルの使節がエジプトを出航してイタリアへ到着したのはほぼ間違いなく一二二七年だったということになる。また、後に述べるように、ファフル・アッディーンは一二二七年八月三十日と十一月九―十二日の間のどこかで（おそらくは九月か十月）、エジプトへ帰国している。船旅と南イタリア滞在の日数を考慮すれば、カーミルがファフル・アッディーンをフレデリクス二世のもとへ送り出したのは、ゴトシャルクやステュルナーの示す一二二七年前半と考えるのが妥当だろう(31)。

また、ランシマンやヴァン・クリーヴのように、ファフル・アッディーンが二度、フレデリクス二世のもとに派遣されたと考えることはできない。この二人の研究者が二度目の派遣を指しているとみなしたバイバルス・アルマンスーリーの記述は、新しい外交使節に言及しているのではなく、一二二七年前半に送られた同じ使節に言及したものにすぎないからである。ランシマンとヴァン・クリーヴがバイバルス・アルマンスーリーの記述を見出した『年代記集成』は、一人の著者によって書かれた年代記ではなく、アイニーによってヒジュラ暦八三二年（一四二八年十月十一日―一四二九年九月二十九日）に編纂された、いわば異なる著者によって書かれた年代記の寄せ集めである。その内容が厳密に時代順に配置されているわけではないことも指摘しておくべきだろう(32)。

年代記作家マクリージーは、カーミルがフレデリクス二世へ使節を派遣した経緯を次のように説明している。

> ヒジュラ暦六二四年（一二二六年十二月二十二日―一二二七年十二月十一日）、カーミルとその二人の兄弟ムアッザム、アシュラフ（al-Ashraf）との間で不和が生じた。ムアッザムの復讐を恐れたカーミルは、フワーリズミ（ホラズム）のスルタン、ジャラール・アッディーン（Jalāl ad-Dīn）との戦いの準備をして、フランク人たちの王（*malik al-Firanj*）のもとへファフル・アッディーンを送り、承諾するならイスラム教徒たちが支配する海岸地方の領地を与えるという条件で、アッコへ来てくれるよう頼んだ。そこで、フランク人の王である皇帝（*al-Inbiraṭūr malik al-Firanj*）は、シリアの海岸へ来る準備を始めたという(33)。

このように、マクリージーは、カーミルがフレデリクス二世に使節を派遣した理由は、弟のムアッザムとフワーリズミのスルタンであるジャラール・アッディーンとの同盟に脅威を感じ、フレデリクス二世に軍事的援助を求めるためだったと信じている。このマクリージーの見解は、他の多くのアラビア語年代記作家たちと共有されている。イブン・ワーシル[34]、バイバルス・アルマンスーリー[35]は、マクリージーと同じように、カーミルはフレデリクス二世（*al-Inbiraṭūr Furīdirīk*）に軍事的援助を求めるために、ファフル・アッディーンを派遣したと記している。マキーン[36]、ヌワイリー[37]、イブン・ハルドゥーン[38]は、ファフル・アッディーンの派遣には言及していないが、カーミルが、ジャラール・アッディーンと結びついたアル・ムアッザムの動きを警戒して、フランク人の王である皇帝、つまり、フレデリクス二世に救援を求める手紙を書いたと記している。さらに、アブー・アルフィダーは、六二四年の記述ではカーミルが皇帝にアッコへ来るよう頼むための手紙を書いたと記し、六二五年の記述では皇帝がシリアへ来るよう促すためにファフル・アッディーンを派遣したと記している[39]。また、より重要なことには、マクリージーがカーミルは救援の見返りとしてフレデリクス二世に海岸地方の領地を与えるという条件を提示したと報告しているのに対し、マキーン[40]、イブン・ワーシル[41]、アブー・アルフィダー[42]、イブン・ハルドゥーン[43]は、救援の見返りに提供されたものとして、より具体的なイェルサレム（*al-Bayt al-Maqdis, al-Quds*）に言及している。

同時代の年代記作家マキーンによれば、カーミルがフレデリクス二世に救援を求めたことを知ったムアッザムは、スルタン・ジャラール・アッディーンに書簡を送って自分の兄弟カーミルに対抗するための救援を求め、自分の国ではジャラール・アッディーンの名でフトバ（金曜礼拝や二大祭礼拝の前の説教）を行わせ、ジャラール・アッディーンの名の入った貨幣を造らせることを約束した。ジャラール・アッディーンは、ムアッザムの申し出を受け入れ、彼に豪華な衣装（*khil'a*）を送り、ムアッザムはそれを着てダマスカスの町を歩いたという。そして、カーミルの名でのフトバをやめさせた。それを知ったカーミルはエジプトから軍隊を率いて進軍し、ラマダーン月（一二二七年八月十五日—九月十三日）にはバルバイス（Balbays）に駐留している[44]。

フレデリクス二世からカーミルへの使節（一二二七年後半）

『アレクサンドリア総主教の歴史』に記されている三つ目の外交使節、つまり、帰還するファフル・アッディーンの使節とともにカーミルのもとへやってきたフレデリクス二世の新たな使節がエジプトへ到着したのは、ディオクレティアヌス暦九四四年（一二二七年八月三十日―一二二八年八月二十八日）であった。このフレデリクス二世の新たな使節はマクリージーによっても言及されている。マクリージーは、ヒジュラ暦六二四年（一二二六年十二月二十二日―一二二七年十二月十一日）に、フレデリクス二世の使節が、豪華な贈り物やめずらしい贈り物を携えて、カーミルのもとにやってきたと記している。[45]

『アレクサンドリア総主教の歴史』に記されているディオクレティアヌス暦九四四年とマクリージーが記しているヒジュラ暦六二四年を考慮すれば、この使節の到着は、一二二七年八月三十日と十二月十一日の間ということになる。さらに、後に述べるように、この時同伴してきたフレデリクス二世の使節がムアッザムと会見を行ったことを考えれば、この使節のエジプトへの到着日はムアッザムの死亡日（一二二七年十一月九日あるいは十二日）以前、おそらくは九月か十月だったと考えられる。[46]フレデリクス二世がその代理としてシリアに派遣したアチェッラ伯トマスがイタリアを離れたのは同年の七月だから、両者の出航がほぼ同時期だったということも考えられる。[47]

マクリージーによれば、フレデリクス二世の使節が持参したカーミルへの贈り物のなかには、少なからぬ数の馬が含まれていた。そのうちの一頭は高価な宝石で飾られた金のあぶみをもつ王自身の駿馬だったという。[48]『アレクサンドリア総主教の歴史』には、カーミルへの贈り物として、馬（*khail*）、織物（*qumāsh*）、装身具（*maṣagh*）、鷹（*jawāriḥ*）が記されている。[49]十三世紀のアラビア語年代記作家アブー・アルファダーイル（Abū al-Faḍāyl）が書いた年代記（*Tārīkh Manṣūrī*）には、当時カーミルの宮廷を訪れていたカマール・アッディーン（Kamāl ad-Dīn）という人物が、馬や言葉で言い表せないすばらしい贈り物を携えた皇帝の使節の到着について語ったこと、スルタンが皇帝の馬（*faras al-*

imbiraṭūr）をアレッポの君主ザーヒル（al-Malik aẓ-Ẓāhir）の息子に贈ったことが記されている。(50)

カーミルは、フレデリクス二世の使節のアレクサンドリアからカイロまでの旅費を負担するだけでなく、自ら迎えに行き、手厚く歓迎し、宰相サフィー・アッディーン（Wazīr Ṣafī ad-Dīn b. Shakir）の家を宿泊場所として提供した。(51)そして、フレデリクス二世に、お返しとして豪華な贈り物をすることにした。その中には、インド、イエメン、イラク、エジプト、ペルシアの品々が含まれていたという。(52)このフレデリクス二世の使節には、パレルモ大司教ベラルドゥス（Berardus）が含まれていた。この使節にアチェッラ伯トマス（Thomas）が含まれていたと考える研究者もいるが、それを示す史料を見つけることはできなかった。(53)サン・ジェルマーノのリカルドゥス（Ryccardus）の年代記は、一二二七年七月に皇帝がアチェッラ伯トマスをシリアに送ったということを記しているだけである。(54)

フレデリクス二世の使節は、その後、カイロからダマスカスへと旅を続け、ムアッザムとの会見を行った。アブー・シャーマ（Abū Shāma †1267）、アブー・アルファダーイル、シブト・イブン・アルジャウジー（Sibṭ Ibn al-Jawzī †1257）、サファディー（aṣ-Ṣafadī †1363）、イブン・カシール（Ibn Kathīr †1373）が、この会見に言及している。アブー・アルファダーイルによれば、この使節代表はアッコの皇帝代理（*nā'ib-hu bi-'Akkā*）、つまり、アチェッラ伯トマスであり、この使節はシリアの海岸部を要求するためにすでにカーミルと会っていた。(55)この情報が、おそらく、フレデリクス二世からカーミルへの使節にパレルモ大司教ベラルドゥスだけでなくアチェッラ伯トマスも含まれていたと考える研究者たちの根拠だと思われる。しかしながら、アチェッラ伯トマスが最初から外交使節に含まれていたのか、それとも、外交使節が中東に到着した後現地で合流したのかはわからない。(56)

同時代の年代記作家シブト・イブン・アルジャウジーとアブー・シャーマ(57)の記述によれば、皇帝の使節（*rasūl al-imbarāṭūr*）は、カーミルと会談した後、ムアッザムと面会し、彼にその叔父サラーフ・アッディーンが征服した領土を要求した。それに対し、ムアッザムは「お前の主人に伝えよ。私は他の者たちとは違う。彼には剣以外に与えるものはない」と厳しい言葉を返したという。イブン・カシールの記述にも、[58] サファディーにも、ほぼ同じ内容が記されている。サファディーは、この内容に続けてムアッザムがシャッワール（Shawwāl）月の中旬にナーブルス（Nāblus）へ部隊を派遣したこと、その後病気で死亡したことを記している。[59]

このように、フレデリクス二世からカーミルへの使節は、一二二七年の九月もしくは十月頃にエジプトへ到着し、アチェッラ伯トマスを加えて、最初はカーミルと、次いでムアッザムと会見し、サラーフ・アッディーンが征服した土地をフレデリクス二世に渡すよう交渉している。翌年にフレデリクス二世が十字軍の遠征でシリアに到着した後再度交渉を始めるわけだから、この交渉が不調に終わったことは明らかである。なお、使節としてやってきたパレルモ大司教ベラルドゥスは、一二二八年一月にシチリア王国へ戻り、カーミルから預かった象一頭とラバ数頭、他の高価な贈り物を皇帝に渡している。[60]

第三節　十字軍での交渉

十字軍遠征

このフレデリクス二世からカーミルへの使節が、エジプトへ向かってイタリアを出航した頃、フレデリクス二世自らは十字軍へ旅立つ準備を進めていた。彼は、一二二七年八月十五日に十字軍へ出発するというサン・ジェルマーノの誓約を履行しようとしていたように見える。一二二七年の夏、南イタリアのブリンディジに十字軍兵士が集結し、主要艦隊は八月半ばまでに東方へ向けて出航した。フレデリクス二世も九月八日に後に続いたが、途中で重い病に倒れ、彼の十字軍遠征は再度中止となった。

教皇ホノリウス三世の後を継いで教皇となっていたグレゴリウス九世は、フレデリクス二世の繰り返される十字軍の延期に怒り、九月二十九日、十字軍の約束不履行を理由に、フレデリクス二世の破門を宣言した。

同年十一月九日（あるいは十二日）、シリアでは、カーミルの兄弟で彼と対立していたダマスカスの君主ムアッザムが死去した[61]。フレデリクス二世の使節代表アチェッラ伯トマスがムアッザムと領地の割譲を要求する会談を行ってからわずか一、二ヵ月後のことである。十二歳の息子ナーシル（an-Nāṣir）がムアッザムの後を継いだが、実際の統治はムアッザムに仕えていたイッズ・アッディーン・アターバク（'Izz ad-Dīn Atābak）に委ねられた[62]。ナーシルはカーミルへの服従の意を示し、カーミルの名でフトバを行わせた[63]。自らの上位の権威としてカーミルを公式に認めたのである。こうして、ムアッザムの死は、カーミルにとってのフレデリクス二世の軍事援助の重要性を大きく低下させたことになる。

ムアッザム死去の知らせは、翌一二二八年の三月、シリアにいたアチェッラ伯トマスの手紙により、バルレッタ滞在中のフレデリクス二世のもとに届いた[64]。同年四月二十六日には、妻のイェルサレム女王イサベラがコンラドゥスを産んだが、その十日後にイサベラ自身が他界した[65]。

このような状況の中で、一二二八年六月二十八日、フレデリクス二世は十字軍を率いてイタリアを出航したのである。彼の船は、コルフ（ケルキラ）島、ケファァレーニア島、クレタ島、ロドス島を経由して、七月二十一日にキプロス島に到着した。

ちょうどその頃、カーミルはエジプトからシリアに進軍し、ナーブルスを占領して、そこにあるムアッザムの宮殿を自らの宿営場所としていた[66]。同時代のラテン語年代記作家ロゲリウス・デ・ウェンドウェル（Rogerius de Wendover †1236）は、その『歴史の花々（*Flores Historiarum*）』の中で、次のように記している。

皇帝がシリアに到着したことを知ると、バビロニアのスルタン（カーミル）は、多くの高価な贈り物、つまり、金や銀、絹や宝石、ラクダや象、熊や猿、そして、その他西の地方では手にすることのできない素晴らしいものを彼に送った。(67)

アラビア語年代記『アレクサンドリア総主教の歴史』には、これとわずかに違う内容のことが記されている。つまり、スルタン・カーミルは、ナーブルスにいた時、皇帝に贈り物として、馬（*ḥujūra*）、ラバ（*bighāl*）、ヒトコブラクダ（*hujun*）、フタコブラクダ（*najābī*）、織物（*aqmisha*）などを贈り、タッル・アルアジュール（Tall al-ʻAjūl）に移った後、一頭の象（*fīl*）を贈ったというのである。(68) カーミルは、フレデリクス二世がアッコに到着してしばらくした後、ナーブルスからエジプトに近いガザ近郊のタッル・アルアジュールへ宿営地を移している。(69)

フレデリクス二世の使節

フレデリクス二世も、アッコに到着するとすぐにカーミルへ使節を送り、イェルサレムを手に入れるための交渉を始めた。このことは多くのアラビア語史料に記されている。(70) この交渉は、前年に彼の代理であるアチェッラ伯トマスを通して行っていた交渉の続きだったと考えられる。実際、その交渉で中心的役割を果たしたのは、フレデリクス二世側がアチェッラ伯トマスであり、カーミル側がフレデリクス二世の宮廷に派遣されていたファフル・アッディーンだったのである。『アレクサンドリア総主教の歴史』によれば、フレデリクス二世は、アッコからカーミルのもとへ、貴重な贈り物をもち大勢の随行員を連れた外交使節を送り出した。その使節には、二人の高位の者たち、シドン（サイダ、サイダー）の君主（*ṣāḥib*）（つまり、バリアヌス）とアッコにおける皇帝の代理（*nāʼib al-malik*）であるアチェッラ伯トマス（*al-Kund Tumās*）が含まれていた。スルタンは彼らを丁重に迎えたという。(71) フレデリクス二世の使節として、この二人の名前は、アブー・アルファダーイルの年代記でも言及されている。この年（六二五年）のズー・アルカーダ（Dhū al-Qaʿda）月の初旬、つまり、一二二八年十月二日—十一日に、皇帝の使節である伯トマスが、サイダの君主バリアヌスとともにカーミルの宿営地に到着したと記されているのである。[72] その後、タッル・アルアジュールのカーミルとアッコのフレデリクス二世との間で、何度も使節が行き交うことになる。[73]

他方、カーミルの代理は、かつてフレデリクス二世の宮廷を訪れ、フレデリクス二世との友好を深めていたファフル・アッディーンであった。[74] 彼には、サラーフ・アッディーン（Ṣalāḥ ad-Dīn al-Irbilī［Arbalī］）とシャムス・アッディーン（Shams ad-Dīn）の二人の助手がいた。同時代の年代記作家マキーンは、ファフル・アッディーンは皇帝のもとへ一人で行くこともあれば、サラーフ・アッディーン（Ṣalāḥ al-Irbilī）と連れだっていくこともあったと記し、[75] アブー・アルファダーイルは、カーミルの使節としてファフル・アッディーン、エジプトの軍隊のカーディー（qāḍī）（つまり、シャムス・アッディーン）、サラーフ・アッディーン（Ṣalāḥ ad-Dīn al-Irbilī）に言及し、後の時代の年代記作家マクリージーは、ファフル・アッディーンと軍隊のカーディーであるシャムス・アッディーンがヒジュラ暦六二六年（一二二八年十一月三十日—一二二九年十一月十九日）に以前より頻繁にカーミルとフレデリクス二世の間を行き来していたと記している。[77]

フレデリクス二世は、ファフル・アッディーンとの困難な交渉を続ける一方で、哲学や幾何学や数学の複雑な問題をカーミルに送り、カーミルはこれらの問題を学者たちに解かせて、解答を送り返してきていた。アブー・アルファダーイルの年代記には、フレデリクス二世が優れた天文学者との面会を設定してくれるようカーミルに頼んだので、その分野の学識が深いアラム・カイサル（al-ʿAlam Qayṣar）が彼のもとに派遣されたと記されている。[78] 同じく同時代の年代記作家であるイブン・ワーシルによれば、皇帝が、カーミルの宮廷に学識の深い人がいるかどうかを試すために、彼に様々な分野の難問を送ると、スルタンは数学の問題をアラム・アッディーン・カイサル（Shaykh ʿAlam ad-Dīn Qayṣar）に、残りの問題を別の学者たちに渡し、彼らはそれらすべての問題に解答したという。[79] 同様の記述はマクリージーの年代記にもみられる(80)。

一二二九年二月十一日、フレデリクス二世とカーミルはついに、カーミルがフレデリクス二世に、いくつかの条件付きではあるが、イェルサレムを明け渡すという合意（ヤッファ協定）に達した(81)。彼らは、ラビー・アルアッワル月の二十八日（一二二九年二月二十四日）から始まる十年五カ月四十日間の平和協定を結んだ(82)。このヤッファ協定により、イェルサレムとともに、ナザレト（ナザレ、アン・ナースィラ）、ベツレヘム（バイト・ラフム、ベース・レヘム）が、皇帝の統治下に置かれ、この聖都の内部にあるイスラム教徒の聖所、すなわち、岩のドームとアクサー・モスク（Masjid al-Aqṣā）を含むハラム・アッシャリーフ区（al-Ḥaram ash-Sharīf）は、イスラム教徒の管理下にとどめられた。この協定は、また、イスラム教徒がこの場所に自由に出入りし礼拝を行うことを認めた。また、フレデリクス二世は、いかなる状況になってもカーミルを攻撃しないこと、彼を攻撃するキリスト教徒を援助しないこと、彼の支配下にある土地を守ることを約束した(83)。一二二九年三月十七日、フレデリクス二世は、カーミルが派遣してきた案内役、ナーブルスのカーディーであるシャムス・アッディーンとともに、イェルサレムに入城した(84)。そして、その翌日、聖墳墓教会を訪れ、戴冠を行ったのである(85)。

このフレデリクス二世とカーミルとの長い交渉、つまり、イェルサレムの移譲を含む平和条約締結に至る交渉は、フレデリクス二世の十字軍出発よりずっと以前に始まっていた両者の長期にわたる外交関係の一部として理解されるべきだろう。

第四節　十字軍以後の外交使節

カーミルとのその後の関係

フレデリクス二世は、一二二九年五月一日、アッコを出航し、六月十日にブリンディジに到着した。教皇グレゴリウス九世が彼のアッコ出発を聞いたのは、その一ヵ月後のことだったという。イタリアへ帰還したフレデリクス二世は、彼の領土に侵攻していた教皇軍を撃退し、その講和条約で教皇による破門を解かれた[86]。その後、一二五〇年に他界するまで、彼が再び聖地を踏むことはなかった。

しかしながら、フレデリクス二世は、イタリアに戻った後も、ファフル・アッディーン、および、カーミルとの親密な友情関係を維持し、彼らとの書簡の交換を続けた[87]。ヒジュラ暦六二七年（一二二九年十一月二十日―一二三〇年十一月八日）には、フレデリクス二世の使節が、ファフル・アッディーンへのアラビア語の手紙を携えて、アイユーブ朝支配下のハッラーンに到着したが、その手紙のうちの二通が今日まで残存している。この手紙の中で、フレデリクス二世は、彼の王国に生じたこと、つまり、教皇軍の侵攻と彼の反撃の成功などを説明した後、ファフル・アッディーンが自分に頻繁に手紙を書いてくれることを望むと記している[88]。ヒジュラ暦六三〇年（一二三二年十月十八日―一二三三年十月六日）、カーミルは、協約を確認し誓約を受け取るためにサラーフ・アッディーン（Ṣalāḥ ad-Dīn）をフレデリクス二世のもとへ派遣したが、この時フレデリクス二世は二つの詩をカーミルのために書いている[89]。同年には、フレデリクス二世からカーミルへの使節ライムンドゥスも鳥とシロハヤブサ（*sunqur*）を携えてエジプトへ到着した[90]。ヒジュラ暦六三一年（一二三三年十月七日―一二三四年九月二十五日）には、フレデリクス二世は様々な贈り物を携えた別の使節をエジプトに派遣したが、その贈り物の中には白クマと白孔雀が含まれていたという[91]。同時代の年代記作家イブン・ワーシルは、「皇帝はカーミルの誠実で愛情深い友人であり、カーミルが亡くなるときまで書簡を取り交わしていた」と記している。

カーミルの後継者たちとの関係

カーミルは、ヒジュラ暦六三五年ラジャブ月二十三日（一二三八年三月九日）金曜日に他界し[92]、その息子アーディル（al-ʻĀdil †1240）が後を継いだ。イブン・ワーシルは、フレデリクス二世はこのアーディルとも誠実で愛情のこもった関係にあり、書簡の交換を続けたと記している[93]。カーミルが死去した翌年の一二三九年十二月、ムアッザムの息子ナーシルが、イェルサレムを占領した[94]。それは、フレデリクス二世とカーミルとの休戦協定が失効して約三ヵ月後のことだった。

アーディルが一二四〇年に死亡すると、その兄弟サリーフ（aṣ-Ṣāliḥ †1249）が後を継いだ。フレデリクス二世はこのサリーフとも使節の交換を続けている[95]。サリーフは小アジアのカーディーだったシャイフ・シラージュ・アッディーン・ウルマウィ（Sirāj ad-Dīn Urmawi）をフレデリクス二世のもとに派遣した。この男はフレデリクス二世から名誉をもって迎えられ、彼のために本を書いたという[96]。さらに、ヒジュラ暦六四七年（一二四九年四月十六日—一二五〇年四月四日）、フレデリクス二世は、フランス王ルイ九世がエジプト攻撃を決心したということを伝えるために、サリーフのもとに商人に変装した密使を送った[97]。

フレデリクス二世の死とその後継者たち

フレデリクス二世は、一二五〇年十二月二十六日に満五十六歳の誕生日を迎える直前の十三日、ルチェーラ近郊のカステル・フィオレンティーノ（Castel Fiorentino）で五十五歳の生涯を閉じた。彼の死後、シチリア王位は息子のコンラドゥス（王在位一二五〇—五四年）、孫のコンラディヌス（王在位一二五四—五八年）によって順次継承されたが、実質的な王国統治は、彼らの代理あるいは摂政として、庶子の息子マンフレドゥス（王在位一二五八—六六年）によって行われた。一二五八年のコンラディヌス死後はマンフレドゥス自身が王位を継承している。このマンフレドゥスも、フレデリクス二世と同じように、エジプトの君主バイバルスとの間で使節の交換を行った。ヒジュラ暦六五九年のラマダン月（一二六一年八月）、バイバルスは、彼の使節としてイブン・ワーシルをマンフレドゥスのもとに派遣した。[98] そして、ヒジュラ暦六六〇年のシャーバーン月（一二六二年七月）には、マンフレドゥスのもとに派遣されていた使節が彼の手紙と贈り物を持ってエジプトへ帰還した。[99] イブン・ワーシルは、シチリアの君主たちがムスリムを厚遇していたので、教皇からひどく嫌われていたこと、マンフレドゥスが学問に優れ、「知の館（*dār ʻilm*）」を建設しはじめたことに感銘を受けたことを記している。[100]

フレデリクス二世の評価

フレデリクス二世は、アラビア語の年代記では、時にその名前フレデリクス（Furidirik）を伴うこともあるが、通常は皇帝（*inbarūr, inbiraṭūr*）とのみ言及されており、学問や自然科学を愛し、ムスリムに好意を示す、知的で思慮深い君主として描かれている。[101] イブン・ワーシルは、フレデリクス二世が知恵と論理と医学を愛し、ムスリムたちに好意をもっていたと記し、[102] マクリージーは、フレデリクス二世が幾何学、算術、数学に深い関心をもっていたと記している。[103]

別のアラビア語年代記作家イブン・アルフラート（Ibn al-Furāt †1405）は、ヒジュラ暦六四四年（一二四六―四七年）に生じた教皇インノケンティウス四世信奉者たちによるフレデリクス二世暗殺未遂事件を伝える中で、教皇が、フレデリクス二世はキリスト教を棄て、ムスリムたちを厚遇していると断言していたと記している。[104] また、同じイブン・アルフラートは、六四八年（一二五〇年四月五日―一二五一年三月二十六日）のフレデリクス二世の死を伝える中で、彼が「隠れムスリム（*muslim fī al-bāṭin*）」と言われていたことを記している。[105]

おわりに

本章では、フレデリクス二世と中東の君主、とりわけ、エジプトのスルタン、カーミルとの外交関係を、現在利用できる史料に基づいて、再構成した。これまでの研究は限られたアラビア語史料にしか言及していないように思われるため、フレデリクス二世とムスリム君主との外交使節に関する情報が得られるアラビア語史料で、私自身確認できたものはすべて、できるだけ正確に言及したつもりである。

この研究が示すように、カーミルとの平和条約締結に至るフレデリクス二世の十字軍は、彼の十字軍出発よりずっと以前から始まっていた彼らの長期にわたる外交関係の中の一場面にすぎない。フレデリクス二世の十字軍を、十字軍研究史の通常の文脈とは異なる文脈、つまり、エジプトのスルタンとの外交関係という文脈の中に置くことは、当時の地中海世界で実際に生じていた現実を見通すための新たな視点を提供し、また、フレデリクス二世の十字軍の背後にある動機へのより深い洞察を可能にするのだと思う。

（1）Michele Amari, *Storia dei Musulmani di Sicilia*, a cura di Carlo A. Nallino, 3 vols.（Catania, 1937）, vol. 3, pp. 634–670.

（2）Edgar Blochet, "Les relations diplomatiques des Hohenstaufen avec les sultans d'Égypte," *Revue historique*, vol. 80（1902）, pp. 51–64.

（3）*Patrologia Latina*, ed. J. P. Migne, 217 vols. (Paris, 1844–55) and 4 vols. indices（1862–65）, vol. 216, coll. 823–825; James M. Powel, *Anatomy of a Crusade 1213–1221*（Philadelphia, 1986）, p. 15.

（4）Thomas C. Van Cleve, "The Crusade of Frederick II," K. M. Setton, ed., *A History of the Crusades*, 6 vols.（Madison, 1969–89）, vol. 2, pp. 429–435.

（5）*Ryccardi de Sancto Germano notarii Chronica*, ed. C. A. Garufi（Bologna, 1937–38）, *Rerum italicarum scriptores*, t. 7, pt. 2, pp. 95–98. 一般に『アレクサンドリア総主教の歴史』として知られるアラビア語年代記には、ディオクレティアヌス暦九三八年（一二二一年八月二十九日—一二二二年八月二十八日）、四十五艘のガレー船からなる皇帝の艦隊がダミエッタを解放するためにエジプト沖へやってきたが、休戦が結ばれたことを知り、引き返して行ったと記されている。*Tārīkh Baṭārika al-Kanīsa al-Miṣrīya*（*History of the Patriarchs of the Egyptian Church*), vol. 4 in 2 parts: Cyril Ibn Laklak（Cairo, 1974）, p. 37（Eng. trans., vol. 4, p. 78. 英語訳のページ番号はアラビア語テキストとは独立してふられている）. *Kitāb Sīar*（*Siyar*）*al-Abā'*, in Michele Amari, ed. *Biblioteca arabo-sicula, testo arabo*（以下 Amari, *Biblioteca, testo arabo* と表記）（Leipzig, 1857）, p. 322; Michele Amari, ed. and trans., *Biblioteca arabo-sicula, versione italiana*（以下 Amari, *Biblioteca, versione italiana* と表記）, 2 vols.（Torino/ Roma, 1880–81）, vol. 1, p. 518.

（6）Thomas C. Van Cleve, "The Fifth Crusade," K. M. Setton, ed., *A History of the Crusades*, 6 vols.（Madison, 1969–89）, vol. 2, pp. 423–424; Van Cleve, "The Crusade of Frederick II," pp. 435–442.

（7）Van Cleve, "The Crusade of Frederick II," p. 442.

（8）Amari, *Storia dei Musulmani*, vol. 3, pp. 647, 648 note 1.

（9）アイユーブ朝については，以下を参照。R. S. Humphreys, *From Saladin to the Mongols*（Albany, N. Y., 1977）; Carole Hillenbrand, *The Crusades. Islamic Perspectives*（New York, 2000 / Edinburgh, 1999）, pp. 195–255.

（10）Amari, *Storia dei Musulmani*, vol. 3, pp. 647, 648 note 1.

（11）Rocco Pirro, *Sicilia sacra disquisitionibus et notitiis illustrata*, 2 vols., 3rd ed. A. Mongitore（Palermo, 1733［1st ed., 1641］）, p. 805: "Noster Joannes, ac Fridericus Imperator musivo opere in templi pariete hac inscriptione depicti visuntur. *Vade in Babyloniam*, dicit Fridericus Joanni, *et Damascum, et filios Paladini quaere, et verba mea audacter loquere, ut statum ipsius valeas melius reformare*."

（12）Amari, *Storia dei Musulmani*, vol. 3, p. 648 note 1.

（13）*Tārīkh Baṭārika*, vol. 4, p. 51（Eng. trans., vol. 4, p. 105）; *Kitāb Sīar al-Abā'*, in Amari, *Biblioteca, testo arabo*, p. 322（*Biblioteca, versione italiana*, vol. 1, p. 518）.

（14）アマーリはパリ写本の *as-sana al-kharāja* を *Biblioteca, testo arabo*（p. 322）では *as-sana al-kharājīya* と校訂し，*Biblioteca, versione italiana*（vol. 1, p. 518）ではイタリア語で *l'anno innanzi* と訳している。他方 *Tārīkh Baṭārika* の校訂者 Antoine Khater と O. H. E. KHS-Burmester は，この語句をアラビア語テキストでは *al-sana al-khārija* と校訂し，英語訳では Tax-Year をあてている。

（15）ディオクレティアヌス暦（Diocletian era / Era of Martyrs）については，以下を参照。V. Grumel, *La Chronologie*（Paris, 1958）, pp. 258, 304.

（16）Nuwayrī（Aḥmad b. 'Abd al-Wahhāb an-Nuwayrī）, *Nihāya al-Arab fī Funūn al-Adab*, 33 vols.（Cairo, 1923–）, vol. 29, p. 139.

（17）S. Runciman, *A History of the Crusades*, 3 vols.（Cambridge, 1951–54）, vol. 3, pp. 184–185.

（18）Van Cleve, "The Crusade of Frederick II," p. 449; Thomas C. Van Cleve, *The Emperor Frederick II of Hohenstaufen*（Oxford, 1972）, p. 203.

（19）Thomas F. Madden, *The New Concise History of the Crusades*, updated student edition（Lanham, Md., 2006［1st ed. 1999］）, p. 157; Humphreys, *From Saladin to the Mongols*, p. 184.

（20）H. L. Gottschalk, *Al-Malik al-Kāmil von Egypten und seine Zeit*（Wiesbaden, 1958）, p. 141; W. Stürner, *Friedrich II.*, 2 vols.（Darmstadt, 1992

–2000), p. 145.

(21) Ibn Wāṣil (Jalāl ad-Dīn Muḥammad Ibn Wāṣil), *Mufarrij al-Kurūb fī Akhbār Banī Ayyūb*, 5 vols. (Cairo, 1953–77), vol. 4, p. 206.

(22) Abū al-Fidā' ('Imād ad-Dīn Ismā'īl Abū al-Fidā'), *Kitāb al-Mukhtaṣar fī Akhbār al-Bashar*, 4 vols. (Cairo, 1325 H [1907]), vol. 3, p. 141 ; in *Recueil des historiens des croisades. Historiens orientaux* (以下、*RHC, Hist. orient.* と表記), 5 vols. (Paris, 1872–98), vol. 1, p. 103 ; Amari, *Biblioteca, testo arabo*, p. 418 (*Biblioteca, versione italiana*, vol. 2, p. 104).

(23) Maqrīzī (Taqī ad-Dīn Aḥmad al-Maqrīzī), *Kitāb as-Sulūk*, 4 vols. (Cairo, 1939–73), vol. 1, p. 259 ; Amari, *Biblioteca, testo arabo*, p. 518 (*Biblioteca, versione italiana*, vol. 2, p. 260).

(24) Baybars al-Manṣūrī, *Zubda al-Fikra*, quoted in 'Aynī (Badr ad-Dīn Maḥmūd b. Aḥmad al-'Aynī), *'Iqd al-Jumān fī Tārīkh Ahl az-Zamān*, in *RHC, Hist. orient.*, vol. 2–1, pp. 186–187 ; *Kitāb Jāmi' at-Tawārīkh*, in Amari, *Biblioteca, testo arabo*, p. 510 (*Biblioteca, versione italiana*, vol. 2, p. 246).

(25) Ibn Wāṣil, *Mufarrij*, vol. 4, pp. 206–207.

(26) Maqrīzī, *Kitāb as-Sulūk*, vol. 1, pp. 258–260 ; Amari, *Biblioteca, testo arabo*, p. 518 (*Biblioteca, versione italiana*, vol. 2, p. 260).

(27) Baybars al-Manṣūrī, *Zubda al-Fikra*, quoted in Aynī, *'Iqd al-Jumān*, in *RHC, Hist. orient.*, vol. 2–1, pp. 186–187 ; *Kitāb Jāmi' at-Tawārīkh*, in Amari, *Biblioteca, testo arabo*, p. 510 (*Biblioteca, versione italiana*, vol. 2, p. 246).

(28) Makīn (Al-Makīn Ibn al-'Amīd), *Akhbār al-Ayyūbīyīn*, ed. Claude Cahen, in "La chronique des Ayyoubides d'al-Makin ibn al-'Amid," *Bulletin d'études orientales*, vol. 15 (1955–57), p. 136 ; French trans., Anne-Marie Eddé & Françoise Michau, *Chronique des Ayyoubides : 602–658 (1205/6–1259/60)* (Paris, 1994), p. 38.

(29) Ibn Khaldūn ('Abd al-Raḥmān Ibn Khaldūn), *Kitāb al-'Ibar*, 7 vols. (Beirut, 1992), vol. 5, p. 418 ; Amari, *Appendice alla Biblioteca, testo arabo*, p. 10 (*Biblioteca, versione italiana*, vol. 2, p. 242).

(30) アイニーは、イブン・カシール（Ibn Kathīr † 1373 : Ismā'īl Ibn Kathīr al-Qurashī）から「カーミルはフランク人たちの王である皇帝に手紙を書いてアッコへ来るよう促した……」と引用しているが、イブン・カシールの *Al-Bidāya wa an-Nihāya* にこの文を見出すことはできなかった。Ibn Kathīr, *Al-Bidāya wa an-Nihāya*, 14 vols. in 7 (Beirut, 1966). 'Aynī, *'Iqd al-Jumān*, in *RHC, Hist. orient.*, vol. 2–1, p. 186 ; *Kitāb Jāmi' al-Tawārīkh*, in Amari, *Biblioteca, testo arabo*, p. 510 (*Biblioteca, versione italiana*, vol. 2, p. 245).

(31) Gottschalk, *At-Malik al-Kāmil*, p. 141 ; Stürner, *Friedrich II.*, p. 145.

(32) 'Aynī, *'Iqd al-Jumān*, in *RHC, Hist. orient.*, vol. 2–1, pp. 186–187 ; *Kitāb Jāmi' at-Tawārīkh*, in Amari, *Biblioteca, testo arabo*, p. 510 (*Biblioteca, versione italiana*, vol. 2, p. 246).

(33) Maqrīzī, *Kitāb as-Sulūk*, vol. 1, pp. 258–259 ; Amari, *Biblioteca, testo arabo*, p. 518 (*Biblioteca, versione italiana*, vol. 2, p. 260).

(34) Ibn Wāṣil, *Mufarrij*, vol. 4, p. 206.

（35） Baybars al-Manṣūrī, *Zubda al-Fikra*, quoted in ʻAynī, *ʻIqd al-Jumān*, in *RHC, Hist. orient.*, vol. 2–1, pp. 186–187; *Kitāb Jāmiʻ at-Tawārīkh,* in Amari, *Biblioteca, testo arabo*, p. 510（*Biblioteca, versione italiana*, vol. 2, p. 246）.

（36） Makīn, *Akhbār al-Ayyūbīyīn*（Cahen, "La chronique des Ayyoubides"）, p. 136; French trans., *Chronique des Ayyoubides*, p. 38.

（37） Nuwayrī, *Nihāya al-Arab*, vol. 23, p. 140; Amari, *Biblioteca, testo arabo*, p. 512（*Biblioteca, versione italiana*, vol. 2, p. 249）.

（38） Ibn Khaldūn, *Kitāb al-ʻIbar*, vol. 5, p. 418; Amari, *Appendice alla Biblioteca, testo arabo*, p. 10（*Biblioteca, versione italiana*, vol. 2, p. 242）.

（39） Abū al-Fidā', *Kitāb al-Mukhtaṣar*, vol. 3, pp. 137–138, 141; in *RHC, Hist. orient.*, vol. 1, pp. 102–103; Amari, *Biblioteca, testo arabo*, p. 418（*Biblioteca, versione italiana*, vol. 2, pp. 103–104）.

（40） Makīn, *Akhbār al-Ayyūbīyīn*（Cahen, "La chronique des Ayyoubides"）, p. 136; French trans., *Chronique des Ayyoubides*, p. 38.

（41） Ibn Wāṣil, *Mufarrij*, vol. 4, p. 206.

（42） Abū al-Fidā', *Kitāb al-Mukhtaṣar*, vol. 3, p. 138; in *RHC, Hist. orient.*, vol. 1, p. 102; Amari, *Biblioteca, testo arabo*, p. 418（*Biblioteca, versione italiana*, vol. 2, p. 103）.

（43） Ibn Khaldūn, *Kitāb al-ʻIbar*, vol. 5, p. 418; Amari, *Appendice alla Biblioteca, testo arabo*, p. 10（*Biblioteca, versione italiana*, vol. 2, p. 242）.

（44） Makīn, *Akhbār al-Ayyūbīyīn*（Cahen, "La chronique des Ayyoubides"）, p. 136; French trans., *Chronique des Ayyoubides*, p. 38. ほとんど同じ内容の話がマクリージーの年代記にも見られる。 Maqrīzī, *Kitāb as-Sulūk*, vol. 1, p. 259; Amari, *Biblioteca, testo arabo*, p. 518（*Biblioteca, versione italiana*, vol. 2, p. 260）.

（45） Maqrīzī, *Kitāb as-Sulūk*, vol. 1, p. 260; Amari, *Biblioteca, testo arabo*, p. 519（*Biblioteca, versione italiana*, vol. 2, p. 261）.

（46） ムアッザムは、ヒジュラ暦六二四年ズー・アルカーダ月末日の金曜日（一二二七年十一月九日）もしくはズー・アルヒッジャ月の最初の日（一二二七年十一月十二日）に死去している（注(64)を参照）。 Makīn, *Akhbār al-Ayyūbīyīn*（Cahen, "La chronique des Ayyoubides"）, p. 136; French trans., *Chronique des Ayyoubides*, p. 38. Ibn al-Athīr（† 1233 Abū al-Ḥasan ʻAlī Ibn al-Athīr）, *Al-Kāmil fī at-Tārīkh*, 12 vols.（Leiden, 1851–71; repr. Beirut, 1965–66 with a new index in 1967）, vol. 12, p. 471; English trans., D. S. Richard, *The Chronicle of Ibn al-Athīr for the Crusading Period from al-Kāmil fī'l-Ta'rīkh*, 3 Parts（Aldershot, 2006–08）, Part 3, p. 284. Cf. Gottschalk, *Al-Malik al-Kāmil*, p. 145 and note 2.

（47） *Ryccardi de Sancto Germano notarii Chronica*, p. 146. Abū al-Faḍāyl（Abū al-Faḍāyl Muḥammad b. ʻAlī Ḥamawī）, *Tārīkh Manṣūrī*. Ат-та'рих ал-мансури（Мансурова хроника）（Moscow, 1963）, p.329（folio 161a）; Michele Amari, ed., *Seconda Appendice alla Biblioteca arabo-sicula, testo arabo*（以下、*Seconda Appendice alla Biblioteca, testo arabo* と表記）（Leipzig, 1887）, p. 29; Michele Amari, ed. & trans., *Biblioteca arabo-sicula, versione italiana. Appendice*（以下、*Biblioteca, versione italiana. Appendice* と表記）（Torino, 1889）, p. 47. サン・ジェルマーノのリカルドゥスによれば、アチェッラ伯トマスは、一二二七年七月にシリアに派遣されている："Thomas de Aquino Acerrarum comes in Syriam transfretat mense Iulii." アブー・アルファダーイルは、名前には言及していないが、ヒジュラ暦六二四年（一二二六年十二月

二十二日—一二二七年十二月十一日）に皇帝（*imbiraṭūr*）がその代理をアッコに送ったと記している。

（48）Maqrīzī, *Kitāb as-Sulūk*, vol. 1, p. 260; Amari, *Biblioteca, testo arabo*, 519（*Biblioteca, versione italiana*, vol. 2, p. 261）.

（49）*Tārīkh Baṭārika*, vol. 4, p. 51（Eng. trans. vol.4, p. 105）; *Kitāb Sīar al-Abā'*, in Amari *Biblioteca, testo arabo*, p. 322（*Biblioteca, versione italiana*, vol.1, pp. 518–519）.

（50）Abū al-Faḍāyl, *Tārīkh Manṣūrī*, p. 338（folio 165b）; Amari, *Seconda Appendice alla Biblioteca, testo arabo*, p. 30（*Biblioteca, versione italiana. Appendice*, pp. 49–50）.

（51）Maqrīzī, *Kitāb as-Sulūk*, vol. 1, p. 260; Amari, *Biblioteca, testo arabo*, p. 519（*Biblioteca, versione italiana*, vol. 2, p. 261）.

（52）Maqrīzī, *Kitāb as-Sulūk*, vol. 1, p. 260; Amari, *Biblioteca, testo arabo*, p. 519（*Biblioteca, versione italiana*, vol. 2, p. 261）.

（53）Runciman, *A History of the Crusades*, vol. 3, p. 186; Van Cleve, "The Crusade of Frederick II," p. 449; Van Cleve, *The Emperor Frederick II*, p. 216.

（54）*Ryccardi de Sancto Germano notarii Chronica*, p. 146.

（55）Abū al-Faḍāyl, *Tārīkh Manṣūrī*, p. 339（folio 166a）; Amari, *Seconda Appendice alla Biblioteca, testo arabo*, p. 30（*Biblioteca, versione italiana. Appendice*, pp. 50–51）.

（56）Sibṭ Ibn al-Jawzī, *Mi'āt az-Zamān fī Tārīkh al-A'yān*, vol. 8 in 2 parts.（Hyderabad, 1951–52）, Part 2, p. 643.

（57）Abū Shāma（Abū Shāma 'Abd ar-Raḥmān b. Ismā'īl）, *Tarājim Rijāl al-Qarnayn as-Sādis wa as-Sābi' "al-Ma'rūf bi adh-Dhayl 'alā ar-Rawḍatayn"*（Supplement to *Kitāb ar-Rawḍatayn*）（Beyrut, 1974 [1 st ed. 1947]）, p. 151; in *RHC, Hist. orient.*, vol. 5, p. 185. Cf. 'Aynī, *'Iqd al-Jumān*, in *RHC, Hist. orient.*, vol. 2–1, p. 186; *Kitāb Jāmi' at-Tawārīkh*, in Amari, *Biblioteca, testo arabo*, p. 510（*Biblioteca, versione italiana*, vol. 2, p. 246）.

（58）Ibn Kathīr, *Al-Bidāya wa an-Nihāya*, vol. 13, p. 126. Cf. 'Aynī, *'Iqd al-Jumān*, in *RHC, Hist. orient.*, vol. 2–1, p. 186; *Kitāb Jāmi' at-Tawārīkh*, in Amari, *Biblioteca, testo arabo*, p. 510（*Biblioteca, versione italiana*, vol. 2, p. 246）.

（59）Safadī（Ṣalāḥ ad-Dīn Khalīl as-Safadī）, *Kitāb al-Wāfī bi al-Wafayāt*, eds. H. Ritter et alii, 24 vols.（Istanbul/ Damascus/ Wiesbaden, 1931–93）; Ṣafadī, *Kitāb al-Wāfī*, in Amari, *Seconda Appendice alla Biblioteca, testo arabo*, p. 13（*Biblioteca, versione italiana. Appendice*, p. 18）.

（60）*Ryccardi de Sancto Germano notarii Chronica*, p. 149: "Archiepiscopus Panormitanus nuntius a Soldano ad Cesarem rediens, elephantem unum, mulos et pretiosa quedam alia munera ipsi Imperatori detulit ex parte Soldani."

（61）ムアッザムはズー・アルヒッジャ月の最初の日（一二二七年十一月十二日）に死去した。Sibṭ Ibn al-Jawzī, *Mir'āt az-Zamān*, vol. 2, pp. 644–652. Ṣafadī, *Kitāb al-Wāfī*, in Amari, *Seconda Appendice alla Biblioteca, testo arabo*, p. 13（*Biblioteca, versione italiana. Appendice*, p. 18）. ムアッザムの死亡日としてズー・アルカーダ月末日の金曜日（一二二七年十一月九日）に言及している年代記作家もいる。Makīn, *Akhbār al-Ayyūbīyīn*（Cahen, "La chronique des Ayyoubides"）, p. 137; French trans., *Chronique des Ayyoubides*, p. 39. Ibn al-Athīr, *Al-*

Kāmil, vol. 12, p. 471 (English trans., Richard, Part 3, p. 284). ヒジュラ暦六二四年ズー・アルカーダ月の最後の金曜日は、一二二七年十一月九日である。ムアッザムの死亡日に関する史料については、Gottschalk, *Al-Malik al-Kāmil*, p. 145 note 2 を参照。

(62) Ṣafadī, *Kitāb al-Wāfī*, in Amari, *Seconda Appendice alla Biblioteca, testo arabo*, p. 13 (*Biblioteca, versione italiana. Appendice*, p. 18).

(63) Ibn Khaldūn, *Kitāb al-'Ibar*, vol. 5, p. 418; Amari, *Appendice alla Biblioteca, testo arabo*, p. 10 (*Biblioteca, versione italiana*, vol. 2, p. 243).

(64) *Ryccardi de Sancto Germano notarii Chronica*, p. 150: "Imperator apud Barolum pascha Domini magnifice celebrat in Omni gaudio et exultatione, quia sicut ex litteris tunc didicerat Thome de Aquino Acerrarum comitis ad suum seruitium in Syria existentis, illis diebus Coradinus Soldanus Damasci mortuus fuerat."

(65) *Ryccardi de Sancto Germano notarii Chronica*, p. 150 and note 7.

(66) アル・カーミルがエジプトからシリアに進軍したのは、Ibn Abī al-Damm (†1244 Shihāb ad-Dīn Ibrāhīm b. 'Abd Allāh), *Kitāb ash-Shamārīkh fī at-Tawārīkh* (D. S. Richard, "The Crusade of Frederick II and the Ḥamāh succession. Extracts from the Chronicle of Ibn Abī al-Damm," *Bulletin d'études orientales*, vol. 45 [1993], p. 195) によればシャーバーン月（一二二八年七月六日―八月三日）、Ibn Wāṣil, *Mufarrij*, vol. 4, p. 226 によればラマダーン月（八月四日―九月二日）、Ibn al-Athīr, *Al-Kāmil*, vol. 12, p. 479 によればシャッワール月（一二二八年九月三日―十月一日）であった。Makīn, *Akhbār al-Ayyūbīyīn* (Cahen, "La chronique des Ayyoubides"), p. 137; French trans., *Chronique des Ayyoubides*, p. 41. Ibn al-Athīr, *Al-Kāmil*, vol. 12, p. 482; Amari, *Biblioteca, testo arabo*, p. 315 (*Biblioteca, versione italiana*, vol. 1, p. 506); English trans., Richard, Part 3, p. 293. *Tārīkh Baṭārika*, vol. 4, p. 51 (Eng. trans. vol. 4, p. 106); *Kitāb Sīar al-Abā'*, in Amari *Biblioteca, testo arabo*, p. 323 (*Biblioteca, versione italiana*, vol. 1, pp. 519–520). Baybars al-Manṣūrī, *Zubda al-Fikra*, quoted in 'Aynī, *Kitāb Jāmi' at-Tawārīkh* in Amari, *Biblioteca, testo arabo*, p. 511 (*Biblioteca, versione italiana*, vol. 2, p. 248).

(67) Rogerius de Wendover, *Liber qui dicitur 'Flores Historiarum'* (以下、*Flores Historiarum* と表記), ed. H. G. Hewlett, 3 vols. (London, 1886–89), vol. 2, p. 351: "Soldanus vero Babyloniae, cum ejus adventum in Syriam cognovisset, misit ei xenia multa et pretiosa in auro et argento, in pannis sericis et lapidibus pretiosis, in camelis et elephantis, in ursis et simiis, et aliis rebus mirificis, quibus omnibus regiones abstinent occidentis."

(68) *Tārīkh Baṭārika*, vol. 4, p. 51 (Eng. trans. vol. 4, p. 107); *Kitāb Sīar al-Abā'*, in Amari *Biblioteca, testo arabo*, pp. 323–324 (*Biblioteca, versione italiana*, vol. 1, pp. 520–521).

(69) Ibn al-Athīr, *Al-Kāmil*, vol. 12, p. 482; Amari, *Biblioteca, testo arabo*, p. 315 (*Biblioteca, versione italiana*, vol. 1, p. 506); Eng. trans., Richard, Part 3, p. 293; *Kitāb Jāmi' at-Tawārīkh,* in Amari, *Biblioteca, testo arabo*, p. 510 (*Biblioteca, versione italiana*, vol. 2, p. 247); *Kitāb Sīar al-Abā'*, in Amari *Biblioteca, testo arabo*, p. 323 (*Biblioteca, versione italiana*, vol. 1, pp. 519–520).

(70) *Tārīkh Baṭārika*, vol. 4, p. 51 (Eng. vol. 4, pp. 106–107); *Kitāb Sīar al-Abā'*, in Amari, *Biblioteca, testo arabo*, p. 323 (*Biblioteca, versione italiana*, vol. 1, p. 519). Maqrīzī, *Kitāb as-Sulūk*, vol. 1, p. 266; Amari, *Biblioteca, testo arabo*, p. 519 (*Biblioteca, versione italiana*, vol. 2, p. 262).

Ṣafadī, *Kitāb al-Wāfī*, in Amari, *Seconda Appendice alla Biblioteca, testo arabo*, p. 14（*Biblioteca, versione italiana. Appendice*, p. 18）. Baybars al-Manṣūrī, *Zubda al-Fikra*, quoted in ʻAynī, *ʻIqd al-Jumān : Kitāb Jāmiʻ at-Tawārīkh* in Amari, *Biblioteca, testo arabo*, p. 511（*Biblioteca, versione italiana*, vol. 2, p. 248）.

（71） *Tārīkh Baṭārika*, vol. 4, p. 51（Eng. trans. vol. 4, p. 106）; *Kitāb Sīar al-Abā'*, in Amari *Biblioteca, testo arabo*, p. 323（*Biblioteca, versione italiana*, vol. 1, p. 519）.

（72） Abū al-Faḍāyl, *Tārīkh Manṣūrī*, p. 352（folio 172b）; Amari, *Seconda Appendice alla Biblioteca, testo arabo*, p. 32（*Biblioteca, versione italiana. Appendice*, pp. 55–56）.

（73） Maqrīzī, *Kitāb as-Sulūk*, vol. 1, p. 266 ; Amari *Biblioteca, testo arabo*, p. 520（*Biblioteca, versione italiana*, vol. 2, p. 263）.

（74） Ibn Wāṣil, *Mufarrij*, vol. 4, p. 242 ; Gabrieli, *Arab Historians*, p. 270. Maqrīzī, *Kitāb as-Sulūk*, vol. 1, pp. 258, 266–268 ; Amari, *Biblioteca, testo arabo*, pp. 519–520（*Biblioteca, versione italiana*, vol. 2, pp. 262–263）.

（75） Makīn, *Akhbār al-Ayyūbīyīn*（Cahen, "La chronique des Ayyoubides"）, p. 137 ; French trans., *Chronique des Ayyoubides*, p. 41. Cf. ʻAynī, *Kitāb Jāmiʻ at-Tawārīkh,* in Amari, *Biblioteca, testo arabo*, p. 511（*Biblioteca, versione italiana*, vol. 2, p. 247）. サラーフ・アッディーン・アルイルビリー（Ṣalāḥ ad-Dīn al-Irbilī）については，Ibn Kkallikān（†1282, Abū al-ʻAbbās Aḥmad Ibn Kkallikān）, *Wafayāt al-Aʻyān*, 8 vols.（Beirut, 1977–78）, vol. 1, pp. 184–187を参照。イブン・ハッリカーンによれば，ヒジュラ暦六二六年に皇帝がシリアに到着した時，カーミルは使節としてサラーフ・アッディーン・アルイルビリーをフレデリクス二世のもとへ派遣した。

（76） Abū al-Faḍāyl, *Tārīkh Manṣūrī*, p. 370（folio 181b）; Amari, *Seconda Appendice alla Biblioteca, testo arabo*, p. 33（*Biblioteca, versione italiana. Appendice*, p. 56）.

（77） Maqrīzī, *Kitāb as-Sulūk*, vol.1, p. 268 ; Amari, *Biblioteca, testo arabo*, p. 520（*Biblioteca, versione italiana*, vol. 2, p. 263）.

（78） Abū al-Faḍāyl, *Tārīkh Manṣūrī*, p. 370（folio 181b）; Amari, *Seconda Appendice alla Biblioteca, testo arabo*, p. 33（*Biblioteca, versione italiana. Appendice*, pp. 56–57）.

（79） Ibn Wāṣil, *Mufarrij*, vol. 4, p. 242 ; Francesco Gabrieli, ed. and trans., *Arab Historians of the Crusades*, trans. from the Italian by E, J. Costello（Berkeley, 1969）, p. 270.

（80） Maqrīzī, *Kitāb as-Sulūk*, vol. 1, p. 270 ; Amari, *Biblioteca, testo arabo*, p. 522（*Biblioteca, versione italiana*, vol. 2, p. 266）.

（81） Ibn Wāṣil, *Mufarrij*, vol. 4, pp. 241–243 ; Gabrieli, *Arab Historians*, pp. 269–270. Ṣafadī, *Kitāb al-Wāfī*, in Amari, *Seconda Appendice alla Biblioteca, testo arabo*, p. 14（*Biblioteca, versione italiana. Appendice*, p. 19）. Maqrīzī, *Kitāb as-Sulūk*, vol. 1, p. 268 ; Amari, *Biblioteca, testo arabo*, pp. 520–521（*Biblioteca, versione italiana*, vol. 2, p. 264）. ʻAynī, *Kitāb Jāmiʻ at-Tawārīkh,* in Amari, *Biblioteca, testo arabo*, p. 511（*Biblioteca, versione italiana*, vol. 2, p. 247）. Abū al-Faḍāyl, *Tārīkh Manṣūrī*, p. 370（folio 181b）; Amari, *Seconda Appendice alla Biblioteca, testo arabo*, p. 33（*Biblioteca, versione italiana. Appendice*, p. 56）. Abū al-Fidā', *Kitāb al-Mukhtaṣar*, vol. 3, p. 141 ; in *RHC, Hist. orient.*, vol. 1, p. 104 ; Amari,

Biblioteca, testo arabo, p. 419（*Biblioteca, versione italiana*, vol. 2, p. 105）.

（82） Maqrīzī, *Kitāb as-Sulūk*, vol. 1, p. 268 ; Amari *Biblioteca, testo arabo*, p. 520（*Biblioteca, versione italiana*, vol. 2, p. 264）.

（83） 協定の内容については、以下を参照。J.-L.-A. Huillard-Bréholles, ed., *Historia diplomatica Frederici secundi*, 6 vols. in 12 parts（Paris, 1852–61）, vol. 3, pp. 86–110. Rogerius de Wendover, *Flores historiarum*, vol. 2, pp. 365–367. Ibn Wāṣil, *Mufarrij*, vol. 4, p. 241 ; Gabrieli, *Arab Historians*, p. 269. Nuwayrī, *Nihāya al-Arab*, vol. 29, pp. 100–101. Maqrīzī, *Kitāb as-Sulūk*, vol. 1, p. 268 ; Amari, *Biblioteca, testo arabo*, p. 520（Amari, *Biblioteca, versione italiana*, vol. 2, pp. 263–264）. *Tārīkh Baṭārika*, vol. 4, p. 52（Eng. trans., vol. 4, p. 109）; *Kitāb Sīar al-Abā'*, in Amari, *Biblioteca, testo arabo*, p. 324（*Biblioteca, versione italiana*, vol. 1, p. 521）. Cf. Van Cleve, "The Crusade of Frederick II," pp. 455–466 ; Gottschalk, *Al-Kāmil*, pp. 156–157 ; Humphreys, *From Saladin to the Mongols*, pp. 202–203.

（84） Ibn Wāṣil, *Mufarrij*, vol. 4, pp. 244–245 ; Gabrieli, *Arab Historians*, pp. 271–272. Maqrīzī, *Kitāb as-Sulūk*, vol. 1, pp. 269–271 ; in Amari *Biblioteca, testo arabo*, pp. 521–522（Amari, *Biblioteca, versione italiana*, vol. 2, pp. 265–266）; *Kitāb Jāmi' at-Tawārīkh,* in Amari, *Biblioteca, testo arabo*, p. 513（*Biblioteca, versione italiana*, vol. 2, pp. 250–255）.

（85） フレデリクス二世からイングランド王ヘンリクス三世への手紙＝"..., sequenti die coronam portavimus, ..."（Rogerius de Wendover, *Flores historiarum*, vol. 2, p. 368）. ヘルマンヌス・デ・サルザ（Hermannus de Salza）の手紙＝"..., tamen coronam simpliciter sine consecratione de altari accepit et in sedem, sicut est consuetum, portavit."（Huillard-Bréholles, vol. 3, p. 100）. フレデリクス二世の行為を自らの戴冠とするカントロヴィッチ（E. Kantorowicz）の解釈に対する近年の研究者たちの議論については、以下を参照。H. E. Mayer, "Das Pontifikale von Tyrus," *Dumbarton Oaks Papers*, vol. 21（1967）, pp. 200–210 ; H. Kluger, *Hochmeister Hermann von Salza und Kaiser Friedrich II.*（Marburg, 1987）, pp. 95–113 ; David Abulafia, *Frederick II. A Medieval Emperor*（London, 1988）, pp. 186–187 ; Rudolf Hiestand, "Friedrich II. und der Kreuzzug," A. Esch & N. Kamp, eds., *Friedrich II.*（Tübingen, 1996）, p. 146 ; Stürner, *Friedrich II.*, vol. 2, p. 158.

（86） Huillard-Bréholles, vol. 1–2, pp. 902–903（*Breve chronicon de rebus Siculis*）; vol. 3, p. 146. Van Cleve, "The Crusade of Frederick II," p. 460. *Tārīkh Manṣūrī*, p. 370（folio 181b）; in Amari, *Seconda Appendice alla Biblioteca, testo arabo*, p. 33（*Biblioteca, versione italiana. Appendice*, pp. 56–57）によれば、彼がアッコを出航したのは、ヒジュラ暦六二六年ジュマーア・アルアウワル月の末（一二二九年五月二十五日）である。

（87） Ibn Wāṣil, *Mufarrij*, vol. 4, p. 246 ; Gabrieli, *Arab Historians*, p. 276. Baybars al-Manṣūrī, *Zubda al-Fikra*, quoted in 'Aynī, *'Iqd al-Jumān*, in *RHC, Hist. orient.*, vol. 2–1, p. 192 ; *Kitāb Jāmi' at-Tawārīkh,* in Amari, *Biblioteca, testo arabo*, p. 515（*Biblioteca, versione italiana*, vol. 2, p. 253）. Abū al-Fidā', *Kitāb al-Mukhtaṣar*, vol. 4, p. 38 ; Amari, *Biblioteca, testo arabo*, p. 421（*Biblioteca, versione italiana*, vol. 2, p. 107）.

（88） Abū al-Faḍāyl, *Tārīkh Manṣūrī*, p. 382（folio 187b）; Amari, *Seconda Appendice alla Biblioteca, testo arabo*, pp. 34–37（*Biblioteca, versione italiana. Appendice*, pp. 57–62）. Gabrieli, *Arab Historians*, pp. 280–283.

（89） Ṣafadī, *Kitāb al-Wāfī*, in Amari, *Seconda Appendice alla Biblioteca, testo arabo*, pp. 14–15（*Biblioteca, versione italiana. Appendice*, pp. 20–

21).

(90) Abū al-Faḍāyl, *Tārīkh Manṣūrī*, pp. 447–448 (folio 220a, 220b); Amari, *Seconda Appendice alla Biblioteca, testo arabo*, p. 38 (*Biblioteca, versione italiana. Appendice*, pp. 64–65).

(91) Ṣafadī, *Kitāb al-Wāfī*, in Amari, *Seconda Appendice alla Biblioteca, testo arabo*, p. 14 (*Biblioteca, versione italiana. Appendice*, p. 20).

(92) Gottschalk, *Al-Kāmil*, p. 234 and note 1; Humphreys, *From Saladin to the Mongols*, p. 237.

(93) Ibn Wāṣil, *Mufarrij*, vol. 4, p. 246. Gabrieli, *Arab historians*, p. 276. Ṣafadī, *Kitāb al-Wāfī*, in Amari, *Seconda Appendice alla Biblioteca, testo arabo*, p. 14 (*Biblioteca, versione italiana. Appendice*, p. 20).

(94) Maqrīzī, *Kitāb as-Sulūk*, vol. 1, pp. 291–292. Abū al-Fidā', *Kitāb al-Mukhtaṣar*, in *RHC, Hist. orient.*, vol. 1, pp. 117–118. 'Aynī, *'Iqd al-Jumān*, in *RHC, Hist. orient.*, vol. 2–1, pp. 196–197; *Kitāb Jāmi' at-Tawārīkh*, in Amari, *Biblioteca, testo arabo*, p. 516 (*Biblioteca, versione italiana*, vol. 2, pp. 255–256). Cf. Humphreys, *From Saladin to the Mongols*, p. 261; Sydney Painter, "The Crusade of Theobald of Champagne and Richard of Cornwall, 1239–1241," Setton, ed., *History of the Crusades*, vol. 2 (1962), pp. 475–478; Runciman, vol. 3, p. 215 note 2.

(95) Ibn Wāṣil, *Mufarrij*, vol. 4, p. 246. Gabrieli, *Arab historians*, p. 276.

(96) Ibn Wāṣil, *Mufarrij*, vol. 4, p. 247. Gabrieli, *Arab historians*, p. 276.

(97) Ibn Wāṣil, *Mufarrij*, vol. 4, p. 247. Gabrieli, *Arab historians*, p. 276.

(98) Ibn Wāṣil, *Mufarrij*, vol. 4, p. 248. Abū al-Fidā', *Kitāb al-Mukhtaṣar*, vol. 4, pp. 38–39; Amari, *Biblioteca, testo arabo*, pp. 420–421 (*Biblioteca, versione italiana*, vol. 2, pp. 106–107). Francesco Gabrieli, "Le ambascerie di Baibars a Manfredi," *Studi medievali in onore di Antonio de Stefano* (Palermo, 1956), pp. 222–223. Cf. Umberto Rizzitano, *Storia e cultura nella Sicilia Saracena* (Palermo, 1975), p. 333.

(99) Gabrieli, "Le ambascerie di Baibars a Manfredi," p. 224.

(100) Ibn Wāṣil, *Mufarrij*, vol. 4, p. 248. Cf. Hillenbrand, *The Crusade*, pp. 340–341; Gabrieli, "Le ambascerie di Baibars a Manfredi," pp. 222–223.

(101) Hillenbrand, *The Crusade*, pp. 337–340.

(102) Ibn Wāṣil, *Mufarrij*, vol. 4, p. 234.

(103) Maqrīzī, *Kitāb as-Sulūk*, vol. 1, p. 232.

(104) Ibn al-Furāt († 1405, Nāṣil ad-Dīn Muḥammad Ibn al-Furāt), *Tārīkh ad-Duwal wa al-Mulūk*, in M. C. Lyons and J. Riley-Smith, *Ayyubids, Mamluks and Crusaders*, 2 vols. (Cambridge, 1971), vol. 1, p. 11 (Arabic text), vol. 2, p. 9 (Eng. trans.).

(105) Ibn al-Furāt, *Tārīkh ad-Duwal wa al-Mulūk*, in Lyons and Riley-Smith, vol. 1, p. 48 (Arabic text), vol. 2, p. 39 (Eng. trans.).

第十二章　地中海地域と極東における移住
――中世のシチリア島と日本

移住（Migration）は、「主たる居住地の恒久的な移動を伴う個人や集団の空間的移動(1)」と定義することができるように、それほど複雑な概念ではない。しかし、この言葉で示される人の移動は、現実に存在している人間集団や社会との関係において、様々な論点を提起する。たとえば、私たちは、移住の動きそのものに焦点をあてて議論することもできるし、移住先の社会、あるいは、移住元のコミュニティに焦点をあてて議論することもできる。もし、移住の動きそのものに焦点をあてるなら、移動距離や移動時間の大小、移動ルートを検討し、移住集団の規模の違い、つまり、個人での移住なのか、グループでの移住なのか、大規模な集団での移住なのかを区別して検討するだろう。もし、移住先の人間集団や社会への影響を問題にするのなら、無人地帯への移住、征服による移住、あるいは、社会や国家へのマイノリティとしての移住を区別し、移住者と先住民との関係の変化、移住者自身と他者のアイデンティティの変化、移住者の同化の過程などを検討することになるかもしれない。また、移住の理由と原因を明らかにするために、移住先がもつ誘引力や、移住元の社会やコミュニティの特徴、それらが抱えていた問題を検討することになるかもしれない。

本章では、中世地中海のシチリア島と極東の日本列島に焦点をあて、この二つの地域における人の移住を比較し、共通点と異なる点を明らかにしたいと思う。

第一節　中世シチリア島における移住

シチリア島は、古代から中世にかけて、地中海における異文化の交差点であると同時に最も重要な戦略拠点の一つであった。この島は地中海の中央に位置し、イタリア半島からはわずか三キロメートル、北アフリカのチュニスからは百六十キロメートル（一日の行程）の距離にあり、長いあいだ地中海の覇権争奪の焦点であり、様々な民族や国家の支配を受けてきた。その歴史には、異なる文化的背景をもつ外来者によって断続的になされてきた征服と移住の跡が、深く刻まれている。この島は、古代においてもすでに、ギリシア人、カルタゴ人、ローマ人の移住の波を受け、ローマ帝国支配の後には、ヴァンダル、東ゴート、ビザンツ帝国、イスラム教徒、ノルマン人、ドイツ王国、アンジュー朝、アラゴン王国などの支配下に置かれている。(2)

本章では、中世においてとりわけ際立つ二つのシチリア島征服、つまり、人々の移住を伴うことになるイスラム教徒による征服とノルマン人による征服に焦点をあてる。これらの征服は、シチリア島の政治史の文脈の中では、島の支配者や支配的集団の数ある交代のうちの二つにすぎないかもしれない。しかし、より広い文脈において、歴史家たちが、地中海における覇権の移動、つまり、最初はキリスト教徒からイスラム教徒へ、次にはイスラム教徒からキリスト教徒への覇権の移動を意味すると主張してきたものである。

イスラム教徒のシチリア島征服

多くの研究者たちは、九—十世紀のイスラム教徒によるシチリア島征服が、北アフリカからのイスラム教徒の大量移住をもたらし、言語、統治、宗教においてギリシア人の強力な影響下にあった島を、(3)農業と商業で栄えるイスラム教徒の島に変えたと考えている。(4)

確かに、八二七年から九六五年までのおよそ百三十年間、断続的に続いた征服戦争は、島に破壊と混乱をもたらした。後にシチリア島のイスラム教徒たちの首都となるパレルモは八三一年に陥落したが、イスラム教徒の年代記作家イブン・アルアシールは、勝利を得たイスラム教徒たちがこの町に入った時、包囲攻撃の始まりの時には七万人ほどいた住民のほとんどが死亡しており、わずか三千人しか生存していなかったと記している。(7) この誇張された数字をそのまま受け取ることはできないにしても、この時期にパレルモの人口が大幅に減少したことは疑いない。ビザンツ帝国支配期の島の首都だったシラクーザは八七八年に陥落したが、やはり、人口を減少させている。ギリシア人修道士テオドシオスは、その手紙の中で、包囲攻撃がなされていた間にこの町の中で、飢饉や疫病を含め、どんなに恐ろしいことが起きたか、また、この町がどれほどひどく破壊されてしまったかを記している。(8) 八三一年のパレルモの陥落に続いて、八四三年にメッシーナ、八五三年にブテーラ、八五八年にチェファル、八五九年にカストロジョヴァンニ、八六四年にノート、八七八年にシラクーザ、九〇二年にタオルミーナが陥落した。こうして、アグラブ朝の支配が終わる九〇九年には、シチリア島の大部分がイスラム教徒の支配下に置かれた。(9) 捕虜の多くは殺害され、一部は奴隷として売却された。(10) シチリア島住民の一部はイタリア半島部へ逃亡したと推測されるが、その規模については研究者の見解が分かれている。(11)

しかし、ビザンツ帝国の支配からムスリム君主の支配下に入った地域の人口は、急速に回復していったように見える。たとえば、シチリア島におけるイスラム教徒たちの新しい首都となったパレルモは、イスラム世界で最大の都市の一つへと成長していった。十世紀末のこの都市の繁栄は、九七三年にこの島を訪れたイスラム教徒地理学者イブン・ハウカルの記述によってよく知られている。(12) この都市が三百のモスクを有していたという表現には誇張があるかもしれないが、パレルモは確かに当時のイスラム世界で最も活発な知的拠点の一つとなっていた。(13)

歴史家の中には、イスラム教徒によるシチリア島征服の初期の成功の後、イスラム教徒の大規模な移住がなされたと考える者たちもいる。たとえば、デニス・マック・スミスは、次のように記している。「北アフリカ、スペイン、レバントから、彼らは大勢で、おそらくそれ以前以後のどのシチリア征服者たちよりも多くの数で、到着した。イスラム教徒移住者の数を五十万とする見積りもある。彼らは島の西側と南東側に密集して定住したが、他の場所でもかなりの移住があったはずである。彼らのおかげで、シチリアの地方にも再び人が住むようになった」(14)。彼らは、ペルシアの水理学技術、そして、自分たちの宗教、法、文学、芸術、科学を携えてきた。また、さとうきび、綿実、桑、ナツメヤシ、なめし・染色のための漆、パピルス、ピスタチオ、メロン、蚕を導入した。彼らがもたらした優れた灌漑システムや新しい果実・野菜によって、島の景観は劇的に変わったと考えられる(15)。

イスラム教徒地理学者ヤークート（Yāqūt, 1179–1229）が、住民の大部分はイスラム教に改宗したと述べているように、多くのキリスト教徒たちは、おそらく、アラブ・イスラム文化に同化したか、イスラム教に改宗したと思われる(16)。十世紀末までに、シチリア島は、ヴァル・デーモネ地方、つまり、ノルマン征服時にギリシア語あるいはイタリア化したギリシア語方言を話すキリスト教徒が多く住んでいたシチリア北東地方を除いて、基本的にアラビア語を話すイスラム教徒の島になっていたのである(17)。

ノルマン人のシチリア島征服

他方、十一世紀後半にロゲリウス一世の指揮下でなされたノルマン人のシチリア島征服は、九・十世紀のイスラム教徒による征服とはまったく異なっている。ノルマン人によるシチリア島征服は、ノルマン人による大規模な南イタリア征服の一部にすぎなかった。このノルマン人による大規模な南イタリア征服は、南イタリアにおける既存の政治秩序を破壊し、ノルマン人のもとで新たな広域政治秩序を作ることによって、地中海の歴史の分水嶺となったものである(18)。つまり、イスラム支配下のシチリア島に限定されたものでなく、ビザンツ帝国支配下のアプーリアとカラーブリア、さらには、ランゴバルド系のベネヴェント侯国、サレルノ侯国、カープア侯国、そして、ナポリとアマルフィ、ガエータの都市国家が、ノルマン人君主の支配下に置かれ、十二世紀にはノルマン・シチリア王国に統合されたのである。こうして、シチリア島とイタリア半島南部は、アラブ・イスラム文化圏、ギリシア・ビザンツ文化圏、ラテン・ヨーロッパ文化圏の境界地帯であることをやめ、ラテン・キリスト教ヨーロッパの一部となった。(19)

ノルマンディ出身のノルマン人戦士たちは、シチリア島とイタリア半島南部の広大な地域を占領し、世俗封建領主として支配層を構成した。人口数から言えば、ノルマン人は少数派であった。シチリアの住民の大多数はイスラム教徒とギリシア人であり、カラーブリアの住民とアプーリアの一部の地域の住民の多くはギリシア人であった。他方、アプーリアとカンパーニアの大多数は、しばしば同時代の史料でランゴバルド人と記されているラテン・キリスト教の伝統を有する人々であった。(20)

地中海の歴史地図に劇的な変化をもたらしたこのノルマン人によるシチリア島征服は、確かに、村や家屋の破壊をもたらし、多くの犠牲者を生んだ。(21)しかし、島の景観や住民構成が大きく変化したようには見えない。年代記作家マラテッラは、一〇六〇年から一〇九一年にかけてのシチリア島征服の間、ロゲリウス一世がわずか数百人の騎士しか従えていなかったと記しているが、(23)ロゲリウス一世はできるだけ戦闘を回避し、イスラム教徒を交渉によって服従させようとするしかなかったのである。

一〇七二年一月のパレルモのイスラム教徒たちの降伏は、彼らの代表との交渉によって実現した。(24)この交渉の詳細を伝える史料は残されていないが、ロゲリウス一世と彼の兄ロベルトゥス・グイスカルドゥスは、貢納と賦役の提供と引き換えに、イスラム教徒の生命の安全と信仰を保証したと考えられる。(25)一部の歴史家は、パレルモのイスラム教徒たちが、この交渉で一定の自治、とりわけ、後の時代にイブン・ジュバイルが記しているような彼ら自身の裁判官と法律を保持する権利を得たと考えている。一一八四年の十二月にパレルモを訪れたイブン・ジュバイルは、パレルモのイスラム教徒たちが自分たちのモスク、キリスト教徒が入ってこない自分たちの居住区、彼ら自身の市場、そして、裁判官（*qāḍī*）を有していたと記している。(26) この記述は、パレルモのイスラム教徒たちが自治を享受していたことを強く示唆している。また、イブン・ジュバイルは、トラーパニを訪れた時に、ドラムやトランペットを鳴らすイスラム教徒の行列を目撃し、キリスト教徒たちの寛大さに驚きの声を上げている。(27) 他のシチリアの都市、たとえば、カターニアやマザーラ、トラーパニ、タオルミーナ、シラクーザ、カストロジョヴァンニ、ブテーラ、ノートなども、おそらく同様の交渉を行ったと考えられる。(28)

ロゲリウス一世が一〇九一年にシチリア島征服を完了した時、東部にはギリシア語を話すキリスト教徒たちが住んでいたが、シチリア島の住民の大部分はイスラム教徒であった。この人口構成は、その後もあまり変化していない。しかし、ロゲリウス一世が中央行政でイスラム教徒を使うことはなかった。ロゲリウス一世のもとで統治システムが構築されつつあった時、彼の宮廷の役人のほとんどはビザンツ帝国の称号を帯びたギリシア人だったのである。ビザンツ帝国の役人の中には地方行政で影響を行使しつづける者もいた。(29)

征服戦争の間、あるいは、征服戦争以後、ノルマン人のシチリア島への大規模な移住はなかったように見える。多くのノルマン人は、半島部に領主として定住している。ノルマン・シチリア王国が建国された後ですら、ノルマン人は数の上では少数派のままであり、多くのイスラム教徒がシチリア島に住みつづけた。そして、シチリア島では、ノルマン王のもとで、以前と同じようにイスラム文化が隆盛を極めていた。

パレルモの王宮にもノルマン人が多くいたわけではない。ノルマン王たちは、ノルマン人ではなく、イスラム教徒の小姓や女官に囲まれて日常生活を送っていた。イブン・ジュバイルによれば、ウィレルムス二世はイスラム教徒たちを深く信頼し、個人的な問題や重要事案をすべて彼らに委ねていた。また、料理長もイスラム教徒であり、イスラム教徒黒人奴隷の軍隊によって守られていた。(30)

ノルマン王たちはキリスト教徒であり、南イタリア生まれであった。また、王妃たちもやはりキリスト教徒であったが、南イタリア生まれではなく、外国生まれだった。ロゲリウス二世の最初の妻エルヴィラはスペインのカスティリア王アルフォンスス六世の娘であり、二番目の妻シビリアはフランスのブルゴーニュ公フゴの娘、三番目の妻ベアトリクスはフランスのレテル伯の娘であった。ウィレルムス一世の妻マルガリータはスペインのナヴァーラ王ガルシアの娘であり、ウィレルムス二世の妻ヨハンナはイングランド王ヘンリクス二世の娘だった。

ギリシア人役人やアラブ人役人が王宮でノルマン王たちに仕えていたことはよく知られている(31)。しかし、王国の中央政府がギリシア人やアラブ人に加えて、王国外からの移住者によって運営されていたことは特筆すべきだろう。実際、宰相の多くは異国生まれだった。ロゲリウス二世の宰相ゲオールギオスは、シリアのアンティオキア生まれのギリシア人、ウィレルムス二世未成年期の宰相ペトルスは、キリスト教に改宗していたが、アラブ・イスラム文化の背景をもつ宦官であり、ジェルバ島生まれだった。十二世紀の年代記作家ファルカンドゥスは、彼を「名前と服装においてのみキリスト教徒だが、心は宮廷の他の宦官たちと同じくサラセン人であった」と記している(32)。彼の後継者で宰相となったステファヌスはフランス人だった。

多くの移住者たちは、ファミリアーレース・レギスの中にも見出される。ファミリアーレース・レギスというのは、ウィレルムス一世、二世治世の王国最高顧問団のメンバーのことである。政策や他の重要案件についての決定者として、彼らは王国で最も影響力のある人々だった(33)。ウィレルムス一世治世末の三人のファミリアーレース・レギスのうち、シラクーザ被選司教リカルドゥスはイングランド人であり(34)、王宮侍従長官ペトルスはアラブ人宦官であった(35)。また、ペトルス逃亡後に形成された五人のファミリアーレース・レギスの中には、イングランド人のシラクーザ被選司教リカルドゥスと二人のアラブ人宦官リカルドゥス(36)とマルティヌスがいた(37)。ステファヌス逃亡後に形成された十人のファミリアーレース・レギスの中には、三人の移住者、すなわち、イングランド人のシラクーザ被選司教リカルドゥス、ハンガリー人のアグリジェント司教ゲンティーリス、スペイン人のモンテスカリオーソ伯ヘンリクスが含まれていた。[38] さらに、ハンガリー人のゲンティーリスとイングランド人のリカルドゥスは、両者とも一一六九年以後確立した三人のファミリアーレース・レギスに含まれている。[39] また、王宮の役人の中にも、ギリシア人やアラブ人に加えて、多くの外国人移住者を見出すことができる。[40]

他方、シチリアのイスラム教徒人口は、ノルマン人による征服活動が始まって以後、減少しつづけた。シチリアのイスラム教徒は、征服戦争期に、北アフリカ、とくにチュニジアとエジプトに移住しはじめ、ノルマン人の支配に入った後も移住は続いた。イスラム教徒人口は、十二世紀後半と十三世紀前半に急速に減少している。一二二〇年代には、フレデリクス二世が、反乱を繰り返すシチリアのイスラム教徒たちを強制的にイタリア半島のルチェーラへ移住させ、[41] ルチェーラはイスラム教徒の居留地となった。彼らのほとんどは外部のキリスト教徒社会から隔離された農民生活を送り、一部は戦士や宮廷役人として王に仕えた。一三〇〇年には、ルチェーラの最後のイスラム教徒が奴隷として売却され、イタリア半島のイスラム教徒は消滅している。[42]

第二節　中世日本における移住

シチリアと対照的に、ユーラシア大陸の東に位置する日本列島が中世に外部勢力の征服や大量移住を経験することはなかった。[43] 中国で書かれた文書から、古代・中世において、日本に住む人々が確かに中国や韓国と接触していたことが確認される。[44] たとえば、一世紀末に書かれた王充の『論衡』は、周（紀元前十一世紀—紀元前二五六年）の宮廷に貢ぎ物を持ってやってきた倭人に言及している。[45] また、班固（三二—九二年）が書いた前漢（紀元前二〇二—紀元後八年）の歴史書『漢書』によれば、倭人は、時折、前漢支配にある大陸に使節を送っていたという。[46] 五世紀に范曄（はんよう、三九八―四四五年）によって編纂された後漢（二五―二二〇年）の歴史書『後漢書』によれば、紀元後五七年に、日本列島の奴国の使者が貢納品をもって光武帝（在位二五―五七年）の宮廷へやってきたことを記している。[47] 三世紀末に書かれた魏の歴史書『魏志』（三国志の一つ）には、日本列島の三十の国々が使節によって魏と接触していたことが記されている。[48] さらに、後代の中国の文書から、日本列島の住民たちがその後も大陸との貢納関係を維持していたことが確認される。[49]

東大寺の援助のもと十数人の研究者によってなされた大規模な調査研究によって、[50] 私たちは仏教が伝来した五三八年と遣唐使が廃止された八九四年の間に、日本を訪れたおよそ五百八十名の人物の名前を知ることができる。六・七世紀に日本にやってきた人々の多くは、この時期の中国への主要なルートが朝鮮半島経由であったためか、朝鮮半島出身者たちであった。しかし、八・九世紀には中国からの来訪者が増加している。日本へやってきた人々の多くはそのまま定住し、この時期の日本文化の発展において重要な役割を果たすことになる。[51] 六世紀に朝鮮半島から日本列島へやってきた人々は、漢字の読み書きの知識、鉄の製造技術、大規模灌漑システムなどをもたらしたと考えられている。[52]

朝鮮半島からの移住者の数は、四世紀末、[53] 五世紀後半、[54] 七世紀後半[55]に増加しているが、この時期はちょうど朝鮮半島や中国の政治的騒乱あるいは戦争期にあたっている。この時期の移住者の多くは、日本の君主へ提供された囚人か政治的騒乱や戦争によって生まれた難民であった。政治的安定期には、人々が国境を越えて移住するのは法的制約により容易ではなかった。[56] 日本への移住者の多くは僧であった。唐（六一八―九〇七年）からの移住者はほとんどいなかったが、唐と日本との文化的交流は盛んだった。[57]

日本の年代記は、百済と高句麗が滅亡した七世紀後半、さらに、八世紀半ば以降、日本への集団移住がたびたびなされたことを記している。[58] たとえば、『日本書紀』によれば、六六五年、百済の男女四百人あまりが近江国に定住し、六六六年には二千人を超える百済の人々が東国に定住したという。[59] また、『続日本紀』によれば、七六〇年、新羅の三百五十一人が武蔵国に送られた。移住者の中には、故郷への帰還を命じられた者たちもいる。[60] たとえば、同じ『続日本紀』によれば、七四六年に渤海と鉄利出身の一千百人あまりが出羽国へ送られ、七七九年に渤海と鉄利出身の三百五十九人が出羽国へ送られたが、そのすべてが、後に故郷へ戻ることを命じられたという。[61]

六〇〇年から八四〇年までの間、朝鮮半島や中国との交流は、日本の朝廷からの使節、すなわち、遣隋使と遣唐使によって促され、これらの使節は日本列島に新しい知識、技術、モノ、そして、移住者をもたらした。[62] 日本と新羅の関係が八世紀半ばに悪化した後、遣唐使は対馬海峡（二百キロメートル）を渡って朝鮮半島に入る北路を断念し、九州から東シナ海（約七百キロメートル、約七日）を横断して中国へ向かう南路をとることになったが、これは危険なルートで多くの犠牲者を生むことになった。[63] 八九四年にこの公的な使節が廃止された後は、大陸との交流は主として商人たちによってなされることになった。[64]

北宋（九六〇―一一二七年）の商人たちは定期的に九州の博多を訪れ、十一世紀半ば以降は、日本列島と中国大陸の間を、商船が頻繁に行き交うようになった。南宋（一一二七―一二七六年）の時代には、日本と中国との交易はきわめて盛んになった。

十三世紀末、元の艦隊が二度、元寇と呼ばれる大規模な日本遠征を行った。[65] 一二七四年の文永の役では、三万人を超える兵士が遠征に加わり、[66] 一二八一年の弘安の役では四千四百艘の舟と十四万人の兵士が遠征隊を構成していたという。[67] この二度の日本遠征は、激しい嵐に見舞われて、失敗に帰した。最初の遠征では一万三千人の兵士が犠牲となり、[68] 二度目の遠征ではわずか四千名以下の兵士しか生き残って帰郷することができなかったと考えられている。[69]

これらは、日本が経験した二度の外部勢力による征服戦争であった。また、武士がお互いの間で戦うのではなく、将軍のもとに一致団結して、外からの侵略者に対する防衛戦を行った二度の戦いであった。元軍に致命的な損害を与えた嵐は、「神風」と呼ばれ、日本は神によって守られているという信仰を生み出した。この信仰は、第二次世界大戦での敗北まで、多くの日本人によって抱かれることになる。

元寇の後、日本列島と元朝、明朝（一三六八―一六四四年）の中国との間では、盛んな交易がなされつづけた。結局、中世の日本は、中国と朝鮮の強力な介入や大規模な移住を経験することなく、それらの穏やかな影響下にあったように見える。

おわりに

このように、私たちは、中世のシチリア島と日本に、異なるタイプの移住を見ることができる。地理的位置や外部勢力・国家との関係が、それらの移住に影響を与えたことは疑いないだろう。地中海の真ん中に位置するシチリア島は、戦略的にまた商業的に格段の重要性を有していたため、多くの外部勢力がこの島を支配しようとした。征服が成功すれば、多くの場合、その同郷者たちの移住が続くことになる。こうして、多様な民族がこの島を支配し、異なる地域からの移住者がその住民を構成した。歴史家の中には、イスラム教徒のシチリア島征服が、この島へのイスラム教徒の大規模な移住を引き起こし、この島をイスラム教徒の島へ変えたと考える者もいる。他方、ノルマン人のシチリア島征服は、既存の秩序やシステムを大きく変えることはなかった。ノルマン人たちは、既存のシステムに基づいて住民を治める新しい秩序を作ろうとしていたように見える。その結果、ノルマン人支配のもとで、異なる宗教や文化をもつ集団が併存しているのが見られるのである。

日本は、古代・中世において、外部勢力による征服を経験しなかった。その最大の理由の一つは、日本の極東における地理的位置が地中海におけるシチリア島ほどに、戦略上・商業上の決定的重要性を有しなかったためであろう。

中国大陸の人々には日本を征服するための強いインセンティブがあったようには見えない。また、日本の人々が大きな犠牲を払ってでも中国へ行く強い動機を有していたのに対し、大陸の人々が日本へ移住する強い動機を有していたようにも見えない。そのために、日本への移住者の数は少なく、政治・社会秩序に劇的な変化をもたらすことはなかった。征服によってではなく、移住先社会へのマイノリティとして定住した移住者たちは、その知識や技術を高く評価されはしたが、移住先の社会に同化せざるをえなかったのである。

最後に、この調査を進める中で直面した二つの問題を指摘しておきたいと思う。一つは、史料に関する問題である。イスラム支配下のシチリア島に関する同時代史料はほとんど存在しておらず、イスラム教徒によるシチリア島征服の情報のほとんどは、後の時代にシチリア島の外で記されたアラビア語史料、あるいは、後のノルマン期に書かれた史料から得られたものである。したがって、私たちの情報は、後のイスラム教徒の歴史家たちが興味をもち、手に入れることのできた、あるいは、ノルマン期の年代記作家や歴史家たちが関心をもった、政治的側面に限定されている。他方、日本への集団での移住に関する情報を与えてくれる日本の年代記は、後の時代に天皇の命により書かれたものであり、彼らの政治的意図が朝鮮半島からの移民の記述に影響を与えた可能性がある。

私が直面したもう一つの問題は、「移住」に関わる枠組み、すなわち、移住者が向かう土地や社会の枠組みに関するものである。私が、最初に、対象とする地域をシチリア島と日本列島に限定したように、移住先の土地を地理的に限定するのはそれほど難しくないかもしれない。しかし、移住者を受け入れる社会（a host society）や集団（a host group）は、必ずしも地理的単位と一致するわけではなく、中世の時代に、移住者を受け入れる社会として適切な集団を限定するのは容易ではない。「シチリア島」という枠組みは、地理的単位としては有効であり、ノルマン・シチリア王国の行政単位としても有効に機能していたと考えられる。しかし、ノルマン・シチリア王国成立後に、移住者を受け入れる社会としてシチリア島を設定するのは適切ではないかもしれない。王国という枠組み、あるいは、王国内のより小さなコミュニティの枠組みの方が、移住者を受け入れる社会としてより適切ではないかとも思えるからである。「日本」という枠組みは、この問題の別の側面を見せる。多くの歴史家たちは、古代・中世という時代に、「日本」全体を治める一人の統治者がいたわけでないこと、日本列島の中に多くの異なる国家があったことを認識しているし、また、意識してもいる。彼らが「日本社会」と呼べるような一つの人間集団が存在していたと信じているようにも見えない。しかし、それでも、彼らは、移住や異文化交流を議論する時に、「日本」という枠組みを、移住者を受け入れる社会（a host society）として使っているように見えるのである。

（1） Michael Borgolte, "Migrationen als transkulturelle Verflechtungen im mittelalterlichen Europa. Ein neuer Pflug für alte Forschungsfelder," *Historische Zeitschrift*, vol. 289（2009）, p. 270.

（2） Moses I. Finley, *Ancient Sicily*（London, 1979）, pp. xiii–xv; Denis Mack Smith, *Medieval Sicily 800–1713*（London, 1968）.

（3） Hugh Kennedy, "The Muslims in Europe," Rosamond McKitterick, ed., *The New Cambridge Medieval History*, vol. 2（Cambridge, 1995）, p. 249. シチリア島の住民の大部分は、イスラム教徒による征服の直前、ギリシア語、もしくは、イタリア化したギリシア語を話していたと考えられている。Alex Metcalfe, *Muslims and Christians in Norman Sicily*（London, 2003）, pp. xv, 7–8.

（4） Hugh Kennedy, "Sicily and al-Andalus under Muslim Rule," Timothy Reuter, ed., *The New Cambridge Medieval History*, vol. 3（Cambridge, 1999）, pp. 663–669; Metcalfe, *Muslims and Christians*, pp. 22–24.

（5） アグラブ朝君主（*amīr*）ジヤーダ・アッラーフ（Ziyāda Allāh, 817–838）は、シチリアで反乱を起こしたビザンツ帝国海軍指揮官エウフェミオス（Euphemios）から救援を求められると、八二七年、将軍アサド・ブン・アルフラート（Asad b. al-Furāt）にシチリアへの遠征を命じた。Hiroshi Takayama, "The Aghlabid Governors in Sicily: 827–909," *Annals of the Japan Association for Middle East Studies*, vol. 7（1992）, pp. 430–431. このムスリム軍は、アラブ人、ベルベル人、スペインのイスラム教徒、ペルシア人を含んでいたと考えられている。Michele Amari, *Storia dei musulmani di Sicilia*, rev. ed. by C. A. Nallino, 3 vols.（Catania, 1933–39）, vol. 1, p. 394; Mack Smith, *Medieval Sicily*, pp. 3–4; Aziz Ahmad, *A History of Islamic Sicily*（Edinburgh, 1975）, p. 7.

（6） キリスト教徒の最後の抵抗拠点であったロメッタ（Rometta/ Rametta）は、九六五年五月に陥落した。Amari, *Storia dei Musulmani*, vol. 2, pp. 307–308 note 2. Cf. Metcalfe, *Muslims and Christians*, p. 12.

（7） Ibn al-Athīr, *Al-Kāmil fī at-Tārīkh*, in: Michele Amari, ed., *Biblioteca arabo-sicula, testo arabo*（Leipzig, 1857）, pp. 214–316（イタリア語訳

＝Michele Amari, ed. & transl., *Biblioteca arabo-sicula*, 2 vols.［Torino/ Roma, 1880–89］, vol. 1, p. 369）. Metcalfe, *Muslims and Christians*, p. 19.

（8）このテオドシオスの手紙のギリシア語原文の冒頭部分は，以下の論考に収録されている。Carlo Oreste Zuretti, "La espugnazione di Siracusa nell'880. Testo greco della lettera del monaco Teodosio," *Centenario di Michele Amari*, vol. 1（Palermo, 1910）, pp. 164–173. また，ガエターニによるラテン語訳は，以下を参照。O. Gaetani, *Vitae Sanctorum Siciliae*, 2 vols.（Palermo, 1657）, vol. 2, appendix ; Rocco Pirro, *Sicilia sacra*, 3 rd ed. by A. Mongitore & V. M. Amico, 2 vols.（Palermo, 1733）, vol. 1, pp. 613–617. なお，英語訳が以下の本に収録されている。Francis Marion Crawford, *The Rulers of the South : Sicily, Calabria, Malta*, 2 vols.（London, 1900）（http://penelope.uchicago.edu/Thayer/E/Gazetteer/Places/Europe/Italy/_Texts/CRAROS/home.html［Accessed : 13 November 2011］）, pp. 79–98. Cf. Bruno Lavagnini, "Siracusa occupata dagli Arabi e l'epistola di Teodosio Monaco," *Byzantion*, vol. 29–30（1959–60）, pp. 267–292 ; Amari, *Storia dei Musulmani*, vol. 1, pp. 541–551 ; Ahmad, *A History of Islamic Sicily*, p. 15 ; Mack Smith, *Medieval Sicily*, pp. 4-5 ; Alex Metcalfe, *The Muslims of Medieval Italy*（Edinburgh, 2009）, pp. 27, 41 note 8.

（9）シチリアのアグラブ朝，ファーティマ朝，カルブ朝支配については，以下を参照。Takayama, "The Aghlabid Governors in Sicily : 827–909"; Idem, "The Fatimid and Kalbite Governors in Sicily : 909–1044," *Mediterranean World*, vol. 13（1992）, pp. 21–30 ; Metcalfe, *The Muslims of Medieval Italy*, pp. 25–87.

（10）Mack Smith, *Medieval Sicily*, p. 4.

（11）Metcalfe, *Muslims and Christians*, p. 13. メナジェは，イスラム教徒によるシチリア征服がギリシア人住民のカラーブリアへの大量移住を引き起こしたと考えている（Léon-Robert Ménager, "La 'Byzantinisation' religieuse de l'Italie méridionale（IXe–XIIe siècle）et la politique monastique des Normands d'Italie," *Revue d'Histoire Ecclésiastique*, vol. 53［1958］, pp. 747–774）。しかし，ギユはこの考えに否定的である（André Guillou, *Les actes grecs de S. Maria di Messina*［Palermo, 1963］, pp. 28–29）。

（12）Amari, *Storia dei Musulmani*, vol. 2, pp. 336–354.

（13）Mack Smith, *Medieval Sicily*, p. 7 ; Umberto Rizzitano, "La cultura araba nella Sicilia normanna," *Atti del congresso internazionale di studi Sicilia normanna*（Palermo, 1973）, pp. 279–297 ; Idem, *Storia e cultura nella Sicilia saracena*（Palermo, 1975）; Adalgisa De Simone, "I luoghi della cultura arabo-islamica," *Gentri de produzione della cultura nel Mezzogiono normanno-svevo*（Bari, 1997）, pp. 55–87 ; Metcalfe, *Muslims and Christians*, p. 19.

（14）Mack Smith, *Medieval Sicily*, p. 11.

（15）Amari, *Storia dei Musulmani*, vol. 2, pp. 508–515 ; Mack Smith, *Medieval Sicily*, pp. 7–8 ; Ahmad, *A History of Islamic Sicily*, p. 38.

（16）Yāqūt, *Mu'jam al-Buldān*, in : Amari, ed., *Biblioteca arabo-sicula, testo arabo*, p. 117（*Biblioteca arabo-sicula, versione italiana*, vol. 1, pp. 202–203）.

(17) Amatus, *Storia de' Normannni* (*Ystoire de li Normant*), ed. Vincenzo de Bartholomaeis (Fonti per la storia d'Italia pubblicate dall'Istituo storico italiano, vol. 76), lib. 5, cap. 12, 21, 25; Gaufredus Malaterra, *De rebus gestis Rogerii Calabriae et Siciliae comitis et Roberti Guiscardi ducis, fratris eius*, ed. Ernesto Pontieri (Bologna, 1928), lib. 2, cap. 14; Amari, *Storia dei Musulmani*, vol. 2, pp. 456–457, 499; Metcalfe, *Muslims and Christians*, pp. xv, 12–19.

(18) 南イタリアにおけるノルマン征服の影響については、以下を参照。Einar Joranson, "The Inception of the Career of the Normans in Italy," *Speculum*, vol. 23 (1948), pp. 353–396; Hartmut Hoffmann, "Die Anfänge der Normannen in Süditalien," *Quellen und Forschungen aus Italienischen Archiven und Bibliotheken*, vol. 49 (1969), pp. 95–144; Léon-Robert Ménager, "Pesanteur et étiologie de la colonisation Normande de l'Italie," *Roberto il Guiscardo e il suo tempo* (Roma, 1975), pp. 189–215; Norbert Kamp, "Vescovi e diocese nel passagio dalla dominazione bizantina allo stato normanno," G. Rossetti, ed., *Forma di potere e struttura sociale in Italia nel medioevo* (Bologna, 1977), pp. 379–397; Graham A. Loud, "How 'Norman' was the Norman Conquest of Southern Italy?" *Nottingham Medieval Studies*, vol. 25 (1981), pp. 3–34; Graham A. Loud, "Continuity and Change in Norman Italy," *Journal of Medieval History*, vol. 22 (1996), pp. 313–343; Wolfgang Jahn, *Untersuchungen zur normannischen Herrschaft in Süditalien* (*1040–1100*) (Frankfurt a. M., 1989); John France, "The Coming of the Normans to Italy," *Journal of Medieval History*, vol. 17 (1991), pp. 185–205.

(19) Hiroshi Takayama, "Confrontation of Powers in the Norman Kingdom of Sicily: Kings, Nobles, Bureaucrats and Cities," B. Saitta, ed., *Città e vita cittadina nei Paesi dell'area mediterranea: secoli XI–XV* (Roma, 2006), p. 541 (本書第八章); Hiroshi Takayama, "Law and Monarchy in the South," (本書第九章) D. Abulafia, ed., *Italy in the Central Middle Ages* (Oxford, 2004), p. 58.

(20) カンパーニアにおけるノルマンの征服以後のランゴバルド貴族の残存状況については、以下を参照。Loud, "Continuity and Change," pp. 324–336.

(21) Gaufredus Malaterra, *De rebus gestis Rogerii*, lib. 2, cap. 4–6; 10; 17; 29–30; 33; 35; Mack Smith, *Medieval Sicily*, pp. 15–16.

(22) ロゲリウス一世の最初のシチリア遠征（一〇六〇年）は、イブン・アルハッワース（Ibn al-Hawwās）との戦いに大敗したイスラム教徒地方君主イブン・アッスムナ（Ibn ath-Thumna）が、イタリア半島にいたロゲリウス一世に救援を求め、その見返りにシチリアの土地を提示した後に生じている。

(23) Gaufredus Malaterra, lib. 2, cap. 17–18. Ferdinand Chalandon, *Histoire de la domination normande en Italie et en Sicile*, 2 vols. (Paris, 1907), vol. 1, p. 328.

(24) Amatus, *Ystoire de li Normant*, in: V. de Bartholomaeis, ed., *Storia dei Normanni di Amato di Montecassino* (Roma, 1935), lib. 6, cap.18. Cf. Amari, *Storia dei Musulmani*, vol. 3–2, p. 130 note.

(25) Gaufredus Malaterra, lib. 2, cap. 45; Guillaume de Pouille, *La geste de Robert Guiscard*, ed. M. Mathieu (Palermo, 1961), lib. 3. Cf. Amari, *Storia dei Musulmani*, vol. 3, pp. 130–131, 277; Chalandon, *Histoire de la domination normande*, vol. 1, p. 208; Graham Loud, *The Age of Robert*

Guiscard: Southern Italy and the Norman Conquest (New York, 2000), pp. 161–162.

(26) Ibn Jubayr, *Riḥla*, ed. William Wright, revised by M. J. De Goeje (Leiden, 1907), p. 332. Cf. Amari, *Storia dei Musulmani*, vol. 3, p. 132; Chalandon, *Histoire de la domination normande*, vol. 1, p. 208; Francesco Gabrieli, "La politique arabe des Normands de Sicile," *Studia Islamica*, vol. 9 (1958), p. 93.

(27) Ibn Jubayr, *Riḥla*, pp. 334–336. Cf. Gabrieli, "La politique arabe," p. 89.

(28) Amari, *Storia dei Musulmani*, vol. 3, p. 277.

(29) Hiroshi Takayama, "The Administration of Roger I," G. De' Giovanni-Centelles, ed., *Ruggero I Gran Conte di Sicilia, 1101–2001* (Roma, 2007), pp. 124–140 (本書第六章); Idem, "Religious Tolerance in Norman Sicily? The Case of Muslims," Errico Cuozzo et alii, eds., *Puer Apuliae. Mélanges offerts à Jean-Marie Martin* (Paris, 2008), pp. 629–630 (本書第十章).

(30) Ibn Jubayr, *Riḥla*, p. 324.

(31) Hiroshi Takayama, "The Great Administrative Officials of the Norman Kingdom of Sicily," *Papers of the British School at Rome*, vol. 58 (1990), pp. 317–335 (本書第三章); Idem, *The Administration of the Norman Kingdom of Sicily* (Leiden/ New York/ Köln, 1993); Idem, "Central Power and Multi-Cultural Elements at the Norman Court of Sicily," *Mediterranean Studies*, vol. 12 (2003), pp. 1–15 (本書第七章); Alex Metcalfe, "The Muslims of Sicily under Christian Rule," Graham A. Loud and Alex Metcalfe, eds., *The Society of Norman Italy* (Leiden, 2002), pp. 289–317; Jeremy Johns, *Arabic Administration in Norman Sicily* (Cambridge, 2002), pp. 212–256.

(32) Hugo Falcandus, *Liber de regno Sicilie*, in G. B. Siragusa, ed., *La historia o liber de regno Sicilie e la epistola ad Petrum Panormitane ecclesie thesaurarium di Ugo Falcando* (Roma, 1897), p. 25: "*sicut et omnes eunuchi palatii, nomine tantum habituque christianus erat, animo saracenus*." 英語訳＝Graham A. Loud & Thomas Wiederman, transl., *The History of the Tyrants of Sicily by «Hugo Falcandus» 1154–69* (Manchester/ New York, 1998), p. 78.

(33) Hiroshi Takayama, "Familiares Regis and the Royal Inner Council in Twelfth-Century Sicily," *English Historical Review*, vol. 104 (1989), pp. 357–372 (本書第一章); Takayama, "Central Power and Multi-Cultural Elements," pp. 11–12 (本書第七章).

(34) N. Kamp, *Kirche und Monarchie im Staufischen Königreich Siziliens*, 4 vols. (München, 1973–82), vol. 3, pp. 1013–1018.

(35) Hugo Falcandus, *Liber de regno Sicilie*, p. 83 [Loud and Wiedemann, trans., *The History of the Tyrants*, p. 133].

(36) ファルカンドゥスはリカルドゥスを宦官と記していないが以下の記述が彼も宦官であったことを示唆している。"Gaytus quoque Richardus illi cum ceteris eunuchis infestissimus erat, eo quod Robertum Calataboianensem contra voluntatem eius dampnaverat" (Hugo Falcandus, *Liber de regno Sicilie*, p. 119 [Loud and Wiedemann, trans., *The History of the Tyrants*, p. 170]). Cf. Hugo Falcandus, *Liber de regno Sicilie*, pp. 161–162 [Loud and Wiedemann, trans., *The History of the Tyrants*, p. 214]; Takayama, "The Great Administrative Officials," pp. 323–324 (本書第三章); Johns, *Arabic Administration*, pp. 228–234.

（37）Hugo Falcandus, *Liber de regno Sicilie*, p. 79 note 1 and pp. 108–109 [Loud and Wiedemann, trans., *The History of the Tyrants*, pp. 129, 158]; Carlo Alberto Garufi, *I documenti inediti del'epoca normanna in Sicilia* (Documenti per servire alla storia di Sicilia, serie 1, Diplomatica, vol. 19, Palermo 1899), p. 111; Takayama, "The Great Administrative Officials," p. 323（本書第三章）; Johns, *Arabic Administration*, pp. 219–222.

（38）Hugo Falcandus, *Liber de regno Sicilie*, pp. 161–162 [Loud and Wiedemann, trans., *The History of the Tyrants*, p. 214].

（39）Hugo Falcandus, *Liber de regno Sicilie*, pp. 163–164 [Loud and Wiedemann, trans., *The History of the Tyrants*, p. 216]; Takayama, "*Familiares Regis*," pp. 365–368（本書第二章）.

（40）Takayama, "The Great Administrative Officials," pp. 317–335（本書第三章）; Idem, "Central Power and Multi-Cultural Elements," pp. 1–15（本書第七章）.

（41）Gabrieli, "La politique arabe," p. 86; David Abulafia, "The End of Muslim Sicily," James Powell, ed., *Muslims under Latin Rule, 1100–1300* (Princeton, 1990), pp. 103–133. ナツメヤシと砂糖キビはシチリア島で栽培されなくなった。これらを栽培できたのはイスラム教徒だけだったのである。Jean-Marie Martin, "Settlement and the Agrarian Economy," Loud and Metcalfe, eds., *The Society of Norman Italy*, pp. 19–21.

（42）ルチェーラのイスラム教徒については、以下を参照。David Abulafia, "Monarchs and Minorities in the Christian Western Mediterranean around 1300: Lucera and Its Analogues," Scott L. Waugh and Peter D. Diehl, eds., *Christendom and Its Discontents. Exclusion, Persecution, and Rebellion, 1000–1500* (Cambridge, 1996), pp. 234–263; Julie Taylor, *Muslims in Medieval Italy: The Colony at Lucera* (Oxford, 2003).

（43）古代、中世における日本と大陸（中国、朝鮮）との関係については、以下を参照。鬼頭清明『日本古代国家の形成と東アジア』（校倉書房、一九七六年）、鈴木靖民『古代対外関係史の研究』（吉川弘文館、一九八五年）、田村晃一・鈴木靖民編『アジアからみた古代日本』（角川書店、一九九二年）、金子修一『隋唐の国際秩序と東アジア』（名著刊行会、二〇〇一年）、佐藤信『日本の古代』（放送大学教育振興会、二〇〇五年）、村井章介『東アジアのなかの日本文化』（放送大学教育振興会、二〇〇五年）、荒野泰典他編『倭寇と「日本国王」』（吉川弘文館、二〇一〇年）、森公章『東アジアの動乱と倭国』（吉川弘文館、二〇〇六年）。

（44）Masako Nakagawa, "The Shan-hai ching and Wo: A Japanese Connection," Sino-Japanese Studies, vol. 15 (2003), pp. 45–55. Online: http://chinajapan.org/articles/15/nakagawa15.45-55.pdf (Accessed: 13 November 2011).

（45）王充『論衡』（山田勝美編訳、新釈漢文大系六八・六九・九四、明治書院、一九七六―八四年）第八巻儒増第二十六：「周時天下太平、越裳獻白雉、倭人貢鬯草」、第十九巻恢国第五十八：「成王之時、越常獻雉、倭人貢暢」。「倭」への最も古い言及は、紀元前三〇〇年頃から紀元二五〇年頃にかけて集成された『山海經』に見られる。『山海経・列仙伝』（前野直彬編訳、全釈漢文大系三三、集英社、一九七五年）第十二海内北經：「蓋國在鉅燕南倭北 倭屬燕」。

（46）『漢書』（石原道博編訳『新訂魏志倭人伝・後漢書東夷伝・宋書倭国伝・隋書倭国伝』〈中国正史日本伝1、岩波書店、一九八五年〉所収）地理志下：「樂浪海中有倭人、分為百餘國、以歳時來獻」。

(47)『後漢書』（石原道博編訳『新訂魏志倭人伝・後漢書東夷伝・宋書倭国伝・隋書倭国伝』所収）巻八十五東夷列傳第七十五：「建武中元二年、倭奴國奉貢朝賀、使人自称大夫、倭國之極南界也。光武賜以印綬。安帝永初元年、倭國王帥升等獻生口百六十人、願請見」。

(48)『魏志』（石原道博編訳『新訂魏志倭人伝・後漢書東夷伝・宋書倭国伝・隋書倭国伝』所収）巻三十東夷伝倭人条：「倭人在帯方東南大海之中　依山島爲國邑　舊百餘國　漢時有朝見者　今使譯所通三十國」。

(49)たとえば、五世紀末に書かれた宋（四二〇—四七九年）の史書『宋書』の夷蛮伝、七世紀に書かれた梁（五〇二—五五七年）の史書『梁書』の東夷伝、隋（五八一—六一八年）の史書『隋書』の東夷伝、十世紀に書かれた唐（六一八—九〇七年）の史書『唐書』の東夷伝を参照。

(50)東大寺教学部編『新版シルクロード人物辞典』（昭和堂、二〇〇二年）。初版は一九八八年に刊行。

(51)東大寺教学部編『新版シルクロード人物辞典』一六一頁。

(52)佐藤信『日本の古代』五〇頁。

(53)四世紀後半には、朝鮮半島で高句麗と百済の間で激しい戦争が続いていた。武田幸男編『朝鮮史』（山川出版社、二〇〇〇年）五四、六四—六五頁。

(54)四七五年には、高句麗が百済の首府を占領した。佐藤信『日本の古代』五〇—五一頁。

(55)七世紀の後半には、唐が高句麗と百済を攻撃し、百済は六六三年、高句麗は六六八年にその支配下に置かれた。佐藤信『日本の古代』七三頁。

(56)東大寺教学部編『新版シルクロード人物辞典』一六一頁。

(57)東大寺教学部編『新版シルクロード人物辞典』一六二頁。

(58)佐藤信『日本の古代』七三、七五頁。

(59)『日本書紀』（全二巻、坂本太郎他編、日本古典文学大系六七—六八、岩波書店、一九六五—六七年）天智四年（六六五年）二月。東大寺教学部編『新版シルクロード人物辞典』一六一頁。

(60)『続日本紀』（全五巻、青木和夫他編、新日本古典文学大系一二—一六、岩波書店、一九八九—九八年）天平宝字四年（七六〇年）四月。東大寺教学部編『新版シルクロード人物辞典』一六一頁。

(61)『続日本紀』天平十八年（七四六年）、宝亀十年（七七九年）九月。東大寺教学部編『新版シルクロード人物辞典』一六一頁。

(62)遣隋使と遣唐使については以下を参照。茂在寅男他『遣唐使研究と史料』（東海大学出版会、一九八七年）、東野治之『遣唐使と正倉院』（岩波書店、一九九二年）、同『遣唐使』（岩波書店、二〇〇七年）、上田雄『遣唐使全航海』（草思社、二〇〇六年）、森公章『遣唐使と古代日本の対外政策』（吉川弘文館、二〇〇八年）、同『遣唐使の光芒』（角川学芸出版、二〇一〇年）。

(63)佐藤信『日本の古代』一一六—一一八頁。

(64) 佐藤信『日本の古代』一九〇―一九三頁。村井章介『東アジアのなかの日本文化』五四―五五、八七―一〇五頁。

(65) 元寇については、村井章介『中世日本の内と外』（筑摩書房、一九九九年）九八―一一三頁、同『北条時宗と蒙古襲来』（日本放送出版協会、二〇〇一年）、および Judith Fröhlich, "Effecte von Migrationen auf Fremd- und Selbstbilder: Die Mongoleneinfälle aus japanischer Sicht," *Europa im Geflecht der Welt: Mittelalterliche Migrationen in globalen Bezugen*, eds. M. Borgolte et alii (Berlin, 2012), pp. 231–245 を参照。

(66) 村井章介『中世日本の内と外』一一五頁。同『北条時宗と蒙古襲来』一一二頁。

(67) 村井章介『中世日本の内と外』一一七頁。同『北条時宗と蒙古襲来』一一七頁。

(68) 村井章介『北条時宗と蒙古襲来』一一二頁。

(69) 村井章介『中世日本の内と外』一一七―一一八頁。

〔付記〕 会議の主催者から依頼された講演テーマは「地中海地域と極東における移住」であったが、この二つの地理的エリアは、曖昧でしかも異なる特徴をもつ様々な地域を含んでいるので、より明確に区分できる二つの地理的単位、つまり、地中海のシチリア島と極東の日本列島に焦点をあてることにした。

第十三章　中世シチリアにおける農民の階層区分

西欧では、一般に、フランスを中心とした研究を基にして、土地を介して領主に従属する不自由な統一的農民身分が十一―十二世紀に形成されたと考えられていた。(1) フランスの著名な中世史家マルク・ブロックは、中世期の農民の大多数は、次の三点で隷属状態にあり、農奴身分にあったと考えている。すなわち、財産の所有が不完全なため財産を遺贈する時には税を徴収されたという点、税を支払わないかぎり、領主の同意なしに領地外の人と結婚できなかったという点、隷属の象徴たる人頭税を支払わなければならなかったという点である。(2)

しかし、近年の研究により、農民の状態や法的地位が、地域と時代による大きな偏差をもっていたことが明らかになりつつある。西欧中世の農民は、領主の支配下にある不自由身分として一括して扱うことが難しくなる一方、地域的な違いを前提とした議論が求められつつある。十二世紀ノルマン・シチリア王国の農民に関する研究も、同様な状況に置かれている。(3)

中世ヨーロッパの農民は、日本語ではしばしば「農奴」や「隷農」という言葉で表現される。中世シチリアの農民の議論に入る前に、まずこの二つの言葉の説明が必要だろう。「農奴」はラテン語の「セルウス（*servus*）」、あるいはそれに相当する現代西欧語（英語・仏語の serf など）にあてた日本語訳であり、「隷農」はラテン語の「ウィーラーヌス（*villanus*）」あるいはそれに相当する現代西欧語（英語の villein やフランス語の vilain など）にあてた日本語訳である。

セルウスは、語源的には「奴隷」を意味し、中世期の史料に頻出する言葉ではない。(4) しかし、その現代西欧語形

表 13-1　農民を指すラテン語起源の現代語例

servus (L)	serf (E, F), servo (I)
villanus (L)	villein (E), vilain (F), villano (I)
rusticus (← *rus*) (L)	rustic, rural (E), rustique, rural (F), rustico, rurale (I)

L : Latin, E : English, F : French, I : Italian.

（英語およびフランス語の serf やイタリア語の servo）は、隷属状態にある中世の農民を指す言葉として多くの歴史家・研究者に用いられている。日本語では「農奴」という言葉がその訳語として一般に用いられているのである。

一方、ウィーラーヌスは、語義的には「ウィーラ」（*villa*、所領）に住む人を意味する言葉である。(5) 中世期のウィーラーヌスは身分的にも土地の保有状況においても不自由な農民であったという理解のもとに、日本語では、このウィーラーヌスにセルウスと同じ「農奴」という訳語があてられる場合もあれば、セルウスと区別するために「隷農」という訳語があてられる場合もある。また、ウィーラーヌスはセルウスよりも自由度の高い農民であったという理解のもとに、「農民」「自由民」という言葉があてられることもある。(6) 他方、ウィーラーヌスを不自由農民一般を指す言葉と考え、二種類のウィーラーヌスのうち自由度の低い方をセルウスとみなす研究者たちも少なくない。(7)

第一節　研究史

ノルマン・シチリア王国の農民に関する研究は十九世紀以来の長い蓄積を有しており、今日に至るまで多くの研究者たちによって様々な研究がなされてきた。(8) 研究者たちは、農民を指すと考えられるアラビア語、ギリシア語、ラテン語の様々な言葉に言及している。そして、それらの言葉の相互関係がしばしば議論の焦点となってきた。二十世紀初頭の歴史家F・シャランドンは、ノルマン期シチリアの史料に見出され、ウィーラーヌスを指していると思われる言葉を数多く挙げている。(9)

アラビア語、ギリシア語、ラテン語の史料中のどの言葉が別の言語のどの言葉にあたるかについては、研究者たちの見解が一致しておらず、各々の言葉が何を指しているかについても議論が行われてきている。しかし、多くの研究者たちはウィーラーヌスが基本的に二つのグループに区分されていたと結論づけているように見える。つまり、領主に対して人格的に世襲の奉仕義務を負う人々（つまり、生まれながらに領主に従属していた人々）と、領主の土地を保有しているために奉仕義務を負う人々（つまり、土地を借りることによって領主への従属関係が生じている人々）である。この二つの農民層の存在は、フレデリクス二世勅法集に含まれる次のウィレルムス二世の法から想定されたものである。

表 13-2　ウィーラーヌスを示す 3 言語の言葉（シャランドンによる）

ラテン語
servi glebae, rustici, adscriptitii, inscriptitii, homines, coloni, aldii, metochii, cortisani, angararii, homines censiles
ギリシア語
πάροικοι(paroikoi), ***ἄνθρωποι***(anthrōpoi), ***ἐναπόγραφοι***(enapographoi), ***ἐξώγραφοι***(exōgraphoi)
アラビア語
Rigiâl el Geraîd (*rijāl al-jarā'id*), *maks*, Mehallet (*maḥallāt*), Ghorebâ (*ghurabā'*)

〈ラテン語〉ウィーラーヌスたちはすべてその所有者の許可なく聖職者層に加わることが勅法により禁じられているという人々の誤りを、好意的な説明によって正そうとする我々は、次のようなウィーラーヌスたちのみが上記の勅法により聖職者になることを禁じられていると理解されると判断する。つまり、自ら、即ち、その人の人格においてという了解の下で奉仕すべく定められている、いわば、アドスクリプティティイ、セルウィ・グレベ、何かそのような者たちのことである。しかし、保有地或いは他の恩貸地のために奉仕の義務を負った者たちは、もし、聖職者層に加わりたいと欲すれば、領主の同意なく彼らに許される。(10)

このウィレルムス二世の法では、ウィーラーヌスたちが二つのカテゴリーに区分されている。「その人の人格においてという了解の下で奉仕すべく定められている、いわば、アドスクリプティティイ、セルウィ・グレベ、何かそのような者たち」と「保有地或いは他の恩貸地のために奉仕の義務を負った者たち」である。このウィレルムス二世の法は、最初のカテゴリーのウィーラーヌスたちは聖職者になれないが二番目のカテゴリーのウィーラーヌスたちは領主の許可なく自らの意思で自由に聖職者になれると宣言しているのである。

この記述に基づいて、研究者たちはウィーラーヌスを指すと思われる言葉を二つに分類しようとし、アラビア語、ギリシア語、ラテン語史料に記されている農民を指す言葉が二つのカテゴリーのどちらに属するのかを議論してきたのである。

たとえば、前述のシャランドンは、M・アマーリの研究に依拠しながら(11)、この王国の農民を次のように分類している。より下位にいるのが、領主に対して人格的に奉仕義務を負った農民層、つまり、ラテン語で「セルウィ（*servi*）」、「アドスクリプティティイ（*adscriptitii*）」、アラビア語で「リジャール・アルジャラーイド（*rijāl al-jarā'id*）」、ギリシア語で「パロイコイ（*πάροικοι*）」、「エナポグラフォイ（*ἐναπόγραφοι*）」と表現される農民であり、より上位にいるのが、土地保有により領主に奉仕義務を負った農民層、つまり、ラテン語で「オミネース・ケンシレース（*homines censiles*）」、アラビア語で「マクス（*maks*）(12)」、「マハッラート（*maḥallāt*）」、ギリシア語で「エクソーグラフォイ（*ἐξώγραφοι*）」、「アントローポイ（*ἄνθρωποι*）」と表現される農民である(13)。このシャランドンの分類を整理したのが表13–3である。

他方、イタリアの研究者A・ガルーフィは次のように説明している。ジャリーダ（*jarīda*、複数形 *jarā'id*、「文書」という意味）は、ただ、家族・息子とともに一個の人間として、その人の人格において働く義務を負った広大な所領のウィーラーヌス、いうなれば、アドスクリプティティイ、セルウィ・グレベ、その他同じ状態の人々の名前だけを含んでいる。それに対し、プラテイア（*πλατεῖα*）の中には、すべてのウィーラーヌスたち、あるいはもっとわかりやすくいえば、人格的にという理由で奉仕義務を負った人々と土地あるいは彼らに与えられたすべてのものに対してという理由で奉仕義務を負った人々の両方が記されている。[14]

ここに示されたガルーフィの分類は、シャランドンの分類とほとんど変わらない。ただ、ガルーフィは、ジャリーダと呼ばれる文書の中に人格的に奉仕義務を負った人々のみが記されているのに対し、プラテイアと呼ばれる文書の中にはその種の人々だけでなく保有地のためだけに奉仕義務を負う、より自由な農民も含まれていたと考えている。しかし、このジャリーダとプラテイアを区別するガルーフィの議論は成立しない。何故なら、アラビア語・ギリシア語併記文書でアラビア語のジャリーダがギリシア語ではプラテイアと記されており、両者は同じものを指していると考えられるからである。[15]

表 13-3　シャランドンによるウィーラーヌスの分類

	I. 土地保有により奉仕義務を負う	II. 人格的に奉仕義務を負う
ラテン語	*homines censiles*	*servi* *adscriptitii*
ギリシア語	*ἐξώγραφοι*(exōgraphoi) *ἄνθρωποι*(anthrōpoi)	*ἐναπόγραφοι* (enapographoi) *πάροικοι* (paroikoi)
アラビア語	*maks* *maḥallāt*	*rijāl al-jarā'id*

アラビア語、ギリシア語、ラテン語の農民を指す言葉が二つの農民層のどちらに属するのかという問題については、今日に至るまで研究者たちの見解の一致をみていない。しかし、アマーリやシャランドン、ガルーフィによって提示された、王国のウィーラーヌスが二つの階層に分かれていたという基本認識は、その後の多くの歴史家によって受け継がれてきたように見える。[16]

ところで、二〇〇〇年以降、アラビア語史料に出てくる農民を指す言葉を検討した研究が次々と刊行されてきた。その代表的なものは、A・ネフ、J・ジョンズ、A・メトカルフ、A・デ・シモーネの著作だが、これらの著作でも二つのウィーラーヌス（不自由農民）身分という枠組みが維持されているように見える。[17] たとえば、ジョンズは、二〇〇二年に公刊した書物の中で、ノルマン期シチリアのアラビア語史料を網羅的に精査し、アラビア語史料の中に出てくるイスラム教徒農民を指す言葉を含め、ウィーラーヌスを表す三言語の言葉を二つのグループに分類・整理している（表13-4）[18]。

彼によれば、一つ目のグループは、アラビア語文書で「フルシュ（*hursh*）」あるいは「リジャール（アフル）・アルジャラーイド（*rijāl* (*ahl*) *al-jarā'id*）」と表現される「登録された（registered）」ウィーラーヌスたち、二つ目のグループは、アラビア語文書で「ムルス（*muls*）」と表現される「登録されていない（unregistered）」ウィーラーヌスたちである。この分類は、ノルマン期シチリアのアラビア語羊皮紙文書の網羅的な検討に基づいてなされたものであり、先行研究の整理に加えて彼自身の新しい解釈を含んでいるが、ウィーラーヌスを二つの階層に区分する伝統的な枠組みは維持されている[19]。

このジョンズの見解は、メトカルフにより全面的に継承された。メトカルフは次のように説明している。ウィーラーヌスを指すために多くの言葉が三つの言語を越えて同義的に用いられており、アラビア語とギリシア語の言葉は、二つの基本カテゴリー、つまり、「登録された」家族と「登録されていない」家族に分けることができるという。彼は、ジョンズの理解に従い、「登録された」者たちは、アラビア語で「フルシュ」あるいは「リジャール（アフル）・アルジャラーイド」、ギリシア語で「エナポグラフォイ *ἐναπόγραφοι*」と呼ばれ、「登録されていない」者たちは、アラビア語で「ムルス」、ギリシア語で「エクソーグラフォイ *ἐξώγραφοι*」と呼ばれていたと説明している[20]。

この三言語の言葉の分類はきわめて精緻に見えるが、大きな危うさをはらんでいる。というのは、この分類が、ノルマン期シチリアで作成された文書の使用例のみに基づいてなされたのではなく、言葉の意味からの類推や（東）ローマ帝国の法制度からの類推を含んでいるからである。また、農民を指す言葉（概念）がアラビア語、ギリシア語、ラテン語の間で一対一の関係にあることが想定されているが、そうではない可能性もある。さらに、「ムルス」のギリシア語の対応語「エクソーグラフォイ」がもともとは「(リスト）の外に書かれたもの（que' fuori scritto/écrites à l'extérieur（des listes)）」を意味しているというアマーリとネフの解釈[21]、「(リストに）加えられたもの（aggiunti）」を意味

表 13-4　Jeremy Johns によるウィーラーヌスの分類

Registered	Unregistered
• *ahl* or *rijāl* (*iḍāfa* or preposition) *al-raḥl al-fulānī,* 'the people' or 'the men of such-and-such an estate'	
• *rijāl al-maḥallāt,* 'the men of the settlements'	• *al-ghurabā,* 'the strangers'
• *οἱ ἐντόποι* (*oi entopoi*), 'the indigenes'	• *οἱ ξένοι* (*oi xenoi*), 'the strangers'
• *nativi* 'indigenes'; *servi glebae,* 'serfs of the land'	• *advenae.* 'newcomers'; hospites, 'guests'
• *rijāl al-jarā'id,* 'the men of the registers'	
• *οἱ ἐναπόγραφοι* (*oi enapografoi*), 'the registered'	• *οἱ ἐξώγραφοι* (*oi exōgrafoi*), 'the unregistered'
• *adscriptitii, 'the registered'*	• *inscriptitii, 'the unregistered'*
• *al-ḥursh, al-rijāl al-ḥursh,* 'the rough', 'the rough men'	• *al-muls, al-rijāl al-muls,* 'the smooth', 'the smooth men'
• *rustici,* 'rough'	• [*glabri,* 'smooth']
• *qui personaliter, intuim personae suae scilicet, servire tenentur* 'those who are held to personal service, *i.e* with respect to their own persons'	• *qui ... respectu tenimenti vel alicuius beneficii servire tenentur* 'those who ... owe service by reason of a holding or other benefice'

Johns, Arabic Administration, p. 151, Table 6.1.

しているとするデ・シモーネの解釈は、[22]「ムルス」をウィーラーヌスの二つの階層の一つとみなす解釈に疑義を抱かせる。

本章では、ジョンズとメトカルフがウィーラーヌスの二つの階層（「登録されていない」ウィーラーヌスと「登録された」ウィーラーヌス）を典型的に示す一対の言葉とみなし、英語訳として「rough man（荒い人／粗野な人）」と「smooth man（滑らかな人／洗練された人）」をあてたアラビア語の「ムルス」と「フルシュ」に焦点をあて、これらの言葉は彼らが考えるようなウィーラーヌスの二つの階層を示したものではないことを明らかにし、新しい異なる解釈を提示したいと思う。

第二節「ムルス」と「フルシュ」は、対概念を示す言葉なのか

まず、アラビア語の「ムルス（*muls*）」とは何か。ジョンズは、「ムルス」を次のように説明している。「ムルス」は、最初、一一四一年の文書に「リジャール・アルジャラーイド」と対置された形で現れる。この文書では、トリオカーラ（Triocala）の「リジャール・アルジャラーイド」のリスト、ラフル・アルバサル（Rahl al-Baṣal）の「リジャール・アルジャラーイド」のリストの後に、三番目のリストとして、「ムルス」の名前のリストがきている。ジョンズによれば、「ムルス」という言葉は、「滑らかな、洗練された（smooth）」、「柔らかな（soft）」、「すべすべした（sleek）」などを意味する「アムラス（*amlas*）」の複数形であり、シチリアの文書では単数形が用いられることはなく常に複数形で用いられた。(23)

さらに、この「ムルス」という言葉は、一一四九年と一一五四年の二つの文書で「フルシュ（*hursh*）」の反意語として記されている。フルフル（*hurhur*, Churchuro）の教会に与えられたムスリムの男の五つの家族のうち、二家族が「フルシュ」、三家族が「ムルス」であったと記されているのである。この「フルシュ」という言葉は、形容詞「アフラシュ（*aḥrash*）」の複数形であり、「粗野な（rough）」、「ざらざらした（harsh）」、あるいは、「あらい（coarse）」を意味している。そして、「ムルス」の場合と同様、ノルマン期シチリアでは複数形の「フルシュ」のみが用いられていたという。(24)

ジョンズによれば、これら二つの言葉「フルシュ」と「ムルス」は「粗野な（rough）」と「洗練された（smooth）」を意味し、明らかに一対の対照的な反意語をなしていたのだという。そして、この用法はシチリア固有のものであり、他の地域では見られなかったという。(25)このジョンズの見解は、メトカルフ(26)とネフ(27)によって受け入れられた。

「ムルス」と「フルシュ」を対概念として捉えたのは、ジョンズが最初というわけではない。すでに十九世紀には、

R・ドージィが彼のアラビア語辞典（一八七七―八一年刊行）の「アムラス（*amlas*）」の項で、「ムルスはシチリアにおいては農奴（serfs）の一つの階層をなしており、もう一つの階層は「フルシュ」という名を有していた」と記しているからである。(28) このような理解は、アマーリの『シチリアのムスリムの歴史』の改訂版（一九三三―三九年刊行）を自身の注釈を加えて刊行したC・A・ナッリーノによって継承されている。ナッリーノは、この書物の注で「フルシュ（アフラシュの複数形）」は「粗野な（ruvidi）」を意味しているが、上述の「ムルス（洗練された（lisci））」の階層に対置されるものであり、史料の検討からリジャール（アフル）・アルジャラーイド（プラテイアに記された人々）、つまり、ウィーラーニ（*villani* ウィーラーヌの複数形）、アドスクリプティティ（*adscripticii*）、ルスティチ（*rustici*）と同じものだということがわかると記している。(29)「ムルス」と「フルシュ」に関するジョンズの理解は、基本的にこれらの研究者たちの見解を踏襲したものである。

「ムルス」と「フルシュ」を対概念と捉える彼らの認識の根拠となっている史料は、一一四九年(30)と一一五四年(31)の二つのアラビア語文書である。これらの文書は、現在は失われてしまった一一四九年の文書の写しであり、譲渡された土地を記述した部分および一一五四年の文書に書き加えられた文（この写しの文書を作成した理由を述べた文）を除けば、同じ内容である。「ムルス」という言葉はこの二つの文書の中に一度しか現れない。

ドージィ、ナッリーノ、ジョンズは、この情報に基づいて、「フルシュ」と「ムルス」を対照的な対概念だと考えた。もし「フルシュ」と「ムルス」が対概念であるなら、私も、これらの研究者たちと同じように、ウィーラーヌスの二つの階層を表す言葉だという結論に導かれることになったかもしれない。しかし、この一文は、「フルシュ」と「ムルス」を併記してはいるが、両者に関する具体的な情報を何も含んでおらず、両者を対照的な対概念と捉える根拠にはなりえない。私たちは、「フルシュ」と「ムルス」を対置することをいったん止めて、それぞれが何を指しているかを検討しなおすことが必要である。

表 13-5　「ムルス」と「フルシュ」に言及した文

1149, line 6; 1154, lines 5–6
الجملة خمسة رجال من إقليم جاطو منهم/ اثنين حرش وثلاثة ملس
合計はヤート地域の男たち(*rijāl*)5名であり，そのうち2名は「フルシュ *ḥursh*」，3名は「ムルス *muls*」である注)。

Palermo, Arch. Dioc., Fondo Primo, nos. 14, 16.

注：1149年の文書＝Palermo, Arch. Dioc., Fondo Primo, no. 14, line 6［ed., Cusa, p. 29; Johns & Metcalfe, “The Mystery of Chùrchuro,” p. 243］. 1154年の文書＝Palermo, Arch. Dioc., Fondo Primo, no. 16, lines 5–6［ed., Cusa, p. 35; Johns & Metcalfe, “The Mystery of Chùrchuro,” p. 249］.

第三節　「ムルス」とは何か

「ムルス（*muls*）」と「フルシュ」が対概念でないとすれば、「ムルス」はどのように理解すればよいのだろうか。「ムルス」（単数形はアムラス）は、確かに、「すべすべの（*laevis*）」、「なめらかな（*glaber*）」、「柔らかな（*mollis*）」などを意味する言葉だが、デ・シモーネが指摘するように、「混ぜられた（*mixtus fuit*）」、「逃亡した（*evasit*）」、「解放された（*liberatus fuit*）」、「奪い取られた（*ereptus fuit*）」などをも意味する、きわめて曖昧で多義的な言葉である(32)。そのために、研究者たちは、「グラバー（*ghurabāʾ*）／グルバー（*ghurbāʾ*）」との併記(33)や「フルシュ（*hursh*）」あるいは「フラシュ（*hurash*）」との対比(34)から、その意味を推測してきたのである。

現在知られている「ムルス」に関する史料はわずか五点しか存在していない。この五点のうち最も古いものは一一四一年に発給され、現在トレドの文書館に保管されているアラビア語文書である(35)。この文書の中に「ムルス」という言葉は二度出てくる。二番目と三番目に古いのは、上述した一一四九年と一一五四年のアラビア語文書で、両者とも同じ一一四九年作成の文書の写しである。この二つの文書はパレルモの文書館に保管されており(36)、それぞれ「ムルス」と「フルシュ」が一度だけ出てくる。四番目に古いのは一一六九年に発給されたアラビア語・ギリシア語併記文書で、パレルモの同じ文書館に保管されている(37)。そして、最後の史料は、一一八三年発給のアラビア語・ギリシア語併記文書であり、現在パレルモの別の文書館に保管されている(38)。

「ムルス」を理解するための重要なヒントを与えてくれるのは、この最後の一一八三年のアラビア語・ギリシア語併記文書である。そこには、「ムルス」のギリシア語の対応語として、「エクソーグラフォイ ἐξώγραφοι」が記されているからである。「ムルス」も「エクソーグラフォイ」もきわめて曖昧な言葉であり、単一言語で記された文書の場合には、書き手がこれらの言葉で何を示そうとしたのかを知るのは容易ではない。しかし、二言語併記文書の場合には、アラビア語の「ムルス」とギリシア語の「エクソーグラフォイ」の語義の重なる部分を見つければ、書き手がこれらの言葉で何を示そうとしたのかを推し量ることができる。

ギリシア語の「エクソーグラフォイ」は「外に書かれたもの」「書かれたものの外」「書かれていないもの」などの語義を有しており[39]、アラビア語の「ムルス」は「なめらかな」「すべる」「抜け落ちた」などの語義を有している。この二カ国語併記文書の書き手はこれらの言葉で「抜け落ちた」、つまり、「前の文書（あるいは名前のリスト）から抜け落ちた（あるいは記されていない）者たち」を示そうとしていると考えるのが最も自然だろう。

そして、このことは、一一八三年の文書の構成からも支持されるように思われる。

この文書では、原則として、同じ内容の文が一行ごとにギリシア語とアラビア語で交互に記されており、見出し語、名前のリスト、名前の合計数が一つのユニット（まとまりをなす単位）となっている。多くの場合は、ある土地（たとえば、ガール・アルシルフィーという地名）の「マハッラートの人々」のユニット（lines 14–

表 13-6 「ムルス muls」に関する史料

① 1141: Toledo, ADM, Mesina, no. 1119.
- *muls*

② 1149: Palermo, Arch. Dioc., Fondo Primo, no. 14（1149 年の文書の最初の写し）.
- *muls* + *ḥursh*

③ 1154: Palermo, Arch. Dioc., Fondo Primo, no. 16（1149 年の文書の 2 番目の写し）.
- *muls* + *ḥursh*

④ 1169: Palermo, Arch. Dioc., Fondo Primo, no. 25.
- *ḥursh*
- *ghurabā'* + *muls*

⑤ 1183: Palermo, BCRS, no. 45
- *muls* = *ἐξώγραφοι*（*exōgraphoi*）

表 13-7　1183 年の文書の構成

lines 1–13:（アラビア語の序文）

[1–a]
line 14: “Ghār al-Ṣirfī の *maḥallāt* の人々の名前”（اسما أهل المحلات بغار الصرفي）
lines 15–18:（ギリシア語とアラビア語で 14 人の名前のリスト）
line 17: “*challet* からのこれらは計 14 名”（*οὗτοι ἐκ τῶν καλλέτ ὁμοῦ ὀνόματα ιδ΄*）
line 18: “*maḥallāt* からの合計は 14 名”（الجملة من المحلات اربع عشر اسما）
[1–b]
line 19: “Siriphē 所領の *exōgraphoi*”（*οἱ ἐξώγραφοι* [Cusa, *ἐζώγραφοι*] *τοῦ χωρίου σιρίφη*）
line 20: “そして Ghār al-Ṣirfī の *muls* から”（ومن الملس بغار الصرفي）
lines 21–30:（ギリシア語とアラビア語で 40 人の名前のリスト）
line 31: “計 40 名”（*ὁμοῦ ὀνόματα μ’*）
line 32: “計 40 名”（الجملة عربعين اسما）
[2–a]
line 31: “そして Dartze の *machallet* から”（*καὶ ἀπὸ τῶν μαχαλλὲτ δάρτζε*）
line 32: “そして Darja の *maḥallāt* から”（ومن المحلات بالدرجة）
lines 32–34:（ギリシア語とアラビア語で 10 人の名前のリスト）
line 33: “計 10 名”（*ὁμοῦ ὀνόματα ι’*）
line 34: “計 10 名”（الجملة عشرة اسما）
[2–b]
line 35: “Dartze の *exōgraphoi*”（*οἱ ἐξώγραφοι τῆς δάρτζες*）
line 36: “そして Darja の *muls* から”（ومن الملس بالدرجة）
lines 37–38:（ギリシア語とアラビア語で 3 人の名前のリスト）
line 37: “計 3 名”（*ὁμοῦ ὀνόματα τρία*）
line 38: “計 3 名”（الجملة ثلاثة اسما）
[3–a]
line 39: “そして Tzatine の *machallet* から”（*καὶ ἀπὸ τῶν μαχαλλὲτ τζατίνε*）
line 40: “そして Jaṭīna の *maḥallāt* から ”（ومن المحلات بجطينة）
lines 41–46:（ギリシア語とアラビア語で 24 人の名前のリスト）
line 45: “計 24 名”（*ὁμοῦ ὀνόματα κδ΄*）
line 46: “計 24 名”（الجملة اربعة وعشرين اسما）
[3–b]
line 47: “Tzatine の *exōgraphoi*”（*οἱ ἐξώγραφοι τζατίνες*）
line 48: “そして Jaṭīna の *muls* から”（ومن الملس بجطينة）
lines 49–56:（ギリシア語とアラビア語で 30 人の名前のリスト）
line 55: “計 30 名”（*ὁμοῦ ὀνόματα τριακοντα*）
line 56: “計 30 名”（الجملة ثلثون اسما）
[4–a]
line 57: “そして Abderrhachmen と Koumait の所領（minzēl）の *machallet* から”（*καὶ ἀπὸ τῶν μαχαλλὲτ μίνζηλ ἀβδῤῥαχμὲν καὶ κουμάϊτ*）
line 58: “そして ‘Abd al-Raḥmān と al-Qumayṭ の所領（*manzil*）の *maḥallāt* から”（ومن المحلات بمنزل عبد الرحمن والقميط）
lines 59–60:（ギリシア語とアラビア語で 3 人の名前のリスト）

line 59: "計 3 名"（*ὁμοῦ ὀνόματα τρία*）
line 60: "計 3 名"（الجملة ثلاثة اسما）
［4–b］
line 61: "そして同所の *exōgraphoi*"（*καὶ οἱ ἐξώγραφοι ἀπ' αὐτῆς*）
line 62: "そして，そこの *muls* から"（ومن الملس بها）
lines 63–68:（ギリシア語とアラビア語で 25 人の名前のリスト）
line 67: "計 25 名"（*ὁμοῦ ὀνόματα κε΄*）
line 68: "計 25 名"（الجملة خمسة وعشرون اسما）

……………………………
［52–b］

Palermo, BCRS, Fondo Monreale, no. 45.

18）と、同じガール・アルシルフィーの「エクソーグラフォイ／ムルス」のユニット（lines 19–32）とが対をなしている。ただ、土地によってはこれら二種類のユニットのうちのどちらか一方しか記されていない場合もある。

対をなすユニットのうちの最初のユニットの見出しに繰り返し出てくるアラビア語の「マハッラート」は集落を意味する言葉であり、「ガール・アルシルフィーのマハッラートの人々」は単に「ガール・アルシルフィー集落の人々」を意味しているにすぎない。ギリシア語では「マハッラト」はその音写した形「マハッレート（*μαχαλλὲτ* /*machallet*）」が使われており、「ホイ・アントローポイ・マハッレト（*οἱ ἄνθρωποι μαχαλλὲτ* /*hoi anthrōpoi machallet*、マハッラートの人々）」と記されている例もある。(40) また、文字通りには「その土地生まれ」を意味する「ホイ・エントポイ（*οἱ ἔντοποι*/*hoi entopoi*）(41)」や「その土地の人々」を意味する「ホイ・エントーペイオイ（*οἱ ἐντώπειοι*/*hoi entōpeioi*）」という言葉が付け加えられている例も見られる。(42)

この見出しに、ウィーラーヌスの階層を示唆する言葉は何も含まれていない。もし「ムルス」がウィーラーヌスの階層を指すのなら、なぜ対をなすもう一方のユニットにウィーラーヌスの階層を示す言葉がないのだろうか。しかし、もし、「ムルス」と「エクソーグラフォイ」が単に以前の文書や名前のリストに記されていない者を示しているのなら、対をなすユニットの見出しが非対称であることも、「アフル」や「アントローポイ」のように「人」を意味する一般的な言葉が使われているのも理解できる。

表 13-8　1141 年の文書の構成

lines 1–2: “536 年(1141 年)の 11 月に書かれた[Triocala の男たち(*rijāl*)の名前]を証明するジャリーダ”
(جريدة تشهد علي أسماء رجال طرقلش /كتبت بتاريخ شهر نومبره من سنة ست وثلاثين وخمسماية)
lines 3–11: ([50 人の名前]のリスト)

line 11: “[Raḥl al-Baṣal の男たち (*rijāl*)の名前]” (أسماء رجال رحل البصل)
lines 12–20: ([50 人の名前]のリスト)

line 20: “[計 100 人の男たち(*rijāl*)]” (الكلمة ماية رجال)

line 21–22: “そして，インディクティオー 4 年(1141 年)の 7 月に，あなたは，私たちに――その時，私たちはアグリジェントにいた．神がこの町を守り給いますように！――この文書(*sijill*; ラテン語では *sigillum*; ギリシア語では *σιγίλλιον*)にその名前が記されている，あなたの保有下にあるムルスの者たちに関する願いを行った．そこで，私たちは，彼らを次の条件であなたに与えた．つまり，彼らのうちの誰かが私たちのジャラーイド，あるいは，私たちの(家臣である)領主たち(*tarārīya*)のジャラーイドに記されていた場合には，あなたから取り戻されるということである．“(Gálvez
حماها الله في هاولا الاسما الذين يثبتوا في هذا السجل/ ثم لما كان بتاريخ شهر اسطريون (أسطربير Gálvez) بالاندقتس الرابع (الربع
احدا يوخذ (يوخد Johns) منك الذين وجدوا عندك (عبدك Gálvez) ملسا فسلمناهم لك على شريطة انه متى ما ظهر سالتنا ونحن بكركنت
منهم في جرايدنا وجرايد تراريتنا (قرابيننا Gálvez)

line 23: “[これが彼らの名前である]”(وهذه اسماهم)
line 24–25: ([15 人の名前]のリスト)
line 26: “[計 15 人の *muls* の男たち]” (الجملة خمسة عشر رجلا ملس)

line 27:(ロゲリウス 2 世のギリシア語署名)“*Ῥογέριος ἐν Χριστῷ Θεῷ εὐσεβὴς κραταιὸς Ῥὴξ καὶ τῶν χριστιανῶν βοηθός*.”

Toledo, ADM, Mesina, no. 1119.

「ムルス」を含む最も古い史料である一一四一年のアラビア語文書の構成も、この見方を支持しているように見える。

この文書には、名前のリストが三つ含まれている。最初のものは「トリオカーラの男たち（*rijāl*）の名前」のリスト、二番目は「ラフル・アルバサルの男たち（*rijāl*）の名前」のリスト、三番目は「この文書に記されている、あなたの保有下にあるムルスの者たちの名前」のリストである。この文書にも、ウィーラーヌスの階層を示唆する言葉はない。この文書で「ムルス」という言葉は二度使われているが、いずれも、一一八三年の文書の場合のように、「前のリストや文書から抜け落ちていた、あるいは、記されていない者たち」と解釈することが可能である。

文書に記された名前のリストは、住民の名前、通常は家族世帯の長の名前を含んでいる。すでに十一世紀、シチリア伯ロゲリウス一世は、自らの家臣や教会、修道院に土地を与える時に、このような農民の名前のリストを利用していた。たとえば、一〇九五年に作成されたパレルモの聖マリア教会への寄進状（ギリシア語・アラビア語併記）には、アラビア語による名前のリストとギリシア語による名前のリストが含まれており[43]、同年作成のカターニア司教への寄進状（ギリシア語・アラビア語併記）には、アラビア語によるアーチ（Aci, *Liyāj*, *Γιάκην*）の人々（*ahl*）の名前のリストと寡婦（*arāmil*）の名前のリストが含まれている[44]。

このように、ノルマン君主の寄進状は、寄進される土地と一緒に住民たちが新しい領主に帰属することになることを保証するために、しばしばその名前のリストを含んでいた。残存している寄進状のいくつかは、すでに紹介した一一四一年の文書（表13-8を参照）[45]や一一四五年の文書（シチリア伯ロゲリウス一世が家臣のロゲリウスに行っていた贈与を、国王ロゲリウス二世が彼の息子のグアルテリウスに認可・更新したもの）[46]のように、既存の古い名前のリストに加えて、追加的な名前のリストをも含んでいる。これは、名前のリストや寄進状・特権状の改訂が、新しい情報を含むすべての名前を整理しなおしてまったく新しい名前のリストを作るという方法でなされるのではなく、古い名前のリストの下に新しい名前のリストを加えるという方法でなされたことを示している。

この改訂の仕方は、一一八三年の文書の名前のリストの見出しにある「ムルス」と「エクソーグラフォイ」という言葉が、付加されたものであることを示すために使われたということを示唆している。異なる言葉で表される異なる階層のウィーラーヌスが存在し、それが別の欄に分けて記入されたわけではない。住民を指すために異なる言葉が使われているが、それらのほとんどが「人」や「住民」を意味する一般的な言葉である。繰り返すが、「ムルス」も「エクソーグラフォイ」も、異なる階層のウィーラーヌスを指しているのではなく、前のジャリーダに記されていない「記入漏れ」「未記入」を指す、文書作成上の言葉にすぎない。これは、追加の情報、新しい情報であることを示しているのである。

ノルマン期シチリアのアラビア語文書には「リジャール・アルジャラーイド」、つまり、「ジャラーイドの男たち」という言葉が見出される。研究者の中にはこの言葉をムルスのもう一つの反意語とみなす者たちがいる。たとえば、ジョンズは、次のように説明している。「ウィーラーヌスのもう一つのグループであるムルスは、一一四一年十一月にトリオカーラの聖ゲオルギウス教会のために更新されたジャリーダの中に、リジャール・アルジャラーイドの反意語として、初めて現れる。トリオカーラとラフル・アルバサルのリジャール・アルジャラーイドのリストの後に、三番目のムルスの名前のリストが来ているのである」[47]。

しかしながら、この文書で、ムルスはリジャール・アルジャラーイドと対比されているわけではない。ここに「リジャール・アルジャラーイド」という言葉は記されておらず、単に「トリオカーラの男たち」、「ラフル・アルバサルの男たち」という言葉が記されているだけである[48]。それらをジョンズが、リジャール・アルジャラーイドと解釈したのである。

ジョンズたちは、リジャール・アルジャラーイドをウィーラーヌスの下位の階層に置き、リジャール・アルムルスを上位の階層に置いているが、私はこの考えに同意できない。リジャール・アルジャラーイドが階層を表していることを示す史料がないからである。

「ムルス」という言葉は、一一八三年の文書の名前のリストの見出しに繰り返し現れるが、「フルシュ」も「リジャール・アルジャラーイド」も（ノルマン期シチリア文書の中の）名前のリストの見出しに出てくることはない。リジャール・アルジャラーイドは、ウィーラーヌスの特別の階層を指しているわけではなく、その言葉通り、「ジャリーダに記されている者たち」を指しているにすぎない。

寄進状には、しばしば、その名前のリストに記されている人が、すでに他の寄進状や文書に記されていた場合には、彼らをこの寄進から除外するという条件が記されている。たとえば、一〇九五年のギリシア語文書は、「もし、カターニア司教に譲渡されるこのプラテイアの中に記されているサラセン人たちのうちの誰かが私のプラテイアや私の封臣たちのプラテイアの中に見出されたならば、その者は例外なくすぐに返却されなければならない」[49]という文を含み、すでに紹介した一一四一年の文書は「彼らのうちの誰かが私たちのジャラーイド、あるいは、私たちの（家臣である）領主たちのジャラーイドに記されていた場合には、あなたから取り戻される」[50]という文を含んでいる。つまり、農民が誰のジャリーダに記されているのか、王や教会や修道院や世俗諸侯の特定の誰に帰属しているのかが重要なのであって、ウィーラーヌスの階層が問題にされているのではない。いずれにしろ、農民たちがどの領主に属していたかを明示し保証することが名前のリストを寄進状に入れた主たる目的であったことは強調されねばならない[51]。

ところで、二種類のウィーラーヌスの存在を前提に、研究者たちは「ムルス」に関して二つの興味深い問題を提起している。一つは、誰が「ムルス」だったのかという問題である。たとえば、ジョンズは「ムルス」が新しい移住者だったと推測している。彼の調査によれば、一一四一年のトリオカーラの文書に記された十五人の「ムルス」のうち十四人の名前が北アフリカ出身を示すニスバ（由来名）を有していることから、「ムルス」は登録された所領への新しい移住者だったことが推測されるというのである。そして、このことは、一一六九年の文書の中で、「ムルス」が「グラバー（*ghurabā'*、よそ者、異邦人）」と並置されていることから、立証されるという[52]。

これに対し、メトカルフは、「ムルス」をシチリアへ移住した最初の世代と考えるべきではないと主張している。彼によれば、その多くがシチリア内の別の町や村から移住してきた人々であり、税の軽減や支払い猶予期間を含む、寛大な土地保有条件を与えられた人々であった[53]。

第二の興味深い問題は、「ムルス」の法的身分がやがて「リジャール・アルジャラーイド」へ変化するというものである。ネフによれば、ムルスは税の支払い義務を負う共同体の一員ではなかったが、その共同体に加わった後には登録民の「リジャール・アルジャリーダ」に変化すると考えている[54]。他方、ジョンズは、「ムルス」たちは最初は未登録のよそ者（unregisered ‘strangers’）だったが、その地に定着すると、登録民の「リジャール・アルジャリーダ」に変わると説明する[55]。そして、メトカルフは、「ムルス」たちは、次の住民調査を受けた後に「未登録民（unregistered）」であることを止め、「登録民（men of registers）」として名簿に記載されようになったと考える。つまり、住民調査が行われることによってウィーラーヌスの身分が変わるというのである[56]。

繰り返すまでもないが、これらの研究者がウィーラーヌスの上位の階層と考えた「未登録民」の「ムルス」は、ウィーラーヌスの階層ではなく、単に未記載の住民を指しているにすぎない。ジョンズ、メトカルフ、ネフは、階層の存在を前提にしているために、「未登録民」から「登録民」への階層の移動を説明しなくてはならなくなったが、現実の状況は、単に記載漏れ・未記載の名前が追加されたというだけのことである。

第四節　「フルシュ」とは何か

アラビア語の「ムルス」という言葉が「フルシュ」の反意語でなく、単に「記入漏れ」、あるいは、「前のリストに記入されていない者」を指すにすぎないとすれば、アラビア語の「フルシュ」はいったい何を指しているのだろうか。現在のところ、この言葉のギリシア語の対応語は知られておらず、その意味をめぐっては、これまで激しい論争が行われてきた。多くの研究者は、この言葉をラテン語の「ルスティクス *rusticus*」と結びつけてきたが[57]、アマーリが指摘したように、ラテン語の「ルスティクス」の翻訳語とみなす旧来の説は信頼できる根拠を欠いている[58]。

ナッリーノは、「粗野な（ruvidi）」を意味する「フルシュ」は、「洗練された（lisci）」を意味する「ムルス」の反意語であり、史料の検討からリジャール（アフル）・アルジャラーイド（プラテイアに記された人々）、つまり、ウィーラーニ（*villani*）、アドスクリプティティイ（*adscripticii*）、ルスティチ（*rustici*）と同じものだったということがわかると記している[59]。

ジョンズはこのナッリーノの見解に従って次のように説明している。この「フルシュ」という言葉は、形容詞「アフラシュ」の複数形であり、「粗野な（rough）」、「ざらざらした（harsh）」、あるいは、「あらい（coarse）」を意味している。そして、「ムルス」の場合と同じく、ノルマン期シチリアのムスリムのウィーラーヌスに対しては複数形の「フルシュ」のみが用いられたという[60]。

表 13-9　「フルシュ *ḥursh*」に関する史料

② 1149: Palermo, Arch. Dioc., Fondo Primo, no. 14.（1st copy of 1149）
・*muls* と *ḥursh*

③ 1154: Palermo, Arch. Dioc., Fondo Primo, no. 16.（2nd copy of 1149）
・*muls* と *ḥursh*

④ 1169: Palermo, Arch. Dioc., Fondo Primo, no. 25.
・*ḥursh*
・*ghurabāʾ* + *muls*

デ・シモーネは、このアラビア語を、「アフラシュ」の複数形の「フルシュ」ではなく、「フラシュ（*ḥurash*）」と読み、アラビア語文書作成に関わった書記がギリシア語の「ホ・エク・テース・コーラス（ὁ/οἱ ἐκ τῆς χώρας、原住者、先住者、もともとの住民）」のアラビア語の翻訳語として使ったのではないかと推測している。そして、「フラシュ」と「ムルス」は、「先住者（indigno）」と「後続者、入植者（sopraggiunto）」を表したものだという解釈を提示している[61]。

「フルシュ」という言葉を含む史料は、現在、三点しか知られておらず、しかもそのすべてがすでに「ムルス」を含む史料として紹介したものである。

最初の二つは、一一四九年と一一五四年の史料であり、失われた一一四九年のアラビア語文書の写しである。ほとんど同じ内容だが、「合計は、ヤート地域の男たち五名であり、そのうち、二名はフルシュ、三名はムルスである」という文を含んでいる。三つ目の史料は、一一六九年のアラビア語・ギリシア語併記文書だが、フルシュ、グラバー（*ghurabāʾ*）、ムルスという言葉を含んでおり、より詳細な情報を与えてくれる[62]。

この一一六九年の文書のアラビア語序文（lines 4–10）によれば、国王ウィレルムス二世の

表 13-10　1169 年の文書の構成

line 1: hoc est privilegium ...

line 2: † *Τὸ κατόνομα τῶν ἀνθρώπων τοῦ χωρίου ἀιν λιαν τῶν δοθεντῶν εἰς τὸ σπιταλον τοῦ Κάμπο Γράσσου.*

line 3: بسم الله الرحمن الرحيم

lines 4–10:(インディクティオー暦 2 年の 7 月，Khandaq al-Qayruz の病院に与えるもの，つまり，テルミニ地方にある ʻAyn al-Liyān 村(*raḥl*)とその村の権利すべてを含むこの文書を記すようにというウィレルムス 2 世の命がくだされた.)

line 10: “そして[その中には *al-rijāl al-ḥursh* から]”(وفيه من الرجال الحرش)

lines 9–12: ([6 人の名前]のリスト)

line 13: “[計 6 名]”(*ὁμου ὀνόματα ζ'.*)

line 14: “[合計は 6 名]”(الجملة ستة اسما)

line 14: “そして[上述の村(*raḥl*)に住むグラバー(*ghurabā'*)とムルス(*muls*)の男たちから]”(ومن الرجال الغربا والملس الساكنين بالرحل المذكور)

lines 16–18:([8 人の名前]のリスト)

line 17: “[計 8 名]”(*ὁμου ὀνόματα η'.*)

line 18: “[合計は 8 名]”(الجملة ثمانية اسما)

line 17: “[計，2 つ合わせて 14 名]”(*ὁμου αἱ β' ὁμαδόν ὀνόματα ιδ'.*)

line 18: “[2 つの小計の合計 14 名]”(جملة الجملتين اربعة عشر اسما)

lines 18–22: “彼は，上記の病院(*iṣbtāl*: ラテン語の *hospitale*)に対し，ここに記されたすべてのものを次の条件で与えた．テルミニの住民たち，すなわち，アイン・アッリヤーン村(*ar-raḥl* ʻAyn al-Liyān)の住民であり，その村の中に耕地を有し，自分たち，もしくは，その父祖たちがこの耕地を切り拓いた者たちは，その耕地を所有したまま，今まで役人(*al-ʻummāl*)によって求められていたものをこの病院に払い続けるということである．そうすれば，ディーワーン・アルマームール(*ad-dīwān al-maʻmūr*)の管轄(*ḥukm*)下にあった上記の村は，彼らに対するその負担を増加することはない。また，この村の住民である船乗り(*al-baḥrīyūn*)やその他の人々はすべての事柄に関して役人との今までの慣習(*ʻāda*)を維持する．これを確認してまた，証明して冒頭に記された日に崇高なる印璽が押された．アッラーは我々にとって十分なお方であり，何とすばらしき監視者(*al-wakīl*)であらせられることか.”

Palermo, Arch. Dioc., Fondo Primo, no. 25.

命により、ハンダク・アルカイルーズの病院に与える予定のアイン・アッリヤーン村とその村の権利を記したこの文書が作成されることになったのだという。

このアラビア語の序文の後には、ギリシア語とアラビア語で記された六人の名前のリスト、ギリシア語とアラビア語の「合計六名」が記されている。そして、アラビア語の「上述の村（*rahl*）に住むグラバー（*ghurabā'*）とムルス（*muls*）の男たちから」という見出しと、ギリシア語とアラビア語で記された八人の名前のリスト、ギリシア語とアラビア語で「合計八名」、「総計十四名」が続く。簡単に言えば、ここには、「フルシュの男たち」六人の名前、「グラバー」と「ムルス」の男たち八人の名前、そして、「総計十四名」が記されているのである。アラビア語の「グラバー（*ghurabā'*）」は、「よそ者、異邦人」を意味する「ガリーブ（*gharib*）」の複数形である。そして、最後の跋文（lines 18–22）には、この者たちをすべて上記の病院に与えるという王の命令が詳述されている。(63)

すでに述べたように、多くの研究者が「フルシュ」を、「ムルス」や「リジャール・アルジャラーイド」と対比されるウィーラーヌスの階層と考え、ジョンズやメトカルフは英語の rough men を訳語として与えてきた。また、「フルシュ」を、ラテン語の「ルスティクス（*rusticus*）」のアラビア語訳と考える者たちもいる。他方、文書に記されているフルシュが「森（*harsh*）」を意味している可能性もある。(64) いずれにしろ、妥当な結論を得るには「フルシュ」に関する情報があまりに少なすぎる。これ以上の推測は控えるべきだろう。

おわりに

アラビア語の「ムルス」と「フルシュ」に関して、私が史料の検討から得た結論は、それらがウィーラーヌスの二つの階層を示す一対の対称的な言葉ではないというものである。それらを、「洗練された人（smooth men）」と「粗野い者たちを示すために用いられた言葉であり、文書作成時に必要とされた言葉である。

この結論は、これまでの研究者たちの見解とは大きく異なっている。一見、「登録された（registered）」ウィーラーヌスに対する「登録されていない（unregistered）」ウィーラーヌスの概念に類似しているように見えるかもしれないが、両者は、まったく異なった認識である。既存の名簿に記されていない者たちを示す言葉としての「ムルス」は、当時の文書作成のあり様と、既存のアラビア語名簿に基づいて作成された文書による土地・住民支配の現実を反映したものであり、ウィーラーヌスの二つの階層とはまったく関係がない。もちろん、その存在を示す根拠ともなりえない。

他方、ウィーラーヌスを「登録民」と「非登録民」に区分して二つの階層と捉える従来の見方は、（東）ローマ帝国の法制度から類推されたものであり、自由度の異なる二種類のウィーラーヌスの存在を示したものである。ある特定の社会の法制上の言葉や概念が別の社会に伝わるのは十分ありうることだが、言葉や概念の存在が元の社会の制度が機能していたことを意味するわけではない。とりわけ、法制度を機能させる前提ともいうべき支配権力のあり方を無視した議論をすることはできない。

実際、東ローマ帝国の法制度を参考にして、ノルマン期シチリアに一様に適用できるような法的身分をもつ二つの異なるウィーラーヌスの階層の存在を想定するのは難しい。ノルマン君主たちが十一、十二世紀にある程度の秩序を回復したとしても、彼らが、ウィーラーヌスの法的ステータスを所領の境界を越えて一様に強制できるほどの力を有していたとは考えにくいからである。先に紹介したウィレルムス二世の法の記述に反して、個々のウィーラーヌスの状態は、その領主との関係に応じて大きく異なっていたと思われる。

寄進状にウィーラーヌスの名前のリストを載せることが重要だったのは、それが、領主にウィーラーヌスの保有を保証していたからである。このことは、アラビストたちが前提とする強力な王権のもとでの均一的な法制度や大規模な住民調査の存在とは逆の現実を示唆しているようにも見える。つまり、ノルマン君主による集権化が進行しつつあったとはいえ、依然として領主による領民支配が基本的な支配の枠組みとして機能しつづけていたということである。

（1） Guy Fourquin, "Serfs and serfdom: Western European," Joseph R. Strayer, ed., *Dictionary of the Middle Ages*, vol.11 (New York, 1988), pp. 199–208. Marc Bloch, *Les caractères originaux de l'histoire rurale française* (Oslo, 1931), pp. 87–95; マルク・ブロック著／河野健二・飯沼二郎訳『フランス農村史の基本性格』（創文社、一九五九年）一二六—一三五頁。渡辺節夫「領主と農民」（江川溫・服部良久編著『西欧中世史〔中〕』ミネルヴァ書房）一九四—一九九頁。

（2） Marc Bloch, *La société féodale* (Paris, 1939), pp. 366–367; マルク・ブロック著／堀米庸三監訳『封建社会』（岩波書店、一九九五年）三二七頁。Agnès Gerhards, *La société médiévale* (Paris, 1986), pp. 247–248, "Servage"; アグネ・ジェラール著／池田健二訳『ヨーロッパ中世社会史事典』（藤原書店、一九九一年、「農奴身分 Servage」）二六二—二六三頁。Werner Rösener, *Die Bauern in der europäischen Geschichte* (München, 1993), pp. 64–87; ヴェルナー・レーゼナー著／藤田幸一郎訳『農民のヨーロッパ』（平凡社、一九九五年）四二、七三—九六頁。

　農民の定義については、「農業に従事する人々」というのが最も一般的なものかもしれないが、たとえば、ハンス・K・シュルツェは、農民（Bauer）を、農村住民（つまり、都市住民と対比される人々）の一部を構成し、「保有地を有する人々」と定義し、「自由・半自由・不自由身分のさまざまな人々から構成され、土地保有権の点でも大きな相違があったが、社会的機能、経営形態および生活様式の上から全体としてかなり均一の階層をなしていた」と説明している。Hans Kurt Schulze, *Grundstrukturen der Verfassung im Mittelalter*, 2 Bände, 2. verbesserte Auflage (Stuttgart/ Berlin/ Köln, 1990–92), pp. 72–73; 千葉徳夫他訳『西欧中世史事典』（ミネルヴァ書房、一九九七年）一八五—一八六頁。

　研究者たちは、自由度の違いという観点から、中世の農民を奴隷、不自由農民、自由農民に分け、さらに、不自由農民を領主への従属度の違いから「セルウス *servus*」と「ウィーラーヌス *villanus*」の二つに分けて理解してきたように見える。しかし、これは、研究者たちの概念規定であり、当時の史料で農民を指すと考えられる言葉は多様であり、また、それらの言葉は多義的でもある。

（3） Robert Fossier, *Paysans d'Occident* (Paris, 1984); ロベール・フォシェ著／渡辺節夫訳『ヨーロッパ中世社会と農民　改訂新版』（杉山書店、一九八八年）など。シチリアの農民に関する研究については、後掲の注(8)を参照。近年の研究動向については、とくに、Pietro Corrao、Giuseppe Petralia、Sandro Carocci の研究を参照。

（4） Du Cange, et al., *Glossarium mediae et infimae Latinitatis*, 10 vols. (Niort, 1883–87), vol. 7, pp. 454–455, "Servus"; Bloch, *La société féodale*, p. 363; マルク・ブロック著『封建社会』三二四頁。

（5） J. L. A. Huillard-Bréholles, *Historia diplomatica Friderici secundi*, 6 vols. in 12 parts（Paris, 1852–61）, tomus IV, pars I, p. 104 : “［seu quicunque villanus］ qui in villis ［et casalibus］ habitat.” Du Cange, et al., *Glossarium mediae et infimae Latinitatis*, vol. 8, p. 331 : “Villani dicti sunt a villa, eo quod in villis commorentur, qui et rustici, a ruribus, quae excolunt, et Pagenses, etc. …” Cf. Adalgisa de Simone, “Ancora sui «villani» di Sicilia,” *Mélanges de l'École française de Rome*, 116（2004）, p. 481 ; Bloch, *La société féodale*, pp. 369–370 ; マルク・ブロック著『封建社会』三三〇頁。

（6） J. F. Niermeyer, *Mediae latinitatis lexicon minus*（Leiden, 1976）, pp. 1103–1104, “villanus”.

（7） Cf. Ferdinand Chalandon, *Histoire de la domination normande en Italie et en Sicile*, 2 vols.（Paris, 1907）, vol. 2, p. 528.

（8） Rosario Gregorio, *Considerazioni sopra la storia di Sicilia*, 4th ed.（Reprint of 3rd edition, Palermo, 1845; 1st ed., Palermo, 1810–16）; Michele Amari, *Storia dei Musulmani di Sicilia*, 1st ed., 3 vols.（Firenze, 1854–72）, vol. 3, pp. 233–250 ; 2 nd ed., a cura di Carlo Alfonso Nallino, 3 vols. in 5 parts（Catania, 1933–39）, vol. 3, pp. 245–257 ; Chalandon, *Histoire de la domination normande*, vol. 2, pp. 528–530 ; Ernst Mayer, *Italienische Verfassungsgeschichte von der Gothenzeit bis zur Zunftherrschaft*（Leipzig, 1909）, vol. 1, p. 185 ; Carlo Alberto Garufi, “Censimento e catasto della popolazione servile. Nuovi studi e ricerche sull'ordinamento amministrativo dei Normanni in Sicilia nei secoli XI e XII,” *Archivio Storico Siciliano*, vol. 49（1928）, pp. 73–75 ; Illuminato Peri, *Il villanaggio in Sicilia*（Palermo, 1965）, pp. 35–49 ; Idem, *Villani e cavalieri nella Sicilia medievale*（Roma, 1993）, pp. 26–37 ; Vincenzo d'Alessandro, “Servi e liberi,” *Uomo e ambiente nel Mezzogiorno normanno-svevo*（Bari, 1987）, pp. 293–317 ; Pietro Corrao, “Il servo,” *Condizione umana e ruoli sociali nel Mezzogiorno normanno-svevo*（Bari, 1991）, pp. 61–78 ; Idem, “Gerarchie sociali e di potere nella Sicilia normanna（XI–XII secolo）. Questioni storiografiche e interpretative,” *Señores, siervos y vasallos en la Alta Edad Media. XXVIII Semana de Estudios Medievales, Estella 16–20 julio 2001*（Pamplona, 2002）, pp. 459–481 ; Donald Matthew, *The Norman Kingdom of Sicily*（Cambridge, 1992）, pp. 150–160 ; Jean -Marie Martin, *Italies normandes（XIe–XIIe siècles）*（Paris, 1994）, pp, 177–214 ; Emanuele Conte, *Servi medievali. Dinamiche del diritto comune*（Roma, 1996）, pp. 219–223 ; Francesco Panero, *Schiavi, servi e villani nell'Italia medievale*（Torino, 1999）, pp. 295–304, 324–330 ; Idem, “Le nouveau servage et l'attache à la glèbe aux XIIe et XIIIe siècles : l'interprétation de Marc Bloch et la documentation italienne,” *Mélanges de l'École française de Rome. Moyen Âge*, vol. 112（2000）, pp. 551–561 ; idem, “Signori e servi: una conflittualità permanente,” *Rivolte urbane e rivolte contadine nell'Europa del Trecento. Un confronto*, a cura di M. Bourin, G. Cherubini, G. Pinto（Firenze, 2008）, pp. 305–321 ; Giuseppe Petralia, “La «signoria» nella Sicilia,” G. Rossetti, ed., *La signoria rurale in Italia nel medioevo*（Pisa, 2006）, pp. 233–270; Sandro Carocci, “Le libertà dei servi. Reinterpretare il villanaggio meridionale,” *Storica*, vol. 37（2007）, pp.51–94; Idem, “Angararii e franci. Il villanaggio meridionale,” *Studi in margine all'edizione della platea di Luca arcivescovo di Cosenza（1203–1227）*, a cura di E. Cuozzo e J.-M. Martin（Avellino, 2009）, pp. 205–241.

（9） Chalandon, *Histoire de la domination normande*, vol. 2, p. 528.

（10） Huillard-Bréholles, *Historia diplomatica Friderici secundi*, tomus IV, pars I, p. 120 : “Errores eorum qui villanos quoslibet sine licentia dominorum ad ordinem clericalem accedere regia constitutione dicunt esse prohibitos, interpretatione benivol.corrigentes, decernimus eos tantum villanos predicta constitutione intelligifore prohibitos clericari, qui personaliter, intuitu persone sue scilicet, servire tenentur, sicut sunt adscriptitii et servi glebe et huiusmodi alii. Qui vero respectu tenimenti vel alicujus beneficii servire debent, si voluerint ad ordinem clericatus accedere, liceat eis sine voluntate etiam dominorum, prius tamen his que tenent a dominis suis in eorum manibus resignatis." Cf. Chalandon, *Histoire de la domination normande*, vol. 2, pp. 528–530.

（11）Michele Amari, *Storia dei Musulmani di Sicilia*, 2nd ed., a cura di C. A. Nallino, 3 vols. in 5 parts（Catania, 1933–39）, vol. 3, pp. 245–250; Ernst Mayer, *Italienische Verfassungsgeschichte von der Gothenzeit bis zur Zunftherrschaft*（Leipzig, 1909）, vol. I, p. 185; Carlo Alberto Garufi, "Censimento e catasto della popolazione servile. Nuovi studi e ricerche sull'ordinamento amministrativo dei Normanni in Sicilia nei secoli XI e XII," *Archivio Storico Siciliano*, vol.XLIX（1928）, pp. 73–75.

（12）シャランドンは、*muls* を *maks* と読んだアマーリの説を受け入れている。Amari, *Storia dei Musulmani*, 1st ed., vol. 3, p. 243; 2nd ed., vol. 3, p. 250.

（13）Chalandon, *Histoire de la domination normande*, vol. 2, pp. 529–30.

（14）Carlo Alberto Garufi, "Censimento e catasto," *Archivio storico siciliano*, n.s. 49（1928）, pp. 74–75.

（15）Salvatore Cusa, *I diplomi greci ed arabi di Sicilia pubblicati nel testo original*, vol. I（2 parts）（Palermo, 1868–82）, pp. 134, 245–246.

（16）Petralia, "La «signoria» nella Sicilia," pp. 261–262; Carocci, "Angararii e franci," p. 24.

（17）Annliese Nef, "Conquêtes et reconquêtes médiévales," *Mélanges de l'École française de Rome*, 112/2（2000）, pp. 579–607; Idem, *Conquérir et gouverner la Sicile islamique aux XIe et XIIe siècles*（Rome, 2011）; Jeremy Johns, *Arabic Administration in Norman Sicily*（Cambridge, 2002）; Alex Metcalfe, *Muslims and Christians*（London, 2003）, p. 37; Idem, *The Muslims of Medieval Italy*（Edinburgh, 2009）, pp. 268–72; Adalgisa de Simone, "Ancora sui «villani» di Sicilia," *Mélanges de l'École française de Rome*, 116（2004）, pp. 471–500.

（18）Johns, *Arabic Administration*, p.151, Table 6.1. 他方、ネフは、十一、十二世紀のジャリーダ（名前のリスト）の言葉を次のようにまとめている。ラテン語として *villanus*、*homo*、*rusticus*、ギリシア語として *βελλάνος*（bellanos）、*ἄνθρωπος*（anthrôpos）、*ἀνέρ*（aner）[*sic*]、*πάροικος*（paroikos）、*ἐξώγραφος*（exôgraphos）、*ἀγαρήνος*（agarênos）、アラビア語として *al-rijāl*（«les hommes»）、*rijāl al-jarā'id*（«les hommes de documents»）、*al-rijāl al-muls*（«les hommes doux»）、*rijāl al-maḥallāt*（«les hommes des campements»、«les hommes des villages»）、*al-rijāl al-ğurabā*［=*ghurabā'*］/ *al-rijāl al-ġurabā'*（«les hommes étrangers»）、*al-rijāl al-ḫuršī*［=*khurshī*］/ *rijāl al-ḫursh*（«les hommes rudes»）を挙げている。Neff, "Conquêtes et reconquêtes," pp. 586–588; Idem, *Conquérir et gouverner*, pp. 489–490.

（19）ジョンズのこの書物はノルマン期シチリアのアラビア語文書を網羅的に検討した優れた研究書である。本章で私は、ジョンズにより補強された伝統的な見解を批判しているが、この優れたアラビア語文書研究がなければ、本論文を書くことはできなかったと思う。

（20）Metcalfe, *Muslims and Christians*, p. 37; Idem, *The Muslims of Medieval Italy*, pp. 268–272. B・カトロスは、刊行したばかりの著書でこ

の二人の説を採用している。Brian Catlos, *Muslims of Medieval Latin Christendom, c.1050–1614* (Cambridge, 2014), p. 116.

（21） Amari, *Storia dei Musulmani di Sicilia*, 1st ed., p. 243; 2nd ed., p. 250. このアマーリの解釈はネフによって受け継がれている。Nef, "Conquêtes et reconquêtes médiévales," p. 600; Idem, *Conquérir et gouverner*, p. 501.

（22） De Simone, "Ancora sui «villani» di Sicilia," p. 489.

（23） Johns, *Arabic Administration*, p. 147.

（24） *Ibid.*, p. 147.

（25） *Ibid.*, p. 147.

（26） Metcalfe, *Muslims and Christians*, p. 37; Idem, *The Muslims of Medieval Italy*, pp. 268–272.

（27） 二〇〇〇年の論考では「ムルス」に関して異なる解釈を提示していたネフも、二〇一一年の書物ではこのジョンズの見解を受け入れているように見える。Nef, "Conquêtes et reconquêtes médiévales," pp. 588–589, 600–606; Idem, *Conquérir et gouverner*, p. 506: "Que le terme *ḥursh* «rude» s'oppose à celui de *muls* («dous», «lisse») paraît peu contestable. Il est donc probable que le premier désigne le *rijāl al-jarā'id*."

（28） Reinhart Dozy, *Supplément aux dictionnaires arabes*, 2 vols. (Leiden, 1877–81), vol. 2, p. 620, ملس, املس: "Les ملس formaient en Sicile une certain classe de serfs, tandis qu'une autre portait le nome de الحرش" すでに十八世紀に、R・グレゴリオが、「ムルス」と「フルシュ」を含む一一五四年のアラビア語文書（表13–5参照）を校訂し、その注でこれらの二つの言葉が何を指しているかを議論している。Rosario Gregorio, *De supputandis apud Arabes Siculos temporibus* (Palermo, 1786), pp. 36–37. また、N・ヴェルジェは、ムルスという言葉がギリシア語では常にエクソーグラフォイと記されていること、このギリシア語がラテン語証書のアスクリプティティイにあたると考えられることを記している。Noël des Vergers, "Lettre à M. Caussin de Perceval sur les diplomes arabes conservés dans les archives de la Sicile," *Journal Asiatique*, ser. 4, vol. 6 (1845), pp. 20–24.

（29） Amari, *Storia dei Musulmani*, 2nd ed., p. 246 note 1.

（30） Palermo, Arch. Dioc. (Archivio Diocesano), Fondo Primo, no. 14. Edition, Cusa, pp. 28–30; Jeremy Johns and Alex Metcalfe, "The Mystery of Chùrchuro: Conspiracy or incompetence in Twelfth-Century Sicily," *Bulletin of the School of Oriental and African Studies*, vol. 62 (1999), pp. 242–248.

（31） Palermo, Arch. Dioc., Fondo Primo, no. 16. Edition, Cusa, pp. 34–36; Johns and Metcalfe, "The Mystery of Chùrchuro," pp. 248–253.

（32） De Simone, "Ancora sui «villani» di Sicilia," p. 488. Cf. Ibn Manẓūr (630–711 A.H.), *Lisān al-'arab*, 18 vols. (Beirut, Dār Ṣādir, 2004), vol. 14, pp. 121–122, ملس.

（33） Gregorio, *De supputandis*, p. 37; Amari, *Storia dei Musulmani*, 1 st ed., p. 244; Idem, *Storia dei Musulmani*, 2nd ed., p. 252; Nef, "Conquêtes et reconquêtes médiévales," pp. 588, 604; Idem, *Conquérir et gouverner*, pp. 490, 506–507; Johns, *Arabic Administration*, pp. 148–150; Metcalfe,

Muslims and Christians, p. 37 ; Idem, *The Muslims of Medieval Italy*, pp. 269–72 ; De Simone, "Ancora sui «villani» di Sicilia," pp. 486–489, 499.

（34）Gregorio, *De supputandis*, p. 36 ; des Vergers, "Lettre à M. Caussin de Perceval," pp. 20–23 ; Dozy, *Supplément aux dictionnaires arabes*, vol. 2, p. 620 ; Amari, *Storia dei Musulmani*, 2nd ed., p. 246, note 1 ; Nef, "Conquêtes et reconquêtes médiévales," pp. 588–589, 600–606 ; Idem, *Conquérir et gouverner*, p. 506 ; Johns, *Arabic Administration*, p. 147 ; Metcalfe, *Muslims and Christians*, p. 37 ; Idem, *The Muslims of Medieval Italy*, pp. 268–72 ; De Simone, "Ancora sui «villani» di Sicilia," pp. 485–499.

（35）Toledo, ADM（Archivio General de la Fundación Casa Ducal de Medinaceli）, Mesina, no. 1119. Edition : M. Eugenia Gálvez, "Noticia sobre los documentos árabes de Sicilia del Archivio Ducal de Medinaceli," Biancamaria Scarcia Amoretti, ed., *Del nuova sulla Sicilia musulmana*（*Roma, 3 maggio 1993*）（Roma, 1995）, pp. 171–181.

（36）Palermo, Arch. Dioc., Fondo Primo, nos. 14, 16.

（37）Palermo, Arch. Dioc., Fondo Primo, no. 25. Edition : Cusa, pp. 37–39. この文書は、「ムルス」だけでなく、「フルシュ」、「グラバー」の言葉を含んでいる。

（38）Palermo, BCRS（Biblioteca Centrale della Regione Siciliana）, Fondo Monreale, no. 45. Edition : Cusa, pp. 245–286. この文書では、「ムルス」と「エクソーグラフォイ」の言葉が繰り返し現れる。

（39）アマーリは、ギリシア語の「エクソーグラフォイ」を「外に書かれたもの（que' fuori scritto）」と言えるだろうと記し、「エナポグラフォイ（*ἐναπόγραφοι*、登録された（trascritti））」、「アドスクリプティティイ（*adscriptitii*）」、つまり、ウィーラーニ、真の農奴（servi della gleba）との対比によってより明らかになると述べている（Amari, *Storia dei Musulmani*, 1st ed., vol. 3, p. 243 ; 2nd ed., p. 250）。

ネフは、このアマーリの考えに従い、ギリシア語の「エクソーグラフォイ」はもともと「（リストの）外に書かれたもの（écrites à l'extèrieur（des listes））」、「ジャラーイドの外（hors des *al-jarā'id*）」を意味すると記し（Nef, "Conquêtes et reconquêtes médiévales," p. 600）、「リジャール・アルジャラーイドの反意語として、また、ムルスの同義語として作られた（forgé）」（*Ibid.*, 606）と記している。また、二〇一一年の書物では、「このギリシア語の本来の意味は「（リストの）外に記入されたもの（inscrits à l'extérieur（des listes））」」と表現している（Nef, *Conquérir et gouverner*, p. 51）。

デ・シモーネは、「外側から記入された（iscritti dal di fuori）」、それゆえ、（リストに）「加えられた（aggiunti）」者たちという解釈を示している。ただ、リストに加えられた「ムルス／エクソーグラフォイ」は、少なくとも最初の段階では区別されていたが、マハッラートの「エントポイ（*ἔντοποι*）」に近づいて行ったと考える。また、「アドスクリプティキウス（*adscripticius*）」という言葉は「エクソーグラフォス（*ἐξώγραφος*）」にあたると思われ、両者とも「リストに加えられた（aggiunto（in quale modo?）[alle liste]）」あるいは「最近登録された（iscritto di recente）」を意味するだろうと記している。De Simone, "Ancora sui «villani» di Sicilia," pp. 489–490.

（40）Palermo, BCRS, Fondo Monreale, no. 45, lines 2 and 16 from the last; Cusa, pp. 284, 286.

（41） Palermo, BCRS, Fondo Monreale, no. 45, lines 836; Cusa, p. 255.

（42） Palermo, BCRS, Fondo Monreale, no. 45, lines 250, 256; Cusa, pp. 276, 277. Cf. Johns, *Arabic Administration*, pp. 148–149; Nef, “Conquêtes et reconquêtes médiévales,” p. 602; De Simone, “Ancora sui «villani» di Sicilia,” p. 489.

（43） Palermo, Arch. Dioc., Fondo Primo, no. 5. Edition: Cusa, pp. 1–3.

（44） Catania, Archivio Capitolare della Cattedrale di Catania, Pergmene greco-arabe e greche, no.1; Edition: Cusa, pp. 541–549. Cf. Hiroshi Takayama, *The Administration of the Norman Kingdom of Sicily* (Leiden, New York, Köln 1993), pp. 39–40.

（45） Toledo, ADM, Mesina, no. 1119. Edition: Gálvez, “Noticia sobre los documentos árabes de Siciliai,” pp. 171–181.

（46） Palermo, BCRS, Fondo Monreale, no. 4. Edition: Cusa, pp. 127–129. Cf. Johns, *Arabic Administration*, p. 307, doc. no. 25.

（47） Johns, *Arabic Administration*, p. 147.

（48） Toledo, ADM, Mesina, no. 1119, lines 1–2, 11.　表13–8参照。

（49） Cusa, pp. 548–549. Cf. Takayama, *The Administration*, p. 39.

（50） Toledo, ADM, Mesina, no. 1119, lines 21–22. Edition: Gálvez, “Noticia sobre los documentos árabes de Siciliai,” pp. 171–181.

（51） Takayama, *The Administration*, pp. 38–40, 86–87; Idem, “The Financial and Administrative Organization of the Norman Kingdom of Sicily,” *Viator*, vol.16 (1985), pp. 145–149（本書第1章).

（52） Johns, *Arabic Administration*, pp. 147–148.

（53） Metcalfe, *The Muslims of Medieval Italy*, p. 270.

（54） Nef, “Conquêtes et reconquêtes médiévales,” p. 600; Nef, *Conquérir et gouverner*, p. 501.

（55） Johns, *Arabic Administration*, p. 149.

（56） Metcalfe, *The Muslims of Medieval Italy*, p. 269.

（57） De Simone, “Ancora sui «villani» di Sicilia,” p. 487.

（58） Amari, *Storia dei Musulmani*, 1st ed., vol. 3, p., p. 239 note 1; 2 nd ed., p. 246 note 1. なお、アマーリは、ḥrś［=ḥrsh］ではなく *ḫrś*［=khrsh］と読んだが、羊皮紙文書を検討したかぎりでは、いずれも *ḥrś*［=khrsh］と読むことはできない。

（59） Amari, *Storia dei Musulmani*, 2nd ed., p. 246 note 1.

（60） Johns, *Arabic Administration*, p.147.

（61） De Simone, “Ancora sui «villani» di Sicilia,” p. 487.

（62） Palermo, Arch. Dioc., Fondo Primo, no. 25. Edition: Cusa, pp. 37–39.

（63） この跋文の内容については、以下を参照。Takayama, *The Administration*, pp. 86–87.

（64） Johns, *Arabic Administration*, p. 170 note 1. この言葉の様々な意味については、Ibn Manẓūr, *Lisān al-ʻarab*, vol. 4, pp. 85–86, حرش の項を

参照。

〔付記〕本章は、ＪＳＰＳ科研費 24520826 の助成による研究の成果であり、「アメリカ中世学会」二〇一四年大会（Medieval Academy of America, Annual Meeting, April 10–12, UCLA, USA）で発表した "Classification of Villeins in Norman Sicily" を基に作成したものである。

附録

書評1　Graham A. Loud, *Church and Society in the Norman Principality of Capua, 1058–1197* (Oxford U. P., 1985).

Speculum, vol. 62 (1987), pp. 704–706.

グレアム・ラウドは、歴史家たちがほとんど注目することのなかったテーマ、つまり、十一世紀、十二世紀のカープアに新たな光をあてた。この書物は、カープア教会の歴史に関する豊富な情報を提供している。ラウドは、地中海沿岸を互いに接触しあう一連の孤立した島とするフェルナン・ブローデルのモデルを受け入れ、また、カープア侯国を「固有の制度と君主を有する存在」とみなし、「その歴史は固有のテーマを有している」と主張している。彼の主たる主題は、一〇五八年のノルマン侯国の創出と一一九七年の皇帝ヘンリクス六世の死との間の、カープア教会である。

本書の中心となるテーマは、カープア教会、世俗権力、教皇庁の間の「三角関係」である。この関係の変化という観点から、ラウドはカープア侯国の歴史を四つの時代に区分する。ノルマン征服とノルマン・カープア侯国確立の時代（一〇五八—八七年）、「三角関係」が変化する時代（一〇八七—一一二七年）、ロゲリウス二世によるカープア侯国征服の時代（一一二七—四〇年）、そして、ノルマン・シチリア王国の一部としてのカープア侯領の時代（一一四〇—九七年）である。ラウドは、この四つの時代における複雑な政治関係を詳細に分析するが、とりわけ、次の三つの大きなテーマに焦点をあてている。つまり、政治的に不安定な三つの時期（ノルマン人によるカープア征服期、一〇九〇年のカープア侯ヨルダヌスの死以後の侯国の細分化の時期、ロゲリウス二世による征服期）における教会の詳細な地域研究、カープア教会と教皇庁との関係、そして、カープアがシチリア王国に統合された後のカープアと教皇庁との関係である（七頁の“Capua and the papacy after the latter's absorbtion into the united regno”のlatter'sはformer'sの誤り）。

カープア教会、世俗権力、教皇庁の間の「三角関係」は、一〇五八年から一〇八七年までは安定していた。ラウドはこれを政治的利害の偶然の一致に帰している。カープア侯にとっては、教皇によるノルマン人の征服の認可、反乱者たちに対抗するための教皇の支援、侯権力の防波堤として教会を利用することに対する教皇の黙認が必要であった。また、カープア侯は、自らの支配を実行するために、カープア教会、とりわけ、大修道院の支持を必要としていた。他方、教皇庁は、カープア侯に対して、軍事的援助、教皇の政治的優越性への支持、カープア教会に対する教皇支配の保証を期待していた。カープア教会もまた、カープア侯が与えてくれる保護と寄進が必要だった。この三角関係における変化は、一〇八七年以後現れてくる。ラウドは、まず、カープアにおける「伯たちの独立主義の急成長」とアプーリアのいくつかの伯領における「事実上の独立に向かう類似の動き」（九四頁）を指摘している。次に、私たちの注意を教皇庁とカープア侯の関係の変化に向けさせる。「ノルマン人の軍事的支持に依存していた」教皇庁が、「積極的にその政治的・教会的覇権を拡大しようと求め」始めるのである（九五頁）。そして、三つ目の変化は、世俗領主と（ラウドにとってより重要な）カープア教会に対する教皇の影響力の拡大である。この教皇の影響力の拡大は司教活動の復活、司教の努力を支持する教皇の政策、カープア侯の権力の弱体化、ローマへの物理的距離の近さ、修道院間の一連の争議によって引き起こされたものである。

一一二七―四〇年の戦乱期には、カープア教会は重要な役割を担うことになる。何故なら、カープア教会は、自らが支持する側に、直接的な軍事援助、経済的援助、紛争地域における貴重な軍事拠点、そして、行政組織を提供できたからである。ラウドによれば、モンテ・カッシーノ大修道院は、長期にわたる政治的安定と効果的な保護が期待できたため、ロゲリウス二世の勝利を歓迎したし、また、彼の過去の行為に対して感謝していたという。こうして、ラウドは、戦乱期においては、カープア侯領では、教皇庁の分裂より現地の政治的配慮の方が（カープア教会にとって）重要だったと主張している。彼は、この状況が、テレーゼのアレクサンデルとペトルス・ディアコーヌスの書物に反映されていると考えている。

一一三四—三五年におけるカープア侯領のノルマン王国への併合の後、強力で効率的な王の行政が地方教会に利益をもたらした。この時期を要約して、ラウドは、「オートヴィル家の王によってもたらされた国内平和は、真に確かな利益であった」（一九二頁）と述べている。確かに、教皇庁と王の関係は非常に安定していたように見える。しかし、それは強力な王権によるカープア教会支配の単なる反映にすぎないのかもしれない。

三角関係の変化に関するラウドの議論は首肯できるが、政治的な闘争の詳細な叙述と実例の長い説明が間に入っているため、議論の流れを追うのは容易ではない。また、彼が区分した四つの時代の分析は均等でなく、書物の大部分が一一四〇年以前のカープアの政治分析に充てられ、その結果、一一四〇年以後のシチリア王国の一部分としてのカープア教会の分析は、概略的で短い。カープア教会の社会的側面はほとんど議論されておらず、この調査から彼が提案する「カープア侯国という独立体」を検討するのはほとんど不可能と言ってよいだろう。

カープア教会の内的構造についての章は、カープアの社会に関する重要な情報を提供している。ラウドは、十二世紀に効果的な司教の統治組織がなかったことを指摘し、それを生じさせた三つの重要な要因を列挙している。首都の伝統の欠如、カープア司教区の小ささ、司教の財産と司教座聖堂参事会の財産の区分の欠如である。ここの司教座聖堂参事会は古い伝統に縛られたままであった。たとえば、司教座聖堂参事会員は共同生活をしていたようには見えないし、本書が対象とする期間を通して私有財産を有していた。また、彼らの多くが結婚していた。しかしながら、カープアの修道院では、司教座聖堂参事会員職の発達、司教と司教座聖堂参事会員のゆるやかな分離の動きも見られる。モンテ・カッシーノ大修道院では、デシデリウスの時代から下級職の発達が見られ、そこでの所領管理の要求は他の修道院における同様の動きをもたらした。十二世紀には従属教会（subordinate churches）の機能と地位が変化した。たとえば、従属教会は、同世紀後半に、洗礼を行う権限を有するようになった。また、十二世紀末までには、俗人の権限が、主として礼拝堂付き司祭選任の際の、聖職任命権のみに縮小され、従属教会は（俗人の）所有財産ではなくなった。もう一つの顕著な変化は、経済的なものであり、教会の土地購入が増加したということである。この増加は主として一一四〇年以後に生じた。ラウドはその理由を熟考し、次のような重要な要因を提示している。教会に投資を促すことになった戦乱後の安定、カープア侯領内の経済的発展、主たる土地寄進者であったカープア侯の失墜、人口増加と土地への圧力増大（それが教会への土地寄進の減少につながった）である。

ラウドは、カープア教会の精神生活の保守的性格を強調し、それは十一世紀末の改革の波の影響を受けなかったと述べている。多くの下級聖職者は結婚し、この慣習は「広く受け入れられ、制度化されていた」（二三六頁）。回廊内の私有財産もまた深く浸透していた。他方、「ランゴバルド期から継承され」（二四〇頁）てきた聖母マリア崇拝は強く、それは女子修道院にとってきわめて重要だった。ラウドは「ノルマン征服はカープアのいくつかの面を変えたかもしれないが、その宗教生活は固く過去に結び付いたままだった」（二四三頁）と結論づけている。

結論では、カープア教会の特徴を三つの言葉、「周期的な型」「保守主義」「独立主義」で要約している。しかしながら、彼の結論はやや性急に見える。確かに、カープア教会の聖界政治は「ほとんど周期的なパターン」（二四四頁）を辿っていたように見えるが、この周期的なパターンがカープアの地理的特徴に根付いたものだと信じるのは難しい。「侯国の固く限定された地理的境界が侯国を宗教的な動きから孤立させたのだろう」（二四四頁）という彼の意見に反対するつもりはないが、類似した政治パターンは、時代や場所を問わず、類似した勢力関係の構造に現れるのではないだろうか。この「保守主義」がこの時期のカープア教会に特有のものなのか、それとも、他の地方教会にも見られるものなのかを判断するのは容易ではない。同様の疑問は、ラウドがカープア教会の三つ目の重要な側面として挙げる「強力な独立主義」についても提起されるだろう。彼は、「カッシーノの修道士たちの第一の関心は彼ら自身の修道院の一時的な繁栄であった」（二四五頁）と述べているが、ほとんどすべての教会が多かれ少なかれそれ自体の利益を優先することも考えられる。それゆえ、問題は、独立主義が本当にカープア教会に固有のものなのか、それとも、他の地方教会にも見られるものなのかということだろう。

この書物は、地理的・時代的に限定されてはいるが、カープア教会に関する有用な研究である。もしラウドがカープアの政治的分析を越えて、カープア社会の分析を含んでいたなら、もっと価値のあるものになっていたことだろう。

書評2　Joanna H. Drell, *Kinship and Conquest: Family Strategies in the Principality of Salerno* (Cornell U. P., 2002).

Speculum, vol. 81 (2005), pp. 1267–1268.

この書物のテーマは、一〇七七年から一一九四年までのノルマン期サレルノ侯領（侯国）の家族関係である。著者がこのテーマに取り組むきっかけとなったのは、同侯領に関する次の三つの疑問である。ノルマン人の定住は侯領における家族構造・慣習にどのような影響を与えたのか。侯領における家族戦略は、十一・十二世紀南イタリアの政治勢力の進展に関して何を明らかにするのか。侯領における血縁の力学は、ヨーロッパの他地域の血族集団に対して見出されたものとどういうふうに比較できるのか。これらの疑問に答えるために、著者は侯領における血縁問題の諸側面を三つに分けて分析している。

まず第一部（「社会の構造」）で、著者は、サレルノ侯領にどのような貴族家族があったのかを明らかにしようとする。著者によれば、侯領の貴族（noble）には、はっきりとした二つのサブ・カテゴリー（下位区分）があった。一つは、血と支配の両方の絆を共有している侯領の最上層もしくは上層の貴族であった。彼らは姻戚と血縁で相互に結びつきあった家族、主としてオートヴィル家のノルマン人タンクレドゥスとランゴバルド人グアイマリウスの息子たちの家族の小集団の子孫であり、七つの血族集団からなっていた。貴族の第二のサブ・カテゴリーは、もっと拡散しており、より複雑であった。その中には「伯」の称号を有する者たちもいた。伯は、ランゴバルド期にはしばしば個人的な称号であったが、一一四二年頃までには王に対して大きな軍事的責任を負う地域的指導者を意味するようになった。

著者は、（十二世紀の間に貴族層と騎士層とがほぼ同じ集団を意味するようになった）中世ヨーロッパの他の地域と異なり、サレルノ侯領では、騎士はノルマン期を通して必ずしも貴族の成員というわけではなかったと論じている。騎士は「その社会階層に属していたというよりは、しばしば貴族に仕え随行していた」（五〇頁）。貴族全体については、著者は、ノルマン人が到着した時期から彼らの支配期までに、貴族の定義に重要な変化があったことを認めている。十二世紀初期には、侯領の貴族はまとまりはあるが流動的な境界をもつ集団を形成していた。しかし、ロゲリウス二世が貴族や騎士をより厳格に管理しようとするようになった後は、「貴族内部の流動性が低下し、（騎士の）貴族へのアクセスも低下したように見える」（二一〇頁）という。

第二部（「所領と血族関係」）では、侯領内の貴族家族の成員による所領の交換、贈与、遺贈、譲渡、さらに、家族成員の間の所領の交換、贈与、遺贈、譲渡が検討されている。著者は、十二世紀前半の史料の中に「家族所領の拡散を制限しようとする」貴族家族の努力を認め、この傾向は十二世紀後半にはより切迫度を増して続けられたと考える。また、著者は、ノルマン期を通して女性の所領所有者・管理者としての役割を強調し、女性は嫁資、持参金、相続財産の受領者として所領経営において中心的位置を占めていたと述べている。彼女は、さらに、十二世紀初頭の多くの史料の中に、「近親血縁集団内のランゴバルドの慣習とローマの慣習との混合」を見出し、「南部における所領と権力の家族分配は支配的なランゴバルドとローマの法慣習の影響を受けた」と結論づけている。他方、大貴族家族は家族所領の拡散を防ぐために様々な所領保有の戦略を実行していたと考えている。

著者によれば、ほとんどの貴族家族が十二世紀の二〇・三〇年代までに一子相続を実践するようになっていた。しかし、一部の貴族家族はもっと共同的な形態の世襲的経営を採用していたという。つまり、貴族家族は、共同保有・単独保有を含め、様々な型の家族所領経営を行っており、それはノルマン期を通して続けられていたというのである。

著者は、「貴族家族が世襲所領の一体性を守ろうとする習慣は、一一三〇年のロゲリウス二世の戴冠より前にかなりよく確立されて」（一二二頁）おり、「ランゴバルド期の分割相続の一般的習慣からより統合された型の所領継承への移行」はノルマン支配の確立と関係していたわけではなかったと考える。

最後の第三部（「柔軟性のある血族ネットワーク」）では、著者はサレルノ侯領における血縁組織の型を見出そうとしている。彼女は、ランゴバルド人の子孫たちが過去の世代のランゴバルド人たちとの繋がりを主張しようとする努力を――それは一一八〇年代まで続くのだが――史料の中に見出した。そして、それは、ノルマン人の子孫たちには取り入れられない、際立ってランゴバルド的慣習であったと考えている。しかしながら、著者自身が「史料にはあまりに大きなバリエーションが見られるので、家系の証拠に基づいて血族集団の構成を正確に示すのは事実上不可能である」と記しているように、侯領における血縁組織の特定の型を見出すことはできなかった。ただ一つの家族組織モデルを侯領に適応することはできなかったのである。

彼女が見出したのは、小家族から大きな拡大家族にまで広がる、大小の貴族のためのかなり多様な血族ネットワークである。このように、彼女は、ノルマン期を通して、人々は「母方のいとこから祖先たちまでのどの人をも含みうる、かなり柔軟な家族の定義に基づいて動いていた」と結論づけている。『家族』の組織や定義を定める厳密なルール」はなかったので、「血縁関係は特定の時の特定の必要に最もよく使えるようないかなる型にも操作され得た。状況が、その時々に応じて誰が家族の一部として考慮されたり使われたりするかを、決定した」（一五八頁）。著者は、侯領の家族構造に関するこれらの発見は、「十二世紀に、より大きな拡大家族の縮小があった」（一五五頁）というジョルジュ・デュビーの発見に対して、また、最初にデュビーによって描かれ長期に渡って保持されてきた、十一世紀初期の父系の出現という血縁モデルに対して、重大な疑問を提起する」（一一六頁）と信じている。

本書は、ノルマン期サレルノ侯領に焦点をあてた最初の英語の書物であり、南イタリアにおける家族構造を調査した数少ない研究の一つである。それは、サレルノ近郊のカーヴァ・デ・ティッレーニにあるサンティッシマ・トリニタ修道院付属文書館の証書史料に基づく血縁関係と所領の取引に関連する詳細な情報を数多く提供しており、この文書館の史料の豊かさを示すのに成功している。本書は、中世の家族や南イタリアに関心を有する研究者にとってきわめて有用な書物だろう。だが、もし著者が、侯領の置かれている状況の変化と侯領内の貴族の状況の変化に、より大きな注意を払っていたなら、その議論はより明瞭に、また、いっそう説得的なものとなっていたであろう。サレルノ侯領は、ランゴバルド人の侯のもとではかなり強固な政治的まとまりだったが、一〇七七年のグイスカルドゥスによる征服以後はノルマン人アプーリア公の支配域の一部となり、ノルマン王のもとでは単に王国の行政区を構成していたにすぎない。

　サレルノ侯領が、サレルノ侯領の人々（あるいはサレルノ侯領の家族、サレルノ侯領の貴族）をノルマン期を通して同じ特徴を共有する人々と定義するための枠組みとして使いうるのかどうかは自明ではない。侯領の貴族たちの主君は、サレルノ侯からアプーリア公、そして、シチリア王へと交代しており、侯領の貴族たちの立場や状況はこれらの主君との関係に応じて大きく変化した可能性がある。主君が力を失った時や貴族が主君と対立した時には、貴族は彼らの支配を離れ、独立性の強い存在となりえただろう。そして、貴族の家族構造や彼らの所領の取引も、そのような状況の変化による影響を受けたと考えられるのである。

書評3　Alex Metcalfe, *The Muslims of Medieval Italy* (Edinburgh U. P., 2009).

English Historical Review, vol. 128 (June 2013), pp. 645-647.

アレックス・メトカルフのこの書物は、八〇〇―一三〇〇年のシチリア、南イタリアのムスリムをテーマとしたものだが、英語圏の読者にとっては歓迎すべきものだろう。同じ主題を扱った英語の書物は、三十年以上の間、アジーズ・アフマド（Aziz Ahmad）の『イスラム・シチリアの歴史（*A History of Islamic Sicily*）』（一九七五年）しか存在しなかったが、本書は、近年の研究成果を取り込み、より踏み込んだ分析を行っていて、それよりもはるかに有用だからである。

メトカルフは、最初の四つの章で、ビザンツ帝国支配下のシチリアへのムスリムの侵入の背景を概観し、アグラブ朝、ファーティマ朝、カルブ朝ムスリム君主支配下のシチリアを検討している。彼の主たる関心は、約百三十年の間断続的に続いた征服戦争によって生じたシチリアの変容、とりわけ、言語・宗教の違いを基にした人口構成の変化である。著者が述べているように、ムスリム君主支配下のシチリアに関する情報の大部分は、後の時代にシチリアの外で書かれたアラビア語史料からきている。その結果、われわれの知識は、後の時代のムスリムの歴史家が関心をもつ、あるいは、当時手に入れることのできた政治的側面に偏ることになる。その不足を補うために、メトカルフは様々なアラビア語史料を可能なかぎり正確に引用し、考古学の新しい研究成果を利用している。ただ、一世紀以上前に刊行されたミケーレ・アマーリ（Michele Amari）のイタリア語による著作『シチリアのムスリムの歴史（*Storia dei Musulmani di Sicilia*)』全三巻（一八五八―七二年。第二版一九三三―三九年）とアラビア語史料のコレクション『アラブ・シチリア文庫（*Biblioteca arabo-sicula*）』（一八五七―八七年。イタリア語訳、一八八〇―八九年）は、今でも有効であり不可欠の文献である。また、筆者自身が*AJAMES*, vol. 7（1992）と*Mediterranean World*, vol. 13（1992）に発表したシチリアのムスリム統治者に関する研究を、メトカルフが知らなかったのは残念である。

ノルマン征服以後のシチリア・南イタリアに関する研究状況は、イスラム期とはまったく異なっている。ラテン語、ギリシア語、アラビア語の同時代史料が存在し、各国の研究者による研究が蓄積されているからである。メトカルフは、近年の研究成果に依拠しながら、シチリア・南イタリアの政治状況の変化とノルマン君主の統治を概観し、ムスリムに関わる重要な問題についての議論に貢献している。ここでは、その中で著者が特別の関心を有する二つの問題、つまり、著者によって「財務行政」と定義されているディーワーン（*dīwān*）と、ラテン語でウィーラーヌス（*villanus*、英語ではvillein）と表記されている不自由農民に焦点をあてることにしたい。

メトカルフによれば、ムスリムは、ノルマン国家形成期に王の財務行政と王宮の運営を委ねられた官僚としての役割を維持し、新しく作られたノルマン・シチリア王国で再建された財務行政（*dīwān*）を担うことになった。王のディーワーン（*dīwān*）の役所は王宮に置かれ、アラビア語を話す宦官が配属されていた。このディーワーンには、譲与証書の更新に関わる二つの役所があった。一つはディーワーン・アルマームール（*dīwān al-maʿmūr*）で、「一一三六年までには機能していたが、財務行政と王領地及びそこに住む人々の管理を全般的に行い」、「抽象的な意味では行政のアラブ部門全体をも指していた」。もう一つはディーワーン・アッタフキーク・アルマームール（*dīwān at-taḥqīq al-maʿmūr*）で、「一一四九年までには、そしておそらくはそれよりもっと早く、機能しており、王による土地・人の譲与の承認を監督し、その書類を作成し、確証していた」という。

アラビア語のディーワーン（*dīwān*）は、「役所」を意味する一般的な言葉だが、十二世紀のラテン語文書では、その転写形「ドゥアーナ／ドアーナ（*duana/dohana/doana*）」が、特別の機関あるいは特別の役所を指す言葉（多くの場合は、ドゥアーナ・デ・セークレーティース［*duana de secretis*］、ドゥアーナ・バーローヌム［*duana baronum*］という形で使われている）として用いられており、ラテン語のドゥアーナ・デ・セークレーティース、ドゥアーナ・バーローヌムと、アラビア語のディーワーン・アルマームール、ディーワーン・アッタフキーク・アルマームール、ギリシア語のセクレトン（*σέκρετον*）との関係を含め、その実態をめぐる長い研究史と論争（R. Gregorio、M. Amari、A. Garufi、E. Jamison、M. Caravale、E. Mazzarese Fardella、H. Takayama、J. Johns など）がある。メトカルフのディーワーン（*dīwān*）に関する理解は、主としてジェレミー・ジョンズ（J. Johns）の研究に依拠したものだが、メトカルフはジョンズが主張する王国行政とノルマン王権へのファーティマ朝エジプトの影響の重要性を強調している。しかしながら、特定の文化的要素の影響を確認できたとしても、それは、必ずしも、その文化が国王行政に対して圧倒的な影響を与えたということを意味するわけではない。複数の異なる文化的要素がどのようにして、また、どのような形で王の統治組織の中に存在していたかを確認することが重要である。また、ラテン語、ギリシア語、アラビア語で表現される役所の対応関係については、より厳密な検討が必要である。メトカルフはディーワーン・アルマームールが当時ギリシア語でセクレトン、ラテン語でドゥアーナ・デ・セークレーティースと呼ばれていたと記しているが、一一六一年のギリシア語・アラビア語併記文書ではギリシア語のセクレトンは、アラビア語でディーワーン・アッタフキーク・アルマームールと記されているからである。

著者の関心の中心にあるもう一つの問題、ノルマン・シチリア王国の不自由農民（villein/*villanus*）は、シャランドン（F. Chalandon）、ガルーフィ（A. Garufi）、ペーリ（I. Peri）、ブレスク（H. Bresc）、ダレッサンドロ（V. d'Alessandro）、コッラオ（P. Corrao）、パネーロ（F. Panero）、マルタン（J. -M. Martin）、ペトラリーア（G. Petralia）を含む多くの研究者によって研究されてきた。彼らのほとんどは、不自由農民が基本的に二つの異なるグループ、つまり、領主に対して人格的に（*intuitu personae*）世襲の奉仕義務を負った人々と、土地保有により（*respectu tenimentorum*）領主に奉仕義務を負った人々に分けられると結論づけているように見える。ただ、アラビア語、ギリシア語、ラテン語史料に記されている農民を指す言葉が、この二つの不自由農民層のどちらに属するのかという点については、今日に至るまで研究者間の見解の一致をみていない。最近アラビア語史料を詳細に検討した、ネフ（A. Nef）、デ・シモーネ（A. de Simone）、ジョンズ、そしてメトカルフ自身を含む研究者たちも、不自由農民の二つのグループへの区分けという考えを共有しているように見える。メトカルフによれば、不自由農民を指すために多くの言葉が三つの言語を越えて同義的に用いられており、アラビア語とギリシア語の言葉は、二つの基本カテゴリー、つまり、「登録された（registered）」家族と「登録されていない（unregistered）」家族に分けることができるという。彼は、ジョンズの考えを受け入れて、「登録された人々」は、アラビア語でフルシュ（*hursh* ‘rough men’）、あるいは、アフル・アルジャラーイド（*rijāl*[*ahl*] *al-jarā'id*）、ギリシア語でエナポグラフォイ（*ἐναπόγραφοι*）と呼ばれ、「登録されていない人々」はアラビア語でムルス（*muls* ‘smooth men’）、ギリシア語でエクソーグラフォイ（*ἐξώγραφοι*）と記されていたと説明している。

この書物は、ムスリムに焦点をあてたものではあるが、異なる文化が重層的に織りなす中世シチリア・南イタリアの歴史の魅力を十分に伝えており、ノルマン人支配のもとでの異文化交流の様々な局面を明らかにしている。この複雑な過去の実像を解き明かすためには、多言語で記された羊皮紙の分析を含む、忍耐強い努力と技術が必要とされるが、そのような研究は、幾世代にもわたる研究者たちがしばしば無意識のうちに、そして、自ら詳細に検討することなく使ってきた枠組みや概念を再考する機会を与えてくれるのではないかと思う。さらに、三つの文化の境界にある中世シチリア・南イタリアの特別の位置は、三つの異なる文化的要素を同じ文脈の中で分析することを可能にし、三つの文化が交流する、より広い地理的枠組みの実態を把握するための貴重で稀有な視点を提供してくれるだろう。

初出・既出一覧

（本書に収録したものには＊をつけた）

序章　ノルマン・シチリア王国と歴史家たち　（書き下ろし）

第一章　十二世紀シチリアにおけるノルマンの財務行政機構

1A「十二世紀シチリアにおけるノルマンの財務行政機構」『史学雑誌』九二編七号（一九八三年）、一―四六頁。

1B＊（1Aの改訂英語版）"The Financial and Administrative Organization of the Norman Kingdom of Sicily," *Viator: Medieval and Renaissance Studies* (Berkeley/ Los Angeles/ London, University of California Press) vol. 16 (1985), pp. 129–157.

第二章　十二世紀シチリアにおけるファミリアーレース・レギスと王国最高顧問団

2A＊"*Familiares Regis* and the Royal Inner Council in Twelfth-Century Sicily," *The English Historical Review* (London, Longman), vol. 104 (1989), pp. 357–372.

第三章　十二世紀ノルマン・シチリア王国の行政官僚

3A「十二世紀ノルマン・シチリア王国の行政官僚」『史学雑誌』九三編一二号（一九八四年）、一―四六頁。

3B＊（3Aの改訂英語版）"The Great Administrative Officials of the Norman Kingdom of Sicily," *Papers of the British School at Rome* (London, British School at Rome), vol. 58 (1990), pp. 317–335.

第四章　ノルマン・シチリア王国のアミーラトゥス――ノルマン行政の頂点にたつアラブ官職

4A「ノルマン・シチリア王国のアミーラトゥス――ノルマン行政の頂点に立つアラブ官職」『西洋中世像の革新』（樺山紘一編）刀水書房、一九九五年、三一―五〇頁。

4B＊（4Aの改訂英語版）"*Amiratus* in the Norman Kingdom of Sicily -A Leading Office of Arabic Origin in the Royal Administration," *Forschungen zur Reichs-, Papst- und Landesgeschichte*, eds. K. Borchardt & E. Bunz (Stuttgart, Anton Hiersemann, 1998), pp. 133–144.

第五章　ノルマン・シチリア王国の行政機構再考

5A "The Administrative Organization of the Norman Kingdom of Sicily," *Mezzogiorno - Federico II – Mezzogiorno*, ed. C. D. Fonseca (Roma, Editore De Luca, 1999), pp. 61–78.

5B＊（5Aの日本語版）「ノルマン・シチリア王国の行政機構再考」『西洋史研究』新輯二九（二〇〇〇年）、八五—一〇三頁。

5C（5Aのイタリア語版）"L'organizzazione amministrativa del regno normanno di Sicilia," *Studi in onore di Salvatore Tramontana*, ed. Errico Cuozzo (Pratola Serra, Elio Sellino Editore, 2003), pp. 415–429.

第六章　シチリア伯ロゲリウス一世の統治——ノルマン統治システムの基礎

6A "The Administration of Roger I: Foundation of the Norman Administrative System," *Ruggero I Gran Conte di Sicilia, 1101–2001, Atti del Congresso internazionale di studi per il IX Centenario* (*Troina, 29 novembre - 2 dicembre 2001*), ed. G. De' Giovanni-Centelles (Roma, Istituto Italiano dei Castelli, 2007), pp. 124–140.

6B（6Aの改訂日本語版）「シチリア伯ロゲリウス1世の統治——ノルマン統治システムの基礎」近藤和彦編『歴史的ヨーロッパの政治社会』山川出版社、二〇〇八年、三八—七三頁。

6C＊（6Aの改訂英語版）"The Administration of Roger I: Foundation of the Norman Administrative System," *Bausteine zur deutschen und italienischen Geschichte. Festschrift zum 70. Geburstag von Horst Enzensberger*, eds. Maria Stuiber & Michele Spadaccini (Bamberg, University of Bamberg Press, 2014), pp. 413–431.

第七章　中世シチリアの宮廷と王権——権力中枢の変化と多文化的要素

7A「中世シチリアの宮廷と王権」『宮廷と広場』（高山博・池上俊一編）刀水書房、二〇〇二年、二五—四五頁。

7B＊（7Aの改訂英語版）"Central Power and Multi-Cultural Elements at the Norman Court of Sicily," *Mediterranean Studies* (Aldershot/ Brookfield, Ashgate Publishing Limited), vol. 12 (2003), 2004, pp. 1–15.

第八章　ノルマン・シチリア王国の権力構造——王、貴族、官僚、都市

8A＊"Confrontation of Powers in the Norman Kingdom of Sicily: Kings, Nobles, Bureaucrats and Cities," *Città e vita cittadina nei Paesi dell'area mediterranea: secoli XI-XV, Atti del Convegno Internazionale in onore di Salvatore Tramontana*, ed. B. Saitta (Roma, Viella, 2006), pp. 541–552.

8B（8Aの改訂日本語版）「中世シチリアの権力構造——異文化集団の共存と対立」深沢克己・高山博編『信仰と他者』東京大学出版会二〇〇六年、七三—一〇七頁。

第九章　南イタリアにおける法と君主国
9A＊ "Law and Monarchy in the South," D. Abulafia, ed., *Italy in the Central Middle Ages* (Oxford, Oxford University Press, 2004), pp. 58–81, 257–260.

第十章　シチリアにおける「宗教的寛容」——ノルマン君主支配下のムスリム
10A "Religious Tolerance in Norman Sicily? The Case of Muslims," *Puer Apuliae. Mélanges offerts à Jean-Marie Martin*, eds. E. Cuozzo, V. Déroche, A. Peters-Custot & V. Prigent (Paris, Centre de Recherche d'Histoire et Civilisation de Byzance, 2009, Monographes 30), pp. 451–464.
10B＊（10Aの日本語版）「シチリアにおける「宗教的寛容」——ノルマン君主支配下のムスリム」『島嶼と異文化接触』神戸大学大学院人文学研究科海港都市研究センター、二〇一〇年、三五—五六頁。

第十一章　フレデリクス二世の十字軍——キリスト教徒とイスラム教徒の外交の一例
11A＊ "Frederick II's Crusade: An Example of Christian-Muslim Diplomacy," *Mediterranean Historical Review* (Abingdon, Routledge), vol. 25-2 (2010), pp. 169–185.

第十二章　地中海地域と極東における移住——中世のシチリア島と日本
12A＊ "Migrations in the Mediterranean Area and the Far East: Medieval Sicily and Japan," *Europa im Geflecht der Welt: Mittelalterliche Migrationen in globalen Bezügen*, eds. M. Borgolte et alii (Berlin, Akademie Verlag, 2012), pp. 217–229.

第十三章　中世シチリアにおける農民の階層区分
13A＊『西洋中世研究』六号二〇一四年、一四一—一五九頁。

書評1：＊Graham A. Loud, *Church and Society in the Norman Principality of Capua, 1058–1197* (Oxford U.P., 1985).
Speculum: A Journal of Medieval Studies (Cambridge, Mass., Medieval Academy of America), vol. 62 (1987), pp. 704–706.

書評2：＊Joanna H. Drell, *Kinship and Conquest: Family Strategies in the Principality of Salerno during the Norman Period, 1077–1194* (Cornell U.P., NY, 2002).
Speculum: A Journal of Medieval Studies (Cambridge, Mass., Medieval Academy of America), vol. 81 (2005), pp. 1267–1268.

書評3：＊Alex Metcalfe, *The Muslims of Medieval Italy* (Edinburgh U.P., 2009).
The English Historical Review (Oxford, Oxford University Press), vol. 128 (June 2013), pp. 645–647.

あとがき

本書に収められた中世シチリアに関する十三篇の論文のうち、十二篇はこれまでに英語で公刊されたものである。日本語で発表した論文を改訂して英語で公刊したものもあれば、英語で発表したものを後に日本語にしたもの、英語論文を今回初めて日本語にしたものもある。それらの詳細については、初出・既出一覧をご覧いただきたい。第十三章は昨年末に日本語の専門誌に発表したばかりの論文で、現在英語版を作成中である。

この十三篇の論文は、私の四十年近くにわたるシチリア研究の軌跡でもある。私が中世シチリアの研究を始めたのは一九七八年に東京大学西洋史学専門課程に進学した時だった。ヨーロッパ世界とイスラム世界の文化交流に興味があった私は、両文化が接触していた中世スペインと中世シチリアに惹かれ、結局、国際的に研究が進んでおらず不明な点の多い中世シチリアを研究対象に選んだ。そこから長い謎解きの道のりが始まった。図書館や洋書店を回って、関連する文献を探したが、日本でほとんど手に入らないことがわかった。その後、海外の図書館と連絡をとり、マイクロフィルムやコピーを購入し、海外の書店からカタログを取り寄せ、多くの書籍を注文した。これらの様々な言語で書かれた研究書を読み始めると、私はすぐこの不思議な島の虜になってしまった。ラテン文化、ビザンツ文化、イスラム文化が交差する中世シチリアには、ラテン語、ギリシア語、アラビア語史料解読の困難さや異なる文化の重層性ゆえに未解決の謎が多く、知的刺激に満ちていたからである。その謎解きの楽しさ、わくわくする気持ちは現在に至るまで私のなかで生き続けている。

一九八〇年に卒業論文『十二世紀シチリアにおけるノルマン支配下のムスリム』を提出して大学院に進学した。大学院進学後は、異なる文化的背景の役人から構成され三つの言語の用語が錯綜する行政機構に焦点を絞り、修士論文『十二世紀シチリアにおけるノルマンの財務行政機構』を提出した。この修士論文のテーマがその後の私の研究の中心となり、本書の第一部に収めた諸論文、さらに、エール大学に提出した博士論文へとつながることになる。その後、米国とヨーロッパで研究を進め、西洋中世史を主導する研究者たちと議論を重ね、その成果を、米国、英国、ドイツ、イタリア、フランスの学会や学術機関、専門誌で発表してきた。

中世シチリアの研究を始めて長い月日が経過したが、その間、私の関心は、当初の中世シチリアの行政組織から、中世地中海の異文化接触・交流、中世ヨーロッパの統治システムの比較、地中海三大文化圏の比較、歴史における現在のグローバル化現象の位置づけなど、より広いテーマ、あるいは、まったく新しい領域の研究にまで広がり、現在に至っている。本書には、そのなかで常に私の研究の中心であり続けてきた中世シチリアに関する論文のみを収めた。還暦を前にした現在も、研究の旅は道半ばである。今後も、刺激的な研究の旅を続けていきたいと思っている。

これまで、研究を行うにあたって多くの方々から助言や援助を受けてきた。とりわけ、城戸毅先生、樺山紘一先生からは、大学学部生時代から現在に至るまで長きにわたって叱咤激励を受け、研究者としての指針を示していただいてきた。同僚の柳橋博之、橋場弦、大稔哲也の諸先生には、論文執筆の際に貴重な助言や助力をいただいた。

本書刊行のための作業は二〇一二年に始めたが、既発表の英語論文を日本語に翻訳する作業、それらの原稿の整理作業、さらに当時取り組んでいた論文（本書十三章）完成のために、予想外に時間がかかってしまった。その間、原稿整理、用語・註の書式の統一、参考文献・索引の作成、校正に協力してくれた東京大学大学院人文社会系研究科の諸君（森本光、関沼耕平、仲田公輔、中川友喜、内川勇太、小野寺瑶子、纓田宗紀、窪新一、紺谷由紀、佐野大起、柴田隆功、高橋　優）には、心から感謝したい。大学内外の業務に追われる中、教育・研究時間を確保するのが困難な生活を振り返れば、彼らの助けなしに本書出版が実現できたとは思えない。索引作成の際には西洋史学研究室助教の藤崎衛君にも手伝っていただいた。東京大学出版会の山本徹氏には、最初から最後まで本当に根気よくお付き合いいただいた。厳しい出版事情のなか、私の希望をほとんど叶えていただいたことに心からお礼申し上げたい。

私はステート・ガバナンス（国家統治）の専門家として研究を重ねてきたが、その間、コーポレート・ガバナンス（企業統治）の専門家である妻はグローバル化が進む現代の視点から様々な助言を与えてくれた。本書は、そのように四十年近く私の研究活動を厳しくかつ暖かく見守り続けてきた妻、与志子に捧げる。

二〇一五年八月
白金台にて

高山　博

著者略歴

1956 年　福岡県浮羽郡（現在，久留米市）田主丸町に生まれる
1980 年　東京大学文学部西洋史学科卒業，同大学院進学（～88 年）
1989 年　英国ケンブリッジ大学客員研究員（～90 年）
1990 年　米国エール大学大学院歴史学博士課程修了，Ph. D.（歴史学）取得，R. Lopez Memorial Prize（最優秀中世史博士論文賞）受賞．一橋大学経済学部助教授
1993 年　東京大学文学部助教授
1995 年　フランス国立社会科学高等研究院客員研究員（～96 年）
2004 年　東京大学大学院人文社会系研究科教授（現在に至る）

主要著書

The Administration of the Norman Kingdom of Sicily, E. J. Brill, 1993.
『中世地中海世界とシチリア王国』東京大学出版会，1993 年（サントリー学芸賞，地中海学会賞，マルコ・ポーロ賞受賞）
『神秘の中世王国』東京大学出版会，1995 年
『歴史学：未来へのまなざし』山川出版社，2002 年
『西洋中世学入門』共編　東京大学出版会，2005 年
『信仰と他者』共編　東京大学出版会，2006 年，など

中世シチリア王国の研究――異文化が交差する地中海世界

2015 年 8 月 28 日　初　版

［検印廃止］

著　者　高山《たかやま》　博《ひろし》

発行所　一般財団法人　東京大学出版会

代表者　古田元夫
153-0041 東京都目黒区駒場 4-5-29
http://www.utp.or.jp/
電話 03-6407-1069　Fax 03-6407-1991
振替 00160-6-59964

印刷所　株式会社精興社
製本所　牧製本印刷株式会社

ISBN 978-4-13-021082-9　Printed in Japan

索　引

ア　行

アーチ Aci, Liyāj, Γιάκην　383
アーディル al-ʻĀdil，アイユーブ朝スルタン，カーミルの息子，サラーフ・アッディーンの兄弟　324–325, 338
アーヘン Aachen　323
アーミル（ヤートの）*ʻāmil*　120
アイニー ʻAynī，年代記作家　327–328, 342
アイユーブ朝 Ayyūb　324, 337
アイン・アッリヤーン村 raḥl ʻAyn al-Liyān　45, 388–389
アヴェッリーノ Avellino　55
アヴェルサ Aversa　262–263
アウグスティヌス　310
アウローン（アヴローナ，ヴァローナ）Αὐλών/ Avlona/ Avlon/ Valona　263
赤い塔　222　→ギリシア塔
アガレーノス Ἀγαρηνός　295
アクサー・モスク Masjid al-Aqṣā　336
アグラブ朝 Aghlab　21, 145, 158, 351, 361, 362, 410
アグリジェント Agrigento/ Girgenti　98, 194, 197, 212
　――司教座　199
　――司教座聖堂参事会長　89–90, 227, 244, 269–270　→グアルテリウス
アサド・ブン・アルフラート Asad b. al-Furāt，アグラブ朝の将軍　361
アジェロ伯　95　→リカルドゥス
アシーセ *assise*（法令）　8, 62–64, 80, 268, 277, 303　→アリアーノのアシーセ，カープアのアシーセ
アシュラフ al-Ashraf，カーミルの兄弟　328
アスハーブ・ディーワーン・アッタフキーク・アルマームール *aṣḥāb dīwān at-taḥqīq al-maʻmūr*　39, 43, 128, 177　→ドゥアーナ・デ・セークレーティース長官
アダム Adam，チェントールビのバイウルス　124
アッコ / アッカー / エイカー / アッコン / アクレ　Akko/ ʻAkko/ ʻAkkā/ Acre　277, 321, 323, 328–329, 331, 334–335, 337, 342, 344, 347
アッサンドゥル　47　→アレクサンドロス
アテヌルフス Atenulfus/ Adenulfus，王宮侍従官　113, 136
アデライデ　147　→アデラシア
アデラシア Adelasia/ Adelaide，ロゲリウス1世の3番目の妻，ロゲリウス2世の母　147–149, 172, 210–211, 264–265, 302, 304
アドスクリプティティイ *adscriptitii / adscripticii*　371–372, 377, 386, 395
アトミラール admiral＝アミーラトゥス　143
アドミラル admiral＝アミーラトゥス　143
アナクレトゥス2世 Anacletus，対立教皇（1130–38）　265
アブー・アッタッイブ Abū aṭ-Ṭayyb（Biccay'b），ヤートのアーミル，ストラテーゴス　38, 65, 120
アブー・アッダウー Abū aḍ-Ḍaw'　304
アブー・アルカーシム Abū al-Qāsim（Bulcasseni），ドゥアーナ・デ・セークレーティース長官，俗称イブン・アルハジャル　49, 103, 120–121, 123–124, 242, 308
アブー・アルファダーイル Abū al-Faḍāyl，年代記作家　330–331, 334, 343
アブー・アルフィダー Abū al-Fidā'，年代記作家　327, 329
アブー・シャーマ Abū Shāma，年代記作家　331
アプーリア Apulia/ Puglia　2, 8, 66–67, 153, 155, 241, 252, 262–263, 265, 280, 283, 352–353, 402
　――公 dux Apuliae　2, 147–148, 150, 171, 263, 266, 409
　――公国 Ducatus Apuliae　171, 173, 303
　――公領 Ducatus Apuliae　14, 266
　――・カープア管轄区　66, 69
　――・カープア管轄区侍従長官 *magister camerarius tocius Apulie et Terre Laboris*　68, 81
　――およびテッラ・ディ・ラヴォーロの軍務官（カピタネウス）　88
アブデセルドゥス Abdeserdus，ドゥアーナ・バーローヌム長官　52, 55
アブド・アルマシーフ ʻAbd al-Masīh　308
アフマド Aziz Ahmad，研究者　410
アフマド・アッシキッリー Aḥmad aṣ-Ṣiqillī　103, 237, 256　→ペトルス，ガイトゥス
アブラフィア David Abulafia，研究者　8–9,

287
アフル・アルジャラーイド *ahl al-jarā'id*　413
アマートゥス Amatus，年代記作家　194
アマーリ Michele Amari，研究者　6, 8, 43, 48, 51, 57, 73, 78, 103, 164, 170, 178, 185, 232, 237, 256, 313, 322–325, 341, 372–374, 377, 386, 393–396, 410, 412
アマルフィ Amalfi　53, 55, 152, 251, 262, 279, 286, 293, 297, 353
　——公国　2, 61, 241
アミーラトゥス *amiratus/ ammiratus/ admiralius/ amīr/ ἀμῆρ/ ἀμηρᾶς*　12, 118, 126–129, 135, 143–162, 167, 172–173, 177, 204–205, 214, 225, 229, 236, 238, 243, 247, 254–255, 269, 301, 304, 316, 323
　シチリアの——　151
　シチリアの大——　151
　国王艦隊の——*ammiratus regii stolii/ regii fortunati stolii admiratus*　141, 152, 154–156
　大——*maximus amiratus/ magnus amiratus/ μέγας ἀμυρᾶς*　84, 151
　——の中の——*amiratus ammiratorum/ ἀμηρᾶς τῶν ἀμηράδων*　102, 151, 153–154
アミール *amīr*＝アミーラトゥス　143, 145–146, 157–158, 204, 243, 301
アミールの館　46　→ミシルメーリ
アミラル *amiral*＝アミーラトゥス　143
アメール *ἀμῆρ*＝アミーラトゥス　157
荒い人／粗野な人 rough man　375, 389–390
アラゴン　286–289
アラブ・ノルマン様式　5
アラブ人宦官　247　→宦官
アラム・カイサル al-ʻAlam Qayṣar　335
アリアーノ Ariano　62, 268, 303
　——のアシーセ *assise*，法令　8, 62–64, 80, 268, 303
アリスゴトゥス（ポッツオーリの）Arisgotus de Puteolis　195
アリストテレス　102, 187, 249
アルカーミル　→カーミル
アルケリウス Alcherius，パレルモ大司教　199
アルコーン ἄρχων，複数はアルコンテス *ἄρχοντες*　59, 63, 124
アルコンテス・テース・クラタイアース・コルテース *ἄρχοντες τῆς κραταιᾶς κόρτης*　84, 97–99, 107, 110–111, 133, 139, 165, 169
アルコンテス・トゥー・セクレトゥー *ἄρχοντες τοῦ σεκρέτου*　110–111, 123–124, 128, 140, 165, 169, 185, 186, 271
アルトフォンテ宮殿 Altofonte　234, 259, 317
アルバニア　285
アルフォンスス 6 世 Alfonsus/ Alphonsus，カスティリア王　228, 355
アルメラトゥス（パレルモの）*armeratus*　146　→アミーラトゥス / アミール
アレクサンデル 3 世 Alexander，教皇（1159–81）273
アレクサンデル（テレーゼの）Telesinus，年代記作家　403
アレクサンデル aṣ-Ṣandr，カーティブ　47
アレクサンドリア al-Iskandariyya/ Ἀλεξάνδρεια/ Alexandria　274, 331
アンガリア *angariae*　60
アンゲリウス Angerius，カターニア司教　199, 212
アンゲロス・デスポテース Angelus Despoti/ Ἄγγελος Δεσπότης　152
アンジュー Anjou　83, 283–290, 298, 350
アンセルムス・デ・ユスティンゲン Anselmus de Justingen，マレスカルクス　323
アンティオキア Antakya/ *Αντιόχεια*/ Antiochia/ Antioch　102, 149, 159, 225, 228, 245, 355
アンドレアス・ライムンドゥス，チェントゥーリペのストラテーゴス　123
アントローポイ *ἄνθρωποι*　372, 381
アンフスス Anfusus，カープア侯，ロゲリウス 2 世の三男　267
アンミラーリョ *ammiraglio*＝アミーラトゥス　143
イェージ Iesi　275
イエメン　331
イェルサレム Jerusalem/ al-Bayt al-Maqdis/ al-Quds　1, 277, 285, 321, 323–324, 329, 333–334, 336, 338
イォスフレス・テース・モダク　37–39　→ゴフレドゥス・デ・モアク
異教徒（*paganus*）　295–296, 321
イギリス　5, 20, 193
イクリーム *iqlīm*　202
イサベラ（ヨランダ）Isabella/ Yolanda/Jolante，イェルサレム王国女王，フレデリクス 2 世の 2 番目の妻　277, 323, 333
イシュマエル Ismael/ Yišmaʻel/ Ishmael/ 'Ismāʻīl　295
イシュマエル人 *Ismaeliticus*　295
イタリア塔　222
イッズ・アッディーン・アターバク Izz ad-Dīn Atābak　333
イドリーシー al-Idrīsī，アラブ人地理学者　221–222, 248, 304
イフシード朝　158
イブン・アッスムナ Ibn ath-Thumna/ Ibn ath-Thimna/ Benthumen　197, 205–206, 296

-297, 299, 302, 313, 363
イブン・アルアシール Ibn al-Athīr，年代記作者　220, 223, 304, 351
イブン・アルハッワース Ibn al-Ḥawwās　296, 363
イブン・アルフラート Ibn al-Furāt，年代記作家　339, 361
イブン・アルワルド Benarvet/ Bernarvet/（Ibn al-Ward）　194, 197, 299
イブン・カシール Ibn Kathīr　331-332, 342
イブン・ジュバイル Ibn Jubayr　130, 220-223, 233-236, 248-250, 254, 258-259, 294, 298-319, 353-354
イブン・ズルア Ibn Zur'a　308
イブン・ハウカル Ibn Ḥawqal，地理学者　234, 351
イブン・ハッリカーン Ibn Kkallikān　346
イブン・ハルドゥーン Ibn Khaldūn　103, 237, 256, 327
イブン・ワーシル Ibn Wāṣil，年代記作家　327, 335, 337-339
イラク　331
岩のドーム　336
イングランド　10, 83, 99-100, 108-109, 131-132, 142, 163-164, 169, 175, 193, 217, 222, 249, 274
——王　130, 347
——王国　251
——宮廷　142
——人　85, 355-356
インディクティオー暦　5
インド　331
インノケンティウス2世 Innocentius，教皇（1130-43）　62
インノケンティウス3世，教皇（1198-1216）　275, 323
インノケンティウス4世，教皇（1243-54）　281-282, 339
ヴァル・シンニ Val Sinni　76
ヴァル・ディ・クラーティ Val di Crati　141
ヴァル・ディ・ノート Val di Noto　139
——の司法長官　139
ヴァル・デーモネ Val Demone　89, 352
ヴァロア家 Valois　287
ヴァローナ　→アウローン
ヴァン・クリーヴ T. Van Cleve，研究者　326-328
ヴァンダル　350
ヴィールスゾウスキ Helene Wieruszowski，研究者　218
ウィケカンケッラーリウス *vicecancellarius*（副尚書）　106　→マテウス
ウィケコメス *vicecomes*　213
ウィーラ *villa*，所領　370
ウィーラーヌス *villanus* /villein　18-19, 369-375, 377, 381-387, 389-391, 411
ウィレルムス1世 Willelmus/ Guillelmus，シチリア王（1154-†66）　80-86, 97, 102-114, 117, 136, 152-154, 167, 174-179, 220-230, 243-250, 269, 273, 305-306, 355
ウィレルムス2世，シチリア王（1166-†89）　12, 49, 64, 84-99, 113-117, 126-127, 136, 154-156, 167-168, 175-179, 220-230, 242-250, 269-278, 294-308, 354-355, 371-372, 387, 390
ウィレルムス3世，シチリア王（1194）　95-96, 227, 255, 274-275
ウィレルムス1世，イングランド王（1066-87）　164
ウィレルムス William de Longchamps，リカルドゥス1世のファミリアーリス・レーギス　108
ウィレルムス William Brewer，ヨハンネス1世のファミリアーリス・レーギス　108
ウィレルムス，テッラ・ディ・ラヴォーロの国王侍従官　52
ウィレルムス，マルシコ伯　53, 116
ウィレルムス，モンレアーレ大司教　93-95, 106-107, 227, 255, 270
ウィレルムス，レッジョ大司教　107
ウィレルムス，アプーリア公（1111-†27）　150, 264-265, 303
ウィレルムス（アプーリアの）Apuliensis，年代記作家　144, 204, 301
ウィレルムス，セネスカルクス　199, 210
ウィレルムス，オランダの　282
ウィレルムス・カプリオルス Capriolus　210
ウィレルムス・デ・アルタヴィラ de Altavilla　210
ウィレルムス・デ・スルダヴァレ de Surdavalle　210
ウィレルムス・デ・ムリーゼー Γουλιάλμος δεμουρίτζη，ペトラリーアのカテパヌス，森林官　123
ウィレルムス・マルコンヴェナント Malconvenant（Maleconvenienti），国王大法廷司法長官　155-156
ヴェネツィア　35, 283
——との和約（1177年）　273
ヴェルジェ Noël des Vergers，研究者　394
ヴェルフ家 Welf　276
ウォレン Wilfred L. Warren，研究者　83
ウスマーン 'Uthmān，カーティブ　65
ウルセルス・デ・バリオーネ Ursellus de Ballione　195, 208

ウルバヌス２世 Urbanus，教皇（1088–99）　264
ウルバヌス４世，教皇（1261–64）　282
エアドメルス（カンタベリーの）Eadmerus　148, 206, 297
エウゲニオス Εὐγένιος/ Eugenius，アミーラトゥス　201, 205, 301
エウゲニオス，ドゥアーナ・バーローヌム長官，アミーラトゥス　52–53, 55, 73, 121, 126–127, 139, 155–156, 158, 249
エウゲニオス・カロス de calos/ de cales /cali，ドゥアーナ・デ・セクレティース長官　120–121, 124, 139, 147–148, 150
エウスタティオス・パラティノス Eustachius Palatinus，カテパヌス　59
エウフェミオス Εὐφεμίος，ビザンツ帝国海軍指揮官　361
エウフェミオス（トライーナの）Εὐφεμίος τῆς δραίνας，カテパヌス，森林官　123
エウプラクシオス Eupraxios，クリテース（裁判官）　212
エクスーシアステース *ἐξουσιαστής*，複数はエクスーシアスタイ *ἐξουσιασταί*　38, 213
　チェントールビのエクスーシアステース　123　→アダム
エクスケプトール *ἐκσκέπτωρ*　112
エクスチェッカー Exchequer/ *scaccarium*，財務府　131, 142
エクソーグラフォイ *ἐξώγραφοι*　372, 374, 379, 381, 383, 394, 395, 413
エジプト　17, 51, 274, 277, 309, 321–322, 324, 326–327, 329–335, 337–340, 340, 345, 356, 412
エナポグラフォイ *ἐναπόγραφοι*　372, 374, 413
エリアス（カルトーミの）Elias Cartomensis　148, 195, 205, 208, 297, 313
エルヴィラ Elvira，ロゲリウス２世の最初の妻　228, 355
エンツェンスベルガー Horst Enzensberger，研究者　8
王宮 *palatium*（*regium/ regale*）　3–4, 78, 87, 103, 115, 117, 119, 126–127, 130, 221, 224, 230, 250, 268, 271, 303
　——侍従官 *camerarius regalis palatii/ camerarius regii palatii*　52–53, 113, 116–117, 119–120, 122, 127–129, 137, 167, 174, 176–177, 186, 229, 247, 270–271
　——侍従長官 *magister camerarius regii palatii*　85, 87, 99, 101, 103, 110–115, 123–124, 128, 134, 137, 165, 167, 176, 229, 247, 255, 271, 280, 305　→ペトルス，リカルドゥス，ヨハル
　——の貴顕者たち altissimi dignitari　138
　——評議会 consiglio aulico/ *magna curia regia*, κραταιὰ κόρτη　11, 98, 110, 165, 184
王国最高顧問団　→ファミリアーレース・レギス　4, 11–15, 83–108, 114–115, 128, 136, 154, 161, 175–176, 225–229, 243–247, 255, 270–271
王充　356, 365
近江国　357
オートヴィル家 Hauteville/ Altavilla　2, 22, 275, 406
オーリア Oria　52, 55
オスティアリウス（王の）*regius ostiarius*　53
オットー４世 Otto，神聖ローマ皇帝　210, 276
オッドリーナ（サルノの）Oddolina　54
オドアケル Odoacer/ Odovacer/ Ὀδόακρος　1
オトヌス Othonus　195
オベルティ・コステ Oberti Coste　49
オベルトゥス Obertus，マザーラ司教，ファミリアーリス・レギス　102
オミネース・ケンシレース *homines censiles*　372

カ　行

カーイド *qā'id*（将軍）　103, 111, 134, 145, 186, 196, 253, 298
カーヴァ・デ・ティッレーニ Cava de'Tirreni　409
カーエン Claude Cahen，研究者　7
ガザ Gaza　334
カーディー *qāḍī*（裁判官）　307, 335, 338, 354
カーティブ *kātib*（書記官）　47, 65, 111, 134, 139
カープア Capua　8, 66–67, 154–155, 262, 297, 401
　——教会　401–405
　——侯　2, 263, 266, 401–405
　——侯国　2, 61, 171, 173, 241, 303, 353, 401–405
　——侯領　14, 266, 401–405
　——のアシーセ *assise*，法令　277–278, 280
カーミル al-Kāmil，アイユーブ朝スルタン　17, 277, 321–322, 324–338, 340, 342, 345–346
ガール・アルシルフィー Ghār al-Ṣirfī　379, 381
海軍提督　143
ガイティ *gaiti*　134　→カイトゥス
カイトゥス，ガイトゥス，カーイド，*caitus/ gaytus/ qā'id*　42, 49, 53, 73, 77, 103, 186
カイラワーン Kairouan/ Kairwan/ Kayrawan/ Al-Qayrawan　145

211–212
ギリシア塔 222, 235
キリンビ塔 222, 235
ギルベルトゥス Gilbertus，グラヴィーナ伯 88
ギルベルトゥス，パッティ被選司教 187
クアエストル *quaestor* 112
クァテルヌス *quaternus* 59, 81
——・フィスカーリス *quaternus fiscalis* 60
——・マグニ・セクレティ *quinterni magni secreti* 41
グアリヌス Guarinus，尚書 160
グアルテリウス Gualterius/ Walterius，アグリジェント司教座聖堂参事会長，パレルモ大司教，ファミリアーリス・レギス 86, 89–95, 97–98, 105, 114–115, 142, 227, 244, 270
グアルテリウス（クータンスの） 99
グアルテリウス・デ・パレアリア de Palearia，尚書 323
グアルテリウス・デ・モアク de Moac，アミーラトゥス，ドゥアーナ・バーローヌム長官，ドゥアーナ・デ・セクレティース長官 53–55, 122, 126–127, 139, 141, 155
グイスカルドゥス →ロベルトゥス・グイスカルドゥス
クーリア（・レギス） *curia regis*（宮廷，宮廷評議会など） 53–54, 59, 64, 69, 76, 78–79, 80, 84, 87, 89–90, 110, 112–113, 123, 128, 131, 135, 139, 169, 175–176, 186
マグナ・—— 50
——の大臣たち *domini curie* 122
——の領地 *demanium curie* 49, 78
クオッツォ Errico Cuozzo，研究者 8
百済 357–358, 366
クラタイア・コルテー *κραταιὰ κόρτη* 97–99, 101 →王宮評議会
グラバー *ghurabā'*/ グルバー *ghurbā'*，単数形ガリーブ *gharīb*，よそ者，異邦人 378, 385, 387–389, 395
グラン・セクレジア Gran Secrezia →財務委員会
グリエルムス →ウィレルムス
クリコリウス Cricorius，ビザンツ帝国のイタリア・クリテース 213
クリストドゥーロス *Χριστόδουλος*，アミーラトゥス 148–151, 153, 158
クリテース *κριτής* 149, 200, 213
イタリア・—— 213
全カラーブリア司法官 66
全カラーブリア地方のプロートクリテース 200–201
全カラーブリアのメガス・クリテース 200, 213
グリーン Judith A. Green，研究者 83
グレゴリウス 7 世 Gregorius，教皇（1073–85） 199, 211, 263
グレゴリウス 9 世，教皇（1227–41） 277, 332, 337
グレゴリオ Rosario Gregorio，研究者 163, 394, 412
クレタ島 333
クローニヒ Wolfgang Krönig，研究者 293
ケール Karl Andreas Kehr，研究者 6, 101, 104
ゲオールギオス（アンティオキアの） Γεώργιος，アミーラトゥス，宰相 44, 102, 120, 149–153, 156, 159, 206, 215, 225, 228, 230, 238, 245, 255, 257, 269, 304, 317, 355
ケファレーニア島 210, 263, 333
ゲルランドゥス（ジュネーヴの） Gerlandus 199
ゲロ Gero，マクデブルク大司教 108
ゲローン *γέρων*，複数はゲロンテス *γέροντες* 39
ゲロンテス・トゥー・セクレトゥー *γέροντες τοῦ σεκρέτου* 139
元 358–359
元寇 358–359, 367
遣隋使 358, 366
ゲンティーリス Gentilis，アグリジェント司教 86, 89–90, 92, 94, 229, 244, 246, 270
遣唐使 357–358, 366
元老院議員 285
弘安の役 358
高句麗 357, 366
皇帝の代理 *nā'ib al-malik*，アチェッラ伯トマス 334
光武帝 357
港湾税 *portuum ius*/ *φαλαλαγγάτικον* 78, 117
後漢 357
国王大法廷 *magna curia regis* 174
国王大法廷司法長官 *magister iusticarius magne curie regis* 99, 101, 110–111, 123–124, 155–156, 165, 174–175
国王評議会 84, 97, 101
ゴスベルトゥス・デ・ルチアーコ Gosbertus（Iosbertus）de Luciaco（Licia,＝Lucy） 210–211
コセンツァ Cosenza 297
コタンタン半島 22
コッラオ P. Corrao，研究者 412
コッレクタ *collecta* 283, 286
ゴトシャルク H. L. Gottschalk，研究者 327

ゴフレドゥス Goffredus/ Goffridus/ Gaufridus/ Iosfrida/ Loffrida　140
ゴフレドゥス，セクレティコス，セクレタリウス　39–40, 50, 98
ゴフレドゥス，国王大法廷司法長官　155
ゴフレドゥス，シチリア伯ロゲリウス 1 世の兄弟　210
ゴフレドゥス，ストラテーゴス　210
ゴフレドゥス，セネスカルクス　199, 210
ゴフレドゥス，ロゲリウス 1 世の息子　208, 210, 256
ゴフレドゥス・デ・ケントゥルビオ de Centurbio, ドゥアーナ・デ・セークレーティース長官　49–50, 120–122, 140
ゴフレドゥス・フェーメタ Femeta，シラクーザのストラテーゴス　50, 122
ゴフレドゥス・デ・モアク de Moac，王宮侍従官，ドゥアーナ・バーローヌム長官，ドゥアーナ・デ・セークレーティース長官　37–39, 116, 118–119, 121, 127, 139
ゴフレドゥス・リデル Ridel　195, 208
コメスタブルス *comestabulus*　→治安官
顧問 *consilii*　87
　――団／――会 *concilium privatum/ concilium familiare/ consilium regis*　83, 104
顧問団(王の)*concilium regis*　85
コラッツォ Corazzo　141
「ゴルディウスの結び目」　14
コルフ(ケルキラ)島 Corfu /Κορυφώ /Κέρκυρα　263, 273, 333
コロマヌス，ハンガリー王　264
コンスタンツ Konstanz　276
コンスタンティア Constantia，シチリア女王，ロゲリウス 2 世の娘，ヘンリクス 6 世の妻　95, 273–275, 278
コンスタンティア，マンフレドゥスの娘，ペトルス 3 世の妻　286
コンスタンティノープル Constantinople/ Κωνσταντινούπολις　249, 274, 285
コンラディヌス Conradinus，コンラドゥス 4 世の息子　282–283
コンラドゥス Conradus，ドイツ王，ヘンリクス 4 世の息子　264
コンラドゥス 4 世，ドイツ王，シチリア王，イェルサレム王，フレデリクス二世の息子　281–282, 333, 338

サ　行

サーヒブ *ṣāḥib*　73
サーヒブ・ディーワーン・アッタフキーク・アルマームール　→ディーワーン
ザーヒル al-Malik aẓ-Ẓāhir，アレッポの君主　331
サーマーン朝 Sāmāniyān　158
サイイド・ジュルジー＝ゲオールギオス　46
宰相　4, 15, 87, 102, 114, 125, 148, 150–153, 156, 224–227, 243, 245–246, 268　→ゲオールギオス，マイオ，ペトルス，ステファヌス　→ワジール
　大――　113
裁判官 *judex*　59, 200, 245
　主席―― *protojudex*　238
財務委員会 Gran Secrezia　11–12, 110–111, 123–124, 129, 165, 178, 184–185
財務官 *putifares*/ treasurer　137, 167
財務監督局　11　→監督局
財務局 *ufficio del Tesoro*　11, 36, 43, 110, 112, 134, 166–167, 185
財務長 *thesaurarius*/ thesoriere　48, 134–135
財務府 *scaccarium*/ Exchequer　14, 142, 164
　上級―― *scaccarium superius*/ Upper Exchequer　164
　下級―― *scaccarium inferius*/ Lower Exchequer　164
サヴォア家　264
サザーン Richard William Southern，研究者　109
サッファール朝　158
サファディー aṣ-Ṣafadī，年代記作家　331–332
サフィー・アッディーン Wazīr Ṣafī ad-Dīn b. Shakir，カーミルの宰相　331
サラーフ・アッディーン(サラディン)，Ṣalāḥ ad-Dīn，初代アイユーブ朝スルタン　324–325, 331–332
サラーフ・アッディーン Ṣalāḥ ad-Dīn al-Irbilī (Arbalī)，カーミルの使節　335, 337, 346
サラセン人 Saracenus/ Σαρακηνός　38, 58, 103, 202–203, 228, 253, 256, 293, 295, 297–299, 306, 315, 355, 385
サリーフ aṣ-Ṣalīh，カーミルの息子，アーディルの兄弟　338
サルディニア　285
サルノ Sarno　54
サレルヌス Salernus，アミーラトゥス　152
サレルノ Salerno　13, 52–56, 70, 113, 119, 122, 125, 129, 152–154, 176–177, 262, 271–272, 274, 288
　――侯　409
　――公領　116, 406–409
　――侯国　2, 61, 241, 353, 406–409
　――大司教　90　→ニコラウス，ロムアルドゥス
サン・ジェルマーノ San Germano　277–278,

323, 332
サン・マルコ San Marco 172
サンクトルス Sanctorus 155
サンソン Sanson，バイウルス 38
サンティッシマ・トリニタ修道院 Santissima Trinità 409
ジーザ宮 Zisa 223
ジール朝 Zīr 225
ジェヌアルディ Luigi Genuardi，研究者 43, 48, 51, 185
ジェノヴァ Genova 273
ジェラーチェ伯 Gerace 90 →ロゲリウス
ジェルバ島 Djerba/ Jarba 103, 228, 245, 256, 306, 318, 355
ジェレミア・デ・サンクトエギディオ Jeremia de sancto egidio 211–212
侍従官（王の）*camerarius*（*regis*）/ *καμβριλλίγγας*/ *καπρελίγγας* 42, 52, 56, 62, 113, 116, 126, 129, 167, 173–174, 254, 267, 279
　首席侍従官 *protocamerarius* 42
　地方侍従官 177, 272
侍従長官 *magister camerarius* 66, 68, 111, 125
　地方侍従長官 68 →アプーリア・カープア管轄区侍従長官，カラーブリア・諸流域管轄区侍従長官
侍従たち *ḥujjāb* 130
使節 *rasūl* 326
　皇帝の―― *rasūl al-inbarūr* 326, 331, 335
シチリア＝カラーブリア伯 3, 146–148, 150, 171–173
シチリア総督 145, 156
シチリアの晩鐘 286–287
シチリア伯 3, 171, 193 →ロゲリウス 1 世，2 世
シドン（サイダ，サイダー） Sidon/ Saida 334–335
シビリア Sibilia / Sybilia/ Sybilla 228, 355
シビリア（アチェッラの） 96
シブト・イブン・アルジャウジー Sibṭ Ibn al-Jawzī, 年代記作家 331
司法官（ユスティキアリウス） *iusticiarius*/ *justiciarius*/ *iustitiarius* 56, 62, 129, 173–174, 229, 257, 278–280
　クーリア（法廷）の司法官 *iustificator curialis* 174
　国王大法廷大司法官 *magnus iusticiarius regie magne cuire* 174
　地方司法官 140, 177, 272
司法長官 *magister iusticiarius* 155, 174
　国王（大）法廷司法長官 *magister iusticiarius regie* (*magne*) *cuire* 174–175
　地方司法長官 139
シモン Symon，シチリア伯，ロゲリウス一世の息子 264, 302
シモン，ロゲリウス二世の甥 102
シモンズ John Addington Symonds，研究者 22
ジヤーダ・アッラーフ Ziyāda Allāh，アグラブ朝君主（*amīr*） 361
ジャーフラーイ Jāfrāy 39, 46 →ゴフレドゥス
シャイフ *shaykh* 39, 46, 73, 167, 186, 308
シラージュ・アッディーン・ウルマウィ Sirāj ad-Dīn Urmawi 338
シャーラーニー村 Sha'rānī 46, 98
ジャジーラ（上メソポタミア） 324
ジャミスン Evelyn Jamison，研究者 7–8, 40, 66–69, 101, 103, 116, 133–136, 143, 147, 153, 166–168, 178–179, 185–186, 412
シャムス・アッディーン Shams ad-Dīn 335–336
ジャラール・アッディーン Jalāl ad-Dīn 328–329
シャランドン Ferdinand Chalandon，研究者 6–7, 73, 78, 84, 98, 101, 104, 112, 123–124, 132, 134, 166, 184, 212, 370–373, 393, 412
ジャリーダ *jarīda*，複数形はジャラーイド *jarā'id*，ギリシア語でプラテイア *πλατεῖα*, ラテン語でプラテア *platea* 43–48, 50, 63–64, 75–76, 173, 202, 304, 372–373, 382–386, 393
シュルツェ Hans Kurt Schulze，研究者 391
シャルル・ダンジュー 282 →カロルス 1 世
周 356
収益局 uffcio dei Proventi 11, 36, 110, 166
ディーワーン・アルファワーイド *dīwān al-fawā'id* 11, 36, 110, 166
重臣の中の重臣 *ἄρχων τῶν ἀρχόντων* 151
従属教会 subordinate churches 404
十二世紀ルネサンス 4, 109, 217
住民調査 386
住民名簿 60, 202, 205, 214, 299–300 →ジャリーダ，プラテア，プラテイア
首席裁判官（プロートユーデックス） 255 →裁判官
首席裁判官（プロートクリテース） →クリテース
首席書記官 →書記官
首席ファミリアーリス →ファミリアーリス
シュタウフェン 8–9, 261, 275, 282–284, 286, 288
反シュタウフェン派 282
シュリフト Annkristin Schlichte，研究者 7
ジュンタ Francesco Giunta，研究者 187, 218,

タ　行

セクレトン
——の長官 *magister duane*　68, 99, 101, 110–111, 123–124, 134, 138–139, 165–166, 185–186
ドゥアーナ・デ・セークレーティース *duana de secretis*　11, 13, 36–42, 46, 48–57, 61, 63–65, 67, 70–72, 74, 77, 78, 80–81, 88, 104, 110–112, 116, 118–119, 122–124, 128, 131, 133, 155, 164–165, 167–169, 177, 181, 183–184, 186, 203, 214, 229, 270–271, 280, 305–306, 412
——長官，マギステル・ドゥアーネ・デ・セークレーティース *magister duane de secretis*　36–40, 49, 53, 56, 99, 116, 118–124, 126, 128–129, 140, 177, 186, 257, 308
ドゥアーナ・バーローヌム *duana baronum*　11, 13, 36–38, 40–42, 51–57, 64–65, 67–72, 74, 77–78, 80–81, 110–112, 117, 121, 123–129, 131, 133–134, 155, 164–165, 168–169, 175–177, 181, 183–184, 249, 271–272, 412
——長官，マギステル・ドゥアーネ・バーローヌム *magister duane baronum*　36–38, 52–53, 56, 68, 73, 77, 116–117, 119, 121, 125–126, 128–129, 156, 177, 186
トゥールーズ伯　264
トゥールーン朝　158
トゥールマルケース *τουρμάρχης/ turmarca*　213
東大寺　357, 366
「登録された(registered)」ウィラーヌス／家族／者たち　18, 374–375, 390, 413
「登録されていない(unregistered)」ウィラーヌス／家族 / 者たち　18, 374–375, 390, 413
登録民 men of registers　385–386, 390
ドージィ Reinhart Dozy，研究者　377
土地寄進状　203, 213, 214, 241, 300
土地台帳(＝ダフタル)　36, 44, 56–57, 59–61, 69–71, 118, 202, 205, 272, 299–300
トネール Tonnerre　285
トマス Thomas，アチェッラ伯　330–334, 343
トマス・アクイナス Thomas Aquinas　310
トマス・ブルヌス Thomas Brunus/ Thomas Brown，王宮礼拝堂付司祭　102–103, 141–142, 229, 257
ドュッラキオン(ドゥラッツォ) Δυρράχιον / Durazzo　263, 274
トラーパニ Trapani　196, 253, 299, 307, 354
トラヴァイーニ Lucia Travaini，研究者　8
トリオカーラ Triocala　376, 382, 384–385
トリポリ Tripoli　273
奴隷　130, 223, 250, 284, 298, 307–309, 351, 354, 356, 369, 391
トレド　378
トロイア Troia　152
トロイーナ Troina　136, 215, 296
——司教区　212

ナ　行

ナーシル an-Nāṣir，ダマスクスの君主　333, 338
ナーブルス Nāblus　332–334
奴国　357
ナザレト(ナザレ，アン・ナースィラ)　336
ナッリーノ Carlo Alfonso Nallino，研究者　377, 386–387
ナポリ Napoli　152, 222, 249, 251, 262, 279–280, 283–284, 288, 353
——王国　287–288
——公国　2, 61, 173, 241, 303
——公領　266
——大学　279
ナポリ＝シチリア王　282
滑らかな人／洗練された人 smooth man　375, 389–390
南宋　358
ニコラウス Nicolaus，サレルノ大司教　95–96, 106
ニコラウス 2 世，教皇(1058–61)　263
ニコラウス・デ・メーサ de Mesa　211
ニコラオス Νικόλαος，首席書記官(プロートノタリオス)，侍従官，プロートスパタリオス　113, 158, 200–201, 210, 301
ニコラオス，セクレティコス　121
ニコラオス，アミーラトゥス　150–151, 159, 160, 238, 257, 304
ニコラオス，プロートスパタリオス・ガルゼーファの息子　210
ニコラオス，礼拝堂付司祭　211
日本　17–18
ヌワイリー Nuwayrī，年代記作家　326
ネアポリス Neapolis　273
ネイロス・ドクソパトレース Νεῖλος ὁ Δοξοπάτρης，ギリシア人神学者　221, 248, 304
ネフ Annlise Nef，研究者　8, 13, 373–374, 376, 385–386, 393–395, 413
ノート Noto　194, 196, 253, 264, 299, 351, 354
農奴　36, 60, 369–370, 377, 391, 395
農民　3, 13, 18, 31, 242, 252, 279, 298–300, 309, 356, 369–374, 383, 385, 391, 413
ノタリウス *notarius*＝書記官　102, 254, 269
ノリッジ John Julius Norwich，研究者　7
ノルマン・シュタウフェン研究センター Centro di studi normanno-svevi　9
ノルマンディ　1–2, 245, 262, 353

ハ 行

バーリ Bari 153, 213, 238, 245, 255, 263, 296
ハーリジー年(*as-sana al-khārija/as-sana al-kharājīya*) 326
ハーレム 223
バイウルス *baiulus*(代官) 37–38, 54–55, 61, 116, 177, 213, 272, 279
　サルニの―― 126
バイバルス Baybars，エジプトの君主 339
バイバルス・アルマンスーリー Baybars al-Manṣūrī，年代記作家 327–329
バヴィエラ・アルバネーゼ Adelaide Baviera Albanese，研究者 111, 185
パエノス Παένος，(首席)侍従官 113, 136
博多 358
パーガーヌス・デ・ゴルグシオ Paganus de Gorgusio 210
ハガレヌス Agarenus/ Hagarenus 295
ハキーム *ḥakīm* 134, 307
バシレイオス Βασίλειος，侍従官 113, 136
バシレイオス，アミーラトゥス 151–152, 238, 257, 304
バシレイオス，トレーカリの息子 210
ハスキンズ Charles Homer Haskins，研究者 4–5, 7, 185, 217, 219, 223–224
ハッラーン Harran 337
パテルノ Paternò 49, 296
ハドリアヌス 4 世 Hadrianus，教皇(1154–59) 66, 273
パネーロ F. Panero，研究者 412
バビロニア 325, 333
ハムード Chamut /(Ḥamūd) 206
ハムダーン朝 al-Hamdānīyūn 158
パラタラッティオイ *παραθαλαττίοι* 38
パラティナ礼拝堂 Cappella Palatina 13, 223, 235, 293
パラディヌス Paladinus 325
ハラム・アッシャリーフ区 al-Ḥaram ash-Sharīf 336
バリアヌス Balianus 334–335
パリシウス Parisius，シラクーザ司教 102
バルーン *qā'id* Barūn 65
バルセロナ家 Barcelona 287
バル・ディ・ノートの司法長官 119 →ゴフレドゥス・デ・モアク
ハルトヴィヒ Otto Hartwig，研究者 51, 164
バルトロメウス Bartholomeus，アグリジェント(被選)司教，パレルモ大司教 91–96, 98, 142
バルトロメウス，王のオスティアリウス 53
バルトロメウス，マルサーラの聖マリーア修道院長 61
バルバイス Balbays 329
バルレッタ Barletta 126, 333
バレアレス諸島 155
パレルモ Palermo 3–4, 12–13, 15, 53, 56, 63–64, 88–89, 91, 95, 98, 115, 117, 119, 123–124, 126–128, 142, 144–149, 153, 155, 172, 176, 195–196, 206, 213, 217, 221–222, 224, 230–231, 234, 249–251, 253, 259, 268, 271, 275, 280, 284–286, 288–289, 297–299, 301–303, 305, 307–308, 317, 331–332, 351, 353–354, 378, 383
　――総督 146, 155, 172
　――大司教 60, 88, 90–91, 95, 97, 104, 141, 214, 227, 244, 270 →グアルテリウス，ステファヌス，バルトロメウス
パロイコイ *πάροικοι* 372
ハンガリー人 229, 246, 356
班固 356
ハンダク・アルカイルーズ Khandaq al-Qayruz 389
ハンフリーズ R. Humphreys，研究者 327
范曄 356
東ゴート 1, 350
東ローマ帝国 374, 390 →ビザンツ帝国
ピサ塔 222, 235
ビザンツ皇帝 66, 152–153
　――帝国 1–2, 5, 10, 21, 35, 59–60, 67, 71, 111, 152, 163, 169, 172, 181, 193, 200, 205, 212, 218, 241, 262, 269, 273–274, 300–301, 316, 350–352, 354, 361, 410
ピッロ Rocco Pirro，研究者 48, 57, 60, 63, 113, 134–135, 202, 325
ビュザンティオス Βυζάντιος *κριτής*，裁判官 60
ファーティマ朝 21, 145, 164, 218, 232, 362, 410, 412
『ファイドン』 102, 187, 249
ファヴァーラ宮殿 Favara 234, 259, 317
ファフル・アッディーン Fakhr ad-Dīn 324, 326–330, 334–335, 337
ファミリア・レギス *familia regis* 83, 99, 108
ファミリアーリウス *familiarius* 106
ファミリアーリス *familiaris*，複数はファミリアーレース *familiares* 42, 49, 85–89, 105, 108, 125, 139, 154, 161
ファミリアーリス・クーリエ *familiaris curie* 84, 85, 87–89
ファミリアーリス・クーリエ位 *familiaritas curie* 86
ファミリアーリス・レギス *familiaris regis*，複数はファミリアーレース・レギス *familiares regis* 11, 13, 83, 84, 86–96, 98–102, 105–106, 108, 114

-117, 120, 128-129, 136, 142, 154-155, 161, 175-176, 188, 224, 226, 230, 237, 243, 245-247, 255, 268-269, 271, 305-306, 318, 355-356
ファミリアーリス・レギス位 *familiaritas regis* 84, 86
首席―― 98
ファルカンドゥス Hugo Falcandus，年代記作家 84-90, 101, 103, 105, 115, 119, 134, 136, 141, 222, 228, 238, 256-257, 306, 308, 355, 364
ファルケンハウゼン Vera von Falkenhausen，研究者 8, 21, 233
ファルコ Falco，伯礼拝堂付司祭，医者 212
フィオレンティーノ城 Castel Fiorentino 281, 338
フィスクス *fiscus* 62
フィリップス Philippus，フレデリクス2世の叔父 276
フィリップス(マフディーヤの) 113, 152, 304
フィリップス・デ・クラロモンテ de Claromonte，書記官 106
フィリップス5世，フランス王(1316-23) 83
フィルスーフ・ヤーニー，シャイフ(＝フィロソフォス・ヨアンネス) 46
フィレンツェ Firenze 283-284
フェレンティーノ Ferentino 323
フォッジア Foggia 280, 282
フォリアーノ村 Folianum/ Φουλιάνον 60
フォルカルキエ Forcalquier 285
フォン・カップヘル Hans von Kapp-Herr，研究者 164
フォンセカ Cosimo Damiano Fonseca，研究者 8
副王(*nā'ib*) 324
副尚書 *vicecancellarius* 106 →マテウス
フゴ Hugo，パレルモ大司教 84
フゴ，ブルゴーニュ公 228, 355
フゴ(ベルメシアの) de Belmesia，国王侍従官 141
フゴ(ジェルチェの) de Gircaea (＝Gercé) 195, 197, 299
フゴ・デ・プテオリース Hugo de Puteolis(＝Pozzuoli) 210
フゴ・デ・メルフィア de Melfia 211
不自由農民 391, 411-413 →ウィーラーヌス
フスカンディーナ Fuscandina 54
ブスケニア村 Buscenia 41
ブタヒ Butahi 58, 202
プティファレース *putifares* 137 →財務官
フトバ *khutba*，金曜礼拝や二大祭礼拝の前の説教 158, 329, 333
ブトリント Butrint 263
プトレマイオス 249
ブラックマン Albert Brackmann，研究者 193
プラテア *platea* 43, 50, 58, 76, 202-203, 372-373, 377, 385-386 →ジャリーダ
プラトン 102, 187, 249
フランク王国 2, 269
フランク人たちの王 *malik al-Firanj*，フレデリクス二世 328, 342
フランク人の王である皇帝 *al-Inbiraṭūr malik al-Firanj* 328-329
フラシュ *ḥurash* 378, 387
フランス 1-2, 5, 20, 35, 83, 88-89, 99, 109, 131, 142-143, 189, 193, 222, 227-228, 244-251, 262, 269, 282-287, 290, 293, 309, 338, 355, 369-370, 391
フランドル 285
ブリンディジ Brindisi 52, 323, 332, 337
ブルーン Brūn＝トマス・ブルヌス 103
ブルゴーニュ Bourgogne 285
フルシュ *ḥursh*，単数形アフラシュ *aḥrash* 18-19, 374-378, 384, 386-387, 389, 394-395, 413
ブルナゼル Eric Bournazel，研究者 83, 99, 100
フルフル教会 Hurhur/ Chùrchuro 65, 376
ブレイド Angus J. Braid，研究者 16
ブレスク Henri Bresc，研究者 412
プレストウィッチ John O. Prestwich，研究者 83
フレデリクス・バルバロッサ，神聖ローマ皇帝 66, 95, 273
フレデリクス2世，シチリア王，神聖ローマ皇帝 9, 17, 35, 168, 275-284, 286, 289, 293, 298, 309, 321-340, 346, 347, 356, 371
フレデリクス2世勅法集 371
プレポスト *preposto* 73
ブテーラ Butera 196, 253, 299, 351, 354
プロヴァンス Provence 283-285, 290
――伯 285 →カロルス
ブローデル，研究者 401
プロートカメラリウス *protocamerarius* 42 →侍従官
プロートカンペール *πρωτοκαμπήρ*/ *magister camerarius* 113, 125, 135
プロートクリテース *πρωτοκριτής* 199 →クリテース
プロートノタリオス *πρωτονοτάριος*/ *protonotarius*(首席書記官) 58-59, 149, 199-200, 212, 254, 268-269

ブロシェ E. Blochet，研究者 322
ブロック Marc Bloch，研究者 369, 391, 392
フロリウス・デ・カメロータ Florius de Camerota, 司法官 229, 257
文永の役 358
ベアトリクス Beatrix，ロゲリウス 2 世の 3 番目の妻 228, 355
ペーリ I. Peri，研究者 412
ベスタ Enrico Besta，研究者 43, 48, 185
ベツレヘム(バイト・ラフム，ベース・レヘム) Bethlehem/ Bayt Laḥm/ Bēth Leḥem 336
ペトラリーア G. Petralia，研究者 412
ペトラリーア Petralia 123, 296
ペトルス，ガイトゥス，Gaytus Petrus，宰相，王宮侍従長官 85–88, 103, 114, 117, 161, 226–229, 237, 244–247, 256, 269, 305–306, 318, 355
ペトルス Petrus，プリンディジ大司教 52
ペトルス(エボリの) de Ebulo 294, 307
ペトルス，オトラント大司教 102
ペトルス，パレルモの司教座聖堂参事会員 222
ペトルス・デ・ルピブス de Rupibus 99
ペトルス・ディアコーヌス Diaconus，年代記作者 403
ペトルス・ビド Bido 146, 316
ペトルス・ルッフス Pietro Ruffo 282
ペトルス 3 世，アラゴン王，マンフレドゥスの娘コンスタンティアの夫 286
ベナルヴェト →イブン・アルワルド
ベネヴェント Benevento 52, 262, 265, 283
——公国 2
——侯国 2, 61, 241, 353
ベネヴェントの戦い 283
ベラルドゥス Berardus，パレルモ大司教 331–332
ペランガリア *perangariae* 60
ペルシア 331, 352
ペルシュ伯 Perche 88, 245
ベルノ Berno，ライヒェナウ Reichenau 修道院長 108
ヘルマンヌス・デ・サルザ Hermannus de Salza 347
ヘンリクス Henricus，ドイツ王 276, 280–281
ヘンリクス，マルタ伯，アミーラトゥス 323
ヘンリクス，モンテスカリオーソ伯 86, 89, 229, 245–246, 356
ヘンリクス，ウィレルムス 2 世の弟 224
ヘンリクス・アリスティップス Aristippus，カターニア大助祭，ファミリアーリス・レギス 85, 102, 154, 161, 175, 187, 226, 249
ヘンリクス 1 世，イングランド王(1100–35) 83
ヘンリクス 3 世，イングランド王(1216–72) 83, 347
ヘンリクス 7 世，ルクセンブルク家，神聖ローマ皇帝(1308–13) 288
ヘンリクス 2 世，イングランド王(1154–89) 83, 99, 108, 228, 273, 355
ヘンリクス 4 世，神聖ローマ皇帝(1056–1106) 263–264
ヘンリクス 6 世，神聖ローマ皇帝(1165–97) 95, 273–275, 278, 282, 401
ホ・エク・テース・コーラス *ὁ/ οἱ ἐκ τῆς χώρας*, 原住民，先住者，もともとの住民 387
ホ・エピ・トゥー・セクレトゥー 39, 41, 119–120, 128, 177, 271 →セクレトン
ホ・エピ・トゥー・セクレトゥー・トーン・アポコポーン 38, 42, 125, 128–129, 186, 272 →セクレトン
ホ・エピ・トゥー・メガルー・セクレトゥー 38, 41, 128, 177, 186, 271 →セクレトン
ホイ・エントーペイオイ *οἱ ἐντώπειοι*/ hoi entōpeioi 381
ホイ・エントポイ *οἱ ἔντοποι*/ hoi entopoi 381
ボーナ Bona/ Bône，アンナバ Annaba の古名 152, 273
ホーベン Hubert Houben，研究者 7–8
北宋 358
北路 358
補佐人 *coadiutores* 87
ボソ Boso，チェファル司教 187
渤海 358
ポテンツァ 9
ホノリウス 3 世，教皇 323, 332
ホノリウス 2 世，教皇(1124–30) 265
ホリスター Charles Warren Hollister 83
ホルツマン Walther Holtzmann，研究者 218
ボルドウィヌス Borduinus，イェルサレム王 264
ポルトゥラヌス *portulanus* 37, 79, 116
ボレッリ Carlo Borrelli，研究者 82
ホワイト Lynn T. White，研究者 7, 106
ポンティエリ Ernesto Pontieri，研究者 208

マ 行

マーサーウ Māthā'ū 39, 73, 120 →マテウス
マーレ岬 152
マイオ Maio，宰相，アミーラトゥス 66–67, 84–85, 91, 102, 113, 117, 120, 129, 135, 153–154, 174–175, 226, 238, 243, 245, 255, 258, 269–271,

305–306
マイヤー E. Mayer，研究者　73, 118
マインツ Mainz　276
マキーン Makīn，年代記作家　327, 329, 335
マギステル *magister*　73
マギステル・カメラリウス *magister camerarius*　135　→侍従長官
マギステル・ドゥアーネ・バーローヌム *magister duane baronum*　272　→ドゥアーナ・バーローヌム長官
マギステル・ドゥアーネ・デ・セークレーティース *magister duane de secretis*　177, 271　→ドゥアーナ・デ・セークレーティース長官
マクス *maks*　372
マクリージー al-Maqrīzī，年代記作家　322, 327–330, 335, 339, 343
マザーラ Mazzara/ Mazara　58, 196, 203, 253, 299, 354
——司教座　199
マシュー Donald Matthew，研究者　7
マタラキウス Mataracius，王宮侍従官，ドゥアーナ・バーローヌム長官　53, 55, 77
マッツァレーゼ・ファルデッラ Mazzarese Fardella，研究者　36, 40, 43, 68, 77, 81, 168, 178–179, 186, 218, 412
マック・スミス Denith Mack Smith，研究者　352
マッタイオス Ματθαῖος　39, 73, 120　→マテウス
マッドゥン Thomas F. Madden，研究者　327
マテウス Matheus/ Mattheus，書記官，副尚書　39, 85–98, 106, 114, 120–121, 161, 227, 244, 270
マテラキウス，ガイトゥス Gaytus Materacius，王宮侍従官，ドゥアーナ・バーローヌム長官　116, 118, 126–127, 134
マヌエル・コムネノス，ビザンツ皇帝　66, 274
マハッラート *maḥallāt*　372, 379, 381, 395
マフディーヤ Al-Mahdīya　103
マラズギルトの戦い Malazgirt/ Mantzikert　208
マラテッラ Gaufredus Malaterra，年代記作者　194, 196, 208, 297–298, 353
マリア，イェルサレム女王，フレデリクス2世の妻イサベラの母　323
マリョルカ　274
マルガリータ Margarita，ウィレルムス2世の母，摂政　87–88, 114, 226–228, 244, 246, 269, 306, 355
マルガリトゥス Margaritus，マルタ伯，アミーラトゥス　96, 107, 155, 274
マルゲリウス，ロゲリウス1世の息子　210
マルサーラ Marsala　61
マルシコ Marsico　55
——伯　53, 55, 77, 126, 226, 244, 269
マルタ　196
——司教　90
マルタン Jean-Marie Martin，研究者　7–8, 218, 412
マルティヌス，ガイトゥス，Gaytus Martinus，王宮侍従官，ファミリアーリス・レギス　39, 86, 88–90, 92, 103, 104, 115–119, 121, 137, 139, 229, 246, 258, 305, 308, 355
マルティヌス4世 Martinus，教皇（1281–85）　286
マレスカルクス *marescalcus*　323
マロンジュ Antonio Marongiu，研究者　193, 218–219, 293
マワーリー・アルウザラー *al-mawālī al-wuzarā'*　107
マンフレドゥス Manfredus，摂政，フレデリクス2世の非嫡出子　281–283, 286, 338–339
対マンフレドゥス遠征　283
ミカエル，アミーラトゥス，アンティオキアのゲオールギオスの息子　152, 238, 257, 304
ミシルメーリ *Misilmeri/ Manzil al-Amīr*（アミールの館）　98
ミッタイス Heinrich Mitteis，研究者　5, 109, 131, 193
未登録民，非登録民 unregistered　386, 390
ミノーリ Minori　126
ミレート Mileto（カラーブリアの）　148, 172, 193, 206, 211–212, 295, 302
——司教座　199
ムアッザム al-Mu'aẓẓam，アイユーブ朝の君主　324–325, 328–333, 338, 343–344
ムーア人 Morus/ Maurus　295
武蔵国　358
ムサッラー *muṣallā*，礼拝所　307
ムルス *muls*，単数形アムラス *amlas*　18–19, 374–379, 381–390, 394–395, 413
ムワッヒド朝　308
メーヌ Maine　285, 287
メガ・セクレトン　→セクレトン
メッシーナ Messina　1, 58, 78, 89, 106, 148–149, 155, 172, 203, 221, 233, 259, 264, 274, 280, 282, 288, 296, 302, 308, 317, 351
——司教　202, 299
——司教区　212
——大司教　58, 94　→リカルドゥス
メトカルフ Alex Metcalfe，研究者　8, 18, 373–376, 385–386, 389, 410–413
メナジェ L.-R. Ménager，研究者　218–219, 362

メルフィ Melfi 152, 262–263, 278
——勅書 279–280
モリーゼ伯 88 →リカルドゥス
モロッコ 103
モンテ・カッシーノ大修道院 402–403
モンテスカリオーソ伯 89–90
モンレアーレ大司教 Monreale 106, 244 →ウィレルムス
モンレアーレ大司教座 94, 227, 255

ヤ 行

ヤークート Yāqūt，イスラム教徒地理学者 352
ヤークーブ Ya‘qūb 39
ヤート Iato 65
ヤッファ協定 336
ユースフ Yūsuf，カーティブ 47
ユースフ，ムワッヒド朝カリフ(1163–84) 103
ユスティキアリイ・レギイ *iusticiarii regii* 50
ヨアンネス Ιωάννης，アミーラトゥス，アミーラトゥス・エウゲニオスの息子 150–152, 159, 238, 257, 304
ヨアンネス，国王侍従官，アミーラトゥス・ニコラオス・グラフェウスの息子 136
ヨアンネス，プロートノタリオス 58
ヨアンネス，ガイトゥス，王宮侍従官 117
ヨアンネス・グラフェウス Γραφεύς，ドゥアーナ・デ・セクレティース長官 121, 123–124
ヨアンネス・ニケフォロス，スクイラーチェ司教 212
「よき人々(*boni homines*)」 278
ヨハル，ガイトゥス，Gaytus Iohar，王宮侍従長官，宦官 103, 114, 136, 229, 247, 305–306
ヨハンナ，ウィレルムス 2 世の妻，イングランド王ヘンリクス 2 世の娘 228, 273, 355
ヨハンネス 1 世 John，イングランド王(1199–1216) 99, 108
ヨハンネス，ガエータ司教 92–93, 106
ヨハンネス，チェファル司教 325
ヨハンネス，マルタ司教 86, 89
ヨハンネス，ソールズベリの 131
ヨハンネス・キケロ Cicero，サルノのバイウルス 54
ヨハンネス・デ・トラギニイース de Traginiis 211
ヨハンネス・デ・ブリエンナ，フレデリクス 2 世の妻イサベラの父 323
ヨルダヌス Jordanus，カープア侯(1078–1090)，リカルドゥス一世の息子 401
ヨルダヌス，ロゲリウス 1 世の庶子 195, 208
ヨルダネス，侍従官 113
ヨルダヌス・ルピヌス 107

ラ 行

ライナルドゥス(トゥーサの) Raynaldus de Tusa 187
ライムンドゥス，フレデリクス 2 世の使節 337
ラヴェッロ Ravello 53, 55
ラウド Graham A. Loud，研究者 7–8, 21, 401–404
ラコ村 Lacum 60, 214
ラヌルフス・フランバルドゥス Ranulf Flambard 99
ラハル・セネク村 Rahal Senec 49
ラフル・アルバサル Raḥl al-Baṣal 376, 382, 384
ラメッタ Rametta 296
ラ・ルミナ Isidoro La Lumina，研究者 164, 293
ランゴバルディア Langobardia/ Longobardia 213
ランゴバルド 21, 252
——王国 1–2
ランシマン S. Runciman，研究者 326, 328
ランドゥルフス Landulfus 52
リカルドゥス 1 世(シャルル・ダンジュー) Riccardus，シチリア王(1266–82)，ナポリ王(1282–85) 298
リカルドゥス 2 世，ナポリ王(1285–1309) 298
リカルドゥス 1 世，イングランド王(1189–99) 106, 108, 274
リカルドゥス 1 世，アヴェルサ伯(1049–58)，カープア侯(1058–†78) 263
リカルドゥス・パルメリ Palmeri，シラクーザ(被選)司教，メッシーナ大司教 85–94, 106, 114, 141, 154, 175, 229, 246, 355–356
リカルドゥス，ウィンチェスタ司教 142
リカルドゥス，アジェロ伯 95–96, 106–107
リカルドゥス 2 世，ロリテッロ＝コンヴェルサーノ伯 246
リカルドゥス Richard Marsh，ヨハンネス一世のファミリアーリス・レギス 108
リカルドゥス(サン・ジェルマーノの) Ryccardus de Sancto Germano，年代記作家 298, 331, 343
リカルドゥス，ガイトゥス Gaytus，王宮侍従長官 42, 49, 86, 88–89, 92, 103–104, 114–119, 121, 123, 125, 127, 135–137, 229, 238, 246–247, 257, 306, 355

リカルドゥス・デ・マンドラ，モリーゼ伯，治安長官　86, 88–89, 92, 245–246
リジャール(アフル)・アルジャラーイド　18, 44, 75, 372, 374, 376–377, 384–386, 389, 395
リッツィターノ Umberto Rizzitano，研究者　8
両シチリア王国　1
リヨン公会議　281
ループス・プロトスパタリウス Lupus Protospatarius　297
ルキウス 3 世 Lucius，教皇(1181–85)　94
ルスティチ *rustici*，単数形 *rusticus*　377, 386
ルチェーラ Lucera　277, 279, 284, 289, 309, 338, 356, 365
ルドウィクス Ludovicus，バイエルン公　323
ルドウィクス 9 世，フランス王　282, 285, 338
ルフォーロ家 Rufolo　279
隷農 *villanus*　36, 41, 50, 58, 64, 69, 369–370
隷農名簿／農民名簿　36, 57–59, 61, 70, 76, 79, 272, 300
レーウェンタール L. J. A. Loewenthal，研究者　101
レオーン Λέων，カラーブリアのメガス・クリテース，ロゴテテース　158, 201, 213, 301
レオ 9 世 Leo，教皇(1049–54)　263
レッジョ Reggio　144
レテル伯　228, 355
レバント　321, 324, 352
レンティーニ Lentini　49
ローマ Roma　276–277
ローマ帝国　225, 269, 350
ロゲリウス 1 世大伯(c. 1031–†1101) Rogerius，シチリア＝カラーブリア伯(1071–†1101)　2–3, 14, 58, 61, 71, 146–148, 156, 171–172, 193–206, 208, 210–211, 242, 253, 256, 264–265, 295–302, 304, 316, 352–354, 363, 383
ロゲリウス 2 世(1095–†1154)，シチリア＝カラーブリア伯(1105–30)，アプーリア・カラーブリア公(1127–30)，シチリア王(1130–†54)　3, 61–62, 64, 66, 71, 84, 95, 102–103, 116, 129, 142, 148, 150–152, 159–160, 163, 167–168, 171, 174, 179, 186, 198, 218, 220–226, 228–230, 233, 236, 238, 243, 247–248, 254, 256–258, 264–268, 273–274, 293, 298, 302–305, 317–318, 355, 383, 401–402, 407–408
ロゲリウス，ロゲリウス 2 世の長子，アプーリア公(†1149)　95, 266
ロゲリウス，シラクーザ司教　211–212
ロゲリウス，アンドリア伯　95
ロゲリウス，ジェラーチェ伯　86, 89, 245–246
ロゲリウス，プロヴァンスの　199
ロゲリウス・デ・ウェンドウェル de Wendover，年代記作家　333
ロゲリウス・デ・スティロ de Stilo　210
ロゲリウス・フレスカ Fresca，パレルモ被選大司教，パレルモ大司教　102
ロゲリウス・ボルサ Borsa，アプーリア公(1085–1111)　146, 263–264
ロゴテテース λογοθέτης　199–200, 225, 254, 269
ロタリウス Lotharius，ロタール，神聖ローマ皇帝(1125–37)　62, 266
ロッサーノ Rossano　148, 212
ロドス島　333
ロベルトゥス Robbertus，トロイーナ司教　199, 212
ロベルトゥス，ミレート被選司教　211–212
ロベルトゥス，ロゲリウス 2 世の尚書　229, 257
ロベルトゥス，モリーゼ伯　256
ロベルトゥス・グイスカルドゥス Guiscardus，アプーリア公　2–3, 58, 61, 144, 146, 156, 196–197, 199, 204, 210, 253, 263–264, 266, 296, 298, 301, 353, 409
ロベルトゥス・デ・スルダヴァレ de Surdavalle　195
ロベルトゥス・ボレルス Borrellus　210–211
ロベルトゥス賢王，ナポリ王(1309–43)　290
ロムアルドゥス(サレルノの) Romualdus Salernitanus，サレルノ大司教　62, 86, 89, 106, 152
ロムアルドゥス・マルキサヌス Marchisanus，サルノのバイウルス　53
ロメッタ Rometta/ Rametta　361
ロリテッロ伯 Loritello　114
『論衡』　356, 365
ロンバルディア Lombardia　281

ワ　行

ワーリー *wālī*　145
ワザーン村 Wazān　65
ワジール *wazīr*　151, 331
倭人　356, 365

参考文献

略号

API: *Archivio paleografico italiano*, Roma 1882–.

Brühl: Carlrichard Brühl, *Urkunden und Kanzlei König Rogers II. von Sizilien*, Köln 1978.

Collura: Paolo Collura, "Appendice al regesto dei diplomi di Re Ruggero compilati da Erich Caspar," *Atti del Convegno Internazionale di Studi Ruggeriani*, 2 vols., Palermo 1955, pp. 545–625.

Constantiae: *Constantiae imperatricis et reginae siciliae diplomata*, ed., Theo Kölzer, Köln 1983 (Codex diplomaticus regni siciliae, Series secunda: Diplomata regum e gente suevorum, vol. I–2).

Cusa: Salvatore Cusa, *I diplomi greci ed arabi di Sicilia pubblicati nel testo originale*, vol.1 (2 parts), Palermo 1868–82.

Del Giudice: Giuseppe del Giudice, *Codice diplomatico del Regno di Carlo I e II d'Angiò*, Napoli 1863.

Delaborde: Henri-François Delaborde, *Chartes de Terre-Sainte, provenant de l'abbaye de Notre-Dame de Josaphat*, Paris 1880 (Bibliothèque des Écoles françaises d'Athènes et de Rome, vol. 19).

Garufi, *Documenti*: Carlo Alberto Garufi, *I documenti inediti dell'epoca normanna in Sicilia*, Palermo 1899 (Documenti per servire alla storia di Sicilia, s.1, Diplomatica XIII).

Ménager, *Recueil des actes*: Léon-Robert Ménager, ed., *Recueil des actes des ducs normands d'Italie (1046–1127), I. Les premiers ducs (1046–1087)*, Bari 1981 (Società di storia patria per la Puglia, Documenti e monografie, vol. 45).

MGH: *Monumenta Germaniae Historica*

MGH SS: *Monumenta Germaniae Historica, Scriptores*

MGH SS rer. Lang.: *Monumenta Germaniae Historica, Scriptores rerum Langobardicarum et Italicarum*, ed. Georg Waitz, Hannover 1878.

Pirro: Rocco Pirro, *Sicilia sacra disquisitionibus et notitiis illustrata*, 2 vols., 3rd ed., A. Mongitore, Palermo 1733.

RIS: *Rerum Italicarum scriptores*, 25 vols., Milano 1723–51.

RIS[2]: *Rerum Italicarum scriptores*, seconda serie, 34 vols., Città di Castello 1900–17, Bologna 1917–75.

Rogerii: *Rogerii II. Regis diplomata Latina*, ed., Carlrichard Brühl, Köln 1987 (Codex diplomaticus regni siciliae, series prima: Diplomata regum et principum e gente normannorum, vol. 2–1).

Spata: Giuseppe Spata, *Le pergamene greche esistenti nel grande archivio di Palermo*, Palermo 1862.

I. 手稿史料

Amalfi, Archivio della Curia Arcivescovile

n.12: [facsimile: Brühl, Tafel XII]

(Original, Diploma of King Roger II, November 1147, Latin. Edition: *Rogerii*, doc. no. 73, pp. 209–211)

Bern, Burgerbibliothek

Codex 120 II, folio 97r.

Catania, Archivio Capitolare della Cattedrale di Catania

Pergamene greco-arabe e greche, n. 1:

(Charter of Roger I concerning the villeins of Jato, 20 February, A.M. 6603, Ind. III [=1095], Greek and Arabic. Edition: Cusa, pp. 541–549)

Pergamene greco-arabe e greche, n. 2:

(Charter of Tancred of Syracuse, son of Count William and nephew of Count Roger I, 10 June, A.M. 6610, Indiction X [=1102], Greek. Edition: Cusa, pp. 549–551)

Pergamene greco-arabe e greche, n. 3:

(Charter of Bishop James 20 May, A.M. 6611, Ind. XI [=1103], Greek. Edition: Cusa, pp.552–554)
Pergamene greco-arabe e greche, n. 4:
(Diploma of Roger II, December, A.M. 6634, Ind. IV [=1125], Greek. Edition: Cusa, pp.554–556)
Pergamene greco-arabe e greche, n. 5:
(N.D., Greek)
Pergamene greco-arabe e greche, n. 6:
[facsimile: Brühl, Tafel XXX]
(Diploma of King Roger II, 1 January, A.M. 6653, A.H. 539, Ind. VIII [=1145], Greek and Arabic. Edition: Cusa, pp.563–585)
Pergamene greco-arabe e greche, n. 7:
(Diploma of King Roger II, N.D. [1145?], Greek and Arabic. Edition: Cusa, pp. 586–595)
Pergamene latine, n. 1:
(Diploma of Count Roger I, 26 April 1091, Ind. XV [=1092], Latin)
Pergamene latine, n. 2:
(Charter of Count Roger I, N.D., Latin)
Pergamene latine, n. 3:
(Charter of Count Roger I, 9 December 1092, Ind. XV [=1091], Latin)
Pergamene latine, n. 4:
(Charter of Bishop Robert of Messina, 3 July 1106, Ind. XI [=1102], Latin)
Pergamene latine, n. 5:
(Charter of Geoffrey of Ragusa, son of Count Roger, 16 December 1120, Ind. XIII [=1104], Latin)
Pergamene latine, n. 6:
(Copy of a charter of Roger II, December 1126, Ind. IV [=1125], Latin)
Pergamene latine, n. 7:
(Charter of Bishop Robert of Catania, May 1174, Ind IV [=1173], Latin)
Pergamene latine, n. 8:
(Charter of Bishop Robert of Catania, January 1179, Ind. XII [=1179], Latin)
Pergamene latine, n. 9:
(Diploma of Henry VI, 23 April 1195, Ind. XIII [=1195], Latin)

Catania, Archivio Provinciale
Fondo Radusa, n. 22:
(Original. May, A.M. 6613 [=A.D. 1105], Ind. XIII. Edition: Cusa, pp. 396–400; Spata, pp. 197–204)

Cava de' Tirreni, Archivio della Badia della S.ma Trinità
Arca magna, Armarium C, n. 5:
(Diploma of Duke Roger, August 1086, Palermo, Latin, falsification. Edition: *Ménager, Recueil des actes*, no. XLIV)
Arca magna, Armarium C, n. 6:
(Diploma of Duke Roger, August 1086, Palermo, Latin, possibility of falsification. Edition: *Ménager, Recueil des actes*, no. XLV)
Arca magna, Armarium F, n. 49:
[facsimile, *API*, vol.14, Fascicolo 61, Tables 18 and 19],
(Original, Diploma of Roger II, February 1131, Palermo, Latin. Edition: *Rogerii*, doc. no. 16, pp. 45–48)
Arca magna, Armarium H, n. 13:
(Diploma of Ct. Silvester of Marsico, May, 1153, Ind. II, reign of William, Palermo, Latin)
Arca magna, Armarium H, n. 14:
[facsimile, *API*, vol.14, Fascicolo 61, Table 26],
(Diploma of William I, April 1154, Palermo, Latin)
Arca magna, Armarium H, n. 17:
(Diploma of Count Silvester of Marsico, November 1154, Ind. II, *anno 23 Rogerii et 3 Guglielmi*, Latin)

Arca magna, Armarium H, n. 19 :
(Diploma of Ct. Silvester of Marsico, May 1155, Ind. III, *anno 23 Rogerii et 3 Guglielmi*, Latin)
Arca magna, Armarium H, n. 20 :
(Diploma of Ct. Silvester of Marsico, May 1155, Ind. III, *anno 23 Rogerii et 3 Guglielmi*, Latin)
Arca magna, Armarium L, n. 31 :
(Diploma and testament of Robert *Castri Fluminis Frigidi dominus*, July, 1188, Ind. VI, *anno 23 Guglielmi*, Latin)
Arca magna, Armarium L, n. 35 :
(Diploma of Margaritus, count of Malta, *regii stolii admirati*, June 1192, Latin)
Arca II, Super armarium, n. 12 :
[facsimile: *API*, vol. 14, Fascicolo 61, Table 20]
(Spurium in the name of Roger II, 31 August 1133, Palermo, Latin. Edition : *Rogerii*, doc. no.†26, pp.72–75)
Arca II, Super armarium, n. 13 :
[facsimile: *API*, XIV, Fascicolo 61, Table 21]
(Spurium in the name of Diploma of Roger II, 24 November 1133, Palermo, Latin. Edition : *Rogerii*, doc. no. †33, pp. 92–95)

Chieti, Archivio della Curia Arcivescovile
Pergamene, n. 21 :
[facsimile: *API*, vol.14, Fascicolo 60, Table 14]
(Original, Diploma of Constance, April 1198, Messina, Latin. Edition: *Constantiae*, doc. no. 51, pp. 188–190)

Genova, Archivio di Stato
Materie politiche, Trattati e negoziazioni, mazzo 1, n. 38 :
[facsimile, *API*, vol.14, Fascicolo 60, Table 7]
(Commercial contract of William I, November 1156, Palermo, Latin)

Giovinazzo, Archivio Capitolare
Periodo normanno, n. 4 :
[facsimile: Brühl, Tafel VII; Rome, Deutsches Historisches Institut, Foto des Originals]
(Original, Diploma of King Roger II, 21 July 1134, Latin. Edition: *Rogerii*, doc. no. 37, pp. 104–106)

Monte Cassino, Archivio Abbaziale
Aula III, caps. X, n. 37 :
[facsimile: Brühl, Tafel IV]
(Diploma of Duke Roger, December 1129, Latin)
Aula III, caps. X, n. 41 :
[facsimile: *API*, vol. 14, Fascicolo 60, Tav. 8]
(Diploma of William I, [June-August] 1158, Palermo, Latin)
Aula III, caps. X, n. 42 :
[facsimile: *API*, vol. 14, Fascicolo 61, Tav. 24–25]
(Spurium in the name of Roger II, 27 July 1133, Salerno, Latin. Edition: *Rogerii*, doc. no.†25, pp. 69–72)
Aula III, caps. X, n. 51 :
[facsimile: Brühl, Tafel XVI],
(Spurium in the name of King Roger II, 27 August 1140, Theatena, Latin. Edition : *Rogerii*, doc. no. †50, pp. 141–143)
Aula III, caps. XI, n. 7 :
[facsimile: *API*, vol. 14, Fascicolo 60, Tav. 1]
(Diploma of Roger II, [September - December] 1132, Latin)

Aula III, caps. XIII, n. 28:
[facsimile: Brühl, Tafel XX]
(Spurium in the name of King Roger II, 12 December 1147, Latin. Edition: *Rogerii*, doc. no. †74, pp. 211–214)

Mercogliano, Archivio Abbaziale di Montevergine
Palazzo Loreto, perg. n. 237:
[facsimile: Brühl, Tafel XXII]
(Spurium in the name of King Roger II, 25 August 1137, Palermo, Latin. Edition: *Rogerii*, doc. no. †45, pp. 125–128)
Palazzo Loreto, perg. n. 261:
[facsimile: Brühl, Tafel XXIII]
(Spurium in the name of King Roger II, 24 November 1140, Palermo, Latin. Edition: *Rogerii*, doc. no. †52, pp. 145–147)

Napoli, Archivio di Stato
Monasteri soppressi, vol. I, n. 30:
[facsimile: Brühl, Tafel X; Palermo, University, Photocollection of Garufi, Foto des Originals]
(Original destroyed in 1943, Diploma of King Roger II, April 1143, Palermo, Latin. Edition: *Rogerii*, doc. no. 55, pp. 152–153)

Palermo, Archivio Diocesano
Fondo Primo, n. 5.
(A document of Count Roger I, 12 February [1095?], Palermo, Greek and Arabic. Edition: Cusa, pp. 1–3)
Fondo Primo, n. 9.
(A document of exchange of irrigation-rights, Jumādā I A.H. 526 [March 1132], Palermo, Arabic. Edition: Cusa, pp. 6–12)
Fondo Primo, n. 11.
(A document of sale of villeins, October, Ind. V [1141?], Palermo, Greek. Edition: Cusa, pp. 22–23)
Fondo Primo, n. 14.
(The first copy of a lost document of King Roger II for the monks of San Nicolò de Chùrchuro issued in 10 April A.H. 543 [=1149], December A.H. 544 [=1149], Ind. XIII, Palermo, Arabic. Edition: Cusa, pp. 28–30; Jeremy Johns & Alex Metcalfe, "The mystery at Chùrchuro: conspiracy or incompetence in twelfth-century Sicily?," *Bulletin of the School of Oriental and African Studies*, vol. 62 (1999) pp. 242–248)
Fondo Primo, n. 16.
(The second copy of a lost document of King Roger II for the monks of San Nicolò de Chùrchuro issued in 10 April A.H. 543 [=1149], June A.H. 549 [=1154], Indiction II, Palermo, Arabic. Edition: Cusa, pp. 34–36; Johns & Metcalfe, "The Mystery of Chùrchuro," pp. 248–253)
Fondo Primo, n. 25.
(A document of King William II, July A.M. 6677 [=1153], Ind. II, Palermo, Arabic. Edition: Cusa, pp. 37–39)
Fondo Primo, n. 27.
(A document of sale, Sha'bān A.H. 586 [=1190], Ind. II, Palermo, Arabic. Edition: Cusa, pp. 44–46)

Palermo, Archivio di Stato
Tabulario di Abbazia di S. Filipp.di Fragalà e di S. Maria di Maniaci, Pergamene, n.1:
[Facsimile: Cusa, Tav. III]
(Diploma of Count Roger II, 7 May, A.M. 6625, Ind. X [=1117], Mileto, Greek. Edition: Cusa, pp. 383–385, which has errors concerning the dates on p.703; Spata, pp. 245–248)
This includes the privilege granted by his father Roger I (June, A.M. 6598, A.D. 1090, Ind. XIII, Greek and Latin).

Tabulario di Abbazia di S. Filipp.di Fragalà e di S. Maria di Maniaci, Pergamene, n. 2:
(Diploma of Count Roger I, October, A.M. 6600 [=1091], Ind. I [=1092], Messina, Greek. Edition: Cusa, pp. 385–387)
Tabulario di Abbazia di S. Filipp.di Fragalà e di S. Maria di Maniaci, Pergamene, n. 3:
(Diploma of Count Roger I, October, A.M. 6601, Ind. I [=1092], Messina, Greek. Edition: Cusa, pp. 387–388)
Tabulario di Abbazia di S. Filippo.di Fragalà e di S. Maria di Maniaci, Pergamene, n. 4:
(Diploma of Count Roger I, December, A.M. 6603, Ind. III [=1094], Palermo, Greek. Edition: Cusa, pp. 389–390)
Tabulario di Abbazia di S. Filipp.di Fragalà e di S. Maria di Maniaci, Pergamene, n. 5:
(Diploma of Count Roger I, 12 December, Ind. III [=1094], Greek. Edition: Cusa, pp. 391–392)
Tabulario di Abbazia di S. Filipp.di Fragalà e di S. Maria di Maniaci, Pergamene, n. 6:
(Diploma of Adelasia and Roger I, N.D. [1101–1113], Greek. Edition: Cusa, pp. 393–394)
This includes a diploma of Roger I (July, Ind. VII [=1099])
Tabulario di Abbazia di S. Filipp.di Fragalà e di S. Maria di Maniaci, Pergamene, n. 7:
[facsimile: Brühl, Tafel XXV]
(Diploma of Adelasia, October, A.M. 6610, Ind. X [=1101], Greek. Edition: Cusa, pp. 394–395)
Tabulario di Abbazia di S. Filippo di Fragalà e di S. Maria di Maniaci, Pergamene, n. 8:
(Diploma of Gregory, abbot of St. Philip's, May, A.M. 6613, Ind. XIII [=1105], Greek. Edition: Cusa, pp. 396–400; Spata, pp. 197–204)
Tabulario di Abbazia di S. Filippo di Fragalà e di S. Maria di Maniaci, Pergamene, n. 9:
[facsimile: Brühl, Tafel III]
(Mandate of Adelasia, 25 March, Ind. II [=1109], Messina, Greek and Arabic. Edition: Cusa, pp. 402–403)
Tabulario di Abbazia di S. Filippo di Fragalà e di S. Maria di Maniaci, Pergamene, n. 10:
(Diploma of Roger II, 20 September, A.M. 6618, Ind. III [=1109], S. Marco, Greek. Edition: Cusa, pp. 403–405)
Tabulario di Abbazia di S. Filippo di Fragalà e di S. Maria di Maniaci, Pergamene, n. 11:
(Diploma of Adelasia and Roger I, March, A.M. 6620, Ind. V [=1112], Messina, Greek. Edition: Cusa, pp. 407–408)
Tabulario di Abbazia di S. Filippo di Fragalà e di S. Maria di Maniaci, Pergamene, n. 12:
[facsimile: Brühl, Tafel XXVI]
(Spurium in the name of King Roger II, November, A.M. 6621, Ind. VI [=1112], Greek. Edition: Cusa, pp. 409–410)
Tabulario di Abbazia di S. Filippo di Fragalà e di S. Maria di Maniaci, Pergamene, n. 13:
(Grant of land by Eleazaro to Abbot Gregory, 22 May, A.M. 6624, Ind. IX [=1116], Monte di Mueli, Greek. Edition: Cusa, pp. 411–412)
Tabulario di Abbazia di S. Filippo di Fragalà e di S. Maria di Maniaci, Pergamene, n. 14:
(Grant of the monastery of St. Anastasia by Matthew to the monastery of St. Philip, A.M. 6630 [=1122], Greek. Edition: Cusa, pp. 413–414)
Tabulario di Abbazia di S. Filippo di Fragalà e di S. Maria di Maniaci, Pergamene, n. 15:
(Document of Archbishop William of Traina and Messina, 19 March, A.M. 1117, Ind. III [=1125], the castle of Achari, Greek and Latin. Edition: Cusa, pp. 416–417)
Tabulario di Abbazia di S. Filippo di Fragalà e di S. Maria di Maniaci, Pergamene, n.16:
(Record of a justice by Romanus, *strategos* of Demena, August, Ind. XIV [=1136], Greek. Edition: Cusa, pp. 418–419; Spata, p. 265)
Tabulario di Abbazia di S. Filippo di Fragalà e di S. Maria di Maniaci, Pergamene, n. 17:
(Diploma of Queen Margaret, 27 November, A.M. 6680, Ind. V [=1171], Palermo, Greek and Latin. Edition: Cusa, pp. 421–423; Spata, p. 273)
Tabulario di Abbazia di S. Filippo di Fragalà e di S. Maria di Maniaci, Pergamene, n. 18:
(Document concerning the complaint of Beatrice, June, A.M. 6690, Ind. XV [=1182], Greek. Edition: Cusa, pp. 423–426; Spata, p. 279)

Tabulario di Abbazia di S. Filippo di Fragalà e di S. Maria di Maniaci, Pergamene, n. 19:
(Document concerning the complaint of Beatrice, September, A.M. 6691, Ind. I [=1182], Greek. Edition: Cusa, pp. 427–432)
Tabulario di Abbazia di S. Filippo di Fragalà e di S. Maria di Maniaci, Pergamene, n. 20:
(Document of Adam the *baiulus* and *strategos* of Centuripe, April, A.M. 6691, Ind. I [=1183], Greek. Edition: Cusa, pp. 432–434)
Tabulario di Abbazia di S. Filippo di Fragalà e di S. Maria di Maniaci, Pergamene, n. 21:
(Grant of land, 24 January, A.M. 6696, Ind. VII [=1189], Greek. Edition: Cusa, pp. 436–437)
Tabulario di Abbazia di S. Filippo di Fragalà e di S. Maria di Maniaci, Pergamene, n. 22:
(Diploma of Tancred, 26 December, A.M. 6701, Ind. XI [=1191], Palermo, Greek. Edition: Cusa, pp. 438–439)
Tabulario della Chiesa di Cefalù, Pergamene, n. 1:
(Diploma of Count Roger I, January 1123, A.M. 6631, Ind. I [=1123], Greek. Edition: Cusa, pp. 471–472)
Tabulario della Chiesa di Cefalù, Pergamene, n. 2:
(Diploma of King Roger II, 7 January, A.M. 6653, A.H. 539, Ind. VIII [=1145], Greek and Arabic. Edition: Cusa, pp. 472–480)
Tabulario della Chiesa di Cefalù, Pergamene, n. 3:
(Diploma, 14 September 1131, Ind. IX, Latin)
Tabulario della Chiesa di Cefalù, Pergamene, n. 4:
(March 1132, Ind. X, Greek and Arabic)
Tabulario della Chiesa di Cefalù, Pergamene, n. 5:
(1132, Greek)
Tabulario della Chiesa di Cefalù, Pergamene, n. 6:
(March 1140, Ind. X, Greek and Arabic)
Tabulario della Chiesa di Cefalù, Pergamene, n. 7:
(Diploma of Adelasia, June 1140, Ind. II, Latin)
Tabulario della Chiesa di Cefalù, Pergamene, n. 8:
(Diploma of Adelasia, June 1140, Ind. II, Latin)
Tabulario della Chiesa di Cefalù, Pergamene, n. 9:
(June 1140, Ind. II, Latin)
Tabulario della Chiesa di Cefalù, Pergamene, n. 10:
(Document of Roger, son-in-law of Aschettin, August, A.M. 6656, Ind. XI [=1148], Greek. Edition: Cusa, pp. 481–482)
Tabulario della Chiesa di Cefalù, Pergamene, n. 11:
(Diploma of Adelasia, 1156, Ind. IV, Latin)
Tabulario della Chiesa di Cefalù, Pergamene, n. 12:
(Document of Eufemio of Traina and William of Murize, *catepani* and master foresters of the Queen's land, June, A.M. 6676, Ind. I [=1168], Greek. Edition: Cusa, pp. 484–486)
Tabulario della Chiesa di Cefalù, Pergamene, n. 13:
(Diploma of Geoffrey of Modica, *palatinus camerarius et magister regie duane de secretis et duane baronum*, 8 January, Ind. XIII [=1180], Latin and Greek. Edition: Cusa, pp. 489–490)
Tabulario della Chiesa di Cefalù, Pergamene, n. 14:
(23 November 1169, Ind. III, Latin)
Tabulario della Chiesa di Cefalù, Pergamene, n. 15:
(April 1171, Ind. IV, Latin)
Tabulario della Chiesa di Cefalù, Pergamene, n. 16:
(A copy, April 1171, Ind. IV, Latin)
Tabulario della Chiesa di Cefalù, Pergamene, n. 17:
(June 1176, Ind. IX, Latin)
Tabulario della Chiesa di Cefalù, Pergamene, n. 18:
(August 1177, Ind. III, Arabic)

Tabulario della Chiesa di Cefalù, Pergamene, n. 19 :
(21 April 1178, Ind. XI ; 8 January 1180 ?, Latin)
Tabulario della Chiesa di Cefalù, Pergamene, n. 20 :
(January 1181, Ind. XV, Latin)
Tabulario della Chiesa di Cefalù, Pergamene, n. 21 :
(November 1183, Ind. I, Latin)
Tabulario della Chiesa di Cefalù, Pergamene, n. 22 :
(Document of Margarita, January, Shawwāl A.H. 578, Ind. I [=1183], Arabic. Edition: Cusa, pp. 491–493)
Tabulario della Chiesa di Cefalù, Pergamene, n. 23 :
(March 1186, Ind. IV, Greek)
Tabulario della Chiesa di Cefalù, Pergamene, n. 24 :
(15 March 1186, Ind. V, Latin)
Tabulario della Chiesa di Cefalù, Pergamene, n. 25 :
(Transfer of writ in favour of the University of Jews of Syracuse, December, A.H. 948, Ind. VI [=1187], Arabic. Edition: Cusa p. 495)
Tabulario della Chiesa di Cefalù, Pergamene, n. 26 :
(December 1188, Ind. VII, Latin)
Tabulario della Chiesa di Cefalù, Pergamene, n. 27 :
(3 May 1189, Ind. VI, Latin)
Tabulario della Chiesa di Cefalù, Pergamene, n. 28 :
(23 October 1190, Ind. IX, Latin)
Tabulario della Chiesa di Cefalù, Pergamene, n. 29 :
(Contract of a land sale, 1–10 Rabi' I, A.H. 589 [=1193], Arabic. Edition : Cusa, pp. 496–498)
Tabulario della Chiesa di Cefalù, Pergamene, n. 30 :
(January 1194, Ind. XIII, Latin)
Tabulario della Chiesa di Cefalù, Pergamene, n. 31 :
(August 1194, Ind. XII, Latin)
Tabulario della Magione, n. 3.
[facsimile : Elisabeta Lo Cascio, ed., *Il Tabulario della Magione di Palermo (1116–1643)*, Roma 2011, Tav. I]
(A document of sale, A.M. 6673, Ind. XIII [=1165], Greek. Edition : Cusa, pp. 107–108. Cf. Lo Cascio, ed., *Il Tabulario*, p. 25, n. 9 ; Jeremy Johns, *Arabic Administration in Norman Sicily*, Cambridge 2002, p. 318, Appendix 2, n. 10)
Tabulario della Magione, n. 5.
[facsimile : Lo Cascio, ed., *Il Tabulario*, Tav. II; Jeremy Johns, "The boys from Mezzoiuso: Muslim jizya-payers in Christian Sicily," R. Hoyland and P. Kennedy, eds., *Islamic Reflections, Arabic Musing : studies in honour of Professor Alan Jones*, Oxford 2003, p. 249, Fig 1.]
(A document concerning *ahl al-jarā'id* of Manzil Yūsuf, Rabī' I, [1177–1179], Arabic. Edition: Johns, "The boys from Mezzoiuso," p. 248 ; Cusa, pp. 107–108. Cf. "The boys from Mezzoiuso," pp. 247–255 ; Lo Cascio, ed., *Il Tabulario*, p. 27, n. 12 ; Johns, *Arabic Administration*, p. 320, Appendix 2, no. 16)
Tabulario del Monastero di S. Maria della Grotta, Pergamene, n. 1 :
(Contract of a sale of a house, A.M. 6668, Ind. VIII [=1160], Greek. Edition : Cusa, pp. 661–662)
Tabulario del Monastero di S. Maria della Grotta, Pergamene, n. 2 :
(Diploma of William II, January, Safar A.H. 556, Ind IX [=1161], Greek. Edition : Cusa, p. 622)
Tabulario del Monastero di S. Maria della Grotta, Pergamene, n. 3 :
(Contract of a land sale, August, A.M. 6680, Ind. V [=1172], Greek and Arabic. Edition : Cusa, p. 663)
Tabulario del Monastero di S. Maria della Grotta, Pergamene, n. 4 :
(Contract of a land sale, December, A.M. 6682, Ind. VII [=1173], Greek. Edition : Cusa, p. 665)
Tabulario del Monastero di S. Maria della Grotta, Pergamene, n. 5 :
(Contract of a land sale, October, A.M. 6688, Ind. XIII [=1179], Greek. Edition : Cusa, p. 667)
Tabulario del Monastero di S. Maria della Grotta, Pergamene, n. 6 :

(A writ of transfer of land, May, A.M. 6693, Ind. III [=1185], Greek. Edition: Cusa, p. 669)
Tabulario del Monastero di S. Maria della Grotta, Pergamene, n. 7:
(A contract of a land sale, March, A.M. 6694, Ind. IV [=1186], Greek. Edition: Cusa, p. 670)
Tabulario del Monastero di S. Maria della Grotta, Pergamene, n. 8:
(A contract of a land sale, September, A.M. 6701, Ind. XI [=1192], Greek. Edition: Cusa, p. 672)
Tabulario del Monastero di S. Maria della Grotta, Pergamene, n. 9:
(A grant of land of Stephen *ho epi tou secretou* in favour of the monastery, 6 October, A.M. 6703, Ind. XIII [=1194], Greek. Edition: Cusa, p. 674)
Tabulario di Santa Maria Maddalena di Valle Giosafat, Pergamene, n. 2:
(Document of Leo Katanakgis, viscount of Rametta, November, A.M. 6604, Ind. IV [=1095], Greek. Edition: Cusa, p. 367)
Tabulario di Santa Maria Maddalena di Valle Giosafat, Pergamene, n. 3:
(Privilege granted from William of Medana, lord of Albidono, to William of Barcelona, abbot of the monastery of St. Mary di Stelegrosso, 20 August, Ind. VIII [=1099], Greek. Edition: Cusa, p. 643)
Tabulario di Santa Maria Maddalena di Valle Giosafat, Pergamene, n. 14:
(1178, 1129, 1126, February 1121, Ind. IV, Latin. Edition: Delaborde, pp. 36–42)
Tabulario di Santa Maria Maddalena di Valle Giosafat, Pergamene, n. 21:
(Document of Faraci, *baiulus* and viscount of S. Mauro, concerning his justice, January, A.M. 6645, Ind. XV [=1137], Greek. Edition: Cusa, p. 627)
Tabulario di Santa Maria Maddalena di Valle Giosafat, Pergamene, n. 34:
(Contract of a land sale, May, A.M. 6656, Ind. XI [=1148], Greek. Edition: Cusa, p. 620)
Tabulario di Santa Maria Maddalena di Valle Giosafat, Pergamene, n. 46:
(Contract of a land sale, November, A.M. 6671, Ind. XI [=1162], Greek. Edition: Cusa p. 629)
Tabulario di Santa Maria Maddalena di Valle Giosafat, Pergamene, n. 50:
(March 1172, Ind. V, Latin)
Tabulario di Santa Maria Maddalena di Valle Giosafat, Pergamene, n. 51:
(Document of Andrew the *strategos* and the monks of S. Nicandro of Messina, February, A.M. 6684, Ind. IX [=1176], Greek. Edition: Cusa, p. 371)
Tabulario di Santa Maria Maddalena di Valle Giosafat, Pergamene, n. 52:
(Contract of a land sale by Bartholomew count of Gaela of Messina, February, A.M. 6684, Ind. IX [=1176], Greek. Edition: Cusa, p. 368)
Tabulario di Santa Maria Maddalena di Valle Giosafat, Pergamene, n. 53:
(Contract of a land sale, September, A.M. 6685, Ind. X [=1176], Greek. Edition: Cusa, p. 373)
Tabulario di Santa Maria Maddalena di Valle Giosafat, Pergamene, n. 54:
(1176, Ind. X, Latin. Edition: Delaborde, p. 85)
Tabulario di Santa Maria Maddalena di Valle Giosafat, Pergamene, n. 55:
(February 1177, Ind. X, Latin. Edition: Delaborde, p. 86)
Tabulario di Santa Maria Maddalena di Valle Giosafat, Pergamene, n. 56:
(1178, Latin. Edition: Delaborde, p. 87)
Tabulario di Santa Maria Maddalena di Valle Giosafat, Pergamene, n. 57:
(1180, Latin. Edition: Delaborde, p. 88)
Tabulario di Santa Maria Maddalena di Valle Giosafat, Pergamene, n. 58:
(Contract of a land sale, October, A.M. 6692, Ind. II [=1183], Greek. Edition: Cusa, p. 631)
Tabulario di Santa Maria Maddalena di Valle Giosafat, Pergamene, n. 59:
(1183, Ind. I, Latin. Edition: Delaborde, p. 89)
Tabulario di Santa Maria Maddalena di Valle Giosafat, Pergamene, n. 60:
(2 April 1185?, Ind. III, Latin)
Tabulario di Santa Maria Maddalena di Valle Giosafat, Pergamene, n. 61:
(16 March 1185, Ind. III, Latin. Edition: Delaborde p. 91)
Tabulario di Santa Maria Maddalena di Valle Giosafat, Pergamene, n. 62:
(January 1188, Ind. VI, Latin)
Tabulario di Santa Maria Maddalena di Valle Giosafat, Pergamene, n. 63:

(January 1188, Ind. VI, Latin)
Tabulario di Santa Maria Maddalena di Valle Giosafat, Pergamene, n. 64 :
(Grant of land to the church by Oliver, June, A.M. 6700, Ind. X [=1192], Greek. Edition : Cusa, p. 634)

Palermo, Biblioteca Comunale

MS., Qq H 3, *Diplomata et monumenta varia ad Metropolitanam Ecclesiam et Regiam Capellam S. Petri Panormi pertinentia*
(A copy of MSS of the 17th and 18th centuries, Latin)

Palermo, Biblioteca Centrale della Regione Siciliana (former Biblioteca Nazionale)

Tabulario di S. Maria Nuova di Monreale, Pergamene n. 1 :
(Copy of 18th c., Diploma of Duke William, May 1115, Ind. VIII, Latin. Edition: Pirro, I, p. 457)
Tabulario di S. Maria Nuova di Monreale, Pergamene n. 2 :
(Copy of 18th c., Diploma of Duke William, December 1120, Ind. XIII, Latin. Edition : Pirro, I, p. 457)
Tabulario di S. Maria Nuova di Monreale, Pergamene n. 3 :
[facsimile: Brühl, Tafel XI]
(Original, Diploma of King Roger II, 3 November 1144, Ind. VIII, Messina, Latin. Edition : Garufi, *Documenti*, p. 46)
This includes privileges of Duke William (May 1115, Ind.VIII), of Duke Robert Guiscard (November A.M. 6600 [=1091]), of the same Guiscard (May A.M. 6600 [=1092], of Geoffrey Malliard (September 1129, Ind XIV)
Tabulario di S. Maria Nuova di Monreale, Pergamene n. 4 :
(Original, *Jarīda* of Roger II, 24 March, A.M. 6653, A.H. 539, Ind. VIII [=1145], Palermo, Greek and Arabic. Edition : Cusa, p. 127)
Tabulario di S. Maria Nuova di Monreale, Pergamene n. 5 :
(Original, Diploma of Roger II, May 1151, A.M. 6659, Ind. XIV, Palermo, Greek and Arabic. Edition: Cusa, p. 130)
Tabulario di S. Maria Nuova di Monreale, Pergamene n. 15 :
(Original, Diploma of William II, 15 August 1176, Ind. IX, Monreale, Latin)
Tabulario di S. Maria Nuova di Monreale, Pergamene n. 18 :
(Copy of 16th c., Diploma of William II, January 1177, Ind. X, Palermo, Latin)
Tabulario di S. Maria Nuova di Monreale, Pergamene n. 19 :
(Original, Document of Archbishop Walter of Palermo, March 1177, Ind. X, Palermo, Latin. Edition : Del Giudice, p. 69)
Tabulario di S. Maria Nuova di Monreale, Pergamene n. 22 :
(Original, *Jarīda* of William II, May, A.M. 6666, A.H. 573, Ind. XI [=1178], Palermo, Greek and Arabic. Edition : Cusa, p. 134)
Tabulario di S. Maria Nuova di Monreale, Pergamene n. 24 :
(Original, Diploma of William II, August 1178, Ind. XI, Palermo, Latin. Edition: Del Giudice, p. 6)
Tabulario di S. Maria Nuova di Monreale, Pergamene n. 28 :
(Original, Diploma of William II, March 1180, Ind. XIII, Palermo, Latin. Edition : Garufi, *Documenti*, pp. 171–172)
Tabulario di S. Maria Nuova di Monreale, Pergamene n. 32 :
(Original, *Jarīda* of William II, 15 May, A.M. 6690, Ind. XV [=1182], Palermo, Latin and Arabic. Edition : Cusa, pp. 179–244)
Tabulario di S. Maria Nuova di Monreale, Pergamene n. 33 :
(Copy of 18th c., Diploma of William II, June 1182, Ind. XV, Palermo)
Tabulario di S. Maria Nuova di Monreale, Pergamene n. 35 :
(Original, Diploma of William II, October 1182, Ind. I, Palermo)
Tabulario di S. Maria Nuova di Monreale, Pergamene n. 36 :
(Original, Diploma of William II, October 1182, Ind. I, Palermo)
Tabulario di S. Maria Nuova di Monreale, Pergamene n. 37 :

(Original, another copy of the same privilege of n. 36)

Tabulario di S. Maria Nuova di Monreale, Pergamene n. 45:

(Original, Diploma of William II, A.M. 6691, Ind. I [=1183], Palermo, Greek and Arabic. Edition: Cusa, p. 245)

Tabulario di S. Maria Nuova di Monreale, Pergamene n. 46:

(Original, Permission of the marriage of Roger of Tarsia and Maria daughter of Robert of Malconvenant by William II, May 1183, Ind. I, Palermo, Latin. Edition: Garufi, *Documenti*, p. 190)

Tabulario di S. Maria Nuova di Monreale, Pergamene n. 47:

(Original, Diploma of William II, May 1183, Ind. I, Palermo, Latin. Edition: Del Giudice, p. 27; Pirro, I, p. 460)

Tabulario di S. Maria Nuova di Monreale, Pergamene n. 48:

(Original, Donation of houses by Philippa to the church of Monreale, November 1183, Ind. II, Palermo, Latin. Edition: Garufi, *Documenti*, p. 192)

Tabulario di S. Maria Nuova di Monreale, Pergamene n. 50:

(Original, Diploma of William II, March 1184, Ind. II, Palermo, Latin. Edition: Del Giudice, p. 28)

Tabulario di S. Maria Nuova di Monreale, Pergamene n. 51:

(Original, Diploma of William II, March 1184, Ind. II, Palermo, Latin. Edition: Del Giudice, p. 29)

Tabulario di S. Maria Nuova di Monreale, Pergamene n. 53:

(Original, Diploma of William II, June 1185, Ind. III, Palermo, Latin. Edition: Del Giudice, p. 30)

Tabulario di S. Maria Nuova di Monreale, Pergamene n. 54:

(Original, Diploma of William II, 15 November, Ind. V [=1186], Palermo, Latin. Edition: Garufi, *Documenti*, p. 210)

Tabulario di S. Maria Nuova di Monreale, Pergamene n. 67:

[facsimile in part, Kölzer, Tafel V]

(Diploma of Constance, [25–31] December 1195, Palermo, Latin. Edition: *Constantiae*, doc. 11, pp. 40–48; in part Garufi, *Documenti*, no. XIII, pp. 33–36)

This diploma includes a document of May 1136.

Palermo, Cappella Palatina

Tabulario della Real Cappella Palatina, perg. n. 7:

[facsimile: Brühl, Tafel VIII]

(Original, Diploma of King Roger II, 28 April 1140, Palermo, Latin. Edition: *Rogerii*, doc. no. 48, pp. 133–138)

Tabulario della Real Cappella Palatina, perg. n. 8:

(Original, A document issued by George of Antioch, A.M. 6651, Ind. VI [=1143], Palermo, Greek and Arabic. Edition: Cusa, pp. 68–70)

Tabulario della Real Cappella Palatina, perg. n. 16:

(Original, A document issued by Geoffrey of Centuripe, October A.M. 6681, Ind. VI [=1172], Palermo, Greek and Arabic. Edition: Cusa, pp. 80–83; Léon-Robert Ménager, *Amiratus –Ἀμηρᾶς, L'emirat et les origines de l'amirauté (XIe–XIIIe siècles)*, Paris 1960, Appendix 2, no. 33, pp. 214–224)

Tabulario della Real Cappella Palatina, perg. n. 171:

(Original, A document of sale, April A.M. 6704, Ind. [X]IV [=1196], Palermo, Greek and Arabic. Edition: Cusa, pp. 87–88)

Paris, Bibliothèque Nationale

Collection de Bourgogne, vol. 81, n. 263, f. 5:

[facsimile: *API*, vol. 14, Fascicolo 61, Tav. 33]

(Diploma of William II, November 1172)

Ms. lat. 5411, Chronicon Casauriense, fol. 248r:

[facsimile: Brühl, Tafel XV]

(Copy of 12th c., Diploma of King Roger II, 27 August 1140, Palermo, Latin. Edition: *Rogerii*, doc. no. 49, pp. 139–140)

Nouv. acq. lat. 2581, fol. 3 :
[facsimile: *API*, vol.14, Fascicolo 61, Tav. 37]
(Original, Diploma of Constance, September 1196, Palermo, Latin. Edition : *Constantiae*, doc. no. 34, pp. 122–124)
Nouv. acq. Lat. 2581, n. 5 :
[facsimile: *API*, vol.14, Fascicolo 61, Tav. 39]
(Diploma of Frederick II, May 1210, Messina)

Patti, Archivio Capitolare
#15 : [facsimile: Collura, between p. 624 and p. 625]
(Diploma of Roger II, Greek. Edition : Collura, pp. 610–611)
Fondazione I, fol. 76 :
[facsimile: Brühl, Tafel II]
(Original, Diploma of Adelasia, 25 May 1108, Ind. XV [=1107], Latin. Edition : *Roger II*, doc. I, pp. 3–4)
Fondazione I:
[facsimile: Brühl, Tafel IX]
(Diploma of Archbishop Hugh of Messina, October 1131, Latin)
Fondazione I, fol. 171 :
[facsimile : Brühl, Tafel XIII]
(Original, Diploma of King Roger II, February 1148, Palermo, Latin. Edition: *Rogerii*, doc. no. 75, pp. 214–216)
Pergamene restaurate latine, n. 12 :
[facsimile: Brühl, Tafel VI]
(Original, Diploma of King Roger II, 26 February 1133, Messina, Latin. Edition: *Rogerii*, doc. no. 24, pp. 66–68)
Pergamene restaurate greche, fol. 20 :
(Roger II's order, N.D., Greek. Edition : Cusa, pp. 532–535)
Pergamene restaurate greche, fol. 22 :
[Photograph : Collezione fotografica Garufi, n. 121. Facsimile and edition : Collura, Appendice, pp. 595–597, between p. 624 and p. 625]
(Original, Diploma of Adelasia, 1 December, A.M. 6620 [=1111], Messina, Greek)
Pergamene restaurate greche, fol. 23 :
(Charter of George of Antioch, May, A.M. 6651 [=1143], Ind. VI [=1143], Greek. Edition : Cusa, pp. 524–525)
Pergamene restaurate greche, fol. 25 :
[facsimile: Brühl, Tafel XXIX]
(Diploma of King Roger II, January, A.H. 528 [=1134], A.M. 6642 [=1134], Ind. XII, Greek and Arabic. Edition : Cusa, pp. 517–519)
Pergamene restaurate greche, fol. 28 :
(Diploma of Roger I, November, A.M. 6606 [=1097], Ind. IX [=1100], Greek. Edition : Cusa pp. 509–510)

Princeton, University Library
John Hinsdale Scheide Collection of Medieval and Renaissance Documents, n. 323 :
[facsimile: Brühl, Tafel XXVII; Léon-Robert Ménager, "Notes et documents sur quelques monastères de Calabre à l'époque normande," *Byzantinische Zeitschrift*, vol. 50 (1957), Tafel II, p. 363]
(Greek Diploma of Count Roger II, September, A.M. 6628 [=1119], Ind. XIII, Greek. Edition : Ménager, *ibid.*, pp. 14–15)

Roma, Archivio Doria Pamphili
Fondo S. Elia di Carbone, t. I, n. 9 :

[facsimile: *API*, vol. 14, Fascicolo 61, Tav. 36]
(Original, Diploma of Constance, 8 October 1195, Palermo, Latin and Greek. Edition: *Constantiae*, doc. no. 4, pp. 14–19)
Fondo S. Elia di Carbone, t. I, n. 13:
[facsimile: *API*, vol.14, Fascicolo 61, Tav. 38]
(Diploma of Constance, September 1196, Palermo, Latin. Edition: *Constantiae*, doc. no. 33, pp. 120–121)

Salerno, Archivio della Curia Arcivescovile
arca II, n. 71 (vecchia segnatura: n. 97):
[facsimile: *API*, vol. 14, Fascicolo 61, Tav. 27–28]
(Diploma of William II, August 1167, Palermo)
arca II, n. 95 (vecchia segnatura: n. 126):
[facsimile: *API*, vol.14, Fascicolo 61, Tav. 34–35]
(Diploma of Tancred, June 1190, Palermo)

Sevilla, Archivo Ducal de Medinaceli
Sección S (icilia), n. 15:
[facsimile, Brühl, Tafel XXI]
(Spurium in the name of King Roger II, July 1144)
Sección S, n. 55:
[facsimile, Brühl, Tafel XXIV]
(Spurium in the name of King Roger II, 15 May 1129, Palermo, Latin. Edition: *Rogerii II*, doc. no. †11, pp. 29–35)

Toledo, Archivio Ducal de Medinaceli
Fondo Mesina, no. 1119 (S 2001):
[facsimile: M. Eugenia Gálvez, "Noticia sobre los documentos árabes de Sicilia del Archivo Ducal de Medinaceli," Biancamaria Scarcia Amoretti, ed., *Del nuovo sulla Sicilia musulmana. Atti della Giornata di studio (Roma, 3 maggio 1993)*, Roma 1995, p. 172]
(A document of Roger II, November, A.H. 536, Ind. V [=1142], Arabic. Edition: Gálvez, *ibid.*, pp. 171–181)

Troia, Archivio Capitolare
G2: [facsimile: Brühl, Tafel V]
(Diploma of Duke Roger)

Vaticano, Archivio Segreto Vaticano
AA, I–XVIII, n. 4421:
[facsimile: *API*, vol.14, Fascicolo 60, Tav. 5–6]
(Concordat of William I, June 1156, Benevento)
Archivio Boncompagni 270, 8:
[facsimile: Brühl, Tafel XVII; Volpimi, *Diplomi sconosciuti*, Tav. VIII]
(Spurium in the name of King Roger II, 1149, Salerno, Latin. Edition: *Rogerii II*, doc. no. †78, pp. 224–228)

Vaticano, Biblioteca Apostolica Vaticana
Archivio Barberini, cart. 1, Nr. 1:
[facsimile: *API*, vol.14, Fascicolo 60, Tables 2 and 3]
(Diploma of Roger II, 28 January 1134, Palermo, Latin. Edition: *Rogerii II*, doc. no. 35, pp. 98–101)
Cod. Vat. lat. 10606, fol. 19/20:
[facsimile: Brühl, Tafel XXVIII; Léon-Robert Ménager, "Notes et documents sur quelques monastères de

Calabre à l'époque normande," *Byzantinische Zeitschrift*, vol. 50 (1957), p. 362 Tafel 1]
(Greek spurium in the name of Count Roger II, September, A.M. 6628 [=1119], Ind. XIII, Greek. Edition: F. Schneider, ed., doc. no. III, pp. 265–266)

Fondo Aldobrandini, Pergamene I, 62:
[facsimile: *API*, vol. 14, Fascicolo 61, Tav. 22–23]
(Original, Diploma of Roger II, 21 July 1134, Salerno, Latin. Edition: *Roger II*, doc. 38, pp. 106–108)

Fondo Aldobrandini, Pergamene II, 10 (5):
[facsimile: *API*, vol.14, Fascicolo 60, Tav. 4]
(Original, Diploma of Roger II, 24 October 1144, Messina, Latin. Edition: *Rogerii II*, doc. no. 65, pp. 187–189)

Fondo Aldobrandini, Pergamene II, 17:
[facsimile: *API*, vol. 14, Fascicolo 60, Tav. 9]
(Diploma of William II, December 1166, Palermo)

Fondo Aldobrandini, Pergamene II, 19:
[facsimile: *API*, vol. 14, Fascicolo 60, Tav. 10]
(Diploma of William II, February 1169, Palermo)

Fondo Aldobrandini, Pergamene II, 48:
[facsimile: *API*, vol. 14, Fascicolo 60, Tav. 12]
(Original, Diploma of Constance, May 1196, Palermo, Latin. Edition: *Constantiae*, doc. no. 30, pp. 109–112)

Fondo Aldobrandini, Pergamene II, 55a:
[facsimile: *API*, vol. 14, Fascicolo 60, Tav. 13]
(Original, Diploma of Constance, [25–31] December 1197, Messina, Latin. Edition: *Constantiae*, doc. no. 43, pp. 154–158)

Fondo Aldobrandini, Pergamene II, 57:
[facsimile: *API*, vol. 14, Fascicolo 60, Tav. 11]
(Diploma of William III, September 1194, Palermo)

Fondo Aldobrandini, Pergamene II, 58:
[facsimile: *API*, vol. 14, Fascicolo 60, Tav. 15]
(Diploma of Frederick II, January 1199, Palermo)

Fondo Aldobrandini, Pergamene II, 62:
[facsimile: *API*, vol. 14, Fascicolo 60, Tav. 17]
(Diploma of Frederick II, [17–31] May [1209], Catania)

Fondo Aldobrandini, Pergamene II, 72:
[facsimile: *API*, vol. 14, Fascicolo 60, Tav. 16]
(Diploma of Frederick II, February 1201, Palermo)

II. 刊行史料

アラビア語

Abū al-Faḍā'il (13th cent.): Abū al-Faḍā'il Muh. ammad b.'Alī Ḥamawī, *At-Tārīkh al Manṣūrī*. Ат-та'рих ал-мансури (Мансурова хроника), Moscow 1963. Partial edition: Amari, *Seconda Appendice alla Biblioteca arabo-sicula, testo arabo*, pp. 25–38 (Italian trans., *Biblioteca arabo-sicula, versione italiana. Appendice*, pp. 42–65). Partial English trans.: Gabrieli, *Arab Historians of the Crusades*, pp. 280–283.

Abū al-Fidā' († 1331): 'Imād ad-Dīn Ismā'īl Abū al-Fidā', *Kitāb al-Mukhtaṣar fī Akhbār al-Bashar*, 4 vols., Cairo 1325H. Partial edition: Amari, *Biblioteca arabo-sicula, testo arabo*, pp. 404–423 (Italian trans., *Biblioteca arabo-sicula, versione italiana*, vol. 2, pp. 85–109).

Abū Shāma († 1267): Abū Shāma 'Abd ar-Raḥmān b. Ismā'īl, *Kitāb ar-Rawḍatayn fī Akhbār ad-Dawlatayn*, Cairo 1947. Another edition and French trans.: *Recueil des historiens des croisades. Historiens orientaux*, vols. 4, 5.

——, *Tarājim Rijāl al-Qarnayn as-Sādis wa as-Sābi' al-Ma'rūf bil-Dhayl 'alá ar-Rawḍatayn* (Supplement to Kitāb ar-Rawḍatayn), Beyrut 1974 (1st ed. 1947). Another edition and French trans.: *Recueil des historiens des croisades. Historiens orientaux*, vol. 5.

Amari, Michele, ed., *Biblioteca arabo-sicula*, Leipzig 1857.

——, ed., *Appendice alla biblioteca arabo-sicula*, Leipzig 1875.

——, ed., *Appendice alla biblioteca arabo-sicula II*, Leipzig 1878.

——, ed. and trans., *Biblioteca arabo-sicula, versione italiana*, 2 vols., Roma/ Torino 1880–81.

——, ed., *Seconda Appendice alla Biblioteca arabo-sicula, testo arabo*, Leipzig 1887.

——, ed., *Biblioteca arabo-sicula: ossia Raccolta di testi arabici che toccano la geografia, la storia, le biografie e la bibliografia della Sicilia*, 2 vols., Frankfurt am Main 1994 (Reprint of the three editions in Leipzig 1857–87).

——, ed. and trans., *Biblioteca arabo-sicula, versione italiana. Appendice*, Torino 1889.

'Aynī († 1451): Badr ad-Dīn Maḥmūd b. Aḥmad al-'Aynī, *'Iqd al-Jumān fī Tārīkh Ahl az-Zamān*, 4 vols., Cairo 1987–92. This edition covers the period from 648 AH (1250 AD) up to 707 AH (1307). For the period of our concern, see the following two partial editions: *Recueil des historiens des croisades. Historiens orientaux*, vol. 2–1, pp. 185–250; *Kitāb Jāmi' at-Tawārīh*, in Amari, *Biblioteca arabo-sicula, testo arabo*, pp. 509–517 (Italian trans. *Biblioteca arabo-sicula, versione italiana*, vol. 2, pp. 245–258).

Baybars al-Manṣūrī († 1325), *Zubda al-Fikra fī Tārīkh al-Hijra*, Beirut/ Berlin 1998. This edition covers the period of the Mamluk sultanate from 655 AH (1257 AD) up to 709 AH (1309 AD). Some descriptions of Baybars in *Zubda al-Fikra* for the period of our concern are known only as quotations in Aynī's *'Iqd al-Jumān*.

Cusa, Salvatore, *I diplomi greci ed arabi di Sicilia pubblicati nel testo originale*, vol. 1 (2 parts), Palermo 1868–82.

Gabrieli, Francesco, ed. and trans., *Arab Historians of the Crusades*, London 1957.

Gálvez, M. Eugenia, "Noticia sobre los documentos árabes de Sicilia del Archivo Ducal de Medinaceli," Biancamaria Scarcia Amoretti, ed., *Del nuovo sulla Sicilia musulmana. Atti della Giornata di studio (Roma, 3 maggio 1993)*, Roma 1995, pp. 167–182.

Ḥamawī. See Abū al-Faḍā'il.

Al-Idrīsī († 560/1165): Muḥammad b. Idrīsī al-Ḥamūdī, *Kitāb nuzha al-mushtāq fī Ikhtirāq al-Āfāq (Opus geographicum)*, 6 vols., Roma 1970–76.

Ibn Abī ad-Damm († 1244): Shihāb ad-Dīn Ibrāhīm b. 'Abd Allāh, *Kitāb as-Shamārīkh fī at-Tawārīkh*. Partial edition in Richard, "The Crusade of Frederick II and the Ḥamāh Succession. Extracts from the Chronicle of Ibn Abī ad-Damm," *Bulletin d'études orientales*, vol. 45 (1993).

Ibn 'Abd az-Ẓāhir († 1292): Muḥyī ad-Dīn Ibn 'Abd az-Ẓāhir, *Kitāb Tashrīf al-Ayām*. Partial edition in Amari, *Biblioteca arabo-sicula, testo arabo*, pp. 339–352 (Italian trans., *Biblioteca arabo-sicula, versione italiana*, vol.1, pp. 545–568).

Ibn 'Adhāri (13th. C.), *Kitāb al-Bayān al-Mughrib*, in Amari, *Biblioteca, testo arabo*; in Amari, *Biblioteca,*

versione italiana, vol. 2.

Ibn al-'Amīd. See Makīn.

Ibn al-Athīr († 1233): Abū al-Ḥasan 'Alī Ibn al-Athīr, *Al-Kāmil fī at-Tārīkh*, 12 vols., Leiden 1851–71; repr. Beirut 1965–66 with a new index in 1967. Partial edition: Amari, *Biblioteca arabo-sicula, testo arabo*, pp. 214–316 (Italian trans., *Biblioteca arabo-sicula, versione italiana*, vol. 1, pp. 353–507). English trans.: Donald Sidney Richard, *The Chronicle of Ibn al-Athīr for the Crusading Period from al-Kāmil fī at-Tārīkh*, 3 Parts, Aldershot 2006–08.

Ibn al-Furāt († 1405): Nāṣil ad-Dīn Muḥammad Ibn al-Furāt, *Tārīkh ad-Duwal wal-Mulūk*, vol. 4–1, 4–2, 5–1, Basra 1967–70; vol. 7, 8, 9–1, 9–2, Beirut 1936–42. Another partial edition and Eng. translation: M. C. Lyons and J. Riley-Smith, *Ayyubids, Mamluks and Crusaders*, 2 vols., Cambridge 1971.

Ibn Hawqal (4/10 c.): Abū al-Qāsim b. Hawqal an-Naṣībī, *Kitāb Sūra al-Arḍ*, ed. J. H. Kraemers, Leiden 1938–1939.

Ibn Jubayr († 614/1217): Muḥammad b. Aḥmad b. Jubayr al-Andalusī, *Riḥla* (*The Travels of Ibn Jubair*), ed. W. Wright, 2nd ed. revised by De Goeje, Leiden 1907. 日本語訳：イブン・ジュバイル／藤本勝次・池田修監訳『旅行記』関西大学出版部 1992.

Ibn Kathīr († 1373): Ismā'īl Ibn Kathīr al-Qurashī, *Al-Bidāya wa an-Nihāya*, 14 vols., Beirut 1966. Quotations in Aynī's *'Iqd al-Jumān*.

Ibn Khaldūn († 1406): 'Abd ar-Raḥmān Ibn Khaldūn, *Kitāb al-'Ibar*, 7 vols., Beirut 1959–61. Partial edition: Amari, *Biblioteca arabo-sicula, testo arabo*, pp. 460–508; *Appendice alla Biblioteca arabo-sicula, testo arabo*, pp. 7–11 (Italian trans., *Biblioteca arabo-sicula, versione italiana*, vol. 2, pp. 163–243).

Ibn Kkallikān († 1282): Abū al-'Abbās Aḥmad Ibn Kkallikān, *Wafayāt al-A'yān*, 6 vols., Cairo 1948. Partial edition: Amari, *Biblioteca arabo-sicula, testo arabo*, pp. 624–643 (Italian trans., *Biblioteca arabo-sicula, versione italiana*, vol. 2, pp. 512–540).

——, *Wafayāt al-A'yān*, 8 vols., Beirut 1977–78.

Ibn Manẓūr (630–711 A.H.), *Lisān al-'arab*, 18 vols., Beirut 2004.

Ibn Wāṣil († 1298): Jalāl ad-Dīn Muḥammad Ibn Wāṣil, *Mufarrij al-Kurūb fī Akhbār Banī Ayyūb*, 5 vols., Cairo 1953–77. Partial English trans.: Gabrieli, *Arab Historians of the Crusades*, pp. 264–273, 276–280, 284–299.

Johns, Jeremy, & Alex Metcalfe, "The mystery at Chùrchuro: conspiracy or incompetence in twelfth-century Sicily?," *Bulletin of the School of Oriental and African Studies*, vol. 62 (1999).

Kitāb Jāmi' at-Tawārīh. See *'Aynī*.

Kitāb Sīar al-Abā'. See *Tārīkh baṭārika*.

Makīn († 1273): Al-Makīn Ibn al-'Amīd, *Akhbār al-Ayyūbīyīn*. Edition by Claude Cahen: "La chronique des Ayyoubides d'al-Makin ibn al-'Amid," *Bulletin d'études orientales*. vol. 15 (1955–57), pp. 109–184. French trans.: *Chronique des Ayyoubides: 602–658 (1205/6–1259/60)*, trad. Anne-Marie Eddé and Françoise Michau, Paris 1994.

Maqrīzī († 1442): Taqī ad-Dīn Aḥmad al-Maqrīzī, *Kitāb as-Sulūk*, 4 vols., Cairo 1939–73. Partial edition: Amari, *Biblioteca arabo-sicula, testo arabo*, pp. 518–522 (Italian trans., *Biblioteca arabo-sicula, versione italiana*, vol. 2, pp. 259–266). French trans.: M. E. Quatremère, *Histoire des sultans mamlouks de l'Egypte* 2 vols. in 4 parts, Paris 1837–45.

——, *Al-Bayān wa al-'Irāb 'an mā bi-Arḍ Miṣr min al-'Arāb*, A. Ābidīn ed., Cairo 1961.

Ménager, Léon-Robert, *Amiratus – Ἀμηρᾶς, L'emirat et les origines de l'amirauté (XIe-XIIIe siècles)*, Paris 1960, Appendice II.

Nuwayrī († 1332): Aḥmad b. 'Abd al-Wahhāb an-Nuwayrī, *Nihāya al-Arab fī Funūn al-Adab*, 33 vols., Cairo 1923–. Partial edition: Amari, *Biblioteca arabo-sicula, testo arabo*, pp. 423–459 (Italian trans., *Biblioteca arabo-sicula, versione italiana*, vol. 2, pp. 110–160).

Recueil des historiens des croisades. Historiens orientaux, 5 vols., Paris 1872–1998.

Safadī († 1363): Ṣalāḥ ad-Dīn Khalīl as-Safadī, *Kitāb al-Wāfī bil-Wafayāt*, 22 vols., Wiesbaden 1949–84. Partial edition in Amari, *Seconda Appendice alla Biblioteca arabo-sicula, testo arabo*, 12–17 (Italian trans., *Biblioteca arabo-sicula, versione italiana. Appendice*, pp. 15–24).

Sibṭ Ibn al-Jawzī († 1257), *Mir'āt az-Zamān fī Tārīkh al-A'yān*, vol. 8 in 2 parts. Hyderabad 1951–52. Partial English trans.: Gabrieli, *Arab Historians of the Crusades*, pp. 273–275.

Ṭabarī: Muḥammad b. Jarīr aṭ-Ṭabarī († 310/923), *Tārīkh ar-Rusul wal-Mulūk*, M. A. Ibrāhīm ed., 10 vols., Cairo 1960–69.

Tārīkh Baṭārika al-Kanīsa al-Miṣrīya (*History of the Patriarchs of the Egyptian Church*). vol. 4 in 2 parts *Cyril Ibn Laklak*. Arabic text and English trans., Cairo 1974. Partial edition: *Kitāb Sīar al-Abā'* in Amari, *Biblioteca arabo-sicula, testo arabo*, pp. 322–326 (Italian trans., *Biblioteca arabo-sicula, versione italiana*, vol. 1, pp. 518–523).

Yāqūt († 623/1229): Shihāb ad-Dīn Yāqūt al-Hamawī. *Mu'jam al-Buldān*, 5 vols., Beyrut 1955–57. Partial edition: Amari ed., *Biblioteca arabo-sicula, testo arabo*, pp. 105–126 (Italian trans., *Biblioteca arabo-sicula, versione italiana*, vol. 1, pp. 181–219).

ギリシア語

Aar, Ermanno, "Gli studi storici in Terra d'Otranto," *Archivio storico italiano*, 4 serie, 9 (1882), pp. 235–265.

Anna Comnena, *Alexiade*, ed. B. Leib, 4 vols., Paris 1937–76.

Annae Comnenae Alexias, eds. Diether Roderich Reinsch & Athanasios Kambylis, 2 vols., Berlin 2001 (Corpus Fontium Historiae Byzantinae. Ser. Berolinensi 40).

Cecaumeni Strategicon et incerti scriptoris de officiis regiis libellus, ed. B. Wassiliewsky & V. Jernstedt, St. Petersburg 1896.

Constantine Porphyrogenitus, *De administrando imperio*, ed. Gy. Moravcsik, Washington D.C. 1952 (1st ed.); 1967 (2nd ed.)

——, *De thematibus*, ed. A. Pertusi, Vatican City 1952 (Studi e Testi, 160).

Cozza-Luzi, G., "Per la Martorana: Documento greco dell'anno 1146," *Archivio storico siciliano*, N.S., vol. 15 (1890), pp. 322–332.

——, "Di un singolare giudizio: Da una pergamena greca e latina del 1117," *ibid.*, pp. 333–341.

——, "Delle epigrafi greche di Giorgio ammiraglio, della madre e della consorte," *ibid.*, pp. 22–34.

Cozza-Luzi, G., ed., *La cronaca siculo-saracena di Cambridge con doppio testo greco*, Palermo 1890 (Documenti per servire alla storia di Sicilia, 4 serie).

Cusa, Salvatore, *op. cit.* (see above in Arabic sources).

Dennis, G.T., ed. & trans., *The Taktika of Leo VI*, Washington, D.C. 2010.

Guillou, André, ed., *Les actes grecs de S. Maria di Messina*, Palermo 1963 (Istituto Siciliano di Studi Bizantini e Neoelenici, Testi 9).

Ioannis Scylitzae Synopsis historiarum, ed. Hans Thurn, Berlin 1973 (Corpus Fontium Historiae Byzantinae, vol. 5).

Ioannes Kinnamos, *Rerum ab Ioannes et Alexio Comnenis Gestarum*, ed. A. Meineke, Bonn 1836 (Corpus scriptorum historiae Byzantinae).

Leo VI, *Tactica*, 2 vols., ed. R. Vári, Budapest 1917–22.

Ménager, Léon-Robert, "Notes et documents sur quelques monastères de Calabre à l'époque normande," *Byzantinische Zeitschrift*, vol.50 (1957), pp. 7–30, 321–361.

——, *Amiratus – Ἀμηρᾶς, L'emirat et les origines de l'amirauté* (*XIe–XIIIe siècles*), Paris 1960, Appendice II.

Montfaucon, Bernard de, *Palaeographia Graeca*, Paris 1708.

Spata, Giuseppe, *Le pergamene greche esistenti nel grande archivio di Palermo*, Palermo 1862.

——, *Diplomi greci siciliani inediti* (*ultima serie*), Torino 1871.

Theodosios Monachos, *Epistolē*. Partial Greek text: Zuretti, *La espuganzione di Siracusa*. Latin translation: Caetani, *Vitae Sanctorum Siciliae*, vol. 2: (English translation), in F. M. Crawford, *The Rulers of the South: Sicily, Calabria, Malta*. 2 vols., London 1900, vol. 2, pp. 79–98.

Theophanes continuatus, *Chronographia*, ed. Immanuel Bekker, Bonn 1838.

Trinchera, Francesco, *Syllabus graecarum membranarum*, Napoli 1865.

Will, Cornelius, ed., *Acta et scripta quae de controversiis ecclesiae graecae et latinae saeculo undecimo composita extant*, Leipzig 1861.

Zonaras, *Ἐπιτομὴ ἱστοριῶν*, 3 vols., eds. M. Pinder & Theodore Büttner-Wobst, Bonn 1841–44 (Corpus scriptorum historiae Byzantinae).

ラテン語

Alexander Telesinus, *De rebus gestis Rogerii Siciliae regis libri quatuor*, in Giuseppe Del Re, ed., *Cronisti e scrittori sincroni napoletani editi e inediti*, I, Napoli 1845, pp. 81–156.

Amatus, *Ystoire de li Normant*, in *Storia dei Normanni di Amato di Montecassino*, ed. Vincenzo de Bartholomaeis, Roma 1935 (Fonti per la storia d'Italia pubblicate dall'Istituo storico italiano, vol. 76).

Annales Barenses, ed., George Heinrich Pertz, in *MGH SS*, vol. 5 (1844), pp. 51–56.

Annales Beneventani, ed., George Heinrich Pertz, in *MGH SS*, vol. 3 (1839), pp. 173–185.

Annales Casinenses, ed., G. Schmidt, in *MGH SS*, vol. 30–2 (1926–34), pp. 1385–1449; ed. George Heinrich Pertz, in *MGH SS*, vol. 19 (1866), pp. 303–320.

Annales Ceccanenses, ed. George Heinrich Pertz, in *MGH SS*, vol. 19 (1866), pp. 275–302.

Annales Sangallenses Maiores, ed. George Heinrich Pertz, in *MGH SS*, vol. 1 (1826), pp. 72–85.

Annales Siculi, ed. George Heinrich Pertz, in *MGH SS*, vol.19 (1866), pp. 494–500.

Anongmi Barensis Chronicon, ed. Muratori, in *RIS*, vol. 5 (1724), pp. 145–156.

Anonymus Vaticanus, *Historia sicula*, in *RIS*, vol. 8 (1726), pp. 740–780.

Balducci, A., *Archivio della curia Arcivescovile di Salerno, I. Regesto delle pergamene (945–1727), II. Chartularium Ecclesiae Salernitanae (841–1650)*, Salerno 1945, 1951.

Benedictus Abbas, *Gesta Regis Henrici Secundi Benedicti Abbatis, The Chronicle of the Reigns of Henry II and Richard I*, 2 vols., ed. William Stubbs, London 1867.

Borelli, Carlo, *Vindex Neapolitanae nobilitatis*, Napoli 1653.

Brandilione, Francesco, *Il diritto romano nelle leggi normanne e svevi de Regno di Sicilia*, Roma/ Torino/ Firenze 1884.

Breve chronicon de rebus Siculis, in Huillard-Bréholles, ed., *Historia diplomatica Frederici Secundi*, vol. 1–2, pp. 887–908.

Bruel, Alexandre, *Recueil des chartes de l'abbaye de Cluny*, vol. 5, Paris 1894.

Camera, Matteo, *Memorie storico-diplomatiche dell'antica città e Ducato di Amalfi*, vol. 1, Salerno 1876.

Camillus Peregrinus, in *RIS*, vol. 2–1, (1726), pp. 228–343.

Capasso, Bartolomeo, *Monumenta ad neapolitani ducatus historiam pertinentia*, 3 vols., Napoli 1881–92.

Carte delle Abbazie di S. Maria di Corazzo e di S. Giuliano di Rocca Falluca in Calabria, Roma 1901 (Studi e documenti di storia e diritto, vol. 12).

Catalogus baronum. See Jamison.

Chartularium del Monastero di S. Benedetto di Conversano, ed. D. Morea, vol. 1, Monte Cassino 1892.

Chronica Monasterii Casinensis, ed., W. Wattenbach, in *MGH SS*, vol. 7 (1846), pp. 551–844; ed. H. Hoffman, in *MGH SS*, vol. 34 (1980). All references are to Hoffman's edition.

Chronica Monasterii S. Bartholomaei de Carpineto, in Ughelli, ed., *Italia sacra*, vol. 10 (1722).

Chronica Rogerii de Houedene, ed., W. Stubbs, 4 vols., 1868–71.

Chronica Sancti Benedicti, ed. Waitz, in *MGH SS*, vol. 3 (1839), pp. 197–213.

Chronicon Amalfitanum, in L. A. Muratori, ed., *Antiquitates Italicae*, vol. 1 (1738).

Chronicon breve nortmannicum, ed. Muratori, in *RIS*, vol. 5.

Chronicon Casauriense auctore Johanne Berardi, in *RIS*, vol. 2–2 (1726).

Chronicon Ignoti monachi. See Ignoti monachi ...

Chronicon Sancti Bartholomei de Carpineto, in Ughelli, *Italia sacra*, vol. 10.

Chronicon Sancti Benedicti Casinensis, in *MGH SS rer. Lang.*

Chronicon siculum, ed., Muratori, in *RIS*, vol. 10, pp. 801–904.

Chronicon Vulturnense, 3 vols., ed., V. Federici, Roma 1924–38 (Fonti per la storia d'Italia, vol. 58–60).

Codex diplomaticus Cajetanus, 2 vols., Monte Cassino 1887–92 (*Tabularium Cassinense*, vol. 1, 2).

Codex diplomaticus Cavensis, eds., Michele Morcaldi, et al., 8 vols., Milanoo/ Napoli 1874–93.

Codex diplomaticus regni Siciliae, Köln/ Wien 1982–.

Codice diplomatico amalfitano, vol 1, ed. R. Filangieri di Candida, Napoli 1917.

Codice diplomatico barese, 19 vols., Bari 1897–1971.

Codice diplomatico brindisino, vol.1, ed. G. M. Monti, Trani 1940.

Codice diplomatico del monastero benedettino di S. Maria di Tremiti (1005–1237), ed. A. Petrucci, 3 vols., Roma 1960 (Fonti per la storia d'Italia, vol. 98).

Codice diplomatico normanno di Aversa, vol. 1, ed. A. Gallo, Napoli 1927.

Codice diplomatico verginiano, ed. P. M. Tropeano, 3 vols., Montevergine 1977–80.

Collura, Paolo, "Appendice al regesto dei diplomi di Re Ruggero compilati da Erich Caspar," *Atti del Convegno Internazionale di Studi Ruggeriani*, 2 vols., Palermo 1955, pp. 545–625.

——, *Le più antiche carte dell'archivio capitolare di Agrigento* (*1092–1282*), Palermo 1961 (Documenti per servire alla storia di Sicilia, serie 1, vol. 25).

Constantiae imperatricis et reginae siciliae diplomata, ed. Theo Kölzer, Köln 1983 (Codex diplomaticus regni siciliae, Series secunda: Diplomata regum et gente suevorum, vol. 1–2).

Constitutiones Regni Siciliae, in J. L. A. Huillard-Bréholles, ed., *Historia diplomatica Frederici Secundi*, vol. 4, Paris 1854.

Crudo, *La Santissima Trinità di Venosa*, Trani 1899.

Del Giudice, Giuseppe, *Codice diplomatico del Regno di Carlo I e II d'Angiò*, Napoli 1863.

Delaborde, Henri-François, *Chartes de Terre-Sainte, provenant de l'abbaye de Notre-Dame de Josaphat*, Paris 1880 (Bibliothèque des Écoles françaises d'Athènes et de Rome, vol. 19).

Dialogus de Scaccario: De Necessariis Observantiis Scaccarii Dialogus, qui dicitur Dialogus de Scaccario, ed. C. Johnson, London 1950.

Diplomi Regum Siciliae de Gente Normannorum, raccolti e pubblicati in facsimile, ed. A. de Stefano and F. Bartolini, Roma 1954.

Eadmer, *Vita Sancti Anselmi: the Life of St Anselm, archbishop of Canterbury*, ed. R. W. Southern, London 1963.

Erchempert, *Historia Langobardorum Beneventanorum*, ed. G. Waitz, in *MGH SS rer. Lang*., pp. 231–264.

Eugène de Rozière, *Cartulaire de l'église du Saint-Sépulcre de Jérusalem*, Paris 1849.

Falcandus, Ugo＝Hugo Falcandus.

Falco Beneventanus, *Falco di Benevento, Chronicon Beneventanum: città e feudi nell'Italia dei Normanni*, ed. E. d'Angelo, Firenze 1998.

Falco Beneventanus, *Chronicon*, in Giuseppe Del Re, ed., *Cronisti e scrittori sincroni napoletani editi e inediti*, Napoli 1845, vol. 1, pp. 157–276.

Garufi, Carlo Alberto, *I documenti inediti dell'epoca normanna in Sicilia*, Palermo 1899 (Documenti per servire alla storia di Sicilia, s.1, Diplomatica XIII).

——, *Catalogo illustrato del Tabulario di S. Maria Nuova in Monreale*, Palermo 1902 (Documenti per servire alla storia di Sicilia, s.1, Diplomatica XIX).

——, "Per la storia dei secoli XI e XII. Miscellanea diplomatica," *Archivio storico per la Sicilia orientale*, vol.9 (1912), pp.159–197, 324–365; vol. 10 (1913), pp. 160–180, 346–373.

——, *Necrologio del 'Liber Confratrum' di S. Matteo di Salerno*, Roma 1922 (Fonti per la storia d'Italia, vol. 56).

Gattola, Erasmo, *Historia abbatiae Cassinensis*, 2 vols., Venezia 1733–34.

——, *Ad historiam abbatiae Cassinensis accessiones*, 2 parts, Venezia 1734.

Gaufredus Malaterra, *De rebus gestis Rogerii Calabriae et Siciliae comitis et Roberti Guiscardi ducis, fratris eius*, ed. Ernesto Pontieri, in *RIS*², vol. 5–1 (1928).

Gesta Regis Henrici Secundi Benedicti Abbatis. The Chronicle of the Reigns of Henry II and Richard I, ed., W. Stubbs, 2 vols., London 1867 (Roles Series, II).

Girgensohn, Dieter and Kamp, Norbert, "Urkunden und Inquistionen des 12. und 13. Jahrhunderts aus Patti," *Quellen und Forschungen aus italienischen Archiven und Bibliotheken*, vol. 45 (1965), pp. 1–240.

Giunta, Francesco, "Documenti su Salerno normanna," in *Byzantino-Sicula II*, Palermo 1975, pp. 277–283.

Gregorii VII Registrum, ed. Erich Caspar, in *MGH Epistolae selectae*, vol. 2, Berlin 1955.

Guillaume de Pouille, *La geste de Robert Guiscard*. ed. M. Mathieu, Palermo 1961.

Guillelmi I. Regis Diplomata, ed. Horst Enzensberger, Köln/ Wien 1996 (Codex diplomaticus regni siciliae, ser. I, vol. 3).

Guillelmus Apuliensis, *Gesta Roberti Wiscardi*, in Guillaume de Pouille, *Le geste de Robert Guiscard*, ed., M. Mathieu, Palermo 1961 (Istituto Siciliano di Studi Bizantini e Neoelenici, Testi 4).

Heinemann, L. von, ed., *Normannische Herzogs-und Königsurkunden aus Unteritalien und Sizilien*, Tübingen 1899.

Herimanus, *Chronicon*, in *MGH SS*, vol.5 (1844), pp. 67–133.

Historia pontificalis, in *MGH SS*, vol. 20 (1868), pp. 515–545.

Holtzmann, Walter, "Papst-, Kaiser-und Normannenurkunden aus Unteritalien," *Quellen und Forschungen aus italienischen Archiven und Bibliotheken*, vol. 35 (1955), pp. 46–85.

——, "The Norman Royal Charters of S. Bartolomeo di Carpineto," *Papers of the British School at Rome*, vol. 24 (1956), pp. 94–100.

Hugo Falcandus, *Liber de regno Sicilie*, in G. B. Siragusa, ed., *La historia o liber de regno Siciliae*, Roma 1897 (Fonti per la storia d'Italia, vol. 22). English translation: G. Loud & Th. Wiedermann, trans. *The History of the Tyrants of Sicily by «Hugo Falcandus» 1154–69*, Manchester/ New York 1998.

——, *Epistola ad Petrum ad Panormitane ecclesie thesaurarium de calamitate Sicilie*, in G. B. Siragusa ed., *La Historia o Liber de Regno Sicilie, e la Epistola ad Petrum Panormitane Ecclesie Thesaurarium di Ugo Falcando*, Roma 1897. English translation: Loud & Wiederman, trans., *The History of the Tyrants of Sicily*.

Huillard-Bréholles, J. L. A., ed., *Historia diplomatica Frederici secondi*, 6 vols., Paris 1852–61.

Ignoti Monachi Cisterciensis S. Mariae de Ferraria chronica, ed., Augusto Gaudenzi, in Napoli 1888, pp. 1–46 (Monumenti storici. Serie Prima : Cronache).

Inguanez, Mauro, ed., *Diplomi inediti dei principi normanni di Capua, conti di Aversa*, Monte Cassino 1926.

——, ed., *Documenti cassinesi dei secoli XI–XIII con volgare*, Monte Cassino 1942.

Jamison, Evelyn, ed., *Catalogus baronum*, Roma 1972 (Fonti per la storia d'Italia, vol. 101).

Kehr, Karl Andreas, *Die Urkunden der normannisch-sizilischen Könige*, Innsbruck 1902 (repr. 1962).

Kehr, Paul Fridolin, "Diploma purpureo di Re Ruggiero II per la casa Pierleone," *Archivio della (R.) Società romana di storia patria*, vol. 24 (1901), pp. 253–259.

Leo of Ostia, See Leo Ostiensis

Leo Ostiensis & Petrus Diaconus, *Chronica monasterii Casinensis*, ed. H. Hoffman, in *MGH SS*, vol. 24 (1980).

Liber censuum, eds., P. Fabre & L. Duchesne, 3 vols., Paris 1889–1952.

Liber pontificalis, ed. L. Duchesne, 2 vols., Paris 1889–92.

Loud, Graham A., "Five Unpublished Charters of the Norman Princes of Capua," *Benedictina*, vol. 27 (1980), pp. 161–176.

Luard, Henry Richards, ed., *Annales Monastici*, 5 vols, London 1864–69.

Lupus Protospatarius, *Chronicon*, ed. G. H. Pertz, in *MGH SS*, vol. 5 (1844), pp. 51–63.

——, *Annales Barenses. Rerum in Regno Neapolitano gestarum breve chronicon*, ed. G. H. Perz (*MGH SS*, vol. 5), Hannover 1884, pp. 51–63.

Malaterra, Gaufredus, See Gaufredus Malaterra

Martin, Jean Marie, *Les chartes de Troia. Edition et étude critique des plus anciens documents conservés à l'Archivio Capitolare, I (1024 à 1266)*, Bari 1976 (Codice diplomatico pugliese, vol. 21).

Matthew Paris: Matthaei Parisiensis, *Chronica maiora*, ed. H. R. Luard, 7 vols., London 1872–83.

Mazzoleni, Jole, *Le pergamene degli archivi vescovili di Amalfi e Ravello*, vol. 1, Napoli 1972 (Università degli studi di Napoli. Istituto di paleografia e diplomatica, vol. 6).

Ménager, Léon-Robert,"Note et documents sur quelques monastères de Calabre à l'époque normande," *Byzantinische Zeitschrift*, vol. 50 (1957), pp. 7–30, 321–361.

——, "Note critique sur quelques diplômes normands de l'Archivio capitolare di catania," *Bullettino dell'archivio paleografico italiano*, nuovo serie, vol. 2–3, parte II (1956–57), pp. 145–174.

——, *Les actes latins de S. Maria di Messina (1103–1250)*, Palermo 1963 (Istituto Siciliano di Studi Bizantini e Neoelenici, Testi 9).

——, *Recueil des actes des ducs normands d'Italie (1046–1127), I. Les premiers ducs (1046–1087)*, Bari 1981 (Società di storia patria per la Puglia, Documenti e monografie, vol. 45).

Minieri-Riccio, Camillo, *Saggio di codice diplomatico formato sulle antiche scritture dell'archivio di Stato di Napoli. Supplemento*, parte 1, Napoli 1882.

Mongitore, Antonio, *Bullae, Privilegia et Instrumenta Panormitanae Metropolitanae Ecclesiae*, Palermo 1734.

Monti, Gennaro Maria, "Il testo e la storia esterna delle assise normanne," *Studi di storia e di diritto in onore di Carlo Calisse*, vol.1, Milano 1940, pp. 295–348.

Muratori, *Antiquitates italicae medii aevi*, 17 vols., Milano, Arezzo 1738–80.

Necrologia de Liber Confratrum di S. Matteo di Salerno (*sec. X–XVI*), ed. Carlo A. Garufi, Roma 1922 (Fonti per la storia d'Italia, vol. 56).
Necrologio del Codice Casinense 47, ed., M. Inguanez, Roma 1941 (Fonti per la storia d'Italia, vol. 83).
Necrologia Panormitana, ed., Eduard Winkelmann, *Forschungen zur Deutschen Geschichte*, vol. 18 (1878), pp. 471–475.
Necrologium Casinense, in E. Gattola, *Historia abbatiae Casinensis*, 2 vols., Venezia 1733–44, vol. 2.
Necrologium Salernitanum, ed. Eduard Winkelmann, *Forschungen zur Deutschen Geschichte*, vol. 18 (1878), pp. 476–477.
Notae sepulcrales Babenbergenses, ed., P. Jaffé, in *MGH SS*, vol. 17 (1861), pp. 640–642.
Ordericus Vitalis, *Historia ecclesiastica*, ed. M. Chibnall, 6 vols., Oxford 1969–80.
Patrologia Latina, ed., J. P. Migne, 217 vols. Paris, 1844–55 and 4 vols. indexes 1862–65.
Paulus Diaconus, *Historia Langobardorum*, in *MGH SS rer. Lang.*
Peregrinius, Camillus, *Historia principum Langobardorum*, in *RIS*, vol. 2, Part 1 (1723).
Perla, R., "Una charta iudicati dei tempi normanni," *Archivio storico per le provincie napolitane*, vol. 9 (1884), pp. 342–347.
Petrus de Ebulo, *Liber ad Honorem Augusti*, 2 vols., ed. Gian-Battista Siragusa, Roma 1905–06 (Fonti per la storia d'Italia, vol. 39).
——, *Liber ad Honorem Augusti sive de rebus Siculis*, eds. Theo Kölzer and Marlis Stähli, Sigmaringen 1994.
Petrus Diaconus, See Leo Ostiensis.
Pflugk-Harttung, Julius von, *Iter italicum*, Stuttgart 1883.
Pirro, Rocco, *Sicilia sacra disquisitionibus et notitiis illustrata*, 2 vols., 3rd ed. A. Mongitore, Palermo 1733.
Pratesi, Alessandro, *Carte latine de Abbazie Calabresi provenienti dall'Archivio Aldobrandini*, Città del Vaticano 1958 (Studi e Testi, vol. 197).
Recueil des historiens des croisades. Historiens occidentaux, 5 vols. Paris 1844–95.
Recueil des historiens des croisades. Historiens orientaux, 5 vols. Paris 1872–98.
Regesta pontificum Romanorum ad MCXCVIII, ed., Philipp Jaffé, Samuel Löwenfeld et alii, 2 vols., Leipzig 1885–88.
Regii Neapolitani Archivii monumenta edita ac illustrata, 6 vols., Napoli 1845–61.
Roger of Howden. See *Gesta Regis Henrici Secundi ...*
Rogerii II. Regis diplomata Latina, ed., Carlrichard Brühl, Köln 1987 (Codex diplomaticus regni siciliae, series prima: Diplomata regum et principum e gente normannorum, vol. 2–1).
Rogerius de Wendover, *Liber qui dicitur 'Flores Historiarum'*, ed., H. G. Hewlett, 3 vols., London 1886–89.
Romualdus Salernitanus, *Chronicon sive Annales*, ed. Carlo A. Garufi, Città di Castello 1909–35 (*RIS*^{2}, vol. 7–1).
Ryccardi de Sancto Germano Notarii Cronica. ed. Carlo A. Garufi, Bologna 1936–38 (*RIS*^{2}, vol. 7–2).
Sacco, Antonio, *Le certosa di Padula disegnata, descritta e narrata su documenti inediti*, vol. 1, Roma 1914.
Schmale, Franz-Josef, ed., *Die Briefe des Abtes Bern von Reichenau*, Stuttgart 1961.
Spata, Giuseppe, *op. cit.* (see above in Greek sources).
Starabba, Raffaele, ed., *I diplomi della cattedrale di Messina*, Palermo 1876–90 (Documenti per servire alla storia di Sicilia, Serie 1, vol. 1).
Tankredi et Willelmi III regum diplomata, ed. Herbert Zielinski, Köln 1982 (Codex diplomaticus regni siciliae, Series prima: Diplomata regum et principum e gente normannorum, vol. 5).
Tansi, Serafino, *Historia chronologica monasterii S. Michaelis Archangeli Montis Caveosi*, Napoli 1746.
Tromby, Benedetto, *Storia critico-cronologica diplomatica del patriarca S. Bruno e del suo ordine cartusiano*, 10 vols., Venezia 1773–79.
Ughelli, Ferdinando, *Italia sacra sive de episcopis Italiae et insularum adiacentium*, 2nd ed. with Nicolai Coleti, 10 vols., Venezia 1717–21.
Volpini, Raffaelo, "Diplomi sconosciuti dei principi longobardi di Salerno e dei re normanni di Sicilia," in Giovanni Sorranzo, ed., *Raccolta di studi in memoria di Giovanni Soranzo*, Milano 1968, pp. 481–544.
Willelmus Apuliensis. See Guillelmus Apuliensis.
Winkelmann, Eduard, ed., *Acta imperii inedita saeculi XIII et XIV*, 2 vols., Innsbruck 1880 (repr. 1964) (Urkundern und Briefe zur Geschichte des Kaiserreichs und des Königreichs Sicilien in den Jahren 1198–

1273).

漢語

石原道博編訳『新訂魏志倭人伝・後漢書東夷伝・宋書倭国伝・隋書倭国伝』(中国正史日本伝 1) 岩波書店 1985.

石原道博編訳『新訂旧唐書倭国日本伝・宋史日本伝・元史日本伝』(中国正史日本伝 2) 岩波書店 1986).

王充『論衡』山田勝美編訳, 新釈漢文大系 68, 69, 94, 明治書院 1976–84.

『古事記』倉野憲司編, 日本古典文学大系 1, 岩波書店 1958.

『山海経・列仙伝』前野直彬編訳, 全釈漢文大系 33, 集英社 1975.

『続日本記』5 巻, 青木和夫他編, 新日本古典文学大系 12–16, 岩波書店 1989–98.

『日本書紀』2 巻, 坂本太郎他編, 日本古典文学大系 67–68, 岩波書店 1965, 1967.

『梁 書』Online: Kodaishi Dassai (古 代 史 獺 祭), http://www001.upp.so-net.ne.jp/dassai/ryousho/frame/ryousho_frame.htm (Accessed: 10 June 2015).

III. 研究文献

Abulafia, David, "Dalmatian Ragusa and the Norman Kingdom of Sicily," *The Slavonic and East European Review*, vol. 54 (1976), pp. 412–428, repr. in *Italy, Sicily and the Mediterranean*.

——, *The Two Italies: Economic Relations between the Norman Kingdom of Sicily and the Northern Communes*, Cambridge 1977.

——, "Pisan Commercial Colonies and Consulates in Twelfth-century Sicily," *The English Historical Review*, vol. 366 (1978), pp. 68–81.

——, "The Crown and the Economy under Roger II and his Successors," *Dumbarton Oaks Papers*, vol. 37 (1983), pp. 1–14.

——, "The Norman Kingdom of Africa and the Norman Expeditions to Majorca and the Muslim Mediterranean," *Anglo-Norman Studies*, vol. 7 (1985), repr. in *Italy, Sicily and the Mediterranean*.

——, *Italy, Sicily and the Mediterranean, 1100–1400*, London 1987.

——, *Frederick II: A Medieval Emperor*, London 1988.

——, "The End of Muslim Sicily," M. Powell, ed., *Muslims under Latin Rule: A Comparative Perspective*, Princeton 1990, pp. 103–133.

——, "The Kingdom of Sicily and the Origins of the Political Crusades," *Società, Istituzioni, Spiritualità nell'Europa medievale. Studi in onore di Cinzio Violante*, Spoleto 1994.

——, "Monarchs and Minorities in the Christian Western Mediterranean around 1300: Lucera and its Analogues," S. Waugh and P. Diehl, eds., *Christendom and its Discontents: Exclusion, Persecution, and Rebellion, 1000–1500*, Cambridge 1996, pp. 234–263.

——, "Kantrowicz and Frederick II," *History*, vol. 62 (1977), pp. 193–210.

Acocella, Nicola, *Il Cilento dai Longobardi ai Normanni (secoli X e XI)*, 2 vols., Salerno 1961–1963.

——, *La Longobardia meridionale*, Roma 1968.

Agnello, Giuseppe, *Palermo Bizantina*, Amsterdam 1969.

Agnesi, Vladimiro, *Breve storia dei Normanni in Sicilia*, Palermo 1972.

Ahmad, Aziz, *A History of Islamic Sicily*, Edinburgh 1975.

Amari, Michele, "Frammenti di testi arabi. Diploma d'aprile 1183 appartenente al Monastero de'Benedettini di Monreale," *Archivio storico italiano*, vol. 4 (1847), Append., pp. 49–51, 87–88.

——, *Storia dei Musulmani di Sicilia*, 1st ed., 3 vols, Firenze 1854–72; 2nd ed. Carlo Alfonso Nallino, 3 vols. in 5 parts, Catania 1933–1939.

——, "Su la data degli sponsali di Arrigo VI con la Constanza erede al trono di Sicilia, Lettera del dott. O. Hartwig e Memoria del Socio M. Amari," *Atti della R. Accademia dei Lincei*, vol. 275 (1877–78), serie 3, Memoria classe scienze morali 2, pp. 409–438.

Antoniadis-Bibicou, Hélène, *Recherches sur les douanes à Byzance*, Paris 1963.

Antonucci, Giovanni, "Note critiche per la storia dei Normanni nel Mezzogiorno d'Italia," *Archivio storico per Calabria e la Lucania*, vol. 4 (1934), pp. 11–26.

——, "Note critiche per la storia dei Normanni nel Mezzogiorno d'Italia," *Archivio storico per Calabria e la Lucania*, vol.5 (1935), pp. 219–238.

Atti del Convegno Internazionale di Studi Ruggeriani, 2 vols., Palermo 1955.

Atti del Congresso Internazionale di Studi sulla Sicilia Normanna, Palermo 1973.

Atti del Quarto Congresso storico Calabrese, Napoli 1967.

Barker, John W., *Justinian and the Later Roman Empire*, Madison, Wisconsin 1966.

Baviera Albanese, Adelaide, "L'istituzione dell'ufficio di Conservatore del Real Patrimonio e gli organi finanziari del Regno di Sicilia nel secolo XV," *Il circolo giuridico*, Palermo 1958, pp. 227–381.

——, "L'ufficio del Consultore del Vicerè nel quadro delle riforme dell'organizzazione giudiziaria del secolo XVII in Sicilia," *Rassegna degli Archivi di Stato*, vol. 22-2 (1960), pp. 149–195.

——, "Diritto pubblico e istituzioni amministrative in Sicilia, I. Le fonti," *Archivio storico siciliano*, serie 3, vol. 19 (1969), pp. 391–563.

——, *Diritto pubblico e istituzioni amministrative in Sicilia. Le fonti* (Fonti e studi di storia, legislazione e tec-

nica degli archivi moderni 7), Roma 1974 (reprint of the above article).

Becker, Julia, *Graf Roger I. von Sizilien: Wegbereiter des normannischen Königreichs*, Tübingen 2008.

Behring, Wilhelm, "Sicilianische Studien II/2: Regesten des normannischen Königshauses 1130–1197," *Programm des königlichen Gymnasiums zu Elbing*, Elbing 1887, pp. 3–28.

Benson, Robert L., "Political *Renovatio*: Two Models from Roman Antiquity," *Renaissance and Renewal in the Twelfth Century*, eds. R.L. Benson & G. Constable, Cambridge, Mass. 1982, pp. 339–386.

Bercher, Henri, Annie Courteaux, & Jean Mouton, "Une Abbaye latine dans la société musulmane: Monreale au XIIe siècle," *Annales E.S.C.*, vol.34 (1979), pp. 525–547.

Besta, Enrico, "Il 'Liber de Regno Siciliae' e la storia del diritto siculo," *Miscellanea di archeologia, storia e filologia dedicata al Prof. Antonino Salinas*, Palermo 1907, pp. 283–306.

Bloch, Marc, *Les caractères originaux de l'histoire rurale française*, Oslo 1931.

——, *La société féodale*, Paris 1939.

Blochet, E., "Les relations diplomatiques des Hohenstaufen avec les sultans d'Égypte," *Revue historique*, vol. 80 (1902), pp. 51–64.

Boehm, L., "Nomen Gentis Normannorum. Der Aufstieg der Normannen im Spiegel der Normannischen Historiographie," *I Normannie la loro espansione in Europa nell'alto medioeuo*, Spoleto 1969, pp. 623–704.

Borsook, Eve, *Messages in Mosaic: The Royal Programmes of Norman Sicily 1130–1187*, Oxford 1990.

Borsari, Silvano, "Monasteri bizantini nell'Italia meridionale longobarda," *Archivio storico per le provincie napoletane*, vol. 71 (1950–51), pp. 1–16.

——, "L'amministrazione del tema di Sicilia," *Rivista storica italiana*, vol. 66 (1954), pp. 133–158.

——, "A proposito dell'ammiraglio Cristodulo," *Nuova rivista storica*, vol. 41 (1957), pp. 476–479.

——, "Istituzioni feudali e parafeudali nella Puglia bizantina," *Archivio storico per le provincie napoletane*, vol. 77 (1959), pp. 123–135.

——, *Il monachesimo bizantino nella Sicilia e nell'Italia meridionale prenormanne*, Napoli 1963.

Borgolte, Michael, "Migrationen als transkulturelle Verflechtungen im mittelalterlichen Europa. Ein neuer Pflug für alte Forschungsfelder," *Historische Zeitschrift*, vol. 289 (2009), pp. 261–285.

Bournazel, Eric, *Le Gouvernement Capétien au XIIe siècle 1108–1180: Structures sociales et mutations institutionelles*, Paris 1975.

Brackmann, Albert, "The Beginnings of the National State in Medieval Germany and the Norman Monarchies," Geoffrey Barraclough, trans. & ed., *Medieval Germany 911–1250*, 2 vols., Oxford 1938, vol. 2, pp. 281–299.

Braid, Angus J., *Mysticism and Heresy: Studies in Radical Religion in the Central Middle Ages (c.850–1210)*, London 2011.

Brandileone, Francesco, *Il diritto romano nelle leggi normanne e sueve del regno di Sicilia*, Roma/ Torino/ Firenze 1884.

Brent, Beat, et alii, eds., *La Cappella Palatina a Palermo, Mirabilia Italiae*, 4 vols., Modena 2010.

Bresc, Henri, "Mudéjars des pays de la Couronne d'Aragon et sarrasins de la Sicile normandes: le problème de l'acculturation," *Jaime I y su época. 10 Congreso de Historia de la Corona de Aragón (Zaragoza 1975)*, vol. 2, Zaragoza 1980, pp. 51–60.

——, *Un monde méditerranéen: Économie et société en Sicile, 1300–1450*, Rome 1986.

——, *Politique et société en Sicile, XIIe–XVe siècles*, London 1991.

——, *Arabes de langue, juifs de religion: l'évolution du judaïsme sicilien dans l'environnement latin, XIIe–XVe siècles*, Paris 2001.

——, & Annliese Nef, "Les Mozarabe de Sicile (1100–1300)," Errico Cuozzo & Jean-Marie Martin, eds., *Cavalieri alla conquista del Sud. Studi sull'Italia normanna in memoria di Léon-Robert Ménager*, Roma/ Bari 1998, pp. 134–156.

Brühl, Carlrichard, *Urkunden und Kanzlei König Rogers II. von Sizilien*, Köln 1978.

Buchthal, Hugo, "The Beginnings of Manuscript Illumination in Norman Sicily," *Papers of the British School at Rome*, vol. 24 (1956), pp. 76–85.

Burkhardt, Stefan, & Thomas Foerster, eds., *Norman Tradition and Transcultural Heritage*, Burlington 2013.

Bury, John Bagnell, *Later Roman Empire*, 2 vols., New York 1958.

Byzantino-sicula, Palermo 1966 (Istituto Siciliano di Studi Bizantini e Neoelenici, Quaderni, vol. 2).

Byzantino-sicula II, Palermo 1975 (Istituto Siciliano di Studi Bizantini e Neoelenici, Quaderni, vol. 8).
Cahen, Claude, *Le régime féodale de l'Italie normande*, Paris 1940.
——, *La Syrie du Nord à l'époque des Croisades et la principauté franque d'Antioch*. Paris 1940.
——, "Une source pour l'histoire ayyūbide: les mémoires de Sa'd ad-Dīn Ibn Ḥamawiya Djuwaynī," *Bulletin de la Faculté des Lettres de Strasbourg*, 28–7 (1950), pp. 320–337; in *Les peuples musulmans*, pp. 457–482.
——, "La chronique des Ayyoubides d'al-Makin ibn al-'Amid," *Bulletin d'études orientales*, vol. 15 (1955–57), 109–184.
——, *Turcobyzantina et Oriens Christianus*, London 1974.
——, *Les peuples musulmans dans l'histoire médiévale*, Paris 1977.
——, *Introduction à l'histoire du monde musulman medieval: VIIe–XVe siécle*, Paris 1982.
——, *Orient et Occident au temps des Croisades*, Paris 1983.
——, *La Turquie pre-ottomane*, Istanbul 1988.
Calasso, Francesco, *Gli ordinamenti giuridici del Rinascimento medievale*, Milano 1949.
——, "La città nell'Italia meridionale durante l'età normanna," *Archivio storico pugliese*, vol. 12 (1959), pp. 18–34.
Camera, Matteo, *Memorie storico-diplomatiche dell'antica città e ducato di Amalfi*, vol.1, Salerno 1876.
Canard, Marius, "Une lettre du Calife Fāṭimide al-Ḥāfiẓ (524–544/1130–1149) à Roger II," *Atti del Convegno Internazionale di Studi Ruggeriani*, Palermo 1955, pp. 125–146.
Capasso, Bartolommeo, "Sul catalogo dei feudi e dei feudatori delle provincie napoletane sotto la dominazione normanna," *Atti dell'Accademia di archeologia, letteratura e delle arti*, serie 1, vol. 4 (Napoli 1868), pp. 293–371.
Capitani, O., "Specific Motivations and Continuing Themes in the Norman Chronicles of Southern Italy in the Eleventh and Twelfth Centuries," *The Normans in Sicily and South Italy*, Oxford 1977, pp. 1–46.
I caratteri originari della conquista normanna. Diversità e identità nel Mezzogiorno (1030–1130) Bari 2006.
Caravale, Mario, "Gli uffici finanziari nel Regno di Sicilia durante il periodo normanno," *Annali di storia del diritto*, vol. 8 (1964), pp. 177–223.
——, *Il Regno Normanno di Sicilia*, Milano/ Varese 1966.
——, "La feudalità nella Sicilia Normanna," *Atti del congresso internazionale di studi sulla Sicilia Normanna*, Palermo 1973, pp. 21–50.
——, *La monarchia meridionale. Istituzioni e dottrina giuridica dai Normanni ai Borboni*, Bari 1998.
Carocci, Sandro, "Le libertà dei servi. Reinterpretare il villanaggio meridionale," *Storica*, vol. 37 (2007), pp. 51–94.
——, "Angararii e franci. Il villanaggio meridionale," E. Cuozzo & J.-M. Martin, eds., *Studi in margine all'edizione della platea di Luca arcivescovo di Cosenza (1203–1227)*, Avellino 2009, pp. 205–241.
Caspar, Erich, *Roger II. und die Gründung der normannisch-Sicilischen Monarchie*, Innsbruck 1904.
——, *Ruggero II e la fondazione della monarchia normanna di Sicilia*, Roma/ Bari 1999.
Cassandro, Giovanni, "Il ducato bizantino," in AA.VV., *Storia di Napoli*, vol. 2–1, Napoli 1969.
Catlos, Brian, *Muslims of Medieval Latin Christendom, c.1050–1614*, Cambridge 2014.
——, *Infidel Kings and Unholy Warriors: Faith, Power, and Violence in the Age of Crusade and Jihad*, New York 2014.
Ceci, Carmela, "Normanni d'Inghilterra e Normanni d'Italia," *Archivio scientifico del R. Istituto superiore di scienze economiche e commerciali di Bari*, vol. 7 (1932–33), pp. 301–406.
Centenario della nascita di Michele Amari: Scritti di filologia e storia araba, 2 vols., Palermo 1910.
Centri di produzione della cultura nel Mezzogiorno normanno-svevo, Bari 1997.
Cessi, Roberto, "Venezia e i Normanni," *Archivio storico pugliese*, vol. 12 (1959), pp. 69–72.
Chalandon, Ferdinand, "La diplomatiques de Normands de Sicile et de l'Italie méridionale," *Mélanges d'histoire de l'Ecole française de Rome*, vol. 20 (1900), pp. 155–197.
——, *Histoire de la domination normande en Italie et en Sicile*, 2 vols. Paris 1907; (rep. New York 1960).
——, "The Conquest of South Italy and Sicily by the Normans," *The Cambridge Medieval History V: Contest of Empire and Papacy*, Cambridge 1926, pp. 167–184.
——, "Norman Kingdom of Sicily," *The Cambridge Medieval History V: Contest of Empire and Papacy*, Cam-

bridge 1926, pp. 184–207.

Charanis, Peter, "On the question of the hellenization of Sicily and Southern Italy during the Middle Ages," *American Historical Review*, vol. 52 (1946), pp. 74–86.

Chiandano, Mario, "Genova e i Normanni," *Archivio storico pugliese*, vol. 12 (1959), pp. 73–78.

Chiarelli, Leonard C., *A History of Muslim Sicily*, Malta 2011.

La chiesa greca in Italia dall'VIII al XVI secolo. Atti del Convegno storico interecclesiale (Bari, 30 apr.- 4 magg. 1969), Padova 1972–1973.

Chibnall, Marjorie, "Mercenaries and the Familia Regis under Henry I," *History*, vol. 62 (1977), pp. 15–23.

Ciccaglione, Federico, "La vita economica siciliana nel periodo normanno-svevo," *Archivio storico per la Sicilia orientale*, vol.10 (1913), pp. 321–345.

——, "Il diritto in Sicilia e nelle provincie bizantine italiane durante l'alto medio-evo," *Archivio storico per le Sicilia orientale*, vol. 12 (1915), pp. 11–45, 267–305.

Cilento, Nicola, *Le origini della signoria capuana nella Longobardia minore*, Roma 1966.

——, *Italia meridionale longobardia*, 2nd ed., Milano/ Napoli 1971.

——, "Insediamento demico e organizzazione monastica," *Potere, società e popolo nell'età dei due Guglielmi*, Bari 1981, pp. 173–200.

Cipolla, Cino, "Richerche su Eugenio l'emiro," *Archivio storico siciliano*, serie 3, vol. 1 (1946), pp. 197–211.

Citarella, Armand O., "The Relations of Amalfi with the Arab World before the Crusades," *Speculum*, vol. 42 (1967), pp. 299–312.

Clementi, Dione, "Calendar of the Diplomas of the Hohenstaufen Emperor Henry VI concerning the Kingdom of Sicily," *Quellen und Forschungen aus italienischen Archiven und Bibliotheken*, vol. 35 (1955), pp. 86–225.

——, "Alexandrini Telesini 'Ystoria Serenissimi Rogerii Primi Regis Siciliae,' Lib. IV. 6–10. (Twelfth-Century Political Propaganda)," *Bullettino dell'Istituto storico italiano per il Medio Evo*, vol. 77 (1965), pp. 105–126.

——, "An Administrative Document of 1190 from Apulia," *Papers of the British School at Rome*, vol. 24 (1956), pp. 101–106.

——, "Notes on Norman Sicilian Surveys," Vivian Hunter Galbraith, *The Making of Domesday Book*, Oxford 1961, pp. 55–58.

——, "The Relations between the Papacy, the Western Roman Empire and the Emergent Kingdom of Sicily and South Italy (1050–1156)," *Bullettino dell'Istituto storico italiano per il Medio Evo*, vol. 80 (1968), pp. 191–212.

——, "Foward," to E. Jamison, *The Norman Administration of Apulia and Capua*, repr. ed. of an article published in *PBSR* VI (1913), Darmstadt 1987, pp. v–x.

Cohn, Hugo, *Die Stellung der byzantinischen Statthälter im Ober- und Mittelitalien (540–751)*, Berlin 1889.

Cohn, Willy, *Die Geschichte der normannisch-sicilischen Flotte unter der Regierung Roger I und Roger II.*, Breslau 1910.

——, *Das Zeitalter der Normannen in Sizilien*, Bonn/ Leipzig 1920.

Collura, Paolo, "Proposta di un Codice diplomatico normanno trilingue," *Atti dell'Accademia di Scienze, Lettere ed Arti di Palermo*, serie 4, vol.15 (1955), parte 2: Lettere, pp. 307–319.

——, "Frammenti di platee arabe dell'epoca normanna," *Atti dell'Accademia di Scienze, Lettere ed Arti di Palermo*, serie 4, vol. 30 (1969–70), parte 2, pp. 255–260.

Condizioni umana e ruoli sociali nel Mezzogiorno normanno-svevo, Bari 1991.

Constable, Giles, *Crusaders and Crusading in the Twelfth Century*, Farnham 2008.

Conte, Emanuele, *Servi medievali. Dinamiche del diritto comune*, Roma 1996.

Corrao, Pietro, "Il servo," *Condizione umana e ruoli sociali nel Mezzogiourno normanno-svevo*, Bari 1991, pp. 61–78.

——, "Gerarchie sociali e di potere nella Sicilia normanna (XI-XII secolo). Questioni storiografiche e interpretative," *Señores, siervos y vasallos en la Alta Edad Media. XXVIII Semana de Estudios Medievales, Estella 16–20 julio 2001*, Pamplona 2002, pp. 459–481.

Cowdrey, Herbert Edward John, *The Cluniacs and the Gregorian Reform*, Oxford 1972.

——, "The Mahdia Campaign of 1087," *English Historical Review*, vol. 92 (1977), pp. 1–29.

——, *The Age of Abbot Desiderius: Montecassino, the Papacy and the Normans in the Eleventh and Early Twelfth Centuries*, Oxford 1983.
Crawford, Francis Marion, *The Rulers of the South: Sicily, Calabria, Malta*. 2 vols., London 1900.
The text is available on the internet. Online:
http://penelope.uchicago.edu/Thayer/E/Gazetteer/Places/Europe/Italy/_Texts/CRAROS/home.html (Accessed: 13 November 2011)
Cuozzo, Errico, "Il 'Breve Chronicon Northmannicum,'" *Bullettino dell'Istituto storico italiano per il Medio Evo*, vol. 83 (1971), pp. 131–232.
——, "'Milites' e 'testes' nella contea normanna di Principato," *Bullettino dell'Istituto storico italiano per il Medio Evo*, vol. 88 (1979), pp. 121–163.
——, "Prosopografia di una famiglia feudale normanna: i Balvano," *Archivio Storico per le Provincie Napoletane*, serie 3, vol. 19 (1980), pp. 61–88.
——, "Il formarsi della feudalità normanna nel Molise," *Archivio Storico per le Provincie Napoletane*, serie 3, vol. 20 (1981), pp. 105–127.
——, "Ruggiero, Conte d'Andria: Ricerche sulla nozione di regalità al tramonto della monarchia normanna," *Archivio Storico per le Provincie Napoletane*, serie 3, vol. 20 (1981), pp.129–168.
——, *Catalogus baronum. Commentario*, Roma 1984 (Fonti per la storia d'Italia, 101).
——, "La contea di Montescaglioso nei secoli XI–XIII," *Archivio Storico per le Provincie Napoletane*, serie 3, vol. 24 (1985), pp. 7–37.
——, "La nobiltà normanna nel Mezzogiorno all'epoca di Roberto il Guiscardo," *Rivista storica italiana*, vol. 98 (1986), pp. 544–553.
——, "Die Magna Curia zur Zeit Friedrichs II.," Arnold Esch & Norbert Kamp, eds., *Friedrich II.; Tagung des Deutschen Historischen Instituts in Rom im Gedenkjahr 1994*, Tübingen 1996, pp. 276–298.
——, *La cavalleria nel Regno normanno di Sicilia*, Atripalda 2002.
Cuozzo, Errico, et alii,eds., *Puer Apuliae. Mélanges offerts à Jean-Marie Martin*, 2 vols, Paris 2008.
Cuozzo, Errico, & J.-M. Martin, eds., *Studi in margine all'edizione della platea di Luca arcivescovo di Cosenza (1203–1227)*, Avellino 2009.
Curtis, Edmund M. A., *Roger of Sicily and the Normans in Lower Italy*, London 1912.
Cusa, Salvatore, *I diplomi greci ed arabi di Sicilia pubblicati nel testo originale*, vol. 1 (2 parts) Palermo 1868–82.
——, "I diplomi greci ed Arabi di Sicilia," *Archivio storico siciliano*, vol. 2 (1874), pp. 26–43.
D'Alessandro, Vincenzo, "Il problema dei rapporti tra Roberto il Guiscardo e Ruggero I," *Roberto il Guiscardo e il suo tempo*, Roma 1975, pp. 91–105.
——, *Storiografia e politica nella Italia normanna*, Napoli 1978.
——, "Corona e nobiltà nell'età dei due Guglielmi," *Potere, società e popolo nell'età dei due Guglielmi*, Bari 1981, pp. 63–78.
——, "Metodo comparativo e relativismo storiografico," Errico Cuozzo and Jean-Marie Martin, eds., *Cavalieri alla conquista del Sud*, Roma/ Bari 1998, pp. 422–446.
——, "Servi e liberi," *Uomo e ambiente nel Mezzogiorno normanno-svevo*, Bari 1987, pp. 293–317.
Décarreaux, Jean, *Normands, papes et moines en Italie méridionale et en Sicile (XIe–XIIe siècle)*, Paris 1975.
Deér, Joseph, *The Dynastic Porphyry Tombs of the Norman Period in Sicily*, Cambridge, Mass. 1959.
——, *Das Papsttum und die süditalienischen Normannenstaaten 1053–1212*, Göttingen 1969 (Historische Texte Mittelalter 12).
——, *Papsttum und Normannen*, Cologne 1972 (Studien und Quellen zur Welt Kaiser Friedrichs II, 1).
De Pasquale, Guiseppe, *L'Islam in Sicilia*, Palermo 1980.
De Simone, Adalgisa, "Palermo nei geografi e viaggiatori arabi del medioevo," *Studi magrebini*, vol. 3 (1968), pp. 129–189.
——, "I luoghi della cultura arabo-islamica," *Gentri de produzione della cultura nel Mezzogiono normanno-svevo*, Bari 1997, pp. 55–87.
——, "Il Mezzogiorno normanno-svevo visto dall'Islam africano," *Il Mezzogiorno normanno-svevo visto dall'Europa e dal mondo mediterraneo*, Bari 1999, pp. 261–293.
——, "Ancora sui «villani» di Sicilia: Alcune osservazioni lessicali," *Mélanges de l'École française de Rome*,

116 (2004), pp. 471–500.

De Stefano, Antonino, "Origini e sviluppo del feudalismo nel Molise fino alla caduta della dominazione normanna," *Archivio storico per le provincie napoletane*, vol. 34 (1909), pp. 432–460, 640–671; vol. 35 (1910), pp. 70–98, 273–307.

——, *La cultura alla corte di Federico II Imperatore*, Bologna 1950.

Delogu, Paolo, "L'evoluzione politica dei Normanni d'Italia fra poteri locali e potestà universali," *Atti del Congresso Internazionale di Studi sulla Sicilia Normanna*, Palermo 1973, pp. 51–104.

——, "I Normanni in Città. Schemi politici ed urbanisci," *Società, potere e popolo nell'età di Ruggero II*, Bari 1979, pp. 173–206.

——, "Un'isola al centro del mondo," *La Cappella Palatina a Palermo*, 4 vols., Palermo 2010, vol. 3, pp. 9–25.

Demus, Otto, *The Mosaics of Norman Sicily*, London 1949.

——, *Byzantine Art and the West*, New York 1970.

Des Vergers, Noël, "Lettre à M. Caussin de Perceval sur les diplomes arabes conservés dans les archives de la Sicile," *Journal Asiatique*, ser. 4, vol. 6 (1845), pp. 313–344.

Di Meo, Alessandro, *Annali critico-diplomatici del Regno di Napoli della mezzana età*, 12 vols., Napoli 1795–1819.

Di Stefano, Guido, "Un secolo di studi sull'architettura medievale della Sicilia," *Archivio storico siciliano*, serie 3, vol. 1 (1946), pp. 213–222.

——, "Ruggero II e i papi del suo tempo," *Società, potere e popolo nell'età di Ruggero II*, Bari 1979, pp. 27–40.

Diehl, Charles, *Etudes sur l'administration byzantine de l'exarchat de Ravenne*, Paris 1888 (Bibliothèque des écoles françaises d'Athènes et de Rome, 53).

——, *Justinian et la civilization byzantine au VIe siècle*, Paris 1901.

——, *Palerme & Syracuse*, Paris 1907.

Dölger, Franz, "Der Kodikellos des Christodoulos in Palermo," *Archiv für Urkundenforschung*, vol. 11 (1929), pp. 1–65, repr. in his *Byzantinische Diplomatik*, München 1956, pp. 1–74.

Douglas, David C., "The Norman Episcopate before the Norman Conquest," *Cambridge Historical Journal*, vol. 113 (1957), pp. 101–115.

——, *The Norman Achievement*, London 1969.

——, *The Norman Fate 1100–1154*, London 1976.

Dozy, Reinhart, *Supplément aux dictionnaires arabes*, 2 vols., Leyden 1877–81.

Du Cange, et al., *Glossarium mediae et infimae Latinitatis*, 10 vols., Niort 1883–87.

Dujčev, Ivan, "I Normanni e l'Oriente bizantino," *Atti del Congresso Internazionale di Studi sulla Sicilia Normanna*, Palermo 1973, pp. 105–131.

Dunbabin, Jean, *The French in the Kingdom of Sicily 1266–1305*, Cambridge 2011.

Eclisse di un regno. L'utima età sveva (1251–1268), Bari 2012.

Elze, Reinhard, "Tre ordines per l'incoronazione di un re e di una regina del regno normanno in Sicilia," *Atti del Congresso Internazionale di Studi sulla Sicilia Normanna*, Palermo 1973, pp. 438–459.

The Encyclopaedia of Islam. new ed., Leiden 1960–.

Enzensberger, Horst, *Beiträge zum Kanzlei-und Urkundenwesen der normannischen Herrscher Unteritaliens und Siziliens*, Kallmünz 1971.

——, "Bemerkungen zu Kanzlei und Diplomen Robert Guiskards," *Roberto il Guiscardo e il suo tempo*, Roma 1975, pp. 107–113.

——, "Cancelleria e documentazione sotto Ruggero I di Sicilia," *Ruggero il Gran Conte e l'inizio dello Stato normanno*, Roma 1977, pp. 15–23.

——, "Der 'Böse' und der 'gute' Wilhelm. Zur Kirchenpolitik der normannischen Könige von Sizilien nach dem Vertrag von Benevent (1156)," *Deutsches Archiv für Erforschung des Mittelalters*, vol. 36 (1980), pp. 385–432.

——, "Il documento regio come strumento di potere," *Potere, società e popolo nell'età dei due Guglielmi*, Bari 1981, pp. 103–138.

——, "Chanceries, Charters and Administration in Norman Italy," *The Society of Norman Italy*, eds., G. A. Loud & A. Metcalfe, Leiden/ Boston/ Köln 2002, pp. 117–150.

Epifanio, V., "Ruggero II e Filippo di Al Mahdiah," *Archivio storico siciliano*, n.s., vol. 30 (1905), pp. 471–505.

Le eredità normanno-sveve nell'età angioina, Bari 2004.

Esch, Arnold, & Norbert Kamp, eds., *Friedrich II.: Tagung des Deutschen Historischen Instituts in Rom im Gedenkjahr 1994*, Tübingen 1996.

Falkenhausen, Vera von, *Untersuchungen über die byzantinische Herrschaft in Süditalien vom 9 bis ins 11. Jahrhundert*, Wiesbaden 1967.

——, "I ceti dirigenti prenormanni al tempo della costituzione degli stati normanni nell'Italia meridionale e in Sicilia," *Forme di potere e struttura sociale in Italia nel Medioevo*, Bologna 1977, pp. 321–377.

——, *La dominazione bizantina nell'Italia meridionale dal IX al XI secolo*, Bari 1978.

——, "I gruppi etnici nel regno di Ruggero II e la loro partecipazione al potere," *Società, potere e popolo nell'età di Rugggero II*, Bari 1979, pp. 133–156.

——, "Zur Sprache der mittelalterlichen griechischen Urkunden aus Süditalien und Sizilien," *La cultura in Italia fra Tardo Antico e Alto Medioevo. Atti del Convegno tenuto a Roma (Consiglio Nazionale delle Ricerche, 12–16 November 1979)*, vol. 2, Roma 1981, pp. 611–618.

——, "Il popolamento: etnie, fedi, insediamenti," Giosuè Musca, ed., *Terra e uomini nel Mezzogiorno normanno-svevo*, Bari 1987, pp. 39–73.

——, "Die Städte im byzantinischen Italien," *Mélanges de l'École Française de Rome. Moyen Âge*, vol. 101–2 (1989), pp. 401–464.

——, "Doxapatres, Nilo," *Dizionario bilografico degli Italiani*, vol. 41 (1992), pp. 610–613.

——, "I diplomi dei re normanni in lingua greca," G. D. Gregorio and O. Kresten, eds., *Documenti medievali greci e latini. Studi Comparativi. Atti del seminario di Erice (23–29 ottobre 1995)*, Spoleto 1998, pp. 253–308.

——, "Gregor von Burtscheid und das griechische Mönchtum in Kalabrien," *Römische Quartalschrift für christliche Altertumskunde und Kirchengeschichte*, vol. 93 (1998), pp. 215–250.

——, "Zur Regentschaft der Gräfin Adelasia del Vasto in Kalabrien und Sizilien (1101–1112)," *Aetos. Studies in honour of Cyril Mango presented to him on April 14, 1998*, Stuttgart/ Leipzig 1998, pp. 87–115.

——, "Griechische Beamte in der duana de secretis von Palermo. Eine prosopographische Untersuchung," *Zwischen Polis, Provinz und Peripherie. Beiträge zur byzantinischen Geschichte und Kultur*, Wiesbaden 2005, pp. 381–411.

——, "The South Italian Sources," *Byzantines and Crusaders in Non-Greek Sources, 1025–1204*, Oxford 2007, pp. 95–121.

——, "Straßen und Verkehr im byzantinischen Süditalien (6. bis 11. Jahrhundert)," *Die Welt der europäischen Straßen von der Antike bis in die frühe Neuzeit*, Köln/ Weimar/ Wien 2009, pp. 219–237.

——, "Adalbert von Prag und das griechische Mönchtum in Italien," *Italien–Mitteldeutschland–Polen.Geschichte und Kultur im europäischen Kontext vom 10. bis zum 18. Jahrhundert*, Leipzig 2013, pp. 39–56.

——, "Die Juden im byzantinischen Süditalien und Sizilien (6.–11. Jahrhundert)," *Studien zum mittelalterlichen Judentum im byzantinischen Kulturraum: Süditalien und Sizilien, Konstantinopel und Kreta*, Trier 2013, pp. 9–36.

Fasoli, Gina, "La feudalità siciliana nell'età di Federico II," *Rivista di storia del diritto italiano* vol. 24 (1951), pp. 47–68.

——, "Città e ceti urbani nell'età dei due Guglielmi," *Potere, società e popolo nell'età dei due Guglielmi*, Bari 1981, pp. 147–172.

Fedele, Pietro, "Il catalogo dei duchi di Napoli," *Archivio storico per le provincie napoletane*, vol. 28 (1903), pp. 549–573.

——, "Il ducato di Gaeta all'inizio della conquista normanna," *Archivio storico per le provincie napoletane*, vol. 29 (1904), pp. 50–113.

Ferrante, Biagio, "La documentazione degli ultimi re normanni di Sicilia,"*Archivio storico per le provincie napoletane*, serie 3, vol. 12 (1973), pp. 173–187.

Finley, M. I., *Ancient Sicily*, London 1979.

Fleckenstein, Josef, ed., *Problem um Friedrich II.*, Sigmaringen 1974 (Vorträge und Forschungen, vol. 16).

Fodale, Salvatore, *Comes et legatus Siciliae. Sul privilegio di Urbano II e la pretesa Apostolica Legazia dei*

Normanni di Sicilia, Palermo 1970 (Università di Palermo, Istituto di storia medievale, Studi, vol. 2).

——, "Il Gran Conte e la sede apostolica," *Ruggero il Gran Conte e l'inizio dello stato normanno*, Roma 1977, pp. 25–42.

Fonseca, Cosimo Damiano, "Le istituzioni ecclesiastiche dell'Italia meridionale e Ruggero il Gran Conte," *Ruggero il Gran Conte e l'inizio dello stato normanno*, Roma 1977, pp. 43–66.

——, "Ruggero II e la storiografia del potere," *Società, potere e popolo nell'età di Ruggero II*, Bari 1979, pp. 9–26.

——, *Particolarismo istituzionale e organizzazione ecclesiastica del Mezzogiorno medioevale*, Galatina 1987.

Fossier, Robert, *Paysans d'Occident*, Paris 1984.

Fourquin, Guy, "Serfs and serfdom : Western European," Joseph R. Strayer, ed., *Dictionary of the Middle Ages*, vol.11, New York 1988, pp. 199–208.

France, John, "The Occasion of the Coming of the Normans to Italy," *Journal of Medieval History*, vol. 17, 1991, pp. 185–205.

Fröhlich, Judith, "Effekte von Migrationen auf Fremd- und Selbstbilder: Die Mongoleneinfälle aus japanischer Sicht," *Europa im Geflecht der Welt: Mittelalterliche Migrationen in globalen Bezugen*, eds. M. Borgolte et alii, Berlin 2012, pp. 231–245.

Fuiano, Michele, "La fondazione del *Regnum Siciliae* nella versione di Alessandro di Terese," *Papers of the British School at Rome*, vol. 24 (1956), pp. 65–77.

——, *Lineamenti di storia del Regno normanno di Sicilia*, Napoli 1960.

——, *Città e borghi in Puglia nel medio evo, I. Capitanata*, Napoli 1972.

——, *Napoli nel medioevo*, Napoli 1972.

——, *Scrittori e biblioteche in Puglia nei secoli XI e XII*, Napoli 1972.

Gabrieli, Francesco, "Federico II e la cultura Musulmana," *Atti del Convegno Internazionale di Studi Federiciani*, Palermo 1952, pp. 435–447.

——, "Storia e cultura della Sicilia araba," *Libia*, vol. 1/4 (1953), pp. 3–15

——, "Arabi di Sicilia e Arabi di Spagna," *Al-Andalus*, vol. 15 (1950), pp. 27–45, repr. in *Dal Mondo dell'Islàm*, Milano/ Napoli 1954.

——, *Dal Mondo dell'Islàm*, Milano/ Napoli 1954.

——, "Un secolo di studi arabo-siculi," *Studia islamica*, vol. 5 (1954), pp. 89–102.

——, "Le ambascerie di Baibars a Manfredi," in *Studi medievali in onore di Antonio de Stefano*, Palermo 1956, pp. 219–225.

——, ed. and trans., *Arab Historians of the Crusades*, London 1957.

——, "Frederick II and Moslem Culture," *East and West*, vol. 9, no. 1/2 (1958), pp. 53–61.

——, "La politique arabe des Normandes de Sicile," *Studia islamica*, vol. 9 (1958), pp. 83–96.

——, "Normanni e Arabi," *Archivio storico pugliese*, vol. 12 (1959), pp. 53–68.

——, *Gli Arabi*, Palermo 1975.

Gaetani, Ottavio, *Vitae Sanctorum Siculorum*, 2 vols., Palermo 1657.

Galasso, Francesco, *Gli ordinamenti giuridici del Rinascimento medievale*, Milano 1949.

Galasso, Giuseppe, "Social and Political Developments in the Eleventh and Twelfth Centuries," *The Normans in Sicily and South Italy*, London 1977, pp. 47–63.

Gálvez, M. Eugenia, "Noticia sobre los documentos árabes de Sicilia del Archivo Duca de Medinaceli," Biancamaria Scarcia Amoretti, ed., *Del nuovo sulla Sicilia musulmana. Atti della Giornata di studio (Roma, 3 maggio 1993)* (Accademia Nazionale dei Lincei: Fondazione Leone Caetani, Giornata di Studio, no. 26), Roma 1995, pp. 167–182.

Gallo, A., "I diplomi dei principi longobardi di Benevento, di Capua e di Salerno nella tradizione cassinese," *Bullettino dell'Istituto storico italiano per il Medio Evo*, vol. 52 (1937), pp. 1–79.

——, *Aversa normanna*, Napoli 1938.

Garufi, Carlo Alberto, "Monete e conii nella storia del diritto siculo degli arabi ai Martini, I," *Archivio storico siciliano*, n.s., vol. 23 (1898), pp. 1–171.

——, *I documenti inediti dell'epoca normanna in Sicilia*, Palermo 1899.

——, "Sull'ordinamento amministrativo Normanno in Sicilia, Exhiquier o diwan? Studi storico-diplomatici," *Archivio storico italiano*, serie 5, vol. 27 (1901), pp. 225–263.

——, "Sulla curia stratigoziale di Messina nel tempo Normanno-Svevo," *Scritti di filologia ad Ernest Monaci*, Roma 1901, pp. 123–155.

——, "I diplomi purpurei della cancelleria normanna ed Elvira prima moglie di Re Ruggiero," *Atti della R. Accademia di Scienze, Lettere ed Arti di Palermo*, serie 3, vol. 8 (1904), pp. 3–31.

——, "Gli Aleramici e i Normanni in Sicilia e in Puglia. Documenti e ricerche," *Centenario della nascita di Michele Amari*, vol. 1, pp. 47–83.

——, "Margarito di Brindisi Conte di Malta e Ammiraglio del Re di Sicilia," *Miscellanea di archeologia, storia e filologia dedicata a Antonio Salinas*, Palermo 1907, pp 273–282.

——, "Guglielmo I. Duca di Puglia e Re di Sicilia," *Studi storici e giuridici dedicate ed offerti a Federigo Ciccaglione*, Catania 1910, pp. 25–31.

——, "Per la storia dei secoli XI e XII; parte I: Le isole Eolie a proposto del 'Constitutum' dell'Abate Ambrogio del 1095-Studi e ricerche," *Archivio storico per la Sicilia orientale*, vol. 9 (1912), pp. 159–197.

——, "Per la storia dei secoli XI e XII; parte II: I conti di Montescaglioso," *Archivio storico per la Sicilia orientale*, vol. 9 (1912), pp. 324–365.

——, "Il più antico diploma purpureo della Cancelleria Normanna di Sicilia per il protonobilissimo Cristodulo," *Archivio storico siciliano*, vols. 47–48 (1927), pp. 105–136.

——, "Censimento e catasto della popolazione servile. Nuovi studi e richerche sull'ordinamento amministrativo dei Normanni in Sicilia nei secoli XI e XII," *Archivio storico siciliano*, vol.49 (1928), pp. 1–100.

——, "Ruggero II e la fondazione della Monarchia in Sicilia," *Archivio storico siciliano*, vol. 52 (1932), pp. 1–33.

——, "Tre Nuove pergamene greche del monastero di S. Michele di Mazara," *Archivio storico siciliano*, n.s., vol. 53 (1934), pp. 219–224.

Gasparri, Stefano, *I duchi longobardi*, Roma 1978 (Istituto storico italiano per medio evo, Studi storici, Fasc. 109).

Gay, Jules, *L'Italie méridionale et l'empire byzantin, depuis l'avènement de Basile Ier jusqu'à la prise de Bari par les Normands, 867–1071*, Paris 1904 (repr. New York 1960).

——, "Les résultats de la domination byzantine dans l'Italie méridionale aux Xe et XIe siècles," *Atti dell III congresso internazionale di scienze storiche*, Rome 1906.

——, "Notes sur l'ellénisme sicilien de l'occupation arabe à la conquête normande," *Byzantion*, vol. 1 (1924), pp. 215–228.

Genuardi, Luigi, "L'ordinamento giudiziario in Sicilia dal 1072 al 1231," *Circolo giuridico*, vol. 36 (1905), pp. 261–278.

——, "I defetari normanni," *Centenario della nascita di M. Amari*, vol.1, pp.159–164.

Gerhards, Agnès, *La société médiévale*, Paris 1986.

Gervasio, Elena, "Falcone Beneventano e la sua cronaca," *Bullettino dell'Istituto storico italiano per il Medio Evo*, vol. 54 (1939), pp. 1–128.

Giardina, Camillo, "Osservazioni sulle leggi normanne del regno di Sicilia," *Archivio storico pugliese*, vol.16 (1963), pp. 65–83.

Gibb, Hamilton A. R., "The Aiyūbids," Setton, ed., *History of the Crusades*, vol. 2 (1962), pp. 693–714.

Gibbon, Edward, *The History of the Decline and Fall of the Roman Empire*, 6 vols., London 1776–1788.

Girgensohn, Dieter, "Dall'episcopato greco all'episcopato latino nell'Italia meridionale," *La chiesa greca in Italia dall'VIII al XVI secolo. Atti del Convegno storico interecclesiale (Bari 30 aprile–4 maggio 1969)*, vol. 1, Padova 1973, pp. 25–43.

Giunta, Francesco, *Bizantini e bizantinismo nella Sicilia normanna*, 1st ed. 1950; 2nd ed., Palermo 1974.

——, & Umberto Rizzitano, *Terra senza crociati*, Palermo 1967.

——, "Documenti su Salerno normanna," *Byzantino-Sicula II*, Palermo 1975, pp. 277–283.

——, "Il Regno tra realtà europea e vocazione mediterranea," *Potere, società e popolo nell'età dei due Guglielmi*, Bari 1981, pp. 9–30.

Göbbels, Joachim, *Das Militärwesen im Königreich Sizilien zur Zeit Karls I. von Anjou, 1265–1285*, Stuttgart 1984.

Goez, Werner, *Grundzüge der Geschichte Italiens in Mittelalter und Renaissance*, Darmstadt 1975.

Goitein, Shelomo D., *A Mediterranean Society. Vol. 1, Economic Foundations*, Berkeley 1967.

——, “Sicily and Southern Italy in the Cairo Geniza Documents,” *Archivio storico per la Sicilia orientale*, vol. 67 (1971), pp. 9–33.

Gottschalk, Hans L., “Al-anbaratur/ Imperator,” *Der Islam*, vol. 33 (1957), pp. 30–36.

——, “Die Aulād Šaih aš-Šuyūh (Banū Ḥamawīya),” *Wiener Zeitschrift für die Kunde des Morgenlandes*, vol. 53 (1957), pp. 57–87.

——, “Der Untergang der Hohenstaufen,” *Wiener Zeitschrift für die Kunde des Morgenlandes*, vol. 53 (1957), pp. 267–282.

——, *Al-Malik al-Kāmil von Egypten und seine Zeit*, Wiesbaden 1958.

Green, Judith A., *The Government of England under Henry I*, Cambridge 1986.

Grégoire, Henri, “Diplômes de Mazara (Sicile),” *Annuaire de l'Institut de Philologie et d'Histoire Orientales de l'Université de Bruxelles pour 1932–1933*, Bruxelles 1932, pp. 79–107.

Gregorio, Rosario, *De supputandis apud Arabes Siculos temporibus*, Palermo 1786.

——, *Considerazioni supra la storia di Sicilia dai tempi dei Normanni sino ai presenti*, 3 vols., new ed., Palermo 1972 (1st ed. 1805, 2nd ed. 1831, 3rd ed. 1845).

Grévin, Benoît, ed., *Maghreb-Italie des passeurs médiévaux à l'orientalisme moderne (XIIIe-milieu XXe siècle)*, Rome 2010.

Grierson, Philip, & Lucia Travaini, *Medieval European Coinage, vol. 14: Italy (III)*, Cambridge 1998.

Grumel, Venance, *La chronologie*, Paris 1958.

Guerrieri, Giovanni, “I conti Normanni di Lecce nel secolo XII,” *Archivio storico per le provincie napoletane*, vol. 25 (1900), pp. 195–217.

Guillaume, Paul, *Essai historique sur l'abbaye de Cava d'après des documents inédits*, Cava dei Tirreni 1877.

Guillou, André, “Inchiesta sulla popolazione greca della Sicilia e della Calabria nel Medio Evo,” *Rivista storica italiana*, vol. 75 (1963), pp. 53–68.

——, “Grecs d'Italie du sud et de Sicile au Moyen Âge: Les Moines,” *Mélanges d'archéologie et d'histoire*, vol. 75 (1963), pp. 79–110.

——, *Les actes grecs de S. Maria di Messina*, Palermo 1963.

——, *Régionalisme et indépendance dans l'empire byzantine au VIIe siècle. L'exemple de l'exarchat et de la pentapole d'Italie*, Rome 1969.

——, *Studies on Byzantine Italy*, London 1970.

——, “La Sicile byzantine,” *Byzantinische Forschungen*, vol. 5 (1977), pp. 95–145.

——, “Lo svolgimento della giustizia nell'Italia meridionale sotto il Gran Conte Ruggero e il suo significato storico,” *Ruggero il Gran Conte e l'inizio dello stato normanno*, Roma 1977, pp. 67–78.

——, *Culture et société en Italie byzantine (VI–XI)*, London 1978.

——, “Studio del lessico in rapporto ai cambiamenti sociali nella Calabria del XII secolo,” *Potere, società e popolo nell'età dei due Guglielmi*, Bari 1981, pp. 139–146.

Guillou, André, & Walther Holtzmann, “Zwei Katepansurkunden aus Tricarico,” *Quellen und Forschungen aus italienischen Archiven und Bibliotheken*, vol. 41 (1961), pp. 1–28 (repr. in A. Guillou, *Studies on Byzantine Italy*).

Hamilton, Bernard, “King Consorts of Jerusalem and their Entourages from the West from 1186 to 1250,” H. E. Mayer, ed., *Die Kreuzfahrerstaaten als multikulturelle Gesellschaft*, München 1997, pp. 13–24.

Hartmann, Ludo Moritz, *Untersuchungen zur Geschichte der byzantinischen Verwaltung in Italien, 540–750*, Leipzig 1889.

——, *Geschichte Italiens im Mittelalter*, 4 vols., Leipzig/Gotha 1897–1915, Nachdruck Hildesheim 1969.

Hartwig, O., “Re Guglielmo e il suo grande ammiraglio Majone di Bari,” *Archivio storico per le provincie napoletane*, vol. 8 (1883), pp. 397–485.

Harvey, Sally, “Domesday Book and its Predecessors,” *English Historical Review*, vol. 86 (1971), pp. 753–773.

Haskins, Charles Homer, “England and Sicily in the Twelfth Century,” *English Historical Review*, vol. 26 (1911), pp. 443–447, 641–665.

——, *The Normans in European History*, Boston 1915.

——, *Norman Institutions*, Cambridge, Mass. 1925.

——, *Studies in the History of Medieval Science*, 2nd ed., Cambridge, Mass. 1927.

——, *The Renaissance of the Twelfth Century*, Cambridge, Mass. 1927.

——, “Science at the Court of the Emperor Frederick II,” *Studies in the History of Mediaeval Science*, Cambridge 1927.

Heinemann, Lothar von, *Geschichte der Normannen in Unteritalien und Sicilien*, vol. 1, Leipzig 1894.

Heupel, Wilhelm E., *Der sizilische Grosshof unter Kaiser Friedrich II.*, Stuttgart 1940.

Hiestand, Rudolf, “Friedrich II. und der Kreuzzug,” A. Esch and N. Kamp, ed., *Friedrich II.* Tübingen 1996, pp. 128–149.

Hillenbrand, Carole, *The Crusades. Islamic Perspectives*, New York 2000/ Edinburgh 1999.

Hirsh, Ferdinando, & Michelangelo Schipa, *La Longobardia meridionale* (*570–1077*), Roma 1968.

Hoffman, Hartmut, “Hugo Falcandus und Romuald von Salerno,” *Deutsches Archiv für Erforschung des Mittelalters*, vol. 23 (1967), pp. 116–170.

——, “Die Anfänge der Normannen in Süditalien,” *Quellen und Forschungen aus italienischen Archiven und Bibliotheken*, vol.49 (1969), pp. 95–144.

——, “Longobarden, Normannen, Päpste. Zum Legitimitätsproblem in Unteritalien,” *Quellen und Forschungen aus italienischen Archiven und Bibliotheken*, vol. 58 (1978), pp. 137–180.

Hollister, Charles Warren, *The Military Organization of Norman England*, Oxford 1965.

——, & John Wesley Baldwin, “The Rise of Administrative Kingship: Henry I and Philip Augustus,” *American Historical Review*, vol. 83 (1978), pp. 867–905.

Holtzmann, Walther, “Il regno di Ruggero II e gli inizi di un sistema di Stati Europei,” *Atti del Convegno Internazionale di Studi Ruggeriani*, Palermo 1955, pp. 29–48.

——, “The Norman Royal Charters of S. Bartolomeo di Carpineto,” *Papers of the British School at Rome*, vol. 24 (1956), pp. 94–100.

——, “Papst-, Kaiser- und Normannenurkunden aus Unteritalien. Parte II,” *Quellen und Forschungen aus italienischen Archiven und Bibliotheken*, vol. 36 (1956), pp. 1–85.

——, “Su i rapporti fra Normanni e papato,” *Archivio storico pugliese*, vol. 11 (1958), pp. 20–35.

Houben, Hubert, “Möglichkeiten und Grenzen religiöser Toleranz im normannisch-staufischen Königreich Sizilien,” *Deutsches Archiv für Erforschung des Mittelalters*, vol. 50 (1994), pp. 159–198 (Italian revision, “Possibilità e limiti della tolleranza religiosa nel Mezzogiorno normanno-svevo,” Houben, *Mezzogiorno Normanno-Svevo*, pp. 213–242).

——, *Mezzogiorno Normanno-Svevo, Monasteri e castelli, ebrei e musulmani*, Napoli 1996.

——, *Roger II. von Sizilien: Herrscher zwischen Orient und Okzident*, Darmstadt 1997. (English transl., Hubert Houben, *Roger II of Sicily, a ruler between East and West*, Cambridge 2002).

Humphreys, R. Stephen, *From Saladin to the Mongols*, Albany, N. Y. 1977.

Ingraiti, Gaetano, “Sulla legittimità della Legazia Apostolica di Sicilia,” *Atti del Congresso Internazionale di Studi sulla Sicilia Normanna*, Palermo 1973, pp. 460–466.

Itineri e centri urbani nel Mezzogiorno normanno-svevo, Bari 1993.

Jahn, Wolfgang, *Untersuchungen zur normannischen Herrschaft in Süditalien* (*1040–1100*), Frankfurt am Main 1989.

Jamison, Evelyn, “The Norman Administration of Apulia and Capua, More Especially under Roger II and William I, 1127–1166,” *Papers of the British School at Rome*, vol. 6 (1913), pp. 211–481.

——, “The Administration of the County of Molise in the Twelfth and Thirteenth Centuries,” *English Historical Review*, vol. 44 (1929), pp. 529–559; vol. 45 (1930), pp. 1–34.

——, “Note e documenti per la storia dei conti normanni di Catanzaro,” *Archivio storico per la Calabria e la Lucania*, vol. 1 (1931), pp. 451–470.

——, “I conti di Molise e di Marsia,” *Atti del Congresso abruzzese-molisano*, Casalbordina 1932, pp. 73–178.

——, “The Abbess Bethlem of S. Maria di Porta Somma and the Barons of the Terra Beneventana,” *Oxford Essays in Medieval History, presented to H.E. Salter*, Oxford 1934, pp. 33–67.

——, “The Sicilian Norman Kingdom in the Mind of Anglo-Norman Contemporaries,” *Proceedings of the British Academy*, vol. 24 (1939), pp. 237–285.

——, *Admiral Eugenius of Sicily, His Life and Work*, London 1957.

——, “La carriera del logotheta Riccardo di Taranto e l’ufficio del logotheta sacri palatii nel regno normanno di Sicilia e d’Italia meridionale,” *Archivio storico pugliese*, vol. 15 (1962), pp. 169–191.

——, “Judex Tarentinus. The Career of Judex Tarentinus magne curie magister iustitiarius and the Emergence

of the Sicilian regalis magna curia under William I and the Regency of Margaret of Navarre, 1156–1172," *Proceedings of the British Academy*, vol. 53 (1967), pp. 289–344.

——, "Additional Work by E. Jamison on the Catalogus Baronum," *Bullettino dell'Istituto storico italiano per il Medio Evo*, vol. 83 (1971), pp. 1–63.

Johns, Jeremy, "The Monreale Survey: Indigenes and Invaders in Medieval West Sicily," C. Malone & S. Stoddart, eds., *Papers in Italian Archaeology IV. The Cambridge Conference, B.A.R. Int. 246*, 4 vols, Oxford, 1985, vol. 4, pp. 215–224.

——, "Nota sugli insediamenti rupestri musulmani nel territorio di S. Maria di Monreale nel dodicesimo secolo," C. D. Fonseca, ed., *La Sicilia rupestre nel contesto delle civiltà mediteranee (Atti del Sesto Convegno Internazionale di studio sulle Civiltà Rupestre Medioevale nel Mezzogiorno d'Italia, Catania-Pantalica-Ispica 7–12 settembre 1981)*, Galatina, 1986, pp. 227–234.

——, "I titoli arabi dei sovrani normanni di Sicilia," *Bollettino di Numismatica*, vol. 6–7 (1986), pp. 1–54.

——, "Malik Ifrīqiya: the Norman Kingdom of Africa and the Fāṭimids," *Libyan Studies*, vol. 18 (1987), pp. 89–101.

——, "La Monreale Survey. Insediamento medievale in Sicilia occidentale: premesse, metodi, problemi e alcuni risultati preliminari," G. Noyé, ed., *Structures de l'habitat et occupation du sol dans les pays mediterranéens: les méthodes et l'apport de l'archéologie extensive. Paris 12–15 novembre 1984, Castrum 2*, Rome/ Madrid 1987, pp. 73–84.

——, "Il silenzio delle fonti arabe sulla sismicità della Sicilia," E. Guidoboni, ed., *I terremoti prima del Mille in Italia e nell'area mediterranea. Storia, archeologia, sismologia*, Bologna 1989, pp. 306–319.

——, "Monreale Survey. Insediamento nell'alto Belice dall'età paleolitica al 1250 d.c.," *Atti. Giornate internazionali di studi sull'area elima (Gibellina 19–22 settembre 1991)*, Pisa/ Gibellina 1992, pp. 407–420.

——, "The Norman Kings of Sicily and the Fāṭimid Caliphate," *Anglo-Norman Studies*, vol. 15 (1993), pp. 133–159.

——, "The Greek church and the conversion of Muslims in Norman Sicily?," *Byzantinische Forschungen*, vol. 21 (1995) pp. 133–157.

——, "I re normanni e i califfi fāṭimiti. Nuove prospettive su vecchi materiali," B. Scarcia Amoretti, ed., *Del nuovo sulla Sicilia musulmana*, Roma 1995, pp. 1–50.

——, "Arabic contracts of sea-exchange from Norman Sicily," *Karissime Gotifride. Historical essays presented to Professor Godfrey Wettinger on his seventieth birthday*, ed., P. Xuereb, Malta 1999, pp. 55–78.

——, "Arabic "June" (*bruṭuyūn*) and "July" (isṭiriyūn) in Norman Sicily," *Bulletin of the School of Oriental and African Studies*, vol. 64, no. 1 (2001), pp. 98–100.

——, *Arabic Administration in Norman Sicily: the royal dīwān*, Cambridge 2002.

——, "Sulla condizione dei Musulmani di Corleone sotto il dominio normanno nel XII secolo," *Byzantino-Sicula IV: Atti del I Congresso Internazionale di Archeologia della Sicilia Bizantina*, Palermo 2002, pp. 275–294.

——, "The boys from Mezzoiuso: Muslim jizya-payers in Christian Sicily," R. Hoyland and P. Kennedy, eds., *Islamic Reflections, Arabic Musing: studies in honour of Professor Alan Jones*, Oxford 2003, pp. 243–256.

——, & Alex Metcalfe, "The mystery at Chùrchuro: conspiracy or incompetence in twelfth-century Sicily?," *Bulletin of the School of Oriental and African Studies*, vol. 62 (1999), pp. 226–259.

Jolliffe, John Edward Austin, *Angevin Kingship*, New York 1955.

Joranson, Einar, "The Inception of the Career of the Normans in Italy," *Speculum*, vol. 23 (1948), pp. 353–396.

Jordan, M. Edouard, "La politique ecclésiastique de Roger I et les origines de la legation sicilienne," *Moyen Âge*, vol. 33 (1922), pp. 237–273; vol. 34 (1923), pp. 32–65.

Kamen, Henri, *The Rise of Toleration*, London 1967.

Kamp, Norbert, "Vom Kämmerer zum Sekreten.Wirtschaftsreformen und Finanzverwaltung im staufischen Königreich Sizilien," *Problem um Friedrich II*, ed. Josef Fleckenstein, Sigmaringen 1974, pp. 43–92.

——, *Kirche und Monarchie im Staufischen Königreich Sizilien I: Prosopographische Grundlegung: Bistümer und Bischöfe des Königsreichs 1194–1266*, 4 vols., München 1973–1982.

——, "Soziale Herkunft und geistlicher Bildungsweg der unteritalienischen Bischöfe in normannisch-staufischer Zeit," *Le istituzioni ecclesiastiche della Societas Christiana dei secoli XI–XII*, Milan 1977, pp. 89–116.

——, "Vescovi e diocese nel passagio dalla dominazione bizantina allo stato normanno," G. Rossetti, ed., *For-*

ma di potere e struttura sociale in Italia nel medioevo. Bologna 1977, pp. 379–397.

——, "Der unteritalienische Episkopat im Spannungsfeld zwischen monarchischer Kontrolle und römischer 'libertas' von der Reichsgrundung Rogers II. bis zum Konkordat von Benevent," *Società, potere e popolo nell'età di Ruggero*, Palermo 1979, pp. 99–132.

——, "Die deutsche Präsenz im Königreich Sizilien," Theo Kölzer, ed., *Die Staufer im Süden*, Sigmaringen 1996, pp. 141–186.

Kantorowicz, E. *Kaiser Friedrich der Zweite*. Berlin 1927; Erg. bd. ebd. 1931.

Kazhdan, A., "Doxopatres, Neilos," *The Oxford Dictionary of Byzantium*, ed. A. Kazhdan, 3 vols., Oxford 1991, vol. 1, p. 660.

Kehr, Karl Andreas, *Die Urkunden der normannisch-sicilischen Könige*, Innsbruck 1902.

——, "Ergänzungen zu Falco von Benevent," *Neues Archiv der Gesellschaft für ältere deutsche Geschichtskunde*, vol. 27 (1902), pp. 445–472.

Kehr, Paul Fridolin, *Die Belehnung der süditalienischen Normannenfürsten durch die Päpste*, Berlin 1934.

Kennedy, Hugh, "The Muslims in Europe," R. McKitterick ed., *The New Cambridge Medieval History*, vol. 2, Cambridge 1995, pp. 249–271.

——, "Sicily and al-Andalus under Muslim rule," T. Reuter, ed., *The New Cambridge Medieval History*, vol. 3, Cambridge 1999, pp. 646–669.

Kestner, E. *Der Kreuzzug Friedrichs II.*, Göttingen 1873.

Kintzinger, Martin, *Westbindungen im spätmittelalterlichen Europa*, Stuttgart 2000.

——, "Familie [weitere]," *Höfe und Residenzen im spätmittelalterlichen Reich*, ed. W. Paravicini, 2 vols., Stuttgart 2005, vol. 1, pp. 55–58.

Kitzinger, Ernst, *The Mosaics of Monreale*, Palermo 1960.

——, *The Art of Byzantium and the Medieval West*, Bloomington 1976.

Kluger, Helmuth, *Hochmeister Hermann von Salza und Kaiser Friedrich II.*, Marburg 1987.

Kölzer, Theo, *Urkunden und Kanzlei der Kaiserin Konstanze, Königin von Sizilien (1195–1198)*, Köln 1983.

Kreutz, Barbara M., *Before the Normans*, Philadelphia 1991.

Krönig, Wolfgang, *The Cathedral of Monreale and Norman Architecture in Italy*, Palermo 1965.

——, "Der viersprachige Grabstein von 1148 in Palermo," *Zeitschrift für Kunstgeschichte*, vol. 52 (1989), pp. 550–558.

La Lumia, Isidoro, *Storia della Sicilia sotto Guglielmo il Buono*, Firenze 1867 (rep., *Guglielmo II: La Sicilia sotto il suo regno*, Palermo 2000).

—— *Storie Siciliane*, 4 vols., Palermo 1881–83 (rep., Palermo 1969).

La Monte, John, "Some Problems in Crusading Historiography," *Speculum*, vol. 15 (1940), pp. 57–75.

Labande, Edmond-René, "La Sicile dans les sources narratives de la France de l'Ouest aux XIe et XIIe siècles," *Sicilia Normanna*, pp. 146–161.

Lavagnini, Bruno, "Siracusa occupata dagli Arabi e l'epistola di Teodosio Monaco," *Byzantion* 29–30 (1959–1960), pp. 267–279.

——, "Aspetti e problemi del monachesimo greco nella Sicilia normanna," *Byzantino-Sicula II*, Palermo 1966, pp. 51–65 (Istituto siciliano di studi bizantini e neoellenici. Quaderni, vol. 2).

Leccese, A., *Le origini del ducato di Gaeta e le sue relazioni coi ducati di Napoli e di Roma*, Gubbio 1941.

Leccisotti, Tommaso, "Ruggero II e il monachesimo benedettino," *Studi Ruggeriani*, vol. 1 (1955), pp. 63–72.

Leicht, Pier Silverio, "Lo stato normanno," *Il Regno Normanno*, Messina/ Milano 1932, pp. 33–52.

——, *Storia del diritto italiano. Il diritto pubblico*, Milano 1944.

Léonard, Emile G., "Normands de Normandie et Normands d'Italie. Sur la signification du 'fait normand'," *Archivio storico pugliese*, vol. 11 (1958), pp. 12–19.

Leyser, Karl J., *Rule and Conflict in an Early Medieval Society. Ottonian Saxony*, London 1979.

Lipinski, Angelo, "Le insegne regali dei sovrani di Sicilia e la scuola orafa palermitana," *Sicilia Normanna*, pp. 164–194.

Little, Lester K., *Religious Poverty and the Profit Economy in Medieval Europe*, Ithaca 1978.

Lo Cascio, Elisabeta, ed., *Il Tabulario della Magione di Palermo (1116–1643)*, Roma 2011.

Loewenthal, L. J. A., "For the biography of Walter Opfamil, archbishop of Palermo," *English Historical Review*, vol. 87 (1972), pp. 75–82.

Loud, Graham A., "The Norman Counts of Caiazzo and the Abbey of Montecassino," *Monastica: I Scritti raccolti in memoria del XV centenario della nascità di S Benedetto 480–1980* Montecassino 1981, pp 199–217.

——, "A Calendar of the Diplomas of the Norman Princes of Capua," *Papers of the British School at Rome*, vol. 49 (1981), pp. 99–143.

——, "How 'Norman' was the Norman Conquest of Southern Italy?," *Nottingham Medieval Studies*, vol. 25 (1981), pp. 13–34.

——, "Royal Control of the Church in the Twelfth-century Kingdom of Sicily," *Studies in Church History*, vol. 18 (1982), pp. 147–159.

——, *Church and Society in the Norman Principality of Capua 1058–1197*, Oxford 1985.

——, "The Abbey of Cava, its Property and Benefactors in the Norman Era," *Anglo-Norman Studies*, vol. 9 (1986), pp. 143–177.

——, "Byzantine Italy and the Normans," *Byzantium and the West c.850–1200: Proceedings of the XVIII Spring Symposium of Byzantine Studies*, ed. J. D. Howard-Johnson, Amsterdam 1988, pp. 215–233.

——, "Norman Italy and the Holy Land," B. Z. Kedar, ed., *The Horns of Hattin*, Jerusalem 1992, pp. 49–62.

——, "Continuity and Change in Norman Italy," *Journal of Medieval History*, vol. 22 (1996), pp. 313–343.

——, *The Age of Robert Guiscard: Southern Italy and the Norman Conquest*, Harlow 2000.

——, *Roger II and the Creation of the Kingdom of Sicily*, Manchester 2012.

——, "Le strutture del potere: la feudalità," *Il Mezzogiorno normanno-svevo fra storia e storiografia*, eds. Pasquale Cordasco & Marco Antonio Siciliani, Bari 2014.

——, & A. Metcalfe, eds., *The Society of Norman Italy*, Leiden 2002.

——, & Thomas Wiedemann, trans., *The History of the Tyrants of Sicily by 'Hugo Falcandus' 1154–69*, Manchester/ New York 1998.

Mack Smith, D., *Medieval Sicily 800–1713*, London 1968.

Madden, Thomas F., *The New Concise History of the Crusades*, updated student edition, Lanham, Md. 2006 (1st ed. 1999).

Makdisi, John A., "The Islamic Origins of the Common Law," *North Carolina Law Review*, vol. 77 (1999), pp. 1635–1739.

Mandalari, M.T., "Enrico Aristippo Arcidiacono di Catania nella vita culturale e politica del secolo XII," *Bollettino storico catanese*, vol. 4 (1939), pp. 87–123.

Marongiu, Antonio, "Gli ebrei di Salerno nei documenti dei secoli X-XIII," *Archivio storico per le provincie napoletane*, vol. 62 (1937), pp. 3–31 (rep. in Marongiu, *Byzantine, Norman, Swabian*).

——, "Le 'Curie generali' del regno di Sicilia sotto gli Svevi (1194–1266)," *Archivio storico per la Calabria e la Lucania*, 1948–1950, pp. 1–50 (rep. in Marongiu, *Byzantine, Norman, Swabian*).

——, "Lo spirito della monarchia normanna nell'allocuzione di Ruggero II ai suoi Grandi," *Atti del Congresso internazionale di diritto romano e storia del diritto, Verona 1948*, vol.4, Milano 1951, pp. 315–327 (rep. in Marongiu, *Byzantine, Norman, Swabian*).

——, "Concezione della sovranità ed assolutismo di Giustiniano e di Federico II," Guiscardo Moschetti, ed., *Atti del Convegno Internazionale di Studi Federiciani*, Palermo 1952, pp. 31–46 (rep. in Marongiu, *Byzantine, Norman, Swabian*).

——, "Note federiciane. Manifestazioni ed aspetti poco noti della politica di Federico II," *Studi medievali*, XVIII (1952), pp. 292–324 (rep. in Marongiu, *Byzantine, Norman, Swabian*).

——, "La Concezione della sovranità di Ruggero II,"*Atti del Convegno Internazionale di Studi Ruggeriani*, 2 vols, vol. 1, Palermo 1955, pp. 195–212 (rep. in Marongiu, *Byzantine, Norman, Swabian*).

——, "Il regno normanno di Sicilia e le sue istituzioni," *Archivio storico pugliese*, vol. 12 (1959), pp. 3–17 (rep. in Marongiu, *Byzantine, Norman, Swabian*).

——, "La parte dell'eredita normanna nello Stato di Federico II," *Annali della scuola speciale per archivisti e bibliotecari dell'Universita di Roma*, vol. 1 (1961), pp. 3–19 (rep. in Marongiu, *Byzantine, Norman, Swabian*).

——, "La forma religiosa del matrimonio nel diritto bizantino, normanno e svevo," *Archivio storico per la Calabria e la Lucania*, vol. 30 (1961), pp. 1–30 (rep. in Marongiu, *Byzantine, Norman, Swabian*).

——, "L'eredità normanna nello Stato di Federico II," *Archivio storico pugliese*, vol. 15 (1962), pp. 1–11 (rep.

in Marongiu, *Byzantine, Norman, Swabian*).
——, "A Model-State in the Middle Ages: the Norman and Swabian Kingdom of Sicily," *Comparative Studies in Society and History*, vol. 6 (1964), pp. 307–320 (rep. in Marongiu, *Byzantine, Norman, Swabian*).
——, "I due regni normanni d'Inghilterra e d'Italia," *I normanni e la loro espansione in Europa nell'alto Medio Evo* (*Settimane di studio del centro italiano di studi sull'alto medioevo*, vol. 16), Spoleto 1969, pp. 497–552 (rep. in Marongiu, *Byzantine, Norman, Swabian*).
——, *Byzantine, Norman, Swabian and Later Institutions in Southern Italy*, London 1972.
——, "La legislazione normanna," *Atti del Congresso Internazionale di Studi sulla Sicilia Normanna*, Palermo 1973, pp. 195–212.
Martin, Jean-Marie, "Les communautés d'habitants de la Pouille et leur rapports avec Roger II," *Società, potere e popolo nell'età di Ruggero II*, Bari 1979, pp. 73–98.
——, "Le colonie sarrasine de Lucera et son environnement. Quelque réflexions," *Mediterraneo Medievale. Scritti in onore di Francesco Giunta*, Soveria Mannelli 1989.
——, *La Pouille du VIe au XIIe siècle* Rome 1993.
——, *Italies Normandes, XIe–XIIe siècles*, Paris 1994.
——, "L'administration du Royaume entre Normands et Souabes," Theo Kölzer, ed., *Die Staufer im Süden*, Sigmaringen 1996, pp. 113–140.
——, "Settlement and the Agrarian Economy," G. A. Loud & A. Metcalfe, eds., *The Society of Norman Italy*, Leiden 2002, pp. 17–45.
Masson, Georgina, *Frederick II of Hohenstaufen*, London 1957.
Mathieu, Marguerite, "Normands et Byzantins," *Archivio storico pugliese*, vol. 12 (1959), pp. 35–46.
Mattei-Cerasoli, D. Leone, "La Badia di Cava e i monasteri greci della Calabria Superiore," *Archivio storico per la Calabria e la Lucania*, vol. 9 (1939), pp. 279–318.
Matthew, Donald "The Chronicle of Romuald of Salerno," *The Writing of History in the Middle Ages: Essays Presented to Richard William Southern*, eds. R. H. C. Davis & J. M. Wallace-Hadrill, Oxford 1981, pp. 239–274.
——, *The Norman Kingdom of Sicily*, Cambridge 1992.
Mayer, Ernst, *Italienische Verfassungsgeschichte von der Gothenzeit bis zur Zunftherrschaft*, 2 vols., Leipzig 1909.
Mayer, Hans Eberhard, *Bibliographie zur Geschichte der Kreuzzüge*, Hannover 1960.
——, "Das Pontifikale von Tyrus," *Dumbarton Oaks Papers*, vol. 21 (1967), pp. 200–210.
Mazzarese Fardella, Enrico, *Aspetti dell'organizzazione amministrativa nello stato normanno e svevo*, Milano 1966.
——, "Il contributo di Evelyn Jamison agli studi sui Normanni d'Italia e di Sicilia," *Bullettino dell'Istituto storico italiano per il Medio Evo*, vol. 83 (1971), pp. 65–78.
——, "La struttura amministrativa del Regno Normanno,"*Atti del Congresso Internazionale di Studi sulla Sicilia Normanna*, Palermo 1973, pp. 213–224.
——, *I feudi comitali di Sicilia dai normanni agli aragonesi*, Milano 1974.
——, "Problemi preliminari allo studio del ruolo delle contee nel regno di Sicilia," *Società, potere e popolo nell'età di Ruggero II*, Bari 1979, pp. 41–54.
McLellan, J., & H. W. Hazard, "Select Bibliography of the Crusades," Setton, ed. *A History of the Crusades*, vol. 6 (1989), pp. 511–664.
Ménager, Léon-Robert, "Notes et documents sur quelques monastères de Calabre à l'époque normande," *Byzantinische Zeitschrift*, vol. 50 (1957), pp. 7–30, 321–361.
——, "La 'byzantinisation' religieuse de l'Italie méridionale (IXe–XIIe siècle) et la politique monastique des normands d'Italie méridionale," *Revue d'histoire ecclésiastique*, vol. 53 (1958), pp. 747–774; vol. 54 (1959), pp. 5–40.
——, "La tradition en 'volgare italiano' des diplômes grecs du Patir de Rossano, Notule," *Byzantinische Zeitschrift*, vol. 51 (1958), pp. 310–313.
——, "L'abbaye bénédictine de la Trinité de Mileto, en Calabre, à l'époque normande," *Bullettino dell'Archivio Paleografico Italiano*, nuovo serie, 4–5 (1958–59), pp. 9–94.
——, "L'institution monarchique dans les États normands d'Italie. Contribution à l'étude du pouvoir royal dans

les principautés occidentales, aux XIe–XIIe siècles," *Cahiers de Civilization médiévale*, vol. 2 (1959), pp. 303–331, 445–468.

——, "Les fondations monastique de Robert Guiscard, duc de Pouille et de Calabre," *Quellen und Forschungen aus italienischen Archiven und Bibliotheken*, vol. 39 (1959), pp. 1–116.

——, "Points du vue sur l'etude des institutions Byzantines en Italie meridionale," *Archivio storico pugliese*, vol. 12 (1959), pp. 47–52.

——, *Amiratus-Ἀμηρᾶς*, L'emirat et les origines de l'amirauté (XIe–XIIIe siècles), Paris 1960.

——, "La législation sud-italienne sous la domination normande," *I normanni e la loro espansione in Europa nell'alto Medio Evo* (Settimane di studio del Centro italiano di studi sull'alto medioevo, vol. 16), Spoleto 1969, pp. 439–496.

——, "Pesanteur et étiologie de la colonisation normande de l'Italie," *Roberto il Guiscardo e il suo tempo*, Roma 1975, pp. 189–215.

——, "Inventaire des familles normandes et franques émigrées en Italie méridionale et en Sicile (XIe–XIIe siècle)," *Roberto il Guiscardo e il suo tempo*, pp. 260–390.

Mendola, Louis, & Jacqueline Alio, *The Peoples of Sicily: A Multicultural Legacy*, New York 2013.

Merores, Margarete, *Gaeta im frühen Mittelater (8.–12. Jahrhundert)*, Gotha 1911.

Metcalfe, Alex, "*De saracenico in Latinum transferri*: Causes and effects of translation in the fiscal administration of Norman Sicily," *Al-Masaq: Islam and the Medieval Mediterranean*, vol. 13 (2001), pp. 43–86.

——, "The Muslims of Sicily under Christian Rule," Graham A. Loud & Alex Metcalfe, eds., *The Society of Norman Italy*, Leiden 2002, pp. 289–317.

——, *Muslims and Christians in Norman Sicily. Arabic Speakers and the End of Islam*, London 2003.

——, "Trusting the text as far as we can throw the scribe: further notes on reading a bilingual jaridat al-hudud from the royal diwan of Norman Sicily," *From Al-Andalus to Khurasan: Documents from the Medieval Muslim World* (Islamic History and Civilization Series: Studies and Texts, vol. 6), Leiden 2007, pp. 78–98.

——, *The Muslims of Medieval Italy*, Edinburgh 2009.

Mezzogiorno—Federico II—Mezzogiorno: Atti dei Convegni di Federico II, 2 vols., Roma 1999.

Il Mezzogiorno normanno-svevo e le crociate, Bari 2002.

Il mezzogiorno normanno-svevo visto dall'Europa e dal mondo mediterraneo, Bari 1999.

Mitteis, Heinrich, *Deutsche Rechtsgeschichte, ein Studienbuch*, new ed. Heinz Lieberich, München 1978.

Monti, Gennaro Maria, *Lo stato normanno-svevo*, Trani 1945.

Mor, Carlo Guido, "Il valore giuridico del titolo 〈dux Apuliae〉," *Roberto il Guiscardo e il suo tempo*, Roma 1975, pp. 215–223.

——, "Ruggero Gran Conte e l'avvio alla formazione dell'ordinamento normanno," *Ruggero il Gran Conte e l'inizio dello stato normanno*, Roma 1977, pp. 101–112.

Morghen, Raffaello, *Gli svevi in Italia*, Palermo 1974.

Musca, Giosuè, "Una famiglia di boni homines nella Terlizzi normanna e sveva," *Archivio storico pugliese*, vol. 21 (1968), pp. 34–62.

——, "I Normanni in Inghilterra e i Normanni in Italia meridionale," *Ruggero il Gran Conte e l'inizio dello stato normanno*, Roma 1977, pp. 113–137.

Nakagawa Masako, "The Shan-hai ching and Wo: A Japanese Connection," *Sino-Japanese Studies*, vol. 15 (2003), pp. 45–55. Online: http://chinajapan.org/articles/15/nakagawa15. 45–55. pdf (Accessed: 10 June 2015).

Nascita di un regno. Poteri signorili, istituzioni feudali e strutture sociali nel Mezzogiorno normanno (1130–1194) Bari 2008.

Nederman, Cary J., *Worlds of Difference: European Discourses of Toleration, c. 1100–c.1550*, University Park, PA 2000.

Nef, Annliese, "Conquêtes et reconquêtes médiévales: une réduction en servitude généralisée?" *Mélanges de l'École française de Rome*, vol. 112/2 (2000), p. 579–607.

——, *Conquérir et gouverner la Sicile islamique aux XIe et XIIe siècles*, Rome 2011.

Nef, Annliese, & Vivien Prigent, eds., *La Sicile de Byzance à L'Islam*, Paris 2010.

Nicolini, Nicola, "Un feudo veneziano nel Regno di Sicilia," *Rivista storica italiana*, vol. 86 (1964), pp. 1012–

1026.
Niermeyer, J. F., *Mediae latinitatis lexicon minus*, Leiden 1976.
Niese, Hans, *Die Gesetzgebung der normannischen Dynastie im Regnum Siciliae*, Halle 1910.
I normanni e la loro espansione in Europa nell'alto Medio Evo (Settimane di studio del centro italiano di studi sull'alto medioevo, vol. 16), Spoleto 1969.
The Normans in Sicily and Southern Italy, ed., C. Brook, Oxford 1977.
Norwich, John Julius, *The Other Conquest*, New York 1967 (=*The Normans in the South*, London 1967).
——, *The Kingdom in the Sun, 1130–1194*, London 1970.
Noth, Albrecht, "Die arabischen Dokumente Roger II," Carlrichard Brühl, *Urkunden und Kanzlei König Rogers II. von Sizilien*, Köln 1978, pp. 217–261.
——, "I documenti arabi di Ruggero II," Carlrichard Brühl, *Diplomi e cancelleria di Ruggero II*, Palermo: Accademia di Scienze Lettere e Arti di Palermo, 1983, pp. 189–222.
Oikonomidès, N., "Une liste arabe des stratèges byzantins du VIIe siècle et les origines du thème de Sicile," *Rivista di studi bizantini e neoellenici*, n.s., vol. 1 (1964), pp. 121–130.
Olivier-Martin, François, *Histoire du droit français des origins à la Révolution*, 2e tirage, Paris 1951.
Oldfield, Paul, "An Internal Frontier? The Relationship between Mainland Southern Italy and Sicily in the 'Norman' Kingdom," *Haskins Society Journal*, vol. 20 (2008), pp. 161–174.
——, *City and Community in Norman Italy*, Cambridge 2009.
——, *Sanctity and Pilgrimage in Medieval Southern Italy, 1000–1200*, Cambridge 2014.
Olsen, Glenn W., "The Middle Ages in the History of Toleration: A Prolegomena," *Mediterranean Studies*, vol. 16 (2007), pp. 1–20.
Ostrogorsky, George, *History of the Byzantine State*, trans. by Joan Hussey, rev. ed., New Brunswick, New Jersey 1969.
Pacaut, Marcel, "Papauté, Royauté et épiscopat dans le Royaume de Sicile," *Potere, società e popolo nell'età dei due Guglielmi*, Bari 1981, pp. 31–62.
Pace, Valentino, "Le componenti inglesi nell'architettura e nella miniatura siciliana tra XII e XIII secolo," *Ruggero il Gran Conte e l'inizio dello stato normanno*, Roma 1977, pp. 175–181.
Painter, Sydney, "The Crusade of Theobald of Champagne and Richard of Cornwall, 1239–1241," Setton, ed., *History of the Crusades*, vol. 2 (1962), pp. 463–486.
Palanza, Albina, "Per un conte normanno di Avellino," *Archivio storico per le provincie napoletane*, vol. 41 (1916/17), pp. 124–137, 516–528.
Palumbo, Pier Fausto, "La fine della cancellaria normanna di Sicilia," *Studi salentini*, vol. 16 (1963), pp. 245–275.
Panero, Francesco, *Schiavi servi e villani nell'Italia medievale*, Torino 1999.
——, "Le nouveau servage et l'attache à la glèbe aux XIIe et XIIIe siècle: l'interprétation de Marc Bloch et la documentation italienne," *Mélanges de l'École française de Rome. Moyen Âge*, vol. 112 (2000), pp. 551–561.
——, "Signori e servi: una conflittualità permanente," *Rivolte urbane e rivolte contadine nell'Europa del Trecento. Un confronto*, eds. M. Bourin, G. Cherubini, G. Pinto, Firenze 2008, pp. 305–321.
Parachi, Concetta Sipala, "Sull'orazione inedita di Bartolomeo Offamilio (XII sec.) 'Qua in clericorum mores invehitur graece latine'," *Studi in memoria di Carmelo Sgroi*, Torino 1965, pp. 605–619.
Paratore, Ettore, "Esame delle varianti dei Codici Vaticano e Cassinense delle Leggi," *Atti del Congresso Internazionale di Studi sulla Sicilia Normanna*, Palermo 1973, pp. 105–131.
Parker, John, "The Attempted Byzantine Alliance with the Sicilian Norman Kingdom 1166–67," *Papers of the British School at Rome*, vol. 24 (1956), pp. 86–93.
Pedio, Tomasso, "L'ordinamento tributario del regno normanno," *Archivio storico pugliese*, vol. 12 (1959), pp. 79–86.
Peri, Illuminato, "Signorie feudali della Sicilia normanna," *Archivio storico italiano*, vol. 110 (1952), pp. 166–204.
——, *Il villanaggio in Sicilia*, Palermo 1965.
——, *Uomini, città e campagne in Sicilia dall'XI- al XIII secolo*, Bari 1978.
——, *Villani e cavalieri nella Sicilia medievale*, Roma/ Bari 1993.

Peters-Custot, Annick, *Les Grecs de l'Italie méridionale post-byzantine. Une acculturation en douceur, IXe–XIVe siècles*, Rome 2009.

Petralia, Giuseppe, "La «signoria» nella Sicilia Normanna e Sveva : verso nuovi scenari ?," *La signoria rurale in Italia nel medioevo : Atti del II Convegno di studi, Pisa, 6–7 novembre 1998*, Pisa 2006, pp. 233–270.

Petrucci, Armando, "Note di diplomatica normanna I. I documenti di Roberto di 'Bassunvilla' II conte di Conversano e III conte di Loritello," *Bullettino dell'Istituto storico italiano per il Medio Evo*, vol. 71 (1959), pp. 113–140.

——, "Note di diplomatica normanna II. Enrico conte di Montesantangelo ed i suoi documenti," *Bullettino dell'Istituto storico italiano per il Medio Evo*, vol. 72 (1960), pp. 135–180.

Piazza, Carlo, *Il parlamento siciliano dal secolo XII al secolo XIX*, Palermo 1974.

Pirro, Rocco, *Sicilia sacra disquisitionibus et notitiis illustrata*, 2 vols., 3rd ed. by A. Mongitore, V. M. Amico, Palermo 1733.

Pistarino, Geo, "I Normanni e le repubbliche marinare italiane," *Atti del Congresso Internazionale di Studi sulla Sicilia Normanna*, Palermo 1973, pp. 241–262.

Pometti, Francesco, "Carte delle Abbazie di S. Maria di Corazzo e di S. Giuliano di Rocca Fallucca in Calabria," *Studi e documenti di storia e diritto*, vol. 22 (1901), pp. 241–306.

Pontieri, Ernesto, "La madre di re Ruggero: Adelaide del Vasto, contessa di Sicilia, regina di Gerusalemme," *Atti del Conuegno Internazionale d: Studi Ruggeriani*, 2 vols., Palermo 1955, vol. 2, pp. 327–432.

——, "Il capitolo sui Normanni nella storia d'Italia," *I normanni e la loro espansione in Europa nell'alto Medio Evo* (Settimane di studio del centro italiano di studi sull'alto medioevo, vol. 16), Spoleto 1969, pp. 14–34.

——, *I Normanni nell'Italia meridionale, I. La reconquista*, Napoli 1971.

——, and Leight, P. S., *Il regno normanno*, Milano/ Messina 1932.

Poole, Reginaldo L., *The Exchequer in the Twelfth Century*, Oxford 1912.

Potere, società e popolo nell'età dei due Guglielmi, Bari 1981.

Potere, società e popolo tra età normanna ed età sveva, Bari 1983.

Potere, società e popolo nell'età sveva, Bari 1985.

Pottino, Filippo, "Lineamenti storici della diplomatica in Sicilia e suo avvenire," *Archivio storico siciliano*, serie 3, vol. 1 (1946), pp. 113–183.

Powel, James M., *Anatomy of a Crusade 1213–1221*, Philadelphia 1986.

——, ed., *Muslims under Latin Rule*, Princeton 1990.

Prestwich, John O., "Anglo-Norman Feudalism and the Problems of Continuity," *Past and Present*, vol. 26 (1963), pp. 39–57.

——, "The Military Household of the Norman Kings," *English Historical Review*, vol. 96 (1981), pp. 1–35.

Re, Mario, & Cristina Rognoni, eds, *Byzantino-Sicula V: Giorgio di Antiochia. L'arte della politica in Sicilia nel XII secolo tra Bisanzio e l'Islam. Atti del Convegno Internazionale (Palermo, 19–20 Aprile 2007)*, Palermo 2009.

Resta, Gianvito, "La cultura siciliana dell'età normanna," *Atti del Congresso Internazionale di Studi sulla Sicilia Normanna*, Palermo 1973, pp.263–278; *Archivio storico per la Sicilia orientale*, vol. 69 (1973), pp. 7–26.

Reuter, Timothy, *Medieval Polities and Modern Mentalities*, Cambridge 2006.

Richard, Donald Sidney, "The Crusade of Frederick II and the Ḥamāh succession. Extracts from the Chronicle of Ibn Abī al-Damm," *Bulletin d'études orientales* 45 (1993), 183–200.

Rivera, C., "Per la storia delle origini dei Borelli conti di Sangro," *Archivio storico per le provincie napoletane*, vol. 44 (1919), pp. 48–92.

——, "L'annessione delle Terre d'Abruzzo al regno di Sicilia," *Archivio storico italiano*, serie 7, vol. 5 (1926), pp. 199–309.

Rizzitano, Umberto, "Gli Arabi in Italia," *L'Occidente e l'Islam nell'alto medioevo* (Settimane di Studio del Centro Italiano di Studi sull'Alto Medioevo 12), Spoleto 1965, vol. 2, pp. 93–114.

——, "La cultura araba nella Sicilia normanna," *Atti del Congresso Internazionale di Studi sulla Sicilia Normanna*, Palermo 1973, pp. 279–297.

——, "Christiani e musulmani," *Storia e cultura nella Sicilia Normanna*, Palermo 1975, pp. 105–127.

——, *Storia e cultura nella Sicilia Normanna*, Palermo 1975.

——, "Aziz Ahmad; *A History of Islamic Sicily*," *Rivista storica italiana* 1977, pp. 168–172.

——, "Ruggero il Gran Conte e gli Arabi di Sicilia," *Ruggero il Gran Conte e l'inizio dello stato normanno*, Roma 1977, pp. 189–212.

——, "Vicende della lingua araba in Sicilia dal secolo IX al XV," *Atti della settimana internazionale di studi mediterrani medioevali e moderni*, Milano 1980, pp. 81–95.

Roberto il Guiscardo e il suo tempo, Roma 1975.

Röhricht, R., *Die Kreuzfahrt Kaiser Friedrichs des Zweiten*, Berlin 1872. Its revised version is included in his *Beiträge zur Geschichte der Kreuzzüge*, vol.1, Berlin 1874, pp. 1–112.

Rösener, Werner, *Die Bauern in der europäischen Geschichte*, München 1993.

Rubinacci, Roberto, "La data della geografia di Al-Idrisi," *Studi magrebini*, vol. 3 (1970), pp. 73–77.

Ruggero il gran conte e l'inizio dello stato normanno, Roma 1977.

Runciman, S., *A History of the Crusades*, 3 vols. Cambridge, 1951–54.

Salvati, Catello, "Note di diplomatica normanna. I documenti dei conti di Lecce," *Studi di storia pugliese in onore di Giuseppe Chiarelli*, ed. Michele Paone, Galatina 1972–73, pp. 464–485.

——, "I documenti dei conti di Loretello conservati nell'Archivio Capitolare di Bovino," *Archivio storico per le provincie napoletane*, serie 3, vol. 12 (1973), pp. 189–209.

——, "Tracce di una tradizione cancelleresca comitale in un documento di Berardo, conte di Loreto e di Conversano," *Miscellanea in memoria di Giorgio Concetti*, Torino 1973, pp. 497–515.

Salvatorelli, Luigi, *A Concise History of Italy*, trans. by Bernard Miall, New York 1939.

Scaduto, Mario, *Il monachesimo basiliano nella Sicilia medievale. Rinascita e decadenza sec. XI–XIV*, Roma 1947 (Storia e letteratura, vol. 18).

Scarlata, Marina, "Sul declino del regno normanno e l'assunzione al trono di Tancredi," *Atti del Congresso Internazionale di Studi sulla Sicilia Normanna*, Palermo 1973, pp. 480–499.

Schadek, Hans, "Die Familiaren der sizilischen und aragonischen Könige im 12. und 13. Jahrhundert," *Spanische Forschungen der Görresgesellschaft, I Reihe*, vol.26 (1971), pp. 201–348.

Schaller, H. M., *Kaiser Friedrich II. Verwandler der Welt*, Göttingen/ Frankfurt/ Zürich, 1964.

Schipa, Michelangelo, "Storia del Principato Longobardo di Salerno," *Archivio storico per le provincie napoletane*, vol. 12 (1887), pp. 79–137, 209–264, 513–588, 740–777.

——, "Il ducato di Napoli," *Archivio storico per le provincie napoletane*, vol. 17 (1892), pp. 103–142, 358–421, 587–644, 780–807; vol. 18 (1893), pp. 41–65, 247–277, 463–493, 621–651; vol. 19 (1894), pp. 3–36, 231–251, 445–481.

Schlichte, Annkristin, *Der "gute" König Wilhelm II. von Sizilien (1168–1189)*, Tübingen 2005.

Schulze, Hans Kurt, *Grundstrukturen der Verfassung im Mittelalter*, 2 vols., Stuttgart/Berlin/Köln 1990–92.

Setton, Kenneth Meyer, ed., *A History of the Crusades*, 6 vols., Madison 1969–89.

Shepard, Jonathan, "The Uses of the Franks in Eleventh-Century Byzantium," *Anglo-Norman Studies XV: Proceedings of the Battle Conference 1992*, Woodbridge 1993, pp. 299–302.

Sipione, Vincenzo, "Diplomi normanni e svevi a San Nicolò l'Arena di Catania," *Miscellanea in memoria di Giorgio Cancetti*, Torino 1974, pp. 471–495.

Siragusa, Gian-Battista, "Di un'importante miniatura del codice 120 della Biblioteca Civica di Berna," *Miscellanea di archeologia, storia e filologia dedicata a Antonio Salinas*, Palermo 1902, pp. 307–316.

——, *Il regno di Guglielmo I in Sicilia*, 2nd ed., Palermo 1929.

Smith, Denis Mack, *Medieval Sicily 800–1713*, London 1968.

Società, potere e popolo nell'età di Ruggero II, Bari 1979.

Soifer, Maya, "Beyond *convivencia*: Critical Reflections on the Historiography of Interfaith Relations in Christian Spain," *Journal of Medieval Iberian Studies*, vol. 1 (2009), pp. 19–35.

Southern, R. W., *Medieval Humanism and Other Studies*, Oxford 1970.

Spremic, Momcilo, "La repubblica di Ragusa e il regno di Sicilia," *Atti del Congresso Internazionale di Studi sulla Sicilia Normanna*, Palermo 1973, pp. 298–309.

Stanton, Charles D., *Norman Naval Operations in the Mediterranean*,Woodbridge 2011.

Starraba, R., "Del dotario delle regine di Sicilia," *Archivio storico siciliano*, vol. 2 (1874), pp. 7–25, 196–203, 390–405.

——, "Notizie e documenti intorno alla Sala Verde e al Palazzo degli Scavi," *Archivio storico siciliano*, vol. 2 (1874), pp. 423–429.

Storia d'Italia, III: Il Mezzogiorno dai Bizantini a Federico II, Torino 1983.

Studi medievali in onore di Antonio de Stefano, Palermo 1956.

"Studi sui Normanni in Italia. Omaggio a Evelyn Jamison," *Bullettino dell'Istituto storico italiano per il Medio Evo*, vol. 83 (1971), pp. 1–232.

Stubbs, William, *The Constitutional History of England*, 3 vols., Oxford 1896–97.

Strumenti, tempi e luoghi di comunicazione nel Mezzogiorno normano-svevo, Bari 1995.

Stürner, Wolfgang, *Friedrich II.*, 2 vols., Darmstadt 1992–2000.

Symonds, John Addington, *Sketches in Italy and Greece*, London 1874.

Takayama, Hiroshi, "The Financial and Administrative Organization of the Norman Kingdom of Sicily," *Viator*, vol. 16 (1985), pp. 129–157.

——, Review: Graham A. Loud, *Church and Society of the Principality of Capua 1058–1197* (Oxford, 1985), *Speculum*, vol. 62 (1987), pp. 704–706.

——, "*Familiares Regis* and the Royal Inner Council in Twelfth-Century Sicily," *English Historical Review*, vol. 104 (1989), pp. 357–372.

——, "The Great Administrative Officials of the Norman Kingdom of Sicily," *Papers of the British School at Rome*, vol. 58 (1990), pp. 317–335.

——, "The Aghlabid Governors in Sicily: 827–909, — Islamic Sicily I —," *Annals of the Japan Association for Middle East Studies*, vol. 7 (1992), pp. 427–443.

——, "The Fatimid and Kalbite Governors in Sicily: 909–1044, — Islamic Sicily II —," *Mediterranean World*, vol. 13 (1992), pp. 21–30.

——, *The Administration of the Norman Kingdom of Sicily*, Leiden/ New York/ Köln 1993.

——, "The Local Administrative System of France under Philip IV (1285–1314) — *Baillis* and Seneschals —," *Journal of Medieval History*, vol. 21 (1995), pp. 167–193.

——, "*Amiratus* in the Norman Kingdom of Sicily — A Leading Office of Arabic Origin in the Royal Administration—," *Forschungen zur Reichs-, Papst- und Landesgeschichte*, eds. K. Borchardt and E. Bunz, Stuttgart 1998, pp. 133–144.

——, "The Administrative Organization of the Norman Kingdom of Sicily," *Mezzogiorno-Federico II-Mezzogiorno: Atti dei Convegni di Federico II*, Roma 1999, pp. 61–78.

——, "Kingdom and States in Medieval France," *Proceeding of the Fourth Anglo-Japanese Conference of Historians 2003*, Tokyo 2003, pp. 27–36

——, "L'organizzazione amministrativa del regno normanno di Sicilia," Errico Cuozzo, ed., *Studi in onore di Salvatore Tramontana*, Pratola Serra 2003, pp. 415–429 (an Italian version of the article of 1999).

——, "Central Power and Multi-Cultural Elements at the Norman Court of Sicily," *Mediterranean Studies*, vol. 12 (2003), pp. 1–15.

——, "Law and Monarchy in the South," David Abulafia, ed., *Italy in the Central Middle Ages*. Oxford 2004, pp. 58–81.

——, Review: Joanna H. Drell, *Kinship and Conquest. Family Strategies in the Principality of Salerno during the Norman Period, 1077–1194* (Ithaca, NY 2002), *Speculum*, vol. 81 (2005), pp. 1267–1268.

——, "Confrontation of Powers in the Norman Kingdom of Sicily: Kings, Nobles, Bureaucrats and Cities," B. Saitta, ed., *Città e vita cittadina nei Paesi dell'area mediterranea: secoli XI–XV*, Roma 2006, pp. 541–552.

——, "The Administration of Roger I," G. De' Giovanni-Centelles, ed., *Ruggero I Gran Conte di Sicilia, 1101–2001*, Roma 2007, pp. 124–140.

——. "Religious Tolerance in Norman Sicily? The Case of Muslims," *Puer Apuliae. Mélanges offerts à Jean-Marie Martin*, eds. E. Cuozzo, V. Déroche, A. Peters-Custot & V. Prigent, Paris 2009, pp. 451–464.

——, "Frederick II's Crusade: An Example of Christian-Muslim Diplomacy," *Mediterranean Historical Review*, vol. 25–2 (2010), pp. 169–185.

——, "Migrations in the Mediterranean Area and the Far East: Medieval Sicily and Japan," *Europa im Geflecht der Welt: Mittelalterliche Migrationen in globalen Bezügen*, eds. M. Borgolte et alii, Berlin 2012, pp. 219–231.

——, Review: "Alex Metcalfe, *The Muslims of Medieval Italy* (Edinburgh 2009)," *English Historical Review*, vol. 128 (2013), pp. 645–647.

——, "The Administration of Roger I: Foundation of the Norman Administrative System," *Bausteine zur*

deutschen und italienischen Geschichte. Festschrift zum 70. Geburtstag von Horst Enzensberger, eds. Maria Stuiber & Michele Spadaccini, Bamberg 2014, pp. 413–431 (a revised edition of the article of 2007).

Tateo, Francesco, "La cultura nelle Corte," Giosuè Musca, ed., *Centri di produzione della cultura nel Mezzogiorno normanno-svevo*, Bari 1997, pp. 41–54.

Taylor, Julie, *Muslims in Medieval Italy: The Colony at Lucera*, Oxford 2003.

Terre e uomini nel Mezzogiorno normanno-svevo, Bari 1987.

Tescione, Giuseppe, *Caserta medievale e i suoi conti e signori*, Marcianise 1965.

——, "Roberto, conte normanno di Alife, Caiazzo e S. Agata dei Goti," *Archivio storico di Terre di Lavoro*, vol. 4 (1975), pp. 1–52.

Tierney, Brian and Sidney Painter, *Western Europe in the Middle Ages 300–1475*, 4th ed, New York 1983.

Tolan, John V., *Saracens*, New York 2002.

Toubert, Pierre, "La terre et les hommes dans l'Italie normande au temps de Roger II : l'exemple campanien," *Società, potere e popolo nell'età di Ruggero II*, Bari 1979, pp. 55–72.

——, "Paysans ruraux et techniques de production en Italie méridionale dans la seconde moitié du XIIe siècle," *Potere, società e popolo nell'età dei due Guglielmi*, Bari 1981, pp. 201–230.

Tramontana, Salvatore, *Normanni in Italia. Linea di ricerca sui primi seddiamenti, vol. I : Aspetti politici e militari*, Messina 1970.

——, *Mezzogiorno normanno e svevo*, Messina 1972.

——, "Aspetti e problemi dell'insediamento normanno in Sicilia," *Atti del Congresso Internazionale di Studi sulla Sicilia Normanna*, Palermo 1973, pp. 310–359.

——, "Città, ceti urbani e connessione fra possesso fondiario e potere nella monarchia di Ruggero II," *Società, potere e popolo nell'età di Ruggero II*, Bari 1979, pp. 159–172.

——, "Gestione del potere, rivolte e ceti al tempo di Stefano di Perche," *Potere, società e popolo nell'età dei due Guglielmi*, Bari 1981, pp. 79–102.

Travaini, Lucia, *La monetazione nel'Italia normanna*, Roma 1995.

Tronzo, William, *The Cultures of His Kingdom*, Princeton 1997.

Tyerman, Christopher, *God's War : A New History of the Crusades*, Cambridge, Mass. 2006.

Udovitch, Abraham L., "I musulmani e gli ebrei nel mondo di Federico II," Pierre Toubert & Agostino Pravicini Bagliani, eds., *Federico II e la Sicilia*, Palermo 1998, pp. 102–123.

Un regno nell'impero. I caratteri originari del regno normanno nell'età sveva: persistenze e differenze (1194–1266), Bari 2010.

Uomo e ambiente nel Mezzogiorno normanno-svevo, Bari 1989.

Van Cleve, Thomas Curtis, "The Fifth Crusade," Setton, ed., *History of the Crusades*, 2 (1962), pp. 377–428.

——, "The Crusade of Frederick II," Setton, ed., *History of the Crusades*, vol. 2 (1962), pp. 429–462.

——, *The Emperor Frederick II of Hohenstaufen: Immutator Mundi*, Oxford 1972.

Van Werveke, H., "The rise of the towns," M. Poston, E. Rich and E. Miller, eds., *The Cambridge Economic History of Europe*, vol.3, Cambridge 1963, pp. 3–41.

Vanoli, Alessandro, *La Sicilia musulmana*, Bologna 2012.

Varvaro, Alverto, "Problematica dei normannismi del siciliano," *Atti del Congresso Internazionale di Studi sulla Sicilia Normanna*, Palermo 1973, pp. 360–372.

Vasiliev, Alexander A., *Byzance et les Arabes*, trans. by M. Canard, Brussels 1935.

Villari, Litterio, "L'ammiraglio Cristodulo e la corte normanna di Sicilia," *Nuova rivista storica*, vol. 41 (1959), pp. 224–245.

Von Heckel, R., "Das päpstliche und sicilische Registerwesen," *Archiv für Urkundenforschung*, I, Leipzig 1908, pp. 372–394.

Von Kapp-Herr, Hans, "Baiulus-Podestà, Consules," *Deutsche Zeitschrift für Geschichts-wissenschaft*, vol. 5–1 (1890), pp. 21–69.

Von Lingenthal, Karl Eduard Zachariä, *Geschichte des griechisch-römischen Rechts*, Württemberg 1955.

Warren, Wilfred L., *Henry II*, Berkeley 1973.

——, *The Governance of Angevin England 1086–1272*, London 1987.

White, Lynn Townsend, *Latin Monasticism in Norman Sicily*, Cambridge Mass. 1938.

——, *Frontiers of Knowledge in the Study of Man*, New York 1956.

——, *Medieval Technology and Social Change*, Oxford 1962.
——, *Medieval Religion and Technology: Collected Essays*, Berkeley 1978.
Wickham, Chris, *Early Medieval Italy, Central Power and Local Society 400–1000*, London 1981.
Wieruszowski, Helene, "Roger II of Sicily, rex-tyrannus in Twelfth-Century Political Thought," *Speculum*, vol. 38 (1963), pp. 46–78.
——, *Politics and Culture in Medieval Spain and Italy*, Rome 1971.
Winkelmann, Eduard, *Kaiser Friedrich II.*, 2 vols., Leipzig 1889–1897.
Zagorin, Perez, *How the Idea of Toleration Came to the West*, Princeton 2003.
Zecchino, Orfensio, *Le assise di Ruggiero II. Problemi di storia della fonti e di diritto penale*, Napoli 1980.
——, *Le Assise di Ariano*, Cava dei Tirreni 1984.
——, "Erich Caspar e i miti della storiografia meridionale," Erich Caspar, *Ruggero e la fondazione della monarchia normanna di Sicilia*, Roma/ Bari 1999, pp. vii–xxiii.
Zuretti, Carlo Oreste, "La espuganzione di Siracusa nell' 880. Testo greco della lettera del monaco Teodosio," *Centenario di Michele Amari*, vol.1, Palermo 1910, pp. 164–173.

ジャネット・L・アブー＝ルゴド著／佐藤次高・斯波義信・三浦徹・高山博訳『ヨーロッパ覇権以前』上・下巻，岩波書店 2001.
H・カメン著／成瀬治訳『寛容思想の系譜』平凡社 1970.
エドワード・ギボン著／中野好夫他訳『ローマ帝国衰亡史』全 11 巻，筑摩書房 1993.
ジャイルズ・コンスタブル著／高山博監訳『十二世紀宗教改革』慶應義塾大学出版会 2014.
ハンス・K・シュルツェ著／千葉徳夫他訳『西欧中世史事典』ミネルヴァ書房 1997.
アグネ・ジェラール著／池田健二訳『ヨーロッパ中世社会史事典』藤原書店 1991.
チャールズ・H・ハスキンズ著／野口洋二訳『十二世紀ルネサンス』創文社 1985.
ロベール・フォシェ著／渡辺節夫訳『ヨーロッパ中世社会と農民　改訂新版』杉山書店 1988.
マルク・ブロック著／河野健二・飯沼二郎訳『フランス農村史の基本性格』創文社 1959.
ハインリヒ・ミッタイス著／世良晃志郎訳『ドイツ法制史概説改訂版』創文社 1971.
ヴェルナー・レーゼナー著／藤田幸一郎訳『農民のヨーロッパ』平凡社 1995.
上田雄『遣唐使全航海』草思社 2006.
金子修一『隋唐の国際秩序と東アジア』名著刊行会 2001.
鬼頭清明『日本古代国家の形成と東アジア』校倉書房 1976.
久保正幡「Liber Augustalis について」『法制史研究』32（1982），1–16 頁.
佐藤彰一・池上俊一・高山博編『西洋中世史研究入門』名古屋大出版会 2000；増補改訂版 2005.
佐藤次高『イスラームの「英雄」サラディン』講談社 1996.
佐藤信『古代の遺跡と文字資料』名著刊行会 1999.
——『出土史料の古代史』東京大学出版会 2002.
——『日本の古代』放送大学教育振興会 2005.
阪上眞千子「フェデリーコ二世治下のシチリア王国における国家組織・経済・社会」『阪大法学』46–1 (1996)，83–110 頁.
——「フェデリーコ二世治下シチリア王国の議会『クーリア』について」『阪大法学』49–2（1999)，63–93 頁.
——「フェデリーコ二世時代のシチリア王国における王権と教会の関係」『阪大法学』49–3・4（1999)，175–203 頁.
榊原康文「ビトントの説教壇レリーフとフリードリヒ二世の皇帝理念」『北大史学』33（1993)，19–38 頁.
——「13 世紀前半フェデリーコ二世統治下シチリア王国における「司法官」:『シチリア王国勅法集成』の検討を中心に」『北海道大学文学部紀要』45–3（1997)，37–90 頁.
——「「危機の時代」(1189–1220 年）におけるシチリア王国行政：M・カラヴァーレと J-M・マルタンの所説の検討を中心に」『西洋史論集』2（1999)，1–29 頁.
鈴木靖民『古代対外関係史の研究』吉川弘文館 1985.
高山博「12 世紀シチリアにおけるノルマンの財務行政機構」『史学雑誌』92–7（1983)，1–46 頁.
——「12 世紀ノルマン・シチリア王国の行政官僚」『史学雑誌』93–12 (1984)，1–46 頁.
——「12 世紀ノルマン・シチリア王国研究」『創文』308 (1990)，15–18 頁.

――「ノルマン・シチリア王国と歴史研究：ドゥアーナの研究をめぐって」『歴史と地理』435 (1991)，1–16 頁.
――「ノルマン・シチリア王国と歴史研究」『歴史と地理』435 (1991)，1–16 頁.
――「フィリップ四世（1285–1314）治世下のフランスの統治構造：バイイとセネシャル」『史学雑誌』101–11（1992)，1–38 頁.
――『中世地中海世界とシチリア王国』東京大学出版会 1993.
――『神秘の中世王国：ヨーロッパ，ビザンツ，イスラム文化の十字路』東京大学出版会 1995.
――「ノルマン・シチリア王国のアミーラトゥス：ノルマン行政の頂点に立つアラブ官職」樺山紘一編『西洋中世像の革新』刀水書房 1995，31–50 頁.
――「シチリア王国」歴史学研究会編『講座世界史第 1 巻　世界史とは何か：多元的世界の接触の転機』東京大学出版会 1995，159–171 頁.
――「フランス中世における地域と国家―国家的枠組みの変遷」辛島昇・高山博編『地域の世界史 2 地域のイメージ』山川出版社 1997，293–325 頁.
――「中世南イタリアに関する歴史学の成果 20 年（1977–97）」地中海学会編『地中海学 20 年の成果』1997，17–20 頁.
――『ハード・アカデミズムの時代』講談社 1998.
――「中世ヨーロッパと現代」本村凌二他編『歴史の対位法』東京大学出版会 1998，157–174 頁.
――「地中海のノルマン人」『岩波講座世界歴史 7』岩波書店 1998，131–156 頁.
――「新刊紹介： ジュゼッペ・クアトリーリオ著『シチリアの千年』」『史学雑誌』107–3（1998)，111–112 頁.
――『中世シチリア王国』講談社 1999.
――「ノルマン・シチリア王国の研究」『中東研究』455（1999)，34–36 頁.
――「ノルマン・シチリア王国の行政機構再考」『西洋史研究』新輯 29 (2000)，85–103 頁.
――「中世シチリアのノルマン王と官僚，貴族たち」木村尚三郎編『学問への旅 ヨーロッパ中世』山川出版社 2000，59–77 頁.
――「書評：Horden & Purcell, *The Corrupting Sea: A Study of Mediterranean History*」『學鐙』5 月号 (2001)，50–51 頁.
――『歴史学：未来へのまなざし』山川出版社 2002.
――「中世シチリアの宮廷と王権」高山博・池上俊一編『宮廷と広場』刀水書房 2002，25–45 頁.
――『文明共存の道を求めて』日本放送出版協会 2003.
――「歴史学と異文化認識」『異文化理解の視座』東京大学出版会 2003，145–158 頁.
――『〈知〉とグローバル化』勁草書房 2003.
――「フリードリヒ二世と十字軍」『イスラムと十字軍』日本放送出版協会 2004，154–174 頁.
――「グローバル化する世界と歴史学」『史学研究』248 (2005)，3–21 頁.
――「中世シチリア王国の権力構造：異文化集団の共存と対立」深沢克己・高山博編『信仰と他者』東京大学出版会 2006，73–107 頁.
――『ヨーロッパとイスラーム世界』山川出版社 2007.
――「シチリア伯ロゲリウス 1 世の統治：ノルマン統治システムの基礎」近藤和彦編『歴史的ヨーロッパの政治社会』山川出版社 2008，38–73 頁.
――「中世シチリアの「宗教的寛容」：ノルマン君主支配下のムスリム」『島嶼と異文化接触』神戸大学大学院人文学研究科海港都市研究センター　2010，35–56 頁.
――「中世シチリアにおける農民の階層区分」『西洋中世研究』6 (2014)，141–59 頁.
高山博・池上俊一編『西洋中世学入門』東京大学出版会 2005.
竹部隆昌「九～十一世紀南イタリアとコンスタンティノープル」『文化史学』44（1988)，106–121 頁.
――「ビザンツ領南イタリア社会の変貌」『西洋史学』169（1993)，15–31 頁.
――「ラヴェンナ総督府時代の地方有力者層」『古代文化』48–10 (1996)，21–33 頁.
田村晃一・鈴木靖民編『アジアからみた古代日本』角川書店 1992.
東大寺教学部編『新版シルクロード人物辞典』昭和堂 2002.
東野治之『遣唐使と正倉院』岩波書店 1992.
東野治之『遣唐使』岩波書店 2007.
武田幸男編『朝鮮史』山川出版社 2000.
西川洋一「『シチーリア王国勅法集成』の法源論」海老原明夫編『法の近代とポストモダン』東京大

学出版会 1993.
――「シチリア王国勅法集成の訴訟法，(1) (2) (3)」『法学協会雑誌』115 (1998)，175–254，1039–1083，1793–1843 頁.
村井章介『中世日本の内と外』筑摩書房 1999.
――『北条時宗と蒙古襲来』日本放送出版協会 2001.
――『東アジアのなかの日本文化』放送大学教育振興会 2005.
――「倭寇と「日本国王」」荒野泰典他編『倭寇と「日本国王」』吉川弘文館 2010.
茂在寅男他『遣唐使研究と史料』東海大学出版会 1987.
本村凌二・高山博『地中海世界の歴史：古代から近世』放送大学教育振興会 2009.
森公章『東アジアの動乱と倭国』吉川弘文館 2006.
――『遣唐使と古代日本の対外政策』吉川弘文館 2008.
――『遣唐使の光芒』角川学芸出版 2010.
山辺規子「ノルマン朝シチリア王国に関する一考察：財務組織を中心として」『史林』64–6 (1981)，84–117 頁.
――「十一—十二世紀の南イタリアの司法官」『イタリア学会誌』32 (1982)，16–31 頁.
――「カタローグス・バローヌムについて：イタリアにおけるノルマンの封建制解明のために」『史林』66–6 (1983)，109–141 頁.
――『ノルマン騎士の地中海興亡史』白水社 1996.
渡辺節夫「領主と農民」江川溫・服部良久編著『西欧中世史〔中〕』ミネルヴァ書房 1995.